CADERNO DE ESTUDOS

Filosofia
EXPERIÊNCIA DO PENSAMENTO

SÍLVIO GALLO
Licenciado em Filosofia pela Pontifícia Universidade Católica de Campinas (PUCC-SP).
Mestre e doutor em Educação pela Universidade Estadual de Campinas (Unicamp-SP).
Livre-docente em Filosofia da Educação pela Unicamp-SP.
Professor titular da Faculdade de Educação da Unicamp-SP.

VOLUME ÚNICO

Direção geral: Guilherme Luz
Direção editorial: Luiz Tonolli e Renata Mascarenhas
Gestão de projeto editorial: Viviane Carpegiani
Gestão e coordenação de área: Wagner Nicaretta (ger.) e Brunna Paulussi (coord.)
Edição: Marina Nobre e Tami Buzaite
Gerência de produção editorial: Ricardo de Gan Braga
Planejamento e controle de produção: Paula Godo, Roseli Said e Marcos Toledo
Revisão: Hélia de Jesus Gonsaga (ger.), Kátia Scaff Marques (coord.), Rosângela Muricy (coord.), Ana Paula C. Malfa, Arali Gomes, Carlos Eduardo Sigrist, Cesar G. Sacramento, Daniela Lima, Diego Carbone, Heloísa Schiavo, Patrícia Travanca, Paula T. de Jesus e Ricardo Miyake
Arte: Daniela Amaral (ger.), Claudio Faustino (coord.), Simone Aparecida Zupardo Dias (edição de arte)
Diagramação: ArteAção
Iconografia: Sílvio Kligin (ger.), Denise Durand Kremer (coord.), Iron Mantovanello (pesquisa iconográfica)
Licenciamento de conteúdos de terceiros: Thiago Fontana (coord.), Luciana Sposito (licenciamento de textos), Erika Ramires, Luciana Pedrosa Bierbauer, Luciana Cardoso e Claudia Rodrigues (analistas adm.)
Tratamento de imagem: Cesar Wolf e Fernanda Crevin
Cartografia: Eric Fuzii (coord.), Robson Rosendo da Rocha (edição de arte)
Design: Gláucia Correa Koller (ger.), Erika Yamauchi Asato, Filipe Dias (proj. gráfico), Adilson Casarotti (capa)
Composição de capa: Segue Pro
Foto de capa: Freeda/Shutterstock, Lisa S./Shutterstock, Ranta Images/Shutterstock, NASA Images/Shutterstock

Todos os direitos reservados por Saraiva Educação S.A.
Avenida das Nações Unidas, 7221, 1º andar, Setor A –
Espaço 2 – Pinheiros – SP – CEP 05425-902
SAC 0800 011 7875
www.editorasaraiva.com.br

2022
ISBN 978 85 472 3385 3 (AL)
ISBN 978 85 472 3386 0 (PR)
Código da obra CL 800874
CAE 627972 (AL) / 627973 (PR)
1ª edição
10ª impressão

Impressão e acabamento Gráfica Elyon

Apresentação

Caro estudante,

Este material foi elaborado especialmente para você, estudante do Ensino Médio que está se preparando para ingressar no Ensino Superior.

Além de todos os recursos do Conecte LIVE, como material digital integrado ao livro didático, banco de questões, acervo de simulados e trilhas de aprendizagem, você tem à sua disposição este Caderno de Estudos, que lhe ajudará a se qualificar para as provas do Enem e de diversos vestibulares brasileiros.

O material foi estruturado para que você consiga utilizá-lo autonomamente, em seus estudos individuais além do horário escolar, ou sob orientação de seu professor, que poderá lhe sugerir atividades complementares às dos livros.

O Caderno de Estudos traz uma revisão completa dos conteúdos correspondentes às unidades trabalhadas no livro didático, atividades de aplicação imediata dos conceitos abordados e grande seleção de questões de provas oficiais que abordam esses temas.

Há, ainda, um material complementar de Revisão. Quando terminar de se dedicar aos conteúdos destinados ao Ensino Médio, você poderá se planejar para uma retomada final! Revisões estruturadas de todos os conteúdos desse ciclo são acompanhadas de simulados, propostos para que você os resolva como se realmente estivesse participando de uma prova oficial de vestibular ou Enem, de maneira que consiga fazer um bom uso do seu tempo.

Desejamos que seus estudos corram bem e que você tenha sucesso **Rumo ao Ensino Superior**!

Equipe Conecte LIVE!

Conheça este Caderno de Estudos

» Reveja o que aprendeu

Nesta seção, os principais conceitos de cada tópico de conteúdo do livro são apresentados de maneira resumida, para que você tenha a oportunidade de, sempre que desejar, retomar aprendizagens que vem construindo ao longo do Ensino Médio.

Aplique o que aprendeu «

Depois de retomar os conceitos no **Reveja o que aprendeu**, é o momento de aplicar esses conceitos resolvendo atividades. Nesta seção há uma seleção de atividades estilo Enem para você resolver.

Ao final da seção, registre a quantidade de acertos que você teve nas atividades de múltipla escolha, em relação ao total de atividades desse tipo. Se o seu desempenho estiver aquém de suas expectativas, verifique em quais páginas do Livro do Aluno os conceitos são trabalhados e procure retomá-los, individualmente ou em grupos de estudos, dedicando mais tempo para se aprofundar neles.

» Rumo ao Ensino Superior

Esta seção apresenta uma seleção de atividades que envolvem conteúdos estudados ao longo do Ensino Médio. Você encontrará questões do Enem e de diferentes vestibulares do Brasil.

Sumário

☒ Já revi este conteúdo   ☒ Já apliquei este conteúdo

Unidade 1. Como pensamos?

　　Reveja o que aprendeu 6

　　Aplique o que aprendeu 12

Unidade 2. O que somos?

　　Reveja o que aprendeu 16

　　Aplique o que aprendeu 22

Unidade 3. Por que e como agimos?

　　Reveja o que aprendeu 26

　　Aplique o que aprendeu 32

Unidade 4. Como nos relacionamos em sociedade?

　　Reveja o que aprendeu 35

　　Aplique o que aprendeu 41

Unidade 5. Problemas contemporâneos I

　　Reveja o que aprendeu 45

　　Aplique o que aprendeu 49

Unidade 6. Problemas contemporâneos II

　　Reveja o que aprendeu 53

　　Aplique o que aprendeu 58

Rumo ao Ensino Superior 61

Respostas 87

Siglas dos vestibulares 88

UNIDADE 1

Como pensamos?

Aprofunde seus conhecimentos sobre **o pensamento filosófico** nas páginas 10 a 73 do Livro do Aluno.

Reveja o que aprendeu

Objetivos de aprendizagem

- Compreender que há várias concepções de Filosofia.
- Relacionar a Filosofia com outros saberes.
- Reconhecer a Arte, a Ciência e a Filosofia como pensamentos criativos.

A primeira unidade do livro foi dedicada a explorar as possibilidades do pensamento e diferentes modos de exploração do pensar que foram criados pelos seres humanos, como forma de enfrentar o mundo.

Começamos estudando a Filosofia e suas características básicas. Vimos que o pensamento filosófico acontece quando é motivado por problemas que experimentamos e que significa uma saída do "piloto automático" em que levamos nossas vidas. Quando nos deparamos com um problema, somos obrigados a refletir sobre a solução possível: a Filosofia é uma das formas de fazermos isso.

Vimos também que o conhecimento é uma espécie de "ferramenta" inventada pelos seres humanos para enfrentar o mundo e garantir a sobrevivência. Segundo o filósofo Pierre Lévy, inventamos "tecnologias da inteligência" que nos permitem conhecer e transformar o mundo. Ao longo da história humana, tivemos três grandes modelos de tecnologias: a oralidade, centrada na fala; a escrita; e a informática. Cada um desses modelos gerou formas de conhecimento que moldaram e ainda moldam nosso pensamento. A Filosofia foi desenvolvida através da tecnologia da escrita. Hoje, sob o impacto da informática, mudanças radicais estão ocorrendo em nossa forma de pensar.

A Filosofia pode ser compreendida como a busca de um saber, como algo que está fora de nós, ou como um trabalho de pensamento que nós mesmos fazemos, um tipo de ação que pode transformar nossas vidas. Essa prática da Filosofia como algo que transforma a vida foi denominada "exercícios espirituais". Gilles Deleuze e Félix Guattari afirmaram que "a filosofia é a arte de formar, de inventar, de fabricar conceitos". Isso significa que a Filosofia pratica um pensamento de natureza conceitual e que os conceitos são criados.

A Filosofia foi inventada pelos gregos, por volta do século VII a.C. Os primeiros filósofos já não se satisfaziam com as respostas que encontravam na mitologia e na religião e tentaram produzir explicações racionais (baseadas na razão, no pensamento lógico) para os fenômenos que observavam na natureza. Ainda que outros povos e civilizações antigas tivessem conhecimentos bastante avançados, essa forma específica de pensar que ficou conhecida por Filosofia foi inventada e desenvolveu-se entre os gregos.

Isso se deveu a algumas características próprias da civilização grega: ela era dotada de uma cultura pluralista; os cidadãos gregos eram estimulados a desenvolver um pensamento próprio; havia entre eles um gosto pela discussão e pela polêmica. Tudo isso criou um ambiente propício para o debate filosófico e a criação de teorias para explicar o mundo e os seres humanos.

O advento da Filosofia significou também a invenção de novas formas de escrever, para colocar as ideias filosóficas em circulação e em debate. Até então, predominava na cultura grega uma cultura oral, em que as histórias e narrativas míticas eram passadas de geração em geração. Quando essas narrativas foram escritas, guardaram a forma mnemônica (técnica para memorização) da oralidade: a criação de estrofes com métrica e rima, que conhecemos como poesia. Os primeiros filósofos ainda escreveram na forma de poemas. Sócrates começou a praticar a Filosofia a partir de diálogos; Platão, para transmitir as ideias de Sócrates, elaborou escritos na forma de diálogos entre personagens.

Pensar filosoficamente não é a mesma coisa que emitir uma opinião. As opiniões, em geral, não possuem fundamento; são verdades às quais nos apegamos e que defendemos, algumas vezes sem nem saber por quê. A Filosofia é um exercício de pensar por si mesmo, sem seguir as opiniões alheias; um pensar sistemático e interrogativo, que fundamenta nossas ideias. A Filosofia pode partir da opinião, mas vai sempre questioná-la e interrogá-la, para que nosso pensamento seja consistente.

Ideias-chave

- Filosofia: literalmente, "amor pela sabedoria". Forma de conhecimento inventada na Antiguidade grega que consiste em examinar racionalmente os fenômenos e problemas para construir explicações. A Filosofia se caracteriza pelo questionamento constante – daí se falar em busca do saber e não em sabedoria – e por isso é um conhecimento aberto, pois suas respostas implicam sempre novas perguntas.
- Tecnologias de inteligência: termo criado por Pierre Lévy que designa as ferramentas de pensamento criadas pelos seres humanos para torná-lo mais eficiente, possibilitando a produção de novos conhecimentos.
- Conceito: segundo Deleuze e Guattari, o produto da atividade filosófica. O que esses filósofos chamam de conceito não é o mesmo que estamos acostumados a ver nas disciplinas científicas. Segundo eles, apenas a Filosofia produz conceitos; as ciências produzem outros tipos de organização do saber. O conceito é resultado de um trabalho mental do filósofo provocado por um determinado problema.
- Filosofia não é opinião: a Filosofia produz conceitos, que é algo que se contrapõe à opinião. Produzir um conceito é mais complexo do que ter uma opinião, pois demanda um trabalho sério de aprofundamento do pensamento. Num mundo em que a opinião tem cada vez mais destaque, o papel da Filosofia é se diferenciar dela, produzindo sempre novos conceitos, que significam um pensamento muito mais consistente.

A Filosofia estabelece relações com outras formas de pensar, de modo especial com o mito, a religião e o senso comum. Muitas vezes, essas relações são conflituosas; outras vezes, são amigáveis.

O **mito** é uma das manifestações culturais mais antigas da humanidade, estando presente nas mais diversas civilizações. A mitologia grega é um dos pilares fundadores da civilização ocidental moderna. O mito é um tipo de conhecimento estruturado pela oralidade. São narrativas transmitidas oralmente de geração em geração. Os mitos gregos foram compilados e escritos por Homero e Hesíodo no século VIII a.C., que mantiveram na escrita a forma poética (com métrica e rima) da narrativa oral.

O mito recorre a forças sobrenaturais para explicar aquilo que se observa na natureza. Isso é uma forma de possibilitar que o ser humano, por meio do conhecimento, saiba como agir e possa interferir na natureza.

Ainda que seja uma invenção antiga, o mito continua existindo entre nós. Além de conhecermos as narrativas de distintas culturas, continuamos a produzir explicações mitológicas e a praticar uma forma mítica de pensar, apesar de isso ocorrer com menor intensidade atualmente.

A Filosofia não substituiu o mito na Grécia antiga, ainda que tenha sido inventada em oposição a esse tipo de explicação do mundo. Houve filósofos que até se utilizaram de narrativas míticas para construir seu pensamento conceitual, sendo Platão um exemplo.

Outra importante forma de pensar é a **religiosa**, que se caracteriza, basicamente, por seu dogmatismo: toda religião se baseia em verdades reveladas aos humanos por Deus (ou pelos deuses), e por isso tais verdades não podem ser contestadas, são **dogmas**. A Filosofia se diferencia da religião justamente por não ser dogmática e por buscar verdades demonstradas racionalmente e amparadas em argumentos.

A maior parte das religiões possui seu livro sagrado, em que estão manifestadas as verdades reveladas (é o caso da Torá judaica, da Bíblia cristã, do Alcorão islâmico, dos Vedas hindus, por exemplo). Outra característica importante da religião é o fato de que ela se institucionaliza e pratica uma série de rituais que define uma prática de vida de acordo com os ensinamentos divinos.

Enquanto o pensamento filosófico está centrado no exercício da razão, do pensamento próprio, a religião está centrada no exercício da fé numa verdade revelada. As ideias religiosas devem ser seguidas; as ideias filosóficas estão aí para serem questionadas.

No período medieval, tivemos o florescimento da **filosofia cristã**, fazendo do cristianismo a religião que mais se aproximou da Filosofia, ainda que tenham existido importantes conflitos internos entre fé e razão. Alguns dos "padres da Igreja" (os fundadores da doutrina cristã) eram contrários à influência da filosofia, por entender que ela prejudicava o dogma, mas outros, como Santo Agostinho, defenderam a constituição de uma filosofia cristã, isto é, um exercício de pensar filosoficamente os ensinamentos de Cristo, exercitando a razão sem abrir mão dos dogmas. A filosofia cristã medieval é comumente dividida em dois momentos: a Patrística, que se refere aos responsáveis pela criação da Igreja, sendo Santo Agostinho um de seus expoentes; e a Escolástica, durante a baixa Idade Média, que teve em São Tomás de Aquino um de seus principais representantes.

Outra forma de conhecimento é o **senso comum**, que se caracteriza por não ser sistemático nem utilizar um método. O senso comum é o pensamento do dia a dia, praticado pelos indivíduos nas mais diversas situações. Um exemplo clássico é o do agricultor que observa os sinais da natureza para antever se vai chover ou não. Ele não faz isso de forma metódica e sistemática; algumas vezes acerta, outras não. Muitas vezes a Filosofia valoriza o senso comum como ponto de partida do conhecimento, como fez o filósofo italiano Antonio Gramsci. Mas sem se desprender do senso comum a Filosofia não pode ser produzida.

Ideias-chave

- Dogma: uma afirmação que não pode ser contestada, colocada sob suspeita. O dogma é tomado como uma verdade absoluta, da qual não se pode duvidar. O dogma paralisa o pensamento, pois não permite que pensemos para além dele; por isso a Filosofia combate todo e qualquer dogmatismo.
- Filosofia × mito: a origem da Filosofia deve-se ao mito, pois ela nasceu como reação a ele, para combatê-lo. Pensadores insatisfeitos com as ideias instituídas pela

> sociedade e aceitas por todos decidiram experimentar outra maneira de pensar, que não fosse baseada nessa palavra transmitida pela narrativa (*mythos* em grego significa a palavra narrada), mas no *logos*, a palavra raciocinada, exercício de pensamento. Ainda que em alguns momentos a Filosofia tenha se valido de aspectos do mito, de forma geral ela o combate.
> - Filosofia × religião: as relações da Filosofia com as diferentes religiões é muito parecida com sua relação com o mito. A religião baseia-se numa verdade revelada pela(s) divindade(s) e que, portanto, não pode ser contestada. Por isso, a Filosofia, que investe num pensamento crítico e aberto, não combina com a religião. Ao longo da história, tivemos filósofos que, mesmo separando o filosófico do religioso, procuraram demonstrar filosoficamente as verdades da religião. Já outros filósofos combateram duramente os dogmas religiosos.
> - Filosofia cristã: o cristianismo constituiu-se num momento histórico de grande prestígio da filosofia grega, de modo que vários pensadores cristãos esforçaram-se por construir uma abordagem filosófica da religião cristã, mesmo que outros fossem contrários a isso. Ao longo do período medieval, em que o poder político e cultural esteve nas mãos da Igreja, o pensamento filosófico foi atrelado ao cristianismo, sendo constituída uma filosofia cristã.
> - Filosofia × senso comum: a Filosofia se opõe ao senso comum porque, como ele não é sistemático, incorre em muitos erros, mas nem sempre as pessoas admitem que estão erradas. Por isso o senso comum pode assumir um perfil dogmático. Alguns filósofos defendem que a Filosofia dialogue com o senso comum, tomando-o como ponto de partida.

A Filosofia relaciona-se também com formas criativas de pensamento, como a **Ciência** e a **Arte**. Nesta unidade estudamos um pouco sobre cada uma delas. Essas três formas de pensamento estabelecem relações produtivas entre si, umas alimentando as outras.

A Ciência caracteriza-se por investigar os processos naturais de forma sistemática e metódica, através do método experimental. É uma criação moderna, que se estabeleceu a partir do século XVII, tendo sido possibilitada e influenciada pelas grandes transformações pelas quais passou a sociedade europeia na transição da Idade Média para a Modernidade (Humanismo; Grandes Navegações; Reforma protestante). No entanto, elementos daquilo que viria a ser a Ciência moderna já estavam presentes em culturas humanas desde a Antiguidade, ainda que não da forma sistematizada atual. Encontramos conhecimentos de natureza científica bastante importantes entre os egípcios e os gregos, por exemplo. Enquanto no Egito predominava um saber prático, os gregos produziram um saber de natureza teórica.

Os filósofos pré-socráticos dedicaram-se a estudar a *physis* (natureza), investigando qual seria a *arkhé*, o princípio universal que teria dado origem a todas as coisas conhecidas. Várias teorias foram criadas, até mesmo uma que afirmava que tudo o que existe deriva de partículas muito pequenas, que não podemos ver. Tudo pode ser dividido em partes menores, até chegar nessas partículas que não podem mais ser divididas, daí o nome **átomo**. Esses antigos filósofos são geralmente agrupados em "escolas", pela proximidade de suas ideias. Foram especialmente importantes as escolas **jônica**, **itálica**, **eleática** e **atomista**.

Com Aristóteles, tivemos as primeiras compilações de conhecimentos na filosofia antiga, bem como sua classificação. Esse filósofo exerceu bastante o estudo da natureza através da observação dos fatos, mas para ele a observação levava à criação de teorias racionais, que não eram testadas empiricamente. Essa preocupação com a observação que se desdobra numa experimentação só surgiria séculos mais tarde, durante o Renascimento, com pensadores como Galileu Galilei. Suas observações empíricas seriam uma das bases para a construção do método científico, mas ainda seria necessário um amplo debate filosófico sobre o conhecimento para que a perspectiva científica moderna se consolidasse.

Esse debate filosófico animou o século XVII: o conhecimento verdadeiro é aquele produzido pela razão, pelo pensamento, ou aquele produzido pelos sentidos? De um lado, filósofos **racionalistas**, como René Descartes, afirmavam ser a razão a única fonte confiável; de outro, filósofos **empiristas**, como John Locke, afirmavam que o verdadeiro conhecimento provém necessariamente dos sentidos. O racionalismo enfatizava um conhecimento **subjetivo**, enquanto o empirismo enfatizava um conhecimento **objetivo**. Apenas no século XVIII Kant elaborou uma combinação das duas concepções, afirmando que todo conhecimento é racional, mas que a razão só pode operar a partir de dados obtidos pelos sentidos. Esse debate filosófico colaborou na sistematização e consolidação do método científico moderno.

O método científico é caracterizado por cinco passos: observação do fenômeno; formulação de uma hipótese; experimentação para comprovar ou não a hipótese; generalização dos resultados; elaboração de teoria explicativa do fenômeno. Esse método permitiu a consolidação da Ciência e seu desenvolvimento acelerado nos últimos séculos.

Contemporaneamente, o filósofo Paul Feyerabend questiona o método científico e afirma que, de fato, os cientistas fazem o que for necessário em suas pesquisas para produzir um dado conhecimento ou produto tecnológico, de forma anárquica. O método não é seguido à risca, como seria de se supor; apenas ao final, de posse dos resultados, o cientista os organiza metodicamente. Para ele, o progresso da ciência é produzido por uma espécie de "vale-tudo", em que só o conhecimento importa.

Hoje, a Ciência é, sobretudo, uma atividade colaborativa, produzida através de amplas redes de pesquisadores.

Uma das atividades em que a veia criativa do ser humano mais aparece é a Arte. O filósofo Nietzsche afirmou que é a Arte que nos faz plenamente humanos, pois através dela construímos nossa própria vida.

Em sua obra sobre a cultura grega antiga, Nietzsche defendeu a ideia de que a criatividade artística grega deveu-se à articulação de dois princípios, aparentemente contraditórios. Apolo e Dioniso, deuses da mitologia grega, foram usados para nomeá-los: o apolíneo é o princípio racional, que enfatiza a harmonia, a ordem, a proporção; dionisíaco é o princípio que representa a desproporção, o caos, a paixão. A criação humana depende da articulação dos dois: é necessária a loucura para desafiar o que está posto, mas a partir daí é necessário construir harmonia e beleza.

Na obra de arte (seja uma música, um livro, uma pintura, seja um filme, etc.), o artista expressa suas sensações e, quando nos relacionamos com a obra, ela provoca em nós outras sensações, não necessariamente as mesmas do artista. Deleuze e Guattari chamaram isso de "bloco de sensações". É por isso que a Arte emociona. E emociona a cada um de maneira diferente, provocando distintas percepções e sensações. Relacionar-se com a Arte, seja através da produção artística, seja através da fruição de obras de arte, é uma forma de experimentar o potencial humano da criação.

Arte, Ciência e Filosofia são diferentes modos criativos de pensar, que não podem ser confundidos entre si, pois cada um tem diferentes produtos. Mas são atividades criativas que se complementam e nos abrem novas perspectivas. A Filosofia relaciona-se ativamente com a Ciência e a Arte, produzindo e estimulando novos modos de pensar o mundo.

Ideias-chave

- Pensamento criativo: o pensamento que produz algo novo. A Filosofia cria **conceitos**; a Ciência cria **funções**; a Arte cria **sensações**. São três formas diferentes de conhecer o mundo, que se complementam mutuamente.
- *Arkhé*: o princípio universal de todas as coisas. Ideia central da filosofia grega antiga (conhecida como filosofia pré-socrática) que se dedicava a estudar a natureza e a explicá-la racionalmente. A *arkhé* seria um elemento natural do qual todos os outros elementos que compõem a natureza são derivados. Várias ideias de *arkhé* foram propostas: a água, o fogo, o número, o *ápeiron* (indeterminado), o *átomo* (indivisível).
- Racionalismo: corrente filosófica do século XVII que afirmava que o conhecimento verdadeiro só pode ser produzido pela razão, pois os sentidos são duvidosos. O racionalismo enfatizava um conhecimento de tipo subjetivo, por afirmar que a verdade é produzida pelo sujeito que observa o objeto.
- Empirismo: corrente filosófica do século XVII que se opunha ao racionalismo e afirmava que o conhecimento verdadeiro só pode ser produzido pelos sentidos, através da experiência (*empiria*). Enfatizava um conhecimento de tipo objetivo, afirmando que a verdade está sempre no objeto que é conhecido e não no sujeito.
- Método científico: criado no século XVII e aprimorado nos séculos seguintes, consiste numa sistematização dos passos para a produção do saber científico. Foi resultante de um intenso debate filosófico e possibilitou um notável desenvolvimento do conhecimento humano. É a base de todas as ciências e sofre adaptações de acordo com o objeto a ser estudado, mas sem perder suas características fundamentais, alicerçadas em torno de cinco elementos básicos: observação; hipótese; experimentação; generalização; teorização.
- Apolíneo e dionisíaco: os dois princípios que, segundo Nietzsche, possibilitam a criação artística, desde a Antiguidade grega. O primeiro diz respeito à harmonia, ordem e racionalidade, enquanto o segundo traz a confusão, a desordem e a paixão. Para Kant, apenas com a junção dos dois pode haver criação.

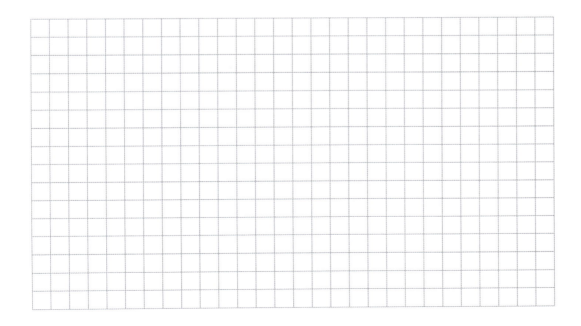

Aplique o que aprendeu

Questões

1.

Embora a questão do início histórico da filosofia e da ciência teórica ainda contenha pontos controversos e continue um "problema aberto" – na dependência, inclusive de novas descobertas arqueológicas –, a grande maioria dos historiadores tende hoje a admitir que somente com os gregos começa a audácia e a aventura expressas numa teoria. Às conquistas esparsas e assistemáticas da ciência empírica e pragmática dos orientais, os gregos do século VI a.C. contrapõem a busca de uma unidade de compreensão racional, que organiza, integra e dinamiza os conhecimentos.

PESSANHA, José A. M. Vida e obra. In: *Os pré-socráticos*. São Paulo: Nova Cultural, 2000. p. 6.

O texto aponta para uma característica diferenciada do pensamento grego em relação ao de outros povos da época. Tal característica pode ser identificada na tendência dos filósofos pré-socráticos à/ao

a) criação de métodos matemáticos rigorosos para a explicação do mundo.
b) apoio em princípios simples que são considerados base para tudo que é real.
c) uso da observação e da experimentação como fontes únicas do conhecimento.
d) negação sistemática de qualquer conhecimento último ou final sobre a realidade.
e) busca do diálogo como método de encontro das verdades para além das opiniões.

2.

Partindo de colocações da escola eleática – particularmente de que a afirmação do movimento pressupõe o não ser –, Leucipo e Demócrito teriam concluído que exatamente porque o movimento existe (como mostram os sentidos), o não ser (corpóreo) existe. Afirma-se, assim, pela primeira vez, a existência do vazio. [...] Todo o universo estaria, portanto, constituído por dois princípios: o contínuo incorpóreo e infinito (o vazio), e o descontínuo corpóreo (os átomos).

PESSANHA, José A. M. Vida e obra. In: *Os pré-socráticos*. São Paulo: Nova Cultural, 2000. p. 31.

O trecho sobre a doutrina atomista de Leucipo e Demócrito explicita como a filosofia pré-socrática se desenvolveu por meio da busca pela

a) explicação cada vez mais racional e consistente da realidade.
b) adequação às doutrinas filosóficas tradicionais e já estabelecidas.
c) eliminação de todos os conceitos teóricos em favor de soluções práticas.
d) retomada de conhecimentos que a Mitologia já figurava corretamente.
e) criação de uma ciência matemática capaz de evitar as inconsistências da percepção.

3.

Tradição e dogmas se atritam, caindo a um mínimo em centros de intercâmbio variado; onde existem mil crenças, tendemos a nos tornar céticos em relação a todas elas. É provável que os comerciantes tenham sido os primeiros céticos; haviam visto demais para acreditarem demais [...]. Homens se tornaram suficientemente audazes para tentar explicações naturais para os processos e acontecimentos até então atribuídos a agentes e poderes sobrenaturais; a magia e o ritual foram lentamente cedendo lugar à ciência e ao controle; e nasceu a filosofia.

DURANT, Will. *A história da filosofia*. São Paulo: Nova Cultural, 1996. p. 30-31.

O texto sugere que uma das características da Grécia antiga que contribuíram para o surgimento da Filosofia foi

a) conclusão de que é impossível uma explicação última para as coisas, o que é explicitado pelo fato de o ceticismo ser a única escola filosófica grega.
b) negação da existência de qualquer entidade sobrenatural, o que é demonstrado pelo fato de toda a Filosofia posterior ter se ancorado em bases ateístas.
c) convivência com povos diferentes e de opiniões diversas, o que indica que o comércio e as navegações foram fundamentais para a guinada filosófica grega.

d) busca pelo controle da população e de suas crenças, o que explica o fato de a filosofia grega antiga não ter se desenvolvido durante os governos democráticos.
e) valorização da economia de subsistência pessoal, o que é refletido no caráter individualista das reflexões filosóficas desenvolvidas naquele período.

4.

Podemos conceber um cavalo virtuoso, pois o sentimento que temos de nós mesmos nos permite conceber a virtude e podemos uni-la à figura e forma de um cavalo, que é um animal bem conhecido. Em resumo, todos os materiais do pensamento derivam de nossas sensações externas ou internas; mas a mistura e composição deles dependem do espírito e da vontade. Ou melhor, para expressar-me em linguagem filosófica: todas as nossas ideias ou percepções mais fracas são cópias de nossas impressões ou percepções mais vivas.

HUME, David. *Investigação acerca do entendimento humano*. Grupo Acrópolis. Disponível em: <http://www.cairu.br/biblioteca/arquivos/Filosofia/>. Acesso em: 23 abr. 2018.

A noção de conhecimento aventada no trecho por David Hume é de caráter

a) materialista, por rejeitar qualquer noção de conhecimento espiritual.
b) empirista, por subordinar a possibilidade do conhecimento às sensações.
c) idealista, por assumir que o conhecimento de algo depende de nossas ideias.
d) racionalista, por defender uma concepção do conhecimento atrelada à mente.
e) cético, por negar o conhecimento das substâncias que de fato compõem o mundo.

5.

Para os Meinako, todos os povos altoxinguanos são *putaka*, ou seja, têm uma só origem, pois "comem as mesmas comidas". Os *wajaiyu* são os "índios selvagens", que vivem além das fronteiras do mundo altoxinguano, com os quais convivem desde a chegada dos irmãos Villas Bôas e a criação do Parque. [...] Os Mehinako explicam as diferenças entre eles e os *wajaiyu* nos termos da mitologia. Em tempos remotos, o Sol fez os povos do Alto Xingu, dando a cada um deles um lugar para viver e um modo de vida. Os *wajaiyu* (apresentados, em muitos mitos, como prole de animais) jamais obtiveram os rituais, os implementos e a cultura dos altoxinguanos.

Almanaque Socioambiental Parque Indígena do Xingu: 50 anos. São Paulo: Instituto Socioambiental (ISA), 2011. p. 113.

O texto sobre a narrativa do povo Mehinako explicita a característica fundamental dos mitos enquanto discursos necessariamente

a) racionais, pois tratam dos fenômenos naturais por noções de causalidade.
b) excludentes, pois justificam as diferenças e inimizades entre todos os povos.
c) históricos, pois são sempre abandonados a partir de novas experiências sociais.
d) explicativos, pois buscam dar sentido a elementos do mundo de uma certa cultura.
e) religiosos, pois narram apenas sobre objetos imaginários e entidades sobrenaturais.

6.

Inexiste no mundo coisa mais bem distribuída que o bom senso, visto que cada indivíduo acredita ser tão bem provido dele que mesmo os mais difíceis de satisfazer em qualquer outro aspecto não costumam desejar possuí-lo mais do que já possuem. E é improvável que todos se enganem a esse respeito; mas isso é antes uma prova de que o poder de julgar de forma correta e discernir entre o verdadeiro e o falso, que é justamente o que é denominado bom senso ou razão, é igual em todos os homens; e, assim sendo, de que a diversidade de nossas opiniões não se origina do fato de serem alguns mais racionais que outros, mas apenas de dirigirmos nossos pensamentos por caminhos diferentes e não considerarmos as mesmas coisas. Pois é insuficiente ter o espírito bom, o mais importante é aplicá-lo bem.

DESCARTES, René. *Discurso do método*. Grupo Acrópolis. Disponível em: <http://ateus.net/artigos/filosofia/discurso-do-metodo/>. Acesso em: 23 abr. 2018.

O trecho de Descartes sugere um papel para o bom senso em sua filosofia racionalista, na medida em que ele é capaz de

a) revelar a insuficiência do espírito como base para o saber humano.
b) ancorar-se nas opiniões do senso comum para garantir suas certezas.

c) ser guiado por vias metódicas para a obtenção de conhecimentos verdadeiros.
d) permitir a diversidade de opiniões sem distingui-las entre verdadeiras e falsas.
e) separar entre os indivíduos que são e os que não são capazes de atingir a verdade.

7.

A filosofia é o movimento pelo qual nos libertamos – com esforços, hesitações, sonhos e ilusões – daquilo que passa por verdadeiro, a fim de buscar outras regras do jogo. A filosofia é o deslocamento e a transformação das molduras de pensamento, a modificação dos valores estabelecidos, e todo o trabalho que se faz para pensar diferentemente, para fazer diversamente, para tornar-se outro do que se é.

FOUCAULT, Michel. *O filósofo mascarado*. Fpolis, setembro de 2000. Disponível em: <http://www.lite.fe.unicamp.br/papet/2002/fe190d/texto08.htm>. Acesso em: 16 abr. 2018.

O trecho de Michel Foucault apresenta a concepção da Filosofia como uma

a) forma de jogo desconectado do resto da vida.
b) análise linguística dos valores éticos e estéticos.
c) área disciplinar dos saberes científicos humanos.
d) conjunto de conhecimentos seguros e verdadeiros.
e) atitude questionadora diante da relação com a verdade.

8.

Hipócrates (c. 460 a.C.), o maior dos médicos gregos, tinha dado um belo exemplo de método experimental ao quebrar os ovos de uma galinha em vários estágios de incubação; e aplicara os resultados em seu tratado *Sobre a origem da criança*. Aristóteles seguiu esse exemplo e realizou experimentos que lhe possibilitaram fazer uma descrição do desenvolvimento do pinto que até hoje promove a admiração dos embriologistas.

DURANT, Will. *A história da filosofia*. São Paulo: Nova Cultural, 1996. p. 85.

O texto aborda a semelhança entre algumas das investigações na Grécia antiga com o método científico moderno, ao explicitar que Hipócrates e Aristóteles aliaram a experimentação com a

a) busca por explicações puramente materialistas para o real.
b) criação de modelos matematizáveis para os fenômenos.
c) elaboração de hipóteses sem possibilidade de refutação.
d) explicação metafísica das causas primeiras para eventos.
e) observação cuidadosa e a generalização dos resultados.

9.

Sem dúvida, não há nada que choque mais nossa razão do que dizer que o pecado do primeiro homem tenha tornado culpados aqueles que, estando distantes dessa fonte, parecem incapazes de participar dele. Essa passagem não nos parece somente impossível, parece-nos mesmo muito injusta, pois o que há de mais contrário às regras de nossa miserável justiça do que condenar eternamente uma criança incapaz de vontade por um pecado no qual parece ter tão pouca parte, já que cometido seis mil anos antes de ela vir a ser? [...] E, entretanto, sem esse mistério, o mais incompreensível de todos, somos incompreensíveis a nós mesmos.

PASCAL, Blaise. *Conversa com o Senhor de Sacy sobre Epiteto e Montaigne*. São Paulo: Alameda, 2014. p. 106-107.

O trecho de Pascal explicita uma característica tipicamente religiosa de sua filosofia, na medida em que ele

a) acredita não haver limites para as capacidades da razão e do conhecimento humano.
b) busca convencer outros indivíduos acerca de sua doutrina com argumentos racionais.
c) lida com as noções de justiça e injustiça a partir de valores absolutos e universais.
d) recorre a uma entidade com capacidades além das humanas para fins explicativos.
e) toma como verdade um elemento de fé ainda que o julgue incapaz de concordar com a razão.

10.

Item 1

Cézanne nunca quis "pintar como um bruto", mas colocar a inteligência, as ideias, as ciências, a perspectiva, a tradição novamente em contato com o mundo natural que elas estão destinadas a compreender, confrontar com a natureza, como ele diz, as ciências "que saíram dela". As pesquisas de Cézanne na perspectiva descobrem, por sua fidelidade aos fenômenos, o que a psicologia recente haveria de formular.

MERLEAU-PONTY, Maurice. A dúvida de Cézanne. In: *O olho e o espírito*. São Paulo: Cosac Naify, 2013.

Item 2

CÉZANNE, Paul. *O lago de Annecy*. Óleo sobre tela, 65 cm × 81 cm, 1896. Reprodução disponível em: <https://www.wikiart.org/en/paul-cezanne/the-lac-d-annecy-1896>. Acesso em: 18 abr. 2018.

A partir do Item 1, do filósofo Maurice Merleau-Ponty, compreende-se a pintura de Paul Cezánne, no Item 2, como uma

a) forma imperfeita de imitar as características naturais da paisagem retratada.
b) manifestação das impressões sentimentais do artista diante da cena retratada.
c) busca por uma natureza ideal do lago que subjaz sua mera percepção sensível.
d) investida científica no estudo das propriedades físicas e geomorfológicas do lago.
e) maneira diferente da científica de se expressar adequadamente a natureza da cena.

TOTAL DE ACERTOS ____/10

UNIDADE 2

O que somos?

Aprofunde seus conhecimentos sobre **a natureza e a condição humana** nas páginas 74 a 139 do Livro do Aluno.

Reveja o que aprendeu

Objetivos de aprendizagem

- Compreender filosoficamente a condição humana.
- Diferenciar condição humana de natureza humana.
- Identificar os principais elementos das filosofias da existência.
- Compreender a linguagem como constituinte do humano, situando as principais concepções filosóficas de linguagem ao longo da história.
- Compreender a dimensão humana da corporeidade, identificando distintas concepções da Antiguidade até nossos dias.
- Refletir criticamente sobre a problemática de sexualidade e gênero, a partir de referenciais filosóficos.

Nesta unidade, estudamos a necessidade do ser humano de conhecer a si mesmo, constituindo o campo que denominamos como Antropologia Filosófica. Como no poema de Carlos Drummond de Andrade que abre o Capítulo 4, quanto mais o humano viaja no Universo, mais ele se interroga sobre si mesmo. Na história da Filosofia, essa interrogação tem sido uma constante e uma das formas que ela assumiu foi a compreensão do humano como um complexo formado por corpo e alma, expondo uma forma de ver que ficou conhecida como **dualismo psicofísico**.

Essa posição apareceu na Filosofia grega antiga, em pensadores como Platão e Aristóteles, atravessou a Idade Média, com o desenvolvimento da Filosofia cristã, e chegou à Modernidade, com a Filosofia iluminista. Assumiu diferentes formas de ser pensada, mas sempre mantendo essa divisão entre corpo e alma, em geral com um predomínio desta.

Uma questão é fundamental na reflexão filosófica sobre o humano: aquilo que somos é resultado de uma "natureza humana", algo universal presente em todos nós? Nesse caso, em que consistiria essa "essência" que nos faz ser humanos? Diferentes respostas foram elaboradas: afirmou-se que a natureza humana seria a racionalidade, o trabalho, etc. Já outros filósofos afirmaram que o que caracteriza o humano não é uma essência universal, mas uma condição à qual estamos todos submetidos. Essa "condição humana" é formada por fatores históricos e sociais e, ao mesmo tempo que interfere naquilo que os seres humanos são, ela é modificada pelas ações desses mesmos seres humanos. Por isso, para estudar a condição humana, a ênfase é posta na existência dos seres humanos, em como eles agem no mundo.

Dois pensadores se destacam no estudo da condição humana. No século XIX, Karl Marx afirmou que a natureza humana está conformada pelos aspectos biológicos, anatômicos, fisiológicos e psicológicos, que podem ser conhecidos na materialidade da vida cotidiana. Para ele, os seres humanos transformam a natureza através do trabalho e com isso transformam-se a si mesmos. Por condição humana, Marx compreende a situação concreta vivida pelos homens e mulheres em cada época histórica. Na sociedade capitalista, a condição humana é o trabalho alienado, visto por ele como uma desumanização, pois o trabalho deixa de ser fonte de criação e transformação de si mesmo para ser fonte de exploração.

No século XX, a filósofa Hannah Arendt, influenciada por Aristóteles, Marx e outros pensadores, afirmou que a condição humana consiste no exercício da *vita activa* (vida ativa), que envolve as três atividades humanas fundamentais: o trabalho (de natureza biológica), a obra (atividade da existência humana, de criação de cultura) e a ação (atividade política). Somos plenamente humanos quando exercemos essas três atividades.

Ainda no século XX, uma perspectiva filosófica importante estaria voltada para a compreensão do ser humano: a filosofia da existência, também conhecida como **existencialismo**. Suas raízes remontam ao século XIX, quando dois filósofos (Kierkegaard e Nietzsche) introduziram a temática existencial na Filosofia. Martin Heidegger procurou aplicar o método fenomenológico ao estudo da existência humana, em busca da compreensão da essência do ser. Para ele, a dimensão fundamental do humano é a temporalidade: nascemos e sabemos que vamos morrer, de modo que é a consciência da morte que dá sentido à nossa existência. Para Jean-Paul Sartre a existência precede a essência humana, que é construída ao longo da vida. De acordo com ele, o ser humano é "condenado a ser livre": ele é obrigado a ser livre, a fazer escolhas e a enfrentar suas consequências diante das inúmeras possibilidades que a vida oferece.

Ideias-chave

- Dualismo psicofísico: perspectiva filosófica que afirma que o ser humano é um complexo formado por corpo e alma (ou corpo e mente), duas instâncias que não podem ser separadas. Assumiu diferentes formas ao longo da história da Filosofia, em geral com uma tendência de considerar a alma mais importante do que o corpo.
- Natureza humana: aquilo de essencial que há em nós e que nos faz seres humanos; aquilo que nos diferencia dos demais seres. Para Aristóteles, por exemplo, a natureza humana é a racionalidade. A noção de natureza humana implica uma perspectiva filosófica essencialista, na qual conhecer o humano é conhecer sua essência. Nessa perspectiva, há uma universalidade na concepção de ser humano.
- Condição humana: conjunto de situações às quais os seres humanos estão submetidos historicamente e que nos permitem compreendê-lo. Diferentemente da postura essencialista, a condição humana muda historicamente, e assim devemos estar atentos a essas transformações para compreender o fenômeno humano. Não havendo uma essência que define o que é ser humano, também não há uma ideia universal.
- Vida ativa: segundo H. Arendt, trata-se da articulação das três principais esferas da ação humana. O trabalho, que é a atividade biológica do corpo humano; a obra, que é a atividade humana de transformação da natureza, produzindo cultura; e a ação, que é a atividade de vida em sociedade, a atividade política. A articulação dessas três instâncias consolida a condição humana.
- Existencialismo: Corrente filosófica da primeira metade do século XX, que se caracterizou por afirmar que a compreensão do ser humano só pode ser dada pela análise de sua existência, utilizando-se do método fenomenológico. Dois de seus principais expoentes foram Heidegger e Sartre, que enfatizaram as dimensões da temporalidade e da liberdade na compreensão da condição humana.
- Temporalidade: uma das dimensões fundamentais do ser humano, a qual indica que somos seres que vivem no tempo. A consciência da temporalidade é dada pelo fato de sabermos que somos finitos, que um dia morreremos. Segundo Heidegger, é esta consciência da morte que dá sentido para a vida.

- **Má-fé:** na filosofia de Sartre, agir de má-fé significa viver de forma falsa, assumindo como absoluta uma identidade através da qual somos reconhecidos pelos outros. É uma espécie de autoengano, pois no fundo sabemos que aquela identidade não resume o que somos, mas como nos sentimos confortados por sermos assim reconhecidos, nos prendemos a ela e fingimos ser o que ela representa.
- **Existência autêntica:** é o contrário da má-fé. Trata-se de assumir que somos um projeto, uma abertura para o futuro, em transformação constante. Viver uma existência autêntica significa assumir a angústia de não ter uma identidade fixa e agir sempre de acordo com as escolhas que as circunstâncias que vivemos nos proporcionam.

Uma das dimensões importantes para a compreensão do ser humano é a linguagem. Aristóteles já afirmava que somos seres de linguagem e que é ela que nos faz humanos. É através da linguagem que pensamos. Precisamos então perguntar: o que é a linguagem? Ela é um sistema de símbolos, formas de representar alguma coisa, permitindo que se estabeleça a comunicação entre pessoas. Como as possibilidades de representação são muitas, as linguagens se diversificam.

A problemática da linguagem já era pensada pela Filosofia na Antiguidade. Platão colocava em destaque a ideia de que a palavra pode ser um remédio ou um veneno, dependendo de como for usada. Por isso, para ele era fundamental aprimorarmos nosso uso da linguagem, através de um exercício racional que nos levasse cada vez mais perto das ideias perfeitas. Ele pensava a dialética como uma forma de tornar as ideias cada vez mais claras por meio do diálogo. Aristóteles deu centralidade ao problema da linguagem, ao afirmar que somos seres de linguagem e que é isso que nos permite pensar e nos diferencia das outras espécies animais. Esse filósofo desenvolveu as regras do que ficaria conhecido como Lógica, mostrando como o uso correto da linguagem é fundamental para o bom pensamento.

Ainda que a problemática da linguagem atravesse a história da Filosofia, sendo sempre um dos pontos considerados pelos filósofos, no século XX ela tornou-se especialmente importante: ocorreu a chamada "virada linguística", que colocou a linguagem como centro da problemática filosófica. Para esse movimento foram importantes o desenvolvimento do **estruturalismo**, de um lado, e da **filosofia analítica**, de outro, que de diferentes modos contribuíram para o estudo da linguagem na Filosofia.

Um dos pensadores da linguagem mais relevantes nesse século foi Wittgenstein. Para ele, os limites da linguagem de um indivíduo indicam os limites de seu mundo: quanto mais ampla sua linguagem, mais amplo seu mundo. Essa afirmação possui evidentes implicações políticas, pois através da redução do universo linguístico podemos reduzir as faculdades de pensamento, ocasionando uma maior dominação.

Outro conceito importante de Wittgenstein é o de **jogos de linguagem**. Ele considera que há múltiplas linguagens e que as palavras se organizam de acordo com determinados jogos, com regras próprias. É preciso, portanto, saber em que contexto uma palavra é utilizada, para podermos inseri-la no jogo e compreender seus sentidos. Ou seja: cada palavra deve ser compreendida no contexto de um jogo específico, para que se compreenda o papel que ela ali desempenha.

Como expressão simbólica, a linguagem está intimamente relacionada com a cultura, o mundo transformado pelo trabalho humano. Ainda que se faça, em alguns contextos, uma diferenciação entre uma "cultura popular" e uma "cultura erudita", ambas são tramas simbólicas criadas pelos seres humanos, igualmente importantes como formas de eles se expressarem. Dessa maneira, uma das formas que temos para conhecer o humano é o estudo de suas produções, materializadas na cultura. Félix Guattari destacou três sentidos de cultura: como um valor social, que distingue as pessoas cultas; como civilização, como a expressão da "alma de um povo"; e como mercadoria, produto que circula no mercado cultural capitalista contemporâneo. Em nosso tempo, marcado pelo capitalismo, a cultura é cada vez mais transformada em mercadoria, em produto de consumo.

> **Ideias-chave**
> - Linguagem: sistema simbólico que permite a representação das coisas e a efetivação de relações abstratas, como o pensamento e a comunicação. Na medida em que há vários tipos de símbolo, temos também variados tipos de linguagem: oral, escrita, de sinais, artística, numérica, etc.
> - Dialética: no pensamento platônico, processo de clarificação das ideias pelo diálogo, que nos coloca cada vez mais próximos da verdade.
> - Estrutura da linguagem: conjunto de regras do discurso e do pensamento corretos. Para Aristóteles, as palavras são os instrumentos do pensamento organizados por regras que determinam sua correta utilização.
> - Virada linguística: movimento da Filosofia do século XX que colocou a linguagem como centro das atenções da Filosofia. Diferentes perspectivas filosóficas concorreram para isso, como a Filosofia analítica, que definia a atividade filosófica como uma análise lógica das proposições científicas, não cabendo a ela a produção de conhecimento verdadeiro, mas a validação ou não de afirmações científicas.
> - Jogos de linguagem: conceito de Wittgenstein segundo o qual há múltiplas linguagens, com distintos objetivos. Cada linguagem é uma espécie de jogo, com características e regras próprias de funcionamento. Para compreender o sentido de palavra é necessário situá-la em um jogo e conhecer suas regras. Em outro jogo, com outras regras e objetivos distintos, a mesma palavra pode ter outros sentidos.
> - Cultura: resultado da ação humana no mundo, que transforma a natureza pelo trabalho. A cultura é, assim, uma manifestação material e imaterial da ação humana e através de seu estudo podemos conhecer o ser humano.

A corporeidade é uma das dimensões do ser humano. Atualmente, há uma preocupação com o corpo, como a necessidade da prática de atividades físicas, uma disseminação de dietas da moda, tudo motivado por questões estéticas. Como o pensamento sobre o corpo pela Filosofia pode nos ajudar a refletir criticamente sobre isso?

Estudamos três formas de pensar o corpo na história da Filosofia: o **dualismo psicofísico** inaugurado por Platão; o **hilemorfismo** pensado por Aristóteles; e a perspectiva da **interação corpo-mente**, proposta por Espinosa no século XVII. O dualismo de Platão está articulado com sua visão de mundo sensível e mundo ideal; da mesma forma, o ser humano é parte sensível (corpo) e parte ideal (alma racional). Enquanto o corpo é imperfeito e perecível, a alma é perfeita e imortal. De modo que a essência humana está na alma, ainda que ela necessite do corpo. O cuidado do corpo é, assim, uma necessidade para o cuidado da alma. Discordando dessa ideia, Aristóteles introduziu a noção de que todas as coisas são resultantes de uma união de dois princípios complementares, a **matéria** e a **forma**. No caso do ser humano, o corpo é a matéria, sendo a alma aquilo que traz a forma do humano. Perceba que a perspectiva de Aristóteles busca promover uma maior articulação entre as duas instâncias, mas o dualismo ainda está presente e a alma segue sendo mais importante que o corpo. Essa visão dualista só seria contestada por Espinosa, no século XVII. Para esse filósofo, corpo e mente (alma) são uma coisa só e um não pode ser pensado sem o outro. A alma não comanda o corpo, nem esse a comanda; ambos estão em relação intrínseca e não podem ser separados. Espinosa oferece então um novo estatuto para o corpo. Tudo depende daquilo que se passa com a pessoa nas suas relações com mundo, com as coisas, com os outros. Essa interação produz afecções que estimulam o corpo e a mente. Quando uma relação qualquer aumenta nossa potência de pensar e agir, ficamos alegres; quando diminui nossa potência de pensar e agir, ficamos tristes.

No século XX, a Filosofia do corpo receberia ainda outras contribuições importantes. Merleau-Ponty introduziria a noção de **corpo próprio**, como crítica ao mecanicismo que a tradição filosófica apresenta ao pensar o corpo. O corpo é a única possibilidade de uma existência concreta, é ele que nos coloca no mundo e permite que atuemos no mundo e sobre nós mesmos. Já Foucault pensou o corpo como objeto de relações de poder, especialmente de um poder disciplinar que dociliza os corpos e os prepara para o trabalho. Mas é essa docilização dos corpos que permite também que eles reajam e produzam novas situações. Enfim, o século XX levou a sério a afirmação de Espinosa: "ninguém sabe o que pode um corpo" e abriu novos horizontes para pensar a corporeidade.

A dimensão da corporeidade abre a perspectiva da sexualidade e do gênero: somos corpos sexuados, mas a sexualidade se coloca para além do biológico, é também cultural e social. Sendo o humano um ser que produz linguagem e cultura, nada pode ser reduzido ao estritamente biológico. O gênero difere do sexo biológico porque está articulado ao universo cultural: trata-se da construção de uma identidade, que pode ser fluida e transitória.

Uma filósofa foi de extrema importância para pensar a condição feminina no século XX e em nossos dias: Simone de Beauvoir. Para ela, precisamos pensar a condição feminina como uma construção histórica e social, daí sua famosa afirmação: "ninguém nasce mulher, torna-se mulher". Não há uma natureza feminina, essencial, e sim uma construção da condição de mulher, que muda e pode ser mudada.

Ideias-chave

- Corporeidade: uma das dimensões do humano, dada pela materialidade de sermos um corpo, que está no mundo, em meio às coisas e aos outros. Na história da Filosofia, a corporeidade tem sido pensada de diversas maneiras, desde perspectivas dualistas, que enfatizam a divisão entre corpo e alma, até perspectivas que buscam pensar essas dimensões de forma integrada.
- Hilemorfismo: perspectiva teórica introduzida por Aristóteles que consiste em afirmar que em tudo há matéria (*hylé*, em grego) e forma (em grego, *morfos*). A forma, de natureza racional, é o que dá sentido à matéria, constituindo-se na essência da coisa.
- Corpo-mente: segundo Espinosa, o ser humano é um complexo corpo-mente, não havendo qualquer separação entre essas duas instâncias. Corpo e mente são duas expressões da mesma realidade, como se olhássemos as duas faces de uma moeda. O que acontece com uma necessariamente interfere na outra; isto é, o que ocorre no corpo provoca reações na mente e o que acontece na mente provoca efeitos no corpo.
- Afecção: na filosofia de Espinosa, tudo aquilo que, sendo externo, estimula o corpo. O corpo age de acordo com as afecções e sua potência de agir e pensar pode ser aumentada ou diminuída, a depender das afecções que recebe.
- Corpo próprio: para Merleau-Ponty, a certeza da existência não está no pensamento, como para Descartes, mas no corpo. Existimos porque somos um corpo, que é

a sede da percepção das coisas, do mundo e de nós mesmos. Por isso não devemos dizer: "temos um corpo", mas "somos um corpo". A noção de corpo próprio quebra a primazia da alma sobre o corpo.
- Poder disciplinar: na filosofia de Foucault, a disciplina é uma tecnologia de poder que consiste em tornar os corpos dóceis e maleáveis, podendo ser moldados para a produtividade do trabalho, por exemplo. A disciplina individualiza os corpos e permite que eles sejam tratados como sujeitos. Mas o disciplinamento dos corpos possibilita também que o indivíduo trabalhe sobre si mesmo. Para Foucault, as tecnologias de poder têm sempre múltiplos efeitos, tanto positivos como negativos.
- Gênero: a forma como cada sujeito vivencia sua identidade de gênero, que não pode ser reduzida à dimensão biológica. Temos corpos que são masculinos ou femininos (e mesmo hermafroditas, em casos mais raros), mas o gênero diz respeito às múltiplas formas culturais e históricas através das quais assumimos identidades. Abre-se, assim, uma perspectiva de diversidade sexual e de gênero.
- Condição feminina: conceito criado por Simone de Beauvoir para compreender a mulher numa sociedade machista. Articulada com a visão existencialista, ela afirmou não existir uma "essência do feminino" (assim como não há uma "essência do masculino"). O ser mulher é uma produção histórica e cultural e, como tal, pode ser mudada. Tal conceito foi fundamental para as lutas feministas do século XX.

Aplique o que aprendeu

Questões

Só quando a civilização torna o homem "sociável e um escravo" é que ele perde sua virilidade, aprendendo a ser fraco e a temer tudo a seu redor [...], diz Rousseau. Ele perde até a natural tendência a se mostrar compassivo. Se alguém cortar a garganta de uma pessoa debaixo da janela de um filósofo, é provável que este tape os ouvidos com as mãos, fingindo não ouvir; um selvagem jamais faria isso. Um homem natural não deixaria de ouvir a voz interna que o leva a se identificar com seus semelhantes.

BAKEWELL, Sarah. *Como viver*. Trad. Clóvis Marques. Rio de Janeiro: Objetiva, 2012. p. 204.

O texto apresenta uma concepção de Rousseau, em que a natureza humana é vista como

a) violenta, o que é expresso na agressão entre os indivíduos.
b) frágil, uma vez que é passiva diante dos perigos que a cercam.
c) covarde, já que busca a segurança em todas as situações.
d) inexistente, pois há diferentes formas de ser humano.
e) benevolente, mesmo que corruptível pela sociedade.

A tabacaria

Não sou nada.
Nunca serei nada.
Não posso querer ser nada.
À parte disso, tenho em mim todos os sonhos do mundo.
[...]
Fiz de mim o que não soube,
E o que podia fazer de mim não o fiz.
O dominó que vesti era errado.
Conheceram-me logo por quem não era e não desmenti, e perdi-me.
Quando quis tirar a máscara,
Estava pegada à cara.
Quando a tirei e me vi ao espelho,
Já tinha envelhecido.
Estava bêbado, já não sabia vestir o dominó que não tinha tirado.
Deitei fora a máscara e dormi no vestiário
Como um cão tolerado pela gerência
Por ser inofensivo
E vou escrever esta história para provar que sou sublime.
[...]

CAMPOS, Álvaro de. *A tabacaria*. Arquivo Pessoa. Disponível em: <http://arquivopessoa.net/textos/163>. Acesso em: 24 abr. 2018.

Tais versos de Álvaro de Campos podem ser considerados uma expressão do existencialismo na medida em que exploram a

a) pulsão de morte, pela falta completa de sentido na vida.
b) angústia do sujeito, a quem falta uma natureza fixa.
c) determinação biológica da vida, que dita o ritmo humano.
d) impossibilidade das certezas, que pode levar à insanidade.
e) passividade do indivíduo, que é incapaz de agir livremente.

Pois concordamos que é bem provável que quem sentiu alguma coisa – ou seja, quem viu, ouviu, afinal, percebeu por meio de qualquer um de seus sentidos – pensa a respeito dessa coisa, em outra que esqueceu e que possui com a percebida alguma relação, seja semelhante àquela ou não. De forma que é necessário, ou que nasçamos com esses conhecimentos e que os preservemos no decorrer de nossa existência, ou que aqueles que aprendem, da mesma maneira que ocorre conosco, só lembrem, e o aprendizado é mera recordação.

PLATÃO. *Fédon*. In: *Platão*. São Paulo: Nova Cultural, 2000. p. 140. (Coleção Os Pensadores).

A consideração platônica que trata do conhecimento como um tipo de lembrança, abordada no trecho, ancora sua concepção da humanidade como

a) constituída por um corpo que tem acesso às ideias através dos sentidos.
b) incapaz de descobrir qualquer coisa sobre a natureza da realidade inteligível.
c) portadora de uma tradição de conhecimentos empíricos sobre o mundo natural.
d) fadada a conhecimentos acerca da realidade que são limitados por seus sentidos.
e) possuidora de uma alma eterna que já teve contato com a realidade ideal das coisas.

4.

Ao relativismo dos sofistas, Platão opõe não uma afirmação de verdade simplória e dogmática. A busca de uma condição incondicionada para o conhecimento, o encontro com o absoluto fundamento da verdade (que só então se distingue do erro e da fantasia), é para Platão não o ponto de partida, mas a meta a ser alcançada. [...] A dialética vai progressivamente perdendo o interesse humano imediato e a dramaticidade para se converter, cada vez com mais apoio em recursos matemáticos, num método impessoal e teórico, que visa aos próprios problemas, e não apenas à sondagem da consciência dos interlocutores.

PESSANHA, José. Vida e obra. In: *Platão*. São Paulo: Nova Cultural, 2000. p. 18. (Coleção Os Pensadores).

O trecho explicita como Platão busca superar o uso sofístico da linguagem, ao assumir que ela pode ser usada dialeticamente para

a) descrever de forma lógica e simbólica os fenômenos da realidade.
b) explicitar a impossibilidade humana de se alcançar verdades plenas.
c) partir de uma verdade simples e sólida para conhecimentos complexos.
d) refutar os seus oponentes de maneira a ter sucesso nos debates públicos.
e) aproximar os interlocutores da verdade por meio de hipóteses e analogias.

5.

A prova de que o Estado é uma criação da natureza e tem prioridade sobre o indivíduo é que o indivíduo, quando isolado, não é autossuficiente; no entanto, ele o é como parte relacionada com o conjunto. Mas aquele que for incapaz de viver em sociedade, ou que não tiver necessidade disso por ser autossuficiente, será uma besta ou um deus, não uma parte do Estado. Um instinto social é implantado pela natureza em todos os homens, e aquele que primeiro fundou o Estado foi o maior dos benfeitores.

ARISTÓTELES. *Política*. Trad. Therezinha Abrão. São Paulo: Nova Cultural, 2000. p. 147. (Coleção Os Pensadores).

O trecho demonstra como a teoria política de Aristóteles se baseia na noção de que os seres humanos

a) devem buscar a autossuficiência pessoal para se tornarem divinos.
b) possuem as mesmas características que outros animais da natureza.
c) superam seus instintos quando se organizam sob a tutela de um Estado.
d) dependem da participação na sociedade para se realizarem plenamente.
e) saem do estado de natureza ao estabelecerem um contrato social entre eles.

6.

O homem é visto por Bruno como um ser privilegiado que reflete em si a totalidade do Universo e é capaz, portanto, de penetrar-lhe todos os segredos. A mente humana seria idêntica à mente divina que compõe o cerne de todas as coisas. Exercer as faculdades de imaginação e memória (esta entendida no sentido amplo de receptáculo de toda a vida espiritual) permitiria ao homem ascender a verdades ocultas do Universo. Fazer isso não seria apenas uma tarefa de ordem cognitiva, mas sobretudo uma obrigação moral e religiosa.

PESSANHA, José. Vida e obra. In: *Bruno, Galileu e Campanella*. São Paulo: Nova Cultural, 1983. p. 10. (Coleção Os Pensadores).

O texto sobre o filósofo napolitano Giordano Bruno exemplifica uma tendência renascentista ao pensamento

a) empirista.
b) mitológico.
c) materialista.
d) antirreligioso.
e) antropocêntrico.

7.

Podemos imaginar um animal irado, medroso, triste, contente, assustado. Mas esperançoso? E por que não? O cão acredita que seu dono está à porta. Mas pode ele acreditar também que o seu dono virá depois de amanhã? [...] Só pode ter esperança quem sabe falar? Somente quem domina o emprego da linguagem. Isto é, os fenômenos da esperança são modificações desta complicada forma de vida. (Se um conceito tem em mira um caráter da escrita humana, então não tem aplicação sobre seres que não escrevem.)

WITTGENSTEIN, Ludwig. *Investigações filosóficas.* Trad. Marcos Montagnoli. Petrópolis, RJ: Vozes, 2014. p. 233.

Wittgenstein, no texto, está aventando uma concepção da linguagem em que o significado das expressões humanas é

a) compartilhado por todas as outras espécies de animais do mundo.

b) dependente do contexto de uso na vida e de suas regras implícitas.

c) representação rígida dos estados emocionais momentâneos de quem fala.

d) estritamente delimitado pelos objetos mundanos aos quais se referem.

e) inacessível a outros seres que porventura usassem a mesma linguagem.

8.

A reflexão sobre minha própria raiva nada me mostra que seja separável ou que possa, por assim dizer, ser descolado de meu corpo. Quando me lembro de minha raiva de Paulo, encontro-a não em meu espírito ou em meu pensamento, mas inteiramente entre mim que vociferava e esse detestável Paulo, tranquilamente sentado ali me escutando com ironia. Minha raiva era somente uma tentativa de destruição de Paulo, que permanece verbal, se sou pacífico, até cortês, se sou educado, mas afinal ela acontecia no espaço comum em que trocávamos argumentos em vez de golpes, e não em mim.

MERLEAU-PONTY, Maurice. *Conversas* – 1948. Trad. Fábio e Eva Landa. São Paulo: Martins Fontes, 2004. p. 45.

O trecho de Merleau-Ponty exemplifica um posicionamento filosófico que concebe a experiência em geral como essencialmente

a) racional e linguisticamente determinada.

b) privada e interna à consciência individual.

c) violenta e conflituosa entre os seres humanos.

d) corporal e integrada em uma situação mundana.

e) conformada pelo poder disciplinar sobre os indivíduos.

9.

A disciplina faz "funcionar" um poder relacional que se autossustenta por seus próprios mecanismos e substitui o brilho das manifestações pelo jogo ininterrupto dos olhares calculados. Graças às técnicas de vigilância, a "física" do poder, o domínio sobre o corpo se efetuam segundo as leis da ótica e de mecânica, segundo um jogo de espaços, de linhas, de telas, de feixes, de graus, e sem recurso, pelo menos em princípio, ao excesso, à força, à violência. Poder que é em aparência ainda menos "corporal" por ser mais sabiamente "físico".

FOUCAULT, Michel. *Vigiar e punir.* Petrópolis: Vozes, 2009. p. 170.

Michel Foucault explora, no trecho, a atuação contemporânea do poder por meio do

a) adestramento criado pela expectativa da vigilância.

b) jogo de forças similares entre indivíduo e sociedade.

c) avanço de leis cada vez mais complexas e restritivas.

d) emprego mecânico da violência direta sobre os corpos.

e) uso da ideologia científica para convencimento do povo.

10.

Éramos de início, diz ele, o dobro do que agora somos, e desse ser inteiriço havia três gêneros, um composto de duas partes masculinas, outro de duas partes femininas e outro misto. Em represália à insolência desses nossos ancestrais, Zeus cortou-os ao meio. Depois da operação, começa para esses novos seres, assim multiplicados, uma procura ansiosa da sua antiga metade. Exatamente em tal procura consiste o amor, sendo que a proveniência de cada metade explica o tipo particular de cada um, isto é, o homossexual masculino ou feminino e o heterossexual.

SOUZA, José. Introdução. In: PLATÃO. *O banquete*. Rio de Janeiro: Difel, 2008. p. 35.

O mito dos andróginos, apresentado no diálogo platônico *O banquete*, lida com a questão da sexualidade humana de forma a

a) questionar as narrativas tradicionais gregas.

b) demonstrar a incompreensibilidade do amor.

c) dar sentido aos diferentes desejos amorosos.

d) prover uma explicação científica para o sexo.

e) estabelecer leis políticas para a conduta sexual.

11.

Mesmo aqueles sentimentos que, como a paternidade, parecem inscritos no corpo humano são, na realidade, instituições. É impossível sobrepor, no homem, uma primeira camada de comportamentos que chamaríamos de "naturais" e um mundo cultural ou espiritual fabricado. No homem, tudo é natural e tudo é fabricado, como se quiser, no sentido em que não há uma só palavra, uma só conduta que não deva algo ao ser simplesmente biológico – e que ao mesmo tempo não se furte à simplicidade da vida animal, não desvie as condutas vitais de sua direção, por uma espécie de *regulagem* e por um gênio do equívoco que poderiam servir para definir o homem.

MERLEAU-PONTY, Maurice. *Fenomenologia da percepção*. Trad. Carlos Moura. São Paulo: Martins Fontes, 2011. p. 257.

Merleau-Ponty, no trecho, concebe o ser humano como definido por atividades culturais que

a) suprimem suas características e sentimentos biológicos.

b) consistem em uma superação da natureza pelo trabalho.

c) intermedeiam simbolicamente as relações entre pessoas.

d) podem dispensar o corpo físico para sua execução.

e) rearranjam e afetam profundamente sua natureza.

TOTAL DE ACERTOS _____ /11

UNIDADE 3

Por que e como agimos?

Aprofunde seus conhecimentos sobre **as concepções de valor e ética** nas páginas 138 a 201 do Livro do Aluno.

Reveja o que aprendeu

Objetivos de aprendizagem

- Ter noções gerais da Ética como área da Filosofia dedicada a pensar a ação humana.
- Compreender a noção filosófica de valor, identificar diferentes conceitos, em especial aqueles que afirmam o valor como universal e aqueles que o apontam como realidade historicamente produzida.
- Identificar as concepções éticas que compreendem a ação humana como visando a felicidade.
- Identificar as concepções éticas que afirmam a ação humana orientada pelo dever.
- Compreender a vida humana como uma construção, da qual cada um pode ser o próprio sujeito.
- Identificar as semelhanças e diferenças nas teorias éticas das filosofias helenistas (estoicismo, epicurismo, cinismo).
- Refletir criticamente sobre a própria vida a partir dos referenciais éticos estudados.

Esta unidade está dedicada à problemática da Ética, área da Filosofia voltada a pensar a ação humana de forma individual e que se articula com a Política – cujo objeto são as ações humanas coletivas.

Quando agimos, somos sempre levados a fazer escolhas com base em valores. O que valorizamos ou levamos em conta quando precisamos escolher? Esses valores são universais e imutáveis ou dependem da época e do lugar?

Na história da Filosofia, encontramos diferentes respostas a essas perguntas. Platão, por exemplo, defendia a universalidade do valor. Para ele, o valor é uma ideia; portanto, é eterno e imutável. Condizente com o pensamento grego da época, esse filósofo apresentou a teoria de que todos e cada um de nós somos compostos de três diferentes almas: duas ligadas ao corpo, consideradas inferiores; e uma alma racional, superior. Acontece que em cada ser humano uma dessas três almas prevalece sobre as outras, fazendo com que tenhamos três tipos diferentes de temperamento ou caráter.

Quando predomina a alma inferior responsável pelos desejos, temos um caráter concupiscível; quando predomina a alma inferior ligada às emoções, temos um caráter irascível; um caráter racional é aquele presente quando a alma superior (racional) predomina sobre as demais. Para ele, a Ética consiste em agir em busca da felicidade e só podemos ser felizes se vivermos de acordo com nossa própria natureza, de acordo com nosso caráter. Assim, é necessário sabermos qual é nosso caráter para viver de acordo com essas disposições naturais. Por exemplo, alguém de caráter racional não será feliz se for forçado a viver de forma concupiscível, guiado pelos desejos, e o contrário também é verdadeiro. Da mesma forma, se queremos uma cidade justa e feliz, precisamos garantir que cada cidadão possa viver de acordo com seu caráter. Quando cada cidadão é feliz, vivendo de acordo com sua natureza, a comunidade toda é feliz. Assim se estabelece o vínculo entre Ética e Política.

Uma posição completamente distinta foi defendida por Nietzsche, na segunda metade do século XIX. Para ele, os valores são produzidos historicamente e não são universais.

Aquilo que consideramos valores universais são valores que, num determinado momento, foram impostos por um grupo de pessoas, que os afirmou como válidos para todos e para sempre. Para ele, temos dois tipos básicos de caráter: um **ativo**, presente no indivíduo capaz de afirmar a si mesmo por meio da ação, e um **reativo**, relativo ao indivíduo que não afirma a si mesmo senão pela negação do outro. Eles ensejam dois tipos de moral: uma moral dos fortes, afirmativa, e uma moral dos fracos, reativa. A cultura ocidental que nós vivemos é baseada numa inversão de valores, através da qual o fraco passou a ser considerado bom e o forte, ruim. Isso leva, segundo Nietzsche, a uma decadência cultural, incapaz de afirmar a vida e a criação. Mas isso é resultado de um processo histórico e pode ser mudado: uma nova cultura da afirmação da vida pode ser construída por nós, desde que produzamos uma "transvaloração dos valores", isto é, desde que mudemos o valor do valor – o afirmativo passe a ser bom e o reativo, ruim.

A filosofia do valor foi bastante desenvolvida por Sartre no século XX. O filósofo desenvolveu um estudo fenomenológico do valor, mostrando que ele é uma das estruturas da consciência humana, e é sempre definido em situação, não sendo universal. Como estrutura da consciência, o valor é uma falta, pois valorizamos aquilo que não temos. Para Sartre, o valor viabiliza nossas escolhas, e, uma vez que escolhemos, somos sempre responsáveis pelos nossos atos. Tal fato nos gera angústia. Outra fonte da angústia é não sabermos quem somos. Para fugir dela, muitas vezes agimos de má-fé, escondendo-nos de nós mesmos e agindo segundo o olhar dos outros, pois os outros nos dão uma identidade. Essa falsa sensação de identidade, entretanto, é apenas momentânea, pois sabemos que não somos exatamente da maneira como os outros nos veem. Quando continuamos a agir como se tivéssemos essa identidade, estamos enganando a nós mesmos, agindo de má-fé. Como somos sempre obrigados a fazer escolhas, esse filósofo afirmou que o ser humano está "condenado a ser livre".

Ideias-chave

- **Valor**: fundamento da moral e das ações éticas, o valor é aquilo que guia nossas escolhas. Quando temos que escolher entre uma coisa ou outra, entre uma ação ou outra, escolhemos aquela que nos parece mais importante, aquela que parece ter mais valor.
- **Valor universal**: perspectiva filosófica que afirma que os valores éticos e morais são universais, isso é, são válidos igualmente para todos, em qualquer época e lugar. Sendo universais, os valores não podem ser mudados. Exemplo: o valor da vida humana é universal e deve ser respeitado por todos e por qualquer um.
- **Valor histórico**: perspectiva filosófica que afirma que os valores éticos e morais são produzidos historicamente, segundo os interesses de grupos sociais em determinadas épocas e locais. Isso significa que os valores variam, de acordo com as culturas, os povos, as épocas e que eles sempre podem ser mudados. Retomando o exemplo anterior, nessa perspectiva a afirmação do valor da vida humana é diferente em cada época, em cada cultura.
- **Os três caracteres**: na teoria platônica, os três tipos de alma, uma que rege os desejos, outra que rege as emoções e uma terceira, que rege a razão, correspondem a três temperamentos (ou caracteres). Todos nós somos portadores destas três almas, mas em cada um de nós uma delas predomina. Isto é: todos nós sentimos desejos e emoções e pensamos racionalmente, mas em cada um uma dessas faculdades é mais desenvolvida e predomina sobre as outras. Assim, aquele que tem a alma concupiscível predominante toma suas decisões baseado nos desejos, ainda que sinta emoções e pense; naquele em que predomina a alma irascível, as decisões são tomadas com base na emoção, mesmo que ele deseje e pense; por fim, o indivíduo que possui a alma racional predominante toma suas decisões com base no pensamento refletido, o que não significa que deixe de sentir desejos e emoções.

- Articulação entre Ética e Política: para Platão, a finalidade da Ética (ação individual) é a mesma da Política (ação coletiva): a felicidade. Através da Ética guiamos nossas ações para que sejamos felizes e na ação política a gestão da cidade deve ter como finalidade a felicidade de todos os cidadãos. Nessa filosofia, é preciso que cada um seja feliz, vivendo de acordo com seu temperamento e contribuindo para o coletivo. De modo que vamos ter aqueles que, guiados pelo desejo, produzem os bens necessários à sobrevivência de todos; outros guiados pelas paixões, que se encarregarão da defesa de todos; e, também, aqueles que, vivendo de acordo com a razão, são os mais capazes para governar a cidade. Com essas três classes sociais, formadas por indivíduos vivendo de acordo com seus temperamentos naturais, temos uma cidade perfeitamente equilibrada e feliz.
- Vontade de poder: segundo Nietzsche, força vital presente em todo ser vivo que o faz afirmar a vida e permanecer vivo. Tal impulso adquire maior complexidade no ser humano, em que a vontade de poder pode ser ativa ou reativa.
- Ativo/reativo: Para Nietzsche, o caráter pode ser ativo ou reativo. Um caráter ativo é aquele baseado na afirmação, aquele que age, de forma direta. Um caráter ativo é aquele que é capaz de afirmar: "eu sou bom". Um caráter reativo é aquele que não tem a força necessária para agir, por isso sempre reage à ação de outrem. Um caráter reativo só consegue afirmar a si mesmo reagindo à ação do outro.
- Moral dos fracos: a moral que predomina em nossa cultura e em nossa sociedade ocidental, de acordo com Nietzsche. Trata-se de uma moral de indivíduos fracos, que se juntam na esperança de em grupo serem mais fortes. Essa união gera um rebanho, que sempre precisa de um pastor, como no caso do gado. É essa moral, também chamada de moral de rebanho, que faz com que tenhamos a necessidade de sermos conduzidos, que não sejamos capazes de agir por conta própria.
- Transvaloração dos valores: o processo de mudança do valor dos valores. No pensamento de Nietzsche, a única forma de superarmos a moral dos fracos é transformando nossos valores, que em algum momento no passado foram invertidos. O forte que era considerado bom foi trocado pelo fraco. Seria preciso, então, reverter essa situação, fazer com que o forte seja novamente valorizado como bom, de modo a termos uma ética centrada na afirmação, e não na reação.
- Valor e falta: na filosofia de Sartre, temos vontade daquilo que não possuímos, isto é, a vontade é a afirmação de uma falta. Para ele, o valor também é uma falta, pois tendemos a valorizar aquilo que não temos.
- Escolha e liberdade: ser livre, segundo Sartre, significa ser capaz de fazer escolhas. E nós sempre temos que fazer escolhas. Todos os nossos atos são escolhas. Por exemplo, pela manhã precisamos escolher se vamos levantar da cama ou se vamos dormir mais um pouco; mesmo quando levantamos obrigados pelo horário para ir para a escola, o fazemos porque escolhemos, porque poderíamos também continuar a dormir. No fundo, nada nos obriga, nós sempre escolhemos. Por isso Sartre diz que o ser humano está "condenado a ser livre": a única escolha que não podemos fazer é a de não escolher.

Vimos no Capítulo 7 que a Ética é a parte da Filosofia relacionada à ação humana. A sua questão fundamental é: como conduzimos nossas vidas? Em que valores nos apoiamos? No Capítulo 8, estudamos duas das principais concepções éticas do ocidente: a ação orientada para a felicidade e a ação orientada pelo dever.

A primeira delas foi inaugurada na Antiguidade grega por Aristóteles. Para ele, a Ética era umas das ciências práticas, junto com a Política, voltada para o estudo das ações humanas. Aristóteles retomou a noção de temperamento (ou caráter) já trabalhada por Platão, conforme visto no Capítulo 7, mas a transformou a seu modo, relacionando-a com a teoria dos quatro humores, trabalhada por Hipócrates na Medicina. Para Aristóteles, a questão central consiste em aprendermos a controlar nossos apetites (desejos), evitando o vício e buscando a virtude. Isso só é possível quando agimos com prudência.

Aristóteles diferenciou a ética da moral: enquanto esta diz respeito a nossas ações conforme os costumes, quando agimos por hábito, a primeira consiste numa ação racional, refletida e está centrada num bom caráter. O filósofo refletiu então em torno do real objetivo dos atos humanos: por que agimos? O que nos move? Examinando várias respostas dadas em sua época, ele chegou à conclusão de somos movidos sempre em direção a um bem, a alguma coisa boa; o "supremo bem", aquele que está sobre todos os outros, é a felicidade. A felicidade se basta a si mesma, e não podemos nos equivocar, confundindo-a com coisas que são apenas meios para ser feliz e não a felicidade mesma. Riqueza, prazer, honra, por exemplo, são coisas que podem nos fazer felizes, mas não são a felicidade; elas são meios para atingi-la. A verdadeira felicidade, para ele, é resultante de uma vida de acordo com a virtude.

A segunda concepção foi introduzida por Kant, filósofo alemão, no século XVIII. Para ele, nossas ações devem ser guiadas pela noção de **dever**. Se a Ética aristotélica pode ser vista como uma Ética dos fins (está preocupada com a finalidade das ações), a de Kant pode ser vista como uma Ética dos meios, pois pergunta-se: o que devo fazer, como devo agir? A ação humana, segundo ele, deve ser racionalmente refletida e estar baseada na liberdade. Não devemos agir de determinado modo porque somos coagidos por outrem, mas como resultado de uma escolha refletida e livre.

Para Kant, contudo, não basta que um indivíduo aja livremente de acordo com o dever; isso precisa ser algo que mobilize toda uma sociedade para que as ações sejam efetivas. Por isso, ele pensou em um princípio ético universal, ao qual estejamos todos submetidos, que ele denominou "imperativo categórico", que é a lei da razão. Ele está articulado em três aspectos:
- Agir de forma que sua ação possa ser convertida em uma lei universal;
- Agir de modo que a regra de conduta possa ser convertida numa lei universal da natureza;
- Agir segundo princípios que tomem a humanidade como finalidade e não como meio.

É importante ter em consideração que, segundo o filósofo, agir eticamente é agir de forma esclarecida, fazendo uso próprio da razão, pensando por si mesmo e não seguindo os outros. Por isso, para Kant a ação eticamente refletida é uma ação de saída da menoridade intelectual, quando estamos sob a tutela de alguém, e a entrada na maioridade, situação na qual somos capazes de fazer uso autônomo da razão.

Ideias-chave
- Ética e moral: Aristóteles diferenciou esses dois campos relativos à ação humana. A ética diz respeito às nossas ações baseadas no caráter, em nossa própria natureza racional, de forma refletida. Já a moral está relacionada ao agir segundo os costumes de uma determinada sociedade. A principal diferença entre elas é que a ação ética é uma ação racionalmente refletida, enquanto a ação moral é baseada nos hábitos.
- Felicidade: segundo Aristóteles, a felicidade é o bem para o qual dirigimos nossas ações. Somos felizes quando agimos de acordo com virtude, com prudência e autonomia.
- Virtude: aquilo que nos faz agir, que potencializa nossa ação. No pensamento aristotélico, há virtudes práticas, baseadas nos hábitos e costumes, e há virtudes intelectuais, que são um produto da alma, da razão.
- Dever: o motor de nossas ações. Na filosofia de Kant, a ação não se baseia em um fim a ser atingindo, mas em algo que é anterior à própria ação e que nos impulsiona a agir. É o dever que garante a universalidade da ética, nessa perspectiva.

- **Razão prática:** No pensamento kantiano, é a esfera da razão humana que articula nossas ações, distinta da razão teórica, que está relacionada ao conhecimento.
- **Imperativo categórico:** conceito introduzido por Kant que diz respeito à lei moral, que nos faz agir de forma universal. Um conjunto de princípios que determinam nossa ação baseada em regras universais.
- **Menoridade/maioridade:** estamos em condição de menoridade quando somos guiados por outrem, quando somos tutelados. A maioridade, por outro lado, é a capacidade de pensar e agir por si mesmo, segundo suas próprias regras, racionalmente refletidas. A ação ética, para Kant, só é possível na condição de maioridade, quando não somos tutelados, mas agimos seguindo nossa própria razão.

No Capítulo 9, encerramento desta unidade, estudamos algumas das mais importantes correntes filosóficas do período helenístico grego e do Império Romano, que tomaram a ética como sua preocupação central, bem como uma retomada contemporânea dessas ideias.

O período helenístico inicia-se com a conquista da Grécia por Alexandre, no século IV a.C., e segue até a sua anexação ao Império Romano, no século II a.C. Embora as cidades gregas percam autonomia política, a cultura grega é disseminada pelo mundo antigo. Nesse período, escolas filosóficas como os estoicos, os epicuristas e os cínicos dedicaram-se a pensar a ação humana, buscando compreender as formas de uma vida bela e digna, que pudesse ser acessível a todos os cidadãos. Tais ideias se disseminaram também pelo Império Romano, até o século IV d.C.

Dessas escolas, a cínica foi a que chegou mais longe, pois produziu uma filosofia que se misturava com a própria vida: os cínicos não escreveram nada, simplesmente viveram da forma como pensaram; nós conhecemos seus pensamentos por relatos de outras pessoas. O estoicismo e o epicurismo foram os mais conhecidos. Criados ainda no século IV a.C., tiveram seguidores pelo menos até o século IV d.C., sendo as escolas filosóficas mais longevas da história. Em ambas as escolas, a Filosofia era uma prática cotidiana de vida, exercida através de uma série de exercícios, que o historiador da filosofia antiga Pierre Hadot denominou como "exercícios espirituais". A ideia básica era ter controle sobre si mesmo e sobre a sua vida, alcançando aquilo que denominaram "ataraxia", isto é, ter a alma tranquila, não perturbada. A ataraxia era considerada a forma mais sublime de felicidade. As duas correntes filosóficas eram próximas entre si, no tipo de exercícios que praticavam. A diferença fundamental estava no fato de que Epicuro e seus seguidores defendiam uma "filosofia do prazer" (por isso conhecida como hedonismo), enquanto os estoicos afirmavam que o prazer perturba a alma e a ataraxia só pode ser alcançada com sua recusa. Para Epicuro, porém, o verdadeiro prazer não é o prazer do corpo, mas o prazer da alma, que culmina na ataraxia.

Essas concepções foram resgatadas contemporaneamente por Michel Onfray, que se afirma um "hedonista contemporâneo", e por Michel Foucault, que ao estudar essas escolas filosóficas antigas propôs pensarmos a Ética como uma "estética da existência", como uma forma de produzir uma vida bela, da qual somos os próprios construtores.

Ideias-chave
- **Exercícios espirituais:** segundo Pierre Hadot, a filosofia antiga era constituída principalmente por exercícios mentais realizados pelos sujeitos como forma de conhecerem a si mesmos e transformarem suas vidas. Por essa razão, "exercícios", em alusão aos exercícios físicos, que transformam o corpo.

- Vida filosófica: pensar a partir daquilo que se vive, viver de acordo com aquilo que se pensa. A noção de uma vida filosófica atravessou o pensamento greco-romano, desde Sócrates, que afirmava que uma vida que não é pensada não merece ser vivida. Os filósofos cínicos levaram essa perspectiva às últimas consequências, fazendo de suas vidas sua filosofia e vice-versa.
- Cinismo: escola filosófica criada no século IV a.C., sendo seus praticantes apelidados de "cães", (*kunós* é a palavra grega para cão, daí o nome). A filosofia cínica estava centrada na ética, na prática da vida cotidiana. Procuravam ensinar aos outros com suas próprias ações, não escrevendo textos ou fazendo palestras.
- Estoicismo: uma das mais longevas escolas filosóficas, tendo sido ativa entre os séculos IV a.C. e IV d.C., passando por diferentes fases. Estava orientada para a prática ética, preocupada com a forma com que cada indivíduo gerencia sua vida. Assim como Aristóteles, pensavam os estoicos que a finalidade última da vida é a felicidade, por eles compreendida com a tranquilidade da alma, a "paz de espírito", que só poderia ser alcançada por meio de uma série de exercícios.
- Epicurismo: escola filosófica criada por Epicuro, no século IV a.C., tendo tido seguidores até o Império Romano, sendo um de seus expoentes Lucrécio, no século I a.C. A escola também é conhecida por hedonismo, por defender o prazer (*hedon*, em grego) como supremo bem a ser almejado. Tratava-se do prazer como repouso do espírito, não como o resultado de uma vida de desejos.
- Acontecimento: conceito introduzido pelos estoicos, é o resultado do encontro de dois corpos, sobre o qual não temos qualquer controle. Essa escola filosófica preconizou uma ética do acontecimento: não devemos nos deixar perturbar por aquilo que não está sob nosso controle. Por exemplo: nada podemos fazer para afastar a morte, ela não está sob nosso controle; por isso, não podemos nos deixar abalar por ela. Devemos nos ocupar apenas com aquilo que está em nosso poder controlar.
- Prazer: na filosofia de Epicuro, o supremo bem a ser buscado em nossas vidas. O verdadeiro prazer é o estado de tranquilidade do espírito, que consegue controlar os apetites do corpo.
- Ataraxia: imperturbabilidade da alma, sentimento de tranquilidade do espírito buscado como finalidade ética nas filosofias helenísticas.
- Estética da existência: conceito introduzido no século XX por Foucault, a partir de Nietzsche e do estudo das filosofias helenísticas. Afirma a ética como estética da existência, como a possibilidade que cada um tem de construir sua própria vida, do mesmo modo que um artista constrói sua obra, visando à beleza.

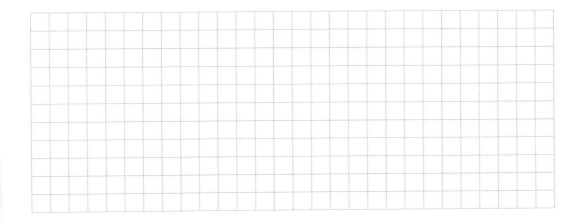

Aplique o que aprendeu

Questões

1.

O que há em comum entre a arte e a moral é que, nos dois casos, existe criação e invenção. Não podemos decidir *a priori* o que devemos fazer. Penso ter deixado esse ponto suficientemente claro ao contar a história do aluno que me procurou e que poderia ter recorrido a qualquer moral, a kantiana ou qualquer outra, que não encontraria nenhum tipo de orientação: foi obrigado a inventar sozinho a sua lei. E – quer ele tenha escolhido ficar com a mãe, fundamentando sua moral nos sentimentos, na ação individual e na caridade concreta, quer tenha escolhido partir para a Inglaterra, preferindo o sacrifício – não poderíamos jamais dizer que esse homem fez uma escolha gratuita.

SARTRE, Jean-Paul. O existencialismo é um humanismo. Trad. Rita Guedes. In: *Sartre*. São Paulo: Nova Cultural, 1987. p. 18. (Coleção Os Pensadores)

Sartre, no trecho, apresenta uma concepção existencialista da moralidade em que os valores são

a) oriundos de regras tradicionais da família e do governo.
b) derivados de uma lei moral válida para todos os casos.
c) fundados pelas escolhas individuais em situações reais.
d) estabelecidos pelos sentimentos humanos de compaixão.
e) elaborados apenas para justificar as ações retoricamente.

2.

A massa popular é assimilável por natureza a um animal escravo de suas paixões e de seus interesses passageiros, sensível à lisonja, inconstante em seus amores e seus ódios; confiar-lhe o poder é aceitar a tirania de um ser incapaz da menor reflexão e do menor rigor. Quanto às pretensas discussões na Assembleia, são apenas disputas contrapondo opiniões subjetivas, inconsistentes, cujas contradições e lacunas traduzem bastante bem o seu caráter insuficiente.

PLATÃO. Apud CHÂTELET, François et al. *História das ideias políticas*. Rio de Janeiro: Jorge Zahar, 2000. p. 17.

O texto de Platão coloca um problema para a manutenção da democracia ao apontar para a

a) índole irracional que orienta as decisões populares.
b) impossibilidade humana de assumir atitudes reflexivas.
c) falta de interesse dos cidadãos em participar da política.
d) existência de opiniões divergentes igualmente embasadas.
e) tendência a debates rigorosos nas assembleias democráticas.

3.

[...] o que aqui se julga saber, o que aqui se glorifica com seu louvor e seu reproche, e se qualifica de bom, é o instinto do animal de rebanho homem: o qual irrompeu e adquiriu prevalência e predominância sobre os demais instintos, fazendo-o cada vez mais, conforme a crescente aproximação e assimilação fisiológica de que é sintoma. Moral é hoje, na Europa, moral de animal de rebanho.

NIETZSCHE, Friedrich. *Além do bem e do mal*: prelúdio a uma filosofia do futuro. Trad. Paulo César de Souza. 2. ed. São Paulo: Companhia das Letras, 2002. § 202.

Nietzsche, no trecho, critica os valores morais europeus no século XIX por serem determinados por uma

a) necessidade de dominação de um indivíduo sobre outros.
b) orientação histórica ao individualismo e ao materialismo.
c) glorificação de todas as tendências animalescas do homem.
d) tendência de que todos se conformem aos padrões coletivos.
e) essência que dispõe o homem naturalmente ao bem universal.

4.

Por ora definimos a autossuficiência como sendo aquilo que, em si mesmo, torna a vida desejável e carente de nada. E como tal entendemos a felicidade, considerando-a, além disso, a mais desejável de todas as coisas, sem contá-la como um bem entre outros. Se assim fizéssemos, é evidente que ela se tornaria mais desejável pela adição do menor bem que fosse, pois o que é acrescentado se torna um excesso de bens, e dos bens é sempre o maior o mais desejável.

ARISTÓTELES. *Ética a Nicômaco*. Trad. Pietro Nassetti. São Paulo: Martin Claret, 2003. Livro I, cap. 7.

Aristóteles destaca um papel central para a felicidade em sua ética ao concebê-la como

a) desejo pela providência divina.
b) via mundana para o bem eterno.
c) prudência com os prazeres sensoriais.
d) fim último de todas as ações humanas.
e) cálculo racional de consequências coletivas.

5.

Não há que negar, porém, que isso seja difícil, especialmente nos casos particulares: pois quem poderá determinar com precisão de que modo, com quem, em resposta a que provocação e durante quanto tempo devemos encolerizar-nos? [...] Não se censura [...] o homem que se desvia um pouco da bondade, quer no sentido do menos, quer do mais; só merece reproche o homem cujo desvio é maior, pois esse nunca passa despercebido.

ARISTÓTELES. *Ética a Nicômaco*. Trad. Pietro Nassetti. São Paulo: Martin Claret, 2003.

No texto, em que faz referência à virtude da coragem, Aristóteles explicita uma natureza essencial das virtudes, já que estas são uma

a) obediência à palavra divina.
b) repressão de instintos naturais.
c) capacidade de manter a calma.
d) contemplação racional do bem.
e) disposição para ações moderadas.

6.

O fundamento da possibilidade dos imperativos categóricos, todavia, reside em que eles não se referem a nenhuma outra determinação do arbítrio (através da qual se possa atribuir-lhe um propósito), mas unicamente à sua *liberdade*. [...] O imperativo categórico, posto que enuncia uma obrigação a respeito de certas ações, é uma *lei* prático-moral. [...] Uma ação que não é ordenada nem proibida é simplesmente *permitida*, pois não há, em relação a ela, nenhuma lei limitadora da liberdade (autorização) e, portanto, também nenhum dever. Uma tal ação se chama moralmente indiferente.

KANT, Immanuel. *Metafísica dos costumes*. Trad. Clélia Martins. Petrópolis: Vozes, 2013. p. 223-224.

A concepção kantiana da moral, defendida no trecho, toma como morais apenas aquelas ações que

a) acomodam os desejos individuais.
b) respeitam as leis perfeitas e divinas.
c) eliminam a liberdade de consideração.
d) são motivadas por uma obrigação pessoal.
e) resultam de um dever imposto socialmente.

7.

Pessoa é aquele sujeito cujas ações são suscetíveis de *imputação*. A personalidade *moral*, portanto, é tão somente a liberdade de um ser racional submetido a leis morais (a psicológica não passando, porém, da capacidade de tornar-se a si mesmo consciente da identidade de sua existência nos seus diferentes estados), donde se segue que uma pessoa não está submetida a nenhuma outra lei além daquelas que se dá a si mesma (seja sozinha ou, ao menos, juntamente com outras).

KANT, Immanuel. *Metafísica dos costumes*. Trad. Clélia Martins. Petrópolis: Vozes, 2013. p. 224.

O texto de Kant explicita que, em sua teoria moral, as pessoas morais são responsabilizáveis em função de sua/seu

a) virtude.
b) bondade.
c) cidadania.
d) autonomia.
e) conhecimento.

8.

A alguém que mediante argumentos sofísticos concluíra que ele tinha chifres, Diógenes disse tocando em sua testa: "Quanto a mim, não os percebo". Diógenes deu a seguinte resposta a alguém que sustentava que não existe movimento: levantou-se e começou a caminhar. A outra pessoa que dissertava sobre os fenômenos celestes Diógenes perguntou: "Há quantos dias chegaste do céu?"

LAÊRTIUS, Diôgenes. *Vidas e doutrinas dos filósofos ilustres*. Trad. Mário da Gama. Brasília: Ed. da Universidade de Brasília, 2008. p. 161-162.

O trecho apresenta uma das principais características da concepção filosófica da escola cínica, que tomava a filosofia centralmente como um tipo de

a) atividade prática.
b) discussão retórica.

c) meditação pessoal.
d) diálogo entre pares.
e) reflexão intelectual.

9.

Epiteto, disse-lhe, é um dos filósofos do mundo que melhor conheceu os deveres do homem. [...] Não digais jamais, disse ele: "Perdi tal coisa"; dizei antes "Eu a devolvi". Meu filho está morto? "Eu o devolvi" [...] Por que vos atormentais pelo fato de que aquele que o emprestou pede-o de volta? Enquanto ele vos permitir o uso, cuidai como de um bem que pertence a outro, como um homem que viaja se comporta num hotel. Vós não deveis, disse ele, desejar que as coisas se façam como vós quereis, mas deveis querer que se façam como se fazem.

PASCAL, Blaise. *Conversa com o Senhor de Sacy sobre Epiteto e Montaigne*. Trad. Flavio Loque. São Paulo: Alameda, 2014. p. 57-58.

A ética estoica de Epiteto, expressa no trecho, recomenda que só nos preocupemos com aquilo que

a) leva aos prazeres corporais, apreciando a materialidade da vida que só depende de nossas atitudes.
b) está ao alcance da ação individual, sem nos deixarmos afetar por aquilo que está fora de nosso controle.
c) interfere na vida coletiva da cidade, de maneira que nossa ação individual não tem qualquer valor ético pessoal.
d) aproxima as pessoas do Deus cristão, de forma que toda nossa atividade só pode ser julgada em relação a ele.
e) acontece segundo um destino inelutável, já que tudo aquilo que é contingente não é capaz de atingir o homem.

10.

Texto I

Quando dizemos, então, que o prazer é fim, não queremos referir-nos aos prazeres dos intemperantes ou aos produzidos pela sensualidade, como creem certos ignorantes, que se encontram em desacordo conosco ou não nos compreendem, mas ao prazer de nos acharmos livres de sofrimentos do corpo e de perturbações da alma.

EPICURO. *Antologia de textos*. Trad. Agostinho da Silva. In: *Epicuro, Lucrécio, Cícero, Sêneca, Marco Aurélio*. São Paulo: Abril Cultural, 1985. (Coleção Os Pensadores).

Texto II

Sobre a morte: ou é dispersão, se somos átomos; se somos um todo uno, ou extinção ou transmigração. Sobre a dor: o que é insuportável mata; o que dura é suportável. A inteligência, retraindo-se, conserva a sua serenidade e o guia não sofre dano. As partes maltratadas pela dor, se o puderem, que se manifestem sobre ela.

SÊNECA, Lúcio Aneu. *Apoloquintose do divino Cláudio*. Trad. Giulio Leoni. In: *Epicuro, Lucrécio, Cícero, Sêneca, Marco Aurélio*. São Paulo: Abril Cultural, 1985 (Coleção Os Pensadores).

Os textos de Epicuro e de Sêneca mostram que tanto o epicurismo quanto o estoicismo tomavam como principal objetivo da ética a busca pela

a) fuga da dor.
b) paz na cidade.
c) vida tranquila.
d) imortalidade da alma.
e) maximização do prazer.

11.

Habitua-te a pensar que a morte nada é para nós, visto que todo o mal e todo o bem se encontram na sensibilidade: e a morte é a privação da sensibilidade. É insensato aquele que diz temer a morte, não porque ela o aflija quando sobrevier, mas porque o aflige o prevê-la: o que não nos perturba quando está presente inutilmente nos perturba também enquanto o esperamos. [...] A imediata desaparição de uma grande dor é o que produz insuperável alegria: esta é a essência do bem, se o entendemos direito, e depois nos mantemos firmes e não giramos em vão falando do bem.

EPICURO. *Antologia de textos*. Trad. Agostinho da Silva. In: *Epicuro, Lucrécio, Cícero, Sêneca, Marco Aurélio*. São Paulo: Abril Cultural, 1985. (Coleção Os Pensadores).

O texto permite concluir que o posicionamento de Epicuro acerca da morte é justificado em sua doutrina pelo fato de os valores éticos se pautarem por

a) leis eternas e imutáveis.
b) expectativas individuais.
c) justiça no âmbito coletivo.
d) experiências de prazer e dor.
e) julgamentos acerca das coisas.

TOTAL DE ACERTOS ____/11

UNIDADE 4

Como nos relacionamos em sociedade?

Aprofunde seus conhecimentos sobre **os principais conceitos da Filosofia Política** nas páginas 202 a 261 do Livro do Aluno.

Reveja o que aprendeu

Objetivos de aprendizagem

- Ter noções gerais da Política como área da Filosofia dedicada a pensar a ação humana em sociedade.
- Identificar as relações do poder com a autoridade, nos vários níveis, compreendendo duas das principais teorias em torno do poder.
- Conhecer alguns elementos do pensamento político grego, orientado para pensar a Política como o ideal da ação humana em sociedade.
- Compreender as mudanças introduzidas no pensamento político durante o Renascimento, orientando-se para pensar a Política como ela realmente é (Maquiavel).
- Entender as principais teorias sobre a origem do Estado, através do jusnaturalismo.
- Conhecer as principais críticas ao Estado construídas a partir do movimento operário no século XIX.
- Compreender aspectos do pensamento político do século XX: o totalitarismo, a biopolítica, a sociedade de controle.
- Refletir criticamente sobre a Política contemporânea, com base nas teorias estudadas.

A Unidade 4 foi construída em torno da Filosofia Política. No Capítulo 10, você estudou uma introdução à Filosofia Política, compreendendo a Política como a ação humana coletiva, no meio público, centrada nas relações de poder e no exercício da autoridade. Viu que há, pelo menos, duas perspectivas de compreensão do poder: a teoria clássica, que pensa o poder como ocupando determinados lugares e espaços sociais – o que leva à ideia da "soma zero", que afirma que para que haja equilíbrio social é necessário que as quantidades de poder e de ausência de poder se anulem; e uma visão contemporânea, proposta por Michel Foucault, que vê o poder como exercício, como tecnologia produtiva espalhada por todo o tecido social. À primeira perspectiva chamamos "macrofísica do poder", pois ela observa o conjunto social em sua totalidade, pensando o poder, sobretudo, como poder político. À segunda, denominamos, segundo Foucault, uma "microfísica do poder", pois ela procura observar as microrrelações que compõem o social, não apenas as relações estritamente políticas.

Visitando a história da Filosofia, vimos que a Filosofia Política começa já na Antiguidade grega. Platão pensou o que seria uma cidade ideal, que fosse governada com justiça e na qual todos os cidadãos fossem felizes. Nessa cidade perfeita, o governo deveria estar a cargo dos filósofos, pois, sendo eles os possuidores de uma alma racional, estariam mais bem preparados para governar com justiça, pois seriam capazes de contemplar a ideia de justiça. Já Aristóteles pensou a Política como fazendo parte da natureza humana, na medida em que somos "animais políticos", diferentes de todos os outros, porque compartilhamos a vida pela linguagem. Ele separou duas esferas, a **privada** (relativa ao governo da casa) e a **pública** (relativa ao governo da cidade), mostrando que são exercícios distintos de poder. Enquanto na esfera privada temos uma relação de poder entre desiguais, na esfera pública temos relação de poder entre iguais. O tipo de poder a ser exercido precisa ser, então, de diferente natureza. Para Aristóteles, o poder político deve estar voltado para a promoção do bem comum.

No período medieval, houve uma justaposição entre o **poder temporal**, exercido pelos governantes, e o **poder espiritual**, exercido pela Igreja, que teve em Santo Agostinho um importante pensador desse campo. Durante o Renascimento, Nicolau Maquiavel, pensador italiano, revolucionou a Filosofia Política com sua obra *O príncipe*, introduzindo uma leitura realista da política, isto é, não dizendo como a política deveria ser, como entre os gregos, mas o que ela efetivamente é e como um governante deve agir. Nesse mesmo período, uma elaboração que teve menor repercussão foi também muito importante: a crítica ao poder absolutista feita por Étienne de la Boétie, que mostrou que os regimes totalitários se sustentam por haver uma "servidão voluntária" entre os súditos. Segundo ele, as relações totalitárias são mantidas pelo temor, enquanto as relações sociais que se fazem à margem do Estado estão fundamentadas na liberdade.

Ideias-chave

- Macrofísica do poder: concepção clássica que pensa o poder como sendo algo que ocupa determinados espaços sociais e não outros, concentrando-se em certos lugares, seja no próprio corpo do governante, seja nas instituições. Segundo essa perspectiva, é preciso que haja um equilíbrio na sociedade: se há concentração do poder em determinados lugares, ele deve estar ausente em outros. Por exemplo: alguns possuem poder e o exercem sobre aqueles que não o têm.
- Microfísica do poder: concepção introduzida no século XX por Foucault, ao afirmar que o poder permeia todas as relações humanas, das mais básicas às mais gerais. Há poder nas ações de um governante sobre aqueles que ele governa, mas também há poder nas relações entre pais e filhos, por exemplo. Nessa visão, não há concentração de poder: todos exercem poder e todos sofrem sua ação, criando assim uma malha que atinge toda a sociedade.
- Governo racional: na filosofia de Platão, o bom governo é aquele que age com justiça. Como a justiça é uma ideia perfeita, aqueles que mais podem se aproximar dela são os filósofos. De modo que os filósofos serão os melhores governantes, pois, conhecendo melhor a justiça, podem governar de forma justa, promovendo a felicidade para os cidadãos. O governo racional é uma forma de conceber a política na sua forma ideal.
- Animal político: uma das definições de Aristóteles para o ser humano. Como somos seres dotados de linguagem, isso faz com que nós não apenas possamos viver junto com outros humanos, mas que compartilhemos a vida pela linguagem. É esse compartilhamento que faz de nós seres sociais, políticos por nossa própria natureza.
- Público × privado: no pensamento de Aristóteles, a separação das principais esferas do exercício do poder. No meio privado, no contexto da casa e da família de cada um, o poder é exercido entre desiguais: o pai tem poder sobre os filhos, por exemplo, mas estes não têm poder sobre o pai. Cada pai de família governa então sua casa, seu meio privado, exercendo poder sobre outros que não são iguais a ele (a mulher, os filhos, os escravizados). Mas, no meio político, na gestão da cidade, esse pai de família se encontra com outros pais de família e todos são igualmente cidadãos. Não se pode exercer o poder da mesma forma que no âmbito privado; o poder na esfera pública (poder político) é um poder que se exerce entre iguais, não podendo haver imposição legítima de uns sobre outros.
- Poder temporal × poder espiritual: debate que predominou durante a Idade Média, enfatizando o conflito entre o poder exercido pelos governantes sobre os súditos (temporal) e aquele exercido pela Igreja (espiritual). O poder espiritual era afirmado como sendo superior ao poder temporal, sendo que este dependia daquele.
- Política realista: a política pensada por Maquiavel e seus seguidores. O pensamento político deixou de ser uma planificação sobre o exercício ideal da política, como entre os gregos, para ser uma reflexão sobre como a política realmente é e como os governantes devem agir para atingir seus objetivos.

> - *Virtù*: literalmente, virtude. No pensamento de Maquiavel, representa a capacidade que o governante precisa ter de lidar com os acontecimentos, uma vez que ele não pode controlá-los, mas precisa ter a competência de tirar deles resultados favoráveis.
> - Fortuna: em tradução literal, sorte. No pensamento de Maquiavel, designa o conjunto daquilo que não está sob o controle do governante, mas que ele precisa ter a sabedoria de usar em seu favor.
> - Servidão voluntária: noção introduzida por La Boétie no século XVI, no auge do poder absolutista. Afirmava o pensador que o poder dos reis só pode vir dos súditos e que, portanto, a sua servidão ao governante só pode ser voluntária. Ele analisa as relações políticas para assinalar que se estabelece uma forma de conluio, na qual os súditos pensam obter vantagens e por isso obedecem. O importante dessa noção é a afirmação de que se a servidão é voluntária, pode-se escolher não servir, não se submeter ao poder de outrem, o que foi uma enorme inovação para o pensamento político da época.

O Capítulo 11 centrou-se numa análise do Estado e de como ele foi pensado na Filosofia Política moderna. Estudamos as teorias contratualistas, que afirmam que o Estado é resultado de um "pacto social" entre os indivíduos, e depois as críticas ao Estado que foram feitas pelo pensamento socialista do século XIX, destacando aqui as concepções marxistas e anarquistas.

Thomas Hobbes foi um dos primeiros pensadores contratualistas ou jusnaturalistas. Segundo ele, antes de constituirmos a sociedade política através da criação do Estado, vivíamos em um "estado de natureza", isto é, de forma natural. Nessa condição, vivíamos uma "luta de todos contra todos", pois todos eram igualmente livres. Não havia como garantir o direito de propriedade; por isso os indivíduos firmaram um pacto entre si, abrindo mão de sua liberdade em nome de um único indivíduo, que reinaria soberano sobre todos, com a condição de garantir a segurança de cada um e de todos, de modo que o direito à propriedade privada pudesse ser garantido. John Locke adotou o esquema analítico de Hobbes, mas substituiu um "pacto de submissão" por um "pacto de consentimento". Para Locke, o estado de natureza não implica uma guerra constante, mas, como não havia ninguém que pudesse servir de árbitro quando houvesse algum conflito, foi necessário instituir o pacto social, instituindo o Estado, para garantir a manutenção dos direitos. Jean-Jacques Rousseau, por sua vez, formulou uma hipótese do estado de natureza em que os seres humanos eram bons, argumentando que foi a instituição da desigualdade social através do advento da propriedade privada que gerou a deterioração social. Para Rousseau, o contrato social deveria ser a expressão da "vontade geral", daquilo que é comum a um grupo social, como base de uma sociedade em que não haja a imposição de uns sobre outros. Vê-se que, enquanto Hobbes fundamentava uma sociedade absolutista através do contrato social, Locke e Rousseau usaram o mesmo tipo de argumentação para embasar uma sociedade liberal e democrática.

No século XIX, Hegel abandonou as teorias jusnaturalistas em nome de uma análise histórica da constituição do Estado, compreendido como uma "sociedade política" que complementa uma "sociedade civil". A partir da lógica analítica de Hegel e com o amadurecimento do movimento operário europeu, o Estado passou a ser criticado como uma instituição historicamente a serviço das classes dominantes, que precisaria ser destruída para que os trabalhadores adquirissem liberdade. Nasciam as teorias socialistas, que fazem uma profunda crítica do capitalismo e defendem sua superação, rumo a uma sociedade sem classes sociais e sem propriedade privada – o comunismo. Duas perspectivas teóricas se opuseram nesse debate, embora defendessem o mesmo objetivo. De um lado, o marxismo traçava um plano gradual para a destruição do Estado, afirmando que primeiro os trabalhadores deveriam conquistá-lo, instituindo uma sociedade socialista, e pouco a pouco ele perderia sua função, diminuindo até chegar-se ao comunismo, a sociedade sem classes e também sem Estado. De outro lado, o anarquismo defendia que se o Estado fosse tomado pelos trabalhadores ele se transformaria, mas não acabaria, mantendo alguma forma de dominação. Por isso, defendiam que a revolução socialista deveria constituir-se na imediata destruição do Estado e organização de uma sociedade comunista, sem classes, fundamentada na liberdade e na solidariedade.

Ideias-chave

- **Estado**: organização política presente em toda sociedade, que compreende as instituições e o território por elas ocupados, bem como um governo autônomo.
- **Jusnaturalismo**: doutrina segundo a qual há um direito natural (*jus naturalis*, em latim) anterior ao direito civil, criado em sociedade. O Estado é, portanto, uma criação humana que se sobrepõe à natureza.
- **Estado de natureza**: segundo o jusnaturalismo, a vida dos indivíduos antes da instituição da sociedade e do Estado. Várias ideias sobre o estado de natureza foram colocadas: uma "guerra de todos contra todos" (Hobbes) e o "bom selvagem" (Rousseau), por exemplo.
- **Contrato (pacto) social**: o ato de instituição do Estado por um conjunto de seres humanos que combinam entre si o funcionamento social.
- **Soberania**: qualidade do soberano, aquele que exerce o poder sobre os outros. No pensamento de Hobbes, o soberano só pode ser uma pessoa, que governa com mão de ferro seus súditos; em Rousseau, a soberania não é de uma pessoa, mas do coletivo de indivíduos que compõem uma sociedade.
- **Vontade geral**: para Rousseau, trata-se da expressão de uma vontade comum a todos aqueles que são parte de uma sociedade, como se formassem um "indivíduo coletivo". Ela é o resultado da conjunção das vontades individuais naquilo que diz respeito aos assuntos coletivos e comuns a todos.
- **Sociedade civil e sociedade política**: o pensamento de Hegel, no século XIX, abriu mão das teorias jusnaturalistas e passou a analisar a sociedade como uma articulação entre dois âmbitos: a sociedade civil, que abarca o embate dos indivíduos em suas ações diárias de sobrevivência; e a sociedade política, que corresponde ao Estado e que supera os conflitos da sociedade civil em nome de um interesse geral e de um bem comum.
- **Socialismo**: de uma forma geral, o conjunto dos pensamentos críticos ao capitalismo e que defendem sua superação e a instituição de uma sociedade socialista, baseada na igualdade entre os indivíduos. No pensamento de Marx, o socialismo é uma fase intermediária no processo de transformação social e política de superação do capitalismo, antes de se atingir o comunismo, que é a finalidade última. Na etapa socialista, os trabalhadores tomam o Estado e estatizam os meios de produção. O Estado continua existindo, mas gerido pelos trabalhadores.
- **Comunismo**: uma sociedade na qual não haja propriedade privada, sendo que tudo é comum a todos. Numa sociedade assim, não haveria classes sociais e não haveria Estado, por não haver conflito entre classes.
- **Anarquismo**: teoria política ligada ao movimento operário que defende a destruição do Estado e a instituição de uma sociedade sem classes, fundada na liberdade e igualdade dos indivíduos, que agiriam solidariamente entre si.

No Capítulo 12, fechando esta unidade, você estudou algumas leituras e análises políticas contemporâneas, especialmente sobre fenômenos que marcaram o século XX, como os regimes totalitários do nazismo e do estalinismo.

Hannah Arendt foi a principal filósofa a dedicar-se ao tema, em seu livro *As origens do totalitarismo*. Ela mostrou que os regimes totalitários escapam à divisão tradicional que se faz em Política, entre um poder legal, que se exerce por direito, e um poder ilegal, arbitrário. Os governos totalitários, embora legalmente instituídos, cometem arbitrariedades. Foi o caso do regime nazista na Alemanha: em nome da defesa de uma suposta "pureza" da "raça ariana", milhões de judeus foram mortos; assim eles consideravam estar fazendo um bem à humanidade, protegendo as "pessoas de bem". Ora, o crime contra os judeus foi uma arbitrariedade cometida pelos nazistas, amparados pelas leis que eles próprios criaram. Para Hannah Arendt, os regimes totalitários são possíveis apenas quando há uma espécie de "atomização" da sociedade: as pessoas perdem os laços que as ligam umas às outras e o povo, outrora organizado, vira uma massa disforme de indivíduos. Os governos totalitários governam pelo terror e se valem de uma ideologia, que tudo explica e que é difundida pelos sistemas de propaganda. Com isso ganham a adesão das pessoas. Para impedir a emergência de novos regimes totalitários, é necessário reforçar os laços sociais entre as pessoas de uma comunidade.

Michel Foucault, como já foi visto no primeiro capítulo desta unidade, foi um pensador do fenômeno do poder e de suas relações. Ele evidenciou que na Modernidade ocidental vimos emergir três tipos de poder, que foram se complementando: primeiro um poder de soberania, que predominou nos Estados medievais e no início da Modernidade. Tratava-se de um poder de vida e de morte: o soberano, detentor do poder, tinha direito sobre a vida dos súditos, permitindo que vivessem ou decretando sua morte. Apenas o soberano tinha esse direito. Com a Modernidade se consolidando, emerge uma nova tecnologia de poder: a disciplina. Sua função é tornar os corpos "dóceis", de modo que possam ser moldados de acordo com as necessidades e interesses sociais. Foucault mostrou que a disciplina se materializa em instituições, as instituições disciplinares, como a escola, a fábrica, o exército, a prisão. Ao adestrar os corpos, o poder disciplinar produz indivíduos que são vigiados e controlados, sendo punidos quando se desviam do comportamento esperado. Por fim, o filósofo mostra que, depois de consolidada a sociedade disciplinar, começa a se desenvolver um terceiro tipo de poder, que ele denominou biopoder, por ser um poder que se exerce sobre a vida. Como já temos indivíduos devidamente controlados, esse tipo de poder se exerce sobre grandes grupos populacionais. Ele foi responsável pela emergência e consolidação dos Estados de bem-estar social, pois a função do Estado é compreendida nesse contexto como a manutenção da vida e da qualidade de vida dos cidadãos.

Também nas décadas finais do século XX Gilles Deleuze analisou as sociedades que operam segundo o biopoder e denominou-as "sociedades de controle". Tais sociedades se caracterizam por, sob uma aparência de promoção de liberdade, exercer um forte controle sobre os indivíduos e os grupos sociais. Um exemplo: ao usarmos um aparelho de GPS, podemos nos movimentar com tranquilidade e liberdade, com pouco risco de nos perdermos; mas, ao mesmo tempo, nossos movimentos estão sendo monitorados via satélite e nossa posição pode ser conhecida pelos governos e corporações. O preço que se paga por mais mobilidade é estar mais sujeito ao controle.

Juntamente com Félix Guattari, Deleuze produziu uma profunda crítica da sociedade capitalista, analisando-a não segundo a lógica econômica, mas pela lógica do desejo. Para eles, a força do capitalismo está em sua capacidade de manipular nossas forças desejantes e direcioná-las para o consumo. Mostram que o capitalismo apresenta uma "elasticidade" e, sempre que nos aproximamos de seus limites (gerando as condições para que ele possa ser superado, segundo Marx), esses limites são colocados mais à frente. Por isso, para os filósofos a ideia de revolução pensada no século XIX já não faz sentido. Hoje é necessária uma "revolução molecular", uma transformação cotidiana da vida e das coisas, a invenção de novas formas de viver o próprio desejo, sem ser capturado e sem se deixar controlar de modo absoluto. Já não se trata de esperar ou de construir a revolução no futuro, mas de fazê-la no dia a dia.

Ideias-chave

- **Totalitarismo:** caracterização de regimes políticos do século XX, como o nazismo e o estalinismo, que se caracterizam por governar de forma totalitária, rompendo com os laços políticos entre os indivíduos.
- **Antissemitismo:** termo difundido a partir do século XIX para designar a discriminação ao povo judeu (que, segundo a Bíblia, seria descendente de Sem, um dos filhos de Noé) e que foi incorporado como parte da ideologia nazista no século XX.
- **Poder soberano:** no pensamento de Foucault, o tipo de poder predominante nos Estados europeus no final da Idade Média e início da Modernidade. Caracterizava-se por ser um poder exercido em geral por uma única pessoa (um rei ou imperador) que tinha direito sobre a vida e a morte de seus súditos.
- **Poder disciplinar:** para Foucault, tecnologia de poder criada na Modernidade, caracterizada por sua ação sobre os corpos dos indivíduos. A disciplina opera através de instituições nas quais as pessoas são confinadas (a escola, a fábrica, o hospital, por exemplo) e tratadas de forma individualizada. Ela opera docilizando os corpos e tornando-os aptos para a obediência.
- **Biopoder:** conceito de Foucault que designa um tipo de poder que se exerce sobre os grupos populacionais, controlando e administrando a vida das pessoas. Surgiu nas sociedades ocidentais quando as instituições disciplinares já estavam consolidadas e os indivíduos disciplinados, tornando possível agrupá-los e operar sobre os conjuntos populacionais, buscando garantir e prolongar a vida.
- **Sociedade de controle:** caracterização feita por Deleuze da sociedade do final do século XX, operando pelo biopoder analisado por Foucault. Essa sociedade é caracterizada pela abertura; os indivíduos já não ficam mais confinados nas instituições, uma vez que podem ser controlados a distância pelas tecnologias de informação e comunicação. O paradoxo é que aparentemente os indivíduos são mais livres, quando são muito mais controlados do que anteriormente.
- **Revolução molecular:** segundo Deleuze e Guattari, a revolução molecular é aquela que opera no cotidiano, produzindo transformações locais nos modos de vida das pessoas, em suas atitudes e em suas relações, à diferença da ideia de uma revolução molar, que transformaria as grandes estruturas sociais e políticas.

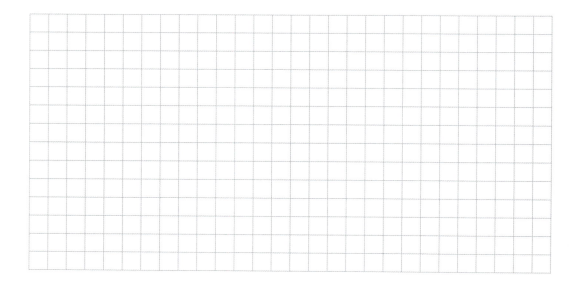

Aplique o que aprendeu

Questões

1.

Item I

[...] é como se cada homem dissesse a cada homem: Cedo e transfiro meu direito de governar-me a mim mesmo a este homem, ou a esta assembleia de homens, com a condição de transferires a ele teu direito, autorizando de maneira semelhante todas as suas ações. Feito isto, à multidão assim unida numa só pessoa se chama Estado, em latim *civitas*. [...] Uma pessoa de cujos atos uma grande multidão, mediante pactos recíprocos uns com os outros, foi instituída por cada um como autora, de modo a ela poder usar a força e os recursos de todos, da maneira que considerar conveniente, para assegurar a paz e a defesa comum.

HOBBES, Thomas. *Leviatã*. Trad. João Paulo Monteiro e Maria Beatriz Nizza da Silva. São Paulo: Abril Cultural, 1974. p. 109. (Coleção Os Pensadores).

Item II

BOSSE, Abraham. *Frontispício a Leviatã*. Gravura. 1651. Disponível em: <https://monthlyreview.org/2018/02/01/preface-to-beyond-leviathan/>. Acesso em: 9 maio 2018.

Os itens I e II – respectivamente uma citação e uma ilustração de capa da obra *Leviatã*, de Thomas Hobbes – apresentam uma concepção do poder político como

a) capacidade criativa do ser humano de criar novos tipos de vida biológica.

b) parte da relação entre os indivíduos que perpassa toda ação na vida humana.

c) subjugação das liberdades individuais por uma pessoa mediante o uso da força.

d) soma coletiva dos poderes individuais conferida integralmente aos governantes.

e) função da liberdade humana que independe do surgimento das sociedades civis.

2.

Se o poder fosse somente repressivo, se não fizesse outra coisa a não ser dizer não, você acredita que seria obedecido? O que faz com que o poder se mantenha e que seja aceito é simplesmente que ele não pesa só como uma força que diz não, mas que de fato ele permeia, produz coisas, induz ao prazer, forma saber, produz discurso. Deve-se considerá-lo como uma rede produtiva que atravessa todo o corpo social muito mais do que uma instância negativa que tem por função reprimir.

FOUCAULT, Michel. *Microfísica do poder*. Trad. Roberto Machado. Rio de Janeiro: Graal, 1979. p. 8.

O pensamento de Michel Foucault, expresso no trecho, define o poder como

a) controle do prazer individual para o convívio social.

b) produção econômica centralizada pelo Estado civil.

c) algo presente em toda relação social entre indivíduos.

d) uso da violência que seja garantido pelas leis jurídicas.

e) força utilizada para repressão de diversas ações humanas.

3.

Quanto à pergunta sobre o que é um cidadão, Aristóteles procede por eliminação de critérios. [...] Seguindo a concepção misógina corrente no mundo helênico, Aristóteles exclui da cidadania as mulheres, os estrangeiros residentes (*metekoi*) e os escravos, sendo as crianças e anciãos considerados "cidadãos imperfeitos". [...] Talvez só em democracia o cidadão seja participante no processo de decisão.

HENRIQUES, Mendo. Introdução à *Política* de Aristóteles. *Política*. Lisboa: Vega, 1998. p. 24-28.

O trecho sobre a filosofia política de Aristóteles permite concluir que, na Grécia antiga,

a) o cidadão deveria ter voz ativa em todos os processos decisórios.

b) a democracia era o regime defendido por todos os teóricos políticos.

c) a cidadania plena era restrita aos homens gregos adultos e de posses.

d) os critérios para a cidadania em alguns regimes incluíam as mulheres.

e) as decisões eram tomadas pelo coletivo de pessoas que viviam na cidade.

4.

Texto I

Portanto, é necessário, para um príncipe que deseja manter o que é seu, saber como fazer o mal, e fazê-lo ou não de acordo com a necessidade.

MAQUIAVEL, Nicolau. *O príncipe*. Trad. Dominique Makins. São Paulo: Hunter Books, 2011. p. 121.

Texto II

No que diz respeito às tradicionais virtudes aristotélicas ou cristãs, o príncipe não precisa possuí-las verdadeiramente. Deve, antes, causar a impressão de possuí-las (assim como no caso de todas as outras qualidades). Essa posição levou ao mito de um Maquiavel amoralista. Na realidade, Maquiavel, ao libertar o homem virtuoso dos deveres morais que as tradições clássica e cristã impõem aos indivíduos, não recusa essas tradições, nem defende uma posição de amoralismo absoluto.

PINZANI, Alessandro. *Maquiavel & O príncipe*. Rio de Janeiro: Jorge Zahar, 2004. p. 43.

De acordo com o Texto II, pode-se concluir que Maquiavel expressa, no Texto I, uma

a) rejeição da moralidade tradicional.

b) separação entre ética e política.

c) busca por uma inversão dos valores.

d) retomada das tradições morais antigas.

e) defesa da política baseada nas paixões.

5.

Outra consequência da mesma condição é que não há propriedade, nem domínio, nem distinção entre o meu e o teu; só pertence a cada homem aquilo que ele é capaz de conseguir, e apenas enquanto for capaz de conservá-lo. É pois esta a miserável condição em que o homem realmente se encontra, por obra da simples natureza. Embora com uma possibilidade de escapar a ela, que em parte reside nas paixões, e em parte em sua razão.

HOBBES, Thomas. *Leviatã*. Trad. João Paulo Monteiro e Maria Beatriz Nizza da Silva. São Paulo: Abril Cultural, 1974. p. 81. (Coleção Os Pensadores).

O texto de Thomas Hobbes trata do que concebe como uma das condições possíveis à vida humana, caracterizada em seu pensamento por uma

a) comunidade estabelecida por contrato em que todos obedecem a um soberano.

b) fruição individual apenas daqueles direitos naturais de liberdade e propriedade.

c) guerra violenta de todos contra todos em busca da sobrevivência e subsistência.

d) vida natural desprovida de exploração econômica e de conflitos entre os homens.

e) carência intrínseca à natureza humana que não pode ser suprida de forma alguma.

6.

Ainda que a água que corre na fonte pertença a todo mundo, quem duvida que no cântaro ela pertence apenas a quem a tirou? Seu trabalho a tirou das mãos da natureza, onde ela era um bem comum e pertencia igualmente a todos os seus filhos, e a transformou em sua propriedade. Assim, esta lei da razão dá ao índio o veado que ele matou; admite-se que a coisa pertence àquele que lhe consagrou seu trabalho, mesmo que antes ela fosse direito comum de todos.

LOCKE, John. *Segundo tratado sobre o governo civil*. Trad. Magda Lopes e Marisa Lobo da Costa. Petrópolis, RJ: Vozes, 1994. p. 99.

No pensamento de John Locke, a propriedade é concebida como um direito originalmente

a) social, tendo sido estabelecida por um contrato coletivo.

b) injusto, tendo sido criada pelo uso da força entre homens.

c) coletivo, sendo destinada ao uso comum na sociedade civil.

d) formal, tendo como razão e delimitação apenas as leis locais.
e) natural, sendo necessariamente vinculada ao trabalho individual.

7.

O homem nasceu livre e por toda parte ele está agrilhoado. Aquele que se crê senhor dos outros não deixa de ser mais escravo que eles. Como se deu essa mudança? Ignoro-o. O que pode legitimá-la? Creio poder resolver esta questão. Se eu considerasse apenas a força e o efeito que dela deriva, diria: enquanto um povo é obrigado a obedecer e o faz, age bem; assim que pode sacudir esse jugo e o faz, age melhor ainda; porque, recobrando a liberdade pelo mesmo direito que lha tinha arrebatado, ou ele tem razão em retomá-la ou não tinham em lha tirar.

ROUSSEAU, Jean-Jacques. *O contrato social*. Trad. Antonio Danesi. São Paulo: Martins Fontes, 1999. p. 9.

Rousseau concebe a liberdade humana como intimamente relacionada com o contrato social, já que esta seria

a) instável e constantemente ameaçada de destruição pelo uso da força.
b) inexistente enquanto traço natural e completamente dependente das leis.
c) impossível antes do estabelecimento da sociedade civil através do pacto social.
d) inalienável e base para o estabelecimento de uma vontade geral coletiva.
e) impraticável dentro da sociedade e possível apenas no estado de natureza.

8.

Generalizando e universalizando a troca mercantil, a sociedade burguesa é atravessada por uma contradição insanável nos seus marcos: a contradição entre o caráter social da produção e a sua apropriação privada (pelos capitalistas). Antagonizando os que detêm os meios de produção (capitalistas) com os que só têm a sua força de trabalho (proletários), esta sociedade apenas se desenvolve através de crises econômicas ineliminaveis e vai reproduzindo, em todos os seus níveis e dimensões, conflitos e tensões que, acumulados e multiplicados, incompatibilizam a maioria dos homens com o modo de vida imperante.

NETTO, José Paulo. *O que é marxismo*. São Paulo: Brasiliense, 2006. p. 32.

O pensamento de Marx concebe o conflito relativo à produção no capitalismo, referido no trecho, como advindo da

a) natureza violenta dos homens, que faz todos buscarem os próprios interesses e só é retificada com o contrato social.
b) violência repressiva do Estado, que serve como ferramenta da burguesia para se apropriar dos bens alheios à força.
c) crise econômica da Inglaterra industrial, que criava um situação de trabalho insalubre para os operários à época.
d) indústria cultural, que se utiliza da tecnologia para criar uma hegemonia ideológica em que todos vivem de maneira idêntica.
e) estrutura de classes da sociedade, que torna os trabalhadores reféns dos donos dos aparatos que utilizam para fabricar mercadorias.

9.

E, assim como o direito da força e o direito da astúcia se restringem diante da determinação cada vez mais ampla da justiça e devem acabar por se apagar na igualdade, assim também a soberania da vontade cede diante da soberania da razão e acabará por se destruir num socialismo científico. A propriedade e a realeza estão em demolição desde o início do mundo; como o homem procura justiça na igualdade, a sociedade procura ordem na anarquia.

PROUDHON, Pierre Joseph. *A propriedade é um roubo e outros escritos anarquistas*. Trad. Suely Bastos. Porto Alegre: L&PM, 2001.

O trecho de Proudhon expressa um posicionamento político que declara como seu principal objetivo a

a) criação de um governo democrático de representação popular pelo voto.
b) destruição de toda propriedade privada e o trabalho compulsório coletivo.
c) violência contra os opressores e o estabelecimento de uma justiça popular.
d) abolição do estado e o florescimento de uma ordem social livre e igualitária.
e) tomada dos meios de produção e a instauração de uma ditadura do proletariado.

10.

A criação de condições artificiais de guerra civil, através das quais os nazistas exerceram chantagem até subir ao poder, não pretende apenas provocar desordens. Para o movimento, a violência organizada é o mais eficaz dos muros protetores que cercam o seu mundo fictício, cuja "realidade" é comprovada quando um membro receia mais abandonar o movimento do que as consequências da sua cumplicidade em atos ilegais, e se sente mais seguro como membro do que como oponente.

ARENDT, Hannah. *Origens do totalitarismo*. Trad. Roberto Raposo. São Paulo: Companhia das Letras, 1998. p. 423.

O pensamento de Hannah Arendt sobre os regimes totalitários, expresso no trecho, delimita como um de seus principais mecanismos

a) o uso constante da violência disciplinar contra os membros do próprio partido.

b) a divulgação de atos ilícitos dos outros partidos constituintes do regime nazista.

c) a provocação de uma guerra total que desemboca em um pacto social consensual.

d) a fragmentação dos indivíduos da massa popular por meio do medo generalizado.

e) o controle dos cidadãos por meio dos estímulos ao consumismo e à individualidade.

UNIDADE 5 — Problemas contemporâneos I

Aprofunde seus conhecimentos sobre **as perspectivas da Filosofia acerca da Ciência e da Arte** nas páginas 266 a 307 do Livro do Aluno.

Reveja o que aprendeu

Objetivos de aprendizagem

- Analisar as transformações pelas quais passou o conhecimento científico no século XX.
- Compreender como a teoria positivista impactou na Ciência contemporânea, analisando seus efeitos.
- Entender os meandros das relações entre as ciências e as técnicas, bem como a constituição da tecnociência.
- Compreender criticamente as implicações políticas e éticas da produção científica contemporânea.
- Entender os processos históricos de constituição das Ciências Humanas, bem como suas especificidades no uso e aplicação do método científico.
- Compreender a potencialidade criativa da arte e sua importância para o humano, entendo os principais elementos da Estética como campo da Filosofia dedicado ao estudo das sensações.
- Entender os conceitos de indústria cultural e semicultura; analisar a produção artístico-cultural contemporânea através deles.
- Refletir criticamente sobre as implicações políticas e éticas da produção artística contemporânea.

No Capítulo 13, abordamos a problemática da Ciência e do conhecimento em nossos dias: haverá limites para eles? Até onde podemos ir?

Para pensar o mundo hoje, voltamos ao século XIX, para estudar uma corrente filosófica desenvolvida naquela época e que proclamou a neutralidade do conhecimento científico: o **positivismo**. Criada por Auguste Comte, essa corrente teve inúmeros seguidores, até mesmo aqui no Brasil, tendo influenciado decisivamente os ideais republicanos brasileiros.

Para esse filósofo, a Ciência é o tipo mais aprimorado de conhecimento que o ser humano é capaz de produzir, e o único que pode nos levar à verdade. Ficou bastante conhecida sua "lei dos três estágios", que afirma que tanto a humanidade como cada indivíduo passa por três etapas relativas ao conhecimento. Primeiro, há uma tendência a explicar a natureza através de seres sobrenaturais, caracterizando o estado **teológico**; em seguida, passa-se a explicar os fenômenos naturais através de forças abstratas, definindo o estado **metafísico**; por fim, chega-se ao estado **positivo**, no qual os fenômenos da natureza são explicados racionalmente, sem buscar fora da natureza os elementos para sua compreensão. Esse é o reinado da Ciência, no qual vivemos hoje. Segundo Comte, o conhecimento científico é verdadeiro por sua própria natureza, de modo que a Ciência é neutra e não atende a interesses particulares, de classes ou de governos.

Ao longo do século XX, sobretudo em sua segunda metade, começamos a encontrar críticas sobre a neutralidade da Ciência: para além do conhecimento científico, os pesquisadores passaram a almejar cada vez mais a aplicação e a utilização das descobertas científicas. Passou-se a falar, então, em tecnociência. As guerras mundiais ocorridas na primeira metade do século XX impulsionaram muito as pesquisas científicas; depois, a Guerra Fria e a corrida espacial deram a elas novo impulso. Muitas descobertas científicas e muito da tecnologia que hoje usamos são decorrentes dessas pesquisas.

Outro tema trabalhado no capítulo foi a emergência e a complexificação das Ciências Humanas. Estudamos, através de Foucault e do conceito de **episteme**, como foram sendo produzidas as bases que permitiram que as humanidades fossem pensadas segundo os cânones do método científico. Por meio do método da arqueologia do saber elaborado por Foucault, três epistemes foram definidas: a da semelhança (predominante nos séculos XV e XVI), a da representação (hegemônica nos séculos XVII e XVIII) e a da interpretação (séculos XIX e XX) – apenas na última foi possível que o ser humano fosse, ao mesmo tempo, sujeito e objeto do conhecimento, o que levou à consolidação das Ciências Humanas. Mas, para isso, o método científico das Ciências Exatas precisou ser adaptado para investigar os objetos humanos. Nas Ciências Humanas, a metodologia está baseada na observação dos fenômenos humanos, cujos múltiplos sentidos precisam ser interpretados.

Por fim, estudamos as relações entre Ciência e poder no mundo contemporâneo. O autor-chave nesse debate foi Bruno Latour, que defende não ser possível separar a produção do conhecimento do exercício do poder. Segundo ele, os conhecimentos já não podem ser separados em humanos e não humanos; todos os saberes são híbridos. Hoje, a Ciência é muito mais guiada pelas possibilidades de aplicação e mercantilização do que pela vontade de conhecer. É preciso, pois, que fiquemos vigilantes em relação a como as pesquisas científicas são feitas hoje e que efeitos elas produzem em nosso cotidiano.

Ideias-chave

- **Positivismo**: corrente filosófica criada por Comte no século XIX que afirma que apenas a Ciência pode produzir conhecimentos verdadeiros. À Filosofia cabe produzir uma articulação entre os vários ramos da Ciência, posto que uma de suas características é a especialização, e não a produção de uma visão de conjunto.
- **Cientificismo**: crença de que a Ciência tem o poder de eliminar todos os males da humanidade, guiando-nos a um futuro de paz e prosperidade. Afirma que a Ciência é neutra.
- **Lei dos três estados**: cerne do pensamento de Comte, essa noção afirma que tanto cada indivíduo quanto a humanidade passam por três momentos em seu desenvolvimento. Num primeiro estado (o teológico), o mais ingênuo, os fenômenos naturais são explicados por deuses e forças sobrenaturais; no estado metafísico (em que predomina a Filosofia) a natureza é explicada por forças abstratas, que não podem ser comprovadas; por fim, atingimos o estado positivo, o mais evoluído, no qual a natureza é explicada pela própria natureza, através da Ciência.
- **Física social**: segundo Comte, tínhamos a necessidade de criar uma ciência que fosse capaz de explicar o funcionamento da sociedade, da mesma forma que a Física explica a natureza. Foi o que culminou no nascimento da Sociologia, da qual ele foi um dos criadores.
- **Tecnociência**: termo convencionado para caracterizar o tipo de produção de uma ciência que privilegia a aplicação prática dos conhecimentos científicos. Em nossos tempos, a Ciência e a tecnologia interferem diretamente uma na outra, e na maioria das vezes a pesquisa científica está orientada por suas finalidades práticas.
- **Episteme**: termo de origem grega que originariamente significa um saber devidamente organizado e sistematizado. Na obra de Foucault, é usado para explicitar a ideia de que em cada época histórica temos um complexo que determina o que pode e o que não pode ser pensado. A episteme, segundo esse autor, é uma espécie de

solo a partir do qual os saberes são produzidos. Na medida em que a episteme muda historicamente, mudam também os saberes que os seres humanos são capazes de produzir.
- Híbrido: *hybris*, em grego, significa a desmesura, a falta de medida, aquilo que é monstruoso. No trabalho de Latour, os problemas científicos hoje são híbridos, são misturas de diferentes aspectos e, por isso, não podem ser estudados com o recurso de apenas uma ou outra ciência. É preciso um aporte de diversas áreas científicas, exatas, biológicas e humanas para enfrentá-los.

No Capítulo 14, problematizamos questões relativas à Estética e à Filosofia da arte no mundo contemporâneo. Nossa questão de fundo tem relação com as implicações políticas da produção artística, na medida em que interrogamos sobre as possibilidades de se produzir ou não ações de emancipação dos sujeitos através da arte.

Antes de introduzir essa problemática, estudamos a arte como expressão humana no mundo, que privilegia os sentidos, sem deixar de lado a racionalidade. Exploramos esse conhecimento pelos sentidos, marcado pelo belo e pelo sublime, aquele tipo de sensação que nos impressiona pela grandiosidade. O filósofo alemão Baumgarten foi o criador da Estética como área da Filosofia dedicada a esses estudos, no começo do século XVIII; Kant daria ênfase e maior visibilidade à Estética no final desse mesmo século.

Entre os gregos antigos, vimos uma polêmica: enquanto Platão pensava que a Arte atrapalhava o exercício da faculdade racional e, na proposição de sua cidade ideal, dela expulsou os poetas e os artistas, Aristóteles defendeu a importância social da Arte. Ambos pensavam que a obra artística é uma forma de imitação (*mimesis*). Se para Platão isso era um ponto negativo, pois nos afastava da perfeição, para Aristóteles havia aí uma positividade, na medida em que a fruição da arte permitia atos de catarse e reforçava os laços sociais numa comunidade.

Para pensar a questão contemporânea do aspecto emancipador ou não da Arte, recorremos a duas perspectivas filosóficas. Os filósofos da Escola de Frankfurt, criadores da Teoria Crítica, propuseram o conceito de **indústria cultural**, mostrando que na sociedade capitalista também a Arte foi transformada em mercadoria, que é vendida e comprada. Essa mercantilização das obras artísticas gerou um esforço de produção em massa: a indústria cultural (podemos tomar como exemplos o cinema, a televisão, os meios de comunicação, a indústria fonográfica, etc.), que produz uma uniformização dos gostos artísticos e fabrica nosso gosto, impondo aquilo que é economicamente rentável. Esse tipo de análise foi desenvolvido por filósofos do Instituto de Pesquisa Social, instalado em Frankfurt, Alemanha. Adorno, um de seus integrantes, afirmou que a indústria cultural produz uma semicultura, uma cultura pela metade, na qual não somos criadores, mas meros consumidores. E é o mercado que regula o gosto médio das pessoas, impondo aquilo que consumimos no universo da arte e da cultura. Fica evidente que esse é um processo de desumanização, que minimiza nossas capacidades criadoras. Se pensarmos a produção artística hoje como parte da indústria cultural, é evidente que ela não é emancipadora, mas, ao contrário, é alienante.

Vimos, também, algumas ideias do filósofo francês Jacques Rancière. Em um estudo que fez sobre arquivos do movimento operário das primeiras décadas do século XIX, ele mostrou que trabalhadores pobres dedicavam suas horas de descanso para produzir arte (poesia, literatura, teatro, artes plásticas, etc.) e, com isso, subvertiam sua condição social. Não deixavam de ser pobres, mas se sentiam plenamente humanos pelo exercício da função criadora. Segundo o filósofo, isso era emancipador, pois ainda que mantivessem sua condição econômica, mudavam radicalmente a si mesmos. Em termos contemporâneos, Rancière foi ainda mais longe, ao apresentar a ideia de um "espectador emancipado": não precisamos ser artistas, produtores de obras de arte para nos emancipar; podemos fruir a arte de um modo ativo, pois somos capazes de "recriar" a obra no momento em que nos relacionamos com ela, seja um poema, uma música, seja uma peça de teatro. A relação com a arte pode ser emancipadora do ser humano, na medida em que o coloca em contato direto com as forças da criação.

Ideias-chave

- Estética: campo da Filosofia criado no século XIX dedicado a estudar os impactos das sensações no ser humano, estando diretamente relacionado com as ideias de belo e de sublime e com as teorias em torno da arte.
- Sublime: algo que causa uma sensação muito forte, seja por ser muito belo, por ser estranho, seja por provocar medo. É também aquilo diante do qual nos sentimos pequenos, dada a impressão que causa em nossos sentidos e que faz com que nos sintamos arrebatados.
- *Mimesis*: palavra grega que significa imitação. Foi um conceito importante na filosofia grega antiga quando pensou-se a arte, uma vez que esta era vista como uma imitação da natureza. Certas filosofias, como a de Platão, atribuíram a ela um sentido puramente negativo; outras, como a de Aristóteles, colocaram em destaque também seus efeitos positivos.
- Indústria cultural: conceito criado pelos filósofos da Escola de Frankfurt (Teoria Crítica) para expressar a forma como a arte e a cultura são produzidas e consumidas no contexto do capitalismo. A produção artística passa a ser industrial, repetitiva, e os produtos culturais são vendidos e consumidos como quaisquer outras mercadorias. Isso despotencializa o papel criador da arte.
- Semicultura: segundo Theodor Adorno, um dos resultados da indústria cultural, pois perdemos a verdadeira cultura e acabamos consumindo uma cultura mediana, ditada pelos padrões industriais de consumo.
- Emancipação: processo de libertação de uma condição, de se tornar independente. No pensamento de Rancière, a emancipação é fundamental para a afirmação da condição humana, uma vez que não desejamos estar submetidos a outrem. Podemos falar em emancipação econômica, em emancipação política e social, em emancipação intelectual. Mas podemos também preconizar uma emancipação do humano através da arte, na qual se sai de uma posição de passividade e repetição para uma posição de criação ativa.

Aplique o que aprendeu

Questões

Em 3 de novembro de 1957, a vira-lata Laika se tornou o primeiro animal a visitar a órbita terrestre. Ela fez parte da Sputnik 2, uma missão que garantiu a vantagem do programa espacial soviético em relação ao americano durante a Guerra Fria. [...] Há décadas sua morte suscita o debate sobre os direitos dos animais. Muitos argumentaram que sua contribuição para a exploração espacial nunca compensaria o medo e a dor que sentiu. Até mesmo Oleg Gazenko, que trabalhou com Laika no treinamento, admitiu em 1998 que se arrependia de tê-la mandado para a morte certa. "Quanto mais tempo passa, mais culpa sinto", disse em conferência realizada em Moscou no final dos anos 1990. "A missão não foi esclarecedora o suficiente para justificar a morte do cachorro."

FERREIRA, Becky. Por que ainda esperamos que Laika, a astronauta canina, volte para casa. In: *Vice Motherboard*, nov. 2016. Disponível em: <https://motherboard.vice.com/pt_br/article/z4ybq3/por-que-ainda-esperamos-que-laika-a-astronauta-canina-volte-para-casa>. Acesso em: 21 maio 2018.

O texto expressa, a partir do relato da morte da cadela Laika, a noção de que a Ciência

a) exige sempre certos sacrifícios para que possa florescer.
b) opera como um campo que deve ser livre de valores morais.
c) deve reconhecer limitações éticas para seus avanços técnicos.
d) deve sempre se orientar pelo que é melhor para o coletivo humano.
e) foi conduzida sem preocupações epistemológicas na União Soviética.

A imprensa não passou de uma invenção grosseira; o canhão era uma invenção que já estava praticamente assegurada; a bússola já era, até certo ponto, conhecida. Mas que mudança essas três invenções produziram – uma na ciência, a outra na guerra, a terceira nas finanças, no comércio e na navegação! E foi apenas por acaso, digo eu, que a gente tropeçou e caiu sobre elas. Portanto, a superioridade do homem está no saber, disso não há dúvida. [...] Hoje, apenas presumimos dominar a natureza, mas, de fato, estamos submetidos à sua necessidade; se contudo nos deixássemos guiar por ela na invenção, nós a comandaríamos na prática.

BACON, Francis. Apud ADORNO, T. e HORKHEIMER, M. *Dialética do esclarecimento*. Trad. Guido de Almeida. Rio de Janeiro: Jorge Zahar, 2006. p. 17.

No texto, o filósofo Francis Bacon expressa um ponto de vista que pode ser dito cientificista, ao conceber as Ciências Naturais como capazes de oferecer

a) avanços práticos independentes de qualquer saber teórico.
b) superioridade técnica para que certos povos dominem outros.
c) conhecimento completo e domínio da natureza pela humanidade.
d) sabedoria para que apreciemos as nossas condições atuais de vida.
e) reverência pela natureza e compreensão de como nos inserimos nela.

Harris [...] pedirá que consideremos o seguinte: o assassinato *ser errado* depende de nossa opinião, mas o *sofrimento* causado por um assassinato depende de nossa opinião? Não. Ou seja, podemos matar, mas não podemos ter a opinião de que matar não causa sofrimento, pois *causa*. Esse é o pulo do gato. Basta então este pequeno ajuste: em vez de pensarmos no assassinato em si mesmo, pensemos nas razões pelas quais ele é proibido, na *função* desse valor moral. Essa abordagem, dirá Harris, coloca nossos valores ao alcance da ciência, permitindo-nos determinar de forma objetiva que valores são melhores ou piores que outros, não em função de serem "certos" ou "errados", mas em função de promoverem ou não nosso bem-estar.

CANCIAN, André. Como a ciência pode determinar o que é moral. Revista *Amálgama*, fev. 2011. Disponível em: <https://www.revistaamalgama.com.br/02/2011/sam-harris-ciencia-moral/>. Acesso em: 22 maio 2018.

O texto explicita que o filósofo Sam Harris distancia-se da tradição ética ao buscar estabelecer a moral na mesma esfera em que as Ciências Naturais, a saber, a partir de considerações sobre

a) os deveres morais, que servem de base para a ética por serem imutáveis.
b) as funções matemáticas, que descreveriam com rigor a atividade humana.
c) a preservação da vida, tomada como valor absoluto que orienta todos os outros.
d) a causalidade, que leva ao entendimento dos valores como operando factualmente.
e) o embate de opiniões, do qual o resultado pode ser tomado como critério valorativo.

4.

O debate espúrio sobre a ciência do clima é um bom indicador desta nova configuração. Por um lado, não há debate algum, e nenhuma questão de história natural ficou mais bem resolvida do que a das origens antrópicas das mudanças climáticas. [...] Façamos um debate "justo e imparcial", como eles dizem na Fox News. Mas não há a menor chance de chegarmos a uma conclusão final, uma vez que o sucesso dos negacionistas não reside em vencer algum conflito, mas simplesmente em assegurar que o resto do público esteja convencido de que há um conflito. Como poderiam os pobres e desamparados climatólogos levar a melhor em um pseudo-tribunal, cujo objetivo não é chegar a veredito (uma vez que o veredito já tinha sido dado pelo relatório do IPCC – Painel Intergovernamental sobre Mudanças Climáticas)?

LATOUR, Bruno. Para distinguir amigos e inimigos no tempo do Antropoceno. *Revista de Antropologia*. São Paulo, v. 57, n. 1, p. 11-31, nov. 2014. Disponível em: <http://www.revistas.usp.br/ra/article/view/87702/90680>. Acesso em: 23 maio 2018.

O filósofo Bruno Latour, no texto, aponta um problema para a configuração das discussões sobre como refrear o avanço do aquecimento global. Esse problema é o fato de que a mídia

a) falha em sua constante tentativa de conscientizar cientificamente a população.
b) abala o retrato do consenso científico para favorecer certos interesses políticos.
c) retrata de maneira injusta e parcial as diversas opiniões populares sobre o clima.
d) mantém a Ciência distante de suas matérias e reportagens para alienar a sociedade.
e) busca divulgar uma conclusão sobre quais seriam as melhores soluções ambientais.

5.

A ideia de que a ciência pode e deve ser governada de acordo com regras fixas e universais é simultaneamente não realista e perniciosa. É *não realista*, pois supõe uma visão por demais simples dos talentos do homem e das circunstâncias que encorajam ou causam seu desenvolvimento. E é *perniciosa*, pois a tentativa de fazer valer as regras aumentará forçosamente nossas qualificações profissionais à custa de nossa humanidade. Além disso, a ideia é *prejudicial à ciência*, pois negligencia as complexas condições físicas e históricas que influenciam a mudança científica. Ela torna a ciência menos adaptável e mais dogmática [...].

FEYERABEND, Paul. Apud CHALMERS, David. *O que é ciência afinal?* Trad. Raul Filker. São Paulo: Brasiliense, 1993. p. 175.

O chamado anarquismo epistemológico de Paul Feyerabend, expresso no trecho, considera limitadora a noção de um(a)

a) progresso científico da humanidade.
b) relação entre ciência e outros saberes.
c) realidade com a qual a ciência se relaciona.
d) ciência condicionada por fatores históricos.
e) método unificado para a pesquisa científica.

Item I

Sua importância para a sociedade não é a de expressar opiniões recebidas ou dar expressão clara aos sentimentos confusos das massas: essa função cabe ao político, ao jornalista, ao demagogo. O artista é aquilo que os alemães chamam de *ein Rüttler*, um perturbador da ordem estabelecida. O maior inimigo da arte é a mente coletiva, em qualquer de suas muitas manifestações.

READ, Herbert. *Arte e alienação*: o papel do artista na sociedade. Rio de Janeiro: Zahar, 1983. p. 27.

Item II

// ITO, Paulo. *Graffiti* sem título em muro de cidade indeterminada, 2014.

A concepção do artista elencada no Item I e o mural grafitado, no Item II, compartilham de um mesmo tema ao expressarem que

a) a arte se dá em um contexto individual de não conformidade.
b) o artista dá voz às opiniões da sociedade por meio de seu trabalho.
c) o trabalho artístico consiste em uma imitação da realidade sensível.
d) os contextos histórico e cultural determinam as possibilidades da arte.
e) a sociedade deve se opor ao trabalho artístico que tenta a desestabilizar.

7.

[...] Rancière aproxima a revolução estética da revolução social, mas não conclui que o social teria determinado a mudança do paradigma estético – pois não há, para o autor, determinismo social – e sim, que a revolução social é *filha* da revolução estética: "A revolução estética desenvolve-se como uma interminável ruptura com o modelo hierárquico do corpo, da história e da ação".

VOIGT, André. A ideia de acontecimento na obra de Bachelard. *História e perspectivas*. Uberlândia (46), p. 225, jan./jun. 2013.

Rancière aproxima o âmbito artístico do político ao tratar a estética como um campo

a) revolucionário, pois é ocupado pelos jovens pequeno-burgueses.
b) teórico das Ciências Sociais, já que a estética é derivada da política.
c) comum a todas as pessoas, em que ações podem gerar mudanças sociais.
d) determinado socialmente, limitando as pessoas por suas condições materiais.
e) separado da vida comum, em que tudo pode acontecer sem as amarras do banal.

8.

Item I

Entre 14 de março e 31 de maio de 2010, a artista sérvia Marina Abramovic permaneceu sentada, em silêncio, sete horas por dia, seis dias por semana, totalizando 736 horas, uma das *performances* com maior duração na história da arte.

CYPRIANO, Fabio. Crítica: Documentário vê lado pessoal da artista Marina Abramovic . Disponível em: <http://www1.folha.uol.com.br/ilustrada/2013/07/1306364-critica-documentario-ve-lado-pessoal-da-artista-marina-abramovic.shtml>. Acesso em: 23 maio 2018.

Item II

// ABRAMOVIC, Marina. *The artist is present. Performance* no Museum of Modern Art (MoMA), Nova York, 2010.

A *performance* de Marina Abramovic, documentada nos itens, espelha o impulso de certas atividades artísticas contemporâneas ao colocar em foco principalmente a

a) relação constitutiva entre autor, obra e público.
b) posição da arte no contexto estéril dos museus.
c) capacidade intrinsecamente revolucionária da arte.
d) impossibilidade de a arte se desvencilhar da imitação.
e) vontade da artista como aquilo que dá sentido à obra.

9.

O que aprendemos de fato ao considerar o mundo da percepção? Aprendemos que nesse mundo é impossível separar as coisas de sua maneira de aparecer. [...] Ora, se sigo a escola da percepção, encontro-me pronto para compreender a obra de arte, porque esta é também uma totalidade tangível na qual a significação não é livre, por assim dizer, mas ligada, escrava de todos os signos, de todos os detalhes que a manifestam para mim, de maneira que, tal como a coisa percebida, a obra de arte é vista ou ouvida, e nenhuma definição, nenhuma análise ulterior, por mais preciosa que possa ser posteriormente e para fazer o inventário dessa experiência, conseguiria substituir a experiência perceptiva e direta que tive com relação a ela.

MERLEAU-PONTY, Maurice. *Conversas* – 1948. Trad. Fábio e Eva Landa. São Paulo: Martins Fontes, 2004. p. 56-57.

Merleau-Ponty, no trecho, concebe nossa experiência da arte como

a) reconhecimento dos objetos do mundo percebido.
b) base para nossa percepção de todas as coisas.
c) expressão dos sentimentos do autor e do observador.
d) irredutível a qualquer descrição devido a sua riqueza.
e) conjunto dos estímulos sensíveis advindos do mundo.

10.

Item I

Não se trata de colocar a poesia a serviço da revolução, mas sim de colocar a revolução a serviço da poesia. Unicamente assim a revolução não trai seu próprio projeto. [...] A poesia é cada vez mais claramente, enquanto lugar vazio, a antimatéria da sociedade de consumo, porque ela não é uma matéria consumível (segundo os critérios modernos do objeto consumível: equivalente para uma massa passiva de consumidores isolados). A poesia não é nada quando ela é citada, ela pode somente ser desviada (*détournée*), recolocada em jogo.

DEBORD, Guy. All the King's Men. *Internacional Situacionista n. 8* (1963). Trad. do espanhol por membros do Coletivo Gunh Anopetil. Disponível em: <https://pt.protopia.at/wiki/All_the_King%27s_Men>. Acesso em: 31 maio 2018.

Item II

// BANKSY. *Trolley hunters*. Impressão em papel (57,15 cm × 76,2 cm).

A venda de peças produzidas pelo artista e grafiteiro Banksy, como a do Item II, ecoa um problema explicitado por Guy Debord no Item I sobre o uso revolucionário da arte, uma vez que

a) subjuga a política à arte por meio de um comentário crítico do consumismo.
b) considerar as peças poéticas ou criativas inevitavelmente estaria incorreto.
c) associar a criação artística à revolução social e política é tido como impossível.
d) coloca um objeto de crítica ao consumo em um contexto de consumo em massa.
e) transforma a política em tema da arte ao associar o consumo à subsistência humana.

UNIDADE 6

Problemas contemporâneos II

Aprofunde seus conhecimentos sobre **o funcionamento e as questões da política contemporânea** nas páginas 308 a 357 do Livro do Aluno.

Reveja o que aprendeu

Objetivos de aprendizagem

- Analisar as transformações pelas quais passou a esfera política no século XX e início do século XXI.
- Compreender a teoria política que analisa o mundo contemporâneo sob a forma do império.
- Compreender a filosofia de Rancière que aponta a política como partilha do sensível.
- Refletir criticamente sobre a questão da participação política contemporânea, utilizando-se dos conceitos aprendidos.
- Identificar alguns dos principais desafios éticos do mundo contemporâneo.
- Compreender os principais elementos constituintes e as questões mais importantes da bioética.
- Compreender os desafios presentes para se pensar uma ética ambiental.
- Elaborar suas ideias de forma crítica, criteriosa e logicamente organizada, com a possibilidade de expressá-las bem numa comunicação oral ou através da escrita, na forma de dissertações filosóficas.

Nesta última unidade, continuamos a debater e a buscar elementos conceituais para pensar alguns dos principais problemas contemporâneos. Os dois capítulos abordaram os desafios para a participação política e algumas das problemáticas éticas atuais. O Capítulo 15 foi dedicado a debater os dilemas políticos contemporâneos. Como compreender a crise pela qual está passando o sistema representativo? Quais os limites da democracia e qual seu futuro? Estamos vivendo processos de maior participação política da juventude, como vimos nos movimentos estudantis de ocupação de escolas? Quais os significados políticos das manifestações que estamos vendo pelo mundo afora?

Uma das leituras políticas contemporâneas tem sido feita por Antonio Negri, cientista político e filósofo italiano, muitas vezes em parceria com o estadunidense Michael Hardt. Sua tese central é que o mundo hoje vive segundo a forma política do **império**. Não se trata da afirmação de uma política de cunho imperialista e colonial, como vimos ao longo do século XX, mas uma nova organização política mundial, que está relacionada com o fenômeno econômico da globalização, que faz diminuir a importância dos Estados nacionais em prol de uma estrutura política de âmbito mundial, que transcende as fronteiras entre os países. Incorporando elementos do pensamento marxista e de Foucault e Deleuze, Negri indica que são quatro as principais características do "império pós-moderno": a) a inexistência de fronteiras; b) o império independe de um processo histórico; c) o império é biopolítico e governa as vidas das pessoas e dos grupos sociais; d) em nome da paz, a ação do império consiste em fazer a guerra. O império exerce seu **direito de polícia** ao empreender controle sobre as comunidades, bem como seu **direito de intervenção** quando uma comunidade qualquer no mundo age contra os princípios e valores do império. Seria possível opor resistência ao império?, pergunta-se Negri. Seria possível escapar a ele, produzindo novas formas de vida e ação política? Para ele, a saída está na construção de uma "democracia da multidão", que use a própria força do império para enfrentá-lo.

Outra leitura política que encontramos em nossos dias difere radicalmente desta. Trata-se da reflexão do filósofo francês Jacques Rancière, que vê a política como uma "partilha do sensível". Segundo ele, o que há de específico na política é o **desentendimento**: há política quando aqueles que não têm direito à palavra a tomam e falam, impondo uma nova situação, uma ruptura com uma ordem estabelecida. Vemos que sua concepção é bastante diferente daquilo que estamos acostumados a compreender como política. Rancière diz que a essas ações de administração do conjunto social deveríamos chamar de "polícia", reservando a palavra "política" para esses acontecimentos raros, que impõem uma mudança radical na ordem das coisas. Para ele, isso que chamamos de "mundo" não é uma unidade, mas uma multiplicidade, e a política, assim como a arte, está baseada em percepções dos indivíduos. Nós partilhamos nossas impressões com os outros, que na mesma medida partilham as suas conosco. Por isso, viver politicamente é viver na diferença, compartilhando experiências. Produzir a igualdade não significa tornar todos iguais, mas admitir que todos são igualmente capazes, no exercício de suas diferenças. A base da política é, então, o **dissenso**, a discordância, o desentendimento, e não o consenso, como pensa a democracia representativa, sempre baseada na maioria. Mas é importante ter em mente que, para Rancière, na política sempre produzimos projetos comuns, ainda que o comum não possa ser o apagamento das diferenças, mas sua afirmação.

Ideias-chave

- Globalização: processo de internacionalização da economia mundial que se fortaleceu no final do século XX e começo do século XXI, provocando transformações políticas importantes e diminuindo a importância dos Estados e das economias nacionais. Importante impulso para esse movimento foi dado pela queda do muro de Berlim (1989) e a dissolução da União Soviética (1991), na medida em que foi desfeita a polarização entre países comunistas e capitalistas. No mundo globalizado, corporações transnacionais produzem impactos maiores que os Estados nacionais. Importante destacar que o filósofo Félix Guattari já falava, desde a década de 1970, em um "capitalismo mundial integrado", antecipando conceitualmente a noção de globalização.

- Império: segundo Antonio Negri e Michael Hardt, é a forma política do mundo globalizado contemporâneo. Como os Estados nacionais tiveram sua importância diminuída, uma nova forma política transnacional emerge pouco a pouco, construindo outra forma de soberania na pós-modernidade, marcada pela descentralização dos Estados nacionais. Não se trata de uma nova colonização ou imperialismo, mas do delineamento de uma soberania que transcende as fronteiras nacionais.

- Ordem mundial: a produção de um equilíbrio internacional no exercício do poder político e econômico, em geral controlado pelas grandes potências nacionais e pelas principais corporações econômicas mundiais.

- Consenso: construção de uma concordância em torno de uma determinada proposta política. Teóricos afirmam que a democracia funciona por meio dos consensos, quando a maioria dos cidadãos se coloca de acordo com uma ideia ou proposta. Para Negri e Hardt, no império o consenso não significa um apagamento das diferenças, mas é produzido justamente a partir das diferenças culturais, sociais e políticas.

- Multidão: conceito político que Negri recupera de Espinosa. Diferentemente do conceito de "povo", que significa um conjunto populacional organizado pelo poder ou em torno dele, e do conceito de "massa", que designa um conjunto populacional desorganizado e amorfo, a multidão diz respeito a este conjunto populacional com um propósito comum, mas não achatado pelo poder. Se o povo remete a uma unidade, a multidão remete à multiplicidade. A multidão se reúne com propósitos comuns, mas isso não elimina as diferenças internas entre seus membros; ao contrário, a reforça e a potencializa. Para Negri e Hardt a multidão é a única alternativa política ao império.
- Partilha do sensível: conceito de Rancière para designar a política. Segundo ele, compartilhamos um mundo comum, a partir do qual produzimos diferentes impressões, de modo que esse comum se divide em partes. Na política, os espaços, os tempos e as atividades são repartidos, mas sempre a partir daquilo que é comum. Por essa razão, o comum é formado por diferenças, não por partes iguais. A atividade política consiste na repartição do comum.
- Desentendimento: para Rancière, é aquilo que há de específico na política. Como o comum é repartido, isso gera, em alguns momentos, desentendimentos entre as partes que compõem o comum. Esse desentendimento é justamente a origem da atividade política.
- Dissenso: contra as ideias da democracia como produção de consenso, Rancière opõe a noção de dissenso: viver a democracia é viver o dissenso, a diferença, o desentendimento. A democracia é a arte de viver no dissenso, ainda assim produzindo projetos comuns entre os diferentes.
- Polícia: a atividade de organização do social, estudada por Foucault em teorias políticas dos séculos XVII e XVIII, e recuperada por Rancière. Para este filósofo, deveríamos chamar de polícia (organização do social a partir de um poder) aquilo que geralmente chamamos de política.
- Política: um acontecimento, a irrupção de algo absolutamente inesperado, que perturba a ordem policial da sociedade. A política acontece, por exemplo, quando numa determinada organização social alguém que não tem direito à palavra a toma e fala. O fato de os cidadãos se manifestarem numa democracia não é política, é polícia; já alguém que não tem o direito de manifestar o fazer, a despeito de tudo, isso sim é um acontecimento político.

O Capítulo 16 foi dedicado a pensar os principais problemas éticos do mundo contemporâneo. Segundo Lipovetsky, vivemos hoje uma "sociedade pós-moralista", marcada pelo declínio do sentido de dever da ética tal como pensada por Kant no século XVIII. A problemática foi agrupada em três grandes blocos: as questões da bioética; a ética nas relações empresariais e na esfera política; a problemática ética envolvida nas questões ambientais.

Uma das questões centrais na ética contemporânea é aquela relacionada à problemática da vida humana. Será ético abreviar a vida de um doente terminal que não tem qualquer chance de cura? O que dizer da legalização do aborto? E da doação de órgãos? Uma das referências básicas para pensar tais questões é a obra do filósofo alemão Hans Jonas, que definiu que a ação ética não está ligada estritamente aos indivíduos, mas à espécie humana: nossa preocupação deve ser com a manutenção e melhoria da qualidade de vida dos seres humanos como um todo.

A bioética é tomada pelo filósofo contemporâneo Peter Singer como uma "ética aplicada", uma vez que ela reflete sobre problemas concretos e busca soluções específicas, amparadas em valores que possam embasá-las. Segundo ele, certos princípios básicos tradicionais já não fazem sentido em nosso tempo. Ele faz a crítica a eles e propõe adotar cinco princípios assim enunciados: a) reconheça que o valor da vida humana é variável, devendo ser pensado de acordo com a condição a que o sujeito está submetido; b) assuma a responsabilidade pela consequência de suas decisões; c) respeite o desejo do outro de viver ou morrer; d) só traga ao mundo filhos desejados; e) não discrimine com base na espécie. Suas propostas são muito polêmicas, tendo o mérito, sobretudo, de instigar um debate sobre a problemática bioética contemporânea.

Outro campo de debates importantes em nossos dias é o social; podemos desdobrá-lo em dois elementos: de um lado, a emergência de uma "ética nas ou das empresas"; de outro, as implicações éticas na política. No primeiro caso, tem sido cada vez mais comum que as empresas, sobretudo as grandes corporações, estabeleçam seus "códigos de ética", regendo as suas ações, bem como exigindo dos profissionais uma postura eticamente comprometida. Também nesse contexto aparecem os programas de "responsabilidade social" das empresas. Gilles Lipovetsky, filósofo francês que trabalha com esse campo, costuma dizer que "a ética é um bom negócio para as empresas", na medida em que produz uma imagem social de respeitabilidade e confiança. Mas tudo isso precisa ser problematizado: até que ponto as empresas se preocupam com a ética apenas para formar uma imagem social positiva? Suas ações serão, de fato, pautadas em princípios éticos?

O segundo elemento, a ética na ação política, tem sido muito debatido e questionado, em todo o mundo e também no Brasil. Neste capítulo, estudamos dois filósofos que ajudam a trabalhar a questão. Um deles é Emmanuel Levinas, pensador do século XX, muito impactado pelo holocausto nazista, que o levou a produzir uma ética centrada na figura do outro, uma "ética da alteridade". É a proximidade com o outro, o olhá-lo no rosto, que nos faz agir com responsabilidade para com ele. A ética da alteridade e da responsabilidade implica uma convivência democrática, centrada no diálogo, na qual os outros são tratados como iguais.

As relações entre a ética e a política são também o centro do pensamento do filósofo alemão contemporâneo Jürgen Habermas. Sua teoria do agir comunicativo defende que o entendimento entre os cidadãos só é possível pelo diálogo, tomado como princípio ético. Sua ética é racional e universalista, opondo-se à fragmentação pós-moderna. A política e a democracia são pensadas como uma arte do consenso, da produção do convencimento racional pelo diálogo.

Por fim, foram introduzidas questões relativas a uma "ética ambiental" que seja capaz de reger nossas relações com o meio ambiente de modo que garanta sua preservação e, com isso, a preservação da própria espécie humana. Nesse campo, estudamos o pensador francês Michel Serres, que propõe um "contrato natural": um pacto entre os seres humanos e a natureza inumana, de forma que se possa garantir a sobrevivência de ambos os lados. O problema é saber se a humanidade está preparada para isso. Serres afirma que nós poluímos para nos apropriarmos do espaço. Um espaço que sujamos passa a ser um espaço nosso. Como, então, abrir mão desta apropriação do planeta?

Ideias-chave

- **Sociedade pós-moralista**: segundo Lipovetsky, vivemos hoje uma ampliação das questões éticas, que corresponde também a uma diluição. Por isso ele caracteriza esta sociedade como "pós-moralista", pois o sentido de dever da ética kantiana já não faz sentido em nossos dias e as preocupações éticas parecem cada vez mais débeis.
- **Bioética**: campo da Ética destinado a pensar as questões relativas à vida. Esse campo introduz a problemática das relações entre os seres humanos e destes com outros seres vivos, como os animais e as plantas. Questões importantes para o campo: a legalização do aborto; a morte assistida (eutanásia); o tratamento dos animais.
- **Responsabilidade social**: temática que ganhou importância no mundo corporativo ao final do século XX. As empresas, além de criarem seus "códigos de ética" para reger as relações internas, começaram a afimar-se responsáveis socialmente, comprometidas com a temática ambiental e também com o desenvolvimento econômico e social da comunidade na qual estão inseridas.
- **Alteridade**: a condição daquilo que é do outro. Em Filosofia, o conceito ganha a dimensão de afirmar que não se pode compreender o ser humano senão em interação direta com outros seres humanos, que não podem ser reduzidos ao mesmo. A alteridade implica, necessariamente, o convívio com a diferença.
- **Ética da alteridade**: proposição de Levinas, filósofo que viveu o holocausto nazista. Nessa ética, o rosto do outro é fundamental, pois ele implica proximidade e responsabilidade, o que caracteriza uma ética da relação com o outro, que não pode ser apagado ou manipulado. A justiça e a convivência democrática são possíveis apenas no contexto de uma ética que tome a alteridade como princípio primeiro.
- **Ética do discurso**: a análise da ética do discurso, isto é, as possibilidades de se produzir, pelo diálogo, uma convivência democrática, levou Habermas a produzir uma teoria do agir comunicativo, como forma de compreender a sociedade contemporânea. Nessa perspectiva ética, a construção da justiça social só é possível pela promoção do entendimento entre todos.
- **Contrato natural**: segundo Serres, assim como um contrato social entre os seres humanos foi responsável pela criação da sociedade, que tornou possível a convivência, precisamos hoje estabelecer um contrato dos seres humanos com o planeta, com a natureza. Um contrato que precisa ser celebrado pelas duas partes não pode ser a imposição de uma sobre a outra. Até aqui a humanidade tem dominado a natureza; chegou o momento de "ouvi-la" para, juntos, podermos definir um problema comum. Já não podemos tratar a natureza como algo a ser explorado, apropriado e manipulado por nós, sob o preço de deixarmos de ser viáveis como espécie.
- **Simbiontes**: em sentido literal, dois seres que vivem juntos, um potencializando o outro. O contrário do parasita, que toma do outro sem nada oferecer em troca. Para Serres, temos habitado a Terra como parasitas, mas precisamos nos transformar em simbiontes, convivendo com o planeta de modo a obter dele suas potências, mas também contribuindo para sua vida e bem-estar.

Aplique o que aprendeu

Questões

1.

E se, para vencer um concurso, eu não tomar diretamente uma droga que reforce minha memória, mas "simplesmente" uma droga que reforce meu empenho e minha dedicação? Também é "trapaça"? Por que então Fukuyama passa [...] para a ameaça representada pelas ciências do cérebro? A resposta parece fácil: a ameaça biogenética é uma versão nova e muito mais radical [...], que mina os próprios fundamentos da democracia liberal: os novos avanços científicos e tecnológicos potencialmente tornam obsoleto o sujeito liberal-democrata livre e autônomo.

ZIZEK, Slavoj. Filósofo defende a transformação da ética a partir da biologia, in: *Folha de S.Paulo*, 22 jun. 2003. Caderno Ciência. Disponível em: <http://www1.folha.uol.com.br/folha/ciencia/ult306u9421.shtml>. Acesso em: 29 maio 2018.

O texto apresenta questionamentos que se inserem no campo da bioética, uma vez que as práticas abordadas

a) lidam com organismos vivos a partir dos quais estabelecem valores morais.
b) ameaçam a democracia ao inibirem a capacidade de escolha dos indivíduos.
c) alteram o meio ambiente e podem impactar espécies biológicas não humanas.
d) interferem artificialmente no corpo humano e podem ter consequências sociais.
e) utilizam-se de técnicas derivadas do conhecimento científico para alterar o mundo.

2.

Aqui reside uma das teses fundamentais do filósofo: a igualdade é trabalhada como o ponto de partida a alimentar as lutas de natureza política e não um objetivo a ser atingido, uma meta ou um destino que nunca chega. O princípio da igualdade é afirmado por Rancière como um axioma, não determinado, fundamentando a constituição dos campos políticos de determinação, mas sendo anterior a todos eles. [...]

Atualizar o princípio da igualdade significa atacar de frente as relações de subordinação envolvidas no campo da ação, nas atividades, dizeres e manifestações entretecidos pelas relações de desigualdade que lhe são particulares.

PALLAMIN, Vera. Aspectos da relação entre o estético e o político em Jacques Rancière. *Revista de Pesquisa em Arquitetura e Urbanismo*, RISCO-USP, n. 12, 2010.

Para Rancière, e de acordo com o texto, o âmbito político é aquele em que a igualdade é

a) vista como resolução de todas as diferenças e desentendimentos.
b) tomada como base apesar da inexistência inicial de um consenso.
c) suprimida pelas instituições hierárquicas que são o corpo político.
d) reconhecida como uma harmonia pré-estabelecida nas sociedades.
e) buscada como fim último de todas as relações e atividades humanas.

3.

O império está se materializando diante de nossos olhos. Nas últimas décadas, a começar pelo período em que regimes coloniais eram derrubados, e depois em ritmo mais veloz quando as barreiras soviéticas ao mercado do capitalismo mundial finalmente caíram, vimos testemunhando uma globalização irresistível e irreversível de trocas econômicas e culturais. Juntamente com o mercado global e com circuitos globais de produção, surgiu uma ordem global, uma nova lógica e estrutura de comando – em resumo, uma nova ordem de supremacia. O império é a substância política que, de fato, regula essas permutas globais, o poder supremo que governa o mundo.

HARDT, Michael; NEGRI, Antonio. *Império*. Trad. Berilo Vargas. Rio de Janeiro: Record, 2001. p. 11.

No texto, Hardt e Negri buscam expressar com o conceito de império o fato de que, no mundo contemporâneo, a política

a) busca inaugurar um Estado único em que o poder será compartilhado globalmente.
b) está em todo o mundo sob o controle imperialista dos Estados Unidos da América.
c) foi desvinculada de toda pressão econômica e atingiu um novo grau de supremacia.
d) voltou a um quadro colonialista em que grandes potências dominam outros países.

e) tende a se articular em diversos níveis com um novo cenário global e totalizante.

4.

Por que, então, insistir na noção do homem que não é o lobo do homem, do homem responsável pelo outro homem que sempre lhe incumbe? [...] A consciência, se preferir, de que a justiça sobre a qual o Estado se baseia, nesse momento, é ainda uma justiça imperfeita. É mesmo preciso pensá-la de uma maneira mais concreta com a preocupação dos direitos do homem que não pode coincidir, em minha opinião, com a presença do governo. O cuidado com os direitos humanos não é uma função estatal, é no Estado uma instituição não estatal, é o chamado da humanidade ainda não realizado no Estado.

LÉVINAS, Emmanuel. Apud POIRIÉ, François. *Emmanuel Lévinas*: Ensaio e entrevistas. Trad. J. Guinsberg. São Paulo: Perspectiva, 2007. p. 111.

O texto, do filósofo Emmanuel Lévinas, caracteriza o respeito aos direitos humanos como uma exigência

a) ética, que precede a criação de leis pelos Estados e vai necessariamente além delas.
b) formal, que permite reconhecer uma hierarquia de valor entre o homem e o animal.
c) histórica, que aparece com o reconhecimento da imperfeição estatal no século XX.
d) legal, que precisa ser institucionalmente estabelecida por todas as nações humanas.
e) política, que se baseia na obrigação de resistir ao acúmulo do poder pela violência.

5.

A razão centrada no sujeito encontra os seus (critérios em) padrões de verdade e sucesso que regulam as relações do sujeito que conhece e age com o mundo dos objetos possíveis ou dos estados de coisas. Quando, pelo contrário, entendemos o saber como transmitido de forma comunicacional, a racionalidade limita-se à capacidade de participantes responsáveis em interações de se orientarem em relação a exigências de validade que assentam sobre o reconhecimento intersubjetivo. A razão comunicacional encontra os seus critérios no procedimento argumentativo da liquidação direta ou indireta de exigências de verdade proposicional, justeza normativa, veracidade subjetiva e coerência estética.

HABERMAS, Jürgen. *O discurso filosófico da modernidade*. Trad. Ana Maria Bernardo et al. Lisboa: Publicações Dom Quixote, 1998. p. 291.

O conceito de racionalidade proposto por Habermas tem ampla aplicação na política, na medida em que toma como exigência

a) a utilização de métodos precisos por cada indivíduo.
b) o reconhecimento de uma verdade única e universal.
c) a rejeição das influências subjetivas na compreensão.
d) a possibilidade de entendimento mútuo entre agentes.
e) as doutrinas tradicionais aceitas por todos os sujeitos.

6.

A ética constitui um outro "setor" de ponta do consumo-mundo. É certo que o mercado dos produtos socialmente corretos e verdes ainda está balbuciante: 1% a 5% do consumo total, segundo os países. No entanto, desde 2001, o comércio socialmente correto registra uma importante progressão em volume, em diversidade de produtos, bem como em notoriedade. [...] A fase terminal do consumo se completa na sagração do *valor ético*, instrumento de afirmação identitária dos neoconsumidores e gerador de emoções instantâneas para os espectadores das maratonas filantrópicas.

LIPOVETSKY, Gilles. *A felicidade paradoxal*: ensaio sobre a sociedade de hiperconsumo. Trad. Maria Lucia Machado. São Paulo: Companhia das Letras, 2007. p. 133-134.

O filósofo Gilles Lipovetsky, no texto, aponta de maneira crítica para a

a) instituição da ética como domínio abstrato descolado do cotidiano.
b) utilização interessada da ética em contextos de comércio e consumo.
c) preocupação ética dos indivíduos em qualquer domínio de suas vidas.
d) atenção devotada pela comunidade internacional a questões ambientais.
e) lentidão no crescimento dos mercados social e ambientalmente sustentáveis.

7.

O "Não matarás" não significa somente a interdição de enfiar uma faca no peito do próximo. Um pouco isso. Mas tantas maneiras de ser comportam uma forma de esmagar outrem. [...] A noção do "Não matarás", eu lhe dou uma significação que não é a de uma simples proibição de homicídio caracterizado; ela se torna uma definição ou uma descrição fundamental do acontecimento humano do ser, que é uma permanente prudência no que diz respeito ao ato violento e assassino para com o outro, que é talvez a própria contenção de ser violento, como se a imposição mesma de sua existência fosse sempre a de atentar contra a vida de alguém.

LÉVINAS, Emmanuel. Apud POIRIÉ, François. *Emmanuel Lévinas*: Ensaio e entrevistas. Trad. J. Guinsberg. São Paulo: Perspectiva, 2007. p. 91-103.

A proposta ética apresentada no trecho toma como princípio a

a) maximização da felicidade entre os sujeitos.
b) responsabilidade e o cuidado diante do outro.
c) interdição moral estabelecida pela razão pura.
d) virtude enquanto capacidade de evitar excessos.
e) prudência de se buscar apenas prazeres simples.

8.

Tudo acaba de mudar. De futuro, consideraremos inexata a palavra política, porque apenas se refere à cidade, aos espaços publicitários, à organização administrativa dos grupos. Ora, não conhece nada do mundo aquele que permanece na cidade, outrora designado por burguês. A partir de agora, o governante deve sair das ciências humanas, das ruas e dos muros da cidade, tornar-se físico, emergir do contrato social, inventar um novo contrato natural, devolvendo à palavra natureza o sentido original das condições em que nascemos – ou deveremos renascer amanhã.

SERRES, Michel. *O contrato natural*. Trad. Serafim Ferreira. Lisboa: Instituto Piaget, 1994. p. 73.

A noção de contrato natural, abordada no texto, expressa que o contrato social concebido pela Filosofia moderna é

a) instância máxima do saber humano, articulando em si natureza e sociedade.
b) ficcional e instrumento de poder, nunca tendo se efetivado na história humana.
c) moralismo coletivo, freio do desenvolvimento individual desejável à humanidade.
d) base necessária para o desenvolvimento humano, por evitar a violência da natureza.
e) insuficiente para a manutenção da nossa vida, por se restringir ao contexto humano.

9.

O especismo [...] é um preconceito ou atitude parcial em favor dos interesses de membros de nossa própria espécie e contra os interesses dos membros de outras espécies. Deve ficar evidente que as objeções fundamentais ao racismo e ao sexismo expressas por Thomas Jefferson e Sojourner Truth aplicam-se igualmente ao especismo. Se a posse de um grau mais alto de inteligência não autoriza um ser humano a usar outros seres humanos para seus próprios objetivos, como poderá autorizar os humanos a explorarem, com o mesmo propósito, os não humanos?

SINGER, Peter. *Vida ética*. Trad. Alice Xavier. Rio de Janeiro: Ediouro, 2002. p. 52.

De acordo com o texto de Peter Singer, pode ser caracterizada como uma atitude especista a

a) tentativa de se estabelecerem preferências éticas de qualquer tipo.
b) discriminação de seres humanos com base em sexo, gênero ou etnia.
c) busca por alterar a espécie humana por meio das biotecnologias atuais.
d) exclusão de animais que não os seres humanos nas considerações morais.
e) utilização de critérios específicos na criação de políticas de ordem pública.

10.

Num mundo caleidoscópico de valores embaralhados, de pistas que se movem e marcos que derretem, a liberdade de manobra atinge o nível de valor mais alto – na verdade, o metavalor, condição de acesso a todos os outros valores: passados, presentes e, acima de tudo, aqueles ainda por vir. A conduta racional em tal mundo exige que as opções, tantas quanto for possível, permaneçam abertas, e ganhar uma identidade que se adapte muito bem, que de uma vez por todas ofereça "igualdade" e "continuidade", resulta na diminuição de opções ou em perdê-las de antemão.

BAUMAN, Zygmunt. *A sociedade individualizada*: vidas contadas e histórias vividas. Trad. José Gradel. Rio de Janeiro: Jorge Zahar Ed., 1998. p. 188.

No texto, Bauman explicita como um dos motivos para a grande fluidez contemporânea das identidades a necessidade do indivíduo de

a) afirmar-se enquanto sujeito diante da sociedade, que restringe suas ações.
b) negar o compromisso de valores fixos, pois estes se reconfiguram frequentemente.
c) buscar constantemente a racionalidade, para que possa um dia ser um sujeito pleno.
d) manter-se com valores idênticos e contínuos no tempo, expressando sua autonomia.
e) assumir sua liberdade, que se expressa pela negação dos valores sociais e humanos.

TOTAL DE ACERTOS _____ /10

Rumo ao Ensino Superior

1. (Enem)

Se, pois, para as coisas que fazemos existe um fim que desejamos por ele mesmo e tudo o mais é desejado no interesse desse fim; evidentemente tal fim será o bem, ou antes, o sumo bem. Mas não terá o conhecimento, porventura, grande influência sobre essa vida? Se assim é, esforcemo-nos por determinar, ainda que em linhas gerais apenas, o que seja ele e de qual das ciências ou faculdades constitui o objeto. Ninguém duvidará de que o seu estudo pertença à arte mais prestigiosa e que mais verdadeiramente se pode chamar a arte mestra. Ora, a política mostra ser dessa natureza, pois é ela que determina quais as ciências que devem ser estudadas num Estado, quais são as que cada cidadão deve aprender, e até que ponto; e vemos que até as faculdades tidas em maior apreço, como a estratégia, a economia e a retórica, estão sujeitas a ela. Ora, como a política utiliza as demais ciências e, por outro lado, legisla sobre o que devemos e o que não devemos fazer, a finalidade dessa ciência deve abranger as das outras, de modo que essa finalidade será o bem humano.

ARISTÓTELES. Ética a Nicômaco. In: *Pensadores*.
São Paulo: Nova Gunman, 1991 (adaptado).

Para Aristóteles, a relação entre o sumo bem e a organização da *pólis* pressupõe que

a) o bem dos indivíduos consiste em cada um perseguir seus interesses.
b) o sumo bem é dado pela fé de que os deuses são os portadores da verdade.
c) a política é a ciência que precede todas as demais na organização da cidade.
d) a educação visa formar a consciência de cada pessoa para agir corretamente.
e) a democracia protege as atividades políticas necessárias para o bem comum.

2. (Unesp)

De um lado, dizem os materialistas, a mente é um processo material ou físico, um produto do funcionamento cerebral. De outro lado, de acordo com as visões não materialistas, a mente é algo diferente do cérebro, podendo existir além dele. Ambas as posições estão enraizadas em uma longa tradição filosófica, que remonta pelo menos à Grécia Antiga. Assim, enquanto Demócrito defendia a ideia de que tudo é composto de átomos e todo pensamento é causado por seus movimentos físicos, Platão insistia que o intelecto humano é imaterial e que a alma sobrevive à morte do corpo.

(Alexander Moreira-Almeida e Saulo de F. Araujo. "O cérebro produz a mente?: um levantamento da opinião de psiquiatras". www.archivespsy.com, 2015.)

A partir das informações e das relações presentes no texto, conclui-se que

a) a hipótese da independência da mente em relação ao cérebro teve origem no método científico.

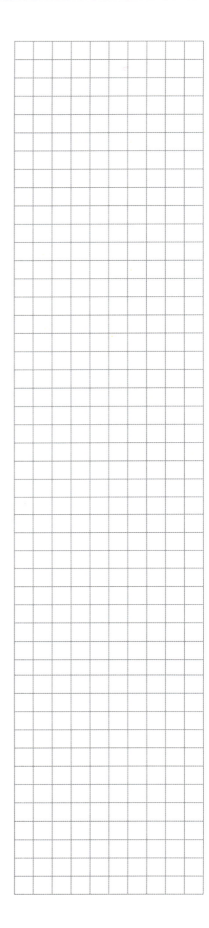

b) a dualidade entre mente e cérebro foi conceituada por Descartes como separação entre pensamento e extensão.

c) o pensamento de Santo Agostinho se baseou em hipóteses empiristas análogas às do materialismo.

d) os argumentos materialistas resgatam a metafísica platônica, favorecendo hipóteses de natureza espiritualista.

e) o progresso da neurociência estabeleceu provas objetivas para resolver um debate originalmente filosófico.

3. (Unicamp)

A sabedoria de Sócrates, filósofo ateniense que viveu no século V a.C., encontra o seu ponto de partida na afirmação "sei que nada sei", registrada na obra *Apologia de Sócrates*. A frase foi uma resposta aos que afirmavam que ele era o mais sábio dos homens. Após interrogar artesãos, políticos e poetas, Sócrates chegou à conclusão de que ele se diferenciava dos demais por reconhecer a sua própria ignorância.

O "sei que nada sei" é um ponto de partida para a Filosofia, pois

a) aquele que se reconhece como ignorante torna-se mais sábio por querer adquirir conhecimentos.

b) é um exercício de humildade diante da cultura dos sábios do passado, uma vez que a função da Filosofia era reproduzir os ensinamentos dos filósofos gregos.

c) a dúvida é uma condição para o aprendizado e a Filosofia é o saber que estabelece verdades dogmáticas a partir de métodos rigorosos.

d) é uma forma de declarar ignorância e permanecer distante dos problemas concretos, preocupando-se apenas com causas abstratas.

4. (Enem)

Pirro afirmava que nada é nobre nem vergonhoso, justo ou injusto; e que, da mesma maneira, nada existe do ponto de vista da verdade; que os homens agem apenas segundo a lei e o costume, nada sendo mais isto do que aquilo. Ele levou uma vida de acordo com esta doutrina, nada procurando evitar e não se desviando do que quer que fosse, suportando tudo, carroças, por exemplo, precipícios, cães, nada deixando ao arbítrio dos sentidos.

LAÉRCIO, D. *Vidas e sentenças dos filósofos ilustres.* Brasília: Editora UnB, 1988.

O ceticismo, conforme sugerido no texto, caracteriza-se por:

a) Desprezar quaisquer convenções e obrigações da sociedade.

b) Atingir o verdadeiro prazer como o princípio e o fim da vida feliz.

c) Defender a indiferença e a impossibilidade de obter alguma certeza.

d) Aceitar o determinismo e ocupar-se com a esperança transcendente.

e) Agir de forma virtuosa e sábia a fim de enaltecer o homem bom e belo.

5. (Unesp)

Os homens, diz antigo ditado grego, atormentam-se com a ideia que têm das coisas e não com as coisas em si. Seria grande passo, em alívio da nossa miserável condição, se se provasse que isso é uma verdade absoluta. Pois se o mal só tem acesso em nós porque julgamos que o seja, parece que estaria em nosso poder não o levarmos a sério ou o colocarmos a nosso serviço. Por que atribuir à doença, à indigência, ao desprezo um gosto ácido e mau se o podemos modificar? Pois o destino apenas suscita o incidente; a nós é que cabe determinar a qualidade de seus efeitos.

(Michel de Montaigne. *Ensaios*, 2000. Adaptado.)

De acordo com o filósofo, a diferença entre o bem e o mal

a) representa uma oposição de natureza metafísica, que não está sujeita a relativismos existenciais.

b) relaciona-se com uma esfera sagrada cujo conhecimento é autorizado somente a sacerdotes religiosos.

c) resulta da queda humana de um estado original de bem-aventurança e harmonia geral do Universo.

d) depende do conhecimento do mundo como realidade em si mesma, independente dos julgamentos humanos.

e) depende sobretudo da qualidade valorativa estabelecida por cada indivíduo diante de sua vida.

6. (PUC-PR)

Leia os enunciados abaixo a respeito do pensamento filosófico de Sócrates.

I. O texto *Apologia de Sócrates*, cujo autor é Platão, apresenta a defesa de Sócrates diante das acusações dos atenienses, especialmente, os sofistas, entre os quais está Meleto.

II. Sócrates dispensa a ironia como método para refutar as acusações e calúnias sofridas no processo de seu julgamento.

III. Entre as acusações que Sócrates recebe está a de "corromper a juventude".

IV. Sócrates é acusado de ensinar as coisas celestes e terrenas, a não acreditar nos deuses e a tornar mais forte a razão mais débil.

V. Sócrates nega que seus acusadores são ambiciosos e resolutos e, em grande número, falam de forma persuasiva e persistente contra ele.

Assinale a alternativa que apresenta apenas as afirmativas **CORRETAS**.

a) II, IV e V.
b) I, III e IV.
c) I, III e V.
d) II, III e V.
e) I, II e III.

7. (UEM)

Protágoras de Abdera (480-410 a.C.) é considerado um dos mais importantes sofistas. Ensinou por muito tempo em Atenas, sendo atribuída à sua autoria a seguinte máxima da filosofia: "O homem é a medida de todas as coisas". Sobre Protágoras e os sofistas, assinale o que for **correto**.

01) De forma semelhante a pensadores contemporâneos, os sofistas problematizam a multiplicidade de perspectivas do conhecimento.

02) O relativismo de Protágoras pode ser defendido filosoficamente a partir da percepção do movimento, tese já defendida anteriormente por Heráclito.

04) Platão e Aristóteles contrapuseram-se aos sofistas, ao não defender o homem como medida de todas as coisas.

08) Em razão de seu humanismo, atribui-se a Protágoras a inversão copernicana, isto é, a tese de que não é o sol que gira em torno da Terra, mas a Terra que gira em torno do sol.

8. (Enem)

Nunca nos tornaremos matemáticos, por exemplo, embora nossa memória possua todas as demonstrações feitas por outros, se nosso espírito não for capaz de resolver toda espécie de problemas; não nos tornaríamos filósofos, por ter lido todos os raciocínios de Platão e Aristóteles, sem poder formular um juízo sólido sobre o que nos é proposto. Assim, de fato, pareceríamos ter aprendido, não ciências, mas histórias.

DESCARTES, R. *Regras para a orientação do espírito*. São Paulo: Martins Fontes, 1999.

Em sua busca pelo saber verdadeiro, o autor considera o conhecimento, de modo crítico, como resultado da

a) investigação de natureza empírica.
b) retomada da tradição intelectual.
c) imposição de valores ortodoxos.
d) autonomia do sujeito pensante.
e) liberdade do agente moral.

9. (Uncisal)

O conhecimento mítico apresenta características próprias que o diferencia de outros modos de conhecer. Ele invariavelmente se vincula ao conhecimento religioso, mas conserva suas funções específicas: acomodar e tranquilizar o homem em meio a um mundo caótico e hostil. Nas sociedades em que ele se apresenta como um modo válido de explicação da realidade assume uma abrangência tamanha que determina a totalidade da vida, tanto no âmbito público como privado. Com referência ao conhecimento mítico, é incorreto afirmar que

a) a adesão ao conhecimento mítico ocorre sem necessidade de demonstração, apenas se aceita a autoridade do narrador.
b) as explicações oferecidas pelo conhecimento mítico essencialmente são de natureza cosmogônica.
c) as representações sobrenaturais são utilizadas no intuito de explicar os fenômenos naturais.
d) a narrativa mítica faz uso de uma linguagem simbólica e imaginária.
e) se pauta na reflexão, apresentando a racionalidade e a cosmologia como componentes definidores do seu modo próprio de ser.

10. (UEL)

Leia o texto a seguir.

Segundo Descartes, o bom método é aquele que nos permite conhecer o maior número possível de coisas, com o menor número de regras. Deste modo, ele pretende estabelecer um método universal inspirado no rigor da matemática e no encadeamento racional. Para ele, pautado no ideal matemático, o método deve converter-se em uma *mathesis universalis*: conhecimento completo e inteiramente dominado pela razão.

Adaptado de: JAPIASSU, H. "O racionalismo cartesiano". In: REZENDE, A. (Org.). *Curso de Filosofia*. 14. ed. Rio de Janeiro: Jorge Zahar, 2008. p. 104-105.

Com base no texto e nos conhecimentos sobre o *Discurso do Método*, de Descartes, enumere e descreva as quatro regras apresentadas pelo filósofo para o método.

11. (UEL)

Leia os textos a seguir.

Sim bem primeiro nasceu Caos, depois também Terra de amplo seio, de todos sede irresvalável sempre.

HESÍODO. *Teogonia*: a origem dos deuses. 3. ed. Trad. de Jaa Torrano. São Paulo: Iluminuras, 1995. p. 91.

Segundo a mitologia ioruba, no início dos tempos havia dois mundos: Orum, espaço sagrado dos orixás, e Aiyê, que seria dos homens, feito apenas de caos e água. Por ordem de Olorum, o deus supremo, o orixá Odudua veio à Terra trazendo uma cabaça com ingredientes especiais, entre eles a terra escura que jogaria sobre o oceano para garantir morada e sustento aos homens.

"A Criação do Mundo". *SuperInteressante*. jul. 2008. Disponível em: <http://super.abril.com.br/religiao/criacaomundo-447670.shtm>. Acesso em: 1º abr. 2014.

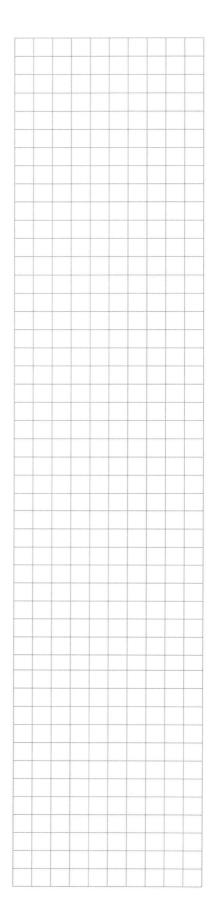

No começo do tempo, tudo era caos, e este caos tinha a forma de um ovo de galinha. Dentro do ovo estavam Yin e Yang, as duas forças opostas que compõem o universo. Yin e Yang são escuridão e luz, feminino e masculino, frio e calor, seco e molhado.

PHILIP, N. *O Livro Ilustrado dos Mitos*: contos e lendas do mundo. Ilustrado por Nilesh Mistry. Trad. de Felipe Lindoso. São Paulo: Marco Zero, 1996. p. 22.

Com base nos textos e nos conhecimentos sobre a passagem do mito para o logos na filosofia, considere as afirmativas a seguir.

I. As diversas narrativas míticas da origem do mundo, dos seres e das coisas são genealogias que concebem o nascimento ordenado dos seres; são discursos que buscam o princípio que causa e ordena tudo que existe.

II. Os mitos representam um relato de algo fabuloso que afirmam ter ocorrido em um passado remoto e impreciso, em geral grandes feitos apresentados como fundamento e começo da história de dada comunidade.

III. Para Platão, a narrativa mitológica foi considerada, em certa medida, um modo de expressar determinadas verdades que fogem ao raciocínio, sendo, com frequência, algo mais do que uma opinião provável ao exprimir o vir-a-ser.

IV. Quando tomado como um relato alegórico, o mito é reduzido a um conto fictício desprovido de qualquer correspondência com algum tipo de acontecimento, em que inexiste relação entre o real e o narrado.

Assinale a alternativa correta.

a) Somente as afirmativas I e II são corretas.
b) Somente as afirmativas I e IV são corretas.
c) Somente as afirmativas III e IV são corretas.
d) Somente as afirmativas I, II e III são corretas.
e) Somente as afirmativas II, III e IV são corretas.

12. (Enem)

Ser ou não ser – eis a questão.

Morrer – dormir – Dormir! Talvez sonhar. Aí está o obstáculo!

Os sonhos que hão de vir no sono da morte

Quando tivermos escapado ao tumulto vital

Nos obrigam a hesitar: e é essa a reflexão

Que dá à desventura uma vida tão longa.

SHAKESPEARE, W. *Hamlet*. Porto Alegre: L&PM, 2007.

Este solilóquio pode ser considerado um precursor do existencialismo ao enfatizar a tensão entre

a) consciência de si e angústia humana.
b) inevitabilidade do destino e incerteza moral.
c) tragicidade da personagem e ordem do mundo.
d) racionalidade argumentativa e loucura iminente.
e) dependência paterna e impossibilidade de ação.

13. (UFSM)

Revoltas e movimentos sociais, como os ocorridos recentemente no Brasil, estão frequentemente envolvidos no aperfeiçoamento da vida social e podem ter papel adaptativo. Na história da filosofia política moderna, alguns filósofos conceberam seres humanos como átomos individuais movidos por apetites ou desejos guiados pelo prazer e dor, sendo o apetite fundamental do homem a autopreservação. Numa situação de escassez de bens, com pessoas guiadas exclusivamente por desejos antecipadores de prazer e voltados à autopreservação, haverá, inevitavelmente, conflito social. Que alternativa(s) racional(is) soluciona(m) o conflito?

I. Uso da força e violência.
II. Uso da ideologia e controle da informação.
III. Acordo e deliberação coletiva.
IV. Apelo à tradição e costume.

Está(ão) correta(s) a(s) alternativa(s)

a) I e II apenas.
b) I, II e III apenas.
c) III apenas.
d) III e IV apenas.
e) IV apenas.

14. (UFSJ)

Leia atentamente os fragmentos abaixo.

I. "Também tem sido frequentemente ensinado que a fé e a santidade não podem ser atingidas pelo estudo e pela razão, mas sim por inspiração sobrenatural, ou infusão, o que, uma vez aceita, não vejo por que razão alguém deveria justificar a sua fé...".

II. "O homem não é a consequência duma intenção própria duma vontade, dum fim; com ele não se fazem ensaios para obter-se um ideal de humanidade; um ideal de felicidade ou um ideal de moralidade; é absurdo desviar seu ser para um fim qualquer".

III. "(...) podemos estabelecer como máxima indubitável que nenhuma ação pode ser virtuosa ou moralmente boa, a menos que haja na natureza humana algum motivo que a produza, distinto do senso de sua moralidade".

IV. "A má-fé é evidentemente uma mentira, porque dissimula a total liberdade do compromisso. No mesmo plano, direi que há também má-fé, escolho declarar que certos valores existem antes de mim (...)."

Os quatro fragmentos de texto acima são, respectivamente, atribuídos aos seguintes pensadores

a) Nietzsche, Sartre, Hobbes, Hume.
b) Hobbes, Nietzsche, Hume, Sartre.
c) Hume, Nietzsche, Sartre, Hobbes.
d) Sartre, Hume, Hobbes, Nietzsche.

15. (Enem PPL)

Estamos, pois, de acordo quando, ao ver algum objeto, dizemos: "Este objeto que estou vendo agora tem tendências para assemelhar-se a um outro ser, mas, por ter defeitos, não consegue ser tal como o ser em questão, e lhe é, pelo contrário, inferior". Assim, para podermos fazer estas reflexões, é necessário que antes tenhamos tido ocasião de conhecer esse ser de que se aproxima o dito objeto, ainda que imperfeitamente.

PLATÃO. *Fédon*. São Paulo: Abril Cultural, 1972.

Na epistemologia platônica, conhecer um determinado objeto implica

a) estabelecer semelhanças entre o que é observado em momentos distintos.
b) comparar o objeto observado com uma descrição detalhada dele.
c) descrever corretamente as características do objeto observado.
d) fazer correspondência entre o objeto observado e seu ser.
e) identificar outro exemplar idêntico ao observado.

16. (UFU)

A respeito da fortuna, Maquiavel escreveu:

[...] penso poder ser verdade que a fortuna seja árbitra de metade de nossas ações, mas que, ainda assim, ela nos deixe governar quase a outra metade.

MAQUIAVEL, N. *O príncipe*. Tradução de Lívio Xavier. São Paulo: Nova Cultural, 1987. Coleção "Os Pensadores". p. 103.

Com base na citação, responda:

a) O que é a fortuna para Maquiavel?
b) Como deve agir o príncipe em relação à fortuna?

17. (UEM)

Para Sartre, principal representante do existencialismo francês, só as coisas e os animais são 'em si', isto é, teriam uma essência. O ser humano, dotado de consciência, é um 'ser-para-si', ou seja, é também consciência de si. Isso significa que é um ser aberto à possibilidade de construir ele próprio sua existência. Por isso, é possível referir-se à essência de uma mesa (...) ou à essência de um animal (...), mas não existe uma natureza humana encontrada de forma igual em todas as pessoas, pois 'o ser humano não é mais que o que ele faz'.

(ARANHA, M. L. A.; MARTINS, M. H. P. *Temas de filosofia*. 3.ª ed. revista. São Paulo: Moderna, 2005. p. 39).

Com base na citação e nos seus conhecimentos sobre o existencialismo, assinale o que for **correto**.

01) As coisas e os animais não têm consciência de si.
02) O ser em si não pode ser senão aquilo que é, ao passo que, ao ser-para-si, é permitida a liberdade de ser o que fizer de si.
04) A consciência humana é um fator histórico e contingente.
08) O homem possui uma natureza preestabelecida.
16) O existencialismo é uma metafísica de concepção essencialista.

18. (Unicamp)

Apenas a procriação de filhos legítimos, embora essencial, não justifica a escolha da esposa. As ambições políticas e as necessidades econômicas que as subentendem exercem um papel igualmente poderoso. Como demonstraram inúmeros estudos, os dirigentes atenienses casam-se entre si, e geralmente com o parente mais próximo possível, isto é, primos coirmãos. É sintomático que os autores antigos que nos informam sobre o casamento de homens políticos atenienses omitam os nomes das mulheres desposadas, mas nunca o nome do seu pai ou do seu marido precedente.

Adaptado de Alain Corbin e outros, *História da virilidade*, vol. 1. Petrópolis: Vozes, 2014, p. 62.

Considerando o texto e a situação da mulher na Atenas clássica, podemos afirmar que se trata de uma sociedade

a) na qual o casamento também tem implicações políticas e sociais.
b) que, por ser democrática, dá uma atenção especial aos direitos da mulher.
c) em que o amor é o critério principal para a formação de casais da elite.
d) em que o direito da mulher se sobrepõe ao interesse político e social.

19. (UFSM)

O conhecimento é uma ferramenta essencial para a sobrevivência humana. Os principais filósofos modernos argumentaram que nosso conhecimento do mundo seria muito limitado se não pudéssemos ultrapassar as informações que a percepção sensível oferece. No período moderno, qual processo cognitivo foi ressaltado como fundamental, pois permitia obter conhecimento direto, novo e capaz de antecipar acontecimentos do mundo físico e também do comportamento social?

a) Dedução.
b) Indução.
c) Memorização.
d) Testemunho.
e) Oratória e retórica.

20. (Unioeste)

Quando dizemos que o homem se escolhe a si mesmo, queremos dizer que cada um de nós se escolhe a si próprio; mas com isso queremos também dizer que, ao escolher-se a si próprio, ele escolhe todos os homens. Com efeito, não há de nossos atos um sequer que, ao criar o homem que desejamos ser, não crie ao mesmo tempo uma imagem do homem como julgamos que deve ser. Escolher isto ou aquilo é afirmar ao mesmo tempo o valor do que escolhemos, porque nunca podemos escolher o mal, o que escolhemos é sempre o bem, e nada pode ser bom para nós sem que o seja para todos. Se a existência, por outro lado, precede a essência e se quisermos existir, ao mesmo tempo em que construímos a nossa imagem, esta imagem é válida para todos e para a nossa época. Assim, a nossa responsabilidade é muito maior do que poderíamos supor, porque ela envolve toda a humanidade.

Sartre.

Considerando o texto citado e o pensamento sartreano, é INCORRETO afirmar que

a) o valor máximo da existência humana é a liberdade, porque o homem é, antes de mais nada, o que tiver projetado ser, estando "condenado a ser livre".
b) totalmente posto sob o domínio do que ele é, ao homem é atribuída

a total responsabilidade pela sua existência e, sendo responsável por si, é também responsável por todos os homens.

c) o existencialismo sartreano é uma moral da ação, pois o homem se define pelos seus atos e atos, por excelência, livres, ou seja, o "homem não é nada além do conjunto de seus atos".

d) o homem é um "projeto que se vive subjetivamente", pois há uma natureza humana previamente dada e predefinida, e, portanto, no homem, a essência precede a existência.

e) por não haver valores preestabelecidos, o homem deve inventá-los através de escolhas livres, e, como escolher é afirmar o valor do que é escolhido, que é sempre o bem, é o homem que, através de suas escolhas livres, atribui sentido a sua existência.

21. (Enem)

A representação de Demócrito é semelhante à de Anaxágoras, na medida em que um infinitamente múltiplo é a origem; mas nele a determinação dos princípios fundamentais aparece de maneira tal que contém aquilo que para o que foi formado não é, absolutamente, o aspecto simples para si. Por exemplo, partículas de carne e de ouro seriam princípios que, através de sua concentração, formam aquilo que aparece como figura.

HEGEL, G. W. F. Crítica moderna. In: SOUZA, J. C. (Org.). *Os pré-socráticos*: vida e obra. São Paulo: Nova Cultural. 2000 (adaptado).

O texto faz uma apresentação crítica acerca do pensamento de Demócrito, segundo o qual o "princípio constitutivo das coisas" estava representado pelo(a)

a) número, que fundamenta a criação dos deuses.

b) devir, que simboliza o constante movimento dos objetos.

c) água, que expressa a causa material da origem do universo.

d) imobilidade, que sustenta a existência do ser atemporal.

e) átomo, que explica o surgimento dos entes.

22. (Unesp)

Texto 1

Karl Popper se diferenciou ao introduzir na ciência a ideia de "falibilismo". Ele disse o seguinte: "O que prova que uma teoria é científica é o fato de ela ser falível e aceitar ser refutada". Para ele, nenhuma teoria científica pode ser provada para sempre ou resistir para sempre à falseabilidade. Ele desenvolveu um tipo de teoria de seleção das teorias científicas, digamos, análoga à teoria darwiniana da seleção: existem teorias que subsistem, mas, posteriormente, são substituídas por outras que resistem melhor à falseabilidade.

MORIN, Edgar. *Ciência com consciência*, 1996. Adaptado.

Texto 2

O paralelismo entre macrocosmos e microcosmos, a simpatia cósmica e a concepção do universo como um ser vivo são os princípios fundamentais do pensamento hermético, relançado por Marcílio Ficino com a tradução do *Corpus Hermeticum*. Com base no pensamento hermético, não há qualquer dúvida sobre a influência dos acontecimentos celestes sobre os eventos humanos e terrestres. Desse modo, a *magia* é a ciência da intervenção sobre as coisas, os homens e os acontecimentos, a fim de dominar, dirigir e transformar a realidade segundo a nossa vontade.

REALE, Giovanni. *História da filosofia*, vol. 2, 1990.

Baseando-se no conceito filosófico de empirismo, descreva o significado do emprego da palavra "ciência" nos dois textos. Explique também o diferente emprego do termo "ciência" em cada um dos textos.

23. (Enem)

Texto I

Fragmento B91: Não se pode banhar duas vezes no mesmo rio, nem substância mortal alcançar duas vezes a mesma condição; mas pela intensidade e rapidez da mudança, dispersa e de novo reúne.

HERÁCLITO. *Fragmentos (Sobre a natureza)*. São Paulo: Abril Cultural, 1996 (adaptado).

Texto II

Fragmento B8: São muitos os sinais de que o ser é ingênito e indestrutível, pois é compacto, inabalável e sem fim; não foi nem será, pois é agora um todo homogêneo, uno, contínuo. Como poderia o que é perecer? Como poderia gerar-se?

PARMÊNIDES. *Da natureza*. São Paulo: Loyola, 2002 (adaptado).

Os fragmentos do pensamento pré-socrático expõem uma oposição que se insere no campo das

a) investigações do pensamento sistemático.
b) preocupações do período mitológico.
c) discussões de base ontológica.
d) habilidades da retórica sofística.
e) verdades do mundo sensível.

24. (UFSJ)

Não que acreditemos que Deus exista; pensamos antes que o problema não está aí, no da sua existência [...] os cristãos podem apelidar-nos de desesperados.

Essa afirmação revela o pensador

a) Thomas Hobbes, defendendo o seu pensamento objetivo de que "o homem deve ser tomado como um elemento de construção da monarquia".
b) Nietzsche, perseguindo o direito do homem de tomar posse do seu reino animal e da sua superação e de reconduzir-se às verdades implícitas nele próprio.
c) Jean-Paul Sartre, desenvolvendo um argumento no qual chega à conclusão de que o existencialismo é um otimismo.
d) David Hume, criticando as clássicas provas a favor da existência de Deus.

25. (Unesp)

Texto 1

Um dos elementos centrais do pensamento mítico e de sua forma de explicar a realidade é o apelo ao sobrenatural, ao mistério, ao sagrado, à magia. As causas dos fenômenos naturais, aquilo que acontece aos homens, tudo é governado por uma realidade exterior ao mundo humano e natural, a qual só os sacerdotes, os magos, os iniciados são capazes de interpretar. Os sacerdotes, os rituais religiosos, os oráculos servem como intermediários, pontes entre o mundo humano e o mundo divino. Os cultos e os sacrifícios religiosos encontrados nessas sociedades são, assim, formas de se agradecer esses favores ou de se aplacar a ira dos deuses.

(Danilo Marcondes. *Iniciação à história da filosofia*, 2001. Adaptado.)

Texto 2

Ao longo da história, a corrente filosófica do Empirismo foi associada às seguintes características: 1. Negação de qualquer conhecimento ou princípio inato, que deva ser necessariamente reconhecido como válido, sem nenhuma confirmação ou verificação. 2. Negação do 'suprassensível', entendido como qualquer realidade não passível de verificação e aferição de qualquer tipo. 3. Ênfase na importância da realidade atual ou imediatamente presente aos órgãos de verificação e comprovação, ou seja, no fato: essa ênfase é consequência do recurso à evidência sensível.

(Nicola Abbagnano. *Dicionário de filosofia*, 2007. Adaptado.)

Com base nos textos apresentados, comente a oposição entre o pensamento mítico e a corrente filosófica do empirismo.

26. (Uema)

Leia a letra da canção a seguir.

Nada do que foi será
De novo do jeito que já foi um dia
Tudo passa
Tudo sempre passará
A vida vem em ondas
Como um mar
Num indo e vindo infinito

Tudo que se vê não é
Igual ao que a gente
Viu há um segundo
Tudo muda o tempo todo
No mundo [...]

Fonte: SANTOS, Lulu; MOTTA, Nelson. Como uma onda. In: *Álbum MTV ao vivo*. Rio de Janeiro: Sony-BMG, 2004.

Da mesma forma como canta o poeta contemporâneo, que vê a realidade passando como uma onda, assim também pensaram os primeiros filósofos conhecidos como Pré-socráticos que denominavam a realidade de *physis*. A característica dessa realidade representada, também, na música de Lulu Santos é o(a)

a) fluxo.
b) estática.
c) infinitude.
d) desordem.
e) multiplicidade.

27. (UFSM)

Há muitas razões para valorizar a ciência. A importância de prever e explicar fenômenos naturais e facilitar nosso controle de ambientes hostis, facilitando nossa adaptação, é uma delas. Em função do sucesso que a ciência tem em explicar muitos fenômenos, a maioria das pessoas não diretamente envolvidas com atividades científicas tende a pensar que uma teoria científica é um conjunto de leis verdadeiras e infalíveis sobre o mundo natural. Mudanças teóricas radicais na história da ciência (como a substituição de um modelo geocêntrico por um modelo heliocêntrico de explicação do movimento planetário) levaram filósofos a suspeitar dessa imagem das teorias científicas. A teoria da ciência do físico e filósofo austríaco Karl Popper se caracterizou por sustentar que as leis científicas possuem um caráter

I. hipotético e provisório.
II. assistemático e irracional.
III. matemático e formal.
IV. contraditório e tautológico.

É/São verdadeira(s) a(s) assertiva(s)

a) I apenas.
b) I e II apenas.
c) III apenas.
d) II e IV apenas.
e) III e IV apenas.

28. (Enem)

A filosofia encontra-se escrita neste grande livro que continuamente se abre perante nossos olhos (isto é, o universo), que não se pode compreender antes de entender a língua e conhecer os caracteres com os quais está escrito. Ele está escrito em língua matemática, os caracteres são triângulos, circunferências e outras figuras geométricas, sem cujos meios é impossível entender humanamente as palavras; sem eles, vagamos perdidos dentro de um obscuro labirinto.

GALILEI, G. "O ensaiador". *Os pensadores*. São Paulo: Abril Cultural, 1978.

No contexto da Revolução Científica do século XVII, assumir a posição de Galileu significava defender a

a) continuidade do vínculo entre ciência e fé dominante na Idade Média.
b) necessidade de o estudo linguístico ser acompanhado do exame matemático.
c) oposição da nova física quantitativa aos pressupostos da filosofia escolástica.
d) importância da independência da investigação científica pretendida pela Igreja.
e) inadequação da matemática para elaborar uma explicação racional da natureza.

29. (UFSJ)

O Círculo de Viena foi um importante marco para a filosofia e, exemplarmente, propôs que,

a) antes de ser classificado de percepção extrema ou subjetividade, todo e qualquer dado deve ser sistematicamente analisado.

b) em qualquer evento, existe algo de subjetivo e isso é disfarçado pelas extraordinárias extensões no mundo metafísico.
c) para ser aceita como verdadeira, uma teoria científica deveria passar pelo crivo da verificação empírica.
d) no limite do que o sujeito pode perceber e do que é exatamente o objeto há um abismo de possibilidades e é nisso que consiste a importância da metafísica.

30. (UEG)

O filósofo judeu Ludwig Wittgenstein (1889-1951) afirmava que "tudo que podia ser pensado podia ser dito". Para ele, "nada pode ser dito sobre algo, como Deus, que não podia ser pensado direito" e "sobre o que não se pode falar, deve-se ficar calado". Com base nessas teses fundamentais do pensamento de Wittgenstein, pode-se interpretar sua filosofia como

a) a busca pela clareza na filosofia, evitando-se temas metafísicos.
b) o fundamento da censura no mundo moderno, uma vez que inibe o livre pensamento.
c) uma tentativa de combater o nazismo e suas ideias absurdas, indizíveis.
d) uma tentativa de transformar o debate filosófico num debate retórico.

31. (Enem)

É o caráter radical do que se procura que exige a radicalização do próprio processo de busca. Se todo o espaço for ocupado pela dúvida, qualquer certeza que aparecer a partir daí terá sido de alguma forma gerada pela própria dúvida, e não será seguramente nenhuma daquelas que foram anteriormente varridas por essa mesma dúvida.

SILVA, F. L. *Descartes*: a metafísica da modernidade. São Paulo: Moderna, 2001 (adaptado).

Apesar de questionar os conceitos da tradição, a dúvida radical da filosofia cartesiana tem caráter positivo por contribuir para o(a)

a) dissolução do saber científico.
b) recuperação dos antigos juízos.
c) exaltação do pensamento clássico.
d) surgimento do conhecimento inabalável.

32. (Unicamp)

A dúvida é uma atitude que contribui para o surgimento do pensamento filosófico moderno. Neste comportamento, a verdade é atingida através da supressão provisória de todo conhecimento, que passa a ser considerado como mera opinião. A dúvida metódica aguça o espírito crítico próprio da Filosofia.

(Adaptado de Gerd A. Bornheim, *Introdução ao filosofar*. Porto Alegre: Editora Globo, 1970, p. 11.)

A partir do texto, é correto afirmar que:

a) A Filosofia estabelece que opinião, conhecimento e verdade são conceitos equivalentes.

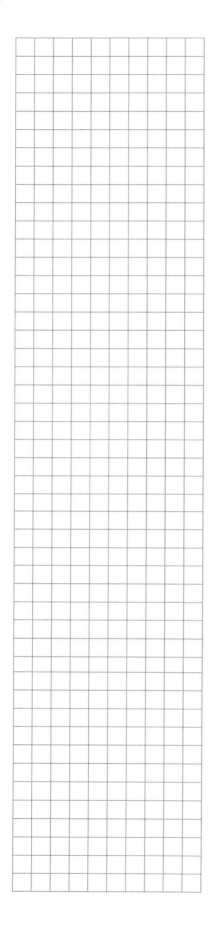

b) A dúvida é necessária para o pensamento filosófico, por ser espontânea e dispensar o rigor metodológico.

c) O espírito crítico é uma característica da Filosofia e surge quando opiniões e verdades são coincidentes.

d) A dúvida, o questionamento rigoroso e o espírito crítico são fundamentos do pensamento filosófico moderno.

33. (UFSJ)

Na obra "O existencialismo é um humanismo", Jean-Paul Sartre intenta

a) desenvolver a ideia de que o existencialismo é definido pela livre escolha e valores inventados pelo sujeito a partir dos quais ele exerce a sua natureza humana essencial.

b) mostrar o significado ético do existencialismo.

c) criticar toda a discriminação imposta pelo cristianismo, através do discurso, à condição de ser inexorável, característica natural dos homens.

d) delinear os aspectos da sensação e da imaginação humanas que só se fortalecem a partir do exercício da liberdade.

34. (UEL)

Leia o texto a seguir.

A República de Veneza e o Ducado de Milão ao norte, o reino de Nápoles ao sul, os Estados papais e a república de Florença no centro formavam ao final do século XV o que se pode chamar de mosaico da Itália sujeita a constantes invasões estrangeiras e conflitos internos. Nesse cenário, o florentino Maquiavel desenvolveu reflexões sobre como aplacar o caos e instaurar a ordem necessária para a unificação e a regeneração da Itália.

(Adaptado de: SADEK, M. T. "Nicolau Maquiavel: o cidadão sem fortuna, o intelectual de *virtú*". In: WEFORT, F. C. (Org.). *Clássicos da política*. v. 2. São Paulo: Ática, 2003. p. 11-24.)

Com base no texto e nos conhecimentos sobre a filosofia política de Maquiavel, assinale a alternativa correta.

a) A anarquia e a desordem no Estado são aplacadas com a existência de um Príncipe que age segundo a moralidade convencional e cristã.

b) A estabilidade do Estado resulta de ações humanas concretas que pretendem evitar a barbárie, mesmo que a realidade seja móvel e a ordem possa ser desfeita.

c) A história é compreendida como retilínea, portanto a ordem é resultado necessário do desenvolvimento e aprimoramento humano, sendo impossível que o caos se repita.

d) A ordem na política é inevitável, uma vez que o âmbito dos assuntos humanos é resultante da materialização de uma vontade superior e divina.

e) Há uma ordem natural e eterna em todas as questões humanas e em todo o fazer político, de modo que a estabilidade e a certeza são constantes nessa dimensão.

35. (UEM)

'Se Deus não existisse, tudo seria permitido'. Eis o ponto de partida do existencialismo. De fato, tudo é permitido se Deus não existe, e, por conseguinte, o homem está desamparado porque não encontra nele próprio nem fora dele nada a que se agarrar. (...) Com efeito, se a existência precede a essência, nada poderá jamais ser explicado por referência a uma natureza humana dada ou definitiva; ou seja, não existe determinismo, o homem é livre, o homem é liberdade. Por outro lado, se Deus não existe, não encontramos, já prontos, valores ou ordens que possam legitimar a nossa conduta. Assim, não teremos nem atrás de nós, nem na nossa frente, no reino luminoso dos valores, nenhuma justificativa e nenhuma desculpa. Estamos sós, sem desculpas. É o que posso expressar dizendo que o homem está condenado a ser livre.

(SARTRE, J. P. *O existencialismo é um humanismo*. Tradução de Rita Correia Guedes. São Paulo: Nova Cultural, 1987, p. 9)

Com base no excerto citado, assinale o que for **correto**.

01) O existencialismo é uma filosofia teológica que procura a razão de ser no mundo a partir da moral estabelecida.
02) A afirmação "o homem está condenado a ser livre" é uma contradição, pois não há liberdade onde há a obrigação de ser livre.
04) O existencialismo fundamenta a liberdade, independentemente dos valores e das leis da sociedade.
08) Ser livre significa, rigorosamente, ser, pois não há nada que determine o ser humano, a não ser ele mesmo.
16) A existência de Deus é necessária, pois, sem ele, o homem deixaria de ser livre.

36. (UEM)

É impossível sobrepor, no homem, uma primeira camada de comportamentos que chamaríamos *naturais* e um mundo cultural ou espiritual fabricado. No homem, tudo é natural e tudo é fabricado, como se quiser, no sentido em que não há uma só palavra, uma só conduta que não deva algo ao ser simplesmente biológico e que ao mesmo tempo não se furte à simplicidade da vida animal.

MERLEAU-PONTY, M. Fenomenologia da percepção. In: ARANHA, M. L. A.; MARTINS, M. H. P. *Filosofando*: introdução à filosofia. 4.ª ed. São Paulo: Moderna, 2009, p. 53.

Com base na citação e nos seus conhecimentos sobre fenomenologia, assinale o que for **correto**.

01) Merleau-Ponty critica as teses do fisiologismo mecanicista, segundo o qual o homem pode ser explicado a partir da causalidade da matéria.
02) A fenomenologia de Merleau-Ponty se contrapõe ao dualismo entre espírito e natureza.
04) Aliado a Jean-Jacques Rousseau, Merleau-Ponty considera o estado de natureza, segundo o qual o homem é espontaneamente bom e a sociedade o corrompe.

08) Merleau-Ponty critica as teses do intelectualismo racionalista, segundo o qual o homem é um conceito abstrato idealista.
16) Merleau-Ponty confunde homem e máquina.

37. (UEM)

Um dos principais problemas de nosso tempo diz respeito à linguagem: seus limites, suas vinculações, em suma, sua capacidade de traduzir em signos as coisas. A esse respeito, o filósofo francês Merleau-Ponty afirma: "A palavra, longe de ser um simples signo dos objetos e das significações, habita as coisas e veicula significações. Naquele que fala, a palavra não traduz um pensamento já feito, mas o realiza. E aquele que escuta recebe, pela palavra, o próprio pensamento".

(In: CHAUI, M. *Convite à filosofia*. São Paulo: Ática, 2011, p. 196).

A partir do trecho citado, assinale a(s) alternativa(s) **correta(s)**.

01) A palavra torna real um pensamento por meio da fala, conferindo-lhe existência.
02) A palavra não consegue expressar a totalidade do objeto enunciado.
04) A palavra, ouvida ou escrita, é o pensamento manifesto em sua realidade.
08) A palavra faz uma mediação entre as coisas e o pensamento.
16) A palavra vincula-se intimamente aos objetos reais, pois é parte do ser desse objeto.

38. (Uema)

Gilberto Cotrim (2006, p. 212), ao tratar da pós-modernidade, comenta as ideias de Michel Foucault, nas quais "[...] as sociedades modernas apresentam uma nova organização do poder que se desenvolveu a partir do século XVIII. Nessa nova organização, o poder não se concentra apenas no setor político e nas suas formas de repressão, pois está disseminado pelos vários âmbitos da vida social [...] [e] o poder fragmentou-se em micropoderes e tornou-se muito mais eficaz. Assim, em vez de se deter apenas no macropoder concentrado no Estado, [os] micropoderes se espalham pelas mais diversas instituições da vida social. Isto é, os poderes exercidos por uma rede imensa de pessoas, por exemplo: os pais, os porteiros, os enfermeiros, os professores, as secretarias, os guardas, os fiscais etc.".

Fonte: COTRIM, Gilberto. *Fundamentos da Filosofia*: história e grandes temas. São Paulo: Saraiva, 2006. (adaptado)

Pelo exposto por Gilberto Cotrim sobre as ideias de Foucault, a principal função dos micropoderes no corpo social é interiorizar e fazer cumprir

a) o ideal de igualdade entre os homens.
b) o total direito político de acordo com as etnias.
c) as normas estabelecidas pela disciplina social.
d) a repressão exercida pelos menos instruídos.
e) o ideal de liberdade individual.

39. (Unesp)

Governos que se metem na vida dos outros são governos autoritários. Na história temos dois grandes exemplos: o fascismo e o comunismo. Em nossa época existe uma outra tentação totalitária, aparentemente mais invisível e, por isso mesmo, talvez, mais perigosa: o "totalitarismo do bem". A saúde sempre foi um dos substantivos preferidos das almas e dos governos autoritários. Quem estudar os governos autoritários verá que a "vida cientificamente saudável" sempre foi uma das suas maiores paixões. E, aqui, o advérbio "cientificamente" é quase vago porque o que vem primeiro é mesmo o desejo de higienização de toda forma de vício, sujeira, enfim, de humanidade não correta. Nosso maior pecado contemporâneo é não reconhecer que a humanidade do humano está além do modo "correto" de viver. E vamos pagar caro por isso porque um mundo só de gente "saudável" é um mundo sem Eros.

(Luiz Felipe Pondé. "Gosto que cada um sente na boca não é da conta do governo". *Folha de S.Paulo*, 14.03.2012. Adaptado.)

Na concepção do autor, o totalitarismo

a) é um sistema político exclusivamente relacionado com o fascismo e o comunismo.
b) inexiste sob a égide de regimes políticos institucionalmente democráticos e liberais.
c) depende necessariamente de controles de natureza policial e repressiva dos comportamentos.
d) mobiliza a ciência para estabelecer critérios de natureza biopolítica sobre a vida.
e) estabelece regras de comportamento subordinadas à autonomia dos indivíduos.

40. (UENP)

Na história da filosofia, ao longo de mais de dois milênios, "verdade" é palavra-chave para as reflexões metafísicas ou gnosiológicas. Sobre o conceito de verdade, julgue as afirmativas abaixo.

I. O idealismo tende à verdade imanente, ao fechamento num sistema, ao conhecimento não intencional.
II. O pragmatismo, partindo da verdade de que o conhecimento deva servir à vida e favorecer as finalidades práticas, inverte a relação, e faz com que a verdade deva ser reduzida a promover a prática da vida.
III. A verdade na contemporaneidade é, de acordo com filósofos como Foucault, produzida como acontecimento num espaço e num tempo específicos.

Assinale a alternativa que apresenta apenas a(s) afirmativa(s) verdadeira(s).

a) I e II.
b) I e III.
c) II e III.
d) Todas.
e) Nenhuma.

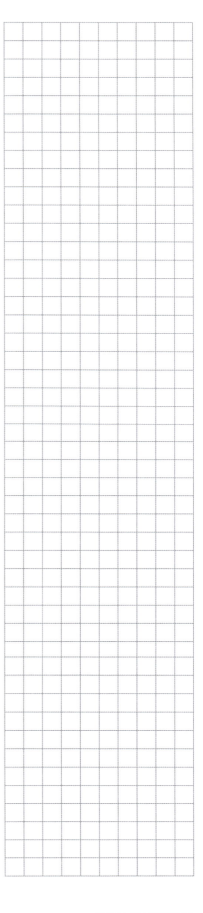

41. (UnB)

O emplasto

Um dia de manhã, estando a passear na chácara, pendurou-se-me uma ideia no trapézio que eu tinha no cérebro.

Uma vez pendurada, entrou a bracejar, a pernear, a fazer as mais arrojadas cambalhotas. Eu deixei-me estar a contemplá-la. Súbito, deu um grande salto, estendeu os braços e as pernas, até tomar a forma de um X: decifra-me ou devoro-te.

Essa ideia era nada menos que a invenção de um medicamento sublime, um emplasto anti-hipocondríaco, destinado a aliviar a nossa melancólica humanidade.

Na petição de privilégio que então redigi, chamei a atenção do governo para esse resultado, verdadeiramente cristão. Todavia, não neguei aos amigos as vantagens pecuniárias que deviam resultar da distribuição de um produto de tamanhos e tão profundos efeitos. Agora, porém, que estou cá do outro lado da vida, posso confessar tudo: o que me influiu principalmente foi o gosto de ver impressas nos jornais, mostradores, folhetos, esquinas e, enfim, nas caixinhas do remédio, estas três palavras: Emplasto Brás Cubas. Para que negá-lo? Eu tinha a paixão do arruído, do cartaz, do foguete de lágrimas. Talvez os modestos me arguam esse defeito; fio, porém, que esse talento me hão de reconhecer os hábeis. Assim, a minha ideia trazia duas faces, como as medalhas, uma virada para o público, outra para mim. De um lado, filantropia e lucro; de outro, sede de nomeada. Digamos: — amor da glória.

Um tio meu, cônego de prebenda inteira, costumava dizer que o amor da glória temporal era a perdição das almas, que só devem cobiçar a glória eterna. Ao que retorquia outro tio, oficial de um dos antigos terços de infantaria, que o amor da glória era a coisa mais verdadeiramente humana que há no homem e, consequentemente, a sua mais genuína feição.

Decida o leitor entre o militar e o cônego; eu volto ao emplasto.

Machado de Assis. *Memórias póstumas de Brás Cubas*. Obra completa, v. I. Rio de Janeiro: Nova Aguilar, 1992, p. 514-5 (com adaptações).

A frase "Decifra-me ou devoro-te" remete ao enigma da esfinge, consagrado na tragédia grega *Édipo Rei*, de Sófocles. A formulação de um enigma envolve jogos de palavras e associações semânticas ambíguas e paradoxais, que parecem conduzir a respostas impossíveis ou absurdas. A decifração de um enigma está associada, portanto, a grande capacidade de raciocínio e de reflexão e, não menos, a domínio das palavras e da língua. Assim, quem decifra um enigma será considerado um ser superior, de saber excepcional, cujas palavras serão respeitadas e seguidas. Com relação às questões envolvidas na decifração de um enigma e ao tema a que o texto de Machado de Assis se reporta, assinale a opção correta.

a) A resolução, pelo narrador, da situação enigmática demandou o processo de uma ideia em evolução e, assim, a resposta, ou seja,

a invenção do emplasto Brás Cubas, não encerra ambiguidade nem paradoxo, ao contrário do que ocorre com os demais enigmas.
b) O poder intelectual do narrador evidencia-se em ações de relevância humanitária, o que, como enfatiza o próprio narrador, alcança reconhecimento em instâncias de representação política.
c) A reação do narrador a comentários dos tios sinaliza que o embate entre tipos e âmbitos de poder é resolvido pelo saber.
d) O episódio da resolução do enigma evoca um momento vitorioso de Brás Cubas no que se refere à sua capacidade de admitir sentimentos passionais por meio de argumentação racional.

42. (UEM)

O pensamento de Foucault gira em torno dos temas do sujeito, verdade, saber e poder. É um pensamento que leva à crítica de nossa sociedade, à reflexão sobre a condição humana. [...] Não há verdades evidentes, todo saber foi produzido em algum lugar, com algum propósito. Por isso mesmo pode ser criticado, transformado e, até mesmo, destruído. Foucault considera que a filosofia pode mudar alguma coisa no espírito das pessoas. [...] Seu pensamento vem sempre engajado em uma tarefa política ao evidenciar novos objetos de análise, com os quais os filósofos nunca haviam se preocupado. Entre eles se destacam: o nascimento do hospital; as mudanças no espaço arquitetural que servem para punir, vigiar, separar; o uso da estatística para que governos controlem a população; a constituição de uma nova subjetividade pela psicologia e pela psicanálise; como e por que a sexualidade passa a ser alvo de preocupação médica e sanitária; como governar significa gerenciar a vida (biopoder) desde o nascimento até a morte, e tornar todos os indivíduos mais produtivos, sadios, governáveis.

(ARAÚJO, I. L. Foucault: um pensador da nossa época, para a nossa época. In: *Antologia de textos filosóficos*. Curitiba: SEED-PR, 2009. p. 225.)

Segundo o texto, é correto afirmar:

01) A renovação filosófica ocorre no contexto de afirmação positivista das ciências e fundação da subjetividade a partir da fenomenologia.
02) A relação entre saber e poder diz respeito a uma prática política, não só epistemológica.
04) A sexualidade aparece como tema de análise filosófica em razão da repressão dos desejos individuais e coletivos.
08) A expressão "biopoder" significa a associação entre as potencialidades humanas e o divino.
16) O papel da filosofia é revelar verdades metafísicas, independentemente de serem contestadas ao longo da História.

43. (Enem)

A moralidade, Bentham exortava, não é uma questão de agradar a Deus, muito menos de fidelidade a regras abstratas. A moralidade é a tentativa de criar a maior quantidade de felicidade possível neste mundo. Ao decidir o que fazer, deveríamos, portanto, perguntar qual curso de conduta promoveria a maior quantidade de felicidade para todos aqueles que serão afetados.

RACHELS. J. Os elementos da filosofia moral. Barueri-SP: Manole, 2006.

Os parâmetros da ação indicados no texto estão em conformidade com uma

a) fundamentação científica de viés positivista.
b) convenção social de orientação normativa.
c) transgressão comportamental religiosa.
d) racionalidade de caráter pragmático.
e) inclinação de natureza passional.

44. (Unesp)

Numa decisão para lá de polêmica, o juiz federal Eugênio Rosa de Araújo, da 17.ª Vara Federal do Rio, indeferiu pedido do Ministério Público para que fossem retirados da rede vídeos tidos como ofensivos à umbanda e ao candomblé. No despacho, o magistrado afirmou que esses sistemas de crenças "não contêm os traços necessários de uma religião" por não terem um texto-base, uma estrutura hierárquica nem "um Deus a ser venerado". Para mim, esse é um belo caso de conclusão certa pelas razões erradas. Creio que o juiz agiu bem ao não censurar os filmes, mas meteu os pés pelas mãos ao justificar a decisão. Ao contrário do Ministério Público, não penso que religiões devam ser imunes à crítica. Se algum evangélico julga que o candomblé está associado ao diabo, deve ter a liberdade de dizê-lo. Como não podemos nem sequer estabelecer se Deus e o demônio existem, o mais lógico é que prevaleça a liberdade de dizer qualquer coisa.

SCHWARTSMAN, Hélio. "O candomblé e o tinhoso".
Folha de S.Paulo, 20.05.2014. Adaptado.

O núcleo filosófico da argumentação do autor do texto é de natureza

a) liberal.
b) marxista.
c) totalitária.
d) teológica.
e) anarquista.

45. (UFSM)

Os filósofos Ame Naess e George Sessions propuseram, em 1984, diversos princípios para uma ética ecológica profunda, entre os quais se encontra o seguinte:

O bem-estar e o florescimento da vida humana e não humana na Terra têm valor em si mesmos. Esses valores são independentes da utilidade do mundo não humano para finalidades humanas.

Considere as seguintes afirmações:

I. A ética kantiana não se baseia no valor de utilidade das ações.
II. "Valor intrínseco" é um sinônimo para "valor em si mesmo".
III. A ética utilitarista rejeita a concepção de que as ações têm valor em si mesmas.

Está(ão) correta(s)
a) apenas I.
b) apenas II.
c) apenas III.
d) apenas I e II.
e) I, II e III.

46. (UFMG)

Os filósofos têm procurado resolver dilemas morais recorrendo a princípios gerais que permitiriam ao agente encontrar a decisão correta para toda e qualquer questão moral. Na filosofia moderna foram apresentados dois princípios dessa natureza, que podem ser formulados do seguinte modo:

I. Princípio do Imperativo Categórico: Age de modo que a máxima de tua ação possa ao mesmo tempo se converter em lei universal.

II. Princípio da Maior Felicidade: Dentre todas as ações possíveis, escolha aquela que produzirá uma quantidade maior de felicidade para os afetados pela ação.

Imagine a seguinte situação:

Um trem desgovernado vai atingir cinco pessoas que trabalham desprevenidas sobre os trilhos. Alguém observando a situação tem a chance de evitar a tragédia, bastando para isso que ele acione uma alavanca que está ao seu alcance e que desviará o trem para outra linha. Contudo, ao ser desviado de sua trajetória, o trem atingirá fatalmente uma pessoa que se encontra na outra linha. O observador em questão deve tomar uma decisão que altera significativamente o destino das pessoas envolvidas na situação.

Essa situação é típica de um dilema moral, pois qualquer que seja a nossa decisão, ela terá implicações que preferiríamos evitar. Considere os princípios morais I e II acima e RESPONDA às seguintes questões:

a) Se o observador em questão fosse um adepto do Princípio **I**, ele deveria ou não alterar a trajetória do trem? Como ele justificaria a sua decisão?

b) Se o observador em questão fosse um adepto do Princípio **II**, ele deveria ou não alterar a trajetória do trem? Como ele justificaria a sua decisão?

47. (Enem)

O edifício é circular. Os apartamentos dos prisioneiros ocupam a circunferência. Você pode chamá-los, se quiser, de celas. O apartamento do inspetor ocupa o centro; você pode chamá-lo, se quiser, de alojamento do inspetor. A moral reformada; a saúde preservada; a indústria revigorada; a instrução difundida; os encargos públicos aliviados; a economia assentada, como deve ser, sobre uma rocha; o nó górdio da Lei sobre os Pobres não cortado, mas desfeito – tudo por uma simples ideia de arquitetura!

BENTHAM, J. O panóptico. Belo Horizonte: Autêntica, 2008.

Essa é a proposta de um sistema conhecido como panóptico, um modelo que mostra o poder da disciplina nas sociedades contemporâneas, exercido preferencialmente por mecanismos

a) religiosos, que se constituem como um olho divino controlador que tudo vê.

b) ideológicos, que estabelecem limites pela alienação, impedindo a visão da dominação sofrida.

c) repressivos, que perpetuam as relações de dominação entre os homens por meio da tortura física.

d) sutis, que adestram os corpos no espaço-tempo por meio do olhar como instrumento de controle.

e) consensuais, que pactuam acordos com base na compreensão dos benefícios gerais de se ter as próprias ações controladas.

48. (UFMG) Leia estes dois trechos:

Trecho 1

Em todas as épocas do pensamento, um dos mais fortes obstáculos à aceitação da Utilidade ou da Felicidade como critério do certo e do errado tem sido extraído da ideia de justiça.

MILL, John Stuart. O Utilitarismo. Tradução de Alexandre Braga Massella.
São Paulo: Iluminuras, 2000. Cap. V, p. 69.

Trecho 2

A justiça segue sendo o nome adequado para certas utilidades sociais que são muito mais importantes e, portanto, mais absolutas e imperativas do que quaisquer outras consideradas como classe (embora não mais do que outras possam sê-lo em casos particulares). Elas devem, por isso, ser protegidas, como de fato naturalmente o são, por um sentimento diferente não só em grau mas em qualidade, distinto, tanto pela natureza mais definida de seus ditames como pelo caráter mais severo de suas sanções, do sentimento mais moderado que se liga à simples ideia de promover o prazer ou a conveniência dos homens.

Ibidem, p. 94.

Com base na leitura desses dois trechos e considerando outros elementos presentes no capítulo citado da obra de Mill, responda:

a) Qual é o obstáculo ao princípio de utilidade que, segundo o autor, tem sido extraído da ideia de justiça?
b) Qual é o argumento utilizado pelo autor para enfrentar esse obstáculo e demonstrar que não há incompatibilidade entre as regras da justiça e o princípio da maior felicidade?

49. (UFMG)

Leia este trecho:

Promovem-se com urgência pesquisas para encontrar técnicas de aumentar a capacidade de mensuração dos valores sociais. Empregaríamos melhor um pouco desse esforço se tentássemos aprender – ou reaprender, talvez – a pensar com inteligência sobre a incomensurabilidade dos valores que não são mensuráveis.

WILLIAMS, Bernard. *Moral*: uma introdução à ética. São Paulo: Martins Fontes, 2005. p. 150.

Com base na leitura desse trecho e considerando outros elementos presentes no texto, explique o tipo de distorção que pode resultar do pressuposto utilitarista de que todo valor pode, em última instância, ser medido e comparado, a fim de entrar em um cálculo de consequências a ser realizado pelo agente individual ou coletivo, no momento da ação.

50. (Uern)

Assim como no Egito, na Mesopotâmia, a agricultura foi a principal atividade econômica praticada pela população. O Estado era responsável pelas obras hidráulicas necessárias para a sobrevivência da população, bem como pela administração de estoques de alimentação e pela cobrança de impostos (...).

(Vicentino, Claudio. História Geral e do Brasil / Claudio Vicentino, Gianpaolo Dorigo. 1ª Ed. São Paulo: Scipione. 2010. p. 60-455.)

... a base da economia Inca estava nos Ayllu, espécie de comunidade agrária. Todas as terras do império pertenciam ao Inca, logo, ao Estado. Através da vasta rede de funcionários, essas terras eram doadas aos camponeses para sua sobrevivência. Os membros de cada Ayllu deveriam, em troca, trabalhar nas terras do Estado e dos funcionários, nas obras públicas e pagar impostos.

(Moraes, José Geraldo Vinci de. 1960. Caminhos das Civilizações – história integrada: Geral e do Brasil. São Paulo: Atual, 1998.)

De acordo com o materialismo histórico preconizado por Marx e Engels, o modo de produção que aparece descrito parcialmente nos trechos anteriores é o

a) feudal.
b) asiático.
c) primitivo.
d) escravista.

51. (Enem PPL)

Assentado, portanto, que a Escritura, em muitas passagens, não apenas admite, mas necessita de exposições diferentes do significado aparente das palavras, parece-me que, nas discussões naturais, deveria ser deixada em último lugar.

GALILEI, G. Carta a Benedetto Castelli. In: *Ciência e fé: cartas de Galileu sobre o acordo do sistema copernicano com a Bíblia*. São Paulo: Unesp, 2009. (adaptado)

O texto, extraído da carta escrita por Galileu (1564-1642) cerca de trinta anos antes de sua condenação pelo Tribunal do Santo Ofício, discute a relação entre ciência e fé, problemática cara no século XVII. A declaração de Galileu defende que

a) a bíblia, por registrar literalmente a palavra divina, apresenta a verdade dos fatos naturais, tornando-se guia para a ciência.
b) o significado aparente daquilo que é lido acerca da natureza na bíblia constitui uma referência primeira.
c) as diferentes exposições quanto ao significado das palavras bíblicas devem evitar confrontos com os dogmas da Igreja.
d) a bíblia deve receber uma interpretação literal porque, desse modo, não será desviada a verdade natural.
e) os intérpretes precisam propor, para as passagens bíblicas, sentidos que ultrapassem o significado imediato das palavras.

Respostas

Unidade 1
1. B
2. A
3. C
4. B
5. D
6. C
7. E
8. E
9. E
10. E

Unidade 2
1. E
2. B
3. E
4. E
5. D
6. E
7. B
8. D
9. A
10. C
11. E

Unidade 3
1. C
2. A
3. D
4. D
5. E
6. D
7. D
8. A
9. B
10. C
11. D

Unidade 4
1. D
2. C
3. C
4. B
5. C
6. E
7. D
8. E
9. D
10. D

Unidade 5
1. C
2. C
3. D
4. B
5. E
6. A
7. C
8. A
9. D
10. D

Unidade 6
1. D
2. B
3. E
4. A
5. D
6. B
7. B
8. E
9. D
10. B

Rumo ao Ensino Superior
1. C
2. B
3. A
4. C
5. E
6. B
7. 01 + 02 + 04 = 07
8. D
9. E

10. No "Discurso do Método", Descartes está preocupado em encontrar o caminho para "conduzir bem a razão". Seu propósito é afastar-se das incertezas do conhecimento. Para atingir esse objetivo deve-se evitar o incerto e o duvidoso, o que somente pode ocorrer se agirmos sob a condução de um método adequado. É com esse propósito que Descartes apresenta as regras ou preceitos do método. Seu método consiste em quatro partes, sendo elas:
    1. Regra da evidência – acolher como verdadeiro apenas aquilo que, para ser conhecido, seja evidente, o que não for passível de dúvida;
    2. Regra da análise – dividir as dificuldades em partes para examiná-las para entender melhor as dificuldades para acessar o problema;
    3. Regra da síntese – partir do mais simples para, aos poucos, chegar ao mais complexo;
    4. Regra da enumeração – fazer enumerações e revisões completas para nada ficar de fora.

11. D
12. A
13. C
14. B
15. B

16. a) O conceito de fortuna em Maquiavel diz respeito à sorte, isto é, são acontecimentos que ocorrem sem que o governante possua controle, pois estes escapam a seu alcance. Assim, não é possível prever ou programar todos os acontecimentos que o cercam, por que eles dependem de fatores externos que não podem ser previstos. Contudo, os acontecimentos podem se revelar tanto uma oportunidade quanto uma adversidade.
    b) O príncipe, segundo Maquiavel, deve manter-se atento no intuito de prevenir acontecimentos que podem ser desfavoráveis. Ele deve aproveitar as oportunidades e agir corretamente nas adversidades a fim de manter o poder. Essa característica de possuir ímpeto, virilidade, bravura e coragem para aproveitar as oportunidades e precaver-se nas adversidades, Maquiavel determina como *virtú*. Esta representa os atributos e as qualidades necessárias para calcular o conjunto de eventos propícios ou desfavoráveis para intervir no momento mais oportuno da cadeia causal.

17. 01 + 02 = 03
18. A
19. B
20. D
21. E

22. No primeiro texto o emprego da palavra "ciência" está no sentido de que o conhecimento, ou seja, as teorias científicas não são absolutas, elas são temporais e podem ser desmentidas, ou "falseadas". Segundo Karl Popper, as explicações fornecidas pelas teorias científicas não podem assumir um caráter infalível, pois, com o desenrolar do tempo, novas formas de conhecimento, isto é, teorias mais gerais e mais amplas, substituirão as teorias antigas, assim como na teoria darwiniana da evolução das espécies, nas quais espécies mais adaptadas ao meio superam seus antecessores.

No segundo texto, o termo "ciência" é utilizado como um conhecimento integrado no qual não se pode prever ou determinar com exatidão seu sentido, separado do todo. O hermetismo propõe uma síntese do universo que recebe influências da realidade suprassensível, ou seja, a influência do pensamento de Platão, mas destacadamente de Plotino, marca essa concepção de ideal que não pode ser alcançado plenamente, mas que pode ser apenas contemplado. O conhecimento da ciência seria então uma compreensão divinizada da natureza.

23. C
24. C

25. O texto 1 coloca que a explicação mítica da realidade foi o recurso disponível aos homens daquela época para poder compreender a realidade que os

cercava. Nesse período a realidade exterior ao mundo natural somente poderia ser conhecida por meio de explicações que tivessem a magia, o sobrenatural como base fundante. Dessa forma, somente aqueles que se dedicavam exclusivamente a essa atividade poderiam ser aqueles capazes de compreender os desígnios dos deuses. Os sacerdotes representavam os intermediários entre os dois mundos (humano e divino). Assim, a autoridade de sua palavra era por si só critério suficiente para estabelecer "verdades" míticas que serviam como forma de explicação para os fenômenos naturais.

No texto 2, diferentemente da explicação mítica, o empirismo, tendo como principais teóricos John Locke, Francis Bacon e David Hume, não recorre à autoridade da mesma maneira que os mitos, para explicar os fenômenos. Essa corrente de pensamento rejeita que o conhecimento seja inato; não considera como válido aquilo que não pode ser aferido, verificado, aquilo que não for evidente. A verdade reside não mais na autoridade de quem fala, mas na evidência, na constatação, naquilo que pode ser captado pelos sentidos. O suprassensível é negado, pois não é passível de investigação, verificação.

26. A	33. B	40. D
27. A	34. B	41. C
28. C	35. 04 + 08 = 12	42. 02 + 04 = 06
29. C	36. 01 + 02 + 08 = 11	43. D
30. A	37. 01 + 04 + 16 = 21	44. A
31. D	38. C	45. E
32. D	39. D	

46. Primeiramente, devemos ter consciência da perversidade dessa questão. No caso de A, o observador, se for seguir a regra moral kantiana, simplesmente não poderá tomar nenhuma das decisões indicadas no enunciado, pois em ambos os casos a sua ação não poderá ser universalizada. Se ele proteger o indivíduo que está na outra linha de trem, ele matará todos os outros que estão trabalhando desprevenidos; e se ele salvar todos os outros ele irá, todavia, assassinar o que está inocentemente na linha ao lado. Portanto, ele não teria como universalizar a sua ação, pois essa ação sempre realizaria um homicídio e é impensável a universalização de uma ação que cause um homicídio. No caso de B, o raciocínio é similar, pois se a ação escolhida deve ser aquela cuja felicidade dos envolvidos seja a maior possível, então, como todas as escolhas do observador afetam fatalmente pelo menos um dos envolvidos, não seria possível para o observador escolher uma ação que resulte na felicidade de todos os envolvidos.

47. D

48. a) O obstáculo é a ideia de justiça, que é vista como um valor superior ao útil ou ao conveniente. Nesse caso, a justiça tem de ser encarada como um senso natural, próprio do ser humano.

b) Stuart Mill considera que a noção de justiça é um conjunto de componentes de ordem emocional, como no caso de o ser humano defender-se de um mal, e racional, que está estritamente fundamentada na ideia de justiça que acarreta aos seres humanos sentimentos mais intensos, como a segurança, aspecto dos mais desejáveis.

49. Williams sugere a necessidade de uma reflexão que seja inteiramente capaz de aperfeiçoar valores que não envolvem a quantificação monetária.

50. B | **51.** E

Siglas dos vestibulares

Enem
Exame Nacional do Ensino Médio – Ministério da Educação – DF

Enem Libras
Exame Nacional do Ensino Médio em Libras – Ministério da Educação – DF

Enem PPL
Exame Nacional do Ensino Médio para pessoas privadas de liberdade – Ministério da Educação – DF

PUC-PR
Pontifícia Universidade Católica do Paraná – PR

UEG
Universidade Estadual de Goiás – GO

UEL
Universidade Estadual de Londrina – PR

UEM
Universidade Estadual de Maringá – PR

Uema
Universidade Estadual do Maranhão – MA

Uenp
Universidade Estadual do Norte do Paraná – PR

Uern
Universidade do Estado do Rio Grande do Norte – RN

UFMG
Universidade Federal de Minas Gerais – MG

UFSJ
Universidade Federal de São João del-Rei – MG

UFSM
Universidade Federal de Santa Maria – RS

UFU
Universidade Federal de Uberlândia – MG

UnB
Universidade de Brasília – DF

Uncisal
Universidade Estadual de Ciências da Saúde de Alagoas – AL

Unesp
Universidade Estadual de São Paulo – SP

Unicamp
Universidade de Campinas – SP

Unioeste
Universidade Estadual do Oeste do Paraná – PR

Respostas

Simulado 1

1. B	**5.** B	**9.** A	**13.** A
2. C	**6.** C	**10.** A	**14.** B
3. E	**7.** C	**11.** D	**15.** C
4. A	**8.** C	**12.** B	

Simulado 2

1. C	**5.** D	**9.** A	**13.** D
2. A	**6.** B	**10.** C	**14.** A
3. C	**7.** B	**11.** B	**15.** B
4. A	**8.** D	**12.** C	

Simulado 3

1. E	**2.** B	**3.** D	**4.** D

5. A concepção de justiça em Platão está ligada a uma concepção idealista que somente ocorre na cidade que educa seus cidadãos. Platão segue uma orientação ética na qual o foco reside no ensinamento do homem para que este despreze os prazeres, as riquezas e as honras. A finalidade do homem em Platão é procurar transcender a realidade, procurar um bem superior. Isso somente pode acontecer em um modelo ideal de cidade. A cidade de Calípolis descrita no livro *A República* representa um local no qual se torna possível dar a cada um aquilo que lhe é próprio. Esse conceito assume uma postura central dentro da organização da república platônica. Existe baseado nessa teoria um sistema educacional a fim de orientar cada um segundo suas aptidões. Ou seja, para Platão cada cidadão deve oferecer o melhor de si para que a cidade prospere. Platão parte de uma concepção aristocrática, dividindo a sociedade em classes, guerreiros, comerciantes e administradores, para que cada um desempenhe seu papel de forma a guiar a cidade para a prosperidade e fazer com que cada um encontre sua realização naquilo que lhe for próprio de sua natureza. Dessa forma, a justiça é equilíbrio e não se limita apenas a restaurar o que lhe foi tirado, pelo contrário, proporciona condições para o desenvolvimento de cada cidadão.

6. A   **7.** C

8. Segundo Locke, o modelo de governo civil vincula-se ao pacto proveniente do mútuo consentimento entre indivíduos igualmente livres, pelo direito natural. Portanto, tem seu fundamento na condição livre e igualitária dos homens, rompendo com a visão hierárquica do mundo que servia de base de legitimação das monarquias absolutas. Aqui, não se refere a um contrato entre governantes e governados. Como cidadãos, os indivíduos não renunciam aos seus próprios direitos naturais – absolutamente privados, inalteráveis e inalienáveis – em favor do poder dos governantes. A sociedade política é instituída pelos participantes do pacto, tendo por finalidade empregar sua força coletiva na proteção e na execução das leis naturais. Estas, no estado natural, estariam ameaçadas, sobretudo a preservação da vida, a conservação da liberdade e da igualdade e o gozo da propriedade proveniente do trabalho. Por isso, a instituição da sociedade civil, sobretudo, tem por objetivo reprimir quaisquer violações a esses direitos naturais e, desse modo, para que possam ser assegurados e usufruídos, garantir a paz necessária. O mútuo consentimento permite aos cidadãos – nesse modelo – instalar a forma de governo que julgarem conveniente. Aos governantes, é outorgado o poder que, no entanto, além de limitado, é revogável pelo poder originário e soberano dos cidadãos. São eles que decidem seu destino político e o da sociedade. Nesse modelo de governo civil, Locke defende o direito de resistência e insurreição quando ocorre abuso do poder por parte das autoridades que usurpam suas prerrogativas e violam o pacto e suas finalidades.

9. B	**11.** D	**13.** D
10. A	**12.** D	**14.** A

15. a) A ideia central da teoria coerentista da verdade diz que uma proposição P é verdadeira se, e somente se, ela fizer parte de um, específico e coerente, conjunto C de proposições. Isto é, a verdade não provém de algo exterior ao conjunto de crenças, mas sim de dentro a partir de uma relação coerente entre as proposições específicas do conjunto determinado.

b) A crítica de Russell à teoria coerentista da verdade consiste em dizer que não dispomos de mecanismos para identificar qual conjunto de crenças poderia conter a proposição verdadeira se houvesse um caso no qual dois conjuntos distintos de proposições estabelecessem duas proposições verdadeiras, porém não coerentes entre si. Quando um fato está sendo debatido e duas teorias distintas e incompatíveis conseguem dar conta de explicá-lo bem, como identificar qual dessas duas teorias possui a proposição verdadeira?

15. (UFMG)

No texto "Verdade e falsidade", capítulo 12 de *Problemas da filosofia*, de Bertrand Russell, o autor afirma que "muitos filósofos têm sido levados a tentar encontrar uma definição de verdade que não consista em uma relação com algo completamente exterior à crença" – isto é, os filósofos têm procurado uma alternativa à teoria clássica da verdade como correspondência com a realidade. Russell prossegue: "A mais importante tentativa para uma definição desta espécie é a teoria segundo a qual verdade consiste na *coerência*."

Considerando o texto de Russell, e também outros conhecimentos sobre o assunto:

a) APRESENTE a ideia central da noção de verdade como coerência.

b) EXPLIQUE pelo menos um dos argumentos apresentados por Russell contra a noção de verdade como coerência.

a) cartesianismo, estabelecida por Descartes, no qual se acredita que a essência precede a existência.

b) estoicismo, que tem no imperador romano Marco Aurélio um de seus grandes nomes, que pregava a serenidade diante das tragédias.

c) existencialismo, que tem em Sartre um de seus grandes nomes, para o qual a existência precede a essência.

d) platonismo, estabelecida por Platão, no qual se entendia o mundo físico como uma imitação imperfeita do mundo ideal.

12. (UEG)

O surgimento da filosofia entre os gregos (Séc. VII a.C.) é marcado por um crescente processo de racionalização da vida na cidade, em que o ser humano abandona a verdade revelada pela codificação mítica e passa a exigir uma explicação racional para a compreensão do mundo humano e do mundo natural. Dentre os legados da filosofia grega para o Ocidente, destaca-se:

a) a concepção política expressa em *A República*, de Platão, segundo a qual os mais fortes devem governar sob um regime político oligárquico.

b) a criação de instituições universitárias como a Academia, de Platão, e o Liceu, de Aristóteles.

c) a filosofia, tal como surgiu na Grécia, deixou--nos como legado a recusa de uma fé inabalável na razão humana e a crença de que sempre devemos acreditar nos sentimentos.

d) a recusa em apresentar explicações preestabelecidas mediante a exigência de que, para cada fato, ação ou discurso, seja encontrado um fundamento racional.

13. (UEG)

O ser humano, desde sua origem, em sua existência cotidiana, faz afirmações, nega, deseja, recusa e aprova coisas e pessoas, elaborando juízos de fato e de valor por meio dos quais procura orientar seu comportamento teórico e prático. Entretanto, houve um momento em sua evolução histórico-social em que o ser humano começa a conferir um caráter filosófico às suas indagações e perplexidades, questionando racionalmente suas crenças, valores e escolhas. Nesse sentido, pode-se afirmar que a filosofia

a) é algo inerente ao ser humano desde sua origem e que, por meio da elaboração dos sentimentos, das percepções e dos anseios humanos, procura consolidar nossas crenças e opiniões.

b) existe desde que existe o ser humano, não havendo um local ou uma época específica para seu nascimento, o que nos autoriza a afirmar que mesmo a mentalidade mítica é também filosófica e exige o trabalho da razão.

c) inicia sua investigação quando aceitamos os dogmas e as certezas cotidianas que nos são impostos pela tradição e pela sociedade, visando educar o ser humano como cidadão.

d) surge quando o ser humano começa a exigir provas e justificações racionais que validam ou invalidam suas crenças, seus valores e suas práticas, em detrimento da verdade revelada pela codificação mítica.

14. (UEMG)

O Absolutismo como forma de governo esteve presente na península Ibérica, na França e na Inglaterra, tendo impactado e influenciado as maiores economias de seu tempo.

Seus pensadores mais conhecidos e suas teorias foram:

a) Nicolau Maquiavel e sua teoria de que o indivíduo estava subordinado ao Estado; Thomas Hobbes, criador da teoria do Contrato; Jacques Bossuet e Jean Bodin, que defenderam que o Rei era um representante divino.

b) Nicolau Maquiavel e a teoria do Contrato; Thomas Hobbes e a teoria da supremacia do Rei como representante divino; Jacques Bossuet e Jean Bodin, que defenderam a subordinação do indivíduo ao Estado.

c) Maquiavel, Jacques Bossuet e Jean Bodin, cujas teorias só se diferenciaram na aplicabilidade teológica, bem como Thomas Hobbes, que preconizou o indivíduo como senhor de seus direitos.

d) Maquiavel e Thomas Hobbes, que conceberam o Contrato Social, Jacques Bossuet, que estabeleceu o conceito de individualismo primordial, e Jean Bodin, que defendeu a primazia da esfera governamental.

b) Causa formal, causa material, causa final e causa eficiente.

c) Causa formal, causa material, causa eficiente e causa final.

d) Causa material, causa formal, causa eficiente e causa final.

e) Causa material, causa formal, causa final e causa eficiente.

8. (UEL)

Leia os fragmentos a seguir.

A monarquia absoluta é incompatível com a sociedade civil, não podendo ser uma forma de governo civil, porque o objetivo da sociedade civil consiste em evitar e remediar os inconvenientes do estado de natureza que resultam necessariamente de poder cada homem ser juiz em seu próprio caso, estabelecendo-se uma autoridade conhecida para a qual todos os membros dessa sociedade podem apelar por qualquer dano que lhe causem ou controvérsia que possa surgir, e à qual todos os membros dessa sociedade terão que obedecer.

[...]

Quem julgará se o príncipe ou o legislativo agem contrariamente ao encargo recebido? A isto respondo: O povo será o juiz; porque quem poderá julgar se o depositário ou o deputado age bem e de acordo com o encargo a ele confiado senão aquele que o nomeia, devendo, por tê-lo nomeado, ter ainda o poder para afastá-lo quando não agir conforme seu dever?

Adaptado de: LOCKE, J. *Segundo Tratado sobre o Governo (ou Ensaio sobre o Governo Civil)*. 5. ed. São Paulo: Nova Cultural, 1991. p. 250 e p. 312.

Com base nos fragmentos e nos conhecimentos sobre a filosofia política de John Locke, descreva o modelo de governo civil proposto pelo filósofo.

9. (UEL)

Leia o texto a seguir.

As ideias produzem as imagens de si mesmas em novas ideias, mas, como se supõe que as primeiras ideias derivam de impressões, continua ainda a ser verdade que todas as nossas ideias simples procedem, mediata ou imediatamente, das impressões que lhes correspondem.

HUME, D. *Tratado da Natureza Humana*. Trad. de Serafim da Silva Fontes. Lisboa: Fundação Calouste Gulbenkian, 2001. p. 35.

Com base no texto e nos conhecimentos sobre a questão da sensibilidade, razão e verdade em David Hume, considere as afirmativas a seguir.

I. Geralmente as ideias simples, no seu primeiro aparecimento, derivam das impressões simples que lhes correspondem.

II. A conexão entre as ideias e as impressões provém do acaso, de modo que há uma independência das ideias com relação às impressões.

III. As ideias são sempre as causas de nossas impressões.

IV. Assim como as ideias são as imagens das impressões, é também possível formar ideias secundárias, que são imagens das ideias primárias.

Assinale a alternativa correta.

a) Somente as afirmativas I e II são corretas.

b) Somente as afirmativas I e IV são corretas.

c) Somente as afirmativas III e IV são corretas.

d) Somente as afirmativas I, II e III são corretas.

e) Somente as afirmativas II, III e IV são corretas.

10. (UEG)

A cultura grega marca a origem da civilização ocidental e ainda hoje podemos observar sua influência nas ciências, nas artes, na política e na ética. Dentre os legados da cultura grega para o Ocidente, destaca-se a ideia de que

a) a natureza opera obedecendo a leis e princípios necessários e universais que podem ser plenamente conhecidos pelo nosso pensamento.

b) nosso pensamento também opera obedecendo a emoções e sentimentos alheios à razão, mas que nos ajudam a distinguir o verdadeiro do falso.

c) as práticas humanas, a ação moral, política, as técnicas e as artes dependem do destino, o que negaria a existência de uma vontade livre.

d) as ações humanas escapam ao controle da razão, uma vez que agimos obedecendo aos instintos como mostra hoje a psicanálise.

11. (UEG)

A expressão "Tudo o que é bom, belo e justo anda junto" foi escrita por um dos grandes filósofos da humanidade. Ela resume muito de sua perspectiva filosófica, sendo uma das bases da escola de pensamento conhecida como

SIMULADO 3   **21**

c) os movimentos contestadores atuais expressam um processo de vontade de potência que é corroborado pela filosofia kantiana.

d) as lutas sociais contemporâneas revelam as contradições da sociedade capitalista, o que estaria de acordo com a teoria de Marx.

5. (UEL)

Leia o diálogo a seguir.

Glauco: – Que queres dizer com isso?

Sócrates: – O seguinte: que me parece que há muito estamos a falar e a ouvir falar sobre o assunto, sem nos apercebermos de que era da justiça que de algum modo estávamos a tratar.

Glauco: – Longo proémio – exclamou ele – para quem deseja escutar!

Sócrates: – Mas escuta, a ver se eu digo bem. O princípio que de entrada estabelecemos que devia observar-se em todas as circunstâncias, quando fundamos a cidade, esse princípio é, segundo me parece, ou ele ou uma das suas formas, a justiça.

> PLATÃO. A *República*. 7.ed. Lisboa: Fundação Calouste Gulbenkian, 1993. p.185-186.

Com base nesse fragmento, que aponta para o debate em torno do conceito de justiça na obra *A República* de Platão, explique como Platão compreende esse conceito.

6. (UEL)

Leia os textos a seguir.

A arte de imitar está bem longe da verdade, e se executa tudo, ao que parece, é pelo facto de atingir apenas uma pequena porção de cada coisa, que não passa de uma aparição.

> Adaptado de: PLATÃO. A *República*. 7. ed. Trad. de Maria Helena da Rocha Pereira. Lisboa: Calouste Gulbenkian, 1993. p. 457.

O imitar é congênito no homem e os homens se comprazem no imitado.

> Adaptado de: ARISTÓTELES. *Poética*. 4. ed. Trad. de Eudoro de Souza. São Paulo: Nova Cultural, 1991. p. 203. Coleção "Os Pensadores".

Com base nos textos, nos conhecimentos sobre estética e a questão da mímesis em Platão e Aristóteles, assinale a alternativa correta.

a) Para Platão, a obra do artista é cópia de coisas fenomênicas, um exemplo particular e, por isso, algo inadequado e inferior, tanto em relação aos objetos representados quanto às ideias universais que os pressupõem.

b) Para Platão, as obras produzidas pelos poetas, pintores e escultores representam perfeitamente a verdade e a essência do plano inteligível, sendo a atividade do artista um fazer nobre, imprescindível para o engrandecimento da pólis e da filosofia.

c) Na compreensão de Aristóteles, a arte se restringe à reprodução de objetos existentes, o que veda o poder do artista de invenção do real e impossibilita a função caricatural que a arte poderia assumir ao apresentar os modelos de maneira distorcida.

d) Aristóteles concebe a mímesis artística como uma atividade que reproduz passivamente a aparência das coisas, o que impede ao artista a possibilidade de recriação das coisas segundo uma nova dimensão.

e) Aristóteles se opõe à concepção de que a arte é imitação e entende que a música, o teatro e a poesia são incapazes de provocar um efeito benéfico e purificador no espectador.

7. (UEL)

Leia o texto a seguir.

É pois manifesto que a ciência a adquirir é a das causas primeiras (pois dizemos que conhecemos cada coisa somente quando julgamos conhecer a sua primeira causa); ora, causa diz-se em quatro sentidos: no primeiro, entendemos por causa a substância e a essência (o "porquê" reconduz-se pois à noção última, e o primeiro "porquê" é causa e princípio); a segunda causa é a matéria e o sujeito; a terceira é a de onde vem o início do movimento; a quarta causa, que se opõe à precedente, é o "fim para que" e o bem (porque este é, com efeito, o fim de toda a geração e movimento).

> Adaptado de: ARISTÓTELES. *Metafísica*. Trad. de Vincenzo Cocco. São Paulo: Abril S. A. Cultural, 1984. p. 16. (Coleção Os Pensadores.)

Com base no texto e nos conhecimentos sobre o tema, assinale a alternativa que indica, corretamente, a ordem em que Aristóteles apresentou as causas primeiras.

a) Causa final, causa eficiente, causa material e causa formal.

Simulado 3

15 questões de Filosofia • Tempo de resolução: 55 minutos

1. (Enem)

Hoje, a indústria cultural assumiu a herança civilizatória da democracia de pioneiros e empresários, que tampouco desenvolvera uma fineza de sentido para os desvios espirituais. Todos são livres para dançar e para se divertir, do mesmo modo que, desde a neutralização histórica da religião, são livres para entrar em qualquer uma das inúmeras seitas. Mas a liberdade de escolha da ideologia, que reflete sempre a coerção econômica, revela-se em todos os setores como a liberdade de escolher o que é sempre a mesma coisa.

ADORNO, T.; HORKHEIMER, M. *Dialética do esclarecimento*: fragmentos filosóficos. Rio de Janeiro: Zahar, 1985.

A liberdade de escolha na civilização ocidental, de acordo com a análise do texto, é um(a)

a) legado social.
b) patrimônio político.
c) produto da moralidade.
d) conquista da humanidade.
e) ilusão da contemporaneidade.

2. (Enem)

O conceito de democracia, no pensamento de Habermas, é construído a partir de uma dimensão procedimental, calcada no discurso e na deliberação. A legitimidade democrática exige que o processo de tomada de decisões políticas ocorra a partir de uma ampla discussão pública, para somente então decidir. Assim, o caráter deliberativo corresponde a um processo coletivo de ponderação e análise, permeado pelo discurso, que antecede a decisão.

VITALE. D. Jürgen Habermas, modernidade e democracia deliberativa. *Cadernos do CRH (UFBA)*, v. 19, 2006 (adaptado).

O conceito de democracia proposto por Jürgen Habermas pode favorecer processos de inclusão social. De acordo com o texto, é uma condição para que isso aconteça o(a)

a) participação direta periódica do cidadão.
b) debate livre e racional entre cidadãos e Estado.
c) interlocução entre os poderes governamentais.
d) eleição de lideranças políticas com mandatos temporários.

e) controle do poder político por cidadãos mais esclarecidos.

3. (UEG)

Para Marx, diante da tentativa humana de explicar a realidade e dar regras de ação, é preciso considerar as formas de conhecimento ilusório que mascaram os conflitos sociais. Nesse sentido, a ideologia adquire um caráter negativo, torna-se um instrumento de dominação na medida em que naturaliza o que deveria ser explicado como resultado da ação histórico-social dos homens, e universaliza os interesses de uma classe como interesse de todos. A partir de tal concepção de ideologia, constata-se que

a) a sociedade capitalista transforma todas as formas de consciência em representações ilusórias da realidade conforme os interesses da classe dominante.
b) ao mesmo tempo que Marx critica a ideologia ele a considera um elemento fundamental no processo de emancipação da classe trabalhadora.
c) a superação da cegueira coletiva imposta pela ideologia é um produto do esforço individual principalmente dos indivíduos da classe dominante.
d) a frase "o trabalho dignifica o homem" parte de uma noção genérica e abstrata de trabalho, mascarando as reais condições do trabalho alienado no modo de produção capitalista.

4. (UEG)

A reflexão sobre o poder político acompanhou a história da filosofia desde a antiguidade e o pensamento sociológico desde seu surgimento na sociedade moderna. Nos últimos anos vêm ocorrendo diversas manifestações, protestos e revoltas em todo mundo. A esse respeito, com base no pensamento filosófico e sociológico, verifica-se que

a) esses processos revelam a incompetência do Estado em ser o "cérebro da sociedade", o que confirma as teses de Durkheim.
b) essas ações coletivas podem ser interpretadas como processos derivados da expansão de uma ética protestante, confirmando as análises de Weber.

tativas para descobrir, mediante conceitos, algo que ampliasse nosso conhecimento, malogravam-se com esse pressuposto. Tentemos, pois, uma vez, experimentar se não se resolverão melhor as tarefas da metafísica, admitindo que os objetos se deveriam regular pelo nosso conhecimento.

KANT, I. *Crítica da razão pura*. Lisboa: Calouste-Gulbenkian, 1994 (adaptado).

O trecho em questão é uma referência ao que ficou conhecido como revolução copernicana na filosofia. Nele, confrontam-se duas posições filosóficas que

a) assumem pontos de vista opostos acerca da natureza do conhecimento.

b) defendem que o conhecimento é impossível, restando-nos somente o ceticismo.

c) revelam a relação de interdependência entre os dados da experiência e a reflexão filosófica.

d) apostam, no que diz respeito às tarefas da filosofia, na primazia das ideias em relação aos objetos.

e) refutam-se mutuamente quanto à natureza do nosso conhecimento e são ambas recusadas por Kant.

15. (Enem)

Quando ninguém duvida da existência de um outro mundo, a morte é uma passagem que deve ser celebrada entre parentes e vizinhos. O homem da Idade Média tem a convicção de não desaparecer completamente, esperando a ressurreição. Pois nada se detém e tudo continua na eternidade. A perda contemporânea do sentimento religioso fez da morte uma provação aterrorizante, um trampolim para as trevas e o desconhecido.

DUBY, G. *Ano 1000 ano 2000 na pista dos nossos medos*. São Paulo: Unesp, 1998 (adaptado).

Ao comparar as maneiras com que as sociedades têm lidado com a morte, o autor considera que houve um processo de

a) mercantilização das crenças religiosas.

b) transformação das representações sociais.

c) disseminação do ateísmo nos países de maioria cristã.

d) diminuição da distância entre saber científico e eclesiástico.

e) amadurecimento da consciência ligada à civilização moderna.

mal assegurados não podia ser senão mui duvidoso e incerto. Era necessário tentar seriamente, uma vez em minha vida, desfazer-me de todas as opiniões a que até então dera crédito, e começar tudo novamente a fim de estabelecer um saber firme e inabalável.

DESCARTES, R. *Meditações concernentes à Primeira Filosofia*. São Paulo: Abril Cultural, 1973 (adaptado).

Texto II

É o caráter radical do que se procura que exige a radicalização do próprio processo de busca. Se todo o espaço for ocupado pela dúvida, qualquer certeza que aparecer a partir daí terá sido de alguma forma gerada pela própria dúvida, e não será seguramente nenhuma daquelas que foram anteriormente varridas por essa mesma dúvida.

SILVA, F. L. *Descartes: a metafísica da modernidade*. São Paulo: Moderna, 2001 (adaptado).

A exposição e a análise do projeto cartesiano indicam que, para viabilizar a reconstrução radical do conhecimento, deve-se

a) retomar o método da tradição para edificar a ciência com legitimidade.

b) questionar de forma ampla e profunda as antigas ideias e concepções.

c) investigar os conteúdos da consciência dos homens menos esclarecidos.

d) buscar uma via para eliminar da memória saberes antigos e ultrapassados.

e) encontrar ideias e pensamentos evidentes que dispensam ser questionados.

12. (Enem)

Nasce daqui uma questão: se vale mais ser amado que temido ou temido que amado. Responde-se que ambas as coisas seriam de desejar; mas porque é difícil juntá-las, é muito mais seguro ser temido que amado, quando haja de faltar uma das duas. Porque dos homens se pode dizer, duma maneira geral, que são ingratos, volúveis, simuladores, covardes e ávidos de lucro, e enquanto lhes fazes bem são inteiramente teus, oferecem-te o sangue, os bens, a vida e os filhos, quando, como acima disse, o perigo está longe; mas quando ele chega, revoltam-se.

MAQUIAVEL, N. *O príncipe*. Rio de Janeiro: Bertrand, 1991.

A partir da análise histórica do comportamento humano em suas relações sociais e políticas, Maquiavel define o homem como um ser

a) munido de virtude, com disposição nata a praticar o bem a si e aos outros.

b) possuidor de fortuna, valendo-se de riquezas para alcançar êxito na política.

c) guiado por interesses, de modo que suas ações são imprevisíveis e inconstantes.

d) naturalmente racional, vivendo em um estado pré-social e portando seus direitos naturais.

e) sociável por natureza, mantendo relações pacíficas com seus pares.

13. (Enem)

Para que não haja abuso, é preciso organizar as coisas de maneira que o poder seja contido pelo poder. Tudo estaria perdido se o mesmo homem ou o mesmo corpo dos principais, ou dos nobres, ou do povo, exercesse esses três poderes: o de fazer leis, o de executar as resoluções públicas e o de julgar os crimes ou as divergências dos indivíduos. Assim, criam-se os poderes Legislativo, Executivo e Judiciário, atuando de forma independente para a efetivação da liberdade, sendo que esta não existe se uma pessoa ou grupo exercer os referidos poderes concomitantemente.

MONTESQUIEU, B. *Do espírito das leis*. São Paulo: Abril Cultural, 1979 (adaptado).

A divisão e a independência entre os poderes são condições necessárias para que possa haver liberdade em um Estado. Isso pode ocorrer apenas sob um modelo político em que haja

a) exercício de tutela sobre atividades jurídicas e políticas.

b) consagração do poder político pela autoridade religiosa.

c) concentração do poder nas mãos de elites técnico-científicas.

d) estabelecimento de limites aos atores públicos e às instituições do governo.

e) reunião das funções de legislar, julgar e executar nas mãos de um governante eleito.

14. (Enem)

Até hoje admitia-se que nosso conhecimento se devia regular pelos objetos; porém todas as ter-

SIMULADO 2 **17**

b) está autorizado a cobrar impostos dos cidadãos ricos para suprir as necessidades dos cidadãos pobres.

c) dispõe de poucos recursos e, por esse motivo, é obrigado a cobrar impostos idênticos dos seus membros.

d) delega aos cidadãos o dever de suprir as necessidades do Estado, por causa do seu elevado custo de manutenção.

e) tem a incumbência de proteger os ricos das imposições pecuniárias dos pobres, pois os ricos pagam mais tributos.

8. (Enem PPL)

A atividade atualmente chamada de ciência tem se mostrado fator importante no desenvolvimento da civilização liberal: serviu para eliminar crenças e práticas supersticiosas, para afastar temores brotados da ignorância e para fornecer base intelectual de avaliação de costumes herdados e de normas tradicionais de conduta.

NAGEL, E. et al. *Ciência*: natureza e objetivo.
São Paulo: Cultrix, 1975 (adaptado).

Quais características permitem conceber a ciência com os aspectos críticos mencionados?

a) Apresentar explicações em uma linguagem determinada e isenta de erros.

b) Possuir proposições que são reconhecidas como inquestionáveis e necessárias.

c) Ser fundamentada em um corpo de conhecimento autoevidente e verdadeiro.

d) Estabelecer rigorosa correspondência entre princípios explicativos e fatos observados.

e) Constituir-se como saber organizado ao permitir classificações deduzidas da realidade.

9. (Enem)

Panayiotis Zavos "quebrou" o último tabu da clonagem humana – transferiu embriões para o útero de mulheres, que os gerariam. Esse procedimento é crime em inúmeros países. Aparentemente, o médico possuía um laboratório secreto, no qual fazia seus experimentos. "Não tenho nenhuma dúvida de que uma criança clonada irá aparecer em breve. Posso não ser eu o médico que irá criá-la, mas vai acontecer", declarou Zavos. "Se nos esforçarmos, podemos ter um bebê clonado daqui a um ano, ou dois,

mas não sei se é o caso. Não sofremos pressão para entregar um bebê clonado ao mundo. Sofremos pressão para entregar um bebê clonado saudável ao mundo."

CONNOR, S. Disponível em: www.independent.co.uk.
Acesso em: 14 ago. 2012 (adaptado).

A clonagem humana é um importante assunto de reflexão no campo da bioética que, entre outras questões, dedica-se a

a) refletir sobre as relações entre o conhecimento da vida e os valores éticos do homem.

b) legitimar o predomínio da espécie humana sobre as demais espécies animais no planeta.

c) relativizar, no caso da clonagem humana, o uso dos valores de certo e errado, de bem e mal.

d) legalizar, pelo uso das técnicas de clonagem, os processos de reprodução humana e animal.

e) fundamentar técnica e economicamente as pesquisas sobre células-tronco para uso em seres humanos.

10. (Enem)

A felicidade é, portanto, a melhor, a mais nobre e a mais aprazível coisa do mundo, e esses atributos não devem estar separados como na inscrição existente em Delfos "das coisas, a mais nobre é a mais justa, e a melhor é a saúde; porém a mais doce é ter o que amamos". Todos estes atributos estão presentes nas mais excelentes atividades, e entre essas a melhor, nós a identificamos como felicidade.

ARISTÓTELES. *A Política*. São Paulo: Cia. das Letras, 2010.

Ao reconhecer na felicidade a reunião dos mais excelentes atributos, Aristóteles a identifica como

a) busca por bens materiais e títulos de nobreza.

b) plenitude espiritual e ascese pessoal.

c) finalidade das ações e condutas humanas.

d) conhecimento de verdades imutáveis e perfeitas.

e) expressão do sucesso individual e reconhecimento público.

11. (Enem)

Texto I

Há já de algum tempo eu me apercebi de que, desde meus primeiros anos, recebera muitas falsas opiniões como verdadeiras, e de que aquilo que depois eu fundei em princípios tão mundo – terra, água, ar e fogo e as outras coisas que se manifestam neste mundo –, se alguma destas coisas fosse diferente de qualquer outra, diferente em sua natureza própria e se não permanecesse a mesma coisa em suas muitas mudanças e diferenciações, então não poderiam as coisas, de nenhuma maneira, misturar-se umas às outras, nem fazer bem ou mal umas às outras, nem a planta poderia brotar da terra, nem um animal ou qualquer outra coisa vir à existência, se todas as coisas não fossem compostas de modo a serem as mesmas. Todas as coisas nascem, através de diferenciações, de uma mesma coisa, ora em uma forma, ora em outra, retomando sempre a mesma coisa.

DIÓGENES, In: BORNHEIM, G. A. *Os filósofos pré-socráticos*. São Paulo, Cultrix, 1967.

O texto descreve argumentos dos primeiros pensadores, denominados pré-socráticos. Para eles, a principal preocupação filosófica era de ordem

a) cosmológica, propondo uma explicação racional do mundo fundamentada nos elementos da natureza.

b) política, discutindo as formas de organização da pólis ao estabelecer as regras de democracia.

c) ética, desenvolvendo uma filosofia dos valores virtuosos que tem a felicidade como o bem maior.

d) estética, procurando investigar a aparência dos entes sensíveis.

e) hermenêutica, construindo uma explicação unívoca da realidade.

5. (Enem)

Vi os homens sumirem-se numa grande tristeza. Os melhores cansaram-se das suas obras. Proclamou-se uma doutrina e com ela circulou uma crença: Tudo é oco, tudo é igual, tudo passou! O nosso trabalho foi inútil; o nosso vinho tornou-se veneno; o mau olhado amareleceu-nos os campos e os corações. Secamos de todo, e se caísse fogo em cima de nós, as nossas cinzas voariam em pó. Sim; cansamos o próprio fogo. Todas as fontes secaram para nós, e o mar retirou-se. Todos os solos se querem abrir, mas os abismos não nos querem tragar!

NIETZSCHE. F. *Assim falou Zaratustra*. Rio de Janeiro: Ediouro,1977.

O texto exprime uma construção alegórica, que traduz um entendimento da doutrina niilista, uma vez que

a) reforça a liberdade do cidadão.

b) desvela os valores do cotidiano.

c) exorta as relações de produção.

d) destaca a decadência da cultura.

e) amplifica o sentimento de ansiedade.

6. (Enem)

Sentimos que toda satisfação de nossos desejos advinda do mundo assemelha-se à esmola que mantém hoje o mendigo vivo, porém prolonga amanhã a sua fome. A resignação, ao contrário, assemelha-se à fortuna herdada: livra o herdeiro para sempre de todas as preocupações.

SCHOPENHAUER, A. *Aforismo para a sabedoria da vida*. São Paulo: Martins Fontes, 2005.

O trecho destaca uma ideia remanescente de uma tradição filosófica ocidental, segundo a qual a felicidade se mostra indissociavelmente ligada à

a) consagração de relacionamentos afetivos.

b) administração da independência interior.

c) fugacidade do conhecimento empírico.

d) liberdade de expressão religiosa.

e) busca de prazeres efêmeros.

7. (Enem PPL)

Os ricos adquiriram uma obrigação relativamente à coisa pública, uma vez que devem sua existência ao ato de submissão à sua proteção e zelo, o que necessitam para viver; o Estado então fundamenta o seu direito de contribuição do que é deles nessa obrigação, visando a manutenção de seus concidadãos. Isso pode ser realizado pela imposição de um imposto sobre a propriedade ou a atividade comercial dos cidadãos, ou pelo estabelecimento de fundos e de uso dos juros obtidos a partir deles, não para suprir as necessidades do Estado (uma vez que este é rico), mas para suprir as necessidades do povo.

KANT, I. *A metafísica dos costumes*. Bauru: Edipro, 2003.

Segundo esse texto de Kant, o Estado

a) deve sustentar todas as pessoas que vivem sob seu poder, a fim de que a distribuição seja paritária.

Simulado 2

15 questões de Filosofia • Tempo de resolução: 55 minutos

1. (Enem PPL)

QUINO. *Mafalda*. Disponível em: <www.nova-acropole.pt>.
Acesso em: 28 fev. 2013.

A figura do inquilino ao qual a personagem da tirinha se refere é o(a)

a) constrangimento por olhares de reprovação.

b) costume imposto aos filhos por coação.

c) consciência da obrigação moral.

d) pessoa habitante da mesma casa.

e) temor de possível castigo.

2. (Enem)

Uma sociedade é uma associação mais ou menos autossuficiente de pessoas que em suas relações mútuas reconhecem certas regras de conduta como obrigatórias e que, na maioria das vezes, agem de acordo com elas. Uma sociedade é bem ordenada não apenas quando está planejada para promover o bem de seus membros, mas quando é também efetivamente regulada por uma concepção pública de justiça. Isto é, trata-se de uma sociedade na qual todos aceitam, e sabem que os outros aceitam, o mesmo princípio de justiça.

RAWLS, J. *Uma teoria da justiça*. São Paulo:
Martins Fontes, 1997 (adaptado).

A visão expressa nesse texto do século XX remete a qual aspecto do pensamento moderno?

a) A relação entre liberdade e autonomia do Liberalismo.

b) A independência entre poder e moral do Racionalismo.

c) A convenção entre cidadãos e soberano do Absolutismo.

d) A dialética entre indivíduo e governo autocrata do Idealismo.

e) A contraposição entre bondade e condição selvagem do Naturalismo.

3. (Enem)

Uma pessoa vê-se forçada pela necessidade a pedir dinheiro emprestado. Sabe muito bem que não poderá pagar, mas vê também que não lhe emprestarão nada se não prometer firmemente pagar em prazo determinado. Sente a tentação de fazer a promessa; mas tem ainda consciência bastante para perguntar a si mesma: não é proibido e contrário ao dever livrar-se de apuros desta maneira? Admitindo que se decida a fazê-lo, a sua máxima de ação seria: quando julgo estar em apuros de dinheiro, vou pedi-lo emprestado e prometo pagá-lo, embora saiba que tal nunca sucederá.

KANT, I. *Fundamentação da metafísica dos costumes*. São Paulo:
Abril Cultural, 1980.

De acordo com a moral kantiana, a "falsa promessa de pagamento" representada no texto

a) assegura que a ação seja aceita por todos a partir da livre discussão participativa.

b) garante que os efeitos das ações não destruam a possibilidade da vida futura na terra.

c) opõe-se ao princípio de que toda ação do homem possa valer como norma universal.

d) materializa-se no entendimento de que os fins da ação humana podem justificar os meios.

e) permite que a ação individual produza a mais ampla felicidade para as pessoas envolvidas.

4. (Enem PPL)

Todas as coisas são diferenciações de uma mesma coisa e são a mesma coisa. E isto é evidente. Porque se as coisas que são agora neste

No centro da imagem, o filósofo Platão é retratado apontando para o alto. Esse gesto significa que o conhecimento se encontra em uma instância na qual o homem descobre a

a) suspensão do juízo como reveladora da verdade.

b) realidade inteligível por meio do método dialético.

c) salvação da condição mortal pelo poder de Deus.

d) essência das coisas sensíveis no intelecto divino.

e) ordem intrínseca ao mundo por meio da sensibilidade.

13. (Enem)

Alguns dos desejos são naturais e necessários; outros, naturais e não necessários; outros, nem naturais nem necessários, mas nascidos de vã opinião. Os desejos que não nos trazem dor se não satisfeitos não são necessários, mas o seu impulso pode ser facilmente desfeito, quando é difícil obter sua satisfação ou parecem geradores de dano.

EPICURO DE SAMOS. "Doutrinas principais". In: SANSON, V. F. *Textos de filosofia*. Rio de Janeiro: Eduff, 1974.

No fragmento da obra filosófica de Epicuro, o homem tem como fim

a) alcançar o prazer moderado e a felicidade.

b) valorizar os deveres e as obrigações sociais.

c) aceitar o sofrimento e o rigorismo da vida com resignação.

d) refletir sobre os valores e as normas dadas pela divindade.

e) defender a indiferença e a impossibilidade de se atingir o saber.

14. (Enem)

Uma norma só deve pretender validez quando todos os que possam ser concernidos por ela cheguem (ou possam chegar), enquanto participantes de um discurso prático, a um acordo quanto à validade dessa norma.

HABERMAS, J. *Consciência moral e agir comunicativo*. Rio de Janeiro: Tempo Brasileiro, 1989.

Segundo Habermas, a validez de uma norma deve ser estabelecida pelo(a)

a) liberdade humana, que consagra a vontade.

b) razão comunicativa, que requer um consenso.

c) conhecimento filosófico, que expressa a verdade.

d) técnica científica, que aumenta o poder do homem.

e) poder político, que se concentra no sistema partidário.

15. (Enem)

Os produtos e seu consumo constituem a meta declarada do empreendimento tecnológico. Essa meta foi proposta pela primeira vez no início da Modernidade, como expectativa de que o homem poderia dominar a natureza. No entanto, essa expectativa, convertida em programa anunciado por pensadores como Descartes e Bacon e impulsionado pelo Iluminismo, não surgiu "de um prazer de poder", "de um mero imperialismo humano", mas da aspiração de libertar o homem e de enriquecer sua vida, física e culturalmente.

CUPANI, A. A tecnologia como problema filosófico: três enfoques. *Scientiae Studia*. São Paulo, v. 2, n. 4, 2004 (adaptado).

Autores da filosofia moderna, notadamente Descartes e Bacon, e o projeto iluminista concebem a ciência como uma forma de saber que almeja libertar o homem das intempéries da natureza. Nesse contexto, a investigação científica consiste em

a) expor a essência da verdade e resolver definitivamente as disputas teóricas ainda existentes.

b) oferecer a última palavra acerca das coisas que existem e ocupar o lugar que outrora foi da filosofia.

c) ser a expressão da razão e servir de modelo para outras áreas do saber que almejam o progresso.

d) explicitar as leis gerais que permitem interpretar a natureza e eliminar os discursos éticos e religiosos.

e) explicar a dinâmica presente entre os fenômenos naturais e impor limites aos debates acadêmicos.

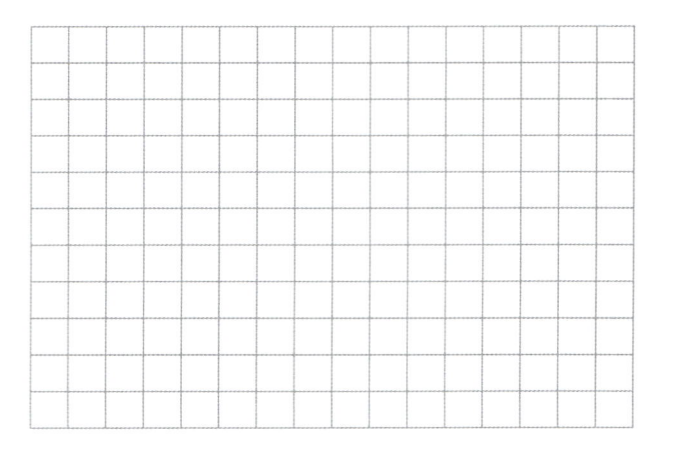

No trecho citado, Tomás de Aquino justifica a monarquia como o regime de governo capaz de

a) refrear os movimentos religiosos contestatórios.
b) promover a atuação da sociedade civil na vida política.
c) unir a sociedade tendo em vista a realização do bem comum.
d) reformar a religião por meio do retorno à tradição helenística.
e) dissociar a relação política entre os poderes temporal e espiritual.

9. (Enem)

Todo o poder criativo da mente se reduz a nada mais do que a faculdade de compor, transpor, aumentar ou diminuir os materiais que nos fornecem os sentidos e a experiência. Quando pensamos em uma montanha de ouro, não fazemos mais do que juntar duas ideias consistentes, ouro e montanha, que já conhecíamos. Podemos conceber um cavalo virtuoso, porque somos capazes de conceber a virtude a partir de nossos próprios sentimentos, e podemos unir a isso a figura e a forma de um cavalo, animal que nos é familiar.

HUME, D. *Investigação sobre o entendimento humano.* São Paulo: Abril Cultural, 1995.

Hume estabelece um vínculo entre pensamento e impressão ao considerar que

a) os conteúdos das ideias no intelecto têm origem na sensação.
b) o espírito é capaz de classificar os dados da percepção sensível.
c) as ideias fracas resultam de experiências sensoriais determinadas pelo acaso.
d) os sentimentos ordenam como os pensamentos devem ser processados na memória.
e) as ideias têm como fonte específica o sentimento cujos dados são colhidos na empiria.

10. (Enem)

A natureza fez os homens tão iguais, quanto às faculdades do corpo e do espírito, que, embora por vezes se encontre um homem manifestamente mais forte de corpo, ou de espírito mais vivo do que outro, mesmo assim, quando se considera tudo isto em conjunto, a diferença entre um e outro homem não é suficientemente considerável para que um deles possa com base

nela reclamar algum benefício a que outro não possa igualmente aspirar.

HOBBES, T. *Leviatã.* São Paulo Martins Fontes, 2003.

Para Hobbes, antes da constituição da sociedade civil, quando dois homens desejavam o mesmo objeto, eles

a) entravam em conflito.
b) recorriam aos clérigos.
c) consultavam os anciãos.
d) apelavam aos governantes.
e) exerciam a solidariedade.

11. (Enem)

Trasímaco estava impaciente porque Sócrates e os seus amigos presumiam que a justiça era algo real e importante. Trasímaco negava isso. Em seu entender, as pessoas acreditavam no certo e no errado apenas por terem sido ensinadas a obedecer às regras da sua sociedade. No entanto, essas regras não passavam de invenções humanas.

RACHELS. J. *Problemas da filosofia.* Lisboa: Gradiva, 2009.

O sofista Trasímaco, personagem imortalizado no diálogo *A República*, de Platão, sustentava que a correlação entre justiça e ética é resultado de

a) determinações biológicas impregnadas na natureza humana.
b) verdades objetivas com fundamento anterior aos interesses sociais.
c) mandamentos divinos inquestionáveis legados das tradições antigas.
d) convenções sociais resultantes de interesses humanos contingentes.
e) sentimentos experimentados diante de determinadas atitudes humanas.

12. (Enem)

SANZIO, R. Detalhe do afresco *A Escola de Atenas.*
Disponível em: <http://fil.cfh.ufsc.br>. Acesso em: 20 mar. 2013.

d) evocar pensamentos de religiões orientais, minando a expansão do cristianismo.

e) contribuir para o desenvolvimento de sentimentos antirreligiosos, seguindo sua teoria política.

5. (Enem)

A promessa da tecnologia moderna se converteu em uma ameaça, ou esta se associou àquela de forma indissolúvel. Ela vai além da constatação da ameaça física. Concebida para a felicidade humana, a submissão da natureza, na sobremedida de seu sucesso, que agora se estende à própria natureza do homem, conduziu ao maior desafio já posto ao ser humano pela sua própria ação. O novo continente da práxis coletiva que adentramos com a alta tecnologia ainda constitui, para a teoria ética, uma terra de ninguém.

JONAS, H. *O princípio da responsabilidade*. Rio de Janeiro: Contraponto; Editora PUC-Rio, 2011 (adaptado).

As implicações éticas da articulação apresentada no texto impulsionam a necessidade de construção de um novo padrão de comportamento, cujo objetivo consiste em garantir o(a)

a) pragmatismo da escolha individual.

b) sobrevivência de gerações futuras.

c) fortalecimento de políticas liberais.

d) valorização de múltiplas etnias.

e) promoção da inclusão social.

6. (Enem PPL)

A importância do argumento de Hobbes está em parte no fato de que ele se ampara em suposições bastante plausíveis sobre as condições normais da vida humana. Para exemplificar: o argumento não supõe que todos sejam de fato movidos por orgulho e vaidade para buscar o domínio sobre os outros; essa seria uma suposição discutível que possibilitaria a conclusão pretendida por Hobbes, mas de modo fácil demais. O que torna o argumento assustador e lhe atribui importância e força dramática é que ele acredita que pessoas normais, até mesmo as mais agradáveis, podem ser inadvertidamente lançadas nesse tipo de situação, que resvalará, então, em um estado de guerra.

RAWLS, J. *Conferências sobre a história da filosofia política*. São Paulo: WMF, 2012 (adaptado).

O texto apresenta uma concepção de filosofia política conhecida como

a) alienação ideológica.

b) microfísica do poder.

c) estado de natureza.

d) contrato social.

e) vontade geral.

7. (Enem)

A filosofia grega parece começar com uma ideia absurda, com a proposição: a água é a origem e a matriz de todas as coisas. Será mesmo necessário deter-nos nela e levá-la a sério? Sim, e por três razões: em primeiro lugar, porque essa proposição enuncia algo sobre a origem das coisas; em segundo lugar, porque o faz sem imagem e fabulação; e enfim, em terceiro lugar, porque nela embora apenas em estado de crisálida, está contido o pensamento: *Tudo é um*.

NIETZSCHE, F. Crítica moderna. In: *Os pré-socráticos*. São Paulo: Nova Cultural, 1999.

O que, de acordo com Nietzsche, caracteriza o surgimento da filosofia entre os gregos?

a) O impulso para transformar, mediante justificativas, os elementos sensíveis em verdades racionais.

b) O desejo de explicar, usando metáforas, a origem dos seres e das coisas.

c) A necessidade de buscar, de forma racional, a causa primeira das coisas existentes.

d) A ambição de expor, de maneira metódica, as diferenças entre as coisas.

e) A tentativa de justificar, a partir de elementos empíricos, o que existe no real.

8. (Enem)

Ora, em todas as coisas ordenadas a algum fim, é preciso haver algum dirigente, pelo qual se atinja diretamente o devido fim. Com efeito, um navio, que se move para diversos lados pelo impulso dos ventos contrários, não chegaria ao fim de destino, se por indústria do piloto não fosse dirigido ao porto; ora, tem o homem um fim, para o qual se ordenam toda a sua vida e ação. Acontece, porém, agirem os homens de modos diversos em vista do fim, o que a própria diversidade dos esforços e ações humanas comprova. Portanto, precisa o homem de um dirigente para o fim.

AQUINO, T. Do reino ou do governo dos homens: ao rei do Chipre. *Escritos políticos de São Tomás de Aquino*. Petrópolis: Vozes, 1995 (adaptado).

Simulado 1

15 questões de Filosofia • Tempo de resolução: 55 minutos

1. (Enem)

Uma conversação de tal natureza transforma o ouvinte; o contato de Sócrates paralisa e embaraça; leva a refletir sobre si mesmo, a imprimir à atenção uma direção incomum: os temperamentais, como Alcibíades, sabem que encontrarão junto dele todo o bem de que são capazes, mas fogem porque receiam essa influência poderosa, que os leva a se censurarem. E sobretudo a esses jovens, muitos quase crianças, que ele tenta imprimir sua orientação.

BRÉHIER, E. *História da filosofia*. São Paulo: Mestre Jou, 1977.

O texto evidencia características do modo de vida socrático, que se baseava na

a) contemplação da tradição mítica.

b) sustentação do método dialético.

c) relativização do saber verdadeiro.

d) valorização da argumentação retórica.

e) investigação dos fundamentos da natureza.

2. (Enem Libras)

Texto I

Aquele que não é capaz de pertencer a uma comunidade ou que dela não tem necessidade, porque se basta a si mesmo, não é em nada parte da cidade, embora seja quer um animal, quer um deus.

ARISTÓTELES. *A política*. São Paulo: Martins Fontes, 2002.

Texto II

Nenhuma vida humana, nem mesmo a vida de um eremita em meio à natureza selvagem, é possível sem um mundo que, direta ou indiretamente, testemunhe a presença de outros seres humanos.

ARENDT, H. *A condição humana*. Rio de Janeiro: Forense, 1995.

Associados a contextos históricos distintos, os fragmentos convergem para uma particularidade do ser humano, caracterizada por uma condição naturalmente propensa à

a) atividade contemplativa.

b) produção econômica.

c) articulação coletiva.

d) criação artística.

e) crença religiosa.

3. (Enem PPL)

O aparecimento da pólis, situado entre os séculos VIII e VII a.C., constitui, na história do pensamento grego, um acontecimento decisivo. Certamente, no plano intelectual como no domínio das instituições, a vida social e as relações entre os homens tomam uma forma nova, cuja originalidade foi plenamente sentida pelos gregos, manifestando-se no surgimento da filosofia.

VERNANT, J.-P. *As origens do pensamento grego*.
Rio de Janeiro: Difel, 2004 (adaptado).

Segundo Vernant, a filosofia na antiga Grécia foi resultado do(a)

a) constituição do regime democrático.

b) contato dos gregos com outros povos.

c) desenvolvimento no campo das navegações.

d) aparecimento de novas instituições religiosas.

e) surgimento da cidade como organização social.

4. (Enem PPL)

Enquanto o pensamento de Santo Agostinho representa o desenvolvimento de uma filosofia cristã inspirada em Platão, o pensamento de São Tomás reabilita a filosofia de Aristóteles – até então vista sob suspeita pela Igreja –, mostrando ser possível desenvolver uma leitura de Aristóteles compatível com a doutrina cristã. O aristotelismo de São Tomás abriu caminho para o estudo da obra aristotélica e para a legitimação do interesse pelas ciências naturais, um dos principais motivos do interesse por Aristóteles nesse período.

MARCONDES, D. *Textos básicos de filosofia*.
Rio de Janeiro: Zahar, 2005.

A Igreja Católica por muito tempo impediu a divulgação da obra de Aristóteles pelo fato de a obra aristotélica

a) valorizar a investigação científica, contrariando certos dogmas religiosos.

b) declarar a inexistência de Deus, colocando em dúvida toda a moral religiosa.

c) criticar a Igreja Católica, instigando a criação de outras instituições religiosas.

Unidade 6: Problemas contemporâneos II

Desafios políticos contemporâneos

- O império como forma política dominante hoje
- A política e a partilha do sensível
- Política e polícia
- Desafios para a participação política

Negri e Hardt: a participação política do homem comum

Rancière: dez teses sobre a política

Desafios éticos contemporâneos

- Problemas de bioética
- Ética e responsabilidade social das empresas
- Ética da alteridade e os desafios democráticos
- Ética ambiental: um contrato natural?

Singer: o problema ético da riqueza

Lipovetsky: a onda ética nas empresas

Serres: o afastamento do ser humano da natureza

Unidade 5: Problemas contemporâneos I

Os limites da Ciência

- A Ciência e a neutralidade positivista
- Desafios da tecnociência
- O problema das Ciências Humanas
- Ciência e poder no mundo contemporâneo

Stengers: Ciência, poder e interesse

Morin: os dois deuses – a Ética na pesquisa científica

Estética: arte e emancipação

- A estética e a Filosofia da arte
- Arte e criação humana
- Indústria cultural e semicultura: o papel das ideologias
- A arte emancipa?

Adorno e Horkheimer: indústria cultural e cultura de massa

Rancière: o espectador emancipado

Unidade 4: Como nos relacionamos em sociedade?

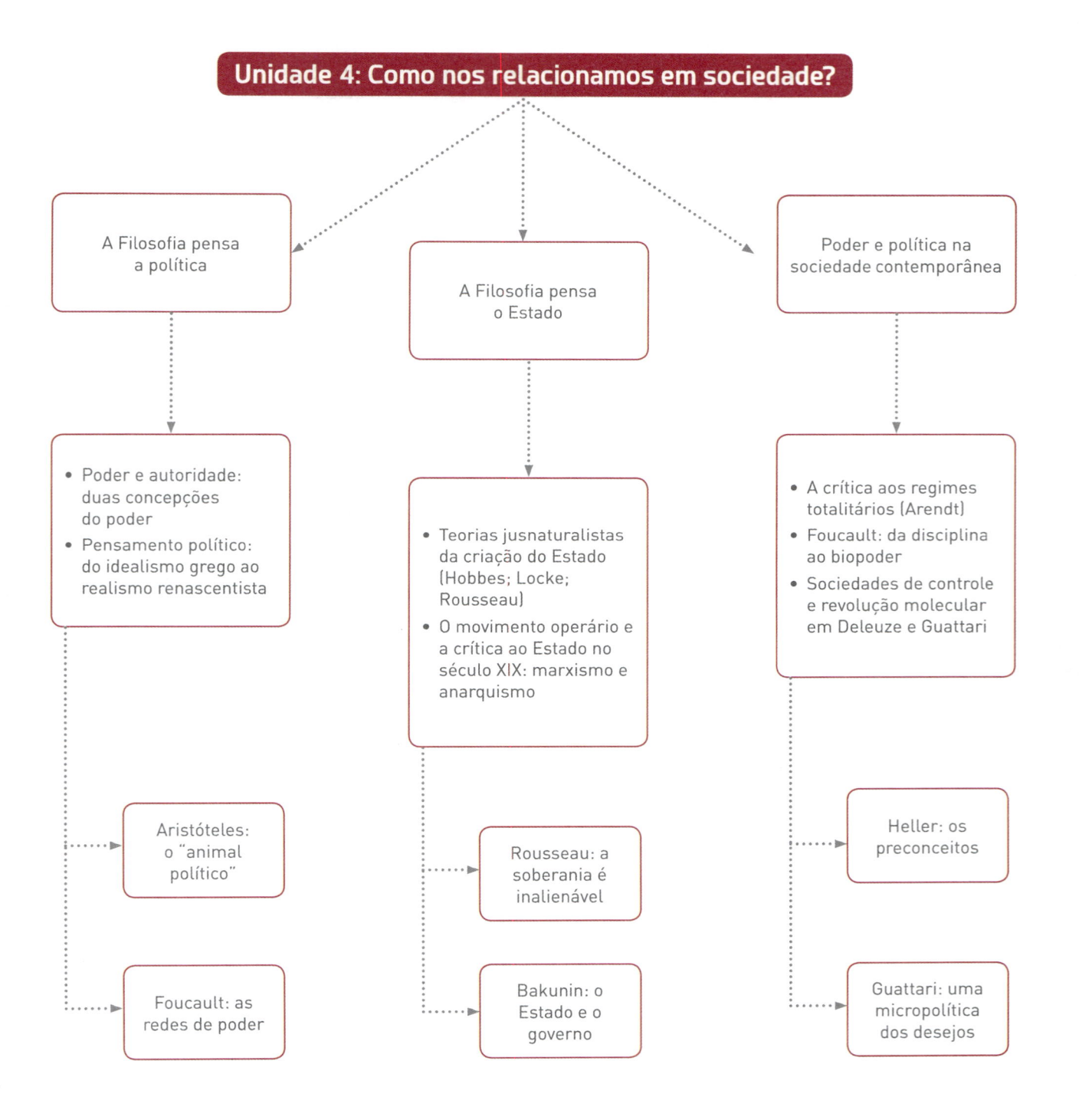

A Filosofia pensa a política

- Poder e autoridade: duas concepções do poder
- Pensamento político: do idealismo grego ao realismo renascentista

Aristóteles: o "animal político"

Foucault: as redes de poder

A Filosofia pensa o Estado

- Teorias jusnaturalistas da criação do Estado (Hobbes; Locke; Rousseau)
- O movimento operário e a crítica ao Estado no século XIX: marxismo e anarquismo

Rousseau: a soberania é inalienável

Bakunin: o Estado e o governo

Poder e política na sociedade contemporânea

- A crítica aos regimes totalitários (Arendt)
- Foucault: da disciplina ao biopoder
- Sociedades de controle e revolução molecular em Deleuze e Guattari

Heller: os preconceitos

Guattari: uma micropolítica dos desejos

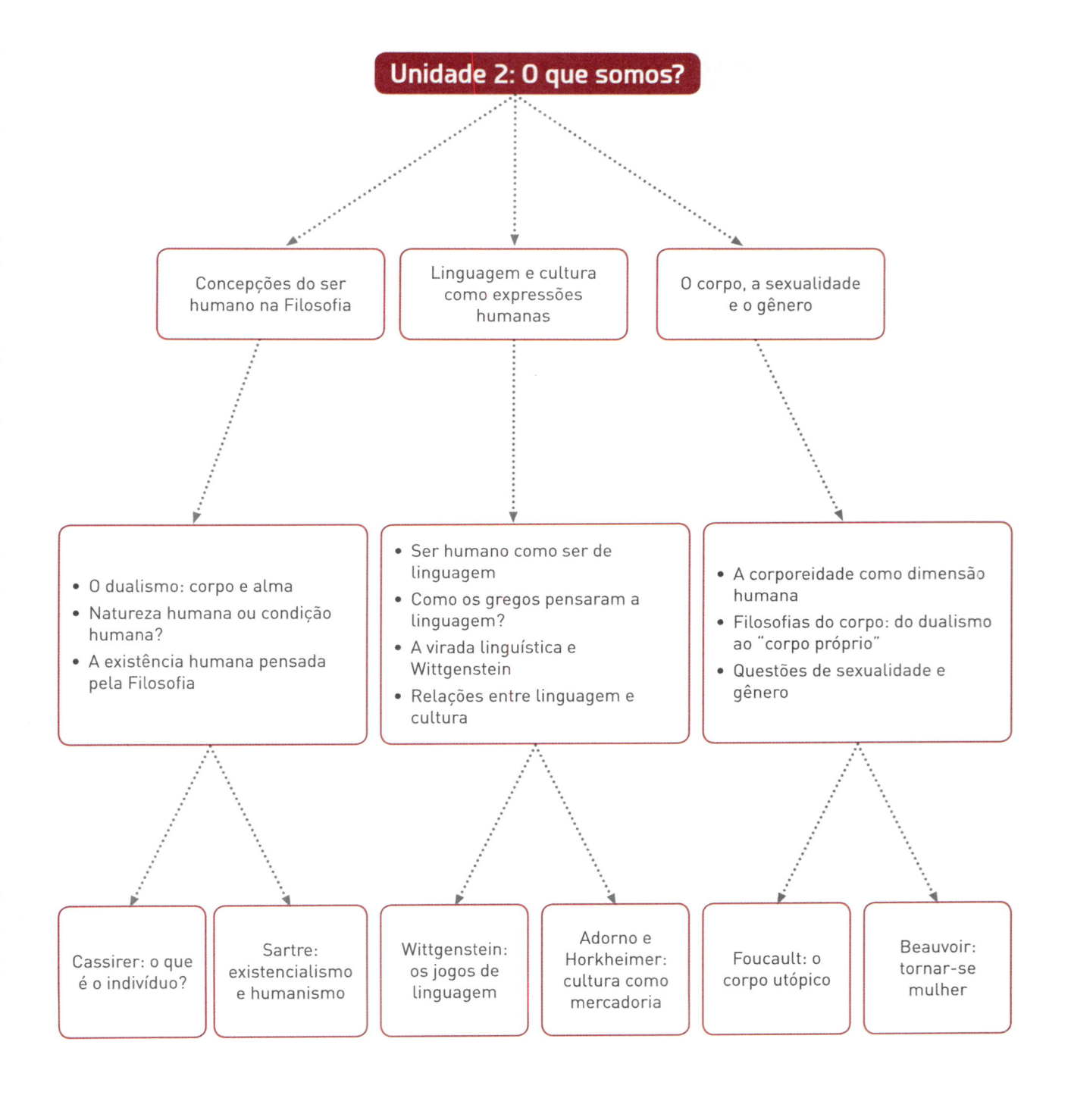

Unidade 2: O que somos?

- Concepções do ser humano na Filosofia
- Linguagem e cultura como expressões humanas
- O corpo, a sexualidade e o gênero

Concepções do ser humano na Filosofia
- O dualismo: corpo e alma
- Natureza humana ou condição humana?
- A existência humana pensada pela Filosofia

Linguagem e cultura como expressões humanas
- Ser humano como ser de linguagem
- Como os gregos pensaram a linguagem?
- A virada linguística e Wittgenstein
- Relações entre linguagem e cultura

O corpo, a sexualidade e o gênero
- A corporeidade como dimensão humana
- Filosofias do corpo: do dualismo ao "corpo próprio"
- Questões de sexualidade e gênero

- Cassirer: o que é o indivíduo?
- Sartre: existencialismo e humanismo
- Wittgenstein: os jogos de linguagem
- Adorno e Horkheimer: cultura como mercadoria
- Foucault: o corpo utópico
- Beauvoir: tornar-se mulher

O que aprendi no Ensino Médio

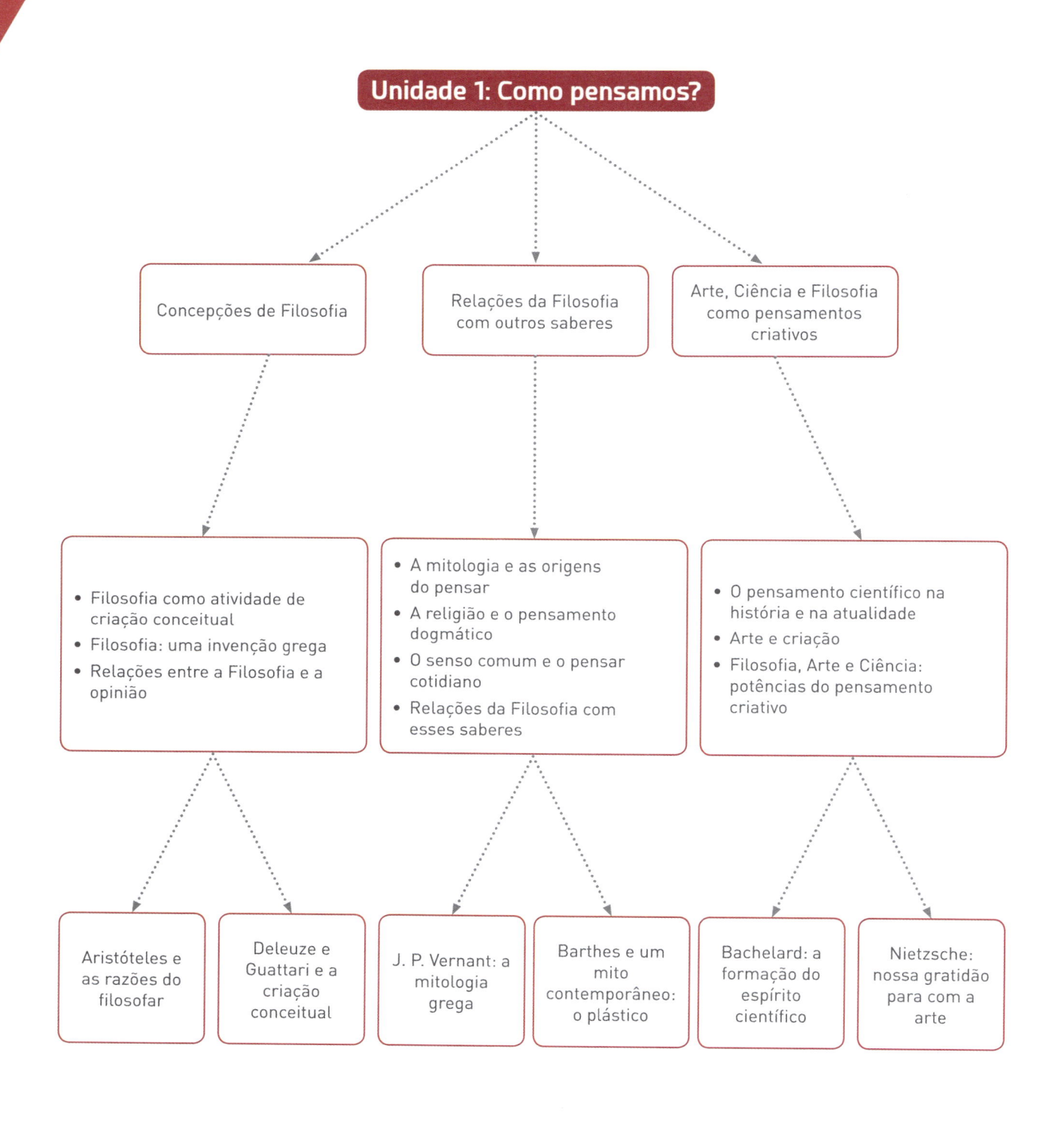

Unidade 1: Como pensamos?

- Concepções de Filosofia
- Relações da Filosofia com outros saberes
- Arte, Ciência e Filosofia como pensamentos criativos

Concepções de Filosofia
- Filosofia como atividade de criação conceitual
- Filosofia: uma invenção grega
- Relações entre a Filosofia e a opinião

Relações da Filosofia com outros saberes
- A mitologia e as origens do pensar
- A religião e o pensamento dogmático
- O senso comum e o pensar cotidiano
- Relações da Filosofia com esses saberes

Arte, Ciência e Filosofia como pensamentos criativos
- O pensamento científico na história e na atualidade
- Arte e criação
- Filosofia, Arte e Ciência: potências do pensamento criativo

- Aristóteles e as razões do filosofar
- Deleuze e Guattari e a criação conceitual
- J. P. Vernant: a mitologia grega
- Barthes e um mito contemporâneo: o plástico
- Bachelard: a formação do espírito científico
- Nietzsche: nossa gratidão para com a arte

Sumário

O que aprendi no Ensino Médio 4

Simulado 1 10

Simulado 2 14

Simulado 3 19

Respostas 24

Conheça este material de Revisão

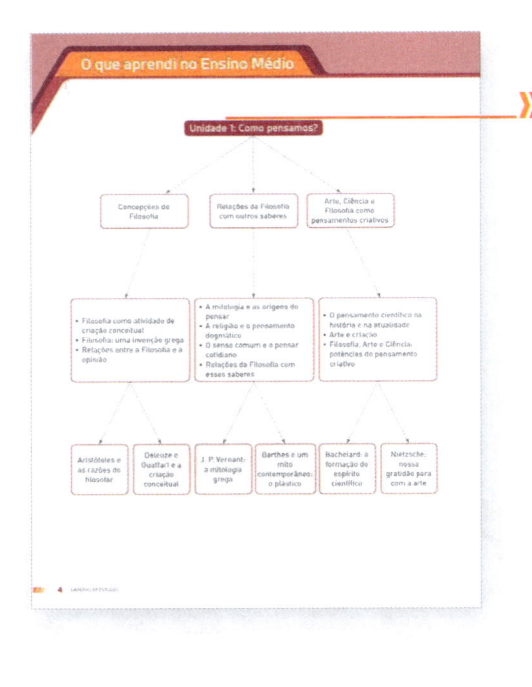

》 O que aprendi no Ensino Médio

Esta é uma oportunidade de recapitular os conceitos estudados em todos os anos do Ensino Médio. Resumos com definições-chave o ajudarão a encontrar informações importantes que você poderá utilizar para realizar os Simulados que propomos em seguida nos moldes de vestibulares e do Enem.

Simulados 《

Três simulados são propostos neste material, compostos de uma seleção de questões de vestibulares ou do Enem.

Esses simulados serão uma preparação para você, que vai prestar provas de ingresso às universidades.

Você deverá realizar cada simulado em um tempo máximo de 55 minutos. Seguem algumas dicas de como administrar o seu tempo para a resolução dos simulados:

- Faça uma análise geral da prova para planejar o tempo que terá disponível para responder a cada questão.
- Tente gastar cerca de 2 minutos em cada questão. Num primeiro momento, pule as questões de cujas respostas você não tem certeza.
- Após a leitura e a resolução de todas as questões de que você estava seguro sobre a resposta, retorne para o início da prova e verifique aquelas que ficaram sem resposta. Avalie o tempo que ainda lhe resta e tente distribuí-lo para solucionar as questões pendentes.

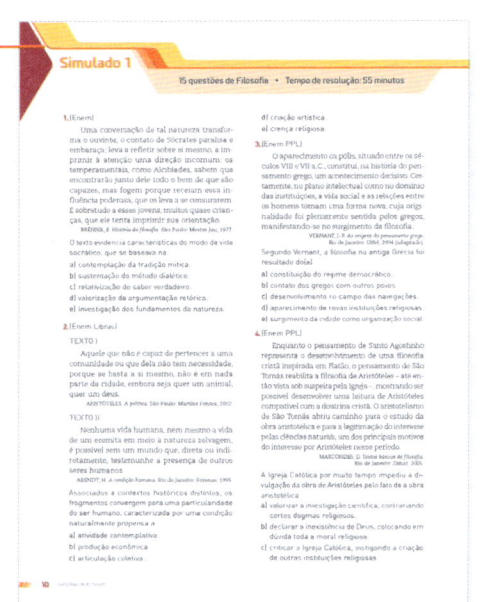

REVISÃO

conecte
L I V E

Filosofia

EXPERIÊNCIA DO PENSAMENTO

SÍLVIO GALLO

Licenciado em Filosofia pela Pontifícia Universidade Católica de Campinas (PUCC-SP).
Mestre e doutor em Educação pela Universidade Estadual de Campinas (Unicamp-SP).
Livre-docente em Filosofia da Educação pela Unicamp-SP.
Professor titular da Faculdade de Educação da Unicamp-SP.

VOLUME
ÚNICO

Editora
Saraiva

Sumário

Parte 2

Unidade 3 - Por que e como agimos? 138

Capítulo 7 - Os valores e as escolhas 140

Capítulo 8 - Ética: por que e para quê? 159

Capítulo 9 - A vida em construção: uma obra de arte 177

Unidade 4 - Como nos relacionamos em sociedade? 202

Capítulo 10 - Poder e política 204

Capítulo 11 - Estado, sociedade e poder 222

Capítulo 12 - Totalitarismo e biopolítica na sociedade de controle 241

Bibliografia 262

UNIDADE 3

Por que e como agimos?

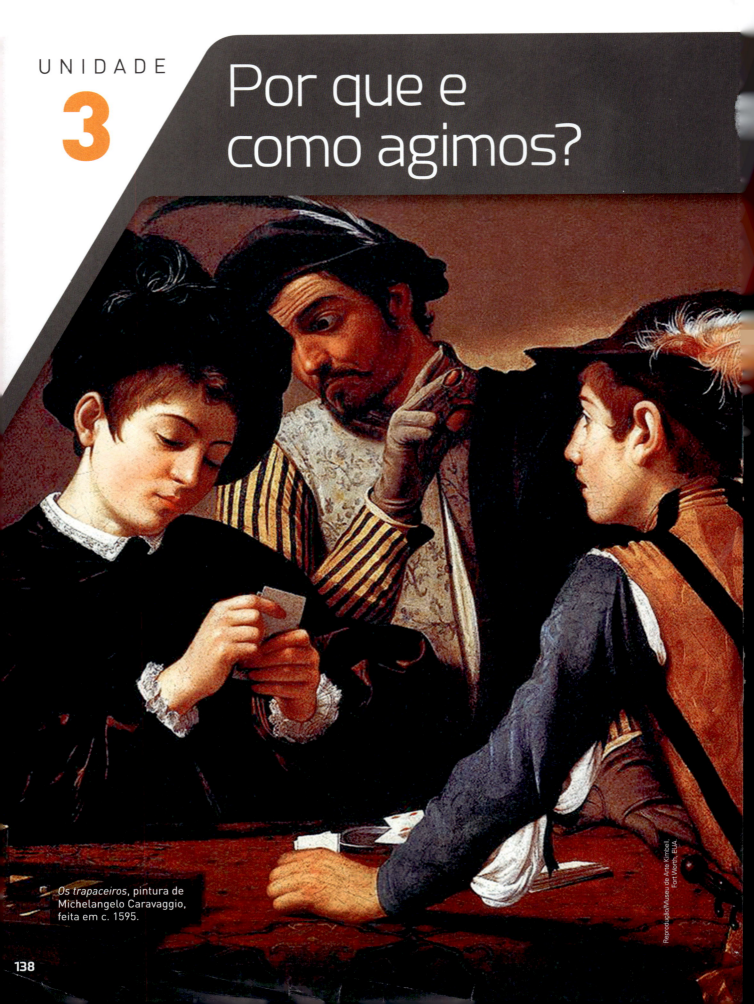

Os trapaceiros, pintura de Michelangelo Caravaggio, feita em c. 1595.

Os trapaceiros, pintura de Michelangelo Caravaggio, 1595.

Questões como: Por que agimos? Como agimos? – e muitas outras! – constituem o campo da ética, uma área da filosofia que estuda as ações humanas e os valores que orientam e motivam nosso agir coletivo e individual.

Para Platão e Aristóteles, por exemplo, o motivo de nossas ações diz respeito à ideia de razão e felicidade. Autoconhecimento, prudência e até mesmo uma organização política racional da pólis propiciam aos cidadãos condições favoráveis ao agir racional, por isso se tornam elementos fundamentais para a vida em comunidade.

Durante o período helenístico (séculos IV a.C.-II d.C.) e a consolidação e o apogeu de Roma (séculos III a.C.-II d.C.), cínicos, estoicos e epicuristas reorientaram as reflexões sobre o agir. Esses filósofos deram ênfase ao âmbito da vida pessoal e cotidiana, o que gerou novas respostas a essa questão.

Tais reflexões ecoaram na modernidade. Filósofos como Kant, Nietzsche e Sartre repensaram a ação humana em um contexto cultural e político bem distinto.

Atentos a esse debate histórico, filósofos contemporâneos como Foucault, Hadot, Singer e Onfray deram contribuições originais a partir de temas como sexualidade, história e hedonismo.

Os valores que orientam a ação humana podem mudar ao longo do tempo? Como é possível conduzir nossa vida de forma ética? Isso é o que estudaremos nesta unidade.

Como agimos? O que é preciso para escolhermos e efetuarmos uma boa ação?

IV a.C.
PLATÃO (Atenas)
ARISTÓTELES (Estagira)
ANTÍSTENES (Atenas)
DIÓGENES (Sínope)

III a.C.
ZENÃO (Cício)
EPICURO (Samos)

I d.C.
SÊNECA (Roma)
EPITETO, o filósofo ex-escravizado (Roma)

II
MARCO AURÉLIO o imperador filósofo (Roma)

IV
HIPÁTIA (Alexandria)

XVIII
KANT (Prússia – Alemanha)

XIX
NIETZSCHE (Alemanha)

XX
SARTRE (França)
FOUCAULT (França)

XXI
HADOT (França)
SINGER (Austrália)
ONFRAY (França)

CAPÍTULO 7

Os valores e as escolhas

// Cena do filme *Alexandria*. Davus (ao fundo) e a filósofa e astrônoma Hipátia se veem envolvidos em uma trama que narra conflitos éticos e morais, entre fé e razão.

O filme *Alexandria* discute uma questão filosófica inquietante. No final do século IV, em Alexandria, capital do Egito e possessão do Império Romano, a opinião pública se dividia, de modo conflituoso, entre o legado da cultura grega e a antiga religião pagã egípcia, de um lado, e o cristianismo – que havia sido recentemente oficializado pelo Estado romano –, de outro.

Davus era o fiel escravo da filósofa e astrônoma Hipátia (355-415), e vivia a serviço das pesquisas astronômicas e das aulas de filosofia que ela ministrava para os filhos da aristocracia política de Alexandria. Esta cidade tinha uma grandiosa biblioteca, onde se encontravam as principais obras da Antiguidade. No entanto, Davus se identificava com o pensamento cristão espalhado por pregadores de rua, escravizados e despossuídos, que se opunham à supremacia política, econômica, moral e cultural dos costumes e dos saberes não cristãos.

Após o conflito culminar com a destruição da biblioteca de Alexandria pelos cristãos, que a consideravam um símbolo pagão e profano, a influência cristã se torna preponderante sobre o modo de vida da cidade. Contrária ao pensamento dogmático e aos costumes austeros recém-impostos, Hipátia resiste, dando prosseguimento às suas pesquisas e intervindo nos debates políticos sobre o rumo de Alexandria.

Davus, que se torna livre, fica então dividido, pois entende que a nova ordem havia lhe concedido a liberdade. Mas também percebe que os novos valores cristãos oprimem a liberdade de expressão, como ocorre com Hipátia.

O comportamento contestador e crítico da filósofa, considerado imoral e profano pelos líderes religiosos e políticos da cidade, põe em risco um acordo de paz prestes a ser selado entre cristãos e antigas lideranças locais, recém-convertidas ao cristianismo. A insubmissão aos novos valores e a oposição política custam a vida da filósofa.

Várias questões podem ser consideradas: por que uma pessoa é condenada pelo seu modo de pensar e agir? Sobre quais valores e critérios se baseiam as leis e os costumes para que se possa julgar uma ação como certa ou errada, transgressora, prejudicial à vida em sociedade?

O conflito de valores presente no filme recoloca um problema que a filosofia tem enfrentado, de diferentes formas, desde a Antiguidade. Os seres humanos são seres de ação, que constroem suas vidas de modo individual e também de modo coletivo; mas, o que move nossos atos? Por que somos levados a certas ações? Em que nos baseamos quando decidimos o que vamos fazer?

Para responder a essas questões, a filosofia parte da noção de **valor**. Quando temos que decidir entre uma opção e outra, entre duas ou mais possibilidades, nós avaliamos, isto é, comparamos os prós e os contras e atribuímos diferentes valores a cada uma delas. Então, escolhemos aquela que nos parece mais apropriada às circunstâncias analisadas; ou, dizendo de outra forma, escolhemos aquela que nos parece ter mais valor.

Ficamos, assim, com uma nova interrogação: o que é o valor? Ele é sempre o mesmo? Ou muda de acordo com o tempo?

// Cartaz do filme *Alexandria* (Ágora, no título original). Direção de Alejandro Amenábar. Espanha, 2009. (127 min).

O filme narra a história dos embates, no século IV, entre o pensamento secular antigo, legado aos romanos, e o cristianismo em ascensão em todo o Império Romano. Em *Alexandria*, no Egito, a filósofa Hipátia luta pela sobrevivência da sabedoria antiga, enquanto Davus, um escravizado recém-convertido ao cristianismo, luta pela sua fé e liberdade.

// Ao longo da história da humanidade, muitas pessoas foram condenadas pelo seu modo de pensar e agir. O filósofo, astrônomo e matemático Giordano Bruno (1548-1600) foi condenado pelo tribunal da Inquisição, permaneceu preso por muitos anos, foi torturado e queimado vivo por defender sua liberdade de expressão e contrariar dogmas da Igreja católica. Gravura publicada em 1884 no livro *As terras do céu*, de Camille Flammarion.

Platão e a universalidade do valor

Foi pensando em tais questões que Platão (c. 427 a.C.-347 a.C.) escreveu o diálogo *A República*. Nesta obra o filósofo grego trata da ideia de justiça e a exemplifica com um modelo perfeito: a cidade justa, lugar em que as pessoas encontrariam a felicidade, porque, segundo ele, viveriam de acordo com sua própria natureza, o que as tornaria mais aptas a fazer a escolha certa entre os valores e a agir corretamente.

Mas como seria possível tornar uma cidade justa e, consequentemente, feliz? De que modo ela deveria estar organizada? Como deveriam agir seus cidadãos para que cada um alcançasse a felicidade, estando de acordo com sua própria natureza? O que seriam a justiça e a felicidade, para Platão?

De acordo com ele, nós somos felizes quando vivemos de acordo com a nossa natureza e não somos forçados a viver contra ela. Para garantir a felicidade de uma cidade, portanto, seria necessário possibilitar aos cidadãos o autoconhecimento, isto é, o conhecimento de sua própria natureza, com suas qualidades particulares e suas habilidades.

O conhecimento da natureza de cada um seria obtido pelo processo educativo. Na cidade ideal pensada por Platão, todas as crianças seriam entregues aos cuidados do Estado ao nascerem e receberiam a mesma educação, baseada em ginástica (para bem formar o corpo) e música (para bem formar a alma). Na medida em que elas avançassem no processo de instrução, seriam também observadas pelos adultos, seus educadores, que deveriam, pouco a pouco, reconhecer no comportamento de seus pupilos a natureza ou o **caráter** de cada um.

// Platão planejou uma cidade ideal, na qual cada cidadão teria seu lugar definido, de acordo com seu caráter. Dessa forma, cada cidadão seria feliz, pois viveria de acordo com sua natureza, e toda a cidade também seria feliz. No século XVI, o tema da cidade ideal foi retomado pela arquitetura renascentista. A pintura abaixo, atribuída a Luciano Laurana ou a Melozzo da Forti, representa Callipolis, a "cidade bela".

Bridgeman Images/Glow Images/Galleria Nazionale delle Marche, Urbino, Itália

O temperamento da alma

Você já estudou neste livro que Platão via o ser humano como uma articulação entre corpo e alma. Para ele, a psique era o elemento que dava vida ao corpo, considerado pura matéria. Palavra oriunda do grego, *psique* foi traduzida para o latim como *anima*, aquilo que dá ânimo, o 'sopro de vida'; é dessa palavra latina que deriva a palavra **alma** em português. Compreendendo a alma como esse sopro de vida, os povos antigos consideravam a existência de várias almas. Em alguns casos, falava-se em uma alma para cada órgão vital: o coração tinha uma alma própria, assim como o pulmão e o fígado.

Isso pode nos parecer muito estranho, uma vez que em nossa cultura costuma-se compreender a alma como algo único, como aquilo que nos dá uma identidade. Mas não era isso que ocorria no contexto da Antiguidade. Platão, por exemplo, afirmava que cada um de nós tem três almas distintas. Uma "alma inferior", que se subdivide em duas e está intimamente ligada ao corpo, sendo tão mortal quanto ele; e uma "alma superior", eterna e imutável.

A alma inferior é constituída de uma alma localizada no ventre, responsável por nossos desejos e nossas paixões, denominada **alma concupiscível** (relativa à cobiça, ao desejo); e de outra, localizada no peito, responsável por nossas emoções, denominada **alma irascível** (ligada à ira, à irritação). Observe que cada uma dessas almas está relacionada a coisas que sentimos (desejos, paixões, emoções), uma vez que o corpo é a sede dos sentidos. A alma superior, segundo Platão, é a **alma racional**, que se localiza na cabeça e é responsável pelo pensamento.

Essas três almas têm uma relação direta com nosso comportamento, com nossa forma de agir. Todos nós pensamos e temos desejos, paixões e emoções. O que ocorre é que em cada pessoa uma dessas situações prevalece sobre as outras. Por isso, Platão afirmou que cada um de nós tem um **temperamento**, que é a forma como as três almas se temperam, se misturam, com uma delas predominando.

São três os temperamentos básicos, ou caracteres básicos:

- **caráter concupiscível:** predominam os desejos, as paixões. A pessoa com esse caráter reflete, mas sua vida é controlada pelos desejos e prazeres ligados ao corpo. Quando precisa decidir alguma coisa, é a impulsividade do desejo que prevalece;
- **caráter irascível:** predominam as emoções e a defesa do corpo. Uma pessoa com caráter irascível também deseja, reflete, mas suas decisões são tomadas de forma colérica, sempre visando à preservação da vida;
- **caráter racional:** predomina a razão. O caráter racional não torna a pessoa fria e insensível; ela deseja, ela se emociona, mas suas decisões são sempre tomadas de forma racional, de maneira muito bem pensada e avaliada.

Segundo Platão, a condição ideal para o ser humano é o predomínio de um caráter racional. Nessa situação, a alma racional controla nosso corpo, não negando os desejos e as emoções, mas dosando-os, organizando-os de acordo com o pensamento e o planejamento. Ele reconhece, no entanto, que nem todos os seres humanos são assim.

A cidade justa

Tendo em vista esses três tipos de pessoas, Platão dizia que a cidade justa deve contar com três classes sociais.

As pessoas de caráter concupiscível seriam responsáveis pela produção: os artesãos e profissionais em geral; viveriam de forma absolutamente livre, como pede seu caráter. Aquelas que vivem de acordo com as emoções (os de caráter irascível) seriam os guerreiros, os guardiões da cidade, pois viveriam de acordo com sua coragem. Por fim, as pessoas de caráter racional seriam os administradores, responsáveis pelas atividades de gestão, pois seriam capazes de governar com justiça.

Desse modo, cada classe contribuiria com as necessidades da comunidade e teria condições de viver de acordo com sua natureza. Uma cidade governada com justiça, que possibilita a cada cidadão viver segundo suas inclinações e alcançar a felicidade: essa seria a cidade justa para Platão.

Nela, aquele que mais age de acordo com sua própria natureza é qualificado **virtuoso**, uma característica que designa o indivíduo capaz de fazer o bem para si mesmo e para os outros. A **virtude**, para Platão, é o principal valor compartilhado pelos cidadãos da cidade justa, porque é aquilo que move suas ações. Por exemplo, o político que procede com razão, legislando em observância às leis e gerindo os bens públicos de acordo com as necessidades da cidade, é um virtuoso.

É possível que se entenda a virtude como um valor individual, o que, entretanto, é um equívoco. Para Platão, valores como felicidade, justiça e virtude são **universais**, isto é, valem para todos e em qualquer época e lugar. O filósofo afirmava que a virtude já está presente em nós desde o nascimento; porém, precisamos alcançá-la por meio do autoconhecimento. Só assim o cidadão saberá se orientar racionalmente, por exemplo, na hora de refletir e escolher as melhores ações, que estejam de acordo com sua natureza, com a justiça e o bem comum da cidade e, consequentemente, com sua felicidade. Por isso, ela é um valor almejado por todos, que nunca perece.

// Para Platão, a Justiça seria a virtude suprema. Ela é o maior bem que se realizaria com a democracia.

A historicidade dos valores

No final do século XIX, Friedrich Nietzsche (1844-1900) fez uma pesada crítica à ideia platônica de universalidade dos valores. O filósofo alemão argumentou que eles são produzidos historicamente, de acordo com a situação do indivíduo no contexto social. Por essa razão, ele anunciou que a principal tarefa da filosofia seria produzir uma escala de valores, mostrando sua hierarquia.

A crítica de Nietzsche à ideia de valores universais aparece especialmente em suas obras *Além do bem e do mal: prelúdio a uma filosofia do futuro* (publicada em 1886) e *Genealogia da moral: uma polêmica* (publicada em 1887).

No primeiro livro, o filósofo reflete sobre a moral como uma prescrição de formas de agir com base em valores considerados universais. Ele afirma que os filósofos sempre se preocuparam em encontrar os fundamentos da moral, isto é, os valores básicos que garantem a existência de uma moral, mas nenhum deles preocupou-se com a própria moral. Embora os filósofos tenham questionado as morais de época, não questionaram a ideia mesma da moral, da existência de uma moral. Nietzsche lança então seu desafio: é preciso pensar sobre a própria moral, compreendida na história, analisada em suas origens, realizar, enfim, a genealogia da moral.

// Capa do filme *Corra, Lola, corra*. Direção de Tom Tykwer. Alemanha, 1998. (81 min).

Lola precisa agir rápido para salvar seu namorado de uma encrenca, ou ele morrerá. O filme mostra três possibilidades da história, de acordo com diferentes escolhas da protagonista.

INFORMAÇÕES COMPLEMENTARES

Genealogia

Estudo da origem de um indivíduo, família, grupo social e, por extensão, de uma palavra ou conceito. Para Nietzsche, a genealogia é um procedimento de investigação filosófico, histórico e filológico de palavras, saberes, práticas e instituições, com o objetivo de revelar os valores que estão em sua base, mostrando que eles são sempre decorrentes de jogos de forças.

> *Todas* as ciências devem doravante preparar o caminho para a tarefa futura do filósofo, sendo essa tarefa assim compreendida: o filósofo deve resolver o *problema do valor*, deve determinar a *hierarquia dos valores*.
>
> NIETZSCHE, Friedrich. *Genealogia da moral*: uma polêmica. São Paulo: Companhia das Letras, 1998. p. 46.

Segundo alguns especialistas, Nietzsche antecipou a crítica às formas autoritárias de poder da primeira metade do século XX, tais como o fascismo (Itália) e o nazismo (Alemanha).

Em *Genealogia da moral* ele se preocupou com o nascimento dos valores morais concebidos como universais e eternos. Para Nietzsche, predomina entre nós aquilo que ele chama de uma "moral de rebanho", isto é, um tipo de ação em que grandes grupos seguem um líder. Segundo ele, o princípio bastante conhecido de que "a união faz a força" é a expressão de uma moral de fracos, porque, se os indivíduos forem fortes por si mesmos, não precisam se unir. São os fracos que procuram seus iguais e vivem sob as ordens de um comandante, um "pastor de rebanho" que mostra a todos o caminho a seguir. Sua pergunta é: de onde provém essa moral? Segundo o filósofo, provém de uma inversão de valores que leva as pessoas a considerar que ser fraco é melhor que ser forte.

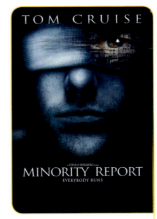

// Capa do filme *Minority Report – A nova lei*. Direção de Steven Spielberg. Estados Unidos, 2002. (145 min).

Ficção científica sobre uma sociedade no futuro, em que o crime é previsto por *Precogs* (paranormais dotados de poder premonitório) e impedido por agentes especiais antes mesmo de sua realização.

// Discurso nazista proferido no Palácio do Reichstag, em Berlim (Alemanha), em 1938. O nazismo foi uma ideologia que mobilizou um grande número de pessoas em apoio a um líder autoritário, baseando-se em valores morais conservadores, tidos como necessários e universais. Esse fenômeno histórico pode ser também compreendido sob a luz da crítica nietzschiana da moral.

CAPÍTULO 7 | OS VALORES E AS ESCOLHAS **145**

O caráter ativo e o caráter reativo

Para explicar essa ideia, Nietzsche afirma que todos os seres vivos são animados por um impulso vital que ele denomina **vontade de poder** ou **vontade de potência**. Embora seja um conceito muito abrangente, que aparece de diferentes formas e com sentidos distintos ao longo de sua obra, podemos dizer que essa força é algo orgânico e biológico, que está sempre em expansão, fazendo-nos afirmar a vida e querer permanecer vivos.

Para Nietzsche, esse impulso está presente em todos os indivíduos e se manifesta quando conhecemos, quando produzimos saberes sobre o mundo, por exemplo. Além disso, há uma "vontade de poder forte", que é ativa, e uma "vontade de poder fraca", que é reativa. Elas implicam dois tipos de caráter: um caráter ativo (forte) e um caráter reativo (fraco).

O **caráter ativo** está presente nos indivíduos que são capazes de afirmar a si mesmos por meio da ação. Nas palavras de Nietzsche, são aqueles que conseguem "dizer um grande sim à vida" e a vivem de forma intensa. Um exemplo de caráter ativo é o de um artista que cria suas obras segundo seus impulsos, sem se importar com as convenções sociais ou com a recepção pelo público. Sua criação é uma afirmação de si mesmo.

Jean-Michel Basquiat (1960-1988) em frente a um trabalho de sua autoria. Esse grafiteiro e artista plástico norte-americano se tornou uma figura de destaque no cenário das artes durante os anos 1980, por seu estilo artístico marcante e sua história de vida singular. Foto de janeiro de 1988.

Já o **caráter reativo** é o do indivíduo que não é capaz de afirmar a si mesmo senão por meio da negação do outro. Ele não age, mas reage às ações do outro. Por isso Nietzsche o identificou como fraco: sua ação não tem impulso criador, ocorre em função do outro. Em oposição ao caráter ativo, poderíamos citar como típico do caráter reativo o artista que faz suas obras apenas para agradar o mercado consumidor, segundo o gosto comum, para que sua obra seja aceita por muitas pessoas e se torne fonte de recursos financeiros.

Os indivíduos fortes são aqueles capazes de dizer: "eu sou bom"; por isso eles são nobres, poderosos, superiores. Os indivíduos fracos são aqueles que olham para o forte e dizem: "Você me domina, então você é mau; e se você é mau, eu, por oposição, sou bom".

Na natureza, o forte é o bom (o que não significa que o fraco seja mau). Ele é bom porque é capaz de afirmar-se. A partir de determinado momento na história humana, contudo, foi sendo criada a ideia de que os fracos são os bons e os fortes, por oposição, são maus. Essa é uma inversão de valores.

A crítica à inversão dos valores

Segundo Nietzsche, há duas fontes principais para a inversão de valores na cultura ocidental.

A primeira é a crença na imortalidade da alma, como propunha a filosofia socrático-platônica. Se acreditamos que a alma é imortal, que continuaremos vivendo após a morte do corpo (mesmo que de outra maneira), deixamos de afirmar a vida tal como a conhecemos. Por causa dessa crença, diz Nietzsche, os gregos deixaram de afirmar a vida, de ser criadores, indivíduos nobres, para se tornarem produtores de uma cultura de resignação.

A segunda fonte é o cristianismo, que levou a resignação às suas mais profundas consequências. A Igreja católica (e mais tarde também o protestantismo, vertente cristã na qual Nietzsche foi educado) difundiu os preceitos cristãos de modo a ensinar que o importante é a resignação com a vida terrena, para se obter a recompensa no reino dos céus. Segundo Nietzsche, essa é a mais pura expressão do triunfo de uma moral dos fracos.

Apesar da crítica radical ao cristianismo, é importante ressaltar que Nietzsche admirava Jesus como ser humano, e em várias passagens de seus textos referiu-se a ele como um homem excepcional. Sua crítica dirige-se ao cristianismo como filosofia e como religião, por sua defesa da resignação e da negação da vida terrena, como podemos verificar em várias passagens bíblicas.

> **Resignação:** conformismo. Paciência face aos sofrimentos ou às condições a que se está submetido.

> Bem-aventurados os humildes de espírito, porque deles é o Reino dos Céus! Bem-aventurados os que choram, porque serão consolados! Bem-aventurados os mansos, porque possuirão a terra! Bem-aventurados os que têm fome e sede de justiça, porque serão saciados! Bem-aventurados os misericordiosos, porque alcançarão misericórdia! Bem-aventurados os puros de coração, porque verão Deus! Bem-aventurados os Defensores da Paz, porque serão chamados filhos de Deus! Bem-aventurados os que são perseguidos por causa da justiça, porque deles é o Reino dos Céus! Bem-aventurados sereis quando vos caluniarem, quando vos perseguirem e disserem falsamente todo o mal contra vós por causa de Mim. Alegrai-vos e exultai, porque será grande a vossa recompensa nos céus, pois assim perseguiram os profetas que vieram antes de vós.
>
> Mateus, 5:3-12, *Novo Testamento*, Bíblia.

O caráter ativo (que se baseia na afirmação) e o caráter reativo (centrado na negação) implicam dois sistemas de valores distintos, ou duas diferentes morais. À moral afirmativa Nietzsche denomina **moral dos fortes** ou **moral dos nobres**. É um sistema de valores centrado na afirmação de qualidades como a coragem, a força, a saúde e o orgulho.

Nietzsche chama a moral reativa de **moral dos fracos**, **moral dos escravos**, ou mesmo **moral de rebanho**. Está centrada em valores como submissão, humildade, piedade e importância do sofrimento.

Há uma questão psicológica fundamental na criação de uma moral de rebanho: o **ressentimento**. Segundo o filósofo, os indivíduos fracos não conseguem esquecer e superar determinadas situações. Isso produz neles um sentimento de rancor e seus valores são produzidos em reação a esse ressentimento. Já os indivíduos fortes não são ressentidos; em sua afirmação da vida e de si mesmos, eles simplesmente superam as coisas de que não gostam e constroem aquilo que lhes interessa.

Fiéis chicoteiam as costas durante a última quinta-feira da quaresma. Angeles, Filipinas, 2008. Presente não apenas em vertentes do cristianismo, mas também em outras religiões, a autoflagelação visa à purificação dos pecados e à elevação do espírito por meio da dor causada pela penalização do corpo.

> A rebelião escrava na moral começa quando o próprio ressentimento se torna criador e gera valores [...]. Enquanto toda moral nobre nasce de um triunfante Sim a si mesma, já de início a moral escrava diz Não a um "fora", um "outro", um "não eu" – e **esse** Não é seu ato criador. Essa inversão do olhar que estabelece valores – esse **necessário** dirigir-se para fora, em vez de voltar-se para si – é algo próprio do ressentimento: a moral escrava sempre requer, para nascer, um mundo oposto e exterior, para poder agir em absoluto – sua ação é no fundo reação.
>
> NIETZSCHE, Friedrich. *Genealogia da moral*: uma polêmica. São Paulo: Companhia das Letras, 1998. p. 28-29.

Duas felicidades

Havendo dois caracteres, há também duas concepções de felicidade. Uma é a felicidade ativa, a felicidade do nobre, que é produção, criação. Ser feliz é viver ativamente, criando e produzindo. A outra é a felicidade passiva, a felicidade do fraco, que é um entorpecimento, algo que se espera um dia possuir – quem sabe no reino dos céus.

Em síntese, para Nietzsche, não são valores universais como o Bem e o Mal que fundamentam as escolhas humanas, mas esses valores (bem e mal, tidos como universais) são de fato valores construídos historicamente pelos próprios seres humanos, a partir das avaliações que fazem das coisas e situações. Quando essa avaliação é feita por uma perspectiva do forte, da afirmação, as coisas e situações são avaliadas como boas ou como ruins, sendo ruim simplesmente aquilo que não é bom. Perceba que aqui há um ato de afirmação: o forte diz: "isso é bom!"; aquilo que não é bom, portanto, é definido como ruim. Porém, quando feita pela perspectiva do fraco, a avaliação é diferente, aqui já não há uma afirmação direta. O fraco é aquele que diz que o forte é mau, porque o subjuga. O mau não é simplesmente o ruim, o que não é bom; o mau o é por sua própria natureza, ele é mau porque se impõe aos outros. E, em decorrência, o bom é aquele que não é mau. Em suma, na perspectiva do fraco, o bom é aquele que faz o bem (tomado como princípio universal) e o mau é aquele que pratica o mal (também tomado em sua universalidade). Mas o forte é aquele para quem não há universalidade de bem e de mal, ele está além disso: as coisas e os seres são bons ou ruins, de acordo com seu juízo.

Houve, segundo o filósofo, uma luta milenar entre esses valores contrapostos, "bom e ruim", "bem e mal"; luta que se trava ainda hoje, mesmo que nos últimos séculos a moral dos fracos tenha triunfado.

Foi essa inversão que colocou em jogo a universalização dos valores, segundo a qual haveria um Bem e um Mal, e não mais simplesmente bom e ruim. Por isso é urgente um processo de **transvaloração dos valores** pela afirmação de valores ativos, e não mais dos reativos.

Valor, escolha e liberdade

Em sua obra *O ser e o nada*, o filósofo Jean-Paul Sartre (1905-1980), assim como Nietzsche, discute a universalidade do valor. Ele fala no "ser do valor", que seria uma produção da consciência. Como vimos na unidade 2, Sartre trabalhou com o método fenomenológico, que tem como um dos conceitos centrais o de consciência. Para Husserl e Sartre, a consciência é a realidade do ser humano, único ser consciente no mundo.

Segundo a fenomenologia, a consciência não possui uma interioridade, um ser, uma identidade; a consciência é vazia de conteúdo. Ela se caracteriza por ser um **ato**: o ser consciente é aquele que observa o mundo e, ao vê-lo, percebe que está vendo. Um exemplo simples: enquanto você observa uma árvore, na mesma experiência percebe que você não é a árvore observada. Você é algo que tem a capacidade de perceber a existência da árvore. Mas, se você tenta pensar sobre si mesmo, não encontra nenhuma referência material. A consciência é, então, o **ato** de observar a árvore e, nessa observação, perceber a si mesmo.

INFORMAÇÕES COMPLEMENTARES

Fenomenologia

Esse termo designa 'o estudo filosófico do fenômeno' (em grego, *phainómenon*), isto é, 'daquilo que aparece'. Entre muitos fenomenólogos, Edmund Husserl (1859-1938) se destacou com a publicação da obra *Investigações lógicas*, de 1901. A partir dela, a fenomenologia contemporânea passou a designar não apenas o estudo daquilo que aparece aos nossos sentidos e intelecto como manifestação da realidade, mas também a manifestação ou aparecimento de algo **em si mesmo**, ou seja, na sua **essência**. Assim, se opõe à tradicional distinção entre aparência (falsidade, não ser) e essência (verdade, ser), presente em concepções fenomenológicas anteriores.

// Ao longo da infância, a brincadeira é uma das formas que temos para nos apropriar do mundo. Através do ato de brincar, aprimoramos nossa percepção do mundo e das coisas e isso possibilita que aprimoremos nossa consciência, pensando também em nós mesmos. Nesta foto, de 2014, crianças brincam em parque em Brasília (DF).

Para Sartre, o ser humano é um **ser consciente**, e o valor é a forma de ser da consciência. Em sua concepção, valor e vontade têm a mesma "estrutura de ser". Ao afirmar isso, ele está se referindo à noção de **falta**, que acredita ser o elemento comum àqueles dois conceitos.

Segundo o filósofo, nós atribuímos valor àquilo que nos falta, da mesma forma que temos vontade daquilo que não possuímos, pois, se já temos essa coisa, não a **desejamos**. Um exemplo: em um dia de grande calor, nos falta o frescor e desejamos o frio; um clima mais fresco constitui valor para nós. Damos o mesmo valor à falta em dias frios, em que desejamos o calor.

É no mesmo sentido que Sartre afirma que o valor tem estrutura semelhante à da vontade: o valor é uma falta, uma ausência, que faz com que atuemos para preenchê-la, para anulá-la. É assim, como quando mobilizamos ação e pensamento em busca da realização de um desejo, que a consciência produz novos valores.

Porém, como a falta constitui a própria estrutura da consciência, tão logo agimos e conquistamos um valor, a consciência quer se manifestar de outra forma, por meio de outros valores. O vazio retorna e novamente nos lançamos à busca para preenchê-lo, como fazemos diante de desejos ainda não saciados, que se renovam e reacendem, assim que o sentimento de satisfação se torna frio e evanescente. Sendo essa a própria fisionomia do ser da consciência humana, esse processo constante de escolha consiste em uma necessidade.

Segundo Sartre, é por meio desse processo que um ser **transcende** seu próprio ser, indo além de si mesmo. Por exemplo: um pintor, depois de uma longa busca, consegue criar uma técnica com a qual se torna conhecido. Ele poderia permanecer nesse estado, atrelado à concepção técnica que orienta sua produção artística. Porém, tão logo conquista o desafio inicial que o consagra, ele deseja ir além. Mais experimentos, diferentes temas e muitos estudos são algumas medidas práticas e teóricas que o pintor mobiliza para realizar essa nova busca: a superação da técnica anterior.

Essa superação de si mesmo é o que Sartre chama **transcendência**. Ela só é possível por intermédio do valor, que, no exemplo do pintor, é a técnica artística. Ao possibilitar a manifestação da vontade, a consciência lhe toma como seu motor. O valor impulsiona constantemente o indivíduo à ação para superar-se na busca de novos valores. Se eles mudam, a consciência muda também; modifica-se o seu próprio **ser** e também o **ser consciente**, isto é, a pessoa, que pensa, age e se expressa mediante os valores. Eis por que são eles o motor da ação humana.

Uma vez que o valor não é algo dado ou absoluto, mas um produto da consciência, percebe-se que é impossível, na perspectiva de Sartre, uma moral que fundamente normas e leis em **valores absolutos** e **abstratos**, como faz a moral cristã. Quando ela determina, por exemplo, "não matarás", ela afirma a vida como um valor absoluto. No entanto, ele é apresentado de forma abstrata, quando se diz simplesmente "não matarás", sem especificar as circunstâncias. Um exemplo: se estou sendo mortalmente atacado por alguém e, para me defender, mato quem me agride, estou, ainda assim, cometendo um pecado por infringir essa regra moral geral? Como pensar o valor da vida numa situação como esta?

// Jean-Paul Sartre em manifestação pública numa rua de Boulogne-Billancourt, na França, em outubro de 1970. Conceitos como consciência, ação e liberdade evidenciam a preocupação de Sartre com as questões suscitadas em sua época. A ética, em seus aspectos teóricos e práticos, é repensada à luz da reflexão sobre os conflitos ideológicos que marcaram o século XX.

Por outro lado, se tomarmos a perspectiva apontada por Sartre, só podemos falar em uma **moral** baseada na **ação individual**, sem regras gerais e válidas para todos. Isso quer dizer que cada ação humana só pode ser julgada depois de realizada e avaliada caso a caso. Não seria possível enunciar uma regra geral como "não matarás" porque o valor da vida é julgado e avaliado em cada situação, podendo sofrer variações. Dizendo de outro modo, em lugar da universalidade, Sartre afirma a **relatividade** da moral: o valor de um ato é sempre relativo à situação em que ele é praticado.

// Capa do filme *Vivos*. Direção de Frank Marshall. Estados Unidos, 1993. (127 min).

Com base na história verídica de um avião uruguaio que levava jovens jogadores de rúgbi daquele país e que caiu na cordilheira dos Andes, o filme mostra a luta pela sobrevivência e como muitos valores tidos por "universais" são revistos numa condição extrema.

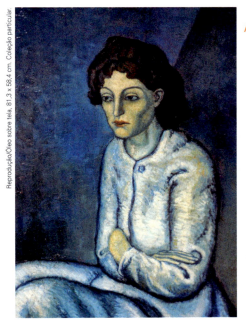

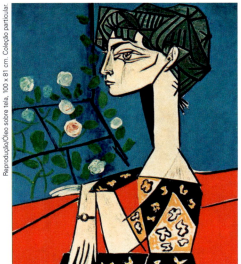

// À esquerda, *Mulher com os braços cruzados*, de 1902; abaixo, *Jaqueline com flores*, de 1954. Lado a lado, as duas pinturas de Pablo Picasso (1881-1973) ressaltam a mudança de técnica alcançada pelo pintor espanhol ao longo de sua carreira.

Consciência e conhecimento

A inovação introduzida por Sartre é o fato de dizer que o valor não é um ser em si mesmo, mas uma **estrutura da consciência**, ou seja, produzimos valores porque somos seres conscientes. Da mesma forma, produzimos conhecimentos porque somos seres conscientes. Mas a relação consciência-valor é diferente da relação consciência-conhecimento.

O **conhecimento** não é uma falta; ao contrário, é a **presença** de um objeto que move a consciência na produção do saber. Já o valor, sendo uma **falta**, é o motor da produção da consciência, aquilo que nos faz agir, buscando o preenchimento dessa falta.

Toda consciência é consciência reflexiva, isto é, pressupõe aquele movimento de aperceber-se de si mesma no ato da percepção, como vimos no exemplo da árvore. A consciência reflete, volta-se sobre si mesma, tornando-se objeto do pensamento.

Na produção de conhecimento, a consciência atua de forma reflexiva. Mas nem toda consciência é moral, isto é, julga e avalia ações de pensamentos morais. Os valores podem ser ou não objeto da atenção de minha consciência, mas nenhuma consciência será "moral" pelo simples fato de ser consciência.

Sendo parte da estrutura da consciência, os valores nunca poderão ser absolutos e universais, mas serão sempre criações particulares, individuais. Sartre diz que é preciso que abandonemos aquele "espírito de seriedade" (usando uma expressão de Nietzsche) que faz com que tomemos os valores como dados, absolutos, como bons em si mesmos e, portanto, geradores do bem. Uma moral baseada nesses valores é uma moral de **má-fé**, pois estamos recebendo uma orientação externa, muitas vezes imposta a nós. Se nelas nos fiamos sem reflexão prévia, corremos o risco de estarmos enganando a nós mesmos.

A "má-fé" é o autoengano, é agir segundo uma imagem abstrata que recebemos de fora, dos outros, e não segundo a afirmação de nosso próprio ser, de nossa própria consciência.

Os valores não são abstratos, transcendentes: nós próprios inventamos nossos valores, e isso quer dizer que somos nós mesmos que damos sentido às nossas vidas. Esse sentido por nós escolhido é nosso valor: a falta que procuraremos completar para a nossa realização, nos vários momentos de nossa existência.

Grupo de mulheres ligadas à resistência francesa contra nazistas. Marselha, França, setembro de 1944.

O único valor para o ser humano é, então, a realidade humana, pois tudo o que fazemos é a construção de nossa realidade, de nossa vida.

Sem o mundo, sem o ser humano, nunca haveria valor: eis a conclusão de Sartre. E as consequências políticas dessa afirmação são bastante claras: quando se cria um "valor universal", cria-se uma abstração irreal usada com a finalidade de manipular as consciências e a realidade humana.

Ao longo da história, legisladores morais de todos os tipos aviltaram a liberdade humana em nome de um poder absoluto e da exploração. Sua ação sempre foi facilitada pela angústia existencial que sentimos frente ao nada de nosso ser e, para fugir a tal angústia, aderimos – de "má-fé" – a qualquer identidade externa que nos seja oferecida. Em nosso íntimo, porém, sabemos que essa tranquilidade que conseguimos com a identificação social é falsa, e é a coragem de abandoná-la que fundamenta as revoltas políticas que visam resgatar a dignidade humana e sua autonomia.

Cena do filme *Brincando nos campos do Senhor*, de 1991, dirigido por Hector Babenco, em que um casal de missionários estadunidenses tenta pregar aos indígenas da Amazônia brasileira para que renunciem a suas crenças e seus costumes em nome dos valores cristãos e dos hábitos ocidentais.

"Condenado a ser livre"

Para Sartre, o ser humano é livre, e a liberdade consiste no ato da escolha. Nós sempre escolhemos, afirma o filósofo, e não há como evitarmos. Quando dizemos que não há opções, na verdade estamos dizendo que não gostamos ou não queremos as que estão disponíveis a nós, mas elas sempre existem.

Essa situação evoca uma experiência comum a nós. Imagine: quando se está seriamente doente, é preciso tomar o remédio, nem que seja o "menos ruim"; seja por via injetável, seja por via oral, mesmo que nenhuma das duas opções lhe seja prazerosa. Diante disso, podemos ainda escolher não o tomar. Porém, nesse caso devemos estar cientes de que consequências relacionadas a esta opção possivelmente recairão sobre nós.

Quando fazemos uma escolha entre uma via e outra, nós julgamos e avaliamos com base nos valores que nos servem de referência e critério. Se não os temos, escolhemos algo para preencher essa ausência, que, conforme vimos, não pode ser preenchida definitivamente por tratar-se da constituição própria da consciência. O valor, como seu motor, impulsiona o ser consciente a sempre agir, isto é, a escolher sempre entre um valor e outro, uma via e outra, e a executar uma ação.

É nesse sentido que Sartre afirma que o ser humano está "condenado a ser livre". Desde que nascemos até nossa morte, nossa vida consiste irremediavelmente em agir. Essa expressão ressalta a condição paradoxal do ser humano: ao mesmo tempo que estamos condenados a agir – é uma necessidade existencial –, somos livres para escolher e arcar com a responsabilidade de nossas escolhas, feitas livremente, isto é, feitas apenas por nós, mediante opções sempre existentes.

Em síntese, podemos dizer que só avaliamos e valoramos as coisas, as pessoas, os atos, as situações porque somos livres; mas, ao mesmo tempo, somos livres porque avaliamos e valoramos, escolhendo e agindo.

[...] o homem, estando condenado a ser livre, carrega nos ombros o peso do mundo inteiro: é responsável pelo mundo e por si mesmo enquanto maneira de ser. [...] Portanto, é insensato pensar em queixar-se, pois nada alheio determinou aquilo que sentimos, vivemos ou somos. Por outro lado, tal responsabilidade absoluta não é resignação: é simples reivindicação lógica das consequências de nossa liberdade. O que acontece comigo, acontece por mim, e eu não poderia me deixar afetar por isso nem me revoltar nem me resignar.

SARTRE, Jean-Paul. *O ser e o nada*. 7. ed. Petrópolis: Vozes, 1999. p. 678.

Valor, escolha e liberdade como ato implicam responsabilidade. Se cada um de nós escolhe segundo seus próprios valores e, com base neles, age, é completamente responsável por suas escolhas e suas ações, e também pelos resultados e pelas consequências dessas ações.

// Muçulmana concede entrevista à imprensa durante manifestação realizada em Paris, em abril de 2011, por cidadãs francesas contrárias à lei que proibiu o uso da burca ou de qualquer outro adereço que cubra completamente o rosto em lugares públicos da França.

Retomando a questão

Após esse percurso por diferentes perspectivas na história da filosofia, podemos retomar a pergunta do início deste capítulo: com base em que valores nós agimos?

Duas posições são centrais: uma que afirma a universalidade dos valores e outra que afirma sua historicidade. Se a primeira se apresenta de forma mais rígida, a segunda parece mais flexível. Se na primeira constatamos algumas dificuldades de sustentação, como no citado caso do preceito "não matarás", na segunda também é possível identificar problemas e limitações.

Todos os valores são criações da consciência ou invenções históricas, portanto, são igualmente legítimos. Em nome de que valores, por exemplo, pode-se condenar a decisão das mulheres muçulmanas por usar burca e aceitar uma posição subordinada na sociedade em que vivem?

Ora, numa situação como essa, como julgar o que é certo ou errado? Em qual valor devemos nos fiar? Em quais critérios podemos nos basear para fazer a escolha correta?

Questões e problemas assim, vistos neste capítulo, instigaram os filósofos de todos os tempos a pensar em respostas e soluções filosóficas. A esse campo filosófico, próprio às reflexões sobre o agir, deu-se o nome de **ética**. E é exatamente disso que continuaremos a tratar nos próximos capítulos.

É lógico!

Na lógica formal (ou aristotélica) o tipo mais comum de argumento é o denominado **silogismo**. Em grego, esta palavra significa algo como "conexão de ideias", pois é formada pelo radical *sin*, que significa 'com', 'conexão', 'ligação', e por *logismos*, usualmente traduzido por 'cálculo' ou mesmo por 'ideia', na medida em que remete a *logos* – palavra grega que designa 'ideia', 'razão', 'raciocínio'. O silogismo é, pois, uma espécie de exercício do raciocínio por meio de palavras, e Aristóteles usou a expressão para designar a forma perfeita do argumento lógico.

No silogismo a argumentação é constituída por três proposições: duas premissas e uma conclusão. A primeira premissa, chamada de "maior", expõe uma ideia geral. A segunda premissa, denominada "menor", introduz um caso particular, necessariamente relacionado à ideia geral colocada anteriormente. Articulando-se as duas premissas é possível obter uma conclusão sobre o caso particular. Se as conexões forem feitas de forma correta, esta conclusão será necessariamente verdadeira.

O exemplo clássico de silogismo é o seguinte:

Todos os homens são **mortais**. [premissa maior – ideia geral]
Sócrates é homem. [premissa menor – caso particular]
Logo, Sócrates é mortal. [conclusão]

Note que a conclusão do silogismo é a afirmação de uma característica (ser mortal) que o caso particular (Sócrates) possui porque pertence ao conjunto geral (os homens, a humanidade). Ou seja: na forma argumentativa do silogismo, a conclusão sobre um termo particular é verdadeira porque pertence à ideia geral e pode ser deduzida da premissa maior.

O silogismo é uma forma perfeita de raciocínio porque se estrutura segundo um conjunto de regras bastante rígidas que garantem sua validade lógica. Caso não siga alguma(s) dessas regras, um argumento não pode ser considerado um silogismo. Tais regras podem ser resumidas da seguinte maneira:

1. O silogismo é composto apenas de três termos: o maior, o menor e o médio. Em nosso exemplo, o termo maior é "ser mortal" (trata-se da ideia mais geral, contida na premissa maior); o termo menor é "Sócrates" (o elemento mais particular, contido na premissa menor); e o termo médio é "homem" (o termo de ligação, existente nas duas premissas).
2. Aquilo que é afirmado na conclusão não pode ser mais geral do que aquilo que é afirmado nas premissas.
3. O termo médio não pode aparecer na conclusão.
4. Ao menos uma das premissas deve ser geral, universal.
5. Não podemos tirar nenhuma conclusão de duas premissas negativas.
6. Se tivermos duas premissas afirmativas, a conclusão nunca pode ser negativa.
7. A conclusão sempre diz respeito ao termo menos geral, ao particular (na linguagem lógica, a "premissa mais fraca").
8. Se tivermos duas premissas particulares, sem qualquer afirmação geral, nada pode ser concluído a partir delas.

Trabalhando com textos

Os dois textos que você vai ler agora foram escritos em momentos históricos distintos. O primeiro deles é de Platão, discípulo de Sócrates, que narra as reflexões de seu mestre sobre a justiça em forma de diálogo; o segundo texto, de Nietzsche, é um aforismo sobre o conceito de vontade de poder, central em sua filosofia.

Texto 1

O diálogo *Górgias*, de Platão, tem como tema central a arte do discurso, que os gregos chamavam de retórica. Os sofistas a dominavam muito bem e a ensinavam a seus discípulos. O personagem Górgias, que dá título ao diálogo, era um dos principais sofistas. No trecho reproduzido a seguir, Sócrates dialoga com outro personagem, Polo, sobre o que é melhor: praticar uma injustiça ou sofrê-la.

Praticar uma injustiça é o maior dos males

SÓCRATES: ... Porque o maior dos males consiste em praticar uma injustiça.

POLO: Esse é o maior? Não é o maior sofrer uma injustiça?

SÓCRATES: Absolutamente não.

POLO: Preferirias então sofrer uma injustiça a praticá-la?

SÓCRATES: Não preferiria uma coisa nem outra; mas se fosse inevitável sofrer ou praticar uma injustiça, preferiria sofrê-la.

[...]

SÓCRATES: Considerando-se dois doentes, seja do corpo ou da alma, qual o mais infeliz: o que se trata e obtém a cura, ou aquele que não se trata e permanece doente?

POLO: Evidentemente, aquele que não se trata.

SÓCRATES: E não é verdade que pagar pelos próprios crimes seria a libertação de um mal maior?

POLO: É claro que sim.

SÓCRATES: Isso porque a justiça é uma cura moral que nos disciplina e nos torna mais justos?

POLO: Sim.

SÓCRATES: O mais feliz, porém, é aquele que não tem maldade na alma, pois ficou provado que esse é o maior dos males.

POLO: É claro.

SÓCRATES: Em segundo lugar vem aquele que dessa maldade foi libertado.

POLO: Naturalmente.

[...]

SÓCRATES: Conclui-se então que o maior mal consiste em praticar uma injustiça.

POLO: Sim, ao que parece.

SÓCRATES: No entanto, ficou claro que pagar por seus crimes leva à libertação do mal.

POLO: É possível que sim.

SÓCRATES: E não pagar por eles é permanecer no Mal.

POLO: Sim.

SÓCRATES: Cometer uma injustiça é então o segundo dos males, sendo o primeiro, e maior, não pagar pelos crimes cometidos.

POLO: Sim, ao que parece.

SÓCRATES: Mas, meu amigo, não era disso que discordávamos? Tu consideravas feliz Arquelau [*um governante da época*] por praticar os maiores crimes sem sofrer nenhuma punição; a meu ver, é o oposto. Arquelau, ou qualquer outro que não pague pelos crimes que comete, deve ser mais infeliz do que todos. Será sempre mais infeliz o autor da injustiça do que a vítima, e mais ainda aquele que permanece impune e não paga por seus crimes. Não era isso o que eu dizia?

POLO: Sim.

[...]

SÓCRATES: Afirmo, Cálicles [*outro interlocutor no diálogo*], que o maior mal não é ser golpeado na face sem motivo, ou ser ferido, ou roubado. Bater-me e ferir a mim e aos meus, escravizar-me, assaltar minha casa, em suma, causar a mim e aos meus algum dano é pior e mais desonroso para quem o faz do que para mim, que sofro esses males. Essas conclusões a que chego foram provadas ao longo de nossa discussão e, para usar uma imagem forte, firmemente estabelecidas por uma cadeia de argumentos rígida como ferro, tanto quanto posso julgar até esse momento. E a menos que tu, ou alguém mais radical, rompa esta cadeia, ninguém que afirme algo diferente pode estar certo. De minha parte, sigo meu princípio invariável. Não sei se isso é verdade, mas de todas as pessoas que encontrei até agora nenhuma foi capaz de afirmar o contrário sem cair no ridículo. Assumo, portanto, que esta seja a verdade. E se estou correto, e fazer o Mal é o pior que pode ocorrer para aquele que o pratica, e maior mal ainda, se possível, é não ser punido por isso, que tipo de proteção seria ridículo um homem não poder prover para si próprio? Deveria ser, com certeza, a contra o que nos causa o maior mal.

PLATÃO. Górgias. In: MARCONDES, Danilo. *Textos básicos de ética*: de Platão a Foucault. Rio de Janeiro: Zahar, 2007. p. 23-25.

Questões

1. Na argumentação de Sócrates, por que cometer uma injustiça é pior que sofrê-la?
2. Como Sócrates relaciona o argumento do doente à discussão sobre a injustiça?
3. Por que, segundo Sócrates, não ser punido por um crime significa permanecer no mal?

Texto 2

O texto a seguir é o aforismo n. 259 do livro *Além do Bem e do Mal*, de Nietzsche. Aforismo é a expressão de uma máxima de cunho moral, reflexivo e prático. Por ser fragmentário, é avesso à ideia de sistema ou tratado, formas de escrita filosófica amplamente utilizadas por filósofos modernos, às quais Nietzsche se opunha. Aqui o filósofo alemão reafirma seu conceito de vontade de poder, sustentando que a exploração nada mais é que uma afirmação da vida.

Abster-se de ofensa, violência, exploração mútua, equiparar sua vontade à do outro: num certo sentido tosco isso pode tornar-se um bom costume entre indivíduos, quando houver condições para isso (a saber, sua efetiva semelhança em quantidades de força e medidas de valor, o fato de pertencerem a um corpo). Mas tão logo se quisesse levar adiante esse princípio, tomando-o como princípio básico da sociedade, ele prontamente se revelaria como aquilo que é: vontade de negação da vida, princípio de dissolução e decadência. Aqui devemos pensar radicalmente até o fundo, e guardarmo-nos de toda fraqueza sentimental: a vida mesma é essencialmente apropriação, ofensa, sujeição do que é estranho e mais fraco, opressão, dureza, imposição de formas próprias, incorporação e, no mínimo e mais comedido, exploração – mas por que empregar sempre essas palavras, que há muito estão marcadas de uma intenção difamadora? Também esse corpo no qual, conforme supomos acima, os indivíduos se tratam como iguais – isso ocorre em toda aristocracia sã – deve, se for um corpo vivo e não moribundo, fazer a outros corpos tudo o que os seus indivíduos se abstêm de fazer uns aos outros: terá de ser a vontade de poder encarnada, quererá crescer, expandir-se, atrair para si, ganhar predomínio – não devido a uma moralidade ou imoralidade qualquer, mas porque vive, e vida é precisamente vontade de poder. Em nenhum outro ponto, porém, a consciência geral dos europeus resiste mais ao ensinamento; em toda parte sonha-se atualmente, inclusive sob roupagem científica, com estados vindouros da sociedade em que deverá desaparecer o "caráter explorador" – a meus ouvidos isso soa como se alguém prometesse inventar uma vida que se abstivesse de toda função orgânica. A "exploração" não é própria de uma sociedade corrompida, ou imperfeita e primitiva: faz parte da essência do que vive, como função orgânica básica, é uma consequência da própria vontade de poder, que é precisamente vontade de vida. Supondo que isso seja uma inovação como teoria – como realidade é o fato primordial de toda a história: seja-se honesto consigo mesmo até esse ponto!

NIETZSCHE, Friedrich. *Além do Bem e do Mal*. São Paulo: Companhia das Letras, 1992. p. 170-171.

Questões

1. Como Nietzsche relaciona vontade de poder e vida?
2. Por que, segundo o filósofo, o "abster-se de ofensa, violência, exploração mútua" é uma negação da vida?
3. Em que sentido o autor afirma que a vida é essencialmente opressão e exploração? Você concorda ou discorda de Nietzsche? Justifique.

Em busca do conceito

1. Com suas palavras, procure explicar a noção de valor.
2. Como se configura cada um dos três caracteres ou temperamentos (ou mesmo "perfis humanos", se quisermos atualizar o termo) definidos por Platão?
3. Elabore uma síntese da discussão de valor desenvolvida por Nietzsche.
4. Na filosofia de Sartre, como se relacionam os conceitos de valor e de liberdade?
5. As histórias de super-heróis (quadrinhos, desenhos animados, filmes, etc.) geralmente trabalham com valores, como Bem e Mal, sendo os heróis os que defendem a Justiça. Utilizando os conceitos discutidos no capítulo, escreva uma dissertação sobre como a ideia de Justiça é trabalhada nessas histórias.
6. Analise a seguinte situação: um(a) aluno(a) foi repreendido(a) porque sua roupa não foi considerada adequada ao ambiente escolar. De acordo com a direção da escola, a roupa não estava de acordo com as regras estabelecidas. Tal aluno(a) resolveu divulgar o fato nas redes sociais com base em seus valores. Após apurados os fatos por uma comissão mista de alunos, pais e professores, constatou-se que houve um exagero na atitude do(a) aluno(a), causando uma situação de injustiça para com os envolvidos. Se você passasse por uma situação como esta, o que faria? Reflita sobre a questão e debata com seus colegas de sala sobre as noções de regra e de valor.

Capa do n. 28 da revista *Os justiceiros*, de 1969.

Dissertação filosófica

Antes de iniciar a escrita de uma dissertação filosófica, é muito importante fazer uma leitura meticulosa e atenta dos trechos ou textos que lhe servem de base. Para isso, você pode adotar alguns procedimentos básicos:

- primeiro, procure saber qual é o estilo do texto por meio do qual o autor se expressa. Como vimos, há diversas formas de escrita filosófica: diálogo, poesia, aforismo, ensaio, etc. De modo geral, a forma do texto está intimamente ligada a toda a estrutura argumentativa (teses, hipóteses, explicação de conceitos, exposição, contra-argumentação, exemplos, etc.) e ao tema filosófico em questão (verdade, justiça, beleza, etc.);
- depois, faça uma primeira leitura do texto, observando o significado de cada parágrafo com atenção redobrada e consultando um dicionário da língua portuguesa e, se possível, um dicionário filosófico. O primeiro fornece o significado e a etimologia (origem) das palavras; o segundo traz as diferentes acepções que alguns conceitos ganharam ao longo da história da filosofia por diferentes pensadores.

Sugestões de leituras

GANE, Laurence. *Apresentando Nietzsche*. Desenhos de Piero. Rio de Janeiro: Relume-Dumará, 2006.

Os principais elementos do pensamento de Nietzsche são expostos em linguagem clara e direta, com ilustrações que ajudam a compreender as ideias desse pensador.

GIACOIA JR., Oswaldo. *Nietzsche & Para além de Bem e Mal*. Rio de Janeiro: Jorge Zahar, 2002. (Passo a Passo).

Apresentação comentada de uma das principais obras de Nietzsche dedicadas ao estudo dos valores e da moral.

CAPÍTULO 8

Ética: por que e para quê?

Armandinho, de Alexandre Beck. Tirinha de 2015.

Você já pensou sobre como orienta sua vida? Você sempre age de acordo com regras e costumes preestabelecidos? Ou assume a responsabilidade de construir suas próprias opiniões? Costuma refletir sobre os valores que as pessoas ao seu redor compartilham? Quem são as pessoas que você toma como exemplo de boa conduta e por quê?

Em filosofia, a área dedicada a refletir sobre as ações humanas em relação à vida em coletividade e à vida de cada um é denominada **ética**. Esse termo vem da palavra grega *êthos*, que significa 'caráter', 'índole', a maneira de ser de uma pessoa ou de uma sociedade. Também pode significar 'temperamento', as disposições de alguém segundo seu corpo e sua alma, ou, ainda, a ação de cada um conforme sua própria natureza.

Os gregos antigos tinham outra palavra muito próxima, *éthos* – que em latim seria *mos*, *moris*, da qual se origina o termo em português **moral**. Essa palavra tinha o sentido de 'costume', 'uso', 'hábito'. Para eles, pertence ao âmbito da moral aquilo que é feito de modo habitual e irrefletido, isto é, as ações que não são objeto de reflexão para o agente, que se orienta pelos **costumes** e **hábitos** partilhados pelos membros da comunidade.

A **ética** seria diferente da moral, pois diz respeito às **ações refletidas**, nas quais se pensa e sobre as quais se decide de acordo com o temperamento, com o caráter de quem as executa. Para viver eticamente, é preciso conhecer a si mesmo, pensar naquilo que se faz, praticando a máxima de Sócrates: "Uma vida que não merece ser pensada não merece ser vivida". Consiste, portanto, no oposto de agir de acordo com a moral.

Além dessas distinções, profundos debates e questionamentos filosóficos históricos levantaram outros questionamentos no campo da ética. Um deles, inspirado nas reflexões de Sócrates, indagava o seguinte: quando agimos eticamente, o que buscamos? Em outras palavras: existe uma finalidade para as ações éticas? Se sim, qual é ela?

Na tentativa de responder a essas questões, alguns filósofos disseram que uma vida ética consiste em procurar a felicidade; outros afirmaram que ela consiste em agir de acordo com o dever. Vejamos, então, quem foram eles e como argumentaram.

Capa da série *Ética*. Produção TV Cultura/O2 Filmes. 2 DVDs. (195 min).

Série de programas produzidos com intelectuais brasileiros sobre temas centrais da ética. Os temas dos programas são: "A arte de viver", "A culpa dos reis", "O drama burguês" e "Ética das aparências".

Aristóteles e a ética como ação para a felicidade

Pela reflexão sobre a vida de acordo com a moral, é possível notar que as preocupações éticas já faziam parte do pensamento de Sócrates. Ele orientava a filosofia para a vida humana e para o debate em torno de como devemos viver.

Nos diálogos de Platão, a perspectiva ética é o próprio fundamento da organização política e social da cidade. Como vimos no capítulo 7, a **cidade justa** é aquela na qual o cidadão é educado para se conhecer plenamente, para viver de acordo com suas habilidades e necessidades, contribuindo com o melhor de si e tendo a virtude como o principal valor. Assim, Platão acredita ser possível alcançar a felicidade.

Nos escritos de Aristóteles (c. 384 a.C.-322 a.C.) podemos também constatar uma preocupação com as questões éticas. Foi ele quem começou a sistematizar esse campo do saber filosófico.

No século IV a.C., Aristóteles estabeleceu uma primeira organização das ciências no sentido antigo do termo, isto é, um saber sistematizado segundo critérios racionais de classificação. Ele as dividiu em dois grandes campos.

De um lado ficaram as **ciências teoréticas**, aquelas produzidas por teoria, **contemplação**, e que não criam seus objetos, pois se dedicam a pensar objetos que já existem e independem do pensamento. A finalidade dessas ciências está fora delas, pois seu objeto é exterior ao pensamento. Nesse grupo Aristóteles incluiu a metafísica (que estuda os objetos não materiais e é denominada "filosofia primeira") e a física, subdividida em filosofia da natureza, biologia e psicologia.

De outro lado ficaram as **ciências práticas** (ou **ciências da práxis**), que têm por objeto a **ação humana**. Segundo Aristóteles, essas ciências criam seus próprios objetos e encontram suas finalidades nelas mesmas. Dizemos que criam seus objetos, pois a ação humana depende do pensamento; é pensando que agimos. No caso dessas ciências, o pensar e o agir estão intimamente conectados. Por isso Aristóteles afirma que elas encontram suas finalidades nelas mesmas: ao pensar as ações dos seres humanos, essas ciências não focam objetos exteriores, mas o próprio ser humano. Nesse grupo foram incluídas a economia, a política e a ética. A primeira cuida da administração da casa; a segunda, da gestão da cidade; e a última trata da organização da vida de cada um. São, pois, três ciências bastante integradas entre si, uma vez que todas tratam de nossas ações, cada uma relativa a determinada esfera: a vida familiar, a coletiva e a privada.

A filosofia ética, afirma Aristóteles, estuda as ações humanas baseadas naquilo que é natural em cada ser humano: seu caráter. O caráter, para ele, é o temperamento, isto é, o modo como se temperam em cada um de nós os quatro elementos básicos (quente, frio, seco e úmido) e os quatro humores (sangue, fleuma, bílis amarela e bílis negra), de forma que um deles predomine sobre os demais. O temperamento dá origem a quatro tipos básicos de caráter: sanguíneo, fleumático, colérico e melancólico.

A ética aristotélica ensina a viver de acordo com o caráter, a disposição natural de cada um. Não se trata, porém, de simplesmente agir de modo predeterminado; a ética implica uma ação racional, refletida. Para Aristóteles, nós aprendemos a agir eticamente. Mas como isso seria possível?

Segundo o filósofo grego, somos dotados de um apetite ou um desejo, isto é, de uma inclinação natural, para buscar o prazer e fugir da dor. O apetite é, porém, uma paixão (o que, para os gregos, implicava passividade) que se opõe à ação. A tarefa da ética seria, portanto, educar nosso apetite ou desejo para evitarmos o vício (para os gregos, a desmedida) e alcançarmos a virtude (o equilíbrio), conquistada pelo exercício da prudência.

Quanto mais refletirmos sobre a finalidade das nossas ações, mantendo-nos na direção das ações virtuosas, quanto mais soubermos agir racionalmente, conduzindo nossos desejos para longe dos vícios, mais prudentes, melhores e felizes seremos.

A ética e a moral: a importância do hábito

Para Aristóteles, a tarefa da ética é ensinar bons costumes, que se baseiem no bom caráter. Ela, portanto, engloba a moral e vai além, uma vez que a moral apenas se ocupa das ações humanas segundo os hábitos.

Apesar disso, a ética não nega a importância do hábito. Não nascemos virtuosos ou viciosos por natureza. Adquirimos as virtudes éticas por meio de uma prática de vida, de exercícios contínuos. A tarefa da ética consiste em criar novos hábitos a partir dessas práticas.

INFORMAÇÕES COMPLEMENTARES

Humores

Aquilo que Aristóteles chama de humores são fluidos do corpo humano: sangue (proveniente do coração), fleuma (também conhecido como fleugma ou flegma, é um muco secretado pelas membranas mucosas, especialmente aquelas do sistema respiratório), bílis amarela (secretada pelo fígado) e bílis negra (segundo os antigos, proveniente do baço). A teoria dos quatro humores foi criada por Hipócrates de Cós (c. 460 a.C.-377 a.C.) e se tornou a base da medicina antiga. De acordo com o humor predominante no temperamento, temos os diferentes caracteres: o sanguíneo (corajoso e amoroso), o fleumático (racional e calmo), o colérico (com predomínio da bílis amarela, agressivo e irritadiço) e o melancólico (com predomínio da bílis negra, desanimado e inquieto). Essa teoria serviu de base para Aristóteles refletir sobre a ação humana no campo da ética.

É ruim agir apenas por hábito, isto é, irrefletidamente, mas transformar o agir de forma reflexiva em um hábito é uma importante tarefa ética. Para Aristóteles, tornamo-nos virtuosos quando buscamos agir sempre de modo racional e equilibrado, sem cairmos no excesso ou na falta. Agir de modo excessivo é um vício igual a agir pouco ou deixar de agir.

Mas, se a ética é uma ciência prática, uma ciência da ação humana, então, qual é o objetivo dessa ação?

Essa pergunta foi respondida em uma das principais obras de Aristóteles sobre o tema: *Ética a Nicômaco*. O filósofo começa afirmando que todas as nossas atividades tendem a um bem; logo, a questão seria saber qual é o "supremo bem", aquele que está acima de todos os outros e do qual todos derivam. A resposta que ele encontra é que, na vida humana, o supremo bem é a **felicidade**.

Os quatro apóstolos, de 1526, feito pelo pintor alemão Albrecht Dürer. Acredita-se que esta obra foi inspirada na teoria aristotélica dos humores. Assim, da esquerda para direita, João seria o sanguíneo; Pedro, o fleumático; Marcos, o colérico; e Paulo, o melancólico.

Alunos de uma escola de Ensino Fundamental de Belo Horizonte (MG) participam de projeto que propõe o plantio de verduras e legumes como forma de educação socioambiental. Projetos como esse visam à prática de determinadas ações desde a infância, como o respeito à natureza e o consumo de alimentos saudáveis, para que elas se tornem um hábito na vida adulta. Foto de 2012.

A felicidade como supremo bem

Vivemos para ser felizes e para bem agir, segundo Aristóteles. Mas ainda nos resta saber o que é a felicidade. Muitas pessoas consideram que ela seja algo simples e óbvio, como o prazer, a riqueza ou a honra. Mas será isso mesmo?

Para Aristóteles, não há uma resposta única. Ele afirma que existem pelo menos quatro ideias diferentes de felicidade, que correspondem a três tipos de vida.

Para um tipo de vida "vulgar", comum, a felicidade consiste em ser capaz de experimentar os prazeres sensíveis imediatos, como comer bem, embriagar-se e divertir-se nos esportes. Para um segundo tipo de vida "vulgar", a felicidade consiste na riqueza. Para a vida política, a felicidade consiste em ser reconhecido publicamente como alguém honrado. Para a vida contemplativa (daqueles que se dedicam ao pensamento, à filosofia), a felicidade é o próprio exercício da contemplação, a atividade da parte racional da alma, aquela que é plenamente humana, que nos torna diferentes de todos os outros animais.

INFORMAÇÕES COMPLEMENTARES

Ética a Nicômaco

São atribuídos a Aristóteles três livros que tratam de temas relacionados à ética, sendo *Ética a Nicômaco* o mais completo. Não se sabe ao certo a razão de seu título. Especula-se que seja uma homenagem ao pai ou a um filho de Aristóteles, ambos chamados Nicômaco. Os estudiosos concordam que é uma obra da maturidade, que desenvolve e aprofunda temas que aparecem em seus outros livros sobre ética. *Ética a Eudemo* e *Magna moralia* são as duas outras obras, que alguns pesquisadores afirmam não terem sido escritas por Aristóteles, e sim por seus alunos, com base em aulas do filósofo.

Então, alguém deseja a riqueza, por exemplo, porque pensa que, ao se tornar rico, será feliz. Se analisarmos com atenção, de fato, sua finalidade é alcançar a felicidade, não a riqueza. A riqueza é um meio, uma forma de atingir a felicidade, e não a finalidade da vida dessa pessoa. Da mesma forma, aqueles que buscam prazeres e honra também os têm apenas como meios para atingir a felicidade, e não como um fim em si mesmos. Vejamos um exemplo:

> Quando estava ganhando vinte mil dólares por ano, achei que era capaz de ganhar cem mil. Quando já ganhava cem mil por ano, achei que poderia ganhar duzentos mil. Quando estava ganhando um milhão de dólares por ano, achei que poderia ganhar três milhões. Havia sempre alguém num degrau mais alto que o meu, e eu não conseguia parar de pensar: será que ele é realmente duas vezes melhor do que eu?
>
> Palavras do banqueiro norte-americano Dennis Levine, citadas em: SINGER, Peter. *Ética prática*. São Paulo: Martins Fontes, 1998. p. 351.

162 UNIDADE 3 | POR QUE E COMO AGIMOS?

Aristóteles também afirma que o bem almejado só pode ser alcançado por meio da ação, do ato, e não pela teoria, pela contemplação, como pensava Platão.

Ele faz a seguinte analogia: qual é a finalidade da medicina? Aquele que exerce a medicina busca sempre a saúde de seus pacientes; logo, a saúde é o supremo bem para a prática do médico. Da mesma forma, a felicidade é o supremo bem para a ação humana, pois é em nome dela que agimos, assim como todas as ações do médico em sua profissão têm como único objetivo a saúde do paciente. A felicidade é um bem desejável em si mesmo e por si mesmo. Podemos desejar prazeres, honras ou riquezas, mas o fazemos unicamente porque eles podem nos tornar felizes. A felicidade é o único bem absoluto e autossuficiente, constituindo, assim, a finalidade das ações humanas.

A felicidade como exercício da faculdade racional da alma

Para Aristóteles, o ser humano é dotado de uma única alma (não três, como afirma Platão), que é composta de várias funções ou faculdades.

Há uma **faculdade nutritiva e reprodutiva**, cuja função vital é conservar e reproduzir a vida; uma **faculdade sensitiva**, responsável pelos sentidos (tato, paladar, olfato, audição e visão); uma **faculdade locomotora-apetitiva**, que orienta os seres vivos a evitar a dor e buscar o prazer; e uma **faculdade racional**, responsável pelo pensamento e pelo intelecto.

A alma, portanto, tem uma parte racional, correspondente à faculdade racional, e uma parte privada de razão, composta das outras três faculdades. Como o ser humano é um ser racional, Aristóteles entende que sua função é uma vida ativa segundo a faculdade racional da alma.

Nesse sentido, o bem é proveniente de uma atividade da alma que esteja em consonância com a **virtude**: agir com prudência (capacidade de refletir, deliberar e ser criterioso na escolha das ações) e autonomia (capacidade de submeter suas escolhas e suas ações a regras e normas refletidas por si e dadas a si mesmo). A pessoa que faz o bem, nesses termos, age virtuosamente e, portanto, é feliz. Compreendida como atividade, a felicidade consiste, então, na ação cotidiana do agente prudente e autônomo, que busca a medida correta na hora de decidir normas e regras de orientação das ações.

Ora, mas como exatamente a virtude conduz o agir, de acordo com a filosofia ética aristotélica?

Aristóteles diferenciava dois tipos gerais de virtude: as **virtudes práticas** ou **morais**, baseadas nos hábitos e nos costumes, e as **virtudes intelectuais**, que são próprias da alma racional. O agir ético é aquele que se faz em torno das virtudes intelectuais. Embora as virtudes morais também sejam fonte de felicidade, pois estão ligadas às paixões e aos prazeres (isto é, à parte não racional do ser humano), são as virtudes intelectuais que realizam aquilo que há de mais humano (a racionalidade). Por isso, para Aristóteles, elas são a fonte da maior felicidade.

As virtudes práticas (ou morais) estão ligadas aos assuntos políticos e militares. A nobreza e a grandeza são dois exemplos delas. Tais virtudes, segundo

// Karma Ura, presidente do Centro de Estudos do Butão, um dos divulgadores do conceito de *Felicidade Interna Bruta (FIB)*. Criado em contrapartida ao Produto Interno Bruto (PIB), ele mede a riqueza do país não pela soma de seus bens produzidos e serviços prestados, mas pelo grau de satisfação e de felicidade de seus habitantes com as condições de vida. Foto de 2008.

Fortitude (1470), de Sandro Botticelli. "Fortitude" é um termo pouco usado da língua portuguesa, que significa força tanto no sentido moral como físico.

Aristóteles, não têm relação com lazer ou diversão, pois visam a um fim diferente: por um lado, os seres humanos trabalham com esforço e empenho para obter, além do sustento, momentos de ócio e de descanso; por outro, eles guerreiam com bravura, honra e coragem com a finalidade de alcançar a vitória, seja para defender seus territórios, seja para garantir a paz. Portanto, as virtudes práticas são importantes, ainda que não sejam desejáveis em si mesmas. Essas virtudes são ligadas à parte apetitiva da alma, isto é, à parte privada de razão. Nem por isso são dispensáveis a uma vida feliz.

Já as virtudes intelectuais (ou racionais) estão ligadas à contemplação, ao que há de racional na alma humana. Para Aristóteles, os seres humanos são dotados de uma disposição natural ao conhecimento e, assim como todo apetite nos impulsiona para uma ação com fins de satisfação, o ser racional busca o prazer na contemplação. As virtudes intelectuais dizem respeito exatamente a isso, ao prazer no pensar e conhecer, consistindo num fim em si mesmo. A arte, a ciência e mesmo a prudência na vida prática são alguns exemplos desse tipo de virtude.

Contudo, é importante notar a distinção que Aristóteles faz entre prazer e felicidade. Enquanto a felicidade é a finalidade de nossas atividades, o prazer é um complemento dela, algo que se realiza num instante, não tende a nada e extingue-se em si mesmo. Quando afirma que todos desejam o prazer, Aristóteles se coloca contra alguns de seus contemporâneos que diziam que o prazer é um mal que nos desvia do verdadeiro sentido da vida e ao qual seria preciso renunciar.

INFORMAÇÕES COMPLEMENTARES

Virtude

O termo (no grego antigo, *areté*) significava originariamente 'poder', 'força', 'potência'. Em sentido ético, é aquilo que nos faz agir, que potencializa nossa ação.

Ao contrário, Aristóteles considera o prazer um bem, algo a ser almejado, ressaltando, porém, que a finalidade da vida ética não pode ser só o prazer. Do contrário, estaríamos recaindo em imprudência e desequilíbrio, justamente por não priorizarmos o racional (as virtudes) em nossas ações, mas sim o irracional (os apetites).

Segundo o filósofo, para diferentes atividades existem diferentes prazeres, cabendo à ética traçar uma hierarquia entre eles. Os prazeres de um cão, por exemplo, não seriam os mesmos de um cavalo, os prazeres de um cavalo não seriam os mesmos de um ser humano, assim como os prazeres do paladar não são os mesmos da audição, que, por sua vez, são diferentes dos prazeres que obtemos por meio da visão.

Da mesma forma, os prazeres do pensamento, provenientes da parte racional da alma, são diferentes e superiores a todos os outros.

// Deficiente visual contempla uma obra de Marcel Duchamp exposta no Museu de Arte Moderna de Nova York, Estados Unidos, em 2013. Para Aristóteles, o prazer advindo desse tipo de contemplação constitui uma virtude intelectual.

Novamente: a felicidade almejada é aquela proveniente da ação segundo a razão, com a fruição dos prazeres próprios ao ser humano, um ser racional por excelência. Além disso, para Aristóteles, a parte racional da alma é a presença do "elemento divino" no ser humano. Por isso, se vivemos de acordo com ela e nos ocupamos de seu conhecimento, estamos desfrutando a mais suprema felicidade.

// Pessoas em montanha-russa de parque de diversões em Olinda (PE), 2017. Para muitos, essa é uma atividade que garante certo tipo de prazer.

A ação conforme a virtude

Contemplar, pensar e raciocinar são formas de agir e intervir no mundo. Aristóteles afirma que não é suficiente **saber**, é necessário **agir**. Por ser composto de uma parte racional e uma parte privada de razão, o ser humano precisa ser educado, pois a paixão não cede com facilidade aos argumentos racionais. É preciso aprender o **hábito** de agir de acordo com a razão.

// Aprovada no Brasil em junho de 2008, a Lei Seca, como ficou conhecida a Lei n. 11 705, diz que "constitui crime dirigir sob a influência do álcool". Na foto, o teste do bafômetro sendo aplicado em motorista do Rio de Janeiro, em 2018.

Para garantir o aprendizado do hábito de agir racionalmente, são necessárias leis que forcem os indivíduos – crianças, jovens, adultos ou idosos – a proceder de acordo com as normas e os valores da razão, até que isso se torne "natural" e eles passem a seguir a lei conscientemente, e não apenas para evitar uma punição. Pense no exemplo do limite de velocidade nas ruas e estradas. Alguns motoristas não agem racionalmente e dirigem a uma velocidade que coloca em risco sua própria vida e a vida de outras pessoas. Levando em consideração o bem comum, criam-se leis que determinam limites de velocidade e punição para aqueles que as infringirem.

O objetivo desse tipo de lei é que as pessoas aprendam a transformar em hábito uma norma prescrita. Desse modo, se as leis forem justas, o agente encontrará prazer em agir de acordo com a norma, pois entenderá estar de acordo com a virtude e a razão; ao passo que, na punição, ele encontrará o desprazer, consequência de uma ação irracional e desmedida.

Pode-se afirmar, então, que para Aristóteles há sempre uma moral (prescrição de regras que geram um costume, um hábito) que fundamenta uma ética (a ação racional e refletida dos seres humanos). Assim como a lei é necessária para a criação de hábitos que possibilitam o agir ético, a ética, como ação individual, é a base da política como ação coletiva.

Lembrando que Aristóteles considera o ser humano um animal político, que apenas se realiza totalmente em sociedade, podemos notar uma relação intrínseca que favorece o agir individual e o agir coletivo: a ética depende da política para elaborar leis que geram no indivíduo o costume de viver de acordo com a razão, e a política depende da ética para que a ação coletiva seja a continuação dessas ações racionais individuais.

Kant e a ética como ação segundo o dever

No século XVIII, o filósofo alemão Immanuel Kant (1724-1804) desenvolveu uma concepção de ética baseada na ideia de que as ações humanas são orientadas por **intenções**, não por finalidades, como afirmava Aristóteles. Kant destaca a noção de **dever** como intenção fundamental das ações humanas. As perguntas básicas da ética pensada nesses termos seriam: o que **devo** fazer? Como **devo** agir?

Costuma-se caracterizar o século XVIII como o "século da moral", por ter sido profundamente marcado pelo **Iluminismo**, um projeto pedagógico-político de construção da autonomia da razão e emancipação da humanidade que fornecia os meios intelectuais para uma ação consciente. É nesse contexto histórico e filosófico que se delineia o projeto ético de Kant.

Kant lançou as bases de seu pensamento sobre ética na obra *Fundamentação da metafísica dos costumes* (1785). O projeto foi desenvolvido e aprofundado em *Crítica da razão prática* (1788) e em *Metafísica dos costumes* (1797-1798). O sujeito moral, que age racionalmente, é uma das facetas do ser humano, segundo Kant. As outras são o sujeito de conhecimento, que busca o saber, e o sujeito estético, que percebe o mundo e produz arte.

Dois conceitos centrais

Kant distingue duas esferas da razão: a **razão teórica** (ou especulativa), voltada para o conhecimento, e a **razão prática**, voltada para a ação. É importante salientar que não se trata de duas razões distintas, mas de uma mesma razão humana que se desdobra em duas esferas.

Cada uma delas corresponde a aplicações distintas de nossa faculdade racional. Se a razão teórica está relacionada a ações envolvidas na cognição, a razão prática está relacionada à determinação da vontade. A razão prática, portanto, é aquela capaz de **legislar** sobre a vontade, impondo-lhe normas que conduzem a ação moral.

Para Kant, a **vontade** não é simplesmente um instinto ou um apetite, um desejo, como pensava Aristóteles; ela é racional, é resultado do exercício da razão.

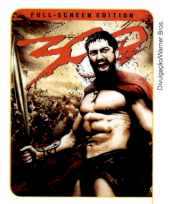

// Capa do filme *300*. Direção de Zack Snyder. Estados Unidos, 2007. (117 min).

> [...] quando a razão legisla no interesse prático, ela legisla sobre seres racionais e livres, sobre sua existência inteligível independente de toda a condição sensível. É, pois, o ser racional que se atribui a si mesmo uma lei pela sua razão.
>
> DELEUZE, Gilles. *A filosofia crítica de Kant*. Lisboa: Edições 70, 1994. p. 38-39.

O filme se baseia num clássico das histórias em quadrinhos que conta um episódio da história grega: a Batalha das Termópilas, na qual trezentos soldados espartanos, comandados pelo rei Leônidas, resistiram à invasão dos persas até serem massacrados. Trata-se de uma metáfora da ação pelo dever.

A noção de razão prática implica então a possibilidade da **liberdade** humana. Somos livres porque somos seres de vontade. Se a vontade resulta do exercício da razão, somos livres porque somos racionais. Ser livre, pois, é estar submetido à ação de uma razão prática. Somos livres quando temos nossa própria lei, quando nossa lei não nos é imposta por outros. Em outras palavras, somos livres quando somos autônomos.

INFORMAÇÕES COMPLEMENTARES

Iluminismo

Desenvolvido principalmente na França, mas com importantes desdobramentos também no que hoje conhecemos por Alemanha e na Inglaterra, o Iluminismo teve como principal característica a defesa da ciência e da racionalidade crítica, capazes de "iluminar" o futuro da humanidade contra a fé, a superstição e os dogmas. Pelo exercício da razão e pela produção de conhecimentos, o ser humano seria capaz de emancipar-se das diversas dominações a que estava submetido – sociais, políticas e econômicas. O movimento não se limitou à filosofia, estendendo-se para a arte e para a política.

// Detalhe de *Leitura da peça "O órfão da China", de Voltaire, no salão de Madame Geoffrin*, pintura feita por Lemonnier, em 1812. Eram comuns reuniões de membros da aristocracia, escritores e pensadores a propósito de discussões políticas e artísticas.

A Liberdade guiando o povo, de 1830, do pintor francês Eugène Delacroix. As ideias iluministas influenciaram amplamente a sociedade europeia. Os ideais de liberdade, igualdade e fraternidade presentes nas críticas de filósofos franceses como Rousseau, Voltaire e Diderot inspiraram profundamente os realizadores da Revolução Francesa.

Segundo Kant, no século XVIII vivia-se uma "época de esclarecimento" na Prússia (reino que deu origem à Alemanha), sob o governo do rei Frederico, que tratava seus súditos de modo tolerante. Ainda não seria uma "época esclarecida", mas um momento de produção do esclarecimento.

A questão, para Kant, era como ser livre, autônomo, agindo racionalmente e, ao mesmo tempo, manter-se sob o comando de um governo. Mas, se o governante fosse um "agente do esclarecimento", o problema estaria resolvido: o governante não impediria os governados de serem autônomos, de viverem por si mesmos.

Aí está uma das principais ações do exercício de uma razão prática.

INFORMAÇÕES COMPLEMENTARES

Autonomia

Autonomia, do grego *autonomía* (aut(o), 'próprio', 'si mesmo'; e *nomos*, 'regra', 'lei'), refere-se ao direito de reger-se segundo leis próprias, à capacidade de se governar por si mesmo, sem obedecer a outrem, provendo seus próprios meios de vida. Para a filosofia iluminista, portanto, liberdade é autonomia, e esta diferencia-se de uma **heteronomia**, do grego *heteronomía* (de heter(o), 'outro', 'outrem'; e *nomos*, 'regra', 'lei'), que ocorre quando se serve a uma autoridade imposta sobre os indivíduos, independentemente de sua vontade. É importante ressaltar, porém, que a autonomia não significa não se submeter a qualquer autoridade. Quando uma autoridade é sancionada pela razão e exercida de modo que os cidadãos compreendam seus motivos e concordem com eles, ela não representa perda de autonomia.

O imperativo categórico como princípio ético universal

Embora a ética trate das ações humanas individuais, Kant afirma que essas ações devem estar fundamentadas em um princípio universal. Se cada um de nós agir de maneira própria, não teremos uma comunidade humana. É preciso que haja algo de comum em nossas ações, para que possamos construir uma coletividade. Para ele, esse comum é justamente a lei racional, a lei que nós próprios exercemos com base em nossa autonomia.

Kant acredita que, sendo a razão a mesma em todos os sujeitos, a lei pensada pela razão também será a mesma, ainda que os sujeitos sejam diferentes. Ao mesmo tempo, se agimos de acordo com uma vontade individual em meio a outros seres humanos, a ação de cada um precisa ser validada pelos demais. Apenas assim garante-se a universalidade das ações humanas.

De certo modo, já encontramos essa universalidade quando pensamos na moral segundo os costumes. É o que vemos em formulações como: "não faça aos outros aquilo que não quer que façam a você". Trata-se de colocar um princípio de ação comum entre os indivíduos. Se você não quer ser insultado, não insulte; se não quer ser agredido, não agrida.

Mas essa universalidade de uma regra moral, nessa esfera vulgar, não estaria garantida. Ela é uma aposta: você não insulta aos outros e espera não ser insultado, mas nada garante que todos os outros também seguirão a regra. Você pode não insultar e, mesmo assim, acabar sendo insultado por um colega. Como você agiria então? Revidaria? Ou manteria seu princípio? Aí está a questão de Kant.

É necessário que a lei moral seja, de fato, uma regra universal. É fundamental que nossas justificativas da ação sejam válidas para todos e aceitas por todos. Isso só é possível com a intervenção da razão prática.

Por isso Kant afirma que tal lei precisa ser apresentada na forma de um *imperativo categórico*, uma fórmula que ordena a conduta de modo incondicional. Na obra *Fundamentação da metafísica dos costumes*, Kant elabora três formulações desse imperativo:

- Aja unicamente de tal forma que sua ação possa se converter em lei universal.
- Aja de modo que sua regra de conduta possa ser convertida em lei universal da natureza.
- Aja de acordo com princípios que considerem a humanidade sempre como um fim e nunca como um meio.

Em cada uma dessas fórmulas encontramos um princípio de ação (e não uma finalidade, uma meta) que é universal, válido para todos, em qualquer época. Com tal princípio, Kant realiza seu projeto de uma moral racional universal: agimos como **devemos** agir, baseando-nos em **regras universais** que nos são dadas pelo exercício do pensamento racional.

Não se trata de agir meramente segundo os costumes ou a tradição de uma cultura. Não se trata de agir seguindo metas preestabelecidas. Trata-se de agir segundo um princípio que me é dado por minha própria razão, determinando minha vontade, como um ato de liberdade.

// Martin Luther King Jr. (1929-1968) foi um pastor e ativista norte-americano, um dos principais líderes do movimento pelos direitos civis dos negros nos Estados Unidos. Conhecido pelo lema da não violência, Luther King tinha como arma a desobediência civil, princípio pelo qual os cidadãos têm o dever de desobedecer leis injustas até que seus governantes formulem leis justas para todos.

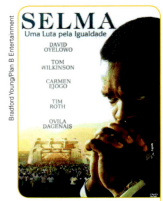

Capa do filme *Selma: uma luta pela igualdade*. Direção de Ava DuVernay. Estados Unidos, 2014. (128 min).

O filme mostra alguns dias da vida do ativista norte-americano Martin Luther King em 1965, enquanto ele organiza uma marcha pacifista a favor da lei que autorizava aos negros o direito ao voto. A marcha partiu de Selma, cidade do estado do Alabama. Apesar da lei a seu favor, os negros eram impedidos de votar no sul do país, conhecido por sua postura racista.

Pense neste exemplo: encontramos na moral cristã a regra "não roubarás". Sendo cristão, devo viver de acordo com essa regra. Ao fazer isso, estou agindo de forma heterônoma, pois obedeço uma regra que não foi criada por mim, mas que sigo conforme o costume e a tradição da minha comunidade, que me ensinou a respeitar e a seguir tal regra. Caso eu não obedeça, posso até mesmo ser punido. Em determinada circunstância, tenho vontade de roubar um bem que não me pertence, mas evitarei fazer isso porque obedeço à tradição e ao costume, mesmo que eles sejam contrários à minha vontade. Se eu deixo de fazer aquilo que quero apenas porque sou obrigado a isso, estou abrindo mão da minha liberdade em nome de uma regra moral externa a mim. Se eu tive vontade de roubar, na verdade não concordo com essa regra.

Agora vamos analisar essa mesma situação de acordo com o imperativo categórico kantiano: eu posso **decidir**, por vontade própria, não roubar um bem alheio, porque sou capaz de refletir e julgar que não é correto tomar de outro aquilo que não me pertence, e este é um valor universal, que deve ser seguido por mim e por todos os outros. Dessa forma estou agindo de acordo com um **princípio** que assumo para minha vida. Se assim for, eu sequer terei **vontade** de roubar, não importa a circunstância, uma vez que minha vontade livre, fruto da própria razão, segue um princípio que assumi como meu, de forma autônoma, que é válido para todos, e que **condiciona** a minha vontade e a minha ação.

Placa indicando vaga de estacionamento reservada exclusivamente para idoso em São Luís do Paraitinga (SP), em 2012.

Calvin, de Bill Waterson, em história em quadrinhos de 1986.

O agir ético e a saída da menoridade

Em 1784 Kant publicou em um jornal da cidade de Berlim (na atual Alemanha) um pequeno texto com o título "Resposta à pergunta: 'que é Esclarecimento?'". Nesse artigo, ele procurou responder a uma questão enviada por um leitor do jornal que pedia uma explicação sobre esse conceito. Kant definiu Esclarecimento como "a autonomia do indivíduo no uso da própria razão". Quando age de modo racional e autônomo, o indivíduo adquire maturidade, e só assim pode ser efetivamente livre.

A regra básica do Esclarecimento é o lema (que Kant enuncia em latim) *Sapere aude!* ('Ouse saber!'). A ousadia do conhecimento próprio e autônomo é a base para qualquer ação humana livre. É preciso saber governar-se a si mesmo, elaborar suas próprias regras, para que seja possível uma ação coletiva.

Um indivíduo autônomo, quando participa de uma coletividade, não se deixa governar e conduzir pela vontade do outro; ele se conduz pela própria vontade livre. Sendo livre em meio a outros indivíduos livres, pode construir uma comunidade livre, uma comunidade de iguais. Aí reside o Esclarecimento: em uma comunidade livre e autônoma, governada por uma vontade comum.

O processo do Esclarecimento, segundo Kant, é a saída de uma condição de menoridade – na qual o indivíduo não é autônomo e é governado por outro – para uma condição de maioridade, do exercício da autonomia da razão.

// Eleitor votando em Sobradinho, região administrativa de Brasília (DF), durante o primeiro turno das eleições presidenciais de 2014. O direito ao voto e o dever cívico nos são conferidos pelo Estado como gesto de confiança em nossa maturidade.

> O Esclarecimento é a saída do homem da condição de menoridade autoimposta. Menoridade é a incapacidade de servir-se de seu entendimento sem a orientação de outro. Essa menoridade é autoimposta quando a causa da mesma reside na carência não do entendimento, mas de decisão e coragem em fazer uso de seu próprio entendimento sem orientação alheia. *Sapere aude!* Tenha coragem em servir-se de teu **próprio** entendimento! Esse é o mote do Esclarecimento.
>
> KANT, Immanuel. Resposta à pergunta: "que é Esclarecimento?". In: MARCONDES, Danilo. *Textos básicos de ética.* Rio de Janeiro: Jorge Zahar, 2007. p. 95.

É lógico!

"Não me venha com argumentos falaciosos!"

Você já ouviu alguma frase deste tipo? O que seria um "argumento falacioso"?

Em lógica, chamamos de **falácia** um **raciocínio incorreto**. A palavra é originada do latim ***fallere***, que significa 'enganar'. Colocada numa argumentação, a falácia engana o interlocutor, pois parece ser um raciocínio correto e verdadeiro, embora não o seja.

A falácia também é chamada de **sofisma** (palavra de origem grega que significa 'raciocínio capcioso') ou de **paralogismo** (aquilo que tem uma aparência lógica, mas não é). Alguns lógicos consideram que, ao formular o sofisma, seu autor tem a intenção de confundir, de enganar o interlocutor. No paralogismo isso não acontece, pois o próprio autor desconheceria que está errado. Assim, teríamos: a falácia como categoria geral do raciocínio incorreto; o sofisma como uma falácia com a intenção de enganar; e o paralogismo como engano no raciocínio do próprio autor, sem intenção de enganar os outros.

É importante destacar que em qualquer tipo de falácia temos a impressão inicial de que o argumento é correto, em razão de sua forma. Precisamos refletir e analisar para então descobrir onde está o erro.

Retomemos o exemplo do silogismo clássico apresentado no capítulo 7, mas alterando a premissa menor, para compreender um dos erros possíveis:

Todos os homens são mortais. (premissa maior – ideia geral)
Sócrates é mortal. (premissa menor – caso particular)
Logo, Sócrates é homem. (conclusão)

Esse silogismo é composto de uma premissa maior, uma premissa menor e uma conclusão. As duas premissas são verdadeiras, mas será que a conclusão também é? O argumento se refere ao filósofo grego Sócrates, mas poderia se referir a um cachorro chamado Sócrates, por exemplo. Embora o cachorro também seja mortal (a premissa menor continua verdadeira), a conclusão fica inválida. O fato de o cachorro ser mortal não faz dele um ser humano. Neste caso, o erro acontece porque a premissa menor, que introduz o caso particular, pode se referir a qualquer Sócrates, seja ele humano ou não, enquanto a premissa maior afirma algo especificamente sobre seres humanos. Observe que o predicado ("mortal") é igual tanto na premissa maior como na menor, o que não permite que se deduza nada.

Vejamos agora o que acontece neste outro exemplo:

Todos os indivíduos do sexo masculino são carecas. (premissa maior – ideia geral)
Eu sou um indivíduo do sexo masculino. (premissa menor – caso particular)
Logo, eu sou careca. (conclusão)

O silogismo possui uma aparência formal verdadeira – então, onde está o erro? Está na premissa maior, que é falsa. A experiência nos permite saber que é incorreto afirmar que "Todos os indivíduos do sexo masculino são carecas", embora muitos homens o sejam. Como uma das premissas é falsa, necessariamente a conclusão também é falsa.

Por isso, é preciso prestar muita atenção aos argumentos: eles podem esconder falácias e nos enganar, mesmo que o raciocínio pareça correto!

Trabalhando com textos

Agora você vai ler dois trechos correspondentes a duas concepções filosóficas estudadas neste capítulo. O primeiro é do livro *Ética a Nicômaco*, de Aristóteles; o segundo foi extraído da *Fundamentação da metafísica dos costumes*, de Kant.

Texto 1

No trecho reproduzido a seguir, Aristóteles argumenta em torno da felicidade, mostrando-a como uma atividade racional. Acompanhe a argumentação do filósofo para compreender por que, para ele, aquele que pratica a filosofia é "o mais feliz dos homens".

A felicidade como atividade racional

A felicidade tem, por conseguinte, as mesmas fronteiras que a contemplação, e os que estão na mais plena posse desta última são os mais genuinamente felizes, não como simples concomitante mas em virtude da própria contemplação, pois que esta é preciosa em si mesma. E assim, a felicidade deve ser alguma forma de contemplação.

Mas o homem feliz, como homem que é, também necessita de prosperidade exterior, porquanto a nossa natureza não basta a si mesma e para os fins da contemplação: nosso corpo também precisa de gozar saúde, de ser alimentado e cuidado. Não se pense, todavia, que o homem para ser feliz necessite de muitas ou de grandes coisas, só porque não pode ser supremamente feliz sem bens exteriores. A autossuficiência e a ação não implicam excesso, e podemos praticar atos nobres sem sermos donos da terra e do mar. Mesmo desfrutando vantagens bastante moderadas pode-se proceder virtuosamente [...]. E é suficiente que tenhamos o necessário para isso, pois a vida do homem que age de acordo com a virtude será feliz.

[...]

E assim, as opiniões dos sábios parecem harmonizar-se com os nossos argumentos. Mas, embora essas coisas também tenham certo poder de convencer, a verdade em assuntos práticos percebe-se melhor pela observação dos fatos da vida, pois estes são o fator decisivo. Devemos, portanto, examinar o que já dissemos à luz desses fatos, e se estiver em harmonia com eles aceitá-lo-emos, mas se entrarem em conflito admitiremos que não passa de simples teoria.

Ora, quem exerce e cultiva a sua razão parece desfrutar ao mesmo tempo a melhor disposição de espírito e ser extremamente caro aos deuses. Porque, se os deuses se interessam pelos assuntos humanos como nós pensamos, tanto seria natural que se deleitassem naquilo que é melhor e mais afinidade tem com eles (isto é, a razão), como que recompensassem os que a amam e honram acima de todas as coisas, zelando por aquilo que lhes é caro e conduzindo-se com justiça e nobreza. Ora, é evidente que todos esses atributos pertencem mais que a ninguém ao filósofo. É ele, por conseguinte, de todos os homens o mais caro aos deuses. E será, presumivelmente, também o mais feliz. De sorte que também neste sentido o filósofo será o mais feliz dos homens.

ARISTÓTELES. *Ética a Nicômaco*. 3. ed. São Paulo: Abril Cultural, 1984. p. 231-232. (Os Pensadores.)

Questões

1. Como Aristóteles relaciona contemplação e felicidade?
2. Comente a seguinte passagem: "A autossuficiência e a ação não implicam excesso, e podemos praticar atos nobres sem sermos donos da terra e do mar. Mesmo desfrutando vantagens bastante moderadas pode-se proceder virtuosamente [...]. E é suficiente que tenhamos o necessário para isso, pois a vida do homem que age de acordo com a virtude será feliz".
3. Em que sentido Aristóteles afirma que o filósofo é o mais feliz dos homens? Você concorda com isso? Por quê?

Texto 2

A lei moral é aquilo que guia nossas ações, segundo Kant. No trecho a seguir ele relaciona essa lei com o imperativo categórico, o princípio do dever.

O imperativo categórico e a lei moral

À pergunta, pois: "Como é possível um imperativo categórico?" pode, sem dúvida, responder-se na medida em que se pode indicar o único pressuposto de que depende a sua possibilidade, quer dizer, a ideia da liberdade, e igualmente na medida em que se pode aperceber a necessidade desse pressuposto, o que, para o uso prático da razão [...] e portanto também da lei moral, é suficiente; mas como seja possível esse pressuposto mesmo, isso é o que nunca se deixará jamais aperceber por nenhuma razão humana. Mas, pressupondo a liberdade da vontade de uma inteligência, a consequência necessária é a autonomia dessa vontade como condição formal, que é a única sob que ela pode ser determinada. Não é somente muito possível (como a filosofia especulativa pode mostrar) pressupor essa liberdade da vontade (sem cair em contradição com o princípio da necessidade natural na ligação com os fenômenos do mundo sensível), mas é também necessário, sem outra condição, para um ser racional que tem consciência da sua causalidade pela razão, por conseguinte de uma vontade (distinta dos desejos), admiti-la praticamente, isto é, na ideia, como condição de todas as suas ações voluntárias. Ora, como uma razão pura, sem outros móbiles, venham eles donde vierem, possa por si mesma ser prática, isto é, como o simples princípio da validade universal de todas as máximas como leis (que seria certamente a forma de uma razão pura prática), sem matéria alguma (objeto) da vontade em que de antemão pudesse tomar-se qualquer interesse possa por si mesma fornecer um móbil e produzir um interesse que pudesse chamar-se puramente moral; ou, por outras palavras: como uma razão pura possa ser prática – explicar isso, eis o de que toda razão humana é absolutamente incapaz; e todo o esforço e todo o trabalho que se empreguem para buscar a explicação disso serão perdidos.

[...]

É aqui, pois, que se encontra o limite extremo de toda a investigação moral; mas determiná-lo é de grande importância já para que, de um lado, a razão não vá andar no mundo sensível, [...] à busca do motivo supremo de determinação e de um interesse, concebível sem dúvida, mas empírico, e para que, por outro lado, não agite em vão as asas, sem sair do mesmo sítio, no espaço [...] dos conceitos transcendentes, sob o nome de mundo inteligível [...]. De resto, a ideia de um mundo inteligível puro, como um conjunto de todas as inteligências, ao qual pertencemos nós mesmos como seres racionais (posto que, por um lado, sejamos ao mesmo tempo membros do mundo sensível), continua a ser uma ideia utilizável e lícita em vista de uma crença racional, ainda que todo o saber acabe na fronteira deste mundo para, por meio do magnífico ideal de um reino universal dos fins em si mesmos [...], ao qual podemos pertencer como membros logo que nos conduzamos cuidadosamente segundo máximas da liberdade como se elas fossem leis da natureza, produzir em nós um vivo interesse pela lei moral.

KANT, Immanuel. *Fundamentação da metafísica dos costumes*. Porto: Porto Editora, 1995. p. 97-99.

 Questões

1. De que maneira Kant articula as ideias aparentemente contraditórias de imperativo categórico e liberdade?
2. Qual é o limite de toda investigação moral? Por quê?
3. Segundo o autor, o que pode produzir nos seres humanos um interesse pela lei moral?

Em busca do conceito

1. Por que podemos considerar a ética aristotélica uma "ética dos fins"?
2. De acordo com o que você estudou, em que sentido a felicidade pode ser considerada o "supremo bem"?
3. A noção kantiana de "ética dos princípios" segue a mesma questão da finalidade aristotélica? Explique.
4. Por que, segundo Kant, o imperativo categórico é importante para a construção de uma comunidade humana?
5. Na filosofia de Kant, agir eticamente significa a "saída da menoridade". O que ele quer dizer com essa ideia?
6. Com base nos dados da reportagem a seguir e utilizando os conceitos de ética estudados, elabore uma dissertação sobre os princípios que regem o comportamento no trânsito. Que ações você proporia para evitar os acidentes relatados na matéria? Apresente sua dissertação para a classe e convide os colegas a debater o tema.

Acidentes de trânsito são a segunda causa de morte entre jovens no Brasil

Acidentes de trânsito são a segunda causa de morte entre jovens de 18 a 24 anos no Brasil, atrás apenas dos homicídios. O Brasil ocupa hoje o segundo lugar no *ranking* do Mercosul, sendo que a taxa de mortalidade subiu para 22,5 mortes por cada 100 mil habitantes. Em Uberaba (MG), a violência no trânsito também é medida em números. Em oito meses, a Polícia Militar (PM) registrou 4 326 acidentes, sendo 1 227 com vítimas.

Conforme dados fornecidos pela Secretaria Municipal de Defesa Social, Trânsito e Transporte (Sedest), um terço dessas ocorrências com vítimas envolveu motociclistas precisando da intervenção de viaturas de Resgate do Corpo de Bombeiros. [...] Enquanto no ano passado houve 418 motociclistas envolvidos em acidentes graves, de janeiro a agosto deste ano [2015] foram registradas 465 ocorrências.

// Veículo envolvido em acidente na cidade de Uberaba (MG), em 2013.

Os acidentes com vítimas atendidas pelo Corpo de Bombeiros superam os da Polícia Militar. Viaturas de resgate foram acionadas 2 098 vezes no mesmo período, com 1 215 casos de traumas. Nas estatísticas do Corpo de Bombeiros figuram 49 atropelamentos em oito meses, contra 104 ocorridos em 2013, e 19 acidentes com ciclistas, sendo que as ocorrências do gênero somaram 72 no ano passado.

O secretário de Trânsito ressalta que é preciso que a população, composta de motoristas, ciclistas, pedestres e motociclistas, se conscientize sobre seu papel no trânsito. "Já recorremos aos instrumentos que temos em mãos, que é a fiscalização tanto de nossa parte quanto da PM, mas um grande problema tem sido o excesso de velocidade. A cidade resiste à fiscalização por radar móvel, então usamos obstáculos, procuramos conscientizar os infratores com aulas educativas, visitas em escolas, participação de Sipats." [...]

Nos casos de acidentes menos graves, a Justiça permite que a multa aplicável ao infrator seja convertida para a frequência em curso de reciclagem. Porém, de acordo com o secretário, dos infratores que têm esta oportunidade, de 20% a 30% jamais comparecem à aula.

MACEDO, Thassiana. *Jornal da Manhã*. Uberaba, 23 set. 2015. Disponível em: <http://jmonline.com.br/novo/?noticias,1,GERAL,115561>. Acesso em: 22 fev. 2016.

7. Leia o seguinte trecho:

O que estou pretendendo lhe dizer ao colocar um "faça o que quiser" como lema fundamental da ética em cuja direção caminhamos tateando? Pois simplesmente (embora eu tema que depois acabe não sendo tão simples) que é preciso dispensar ordens e costumes, prêmios e castigos, em suma, tudo o que queira dirigi-lo de fora, e que você deve estabelecer todo esse assunto a partir de si mesmo, do foro íntimo de sua vontade.

Não pergunte a ninguém o que você deve fazer de sua vida: pergunte a si mesmo. Se você deseja saber em que pode empregar melhor a sua liberdade, não a perca colocando-se já de início a serviço de outro ou de outros, por mais que sejam bons, sábios e respeitáveis: sobre o uso da sua liberdade, interrogue... a própria liberdade.

SAVATER, Fernando. *Ética para meu filho*. São Paulo: Martins Fontes, 1997. p. 67.

- Com base na leitura do capítulo, como você interpreta o texto anterior? Ele se relaciona a uma ética orientada para a felicidade ou a uma ética orientada para o dever? Justifique sua resposta com argumentos do capítulo.

Dissertação filosófica

Quando escrevemos uma dissertação, há uma série de "armadilhas" que precisamos evitar, de modo a não comprometer a qualidade filosófica do texto. O perigo mais comum é, certamente, desviar-se do tema. Uma dissertação não focada no tema proposto não é uma boa dissertação.

Mas há outros riscos a serem evitados: a falta de rigor e coerência do texto, a análise parcial do tema ou mesmo a análise superficial. Para evitar o primeiro problema, convém elaborar muito bem, antes de começar a escrever a dissertação, uma ideia diretriz: ela será a "espinha dorsal" do texto. Apresente essa ideia na introdução, reafirme-a no desenvolvimento do texto e a retome na conclusão. Isso garantirá mais coerência à dissertação. Para evitar uma análise parcial, tome o cuidado de examinar diferentes pontos de vista sobre o tema, sem prender-se a um único. Uma análise superficial pode ser evitada por meio de um trabalho centrado nos conceitos filosóficos, sem perder-se em falsos exemplos e ilustrações.

Por fim, cuidado com a linguagem: evite o uso de gírias e expressões corriqueiras e utilize apenas os conceitos que você seja capaz de explicar. A elaboração de um vocabulário conceitual próprio é muito útil na realização de trabalhos como esse.

Sugestões de leituras

SAVATER, Fernando. *Ética para meu filho*. São Paulo: Martins Fontes, 1997.

Um filósofo espanhol escreve para o filho adolescente, explicando-lhe aquilo que ensina na universidade. Em linguagem clara e fluente, a obra apresenta os principais temas da ética.

TUGENDHAT, Ernst; VICUÑA, Ana María; LÓPEZ, Celso. *O livro de Manuel e Camila:* diálogos sobre moral. Goiânia: Ed. UFG, 2002.

Escrito por um filósofo alemão especialista em ética e por dois professores chilenos, o livro procura trabalhar de forma romanceada e em linguagem acessível aos adolescentes alguns dos principais problemas éticos.

VALLS, Álvaro L. M. *O que é ética*. 9. ed. São Paulo: Brasiliense, 1995.

Uma exposição em torno de alguns dos principais temas da ética. Inclui uma série de indicações de leitura para aprofundamento do tema.

CAPÍTULO 9

A vida em construção: uma obra de arte

Cena do filme *A vida é bela*, de 1997, em que Guido (Roberto Benigni) e o filho Joshua (Giordio Cantarini) conversam enquanto estão detidos em um campo de concentração nazista.

Você estudou no capítulo 8 que, segundo Aristóteles, a ética está orientada para os fins, sendo a felicidade considerada a finalidade máxima, o "supremo bem" para o qual nossa vida deve se voltar. Já Kant considera a ética no âmbito do dever, uma ciência cujos princípios impomos a nós mesmos em sinal de liberdade e maturidade da razão. Em ambos os casos, percebemos que a ética determina regras de conduta para a vida que pretendemos construir.

Assim como em outros campos da filosofia, percebemos que não há uma visão única sobre a ética. Essa diversidade de pensamentos pode levar também a vários equívocos. Muitas vezes, aquela que nos parece a postura mais correta a ser seguida não tem bases éticas legítimas.

Pensando nisso, o filósofo contemporâneo **Peter Singer**, na introdução de seu livro *Ética prática*, procura dizer o que a ética **não é**. Ele cita quatro visões contemporâneas que precisam ser combatidas:

1. A ética não pode ser vista como uma série de regras e proibições relativas ao sexo; a ética não é uma moral sexual.
2. A ética não pode ser considerada um sistema teórico sem aplicação prática. Algumas pessoas ligadas ao exercício da política afirmam que os princípios éticos são bonitos, mas inaplicáveis ao cotidiano. Ao contrário, a ética só faz sentido como orientação da prática de cada um.
3. É equivocada a ideia de que a ética só faz sentido no contexto religioso. Ela é uma prática reflexiva sobre todos os problemas da vida.

4. Por fim, alguns afirmam, erroneamente, que a ética é relativa, pois os valores são de cada sujeito. Embora esteja centrada na ação individual, a ética só faz sentido porque vivemos no coletivo, com as ações de uns interferindo nas ações de outros. Logo, ela não pode ser subjetiva ou relativa.

Singer nos ajuda a compreender a ética como um saber estreitamente relacionado às nossas ações no cotidiano. Elas muitas vezes implicam decisões sobre temas socialmente controversos. Por isso, o sentido de uma ética prática hoje é justamente o de encorajar uma discussão profunda e ampla sobre os grandes temas relativos à sociedade contemporânea.

Peter Singer (1946-)

Filósofo australiano, atualmente professor na Universidade de Princeton, nos Estados Unidos. Dedica-se ao estudo filosófico de questões relativas à ética prática, tais como o aborto, a eutanásia e a exploração animal. Dentre seus vários livros, destacam-se: *Libertação animal* (1975); *Ética prática* (1979); e uma coletânea de ensaios com o título *Vida ética* (2000).

// Peter Singer, em foto de 2015.

Pensando no mundo em que vivemos, repleto de injustiças e desigualdades, seria possível enfrentar a vida sem temê-la? Está em nossas mãos determinar a postura com a qual encaramos a existência?

No filme *A vida é bela*, o ator e diretor italiano Roberto Benigni nos mostra uma possibilidade criativa. Durante a Segunda Guerra Mundial (1939-1945), um italiano judeu é enviado a um campo de concentração com seu filho pequeno. Para evitar que o garoto fique aterrorizado com as coisas que acontecem no campo nazista, ele faz o possível para que o filho acredite que tudo aquilo se trata de um jogo do qual estão participando. Numa condição de total desesperança, o pai é capaz de criar uma dimensão de coragem, solidariedade e encantamento.

O filme nos coloca diante de uma questão que a filosofia discute desde a Antiguidade: qual tipo de comportamento devemos assumir na construção da vida prática? Será que esse comportamento pode determinar a beleza com que vemos a vida?

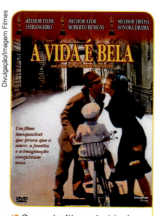

// Capa do filme *A vida é bela*. Direção de Roberto Benigni. Itália, 1997. (116 min).

Uma reflexão singela sobre a possibilidade de sermos sujeitos de nossas vidas e de fazermos dela algo bonito, sejam quais forem as condições em que vivemos.

Uma vida filosófica, uma filosofia de vida

Pelo menos desde o século V a.C. os filósofos gregos refletem sobre a vida humana. Algumas escolas filosóficas antigas fizeram desse tema sua preocupação central e desenvolveram a ética como uma espécie de "arte de viver", uma reflexão constante sobre a existência. Durante muito tempo, essas escolas foram vistas como "filosofias menores", uma vez que não criaram teorias muito elaboradas; porém, é inegável sua contribuição para o campo da ética, ainda que estivessem mais preocupadas em organizar a vida prática cotidiana por meio de exercícios do que em propor explicações sobre o sentido da vida.

Algumas dessas escolas já existiam no tempo de Sócrates e de Platão, mas se difundiram mais durante o período helenístico.

> **INFORMAÇÕES COMPLEMENTARES**
>
> **Período helenístico**
>
> Os historiadores da filosofia convencionaram chamar de **período helenístico** (ou helenismo) o período iniciado com a tomada da Grécia por Alexandre Magno (século IV a.C.), no qual esse imperador macedônico difundiu a cultura grega pelos territórios que conquistou. O helenismo estendeu-se até a época da conquista da Grécia pelo Império Romano, no século II a.C. Foi um período de grande difusão da cultura grega pela região do Mediterrâneo e do atual Oriente Médio.
>
>
>
> Alexandre sobre seu cavalo, representado em um mosaico da Casa do Fauno, construída no século II a.C., em Pompeia, na atual Itália.

O filósofo Gilles Deleuze nos auxilia a compreender a distinção entre essas escolas e os demais campos da filosofia. Segundo ele, a Antiguidade produziu três imagens de filósofos:

- o filósofo como "ser das profundidades", que seriam os naturalistas pré-socráticos, aqueles que buscavam nas profundezas da natureza os seus fundamentos e princípios (a *arkhé*, as "raízes" de todas as coisas);
- o filósofo como "ser das alturas", a exemplo de Platão, que procurava a saída da caverna em busca da contemplação das ideias;
- o filósofo como "ser das superfícies", imagem expressa pelos cínicos e pelos estoicos, que não buscavam nem a raiz das coisas nem a abstração das ideias, mas pensavam sobre a vida cotidiana, procurando um modo de viver melhor.

Diógenes e os cínicos: os filósofos como cães

O cinismo foi fundado por um discípulo de Sócrates, Antístenes (c. 445 a.C.-365 a.C.), que centrou sua filosofia na ética, defendendo uma vida pautada pela virtude. Antístenes ensinava no Cinosarges, em Atenas, uma escola para atenienses filhos de mães estrangeiras. Acredita-se que o nome da escola poderia ter dado origem ao termo **cinismo**.

No caso dos filósofos cínicos, a "arte das superfícies" se expressa no humor. Eles não escreveram tratados, mas faziam da filosofia uma prática cotidiana, assim como Sócrates, que filosofava dialogando com as pessoas na praça pública. Enquanto Sócrates usava a ironia, os cínicos usavam o **humor**: seu pensamento e sua filosofia eram expressos na forma de anedotas e piadas.

Foi com **Diógenes de Sínope**, contudo, que essa filosofia ganhou mais expressão e popularidade. Tanto Antístenes como Diógenes foram apelidados de Cão (*kunós*, em grego), alcunha que tinha um sentido pejorativo, pois o cachorro era considerado um animal sem-vergonha. Também se atribui o termo cinismo a essa origem, significando 'a filosofia do cão'.

Diógenes levou às últimas consequências a noção de vida como prática filosófica. O pensamento deveria ser não apenas uma teoria, mas uma ação do dia a dia. Como os filósofos cínicos afirmavam que o sentido da vida não estava na posse de bens materiais, Diógenes preferia viver na mais absoluta pobreza.

Diógenes de Sínope (c. 413 a.C-323 a.C)

Sua biografia mistura fatos históricos e lendas, sendo praticamente impossível distinguir uns dos outros. Sabe-se, porém, que Diógenes foi expulso de sua cidade natal com seu pai, um banqueiro acusado de falsificar moeda. Passou a viver em Atenas, onde levava uma vida de pobreza e defendia que não devemos nos prender a bens materiais. Suas únicas posses teriam sido um manto e um bastão, além do barril que lhe servia de abrigo. Há referências sobre suas obras escritas, mas as informações são polêmicas. Sua vida deu origem a uma série de anedotas que atravessaram os tempos.

Diógenes de Sínope em gravura de Joachim von Sandrart, feita entre 1675 e 1679.

Alexandre e Diógenes, do pintor Nicolas-André Monsiau, 1818. Conta-se que Alexandre ficou tão impactado com seu encontro com o filósofo, que mais tarde afirmou: "Se eu não fosse Alexandre, certamente seria Diógenes".

Uma das anedotas reproduzidas sobre ele conta que, estando um dia numa fonte bebendo água com sua cuia, viu uma criança que bebia diretamente com as mãos; deu então sua cuia para o primeiro que passou, pois descobriu que lhe era um bem desnecessário. Outra anedota relata seu encontro com Alexandre Magno. Diógenes estava recostado, e o grande conquistador colocou-se diante dele, fazendo-lhe sombra, e disse: "O que posso fazer por você?", ao que o cínico teria respondido: "Não tire de mim o que não pode me dar! Deixe-me ao sol".

INFORMAÇÕES COMPLEMENTARES

Ironia

Recurso por meio do qual se diz o contrário da ideia que se quer transmitir, resultando em algo engraçado ou sarcástico.

Para Sócrates, a ironia tinha um sentido um pouco diferente. Ele fazia dela seu método de diálogo com as pessoas. Sócrates dizia não conhecer certo assunto e inquiria seu interlocutor sobre ele. Em seguida, desmontava todo o discurso do interlocutor, mostrando que este estava enganado.

A filosofia cínica

A filosofia cínica apresenta-se como uma intervenção direta contra os costumes instituídos. Com um modo de vida simples, os cínicos exercitavam aquilo que muitos filósofos expunham na teoria. Suas ações pretendiam "jogar na cara" dos habitantes da cidade as hipocrisias de suas vidas, confrontando os valores da aristocracia. Como desprezavam tudo o que fosse inútil para a vida cotidiana, também rejeitavam a filosofia abstrata e metafísica, como a platônica. Essa rejeição foi marcada pelas zombarias com que se dirigiam à teoria de Platão.

Conta-se que Diógenes teria ouvido Platão dizer em sua escola que o ser humano é "como um bípede sem penas". No dia seguinte, estando Platão reunido com seus discípulos, Diógenes jogou-lhe um galo depenado, dizendo: "Aí está seu ser humano!".

A filosofia de Diógenes era, portanto, voltada para os atos. Ao contrário de uma postura filosófica que buscasse na contemplação das ideias o alcance de uma vida feliz, como acreditava Platão, a filosofia cínica visava a uma vida melhor na ação derivada da prática social.

Ao confrontarem o jeito de ser das pessoas, esses filósofos foram malvistos, considerados um incômodo. Por isso – e também por não se preocupar com a sistematização do pensamento –, o cinismo ganhou uma conotação pejorativa e ficou conhecido na História como uma filosofia marginal. Mas o efeito do humor pode ser considerado desestabilizador, porque nos provoca o pensamento. Quando somos acometidos por esse efeito em um ato ou uma fala, nós, que vivemos "no automático", distraídos, convictos a respeito de nossas opiniões, sem pensar de fato nas coisas que acontecem no dia a dia, de repente somos tirados do lugar-comum. Essa postura de confronto pode nos alegrar ou nos agredir, mas, de qualquer maneira, nos faz pensar. Tal é o modo de funcionamento dessa espécie de retórica da filosofia cínica.

É inegável a contribuição desse pensamento para a ética. Levando às últimas consequências a ideia de uma vida orientada pela virtude, os cínicos produziram uma "ética encarnada". Suas próprias vidas eram um tratado de ética. Eles não diziam a ninguém como viver, mas viviam da maneira que achavam melhor, esperando que isso servisse como exemplo ou como um modo de fazer as pessoas pensarem em suas próprias vidas.

Charge de Chappatte. Seriam os quadrinhos uma forma de cinismo contemporâneo?

> Diógenes ouvia um dia na ágora [praça pública] um astrólogo que, mostrando tabuletas nas quais estavam desenhadas estrelas, explicava que se tratava dos astros errantes [planetas]. "Não diga asneiras, meu amigo – disse-lhe Diógenes –, não são os astros que erram, mas estes aqui", e indicou com o dedo aqueles que assistiam.
>
> ESTOBEU apud PAQUET, Léonce. *Les cyniques grecs*: fragments et témoignages. Paris: Le Livre de Poche, 1992. p. 112. Texto traduzido.

O estoicismo e a busca da ataraxia

O **estoicismo** foi uma escola filosófica fundada por **Zenão de Cício** em Atenas. Influenciado pelo cinismo, mas sem compartilhar totalmente de sua crítica radical ao modo de vida predominante, Zenão ensinava em um local público – por não ser cidadão ateniense, ele não tinha o direito de comprar terras ou edifícios onde pudesse se estabelecer. Lecionava sob um pórtico, do qual se avistava a ágora. Daí deriva o nome estoicismo – em grego, pórtico é *stoá*, de modo que os estoicos são "aqueles que se reúnem no pórtico".

Zenão de Cício (c. 334 a.C.-262 a.C.)

Filósofo grego nascido na ilha de Chipre, transferiu-se para Atenas e interessou-se pelas ideias de Sócrates. Estudou os filósofos da natureza, sendo bastante influenciado por Heráclito. Frequentou a Academia de Platão e teria conhecido filósofos cínicos. Fundou sua escola no Pórtico Pintado (*Stoá Poikilé*). Consta que escreveu diversas obras sobre ética, lógica e física, entre outros assuntos, além de uma obra sobre política, na qual contrapõe o modelo de uma comunidade estoica à *República* de Platão. Dessas obras, porém, restaram apenas alguns fragmentos, citados em textos de autores posteriores.

// Zenão de Cício, em busto grego esculpido em pedra.

O estoicismo persistiu por mais de cinco séculos: do século IV a.C., quando foi criado, até o século II d.C. Ao longo desse tempo essa escola filosófica passou por várias fases, mas, de modo geral, organizou-se em torno de uma física (o estudo da natureza), de uma lógica (o estudo da razão e do discurso) e de uma ética (aquilo que diz respeito à vida humana).

INFORMAÇÕES COMPLEMENTARES

Fases do estoicismo

Ao longo de mais de cinco séculos, destacaram-se vários filósofos estoicos. Os historiadores da filosofia costumam agrupá-los em três períodos:

Estoicismo antigo: começa com sua criação por Zenão, entre os séculos IV a.C. e III a.C. Outros filósofos de destaque no período foram Cleanto de Assos (c. 331 a.C.-230 a.C.) e Crisipo de Soles (c. 280 a.C.-210 a.C.).

Estoicismo médio: século II a.C., período marcado pelo encontro com a cultura romana, que introduziu algumas modificações importantes no pensamento estoico. Os principais pensadores do período foram Panécio de Rodes (c. 185 a.C.-110 a.C.) e Posidônio de Apameia (c. 140 a.C.-51 a.C.).

Estoicismo eclético ou imperial: séculos I d.C. e II d.C., quando o estoicismo foi uma espécie de "filosofia oficial" do Império Romano. Três pensadores se destacaram: **Marco Aurélio**, **Sêneca** e **Epiteto**.

Marco Aurélio Antonino César Augusto (121-180)

Adotado por seu tio, o imperador romano Aurélio Antonino, foi indicado para ser seu sucessor. Assumiu o trono em 161 e governou Roma até a morte. Dedicou-se à filosofia como forma de ser um bom governante e evitar a tirania. Escreveu uma obra, as *Meditações* (século II), na qual registrou suas reflexões.

// Marco Aurélio, em escultura da praça do Capitólio, em Roma (Itália).

Lúcio Aneu Sêneca (4 a.C.-65 d.C.)

Nasceu na província romana de Córdoba, na atual Espanha, e recebeu uma educação aristocrática. Foi membro do Senado e, mais tarde, conselheiro do imperador Nero. No ano 65, acusado de participar de um complô para matar Nero, foi condenado pelo imperador a suicidar-se. De sua vasta obra destacam-se: *Sobre a ira*, *Sobre a brevidade da vida* e *Sobre a tranquilidade da alma*.

// Sêneca, em busto de bronze do século I d.C.

Epiteto (55-135)

Nasceu em Hierápolis, na Ásia Menor (atual Turquia). Comprado como escravo por Epafródito, secretário de Nero, foi levado a Roma. Não se conhece seu nome verdadeiro – a palavra **epiteto** vem do grego *epiktetos*, que significa "comprado", "adquirido". Aprendeu os princípios do estoicismo com Musônio Rufo. Mais tarde foi liberto e abriu sua própria escola, mas precisou deixar Roma no ano 89, quando o imperador baniu os filósofos da cidade. Fixou-se em Nicópolis, onde ensinou filosofia até sua morte. Escreveu oito livros de *Conversações*, dos quais nos chegaram quatro, além de um *Manual*, compilação de textos que resumem sua filosofia, todos do início do século II.

Epiteto, em gravura que ilustra a tradução de sua obra para o latim por // Edward Ivie, de 1751.

Na física estoica, é fundamental o conceito de **acontecimento**. Para os estoicos, quando dois corpos físicos se encontram, produz-se um acontecimento, que não é algo corpóreo. Por exemplo: quando comemos uma maçã, produz-se o acontecimento comer, que é o encontro de nosso corpo com o corpo da maçã. Comer é um **ato**, não um corpo, mas que é produzido pelo encontro dos dois corpos. Outro exemplo: quando um carro bate em um poste, o acontecimento é o ato de bater, resultado do encontro do corpo físico carro com o corpo físico poste.

Essa noção de acontecimento é fundamental para a ética dos estoicos, pois seu princípio básico afirma que não devemos nos preocupar com aquilo que não está sob nosso **controle**. O acontecimento, aquilo que nos acontece, é justamente o que não podemos controlar. Nosso corpo se encontra com outros corpos e esses encontros produzem acontecimentos. Não escolhemos aquilo que nos ocorre.

Segundo os estoicos, o objetivo da vida é atingir a *ataraxia*, termo grego que denomina um estado de não perturbação da alma, ou a "paz de espírito", situação na qual residem o verdadeiro prazer e a suprema felicidade. Para se chegar a esse estado de imperturbabilidade e tranquilidade é preciso exercitar o corpo e a mente, praticando os princípios e exercícios espirituais que constituem a ética estoica. Desse modo, a pessoa estaria preparada para a vida e para o que foge de seu controle.

INFORMAÇÕES COMPLEMENTARES

Exercícios espirituais

Segundo Pierre Hadot (1922-2010), filósofo e historiador da filosofia, o pensamento antigo foi marcado pela prática de exercícios espirituais. Embora tenham sido mais evidentes nas filosofias que se dedicaram intensamente à prática de vida, como o cinismo, o estoicismo e o epicurismo, que veremos a seguir, os exercícios também eram encontrados em outras escolas filosóficas. A escrita e a meditação são dois exemplos de exercício espiritual.

Os **exercícios de escrita** incluem: escrever sobre si mesmo, como forma de se conhecer melhor; escrever um diário, narrando os acontecimentos de cada dia, para analisar os fatos e suas decisões; escrever cartas para parentes e amigos, narrando sua vida e falando de si mesmo.

As **meditações** sobre temas da vida são um modo de preparar-se para o que acontece. Meditar sobre a morte, por exemplo, pode ser uma forma de não temê-la. Um exercício recomendado pelos estoicos era, pela manhã, ao acordar, pensar em tudo de ruim que poderia acontecer naquele dia. Caso uma dessas coisas acontecesse, a pessoa não seria pega de surpresa; caso nada daquilo acontecesse, poderia, na meditação de balanço ao final do dia, concluir que tinha sido uma boa jornada.

Capa do filme *O fabuloso destino de Amélie Poulain*. Direção de Jean-Pierre Jeunet. França, 2001. (122 min).

O que é a felicidade em nossas vidas? Às vezes ela pode estar nas menores coisas, como nos mostra esse filme.

Epiteto acreditava que há coisas que dependem de nós, das quais somos agentes (o impulso, o desejo, as opiniões), e coisas que não dependem de nós, das quais não somos agentes (o corpo, a reputação, a riqueza). Coloca-se aí a oposição entre liberdade e servidão: não podemos dizer que não somos livres porque não controlamos as coisas que não dependem de nós. Ao contrário, a **liberdade** consiste em podermos controlar aquilo que depende de nós: o pensamento e a vontade. Se ficamos presos às coisas materiais, que não dependem de nós, não somos livres.

A liberdade é condição para termos a alma tranquila e sermos felizes, pois, quando ficamos presos aos bens materiais, o desejo de ter sempre mais nos perturba e impede a felicidade.

A ética estoica consistia, portanto, em aprender a querer o acontecimento, a desejar para si aquilo que não estivesse sob nosso controle, de forma a saber usá-lo em proveito próprio. Se fico me lamentando por aquilo que me acontece e que não controlo, não posso ser feliz. Mas, ao contrário, se acolho o que acontece e vivo de acordo com isso, no fluxo dos acontecimentos, então estou no controle da vida e tenho a alma tranquila e feliz.

> Deves conformar-te com o que te acontece, por duas razões: primeira, porque foi feito para ti, prescrito para ti e se relacionava contigo desde o alto, na urdidura das causas mais veneráveis; segunda, porque o que acontece a cada um em particular assegura a quem rege o conjunto o bom andamento, a perfeição e, por Zeus!, a própria coexistência.
> MARCO AURÉLIO. *Meditações*. 3. ed. São Paulo: Abril Cultural, 1985. p. 279. (Os pensadores).

Muito da ética estoica foi assimilado pela filosofia e pela religião cristã. A moral do cristianismo, baseada na resignação, é, em grande medida, uma reinterpretação do estoicismo. Porém, é importante destacar que no estoicismo não há resignação. Quando a ética estoica recomenda conformar-se ao acontecimento, não significa que não podemos fazer nada. Ao contrário, é essa conformação, esse saber moldar-se ao acontecimento que nos permite ser atores e sujeitos de nossas próprias vidas.

Talvez seja mais fácil entender esse princípio ético com um exemplo. Um surfista não controla as ondas. Se não houver onda, não haverá surfe. Não basta o surfista querer que as ondas venham porque elas não dependem da sua vontade. Mas ele fica lá, sobre a prancha, esperando. Quando ele sente que vem uma boa onda, ele se coloca em pé e surfa, faz com que aquela onda seja sua e com ela produz seus movimentos. Ele transforma o acontecimento que está fora de seu controle (esse encontro com a onda), fazendo aquilo que lhe é possível e tentando controlar apenas o que está ao seu alcance.

// Surfista profissional em praia de Portugal, em 2018. Imagine quanto tempo de treino e prática é necessário para surfar uma grande onda com segurança.

É isso o que nos ensina a ética estoica: ficar à espreita e transformar aquilo que acontece em nossas vidas em uma produção própria. Mas, assim como ninguém é capaz de surfar uma onda sem muita prática e aprendizado, ninguém é capaz de viver sem orientação e treinamento.

> Não te perturbes se um corvo lançar um grito de mau augúrio. Pondera, distingue entre as tuas ideias, e diz para ti mesmo: "Este grito nada pressagia para mim. Sim para meu pobre corpo, para os meus pequenos haveres, para a minha vã glória, para os meus filhos, para minha mulher. Quanto a mim, todo o augúrio é bom, se tal for o meu desejo. Porque [...] só de mim depende que do acontecimento eu devidamente me aproveite".
> EPITETO. *Manual*. Lisboa: Vega, 1992. p. 49.

Uma filosofia do prazer

Na passagem do século IV a.C. para o século III a.C. formou-se na Grécia uma escola filosófica que conquistou grande número de adeptos: o hedonismo de **Epicuro**, ou epicurismo. Em termos de ética, os epicuristas defendiam que o supremo bem a ser buscado na vida é o prazer (em grego, *hedon*).

Epicuro de Samos (c. 341 a.C.-271 a.C.)

Embora nascido na ilha de Samos, na Ásia Menor, Epicuro era filho de atenienses emigrados e, portanto, cidadão de Atenas. Aí passou a juventude, estudando na Academia e no Liceu. Retornou à terra natal, onde fundou sua primeira escola filosófica. Aos 35 anos de idade fixou-se em Atenas e adquiriu uma casa onde montou sua escola, que ficaria conhecida como O Jardim.

Há informações de que escreveu em torno de trezentas obras, das quais restaram apenas três cartas e alguns fragmentos de textos.

Epicuro de Samos, em busto esculpido em mármore.

A escola de Epicuro foi fundada na mesma época em que Zenão de Cício criou a escola estoica, mas elas se apresentavam como iniciativas praticamente opostas. Embora ambas tivessem por objetivo a imperturbabilidade da alma (a ataraxia), recomendavam meios diferentes para alcançá-la. O estoicismo defendia o exercício da virtude e a recusa do prazer, enquanto o epicurismo afirmava que só o prazer poderia levar à paz de espírito, razão pela qual esta seria o bem supremo a ser almejado.

É importante observar, contudo, que ao falar em prazer Epicuro não se referia ao **prazer sensorial**, mas ao **prazer racional**. Tratava-se do prazer do sábio, o exercício da quietude da mente e da paz de espírito, o controle sobre as emoções e o domínio de si mesmo. Esse é o verdadeiro prazer, fonte da saúde e da felicidade. Entre os prazeres intelectuais, Epicuro incluía a amizade. Assim, sua escola, O Jardim, era uma comunidade na qual os discípulos compartilhavam a vida com o mestre, vivendo longe das agitações da cidade.

Epicuro foi adepto do **atomismo** de Leucipo (c. 490 a.C.-460 a.C.) e Demócrito (c. 460 a.C.-390 a.C.) e o desenvolveu ainda mais. Ele afirmava que tanto nosso corpo como nossa alma são compostos de átomos. Os átomos do corpo são mais pesados que os da alma. Mas tanto corpo como alma são materiais, formados por átomos indestrutíveis. A morte nada mais é que a desagregação dos átomos que nos compõem, os do corpo e os da alma, de modo que também a alma é mortal. Mas, como os átomos são indestrutíveis, eles tornarão a se juntar a outros, compondo novos corpos. Dessa noção física, ele enunciou um princípio ético: não há que temer a morte, pois com a morte nada sentimos e depois dela não mais existimos. Trata-se, então, de viver plenamente a vida.

> Habitua-te a pensar que a morte nada é para nós, visto que todo o mal e todo o bem se encontram na sensibilidade: e a morte é privação da sensibilidade.
> [...]
> Chamamos ao prazer princípio e fim da vida feliz. Com efeito, sabemos que é o primeiro bem, o bem inato, e que dele derivamos toda a escolha ou recusa e chegamos a ele valorizando todo bem com critério do efeito que nos produz.
>
> EPICURO. *Antologia de textos*. 3. ed. São Paulo: Abril Cultural, 1985. p. 17. (Os pensadores).

A filosofia de Epicuro encontrou muitos seguidores em sua época. Suas ideias chegaram ao mundo contemporâneo pela intervenção de dois discípulos. No século II, cerca de quinhentos anos depois da morte de Epicuro, um certo Diógenes mandou gravar nos muros de um dos pórticos da cidade de Enoanda, na Capadócia (atual Turquia), o "remédio da humanidade", segundo o filósofo epicurista. Esse muro foi encontrado em escavações arqueológicas do final do século XIX e nele podem ser lidos os quatro princípios epicuristas conhecidos como *tetraphármakon*, isto é, o "quádruplo remédio":

- Não há o que temer quanto aos deuses.
- Não há nada a temer quanto à morte.
- Pode-se alcançar a felicidade.
- Pode-se suportar a dor.

// Muro da cidade grega de Enoanda (localizada na atual Turquia), com inscrições, datadas do século II, que representam os quatro princípios epicuristas conhecidos como *tetraphármakon*, ou o quádruplo remédio. Foto de 2008.

Encontramos também no poema *"De rerum natura"* ("Sobre a natureza das coisas"), de Tito Lucrécio Caro (c. 99 a.C.-55 a.C), uma sistemática exposição da filosofia epicurista. Esse poema foi muito conhecido no mundo romano e, redescoberto durante o Renascimento, influenciou filósofos como Michel de Montaigne (1533-1592) e todo o pensamento moderno.

// Abaixo, grafite em muro da Lagoa da Conceição, em Florianópolis (SC), em 2010. A palavra grafite tem origem no italiano *graffiti* (de *graffiare*, que significa 'arranhar'), uma referência às inscrições que os seres humanos fazem em pedras e paredes desde a Pré-História.

CAPÍTULO 9 | A VIDA EM CONSTRUÇÃO: UMA OBRA DE ARTE 187

Em suma, o epicurismo constituiu uma ética **hedonista**, colocando o "verdadeiro prazer", o prazer do repouso do espírito, como o bem a ser almejado. Não se trata de uma busca desenfreada por bens materiais, mas do exercício paciente do pensamento como forma de produzir a tranquilidade da alma. A felicidade consiste, para Epicuro, em não sofrer no corpo, evitando as dores que podem ser evitadas, e não ter a alma perturbada.

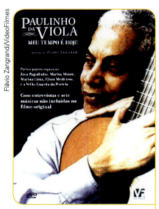

Capa do filme Paulinho da Viola: meu tempo é hoje. Direção de Izabel Jaguaribe. Brasil, 2003. (83 min).

Essa cinebiografia acompanha Paulinho da Viola em suas vivências e memórias. O título faz referência à canção de Wilson Batista "Meu mundo é hoje", cuja letra é praticamente um manifesto epicurista.

> Epicuro. Sim, orgulho-me de sentir o caráter de Epicuro diferentemente de qualquer outro, talvez, e de fruir a felicidade vesperal da Antiguidade em tudo o que dele ouço e leio: vejo o seu olhar que se estende por um mar imenso e esbranquiçado, para além das falésias sobre as quais repousa o sol, enquanto pequenos e grandes animais brincam à sua luz, seguros e tranquilos como essa luz e aquele mesmo olhar. Apenas um ser continuamente sofredor pôde inventar uma tal felicidade, a felicidade de um olhar ante o qual o mar da existência sossegou, e que agora não se farta de lhe contemplar a superfície, essa delicada, matizada, fremente pele de mar: nunca houve uma tal modéstia de volúpia.
>
> NIETZSCHE, Friedrich. *A gaia ciência.* São Paulo: Companhia das Letras, 2001. p. 87.

Foucault e uma estética da existência

No século XX, o filósofo francês Michel Foucault (1926-1984) procurou retomar a ética como construção da vida de cada um. A filosofia como forma de vida nada mais seria que uma forma de cuidar de si. Foucault, em meados da década de 1970, empreendeu pesquisas para a produção de uma "história da sexualidade" que o auxiliasse a compreender esse fenômeno no Ocidente. Nelas, deparou-se com questões morais relativas à vivência da sexualidade e dedicou-se a estudar textos e documentos antigos para pesquisar como os gregos e os romanos tratavam a questão.

Nessas pesquisas, Foucault encontrou dois conceitos importantes: o de "cuidado de si" e o de "falar a verdade", "falar francamente" (*parresia*, em grego), que ele via como centrais para a ética antiga. Ele não chegou a escrever um livro sobre ética, mas em seus escritos finais deixou pistas interessantes.

Cena de Bom Retiro 958 metros, do grupo Teatro da Vertigem. Apresentada em 2012 nas ruas do Bom Retiro, bairro de São Paulo (SP) que concentra oficinas de confecção e lojas, a peça trata de temas como a moda e o consumo.

> Em uma entrevista dada em 1982 [...], Foucault afirmou: "Os problemas que estudei são os três problemas tradicionais. 1) Que relações mantemos com a verdade através do saber científico, quais são nossas relações com esses 'jogos de verdade' tão importantes na civilização, e nos quais somos simultaneamente sujeitos e objetos? 2) Que relações mantemos com os outros, através dessas estranhas estratégias e relações de poder? Por fim, 3) quais são as relações entre verdade, poder e si mesmo?"
>
> FOUCAULT, Michel. Verdade, poder e si mesmo. *Ditos e escritos.* Rio de Janeiro: Forense Universitária, 2004. v. 5. p. 300.

INFORMAÇÕES COMPLEMENTARES

Um hedonismo contemporâneo

O filósofo francês Michel Onfray (1959-) defende o que ele denomina "materialismo hedonista", uma linha de pensamento centrada no resgate do corpo, esquecido e espezinhado pela filosofia durante a Idade Média e a Idade Moderna. Inspirado em Nietzsche e em Epicuro, procura formular o que ele chama de uma "moral jovial e trágica", na qual o prazer desempenha um papel central. Autor de dezenas de livros, tratou do hedonismo principalmente nas seguintes obras: *A escultura de si* (1993), *A arte de ter prazer* (1997) e *A potência de existir: manifesto hedonista* (2006).

// Michel Onfray, em foto de 2004.

O estudo das relações entre verdade, poder e si mesmo corresponde justamente à abordagem do campo da ética realizada por Foucault.

Ele chamou a atenção para a dificuldade de construir uma "ética do eu" em nossos dias, marcados pelo consumismo exacerbado, pelo culto ao corpo nas academias e pela exaltação das imagens por meio da propaganda. Essas preocupações limitadas a prazeres materiais e imediatos evocam um hedonismo muito diferente daquele de Epicuro. Ao mesmo tempo, Foucault afirmava que a tarefa de construir essa ética seria urgente, pois seria a única possibilidade de se construir a autonomia nos dias de hoje, resistindo aos poderes políticos.

A ética necessária na contemporaneidade, segundo Foucault, tem como tarefa a relação de cada um consigo mesmo, tornando-se sujeito de sua própria vida. Em outras palavras: não viver submetido às regras morais que são impostas de fora, mas assumir-se sujeito de suas próprias escolhas, criar e construir sua vida. Construir a si mesmo como autor de suas próprias ações, da mesma forma que um artista é sujeito criador de sua obra.

Partindo de uma provocação lançada por Nietzsche, "seja o mestre e o escultor de si mesmo", Foucault nos propôs pensar uma ética que seja uma "estética da existência". Segundo o filósofo francês, é conhecendo a si mesmo e cuidando de si mesmo que cada um pode construir sua vida na relação com os outros. Uma ética do cuidado de si não implica, portanto, isolamento ou egoísmo. Ao contrário, é apenas quando cada um cuida de si que pode também preocupar-se com o outro, estar em relação com ele, aprender com ele e também lhe ensinar, implicando o crescimento de ambos. O exercício do cuidado de si é uma forma de exercer autocontrole; e é esse poder sobre si que permite a alguém regular o poder que exerce sobre os outros e construir práticas de liberdade.

Para Foucault, o sujeito não é algo dado, mas algo construído. Cada ser humano é uma construção que se faz ao longo da vida. Por isso, não tem sentido afirmar que a liberdade é uma característica desse sujeito. Nós não somos simplesmente livres ou não livres.

// Mike Prysner, soldado estadunidense e veterano da Guerra do Iraque, participando de marcha antiguerra em Washington D.C., Estados Unidos, em setembro de 2007. Mike se tornou mundialmente conhecido por denunciar os abusos e as atrocidades cometidos pelo exército norte-americano contra os civis iraquianos.

Vivemos em meio a outros seres humanos e, como você verá na próxima unidade, as relações entre os sujeitos são relações de poder. Não somos livres permanentemente, mas em nossas relações com os outros podemos construir práticas de liberdade, formas de relação nas quais possamos ser nós mesmos, enquanto cada um dos outros é também ele mesmo. Segundo Foucault, esse é o objetivo de uma ética contemporânea.

É lógico!

Como vimos anteriormente, alguns raciocínios que à primeira vista parecem corretos podem conter equívocos lógicos ou argumentos falsos que nos enganam. Tratamos dos principais tipos de falácia: o sofisma, raciocínio elaborado com a intenção de enganar, e o paralogismo, raciocínio que carrega algum erro lógico. Mas são inúmeros os tipos de falácias que a Lógica estuda. Eles são agrupados em duas grandes categorias: as falácias formais e as falácias não formais. Vejamos como cada grupo se caracteriza.

As **falácias formais** são aquelas que, em sua estrutura, vão contra as regras lógicas do raciocínio correto. Embora pareçam corretas, elas não atendem a alguma (ou algumas) daquelas oito regras que foram apresentadas no capítulo 6 (unidade 2), e, portanto, possuem algum erro na própria forma do silogismo.

As **falácias não formais** são muito frequentes em nosso dia a dia. Nesse caso, o erro não está na forma do raciocínio, mas em algum elemento que é introduzido nele e que não sustenta a conclusão. Os estudiosos da Lógica costumam agrupá-las em dois conjuntos: as falácias de relevância e as falácias de ambiguidade.

As **falácias de relevância** caracterizam-se por terem premissas que não são relevantes para as conclusões delas extraídas. Exemplo:

Todo peixe vive na água.
O golfinho vive na água.
Logo, o golfinho é um peixe.

Note que a premissa geral não se aplica aos golfinhos, portanto, a conclusão de que o golfinho é um peixe é falsa. Em outras palavras, a premissa geral, ainda que seja correta, não pode sustentar a conclusão apresentada, uma vez que os golfinhos, embora vivam na água, não são peixes, e sim mamíferos. Ou seja, não é o fato de viver na água que caracteriza um animal como peixe.

O outro conjunto é o das **falácias de ambiguidade**. Elas são construídas por argumentos em que são usadas palavras ou frases ambíguas, que podem ter diferentes significados, induzindo, assim, a erros lógicos. Vejamos o exemplo que é dado por Irving Copi:

O fim de uma coisa é sua perfeição.
A morte é o fim da vida.
Logo, a morte é a perfeição da vida.

COPI, Irving. *Introdução à Lógica*. 2. ed. São Paulo: Mestre Jou, 1978. p. 91.

Qual é o equívoco lógico aqui? A ambiguidade da palavra "fim". Na premissa maior, ela é usada no sentido de finalidade; na premissa menor, ela é usada no sentido de término. O uso diferente da mesma palavra nas duas premissas leva a uma conclusão absurda, mas com aparência de ser correta.

Trabalhando com textos

Os dois textos a seguir foram escritos por filósofos da Antiguidade. O primeiro é uma carta do filósofo grego Epicuro, que explicita no título o tema abordado: "Carta sobre a felicidade". O segundo, do pensador romano Sêneca, corresponde a trechos de um tratado denominado "Sobre a brevidade da vida".

Texto 1

Você vai ler trechos de uma carta escrita por Epicuro para um discípulo, Meneceu. Nela, Epicuro expõe os princípios gerais de sua filosofia, segundo a qual a verdadeira felicidade reside no prazer do sábio.

Carta sobre a felicidade

[...] Pratica e cultiva então aqueles ensinamentos que sempre te transmiti, na certeza de que eles constituem os elementos fundamentais para uma vida feliz.

[...] Acostuma-te à ideia de que a morte para nós não é nada, visto que todo bem e todo mal residem nas sensações. A consciência clara de que a morte não significa nada para nós proporciona a fruição da vida efêmera, sem querer acrescentar-lhe tempo infinito e eliminando o desejo de imortalidade.

Não existe nada de terrível na vida para quem está perfeitamente convencido de que não há nada de terrível em deixar de viver. É tolo portanto quem diz ter medo da morte, não porque a chegada desta lhe trará sofrimento, mas porque o aflige a própria espera: aquilo que não nos perturba quando presente não deveria afligir-nos enquanto está sendo esperado.

Então, o mais terrível de todos os males, a morte, não significa nada para nós, justamente porque, quando estamos vivos, é a morte que não está presente; ao contrário, quando a morte está presente, nós é que não estamos. A morte, portanto, não é nada, nem para os vivos, nem para os mortos, já que para aqueles ela não existe, ao passo que estes não estão mais aqui. E, no entanto, a maioria das pessoas ora foge da morte como se fosse o maior dos males, ora a deseja como descanso dos males da vida.

O sábio, porém, nem desdenha viver, nem teme deixar de viver; para ele, viver não é um fardo e não viver não é um mal.

Assim como opta pela comida mais saborosa e não pela mais abundante, do mesmo modo ele colhe os doces frutos de um tempo bem vivido, ainda que breve.

[...] afirmamos que o prazer é o início e o fim de uma vida feliz. Com efeito, nós o identificamos como o bem primeiro e inerente ao ser humano, em razão dele praticamos toda escolha e toda recusa, e a ele chegamos escolhendo todo bem de acordo com a distinção entre prazer e dor.

Embora o prazer seja nosso bem primeiro e inato, nem por isso escolhemos qualquer prazer: há ocasiões em que evitamos muitos prazeres, quando deles nos advêm efeitos o mais das vezes desagradáveis; ao passo que consideramos muitos sofrimentos preferíveis aos prazeres, se um prazer maior advier depois de suportarmos essas dores por muito tempo. Portanto, todo prazer constitui um bem por sua própria natureza; não obstante isso, nem todos são escolhidos; do mesmo modo, toda dor é um mal, mas nem todas devem ser sempre evitadas. Convém, portanto, avaliar todos os prazeres e sofrimentos de acordo com o critério dos benefícios e dos danos. Há ocasiões em que utilizamos um bem como se fosse um mal e, ao contrário, um mal como se fosse um bem.

Consideramos ainda a autossuficiência um grande bem; não que devamos nos satisfazer com pouco, mas para nos contentarmos com esse pouco caso não tenhamos o muito, honestamente convencidos de que desfrutam melhor a abundância os que menos dependem dela; tudo o que é natural é fácil de conseguir; difícil é tudo o que é inútil.

Intemperante: aquele que não tem medida das coisas, que não tem moderação, a quem não importam os limites.
Vicissitude: variação; aqui, o que muda, que se alterna ao acaso, podendo ser um infortúnio.

Os alimentos mais simples proporcionam o mesmo prazer que as iguarias mais requintadas, desde que se remova a dor provocada pela falta: pão e água produzem prazer mais profundo quando ingeridos por quem deles necessita.

Habituar-se às coisas simples, a um modo de vida não luxuoso, portanto, não só é conveniente para a saúde, como ainda proporciona ao homem os meios para enfrentar corajosamente as adversidades da vida: nos períodos em que conseguimos levar uma existência rica, predispõe o nosso ânimo para melhor aproveitá-la, e nos prepara para enfrentar sem temor as vicissitudes da sorte.

Quando então dizemos que o fim último é o prazer, não nos referimos aos prazeres dos intemperantes ou aos que consistem no gozo dos sentidos, como acreditam certas pessoas que ignoram o nosso pensamento, ou não concordam com ele, ou o interpretam erroneamente, mas o prazer que é ausência de sofrimentos físicos e de perturbações da alma. Não são, pois, bebidas nem banquetes contínuos, nem a posse de mulheres e rapazes, nem o sabor dos peixes ou de outras iguarias de uma mesa farta que tornam doce uma vida, mas um exame cuidadoso que investigue as causas de toda escolha e de toda rejeição e que remova as opiniões falsas em virtude das quais uma imensa perturbação toma conta dos espíritos. De todas essas coisas, a prudência é o princípio e o supremo bem, a razão pela qual ela é mais preciosa do que a própria filosofia; é dela que originam todas as demais virtudes; é ela que nos ensina que não existe vida feliz sem prudência, beleza e justiça, e que não existe prudência, beleza e justiça sem felicidade. Porque as virtudes estão intimamente ligadas à felicidade, e a felicidade é inseparável delas.

[...]

Entendendo que a sorte não é uma divindade, como a maioria das pessoas acredita (pois um deus não faz nada ao acaso), nem algo incerto, o sábio não crê que ela proporcione aos homens nenhum bem ou nenhum mal que sejam fundamentais para uma vida feliz, mas, sim que dela pode surgir o início de grandes bens e grandes males. A seu ver, é preferível ser desafortunado e sábio a ser afortunado e tolo; na prática, é melhor que um bom projeto não chegue a bom termo do que chegue a ter êxito um projeto mau.

Medita, pois, todas essas coisas e muitas outras a elas congêneres, dia e noite, contigo mesmo e com teus semelhantes, e nunca mais te sentirás perturbado, quer acordado, quer dormindo, mas viverás como um deus entre os homens. Porque não se assemelha absolutamente a um mortal o homem que vive entre bens imortais.

EPICURO. *Carta sobre a felicidade* (A Meneceu). São Paulo: Ed. Unesp, 1999. p. 19-51.

Questões

1. Por que, segundo o texto, não precisamos temer a morte? Você concorda com essa afirmação? Explique.
2. Como Epicuro define o prazer?
3. Qual é o papel da prudência na busca da felicidade?

Texto 2

Leia a seguir dois trechos de um tratado de Sêneca. O primeiro faz a crítica daqueles que são impacientes e não conseguem viver os momentos, esperando sempre alguma realização futura. O segundo convida à busca da tranquilidade da alma.

Sobre a brevidade da vida

XVI

1. Muito breve e agitada é a vida daqueles que esquecem o passado, negligenciam o presente e temem o futuro. Quando chegam ao fim, os coitados entendem, muito tarde, que estiveram ocupados fazendo nada. 2. E porque invocam a morte, não se pode provar que tenham vivido uma longa existência. Sua imprudência atormenta-os com sentimentos incertos, os quais direcionam para as próprias coisas que temem: desejam a morte porque ela os amedronta. 3. Não é argumento para nos levar a pensar que desfrutam de uma longa vida o fato de, muitas vezes, acharem que os dias são longos, ou reclamarem de que as horas custam a passar até o jantar, pois, se estão sem ocupação, sentem-se abandonados e inquietam-se com o ócio sem saber como dispor do mesmo ou acabar com ele. Assim, desejam uma ocupação qualquer, e o período de tempo entre dois afazeres é cansativo. E, certamente, é isso que acontece quando o dia do combate dos gladiadores é marcado, ou quando se aguarda qualquer outro evento ou espetáculo: desejam pular os dias que ficam no meio. 4. Toda a espera por alguma coisa lhes é penosa, mas aquele momento a que aspiram é breve e passa rápido, tornando-se muito mais breve por sua própria culpa, pois transitam de um prazer a outro sem permanecer em apenas um desejo. Seus dias não são longos, mas insuportáveis. Ao contrário, muito curtas lhes parecem as noites que passam nos braços das prostitutas, ou entregues a bebedeiras! 5. Talvez daí resulte o delírio dos poetas que alimentam os erros dos homens com histórias nas quais se mostra Júpiter, embevecido pelo desejo do coito, duplicando a duração da noite. De que se trata, senão de exaltar os nossos vícios, já que os encontramos nos deuses e vemos na divindade um exemplo de fraqueza? Podem estes não achar muito curtas as noites pelas quais pagam tão caro? Perdem o dia esperando a noite; a noite, com medo da aurora.

XIX

1. Refugia-te nestas coisas mais tranquilas, mais seguras, mais elevadas! Pensas que é a mesma coisa cuidar para que o transporte do trigo chegue livre da fraude e da negligência dos transportadores, que seja armazenado com cuidado nos armazéns, de modo que não se aqueça ou que não se estrague pela umidade e não fermente e, por último, que a medida e o peso se encontrem de acordo com o combinado; pensas que tais cuidados possam ser comparados com estes santos e sublimes estudos que te revelarão a natureza de Deus, seu prazer, sua condição, sua forma? Irão te indicar o destino reservado à tua alma, onde nos colocará a natureza quando formos libertos dos corpos? O que sustenta os corpos mais pesados no meio deste mundo, o que suspende os mais leves, leva o fogo às regiões mais elevadas; indica aos astros a sua rotação e, assim, muitos outros fenômenos ainda mais maravilhosos? 2. Queres, uma vez abandonada a terra, voltar a mente a essas coisas? Agora que o sangue ainda aquece e que está pleno de vigor, devemos tender às coisas melhores. Encontrarás, neste tipo de vida, o entusiasmo das ciências úteis, o amor e a prática da virtude, o esquecimento das paixões, a arte de viver e de morrer, uma calma inalterável. 3. Certamente, miserável é a condição de todas as pessoas ocupadas, mas ainda mais miserável a daqueles que sobrecarregam a sua vida de cuidados que não são para si, esperando, para dormir, o sono dos outros, para comer, que o outro tenha apetite, que caminham segundo o passo dos outros e que estão sob as ordens deles nas coisas que são as mais espontâneas de todas – amar e odiar. Se desejam saber quão breve é a sua vida, que calculem quão exígua é a parte que lhes toca.

SÊNECA. *Sobre a brevidade da vida*.
Porto Alegre: L&PM Pocket, 2010. p. 70-71; 80-81.

 Questões

1. Por que Sêneca critica os poetas? O que você pensa a respeito dessa crítica?
2. Por que deveríamos nos refugiar nas coisas tranquilas?
3. Em que sentido a condição daqueles que não cuidam de si mesmos é uma condição miserável?

Em busca do conceito

1. Em que sentido podemos afirmar que os cínicos desenvolveram uma "ética prática"?

2. Analise e comente as diferenças teóricas entre o epicurismo e o estoicismo no que diz respeito à ética.

3. Explique, com suas palavras, a afirmação de Deleuze de que as filosofias helenísticas constituíram uma "arte das superfícies".

4. Explique por que, segundo Foucault, nos dias de hoje é difícil construir uma "ética do eu" (ou ética de si mesmo).

5. Por que, segundo Foucault, o cuidado de si propicia a liberdade?

6. Explique como os "exercícios espirituais" foram usados pela filosofia. Cite exemplos e comente-os.

7. Vamos praticar um "exercício espiritual". Experimente a escrita em forma de diário. Você pode usar um caderno ou fazer um *blog* – nesse caso, decida se será um *blog* público ou com acesso restrito. Preste muita atenção naquilo que você vai escrever e em como vai escrever, pensando nas pessoas que lerão seus textos. Durante um mês, anote todos os dias aquilo que você pensa e sente. Compartilhe seu caderno ou *blog* com outros colegas. Após esse período, releia tudo o que você escreveu e reflita sobre isso. Compartilhe suas conclusões com os colegas de sua sala e converse com eles sobre a experiência. Será possível conhecer mais sobre você mesmo e sobre eles a partir desse exercício? Continue a escrever enquanto julgar interessante.

8. Leia o texto e o poema a seguir.

> [...] o ser humano busca a felicidade porque ele é desejo (e desejo consciente) e porque, sempre capaz de reflexões, está sempre em condições de contestar seu presente por seu futuro e de visar nesse futuro a plenitude de seu desejo.
>
> Mas a vida espontânea do desejo desdobra-se na maioria das vezes como séries de conflitos e frustrações, ou, se quisermos, como sofrimento. Não se vá por isso renunciar ao desejo como nos propõem as religiões ascéticas, mas compreender que esse desejo, sendo também liberdade, deve sair de suas crises de modo excepcional e radical. Só uma transmutação de nosso olhar sobre as coisas nos permite alcançar realmente nosso desejo, isto é, o que há de preferível em nosso desejo: satisfação e justificação, plenitude e sentido.
>
> Em termos simples, digamos que a felicidade é a consumação real e autêntica do desejo; não o acesso imediato e caótico a todos os prazeres despedaçados (com suas contradições e decepções), mas o acesso à satisfação do prazer pensado, querido, partilhado e habitado por um sentido [...].
>
> MISRAHI, Robert. Felicidade. *Café Philo*: as grandes indagações da filosofia. Rio de Janeiro: Jorge Zahar, 1999. p. 45.

Por quê?

Por que nascemos para amar, se vamos morrer?
Por que morrer, se amamos?
Por que falta sentido
ao sentido de viver, amar, morrer?

ANDRADE, Carlos Drummond de. *Poesia completa*. Rio de Janeiro: Nova Aguillar, 2001. p. 1242.

Com base na leitura do texto e do poema, além daquilo que foi estudado no capítulo, escreva uma dissertação sobre o tema: "A felicidade é nosso único objetivo?".

Dissertação filosófica

Veja duas dicas que podem lhe auxiliar tanto na leitura de textos filosóficos como na realização de uma redação filosófica:

- Faça uma leitura cuidadosa do texto e de outras fontes que lhe servirem de base, observando o significado de cada frase com atenção redobrada, consultando as referências que lhe forem desconhecidas e relacionando as partes do texto com seu título e outras referências (obra, contexto histórico, etc.).
- Sempre que deparar com palavras ou conceitos que lhe forem desconhecidos, consulte um dicionário da língua portuguesa e também, se possível, um dicionário filosófico, como já indicado no capítulo 7. Você pode também consultar fontes confiáveis da internet (*sites* de escolas, universidades, instituições, revistas, etc.) para confrontar determinados conceitos e dirimir suas dúvidas.

Sugestões de leituras

KOHAN, Walter; VIGNA, Elvira. *Pensar com Foucault*. Rio de Janeiro: Lamparina, 2015.

Trechos curtos de obras de Michel Foucault escolhidos para um primeiro contato direto com o pensamento do filósofo.

MORAES, João Quartim de. *Epicuro*: as luzes da ética. São Paulo: Moderna, 1998.

Uma interessante introdução ao pensamento de Epicuro, complementada por uma seleção de textos dele e de comentadores.

NIETZSCHE, Friedrich. *100 aforismos sobre o amor e a morte*. São Paulo: Companhia das Letras/Penguin, 2012.

Uma seleção de frases e textos curtos de Nietzsche sobre duas temáticas centrais da existência humana.

SÊNECA. *As relações humanas*: a amizade, os livros, a filosofia, o sábio e a atitude perante a morte. 2. ed. São Paulo: Landy, 2007.

Uma seleção das "cartas a Lucílio", escritas por Sêneca no ano 62, uma de suas últimas obras. Em linguagem clara, toca em alguns dos temas mais importantes da filosofia estoica.

SÊNECA. *Sobre a brevidade da vida*. Porto Alegre: L&PM Pocket, 2010.

Um tratado bastante curto e de fácil leitura. Trata de temas como amizade, livros, morte e maneiras de livrar-se de futilidades que não acrescentam nada à vida.

A Filosofia na História

Consulte na linha do tempo presente no final deste livro o contexto histórico e cultural dos acontecimentos mencionados aqui, bem como os filósofos que se destacaram no período em questão.

No final do século XIII, desencadeou-se na Europa uma série de guerras religiosas e revoltas camponesas que ameaçavam tanto a segurança e a ordem públicas como as atividades comerciais e manufatureiras, ainda nascentes nas pequenas formações urbanas. Nesse quadro social, em muitas regiões foi preponderante a figura do monarca, que centralizou o poder, oferecendo unificação e estabilidade às regiões em conflito.

Esse processo formou uma sociedade estratificada, que tinha o rei no topo, o clero e a aristocracia logo abaixo e, sob estes, todo o povo. O poder do rei era ilimitado e sua legitimidade se fundava no direito divino dos reis, ou seja, na crença de que o poder real havia sido concedido por Deus. Dessa maneira, qualquer questionamento ou tentativa de destituição do rei poderia ser considerado uma afronta a Deus.

No século XVIII, as ideias renascentistas formaram a base do Iluminismo, que questionava, por exemplo, a legitimidade do direito divino dos reis. Além disso, o desenvolvimento da economia capitalista promoveu a ascensão da burguesia, uma camada social cada vez mais rica, mas com pouco poder político. O embate da classe burguesa contra o clero, a aristocracia e o rei culminou na derrubada do regime político absolutista em muitos países. A Revolução Francesa se tornou símbolo tanto da ascensão da burguesia quanto dos ideais iluministas. Contra o rei absoluto, afirmou-se a liberdade dos indivíduos. Pintada algumas décadas depois da Revolução Francesa, a obra *A Liberdade guiando o povo*, que você observou na página 168, representa os ideais de democracia e liberdade.

No entanto, essa recusa do rei como autoridade e a afirmação de que o ser humano é livre impuseram uma série de dificuldades no plano ético. Se o poder do rei era justificado por seu vínculo com Deus, suas decisões realizavam na Terra as vontades divinas. Consequentemente, ao cumprir as ordens do rei, as pessoas estariam agindo de acordo com a divindade e, portanto, o princípio da ação estaria assegurado. Agia-se eticamente ao seguir a lei e cumprir seu papel dentro da ordem imposta pelo rei absolutista. Entretanto, quando se questiona a legitimidade do poder real, surge a questão de quem ou o que tem legitimidade para fundamentar as ações. O fim do absolutismo trouxe, portanto, a questão: agora que se conquistou a liberdade, o que se deve fazer com ela?

// A coroa de Luís XV, rei da França no século XVIII, é hoje peça de museu, mas foi um dos símbolos máximos de que o monarca era representante de Deus na Terra e que seu poder se justificava neste vínculo.

// Ilustração de autoria desconhecida, feita no século XIV, em que Wat Tyler (à direita, no cavalo), líder da Revolta dos Camponeses inglesa, reúne-se com o rei Ricardo II (à esquerda), em Mile End, Londres, Inglaterra.

Kant viveu esse período e se viu diante dessa questão. Na nova ordem social que se iniciava, sem a autoridade de um representante de Deus na Terra, qual deveria ser o critério de ação humana? Como vimos, o filósofo alemão não recorre à volta da figura do rei ou à criação de outra instituição social responsável pelo princípio da ação ética. Seguindo e desenvolvendo os ideais iluministas, Kant reafirma a liberdade do ser humano ao defender que o princípio da ação está na razão humana. Pela capacidade de a razão prática legislar sobre a vontade, afirma Kant, o ser humano é livre exatamente por obedecer à própria razão.

Questões

1. Qual é a relação entre os governos autoritários, como as monarquias absolutistas, e aquilo que Kant denomina menoridade?

2. Qual é o principal desafio ético que o fim da autoridade divina dos reis impôs aos seres humanos? Justifique sua resposta.

3. Muitos filósofos contemporâneos afirmam que a liberdade e a autonomia conquistadas durante o século XVIII estão ameaçadas ou já não existem mais. Segundo eles, vivemos hoje em uma sociedade de consumo, ou seja, em uma sociedade em que as pessoas pretendem alcançar a felicidade por meio da compra de bens de consumo oferecidos pelo mercado. Em vez de agir de acordo com o dever ditado pela razão prática, o ser humano contemporâneo age sob forte influência da publicidade, que estimula excessivamente as vontades e padroniza as pessoas em tipos de consumidor. Em vez de afirmar sua liberdade seguindo sua própria razão, que pode legislar sobre as vontades, as pessoas seguem tendências de mercado. Os seres humanos se reduzem a consumidores quando definem seu modo de vida com base nos produtos que consomem.

A esse respeito, o pensador inglês Anthony Giddens (1938-) afirma o seguinte:

> A modernidade inaugura o projeto do eu, mas sob condições fortemente influenciadas pelos efeitos padronizadores do capitalismo mercantil. [...] Basta dizer que o capitalismo é uma das principais dimensões institucionais da modernidade, e que o processo de acumulação capitalista representa uma das principais forças impulsionadoras por trás das instituições modernas como um todo. O capitalismo mercantiliza em vários sentidos. [...] [A] mercantilização afeta diretamente os processos de consumo, particularmente com o amadurecimento da ordem capitalista. O estabelecimento de padrões regulares de consumo, promovidos pela propaganda e outros métodos, torna-se central para o crescimento econômico. Em todos esses sentidos, a mercantilização influencia o projeto do eu e o estabelecimento de estilos de vida.
>
> GIDDENS, Anthony. *Modernidade e identidade*. Rio de Janeiro: Jorge Zahar, 2002. p. 182.

Identifique o papel do capitalismo no processo de derrubada das monarquias absolutistas e na dinâmica da sociedade de consumo.

4. De que maneira a propaganda pode ser considerada uma ameaça à autonomia dos seres humanos? Você já se sentiu coagido pela propaganda?

As inúmeras opções de modelos de um mesmo produto escondem a padronização do estilo de vida feita pelo mercado. Na foto de 2018, setor de televisores em loja de eletroeletrônicos no Rio de Janeiro (RJ).

Um diálogo com Sociologia e História

Leia a matéria a seguir e responda às questões propostas.

Por onde anda? O herói tratorista que se recusou a demolir casas e emocionou o Brasil

Amilton dos Santos ficou conhecido, em 2003, pela atitude heroica.

Para a maioria dos brasileiros, a manhã de dois de maio de 2003 poderia ser somente uma daquelas datas do calendário renegadas ao esquecimento. Nenhum grande feito histórico, nenhuma decisão de Estado considerável, nenhuma morte de uma personalidade importante. Aquele dia, entretanto, ficaria marcado pela simplicidade e pela força estrondosa dos pequenos gestos e pela rebeldia singela dos heróis anônimos do cotidiano.

Um baiano de 53 anos, pai de família, sem muita formação escolar, de conversa simples e afável nos tratos, enfrentou a ordem dos patrões, desafiou a decisão da justiça e seguiu aquilo que acreditava ser o mais importante entre os seres humanos – a solidariedade. Amilton Santos, no comando de um trator, foi contra tudo e todos e se tornou um herói e exemplo para os brasileiros.

Obrigado a demolir duas casas que abrigavam quinze pessoas no bairro da Palestina [em Salvador, BA], ele desceu do trator, chorou, foi ameaçado e pressionado a cumprir uma determinação judicial. Acuado, tentou mais uma vez, mas não conseguiu passar por cima da própria crença e dos seus sentimentos.

A história do operador de máquinas Amilton, hoje com 61 anos, ganhou repercussão em diversos meios de comunicação e emocionou o Brasil. Despertou a curiosidade, foi tema de entrevistas, de debates sobre as ordens judiciais, inspirou autores de novela e trouxe de volta a sensação de que o mundo ainda tem muito espaço para a honestidade, fraternidade e para a compaixão. "Foi um dia que mudou tudo para mim e eu faria exatamente tudo de novo. Eu tenho casa, tenho família, e com que direito eu poderia chegar e passar o trator por cima da casa dos outros deixando todo mundo sem ter onde dormir? Sem ter um abrigo? Esse tipo de serviço nunca fiz e não me chamem. Primeiro de tudo, o coração e o bem das pessoas", relembrou o tratorista.

Oito anos depois do episódio, Amilton continua trabalhando na mesma empresa, fazendo serviços de terraplanagem. Em uma dessas ironias do destino, a atividade principal dele, desenvolvida durante as 8 h diárias de trabalho, é preparar o terreno para a construção das obras de um programa habitacional do governo federal. "A casa da gente é o lugar onde você descansa, se alimenta, vive com sua mulher, com seus filhos, com seus parentes. Ficar sem isso é a mesma coisa que tirarem um pouco de sua vida ou não é?", pergunta.

O herói tratorista, que mora no bairro da Fazenda Grande do Retiro com a mulher e dois filhos, diz que ainda é lembrado e admirado pelo feito que marcou a sua vida e a vida dos moradores da Palestina. No ano de 2004, foi candidato a vereador, mas perdeu a vaga. A rápida passagem pela política não deixou nada de tão memorável: "É uma coisa que não me meto mais. Para o futuro, eu só quero saber de saúde, de viver bem mesmo e de trabalhar". O tempo que sobra também é dedicado aos dez filhos que tem. Embora a maioria já possua mais de 18 anos, o operário faz questão de estar por perto, conversando, acompanhando e, quando possível, ajudando: "Eles têm uma grande admiração por mim, acham que sou o herói deles, que tenho o coração bom", explica.

As lembranças do dia

Apesar de não ter nenhum material de jornal, nenhum vídeo ou algum documento que relate com precisão os fatos daquele dia, Amilton lembra de praticamente toda a sequência com detalhes. Ele conta que havia tido um sonho ruim e estava um pouco confuso antes de sair para a empresa. Logo que chegou ao trabalho, o operário recebeu do patrão a ordem de derrubar casas velhas e vazias que estariam prestes a desabar.

No local, já se encontravam os dois oficiais de justiça designados pelo Fórum de Salvador para cumprir o mandado de demolição das casas [...] e para garantir a reintegração de posse do terreno. Para garantir a tranquilidade da operação, seis viaturas da 31ª Companhia da Polícia Militar e cerca de 20 soldados armados com revólveres, escopetas e fuzis [...] acompanhavam os trâmites para assegurar a execução da ordem emitida pelo juiz [...] da 12ª Vara de Feitos Cíveis.

A chegada dele ao local, com a retroescavadeira, iniciou os preparos para desalojar as famílias. Os oficiais ratificaram a determinação judicial e Amilton chegou a ligar a ignição. Nervoso, com as mãos trêmulas, diante de dezenas de vizinhos e principalmente com o desespero das duas famílias, o operário se recusou a prosseguir. A família, segundo ele, repetia aos gritos súplicas a Deus. Em seguida, começaram os pedidos aflitos de "Pare, pare, pare!".

Amilton, sem saber ao certo das consequências que o ato poderia ter, desabafou aos prantos: "Não posso fazer uma coisa dessas. Não posso fazer isso.". E repetia ininterruptamente para os oficiais: "Isso não é direito! Não é direito! Não posso derrubar a casa de um pai de família e de um trabalhador como eu. Isso poderia estar acontecendo comigo e eu não acho certo. Não é direito!".

Ameaçado de prisão, ele ainda tentou uma segunda vez, mas não conseguiu cumprir a ordem. Esclareceu que sofria de problemas no coração e que tinha pressão alta. Com disposição voraz para cumprir o estabelecido, outro operador de máquinas foi chamado para fazer o serviço. Novamente, a recusa. Com a mobilização, a comoção, o próprio desgaste de horas de tensão entre moradores e policiais, além da própria repercussão, a empresa mandou recolher a retroescavadeira.

"Hoje eu olho aquilo e vejo que foi Deus quem me ajudou a tomar aquela decisão. Nunca me esqueço, não posso me esquecer. E sempre que posso ainda visito [...] a casa", diz.

Herói ou apenas um homem justo?

A pergunta que costuma se repetir para o operário é se ele considera que a atitude foi digna de um herói. Ainda que tenha algumas reservas, ele não esconde que seu gesto foi corajoso: "Eu podia ter sido preso, demitido e nada disso aconteceu. Eu sei que muita gente na mesma situação não faria a mesma coisa. Mas não podia deixar aquilo acontecer, fazer aquilo. Eu acho que a justiça não estava certa naquela hora. Então, se você pensar assim, naquela pressão total, eu acho que fui um herói".

Inevitavelmente, por trabalhar no mesmo ramo, as memórias do caso estão sempre presentes. "Quase todos os dias, quando subo no trator, lembro um pouco. Quando vi o prédio que caiu em Massaranduba, lembrei das pessoas que poderiam perder suas casas naquela situação. [...] Meus olhos ficaram cheios de lágrimas. Isso só mostra que tem muita gente boa fazendo o bem. E é isso que a gente, quando pode, deve fazer".

REIS, Gilvan. Por onde anda? O herói tratorista que se recusou a demolir casas e emocionou o Brasil. *iBahia*, 13 nov. 2011. Disponível em: <www.ibahia.com/detalhe/noticia/por-onde-anda-o-heroi-tratorista-que-se-recusou-a-demolir-casas-e-emociou-o-brasil>. Acesso em: 14 maio 2018.

Questões

1. Nesta unidade, vimos que nossas ações são sempre embasadas em valores e que é uma atitude tipicamente humana "avaliar os valores", isto é, produzir juízos de valor. Qual é o seu juízo de valor, o seu julgamento em relação à atitude do operário Amilton dos Santos? Explique e justifique. Como você agiria em uma situação como essa?

2. A transgressão desse operário para com a interdição (a lei judicial) denota uma atitude de ilegalidade e de subversão? Comente.

3. Você considera que toda lei é justa? Haverá conflitos entre os valores individuais e os valores coletivos expressos na lei? Justifique sua resposta e dê exemplos.

4. Comente a contraposição presente no seguinte trecho do texto:
   Oito anos depois do episódio, Amilton continua trabalhando na mesma empresa, fazendo serviços de terraplanagem. Em uma dessas ironias do destino, a atividade principal dele, desenvolvida durante as 8 h diárias de trabalho, é preparar o terreno para a construção das obras de um programa habitacional do governo federal. "A casa da gente é o lugar onde você descansa, se alimenta, vive com sua mulher, com seus filhos, com seus parentes. Ficar sem isso é a mesma coisa que tirarem um pouco de sua vida ou não é?", pergunta.
   - Analisando a atitude de Amilton dos Santos, como você vê seus princípios éticos? Com qual das perspectivas éticas estudadas nesta unidade sua ação se identificaria? Comente sua resposta.

A Filosofia no Enem e nos vestibulares

Enem

1. (Enem 2013)

A felicidade é, portanto, a melhor, a mais nobre e a mais aprazível coisa do mundo, e esses atributos não devem estar separados como na inscrição existente em Delfos "das coisas, a mais nobre é a mais justa, e a melhor é a saúde; porém a mais doce é ter o que amamos". Todos estes atributos estão presentes nas mais excelentes atividades, e entre essas a melhor, nós a identificamos como felicidade.

ARISTÓTELES. *A política*. São Paulo: Cia. das Letras, 2010.

Ao reconhecer na felicidade a reunião dos mais excelentes atributos, Aristóteles a identifica como

a) busca por bens materiais e títulos de nobreza.
b) plenitude espiritual e ascese pessoal.
c) finalidade das ações e condutas humanas.
d) conhecimento de verdades imutáveis e perfeitas.
e) expressão do sucesso individual e reconhecimento público.

Vestibulares

2. (Unicamp-SP 2016)

Por que a ética voltou a ser um dos temas mais trabalhados do pensamento filosófico contemporâneo? Nos anos 1960 a política ocupava esse lugar e muitos cometeram o exagero de afirmar que tudo era político.

(José Arthur Gianotti, "Moralidade Pública e Moralidade Privada", em Adauto Novaes, *Ética*. São Paulo: Companhia das Letras, 1992. p. 239.)

A partir desse fragmento sobre a ética e o pensamento filosófico, é correto afirmar que:

a) O tema foi relevante na obra de Aristóteles e apenas recentemente voltou a ocupar um espaço central na produção filosófica.
b) Os impasses morais e éticos das sociedades contemporâneas reposicionaram o tema da ética como um dos campos mais relevantes para a Filosofia.
c) O pensamento filosófico abandonou sua postura política após o desencanto com os sistemas ideológicos que eram vigentes nos anos 1960.
d) Na atualidade, a ética é uma pauta conservadora, pois nas sociedades atuais, não há demandas éticas rígidas.

3. (Unesp-SP 2016)

Texto 1

Sócrates – Ao atingir os cinquenta anos, os que tiverem se distinguido em tudo e de toda maneira, no seu agir e nas ciências, deverão ser levados até o limite e forçados a elevar a parte luminosa da sua alma ao Ser que ilumina todas as coisas. Então, quando tiverem vislumbrado o bem em si mesmo, usá-lo-ão como um modelo para organizar a cidade, os particulares e a sua própria pessoa, pelo resto da sua vida. Passarão a maior parte do seu tempo estudando a filosofia e, quando chegar sua vez, suportarão trabalhar nas tarefas de administração e governo, por amor à cidade, pois que verão nisso um dever indispensável. Assim, depois de terem formado sem cessar homens que lhes sejam semelhantes, para lhes deixar a guarda da cidade, irão habitar as ilhas dos bem-aventurados.

Glauco – São mesmo belíssimos, Sócrates, os governantes que modelaste como um escultor!

(Platão. *A República*, 2000. Adaptado.)

Texto 2

Origina-se aí a questão a ser discutida: se é preferível ao príncipe ser amado ou temido. Responder-se-á que se preferiria uma e outra coisa; porém, como é difícil unir, a um só tempo, as qualidades que promovem aqueles resultados, é muito mais seguro ser temido do que amado, quando se veja obrigado a falhar numa das duas. Os homens costumam ser ingratos, volúveis, covardes e ambiciosos de dinheiro; enquanto lhes proporcionas benefícios, todos estão contigo. Todavia, quando a necessidade se aproxima, voltam-se para outra parte. Os homens relutam menos em ofender aos que se fazem amar do que aos que se fazem temer, pois o amor se mantém por um vínculo de obrigação, o qual, mercê da perfídia humana, rompe-se sempre que for conveniente, enquanto o medo que se incute é alimentado pelo temor do castigo, sentimento que nunca se abandona.

(Maquiavel. *O Príncipe*, 2000. Adaptado.)

Considerando os conceitos filosóficos de "idealismo", "metafísica" e "ética", explique as diferenças entre as concepções de política formuladas por Platão e por Maquiavel.

4. (UFSJ-MG 2013) "A Filosofia a golpes de martelo" é o subtítulo que Nietzsche dá à sua obra "Crepúsculo dos ídolos". Tais golpes são dirigidos, em particular, ao(s)

a) compositores do século XIX, como, por exemplo, Wolfgang Amadeus Mozart, compositor de uma ópera de nome "Crepúsculo dos deuses", parodiada no título.

b) existencialismo, ao anticristo, ao realismo ante a sexualidade, ao materialismo, à abordagem psicológica de artistas e pensadores, bem como ao antigermanismo.

c) conceitos de razão e moralidade preponderantes nas doutrinas filosóficas dos vários pensadores que o antecederam e seus compatriotas e/ou contemporâneos Kant, Hegel e Schopenhauer.

d) conceitos filosóficos e valores morais, pois eles são os instrumentos eficientes para a compreensão e o norteamento da humanidade.

5. (UEM-PR 2008) – O Período Helenístico inicia-se com a conquista macedônica das cidades-Estado gregas. As correntes filosóficas desse período surgem como tentativas de remediar os sofrimentos da condição humana individual: o epicurismo ensinando que o prazer é o sentido da vida; o estoicismo instruindo a suportar com a mesma firmeza de caráter os acontecimentos bons ou maus; o ceticismo de Pirro orientando a suspender os julgamentos sobre os fenômenos. Sobre essas correntes filosóficas, assinale o que for correto.

01) Os estoicos, acreditando na ideia de um cosmo harmonioso governado por uma razão universal, afirmaram que virtuoso e feliz é o homem que vive de acordo com a natureza e a razão.

02) Conforme a moral estoica, nossos juízos e paixões dependem de nós, e a importância das coisas provém da opinião que delas temos.

04) Para o epicurismo, a felicidade é o prazer, mas o verdadeiro prazer é aquele proporcionado pela ausência de sofrimentos do corpo e de perturbações da alma.

08) Para Epicuro, não se deve temer a morte, porque nada é para nós enquanto vivemos e, quando ela nos sobrevém, somos nós que deixamos de ser.

16) O ceticismo de Pirro sustentou que, porque todas as opiniões são igualmente válidas e nossas sensações não são verdadeiras nem falsas, nada se deve afirmar com certeza absoluta, e da suspensão do juízo advém a paz e a tranquilidade da alma.

É lógico?

Elementar, meu caro. Depois de aprender um pouco sobre lógica nesta unidade, vamos exercitar o uso das ferramentas de pensamento. Você verá como certo treino ajuda bastante a pensar de forma mais organizada.

1. Analise os silogismos a seguir e identifique se estão corretos ou não, explicando as razões que o levaram a sua conclusão com base no que vimos na unidade.
   a) Todos os gatos são mamíferos.
   Todos os cachorros são mamíferos.
   Logo, todos os cachorros são gatos.
   b) Todos os seres humanos têm um cérebro.
   João é humano.
   Portanto, João tem um cérebro.

2. Com base nas regras do silogismo estudadas nesta unidade, formule alguns silogismos e explique seus componentes.

3. Os datilógrafos, no Brasil, estão desaparecendo.
   Aquele rapaz é datilógrafo.
   Logo, aquele rapaz está desaparecendo.
   - De que tipo de falácia se trata o argumento acima? Explique sua resposta.

4. Acompanhe o seguinte raciocínio:

O ANO TEM	365 dias
Menos 8h de sono por dia	122 dias
SOBRAM	243 dias
Menos 8h de descanso diário	122 dias
SOBRAM	121 dias
Menos domingos	52 dias
SOBRAM	69 dias
Menos ½ dia por sábado	26 dias
SOBRAM	43 dias
Menos feriados	13 dias
SOBRAM	30 dias
Menos férias	30 dias
SOBRA	00 dia

Que tal, você ainda acha que trabalha demais?

LIMA, Maria Conceição Alves. *Textualidade e ensino*: os aspectos lógico-semântico-cognitivos da linguagem e o desempenho discursivo escolar. São Paulo: Ed. Unesp, 2006. p. 224.

- Explique por que o raciocínio acima é falacioso.

UNIDADE 4
Como nos relacionamos em sociedade?

Em 1808, a Espanha estava dominada pelo exército francês. A casa real espanhola havia sido subjugada por Napoleão. Contra essa situação, cidadãos de Madri se revoltaram, mas foram rapidamente detidos pelas forças francesas. O evento ficou conhecido como "Levante de 2 de maio". A pintura de Goya retrata o brutal fuzilamento de 44 madrilenhos que participaram do levante.

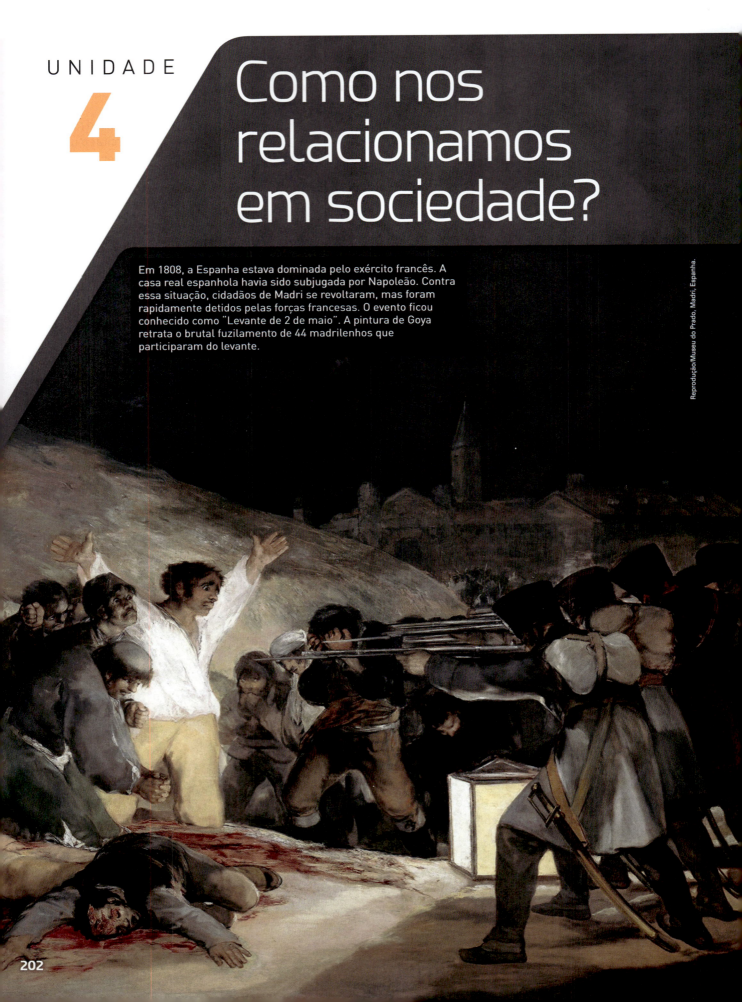

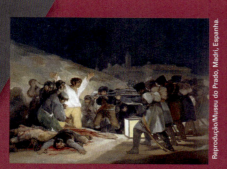

Três de maio de 1808, de Francisco Goya, óleo sobre tela de 1814.

É na Grécia antiga, com Platão e Aristóteles, que a política se consolida como uma reflexão filosófica sobre a administração da pólis e dos interesses de uma comunidade. Desde então, a filosofia tem levantado questões referentes ao âmbito da vida política.

Na transição para a Idade Média, crescia o poder da Igreja católica. Santo Agostinho distinguiu o poder temporal, exercido pelos não religiosos, do poder espiritual, exercido pela Igreja, a fim de moralizar a vida mundana.

Dando ênfase à prática política, renascentistas como Maquiavel e La Boétie se debruçaram, respectivamente, sobre o exercício do poder pelo príncipe e a opressão deste sobre seus súditos.

Na modernidade, com a formação dos Estados Nacionais e do capitalismo, Hobbes, Locke e Rousseau elaboraram hipóteses sobre a origem da sociedade, seus valores e a organização do Estado.

No século XIX, consolidado o capitalismo monopolista e liberal, Marx, Engels e pensadores anarquistas criticaram o Estado como um instrumento da burguesia para perpetuar a exploração do proletariado.

Tensões políticas, econômicas e sociais ganharam um desfecho trágico no século XX: duas guerras mundiais, totalitarismos e ditaduras. Em vista disso, filósofos como Arendt, Foucault, Deleuze e Guattari tentaram compreender a política, o Estado e as formas totalitárias de dominação.

Se a política é um dos fatores que determinam o rumo de uma sociedade, refletir a seu respeito é essencial para a construção do mundo que desejamos.

IV a.C.
PLATÃO (Atenas)
ARISTÓTELES (Estagira)

V
AGOSTINHO (Hipona)

XV
MAQUIAVEL (Florença)

XVI
LA BOÉTIE (França)

XVII-XVIII
MONTESQUIEU (França)
VOLTAIRE (França)
ROUSSEAU (Genebra - Suíça)

XIX
HEGEL (Alemanha)
PROUDHON (França)
BAKUNIN (Rússia)
MARX (Alemanha)
ENGELS (Alemanha)

XX
ARENDT (Alemanha)
DELEUZE (França)
FOLCAULT (França)
GUATTARI (França)

XXI
HELLER (Hungria)
HOBBES (Inglaterra)
LEIBNIZ (Saxônia - Alemanha)
LOCKE (Inglaterra)

CAPÍTULO
10

Poder e política

Ataque às Torres Gêmeas do World Trade Center, na manhã de 11 de setembro de 2001. Consideradas um símbolo do capitalismo, as torres eram um complexo empresarial em Nova York, Estados Unidos.

Em 2001 houve um grande atentado nos Estados Unidos, executado por um grupo fundamentalista islâmico. Foram sequestrados quatro aviões de passageiros, dos quais três atingiram seus alvos: dois foram lançados contra as Torres Gêmeas do World Trade Center e o outro, contra o Pentágono, órgão central das Forças Armadas norte-americanas, matando quase 3 mil pessoas.

Em reação, o governo dos Estados Unidos instaurou a "Guerra ao Terror", um conjunto de medidas que supostamente visava combater o terrorismo. Uma delas foi a invasão do Afeganistão, em 2001, seguida pela invasão do Iraque, em 2003. Este último país era governado pelo ditador Saddam Hussein (1937--2006), suspeito de produzir armas químicas e financiar ações terroristas. O governo norte-americano dizia que as armas químicas poderiam chegar às mãos dos terroristas, o que fez com que muitos cidadãos dos Estados Unidos apoiassem a guerra, pois ainda estavam temerosos por causa dos eventos de 2001. Além disso, o discurso político norte-americano se pautava na defesa da democracia, tomada como um valor universal, e afirmava que todos os países deveriam buscar um sistema de governo democrático.

Por cerca de oito anos os Estados Unidos ocuparam o Iraque: no período, morreram mais de 4 mil militares das forças de coalizão e entre 134 mil e 400 mil civis iraquianos. Nenhuma arma química foi localizada.

Ataque aéreo das forças de coalizão lideradas pelos Estados Unidos em Bagdá, Iraque, em 31 de março de 2003. Segundo o Serviço de Pesquisa do Congresso norte-americano, os Estados Unidos bateram recorde de vendas na exportação de armas em 2011, dez anos após o ataque às Torres Gêmeas, totalizando 66,3 bilhões de dólares, contra 21,4 bilhões de dólares em 2010. Atualmente, os Estados Unidos são o maior produtor e vendedor de armas do mundo.

Companheiro Bush

Se você já sabe quem
Vendeu aquela bomba pro Iraque,
Desembuche.
Eu desconfio que foi o Bush.
Foi o Bush,
Foi o Bush.
Foi o Bush.
Onde haverá recurso
Para dar um bom repuxo
No companheiro Bush.

Quem arranja um alicate
Que acerte aquela fase
Ou corrija aquele fuso,
Talvez um parafuso
Que tá faltando nele
Melhore aquele abuso.
Um *chip* que desligue
Aquele terremoto,
Aquela coqueluche.

ZÉ, Tom. Companheiro Bush. *Imprensa cantada*. Trama, 2003.
Letra disponível em: <http://cliquemusic.uol.com.br/materias/ver/tom-ze-em-guerra-contra-george-wbush>. Acesso em: 17 maio 2018.

O compositor Tom Zé (1936-) problematizou essa situação na música "Companheiro Bush". A canção faz referência ao comércio de armas entre os Estados Unidos e o Iraque, mencionando o então presidente norte-americano, George W. Bush (1946-).

Esse episódio histórico e a crítica presente na canção nos apresentam o cerne de um dos problemas humanos mais importantes: a vida em comum e as relações que travamos com nossos semelhantes na administração dos interesses de uma comunidade. A esse universo os gregos deram o nome de **política**, pois estava relacionado àquela que, para eles, era a comunidade humana mais abrangente: a cidade (em grego, *polis*).

// Estudantes se reúnem em assembleia para contestar a ação policial no *campus* da Universidade Federal de Santa Catarina (UFSC). A organização política estudantil é muito importante, pois se constitui em torno dos interesses culturais, sociais e educacionais dos estudantes. Foto de 2014.

Em nossos dias, muitas pessoas pensam que a política é algo distante, que só diz respeito àqueles que se dedicam a ela profissionalmente, assumindo cargos públicos e participando da administração de cidades, estados e países. É comum acreditar que os cidadãos precisam apenas se preocupar com o voto, na época das eleições.

Mas será mesmo assim?

A filosofia nos fornece elementos para pensar a política de forma mais abrangente e nos mostra que somos seres políticos, que agimos politicamente ao nos relacionarmos com as pessoas com as quais convivemos.

Poder e autoridade

Para compreender a convivência e as relações entre os seres humanos, base de qualquer noção de política, um conceito-chave é o de **poder**. Comecemos então pela pergunta: o que é o poder?

Uma primeira definição é que o poder consiste na capacidade e oportunidade de impor sua vontade ao outro. Detém o poder aquele que, por alguma razão, é mais forte e pode mandar, dar ordens. Os que não têm poder obedecem, submetendo-se à vontade de outros.

A noção de poder implica também a noção de **autoridade**: sob esse aspecto, poder é a capacidade de ter suas ordens obedecidas. Entretanto, tal capacidade não significa apenas subjugar e neutralizar as vontades alheias. Isso ocorre apenas em casos específicos; de modo geral, o poder age administrando e organizando as vontades coletivas e particulares. Sua ação consiste em tomar o conjunto das vontades díspares e múltiplas e torná-lo uno – o resultado passa a representar a vontade do poder, a qual todos respeitam porque concordam com ela.

A principal forma que o poder utiliza para conseguir administrar as vontades particulares dos indivíduos é a **catalisação**. Tal como o catalisador de uma reação química, o poder não é responsável pela reação em si, mas facilita ou dificulta, apressa ou retarda o ritmo dos acontecimentos, a fim de privilegiar determinadas ocorrências e evitar outras. É com esse tipo de mecanismo que o poder administra as vontades em um dado grupo social, organizando-as em torno da vontade do governante.

// Capa da série *11 de setembro*. Produção de Alain Brigand. Reino Unido/França/Egito/Japão/México/Estados Unidos/Irã, 2002. (134 min).

Onze curtas-metragens realizados por onze diretores, representando visões distintas sobre os atentados ocorridos nos Estados Unidos.

Macrofísica do poder: a teoria da soma zero

Na teoria política clássica, a noção de poder leva à ideia de que ele ocupa determinados lugares na sociedade. É como se o poder "se concentrasse" em lugares específicos. Quando pensamos em uma monarquia absolutista, por exemplo, na qual há um único governante, o lugar do poder seria o próprio corpo do governante. Já em uma democracia, regime em que há multiplicidade e rotatividade daqueles que lideram, o lugar do poder seriam as instituições: os governantes são transitórios, mas as instituições, como espaço e lugar do poder, são permanentes.

Segundo a teoria política clássica, para que haja equilíbrio na organização social, a quantidade de poder que o governante detém deve ser igual à quantidade de poder que os governados não têm. De acordo com essa teoria, o poder não pode ocupar dois lugares ao mesmo tempo: assim, se alguém detém o poder, é porque outras pessoas foram desprovidas dele. Nesse aspecto, o poder é visto como um "bem" que pode ser transferido. A situação de equilíbrio pode ser representada pela equação [p + (–p) = 0]. Porém, se o governante tiver mais poder ou menos poder que a soma do poder dos governados, o conjunto estará em desequilíbrio e essa organização social não se sustentará. Isso pode ocorrer em razão de variados motivos: autoritarismo e tirania da parte do governante, insubmissão dos governados à sua autoridade, ineficácia das instituições e do plano de governo, entre outros.

Tal teoria, conhecida como **teoria da soma zero**, baseia-se em elementos espaciais e matemáticos. Por isso, podemos entendê-la como uma visão **macroscópica** do poder, isto é, um modo de observar (*skopé*, em grego) em perspectiva ampla (*makrós*, em grego).

É como se conseguíssemos, de fora, apreender todo o conjunto social e perceber as relações de força que se estabelecem em seu interior, com a finalidade de quantificá-las e somá-las. Imagine se olhássemos um tabuleiro de xadrez com todas as peças dispostas e conhecêssemos bem as regras do jogo. Uma visão macroscópica nos permite saber onde estão as possibilidades de movimentação das peças no tabuleiro e os lugares de tensão do jogo, bem como se a partida está equilibrada, em razão da capacidade semelhante dos dois jogadores, ou se a superioridade de uma das partes faz com que a derrota da outra seja iminente.

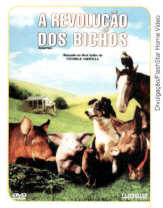

// Capa do filme *A revolução dos bichos*. Direção de John Stephenson. Estados Unidos, 1999. (89 min).

Inspirado no romance homônimo do escritor George Orwell (1903--1950), uma fábula satírica e trágica sobre o poder, o filme narra a luta dos animais de uma fazenda para se libertar do domínio do fazendeiro. A revolução surte efeito e os animais assumem a gerência da fazenda. Porém, a ganância pelo poder gera uma disputa entre os próprios animais, e a gerência volta ao domínio autoritário e tirânico de uma liderança que manipula as vontades alheias.

// Michelle Bachelet recebe faixa presidencial chilena e é aplaudida por seu antecessor e opositor, Sebastián Piñera, em Valparaíso, 2014. A sucessão presidencial e o exercício do poder em um sistema político democrático dependem amplamente do bom funcionamento das instituições públicas, sejam elas de justiça, de ensino, de saúde, de segurança, etc.

CAPÍTULO 10 | PODER E POLÍTICA   **207**

INFORMAÇÕES COMPLEMENTARES

Elementos matemáticos e poder

Representação de um sistema em equilíbrio, segundo a teoria da soma zero. Aquele ou aqueles que governam têm uma quantidade de poder igual à soma do poder dos governados.

// A batalha de Friedland, ocorrida em 14 de junho de 1807, em pintura de Horace Vernet, de 1836. Após sucessivas disputas pelo poder e inúmeros problemas de ordem pública durante a Revolução Francesa, Napoleão (à frente) assume o poder na França em 1799. Com base na militarização e na moralização das instituições do país, buscou obter o controle social e preparar uma grande força militar para garantir a consolidação e a expansão de seu império.

Microfísica do poder: transmissão em rede

No século XX, Michel Foucault (1926-1984) construiu um conceito de poder diferente do da teoria da soma zero. Olhando para as microrrelações sociais, ele afirmou que o poder não é um "bem" que se possui, se acumula ou se troca. Para ele, o poder permeia tudo, está em todos os lugares, constituindo uma rede que cobre toda a sociedade. A esse tipo de análise ele denominou **microfísica do poder**, pois a atenção está voltada para as pequenas relações, não para os grandes movimentos políticos.

Segundo Foucault, o poder não pode ser concebido apenas como **repressão**, como a submissão da vontade dos governados à dos governantes; não pode ser resumido à interdição, à proibição, à lei. O poder não se esgota na fórmula "você não deve", como se a pessoa que recorresse a ela concentrasse todo o poder e a pessoa que deve acatá-lo não tivesse nenhum.

Devemos levar em conta, também, o poder como fonte de produção social. É o que Foucault denomina **tecnologia do poder**: constrói-se toda uma maquinaria por meio da qual o poder se exerce, interditando certas ações mas também produzindo outras. As muitas peças dessa maquinaria intervêm de maneiras variadas. O jogo do poder seria muito mais complexo do que uma análise macrofísica nos permite ver.

Foucault rompe com a concepção clássica do poder, pois não acredita que ele esteja materializado em lugares específicos. Em vez disso, o poder está diluído no tecido social e é onipresente. Ele se apresenta como uma imensa rede, que engloba tudo e todos.

Não há poder apenas nas relações que chamamos de políticas; há poder na relação entre pais e filhos, entre namorados, entre amigos e nas relações de trabalho, por exemplo. O poder está em tudo. É a partir dessa microfísica que se constroem os aparelhos do poder político nas macrorrelações sociais. Segundo Foucault, essa multiplicidade de jogos de força e de lutas se estabelece entre os indivíduos nas mais diversas situações, desde as relações interpessoais até os sistemas administrativos do Estado.

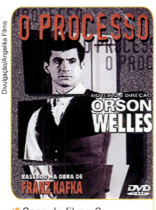

// Capa do filme *O processo*. Direção de Orson Welles. França/Alemanha/Itália, 1962. (120 min).

Uma adaptação bastante fiel ao romance homônimo de Kafka, que discute as relações de poder. Há uma refilmagem feita na Inglaterra em 1993.

Foucault resume sua teoria do poder em cinco pontos:

1. **O poder se exerce** – ele não é algo que se conquiste, que se possua, que se perca, etc., mas algo que todos os indivíduos exercem e sofrem. O poder só existe se é exercido.
2. **As relações de poder são imanentes** – o poder é interno a todo e qualquer tipo de relação social: ele emana dela e é seu efeito imediato.
3. **O poder vem de baixo** – isto é, ele vem das pequenas situações. São as correlações de força microscópicas que sustentam os macropoderes que enxergamos de forma mais imediata.
4. **As relações de poder são intencionais** – o poder é sempre estratégico, ou seja, é guiado por metas e objetivos, obedecendo a uma lógica e a uma racionalidade interna.
5. **Se há poder, há resistência** – a resistência não vem de fora, não é exterior ao poder, mas é uma condição de existência do jogo do poder.

> **Imanente:** aquilo que necessariamente faz parte da natureza de um ser, de um objeto ou de um fenômeno.

Analisando as sociedades ocidentais desde a Idade Moderna, Foucault afirma que podemos perceber três tecnologias de poder distintas, que se sucederam como as principais formas de organização política: o poder de **soberania**, que embasou os regimes monárquicos; o poder **disciplinar**, centrado nas instituições, que garantiu a emergência e a consolidação do regime capitalista; e o **biopoder**, que estrutura os Estados contemporâneos. Esse tema será aprofundado mais adiante.

O pensamento político grego

Os conceitos construídos pelos gregos na Antiguidade ainda hoje são utilizados no pensamento político.

A organização política da Grécia, estruturada em cidades independentes, e a invenção da democracia como forma de governo envolveram problemas e geraram ideias que atravessaram os séculos.

Entre as muitas contribuições dos filósofos gregos que permanecem atuais, destacam-se as ideias de Platão (c. 427 a.C.-347 a.C.) e Aristóteles (c. 384 a.C.--322 a.C.). Ambos viveram em Atenas numa época em que ela era governada por um regime democrático e fizeram críticas a ele. Uma característica do pensamento político da Grécia antiga era tematizar como a política deveria ser. Várias questões pensadas por eles foram incorporadas nas teorias políticas modernas que embasam o regime democrático na atualidade.

// Julian Assange (1971-), jornalista e ciberativista australiano, em foto de 2016. Suas ações no Wikileaks, *site* que divulga notícias governamentais secretas, provindas de fontes anônimas, inspiraram muitas pessoas a se engajarem na luta pelo acesso a informações de interesse público.

// Foto panorâmica da cidade de Atenas, capital da Grécia, na qual se vê, ao centro, o novo Museu da Acrópole, em 2011, com ruínas de um antigo anfiteatro em primeiro plano.

Platão: o governo dos filósofos

Platão era de uma família aristocrática e descendia de Sólon, o grande legislador ateniense. Ele viveu durante o período de decadência da democracia de Atenas, o que pode ter influenciado sua posição de que aquela não era uma boa forma de governo. Segundo Platão, apenas os cidadãos preparados e capacitados deveriam governar a cidade, ao contrário do que ocorria na democracia ateniense, em que não eram necessários nem capacitação nem preparo especial para exercer a política.

Em seus escritos, Platão reflete sobre a melhor forma de governar e sobre como identificar o governante mais apto ao cargo. Seu amplo pensamento político foi desenvolvido, principalmente, em três diálogos: *A república*, que trata da perfeita organização de uma cidade; *O político*, cujo tema é o conhecimento necessário ao político para exercer um governo bom e justo; e *As leis*, em que discute as ações dos cidadãos e a constituição de leis que as regulem, visando ao bem de todos.

// Péricles foi um dos principais estadistas do período democrático ateniense. Nessa época, Atenas era uma das mais importantes cidades gregas. A decadência após seu governo levou Platão a criticar duramente essa forma de governo com maior participação dos cidadãos, não necessariamente bem preparados para isso.

No diálogo *A república*, Platão afirma que uma cidade perfeita seria aquela governada pelos mais sábios, praticantes da filosofia e donos de um **caráter racional** (como vimos no capítulo 7). Já os detentores de um **caráter irascível** (destemidos, que agem com bravura) deveriam se dedicar à proteção e segurança da comunidade; e aqueles de **caráter concupiscível** (mais ligados à satisfação dos desejos e apetites do corpo) seriam os responsáveis pela produção dos bens necessários à sobrevivência de todos. De acordo com essa divisão, os filósofos seriam governantes melhores porque, por meio do exercício da razão, podem contemplar a ideia de justiça e, assim, governar justamente. Isso levou-o a afirmar que, para que haja um bom governo, ou os reis devem se tornar filósofos, ou os filósofos devem se tornar reis. Uma cidade organizada e administrada com justiça possibilitaria que cada um fosse feliz, vivendo da maneira mais adequada ao seu caráter, e ao mesmo tempo contribuísse para a comunidade de acordo com suas capacidades.

Aristóteles: o bem comum

Aristóteles, que foi preceptor do jovem Alexandre Magno (que se tornaria imperador da Macedônia), também não considerava a democracia a melhor forma de promover o bem comum. Mas não a criticou com tanta veemência quanto Platão.

Analisando várias cidades de sua época, Aristóteles procurou classificar as boas formas de governar, mostrando que elas podem resultar em formas corrompidas de governo. Para ele, o que torna um governo bom não é simplesmente o fato de ser composto de uma única ou de várias pessoas, nem a formação e capacidade daqueles que exercem o poder. O bom governo é aquele que visa ao bem comum, ao interesse coletivo, única maneira de garantir a felicidade de todos. Já o mau governo é aquele em que o interesse de quem governa se sobrepõe ao interesse da coletividade.

// Gravura de autoria desconhecida representando a educação de Alexandre Magno por Aristóteles.

Aristóteles define três "formas puras" de governo, bem como suas "formas degeneradas":

- monarquia é o governo de uma só pessoa, que visa ao interesse comum. Ela pode degenerar em uma tirania, que é o governo de uma pessoa que valoriza apenas seus próprios interesses;
- aristocracia é o governo de um pequeno grupo de pessoas responsável por defender o interesse de todos. Ela pode degenerar em uma oligarquia, o governo de um pequeno grupo voltado apenas para seus interesses;
- república é o governo de um grande grupo com o objetivo do bem comum. Ela pode degenerar em demagogia, o governo em proveito próprio, no qual se procura manipular os demais.

Aristóteles pensou também sobre a origem e a finalidade da comunidade política. Ele definiu o ser humano como um **animal político**: assim como abelhas, formigas e outros animais que vivem juntos, os seres humanos vivem em grupo, mas se diferenciam porque **compartilham** a vida por meio da **linguagem**. Faria parte da nossa própria natureza nos juntarmos a outros iguais a nós para compartilhar as dores e alegrias da vida. Assim, nós nos reunimos em famílias; várias famílias reunidas formam uma aldeia; várias aldeias crescendo num mesmo espaço geográfico formam uma cidade. A cidade, portanto, não seria uma "invenção" humana, mas a realização da própria natureza dos seres humanos.

// Para Aristóteles, a base da política está no fato de que os seres humanos, pela linguagem, compartilham a vida: se aquecem com o mesmo fogo e se alimentam com o mesmo pão.

Ainda que uma cidade se origine de uma reunião natural de famílias, não podemos ver essas comunidades humanas como uma simples continuidade. Aristóteles definiu a existência de duas esferas, a **privada** (relativa à família e à casa de cada um) e a **pública** (relativa à comunidade política, à cidade). Se a economia é a ciência da gestão da casa (privada), a **política** é a ciência da gestão da cidade (pública).

Aristóteles afirma que na esfera privada, doméstica, um pai de família exerce quatro tipos de poder: um **poder econômico**, que é a faculdade de organizar e gerir sua própria casa; um **poder paternal** sobre os filhos; um **poder marital** sobre a mulher; e um **poder despótico** sobre quem é por ele escravizado. Os três últimos tipos de poder são assimétricos, isto é, exercidos de forma plena pelo pai de família sobre os outros (filhos, mulher, escravizados), que lhe deveriam obediência.

INFORMAÇÕES COMPLEMENTARES

Economia

Hoje compreendemos a economia como a ciência que trata da produção, da distribuição e do consumo de bens. No entanto, em sua origem grega a palavra tinha um sentido muito mais restrito. Formada por *oikós*, que significa "casa", e por *nomos*, "regra", "organização", economia era a ciência da organização da casa.

Não poderia haver continuidade da esfera privada para a esfera pública, destaca Aristóteles, por um motivo simples. Em casa os pais de família exercem um poder sobre desiguais (filhos, mulher e escravizados), mas, na administração da cidade, seria ilegítimo exercer um poder assimétrico, pois todos os cidadãos são iguais perante a lei. Para Aristóteles, portanto, o despotismo é impensável no exercício da política – que deve ser a arte da convivência entre iguais.

Esse tipo de pensamento se justificava no caso da democracia ateniense porque a cidadania era restrita a um pequeno conjunto da população: indivíduos do sexo masculino, livres, nascidos na cidade, maiores de idade e proprietários de terra. Os historiadores afirmam que, no auge da democracia ateniense, isso representava menos de dez por cento da população. Quando, na Idade Moderna, o direito de cidadania tornou-se mais abrangente, já não se podia adotar tão facilmente o princípio da igualdade como era entendido pelos gregos.

Ainda que seja resultado de um processo natural, a comunidade política tem uma finalidade principal: o "bem viver juntos". E o bem viver, para Aristóteles, consiste na felicidade – "felicidade privada", que diz respeito à vida de cada um, e "felicidade pública", que está relacionada com a vida pública na sociedade. A fonte dessas duas felicidades é aquilo que o filósofo denominou **vida ativa**, que engloba tanto as ações e os projetos (objeto da política) quanto as meditações e reflexões em torno deles, que os aperfeiçoam (é a prática da filosofia). A vida feliz consiste, assim, na associação da atividade política com a atividade contemplativa, a filosofia. Uma cidade feliz é aquela que proporciona aos cidadãos a possibilidade de se dedicarem a essas duas atividades.

Transformações no pensamento político

Se na Antiguidade grega verificou-se uma intensa reflexão sobre os fins e as formas da atividade política, no Império Romano destacou-se o exercício de um poder centralizado.

Na Idade Média, embora tenha havido grande descentralização política na Europa, o pensamento político se voltou para uma reflexão em torno das relações entre a esfera do **poder temporal** (aquele exercido pelos governos em geral) e a esfera do **poder espiritual** (exercido pela Igreja católica). Uma obra que influenciou muito o pensamento filosófico desse período foi A cidade de Deus, de Santo Agostinho (354- -430), publicada em 426. O livro descreve duas cidades: a "cidade dos homens", corrupta, vil e fruto do orgulho humano; e a "cidade de Deus", eterna, perfeita e fruto do amor divino. Para Santo Agostinho, a política consiste em aproximar o máximo possível a cidade humana da cidade divina, por meio do exercício das virtudes.

No Renascimento, o grande desenvolvimento econômico e urbanístico das cidades europeias e a emergência de novas formas de relacionamento social e político fizeram surgir outras maneiras de conceber a política.

// Chefe supremo da Igreja católica, o papa Francisco se encontra com o presidente da Itália, Sergio Mattarella, em 2015, no Vaticano.

Maurizio Brambatti/Agência France-Presse

Uma figura emblemática desse período foi o florentino **Nicolau Maquiavel**, considerado o fundador da teoria política moderna. Enquanto o pensamento político antigo se preocupava em estabelecer os fundamentos da política e definir o que ela **deveria ser**, com Maquiavel, o pensamento político procura mostrar o que ela **efetivamente é**. Sua teoria política é apresentada como **realista**, por se ocupar das coisas como são, e **utilitarista**, na medida em que dá conselhos sobre como governar.

Nicolau Maquiavel (1469-1527)

Nascido na cidade de Florença (na atual Itália) em uma família da pequena nobreza, fundou o pensamento político moderno. Foi secretário de Guerra da República florentina até 1512, quando um golpe de Estado levou a família Médici de volta ao poder. Dedicou-se então a escrever, produzindo obras de política e de dramaturgia. Suas principais obras políticas são *O príncipe* (escrita em 1513 e publicada em 1532) e *Discursos sobre a primeira década de Tito Lívio* (escritas por volta de 1517 e publicadas em 1531).

Nicolau Maquiavel retratado por Santi di Tito no século XVI.

O príncipe e as artes de governo

O livro *O príncipe* tornou-se um clássico sobre a arte de governar e é até hoje uma referência para aqueles que se dedicam à política. Essa obra de Maquiavel recebeu interpretações polêmicas. De um lado, há quem veja ali a defesa de um governo forte e centralizador, um conjunto de conselhos sobre como proceder para conquistar o poder e mantê-lo, constituindo um verdadeiro "manual de política". De outro lado, alguns afirmam que, ao revelar como funcionam os mecanismos do poder político, o autor estava chamando a atenção do povo para os perigos da tirania. Seja qual for a interpretação, não se pode negar que esse livro mudou completamente a forma de pensar a política.

Maquiavel relata como os principados se organizavam e dá uma série de conselhos a um governante para conquistar territórios e mantê-los; explica como lidar com o povo, como garantir que seja estimado e como evitar os aduladores. Há um caráter paradoxal em seus conselhos, pois, para serem implementados, eles dependem da capacidade do governante de saber ler a história e identificar o momento oportuno para a sua realização, bem como agir com ponderação. Ou seja, a regra maior da arte de governar é que o governante não deve seguir nenhuma regra absoluta.

Fiel ao espírito renascentista, a obra de Maquiavel está em constante diálogo com o passado. Ele procurou a inspiração para pensar sobre sua época em autores da Antiguidade, especialmente no historiador romano Tito Lívio, que relatou a expansão de Roma.

Maquiavel compreendia a política como um conflito e estudou as formas de gerir as várias facetas desse conflito. Em sua teoria política sobre a ação dos governantes, dois conceitos são fundamentais: ***virtù*** (virtude) e **fortuna** (sorte). A *virtù* é a capacidade do governante de lidar com os acontecimentos. Para manter-se no poder, ele precisa ser capaz de moldar suas ações segundo as situações.

Se age sempre da mesma forma, quando a situação se altera ele não consegue adaptar-se e, em consequência, perde o poder. A fortuna é o conjunto de tudo o que acontece aos seres humanos e que eles não podem controlar. É a *virtù* do governante que lhe permite agir para se adaptar ao que a fortuna traz, de modo a tirar proveito das situações, ainda que elas pareçam adversas. O bom governante é, portanto, aquele que sabe agir nas situações conflituosas, impondo uma ordem, aliando a *virtù* e a fortuna a fim de se manter em posição de comando.

Com o surgimento dos regimes democráticos, palavras como **maquiavelismo** e **maquiavélico** ganharam uma conotação pejorativa. Diz-se que uma pessoa é maquiavélica quando ela é falsa, ardilosa, age de modo desleal. O ideal de conduta política hoje predominante condena o maquiavelismo. Porém, o que Maquiavel fez foi mostrar como as coisas efetivamente se passavam no âmbito das relações de poder e de governo.

Um discurso contra a opressão

Embora com menor repercussão que Maquiavel, outra voz renascentista importante para a construção do pensamento político moderno foi **La Boétie**. Esse autor escreveu, no século XVI, um pequeno ensaio contra a tirania e em favor da liberdade, o *Discurso da servidão voluntária*.

Étienne de La Boétie (1530-1563)

Filósofo e humanista francês, tradutor de obras de Xenofonte e de Plutarco para o francês. Foi amigo de Michel de Montaigne (1533- -1592), a quem confiou o manuscrito de seu *Discurso*. Montaigne, por sua vez, dedicou-lhe o ensaio *Sobre a amizade* (1580). A única obra de sua autoria de que se tem conhecimento é o *Discurso da servidão voluntária* (publicação póstuma, em 1577).

Escultura feita em homenagem a Étienne de La Boétie em sua cidade natal, Sarlat, na França. Foto de 2007.

La Boétie afirmava que compreendia a existência da **servidão involuntária**, quando os indivíduos são subjugados por meio da violência, da escravidão e da guerra. Porém, não podia entender como uma multidão submete-se espontaneamente a um soberano, pois nem a covardia pode explicar isso. Para La Boétie, a **servidão voluntária** seria um vício inominável.

A astúcia de La Boétie foi perceber que a chave dessa servidão está justamente nas relações de poder que se estabelecem pelo tecido social, e não como uma imposição do tirano a uma população submissa. Em sua perspectiva, o lugar do poder não é o corpo do tirano, mas estende-se por uma rede de nós sociais. Em outras palavras, o que sustenta o tirano não seria sua própria autoridade, mas a entrega dos súditos. A dominação só seria possível com a participação direta dos próprios dominados.

Buscando as raízes da servidão voluntária, La Boétie concluiu que a primeira delas é o **costume**: os seres humanos nascem súditos e por toda a vida aprendem a servir; não veem, pois, outro caminho que não seja o da perpétua servidão. É essa tradição em servir que sustentou os impérios ao longo da História, e todos os movimentos contra este ou aquele tirano em nada se opuseram a essa tradição. A segunda raiz da servidão voluntária é a **covardia**, que decorre ela mesma da tradição: acostumadas a viver sob o jugo do tirano, as pessoas perdem o brio e a coragem de combater aquele que as oprime.

> Aquele que vos domina tanto só tem dois olhos, só tem duas mãos, só tem um corpo, e não tem outra coisa que o que tem o menor homem do grande e infinito número de vossas cidades, senão a vantagem que lhe dais para destruir-vos. De onde tirou tantos olhos com os quais vos espia, se não os colocais a serviço dele? Como tem tantas mãos para golpear-vos, se não as toma de vós? Os pés com que espezinha vossas cidades, de onde lhe vêm, senão dos vossos? Como ele tem algum poder sobre vós, senão por vós? Como ousaria atacar-vos se não estivesse conivente convosco? Que poderia fazer-vos, se não fôsseis receptadores do ladrão que vos pilha, cúmplices do assassino que vos mata, e traidores de vós mesmos?
>
> LA BOÉTIE, Étienne de. *Discurso da servidão voluntária*. 2. ed. São Paulo: Brasiliense, 1982.

Entretanto, para além da dominação e da covardia que a tradição incute no povo, o tirano também tem como sustentáculo seu séquito, que não é pequeno nem desprezível. La Boétie demonstrou que, ao redor do tirano, cria-se uma rede de poder, uma verdadeira malha que enreda as forças sociais, comprometendo com o tirano quase todos os membros da comunidade, direta ou indiretamente. A rede de micropoderes e interesses cresce exponencialmente, pois cada um coloca junto de si vários outros, por meio de favores recíprocos.

Com essa concepção, La Boétie subverteu a teoria clássica do poder e apresentou ideias semelhantes às que, mais tarde, foram trabalhadas por Foucault. Só se percebe a estrutura do poder do tirano descendo ao nível microscópico. E o mais importante: não é o poder central que alimenta aquela rede de poderes; ao contrário, é a rede que constitui o sustentáculo e até mesmo a fonte do poder central – que, sem ela, nada seria.

Para La Boétie, o nível em que se dão as relações políticas que permeiam o Estado – o tirano e seu séquito – é marcado pelo **temor**, enquanto o nível das relações sociais à margem do Estado é marcado pela **amizade**. No âmbito do poder, a amizade é impossível, pois ali imperam o ódio, o interesse, a conspiração; só com a extinção do poder seria possível instituir uma sociedade amigável. A amizade, segundo La Boétie, é a principal inimiga da tirania.

Ainda que o *Discurso* de La Boétie tenha sido escrito para criticar o poder tirânico, ele representa uma conceituação do poder que também vale para compreendermos outras organizações políticas, como a democracia.

Adolf Hitler é recebido na cidade de Nuremberg, na Alemanha, em 1933. A ascensão do líder do partido nazista ao poder contou com amplo apoio popular.

INFORMAÇÕES COMPLEMENTARES

Estado

De modo geral, o Estado é a organização política básica de uma sociedade. Compreende instituições políticas, jurídicas, administrativas e econômicas, bem como um território próprio, sob um governo autônomo. Na Antiguidade grega, o Estado era a cidade; nos impérios antigos, era o próprio império. Na Idade Moderna ocidental, constituíram-se os Estados-nações independentes.

É lógico!

Vimos até aqui as preocupações da lógica com a organização do pensamento para que ele não incorra em erro. O pensamento correto é aquele que afirma o que é verdadeiro, o que nos leva a perguntar: o que é a verdade?

No dia a dia, ouvimos afirmações como "Isto é verdade para mim" ou "A minha verdade é diferente da sua verdade", entre outras parecidas. Essas afirmações implicam uma noção "subjetiva" ou "psicológica" da verdade, ao afirmar que esta existe em função do sujeito que a pensa e a afirma. A lógica, porém, não pode se satisfazer com uma verdade que é diferente para cada sujeito. Em relação ao mesmo objeto, se alguém afirmar "Isso é grande" e outra pessoa afirmar "Isso é pequeno", por exemplo, como podemos aceitar o fato de que ele possa ser, simultaneamente, grande e pequeno? Seria um absurdo lógico! Um dos dois sujeitos (ou mesmo os dois) deve estar errado – ou aquele objeto é grande, ou é pequeno. Ser as duas coisas ao mesmo tempo não faria sentido.

Encontramos na lógica as chamadas **teorias da verdade**, que buscam definir e explicar o que é o verdadeiro. Como para quase tudo neste campo, o ponto de partida é Aristóteles. Segundo ele, é falso dizer de alguma coisa aquilo que ela não é, enquanto o verdadeiro é dizer dela aquilo que ela efetivamente é. Por exemplo: se temos diante de nós um caderno de capa vermelha, é verdade afirmar que ele é vermelho e falso afirmar que ele é de qualquer outra cor. Isso significa que aquilo que se afirma de um objeto deve, de algum modo, equivaler àquilo que o objeto é.

A partir dessa posição de Aristóteles, várias "teorias da verdade" foram propostas por filósofos em diferentes momentos. Atualmente, podemos sintetizar as principais perspectivas desta forma:

a) **Verdade como coerência**: variados filósofos defendem essa posição, afirmando que a verdade consiste em relações de coerência em um determinado conjunto de crenças. É a posição dos filósofos idealistas, como Hegel (1770-1831), mas também dos positivistas lógicos do século XX.

b) **Verdade como correspondência**: compreende como verdadeiro aquilo que corresponde aos fatos. Uma proposição é verdadeira quando aquilo que diz está de acordo com os fatos que exprime. Foi defendida, por exemplo, por Wittgenstein (1889-1951) e por Bertrand Russell (1872-1970), na teoria conhecida como "atomismo lógico".

c) **Verdade como utilidade**: é a posição defendida pelos filósofos pragmatistas, como Charles Peirce (1839-1914), William James (1842-1910) e John Dewey (1859-1952). A verdade deve ser dada pela referência prática às suas consequências. Em outras palavras, algo é verdadeiro na medida em que suas consequências são úteis. Essa teoria combina elementos da correspondência e da coerência, articulando-os com a finalidade.

d) **Verdade como redundância**: afirma que o verdadeiro é redundante, uma vez que dizer, por exemplo, "É verdade que o caderno é vermelho" é o mesmo que dizer "O caderno é vermelho". Isto é, afirmar a verdade de uma proposição é uma redundância. Foi defendida por lógicos como Gottlob Frege (1848-1925) e Frank P. Ramsey (1903-1930).

Como se vê, são diferentes maneiras de compreender a verdade que não dizem respeito à posição exclusiva do sujeito, mas à relação entre aquilo que é afirmado e a realidade dos fatos.

Trabalhando com textos

Ao ler os dois textos a seguir, repare na diferença de estilos que os filósofos usam para abordar aspectos referentes à política. O primeiro, mais antigo, é um trecho do livro *A política*, de Aristóteles; o segundo é uma conferência proferida pelo filósofo contemporâneo Foucault, que ressalta a ideia do poder em redes.

Texto 1

Neste trecho da introdução do livro *A política*, Aristóteles expõe a clássica definição do ser humano como animal político por natureza e da cidade como comunidade política autossuficiente.

O homem, "animal político"

A sociedade que se formou da reunião de várias aldeias constitui a Cidade, que tem a faculdade de se bastar a si mesma, sendo organizada não apenas para conservar a existência, mas também para buscar o bem-estar. Esta sociedade, portanto, também está nos desígnios da natureza, como todas as outras que são seus elementos. Ora, a natureza de cada coisa é propriamente seu fim. Assim, quando um ser é perfeito, de qualquer espécie que ele seja – homem, cavalo, família –, dizemos que ele está na natureza. Além disso, a coisa que, pela mesma razão, ultrapassa as outras e se aproxima mais do objetivo proposto deve ser considerada a melhor. Bastar-se a si mesma é uma meta a que tende toda a produção da natureza e é também o mais perfeito estado. É, portanto, evidente que toda Cidade está na natureza e que o homem é naturalmente feito para a sociedade política.

[...]

Assim, o homem é um animal cívico [político], mais social do que as abelhas e os outros animais que vivem juntos. A natureza, que nada faz em vão, concedeu apenas a ele o dom da palavra, que não devemos confundir com os sons da voz. Estes são apenas a expressão de sensações agradáveis ou desagradáveis, de que os outros animais são, como nós, capazes. A natureza deu-lhes um órgão limitado a este único efeito; nós, porém, temos a mais, senão o conhecimento desenvolvido, pelo menos o sentimento obscuro do bem e do mal, do útil e do nocivo, do justo e do injusto, objetos para a manifestação dos quais nos foi principalmente dado o órgão da fala. Este comércio da palavra é o laço de toda sociedade doméstica e civil.

O Estado, ou sociedade política, é até mesmo o primeiro objeto a que se propôs a natureza. O todo existe necessariamente antes da parte. As sociedades domésticas e os indivíduos não são senão as partes integrantes da Cidade, todas subordinadas ao corpo inteiro, todas distintas por seus poderes e suas funções, e todas inúteis quando desarticuladas, semelhantes às mãos e aos pés que, uma vez separados do corpo, só conservam o nome e a aparência, sem a realidade, como uma mão de pedra. O mesmo ocorre com os membros da Cidade: nenhum pode bastar-se a si mesmo. Aquele que não precisa dos outros homens, ou não pode resolver-se a ficar com eles, ou é um deus ou um bruto. Assim, a inclinação natural leva os homens a este gênero de sociedade.

ARISTÓTELES. *A política*. São Paulo: Martins Fontes, 1991. p. 3-5.

Questões

1. Por que a Cidade seria uma sociedade que está "nos desígnios da natureza"?
2. O que, segundo Aristóteles, diferencia o ser humano dos outros animais e faz dele um "animal político"?
3. A Cidade basta-se a si mesma, mas nenhum de seus habitantes pode ser autossuficiente. Explique essa afirmação.

Texto 2

O texto a seguir é um trecho de uma conferência feita por Foucault no Brasil em 1976. Ele sintetiza aqui sua concepção de poder, investigando por que na sociedade moderna o poder é concebido como repressão.

As redes de poder

Em todo caso, a questão que quero colocar é a seguinte: como foi possível que nossa sociedade, a sociedade ocidental em geral, tenha concebido o poder de uma maneira tão restritiva, tão pobre, tão negativa? Por que concebemos sempre o poder como regra e proibição, por que esse privilégio? Evidentemente podemos dizer que isso se deve à influência de Kant, ideia segundo a qual, em última instância, a lei moral, o "você não deve", a oposição "deve/não deve", é no fundo a matriz da regulação de toda a conduta humana. Mas, na verdade, essa explicação pela influência de Kant é evidentemente insuficiente. O problema é saber se Kant exerceu tal influência. Por que foi tão poderosa? Por que Durkheim, filósofo de vagas simpatias socialistas do início da Terceira República francesa, pode apoiar-se dessa maneira sobre Kant quando se trata de fazer a análise do mecanismo de poder em uma sociedade? Creio que podemos analisar a razão disso nos seguintes termos: no fundo, no Ocidente, os grandes sistemas estabelecidos desde a Idade Média desenvolveram-se por intermédio do crescimento do poder monárquico, à custa do poder, ou melhor, dos poderes feudais. Nessa luta entre os poderes feudais e o poder monárquico, o direito foi sempre o instrumento do poder monárquico contra as instituições, os costumes, os regulamentos, as formas de ligação e de pertença características da sociedade feudal. Darei dois exemplos: por um lado o poder monárquico desenvolve-se no Ocidente em grande parte sobre as instituições jurídicas e judiciais, e desenvolvendo tais instituições logrou substituir a velha solução dos litígios privados mediante a guerra civil por um sistema de tribunais com leis, que proporcionavam de fato ao poder monárquico a possibilidade de resolver ele mesmo as disputas entre os indivíduos. Dessa maneira, o direito romano, que reaparece no Ocidente nos séculos XIII e XIV, foi um instrumento formidável nas mãos da monarquia para conseguir definir as formas e os mecanismos de seu próprio poder, à custa dos poderes feudais. Em outras palavras, o crescimento do Estado na Europa foi parcialmente garantido, ou, em todo caso, usou como instrumento o desenvolvimento de um pensamento jurídico. O poder monárquico, o poder do Estado, está essencialmente representado no direito. Ora, acontece que a burguesia, que se aproveita extensamente do desenvolvimento do poder real e da diminuição, do retrocesso dos poderes feudais, ao mesmo tempo tinha um interesse em desenvolver esse sistema de direito que lhe permitiria, por outro lado, dar forma aos intercâmbios econômicos, que garantiam seu próprio desenvolvimento social. De modo que o vocabulário, a forma do direito, foi uma forma de representação do poder comum à burguesia e à monarquia. A burguesia e a monarquia lograram instalar, pouco a pouco, desde o fim da Idade Média até o século XVIII, uma forma de poder que se representava, que se apresentava como discurso, como linguagem, o vocabulário do direito. E quando a burguesia desembaraçou-se finalmente do poder monárquico, o fez precisamente utilizando este discurso jurídico que havia sido até então o da monarquia, e que foi usado contra a própria monarquia.

FOUCAULT, Michel. Las redes del poder. In: FERRER, Christian (Org.). *El lenguaje libertario*. Montevidéu: Nordan-Comunidad, 1990. p. 25-26. Texto traduzido.

Questões

1. Por que, segundo Foucault, a sociedade ocidental produziu uma visão restritiva do poder? Que visão restritiva é essa?
2. Como as monarquias medievais fizeram uso do direito romano? Como isso interferiu no conceito de poder?
3. A burguesia ocidental mudou a concepção de poder vigente? Por quê?

Em busca do conceito

1. Exponha e discuta os conceitos de macrofísica e microfísica do poder. Qual dos dois lhe parece mais apropriado para uma reflexão sobre a política hoje? Justifique sua resposta.

2. Como Platão resolveu conceitualmente o problema dos pretendentes ao governo na sociedade grega?

3. Por que Aristóteles considerava a comunidade política natural?

4. Em que sentido a concepção política de Maquiavel introduziu uma nova forma de pensar sobre a política?

5. Explique a crítica de La Boétie à servidão voluntária.

6. Escreva um pequeno texto sintetizando e comentando as relações de poder na sua escola. Para isso, pesquise:
   a) De onde provêm as verbas da escola?
   b) Como é decidida a utilização dessas verbas?
   c) Quem define as regras que os alunos e os funcionários devem seguir?
   d) Os funcionários estão representados por alguma entidade (sindicato, associação, etc.)?
   e) Os alunos têm algum canal de participação nas decisões tomadas na escola? Se têm, qual é esse canal?

7. A Lei Complementar n. 131/2009 determina que os órgãos públicos devem disponibilizar à população, pelos meios eletrônicos, dados referentes ao uso das verbas públicas. Se quiser mais informações, veja o site <www.portaltransparencia.gov.br>. Acesso em: 17 maio 2018.
   A prefeitura da cidade em que você mora tem uma página oficial na internet? Em caso afirmativo, visite a página e procure saber que informações ela contém e que serviços ela oferece à população. Escreva um texto avaliando se a página da cidade contribui para que a população tenha uma participação mais direta nos destinos da comunidade.

8. Leia o artigo e a letra de música a seguir e faça o que se pede.

O mundo não acabou

[...] o fim do mundo esperado (mais ou menos ansiosamente) por alguns (ou por muitos) não é o sumiço definitivo e completo da espécie. Ao contrário: em geral, quem fantasia com o fim do mundo se vê como um dos sobreviventes e, imaginando as dificuldades no mundo destruído, aparelha-se para isso.

[...]

A preparação dos sobreviventes pode incluir ou não o deslocamento para lugares mais seguros (abrigos debaixo da terra, picos de montanhas que, por alguma razão, serão poupados, lugares "místicos" com proteção divina, plataformas de encontro com extraterrestres, etc.), mas dificilmente dispensa a acumulação de bens básicos de subsistência (alimentos, água, remédios, combustíveis, geradores, baterias) e (pelo seu bem, não se esqueça disso) de armas de todo tipo (caça e defesa) com uma quantidade descomunal de munições – sem contar coletes à prova de balas e explosivos.

Imaginemos que você esteja a fim de perguntar "armas para quê?". Afinal, você diria, talvez a gente precise de armas de caça, pois o supermercado da esquina estará fechado. Mas por que as armas para defesa? Se houver mesmo uma catástrofe, ela não poderia nos levar a descobrir novas formas de solidariedade entre os que sobraram? Pois bem, se você coloca esse tipo de perguntas, é que você não fantasia com o fim do mundo.

[...]

Em todos os fins do mundo que povoam os devaneios modernos, alguns ou muitos sobrevivem (entre eles, obviamente, o sonhador), mas o que sempre sucumbe é a ordem social. A catástrofe, seja ela qual for, serve para garantir que não haverá mais Estado, condado, município, lei, polícia, nação ou condomínio. Nenhum tipo de coletividade instituída sobreviverá ao fim do mundo. Nele (e graças a ele) perderá sua força e seu valor qualquer obrigação que emane da coletividade e, em geral, dos outros: seremos, como nunca fomos, indivíduos, dependendo unicamente de nós mesmos.

Esse é o desejo dos sonhos do fim do mundo: o fim de qualquer primazia da vida coletiva sobre nossas escolhas particulares. O que nos parece justo, no nosso foro íntimo, sempre tentará prevalecer sobre o que, em outros tempos, teria sido ou não conforme à lei.

Por isso, depois do fim do mundo, a gente se relacionará sem mediações – sem juízes, sem padres, sem sábios, sem pais, sem autoridade reconhecida: nós nos encararemos, no amor e no ódio, com uma mão sempre pronta em cima do coldre.

E não é preciso desejar explicitamente o fim do mundo para sentir seu charme. A confrontação direta entre indivíduos talvez seja a situação dramática preferida pelas narrativas que nos fazem sonhar: a dura história do pioneiro, do soldado, do policial ou do criminoso, vagando num território em que nada (além de sua consciência) pode lhes servir de guia e onde nada se impõe a não ser pela força [...].

CALLIGARIS, Contardo. O mundo não acabou. *Folha de S.Paulo*, Ilustrada, 27 dez. 2012. Disponível em: <www1.folha.uol.com.br/colunas/contardocalligaris/1206756-o-mundo-nao-acabou.shtml>. Acesso em: 17 maio 2018.

Podres poderes

Enquanto os homens exercem seus podres poderes
Motos e fuscas avançam os sinais vermelhos
E perdem os verdes
Somos uns boçais
Queria querer gritar setecentas mil vezes
Como são lindos, como são lindos os burgueses
E os japoneses
Mas tudo é muito mais
Será que nunca faremos senão confirmar
A incompetência da América católica
Que sempre precisará de ridículos tiranos?
Será, será que será que será, que será
Será que essa minha estúpida retórica
Terá que soar, terá que se ouvir
Por mais zil anos?
Enquanto os homens exercem seus podres poderes
Índios e padres e bichas, negros e mulheres
E adolescentes fazem o carnaval
Queria querer cantar afinado com eles
Silenciar em respeito ao seu transe, num êxtase
Ser indecente
Mas tudo é muito mau
Ou então cada paisano e cada capataz
Com sua burrice fará jorrar sangue demais
Nos pantanais, nas cidades, caatingas
E nos Gerais?
Será que apenas os hermetismos pascoais
Os tons, os mil tons, seus sons e seus dons geniais
Nos salvam, nos salvarão dessas trevas
E nada mais?
Enquanto os homens exercem seus podres poderes
Morrer e matar de fome, de raiva e de sede
São tantas vezes gestos naturais
Eu quero aproximar o meu cantar vagabundo
Daqueles que velam pela alegria do mundo
Indo mais fundo
Tins e Bens e tais

VELOSO, Caetano. Podres poderes. *Velô* (LP). Polygram, 1984. Letra disponível em: <www.letras.com.br/#!caetano-veloso/podres-poderes>. Acesso em: 17 maio 2018.

- Reflita sobre as noções de participação política e individualismo expressas nos dois textos e escreva uma dissertação filosófica sobre as relações sociais e os limites da comunidade política.

Dissertação filosófica

Você deve ter notado que os textos filosóficos que lemos neste livro possuem certas particularidades que os diferenciam de textos que lemos em jornais, revistas, *blogs* e em outros meios de comunicação escrita. Enquanto estes privilegiam uma relação mais diária e direta com o leitor, por meio de uma escrita mais concisa e simples, os textos filosóficos costumam ser mais longos, densos e repletos de conceitos complexos – por isso, em geral exigem mais de uma leitura para serem absorvidos. Tudo isso é fruto de um longo período de elaboração e reelaboração de ideias e termos que, como aprendemos neste livro, têm uma longa história. A natureza dos problemas filosóficos e o tempo da escrita de cada pensador também são aspectos relevantes. Essas questões devem ser levadas em conta quando deparamos com textos desse tipo, para não pensarmos que tais características são gratuitas e sem importância.

Sugestões de leituras

BRENER, Jayme. *Regimes políticos*: uma viagem. São Paulo: Scipione, 1994.

Uma explicação simples e direta dos principais regimes políticos, desde os mais clássicos até os contemporâneos. Temas como o liberalismo, a democracia, o socialismo, o fascismo, a social-democracia e as ditaduras são tratados de forma acessível.

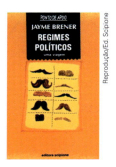

LEBRUN, Gérard. *O que é poder*. 11. ed. São Paulo: Brasiliense, 1991.

Uma introdução à filosofia política centrada no tema do poder.

KAFKA, Franz. *O processo*. São Paulo: Companhia de Bolso, 2005.

Toda a obra de Kafka pode ser lida como uma metáfora das relações de poder. Esse romance talvez seja sua expressão mais direta: nele, um indivíduo é processado pelo Estado sem conseguir compreender o motivo.

SAVATER, Fernando. *Política para meu filho*. 2. ed. Rio de Janeiro: Planeta, 2012.

Um professor espanhol de Filosofia escreveu esse livro para seu filho adolescente, procurando explicar os grandes temas da filosofia política.

CAPÍTULO 11
Estado, sociedade e poder

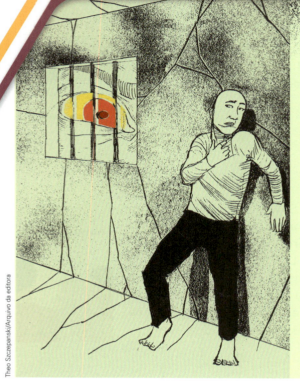

Estado Violência

Sinto no meu corpo
A dor que angustia
A lei ao meu redor
A lei que eu não queria...
Estado Violência
Estado Hipocrisia
A lei não é minha
A lei que eu não queria...
Meu corpo não é meu
Meu coração é teu
Atrás de portas frias
O homem está só...
Homem em silêncio
Homem na prisão
Homem no escuro
Futuro da nação...
Estado Violência
Deixem-me querer
Estado Violência
Deixem-me pensar
Estado Violência
Deixem-me sentir
Estado Violência
Deixem-me em paz.

GAVIN, Charles. Estado Violência. Intérprete: Titãs. *Cabeça Dinossauro* – ao vivo (CD), Universal Music, 2012. Letra disponível em: <www.letras.mus.br/titas/48970/>. Acesso em: 15 maio 2018.

Essa e outras canções dos Titãs chamam a atenção para o papel do Estado nas sociedades atuais. O "Estado Violência", como o denomina a música, impõe leis que buscam impedir os indivíduos de sentir e pensar. Se uma das principais funções do Estado é, em tese, proteger os indivíduos contra a violência, seria possível que, de fato, o Estado fosse violento?

O uso da força excessiva e a transgressão dos direitos humanos têm sido problemas constantes nas instituições de segurança pública brasileiras. Na foto, Polícia Militar age na favela da Rocinha, no Rio de Janeiro (RJ), em 2017.

O pensamento político dos séculos XVIII e XIX dedicou-se a criar as bases para uma nova sociedade, distinta da sociedade feudal. Foi retomada a ideia de democracia, considerada o regime político adequado aos Estados modernos. Entretanto, a democracia da Idade Moderna era bem diferente daquela criada na Grécia antiga: o *status* de cidadão não era mais privilégio de um pequeno grupo, como acontecia na Antiguidade.

A Idade Moderna viu o nascimento, o desenvolvimento e a consolidação do sistema capitalista, capaz de produzir riqueza em escala inédita. Esse novo sistema levou à formação de duas novas classes sociais – o proletariado e a burguesia – e favoreceu o acúmulo e a concentração da riqueza produzida nas mãos desta última.

// Patrões inspecionam a produção em uma fábrica de explosivos na Inglaterra, por volta de 1900. Enquanto a burguesia é a classe abastada que detém o capital e os meios de produção, o proletariado dispõe apenas de sua força de trabalho, que é vendida para garantir sua sobrevivência.

No século XIX esse sistema de produção passou a ser duramente criticado pelos trabalhadores, pois eles se deram conta de que a maior parte da sociedade produz os bens, mas apenas uma minoria fica com os lucros. Em oposição ao sistema capitalista, alguns pensadores desenvolveram e propuseram ideias para a formação de um sistema socialista. Eles questionaram as bases do capitalismo, afirmando que a democracia não existe de fato em uma relação de exploração: a democracia só seria possível em uma sociedade de iguais.

Algumas das principais ideias políticas desenvolvidas no período moderno são analisadas a seguir.

// Em greve, crianças e jovens trabalhadores da indústria têxtil protestam na Filadélfia, Estados Unidos, por melhores condições de trabalho e pelo direito à educação. Foto de 1890.

// Capa do filme *O que é isso, companheiro?* Direção de Bruno Barreto. Brasil, 1997. (110 min).

Baseia-se no livro de Fernando Gabeira, que narra a luta de militantes brasileiros contra o regime militar no final da década de 1960 e início da década de 1970.

Teorias sobre a criação do Estado

Uma das ideias políticas surgidas no século XVII foi a de que a sociedade e sua estruturação política, o Estado, são criações humanas, e não fenômenos da própria natureza, como pensava Aristóteles. Segundo essa ideia, teria sido necessário um "acordo" que organizasse a sociedade.

Estado de natureza e sociedade

A noção de que a sociedade foi instituída pelos seres humanos por meio de um pacto coletivo, com base no qual os indivíduos convivem, é chamada de **contrato social**. Em decorrência desse contrato, o estado pré-social, em que não havia uma associação humana organizada, teria sido extinto para dar lugar à sociedade, uma vida coletiva pautada por regras e leis provenientes de um poder capaz de organizar o coletivo e atuar como árbitro nas disputas entre seus membros.

As teorias baseadas nessa ideia ficaram conhecidas como **contratualistas**, e têm por base o jusnaturalismo.

INFORMAÇÕES COMPLEMENTARES

Jusnaturalismo

Do latim *jus*, "direito", e *naturalis*, "natural", é a doutrina segundo a qual existe um direito natural que é anterior ao Estado e superior às leis estabelecidas por ele. O direito natural prevê que todos os seres humanos são iguais, livres e têm direito à vida, podendo lutar pela sobrevivência. Para dar base ao contratualismo, o direito natural justifica que os indivíduos, por serem livres, podem transferir seus poderes a um soberano que garanta a sobrevivência deles.

Folha de rosto da obra *Leviatã*, do filósofo inglês Thomas Hobbes, escrita em 1651. Nesta imagem, podemos ver o **soberano**, uma pessoa artificial composta para representar a **multidão** (as diversas ações dos diferentes conjuntos de pessoas).

O primeiro grande filósofo contratualista foi Thomas Hobbes (1588-1679). Numa época em que a Inglaterra se encontrava agitada pela disputa entre os defensores da monarquia e os que desejavam instituir uma república, ele escreveu duas obras políticas: *Sobre o cidadão* (1642) e *Leviatã* (1651). Nelas, Hobbes defendeu um governo monárquico e absolutista e desenvolveu a ideia de contrato social.

Para esse filósofo, a natureza humana é individualista e egoísta, e os seres humanos nem sempre se organizaram em comunidades. Viver em agrupamentos sociais organizados teria sido apenas uma maneira que eles encontraram para garantir a sobrevivência.

Os filósofos contratualistas denominaram o estado que precede a vida em sociedade de **estado de natureza**. Nesse estado, todos os seres humanos são livres e a única lei existente é a do direito natural. Segundo Hobbes, para quem o ser humano não é naturalmente social, o estado de natureza representava uma guerra constante de todos contra todos. Isso o levou a afirmar que "o homem é o lobo do homem".

É importante notar que tanto o estabelecimento de um contrato social como o estado de natureza são hipóteses especulativas levantadas pelos filósofos para justificar a organização social à qual chegamos. Não se trata de eventos históricos comprovados, e sim de uma resposta ao questionamento sobre a legitimação da existência do Estado.

// Cena do filme *Ensaio sobre a cegueira*, de 2008, dirigido pelo cineasta brasileiro Fernando Meirelles. Baseado no romance homônimo do escritor português José Saramago (1922-2010), esse filme de ficção nos fornece um bom exemplo do que seria uma volta ao estado de natureza de Hobbes.

No estado de natureza imaginado por Hobbes, cada indivíduo desejaria impor sua vontade aos demais, e a propriedade privada de bens e terras seria garantida somente pela lei do mais forte. Nessas circunstâncias, ninguém estaria seguro, sendo necessário manter uma vigília constante. A melhor defesa seria sempre o ataque, perpetuando o estado constante de guerra. O medo da morte, principalmente de uma morte violenta, preocuparia a todos. Até que, em dado momento, os indivíduos teriam se cansado de viver dessa forma.

Para selar a paz entre as pessoas e garantir a cada indivíduo o direito de viver e acumular bens sem o medo constante de ser roubado ou assassinado, um pacto social teria sido realizado. Segundo esse pacto, cada um abdicaria da liberdade natural que possui em nome da segurança de todos.

A partir desse momento, todos teriam passado a viver sob as ordens de um único chefe, que teria assumido a responsabilidade pela segurança e pela garantia da propriedade de cada um. Para isso, o soberano teria criado leis que substituíram o direito natural e regulamentaram a vida da comunidade, arbitrando as disputas entre os membros do grupo.

De acordo com Hobbes, antes do contrato social não havia **povo**: havia uma **multidão**, que não era um corpo político porque não tinha uma unidade. Foi o pacto coletivo que transformou a multidão em povo, em uma unidade política com um projeto comum. Dessa forma foi criado o **Estado**, personificado na figura do monarca. Seu **poder soberano** não pode ser contestado pelo povo, já que sua existência é legitimada pelo pacto.

As ideias políticas de Hobbes deram fundamentação às monarquias absolutistas europeias dos séculos XVII e XVIII. Entretanto, progressivamente o liberalismo ganhou espaço na política da Inglaterra e, depois, de toda a Europa, o que contribuiu para a formação de monarquias constitucionais e de Estados republicanos e democráticos. No plano da reflexão política, sua ideia de contrato social teve vida mais longa e serviu de matriz para outras teorias políticas.

Cena do filme *A guerra do fogo* (1981), // dirigido por Jean-Jacques Annaud, em que vemos a representação hipotética de uma disputa violenta por território, comida e outros meios de vida entre dois grupos de hominídeos nos primórdios da humanidade.

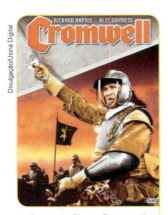

Capa do filme *Cromwell, o homem de ferro*. Direção de Ken Hughes. Reino Unido, 1970. (145 min).

Filme histórico que relata a situação política inglesa no século XVII. Interessante como contextualização das ideias de Hobbes e de Locke.

O lobo

Houve um tempo em que os homens
Em suas tribos eram iguais
Veio a fome e, então, a guerra
Pra alimentá-los como animais
Não houve tempo em que o homem
Por sobre a Terra viveu em paz
Desde sempre tudo é motivo
Pra jorrar sangue cada vez mais
O homem é o lobo do homem, o lobo

O homem é o lobo do homem, o lobo
Sempre em busca do próprio gozo
E todo zelo ficou pra trás
Nunca cede e nem esquece
O que aprendeu com seus ancestrais
Não perdoa e nem releva
Nunca vê que já é demais
O homem é o lobo do homem, o lobo
O homem é o lobo do homem, o lobo

PITTY. O lobo. *Admirável chip novo* (CD), Deckdisc, 2003.
Letra disponível em: <www.letras.mus.br/pitty/69129/>. Acesso em: 15 maio 2018.

Direito à propriedade

Assim como Hobbes, o médico, filósofo e político inglês John Locke (1632-1704) se apoiou nas ideias de estado de natureza e contrato social para construir sua filosofia política. Locke, porém, defendia a monarquia parlamentarista, na qual o poder estaria no Parlamento, nos representantes da população, e não na realeza. Esse sistema de governo foi instaurado na Inglaterra com a Revolução de 1689, que pôs fim ao regime absolutista, sendo John Locke um dos que contribuíram com sua fundamentação teórica.

Como vimos na unidade 1, embora tenha sido influenciado por Descartes, Locke discordava da existência de ideias inatas. Discordava igualmente da existência de um poder inato ou de origem divina, como pretendiam justificar alguns defensores do absolutismo. Para ele, todo poder vem do povo. A teoria de Hobbes ajudou-o a desenvolver essa ideia, mas, contrariamente a Hobbes, Locke não via no estado de natureza uma guerra permanente. Para ele, o fato de os indivíduos viverem na mais absoluta liberdade não implicaria que vivessem sem leis. No estado de natureza concebido por Locke, os seres humanos seriam governados pela **lei natural da razão**, sendo seu princípio básico a **preservação da vida**. Portanto, as pessoas não agrediriam nem matariam indistintamente apenas para impor sua vontade ou tomar a propriedade de alguém.

Na foto, de 2012, indígenas da etnia Suruí Sororó interditam a BR-153, entre os municípios de São Domingos do Araguaia e São Geraldo do Araguaia, no Pará, para reivindicar melhorias na saúde e na educação e indenização para as famílias prejudicadas pela construção da rodovia em suas terras. Ainda hoje, em lugares onde as leis são pouco observadas por órgãos governamentais e pela sociedade civil, a propriedade da terra gera conflitos.

De acordo com o filósofo, todo indivíduo já nasceu livre e proprietário de seu corpo e de sua capacidade de trabalho. Tudo aquilo que produzir, retirando da natureza ou transformando-a por meio de seu próprio trabalho, será de sua propriedade, uma vez que empenhou seu corpo e sua vida nessa tarefa. Se, no estado natural, os seres humanos não só gozavam da plena e absoluta liberdade como também podiam ter acesso a propriedades, o que os teria levado a abandonar esse estado e instituir a sociedade civil?

Segundo a hipótese de Locke, com o tempo, o produto do trabalho humano e o acesso à propriedade se tornaram mais complexos. Assim, passou a ser necessário arbitrar sobre os direitos, em razão das disputas que começaram a surgir entre os indivíduos. Se todos são iguais, quem poderia arbitrar as questões e fazer justiça?

Locke afirma que ocorreu um **pacto de consentimento**, em que os indivíduos concordaram em instituir leis que preservassem e garantissem tudo aquilo de que eles já desfrutavam no estado de natureza. Também nesse ponto ele diverge de Hobbes, para quem o contrato é um **pacto de submissão** que instaura uma situação contrária à liberdade que vigorava no estado de natureza. Locke faz uma analogia com o casamento, uma modalidade de união que só é possível porque há o consentimento de ambas as partes.

O contrato social instituiu, então, a sociedade civil e o Estado como garantia dos direitos naturais, e não como criação de outros direitos. Os indivíduos teriam se reunido em comunidade com o objetivo de facilitar o gozo do direito de propriedade que, mesmo possível, era incerto e inseguro quando se vivia em estado natural. Para Locke, portanto, o principal objetivo do contrato social é a preservação do **direito de propriedade**.

Sendo fruto do consentimento de todos, a instituição de uma sociedade política não significaria a renúncia à liberdade individual, e sim a instauração de uma nova forma de liberdade: a **liberdade civil**. Esta não se contrapõe à liberdade natural, mas a preserva e a amplia, já que os direitos naturais se tornam direitos políticos.

Para Locke, primeiro houve um pacto para a instituição da sociedade e, posteriormente, a sociedade instituída definiu as formas de governo. O contrato social, segundo Locke, não é a transferência do poder de cada um para um soberano. A **soberania** (o poder) pertence à totalidade do povo, que pode indicar quem assumirá as funções de administração e de **governo**. E todo indivíduo que ocupar essa função o fará em nome do povo, podendo ser destituído por ele quando não corresponder às expectativas.

Locke se refere à necessidade de separar e articular os poderes Legislativo (que elabora as leis), Executivo (que as coloca em prática) e Judiciário (que arbitra a prática das leis), para evitar a concentração de poder em uma única pessoa ou grupo. Essa teoria foi consolidada no século seguinte por **Montesquieu** e se tornou elemento fundamental do sistema democrático moderno.

Manifestação pedindo o *impeachment* do então presidente Fernando Collor de Mello, no Rio de Janeiro (RJ), em 21 de agosto de 1992. Quando a população perdeu a confiança no presidente da República, alvo de uma série de denúncias de corrupção, foi às ruas para pedir sua saída do poder.

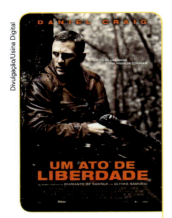

// Capa do filme *Um ato de liberdade*. Direção de Edward Zwick. Estados Unidos, 2008. (137 min).

Inspirado em fatos reais, o filme relata a formação de uma comunidade de judeus numa floresta da Belarus para fugir da perseguição nazista durante a Segunda Guerra Mundial. Discute questões como liderança, poder, liberdade e espírito de coletividade.

Montesquieu (1689-1755)

Charles-Louis de Secondat, barão de Montesquieu, foi um pensador iluminista crítico da monarquia absolutista e dos excessos políticos do clero católico na França. Tornou-se famoso com *Cartas persas* (1721), obra na qual faz uma crítica dos costumes franceses da época. Mas foi *O espírito das leis*, de 1748, que exerceu maior influência no pensamento político ocidental.

Busto em mármore de Montesquieu, feito por // Jean-Baptiste II Lemoyne no século XVIII.

O contrato social como expressão da vontade geral

Talvez você já tenha ouvido a frase: "O homem nasceu livre, e em toda parte vive acorrentado". Ela abre o livro *Do contrato social*, de **Jean-Jacques Rousseau**. Enquanto Hobbes concebia o estado natural como guerra e o estado social como fonte de segurança individual, Rousseau considerava o estado natural fonte da liberdade e da igualdade, e a sociedade política, fonte da guerra, pois instaurava a desigualdade entre as pessoas. Para ele, nascemos livres na natureza, mas nos aprisionamos pelas convenções sociais. O problema político poderia ser enunciado da seguinte maneira: como estabelecer um pacto social que garanta a liberdade, e não a escravização dos indivíduos?

Jean-Jacques Rousseau (1712-1778)

Escritor e filósofo nascido em Genebra (Suíça). Num momento de predomínio da filosofia iluminista, foi crítico da confiança incondicional na razão humana. Escritor polêmico, viu algumas de suas obras serem proibidas e queimadas em praça pública, o que o levou a exilar-se por certo tempo em Neuchâtel, na Suíça. Escreveu sobre diversos assuntos, da música à educação, mas destacou-se especialmente no campo da política. Publicou, entre outras obras: *Discurso sobre a origem e os fundamentos da desigualdade entre os homens* (1754-1755); *Emílio, ou Da educação* (1762); e *Do contrato social* (1762).

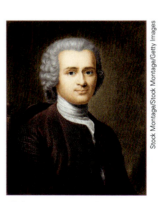

// Gravura de c. 1755, representando Rousseau.

Em seu *Discurso sobre a origem e os fundamentos da desigualdade entre os homens*, Rousseau afirmava que o estado de natureza foi a "idade de ouro", quando os seres humanos eram todos livres e iguais entre si, autossuficientes e isolados uns dos outros, vivendo em paz e harmonia. Isso fez com que se atribuísse a Rousseau a ideia do "bom selvagem" – a crença de que o ser humano é naturalmente bom, mas se corrompe pela vida em sociedade –, embora ele nunca tenha usado essa expressão.

Para Rousseau, a origem da **propriedade** é também a origem da verdadeira **desigualdade** entre os seres humanos. As diferenças naturais (dos atributos físicos) não deveriam ser levadas em conta, porque a desigualdade social seria a única que origina uma distinção negativa entre os seres humanos. Rousseau considerava que a fundação da sociedade civil se deu na primeira vez que um ser humano cercou um terreno, afirmando "Isto é meu!", e encontrou aceitação por parte de seus semelhantes. A origem da propriedade é a origem da sociedade, mas ainda sem as bases jurídicas que são garantidas por um Estado.

A instituição da propriedade teria dado início ao processo de acumulação de bens. Surgem as desigualdades, a escravidão, a ganância e a violência.

A desigualdade econômica e social na atualidade se revela no contraste entre os altos edifícios, ao fundo, e a favela Entra a Pulso, na zona sul do Recife, capital de Pernambuco. Foto de 2012.

Rousseau considerava que o primeiro contrato social que instituiu o Estado não resultava da ação de todos os indivíduos, como pensavam Locke e Hobbes, mas da ação daqueles que tinham mais posses e puderam coagir os que não as tinham, na tentativa de resguardar suas propriedades.

Desse modo Rousseau antecipou a noção de Estado como instrumento de classe, que Karl Marx enunciaria no século seguinte. Entretanto, a instituição política não seria essencialmente nociva, destinada a defender interesses individuais; a sociedade não seria contrária ao estado natural, como afirmava Hobbes.

Para Rousseau, o Estado poderia ser organizado de forma a preservar os direitos naturais e a igualdade entre os indivíduos. Um pacto que garantisse a igualdade sem abrir mão da liberdade humana deveria englobar todos os indivíduos. Se alguém fica de fora, se estabelece, já na origem, uma desigualdade que corrompe a sociedade instituída.

Diferentemente do que ocorria no contrato social imaginado por Hobbes, no de Rousseau o conjunto dos indivíduos não abdica de sua liberdade em nome de um único indivíduo, ao qual se submete. Ao contrário, entrega o controle a um **indivíduo coletivo** formado pela união de todos os que firmaram o contrato. Esse indivíduo coletivo é o que ele denomina **vontade geral**, uma das bases de todo e qualquer Estado. O soberano, aqui, não é o monarca, como em Hobbes, mas o próprio Estado, como união dos indivíduos. O todo é soberano em relação a cada uma das partes, todas elas iguais entre si.

Para Rousseau, a instituição desse Estado não exige que se abra mão da liberdade individual, uma vez que ele é a reunião do conjunto dos indivíduos e deve expressar a vontade geral, isto é, a resultante das vontades individuais no que diz respeito às questões comuns e coletivas. Nessa perspectiva, a **soberania** não é do governo – os ocupantes da máquina administrativa, executores da vontade geral –, mas do povo, como conjunto dos indivíduos pactuantes; então, nunca há submissão individual. A igualdade política dos indivíduos se realiza no Estado, assim como sua liberdade se realiza ao seguir as leis criadas por eles mesmos, e não impostas por outrem.

Ciente de que o Estado e a sociedade em que vivia não eram aqueles imaginados por ele, e que era impossível voltar ao estado de natureza, Rousseau procurou encontrar modos de organização política do social em que os indivíduos preservassem seus direitos e características naturais. De acordo com ele, por meio da educação pode-se evitar que o indivíduo seja corrompido pelas relações sociais, mesmo vivendo em uma sociedade desigual, centrada na exploração.

CAPÍTULO 11 | ESTADO, SOCIEDADE E PODER **229**

▌ Capa do filme *Serras da desordem*. Direção de Andrea Tonacci. Brasil, 2006. (135 min).

O filme *Serras da desordem*, uma mistura de ficção e documentário, toma como base a história real de Carapiru, um indígena da etnia Awá-Guajá. Após sobreviver ao extermínio de sua tribo nos anos 1970, Carapiru vaga sem destino por 10 anos até encontrar, com a ajuda da Fundação Nacional do Índio (Funai) e do Instituto Nacional de Colonização e Reforma Agrária (Incra), seu filho e os últimos remanescentes de sua tribo.

Esse tema foi analisado na obra *Emílio, ou Da educação*, em que projetou a educação de uma criança desde o nascimento até os 25 anos de idade.

Para transformar o conjunto da sociedade, porém, também seria necessária uma forma de organização não corrompida e não corruptora, que possibilitasse uma vida livre e em que não houvesse a exploração de uma pessoa por outra. Esse tema foi trabalhado no livro *Do contrato social*, publicado na mesma época de seu tratado sobre educação.

As ideias de Rousseau originaram algumas das principais bases teóricas das democracias modernas.

▌ Aula em colégio de tempo integral, em Teresina (PI), em 2015. Segundo Rousseau, a educação é fundamental para que o indivíduo possa conhecer sua natureza e preservá-la da exploração e da corrupção, presentes em uma sociedade injusta e desigual.

As críticas ao Estado no século XIX

No século XIX, haviam se formado na Europa vários Estados liberais, caracterizados pela liberdade individual no exercício da economia, da política e da religiosidade e que funcionavam segundo os princípios democráticos. Essa estrutura foi de grande importância na consolidação do capitalismo, que ganhou maior impulso com a Revolução Industrial.

A industrialização fez emergir uma nova categoria social: o operariado, composto daqueles que, possuindo apenas sua força de trabalho como propriedade, eram obrigados a vendê-la em troca de um salário. Submetidos a duras condições de trabalho nas fábricas, aos poucos os operários se organizaram para reivindicar melhores salários e condições de trabalho, como a limitação da jornada e o fim do trabalho infantil.

▌ Cena de *Germinal*, de 1993, dirigido por Claude Berri. Inspirado no romance homônimo do escritor francês Émile Zola, o filme aborda a luta de operários explorados por uma mineradora no século XIX, para conquistar melhores condições de trabalho.

A luta dos trabalhadores não era apenas econômica, mas também política. Em geral, eles não se consideravam representados nas decisões tomadas nas câmaras legislativas, nem nas políticas adotadas pelos governos. A greve passou a ser utilizada como uma das estratégias de luta para pressionar tanto os patrões quanto os governantes. Começaram a se desenvolver teorias políticas baseadas no ponto de vista da classe operária. Essas teorias viam no Estado um instrumento de opressão e dominação dos trabalhadores. Algo, portanto, a ser combatido e destruído.

Marx e Engels: o socialismo, o comunismo e a superação do Estado

O filósofo alemão Georg Wilhelm Friedrich Hegel (1770-1831) se afastou das teses contratualistas e, na obra *Princípios da filosofia do direito* (publicada em 1821), afirmou que o Estado é autônomo em relação aos indivíduos e não faz sentido colocá-lo fora da História. Para Hegel, a sociedade se constitui em duas esferas: a **sociedade civil**, que representa os embates e antagonismos dos indivíduos em sua luta diária pela sobrevivência; e a **sociedade política** (o Estado), a instância em que os antagonismos da sociedade civil são superados em nome do interesse público.

Essa concepção foi retomada algumas décadas mais tarde por Karl Marx (1818-1883). Invertendo a concepção idealista de Hegel, segundo a qual o Estado é quem determina a História, Marx sustentou que é a produção social dos seres humanos, por meio da luta entre as classes sociais, que determina a estrutura do Estado e a evolução histórica. Marx chegou a essa conclusão analisando a história da humanidade, pois percebeu que em nenhum momento o Estado foi o representante dos interesses coletivos, tampouco o promotor de uma "vontade geral". Ao contrário, o Estado foi sempre aquilo que Rousseau já havia denunciado: um instrumento de determinado grupo social para conquistar e manter privilégios. No caso de uma sociedade organizada pelo sistema capitalista, o Estado é instrumento da classe burguesa, que está em conflito com a classe operária. Essa análise histórica, política, econômica e social de Marx, elaborada em conjunto com o também filósofo Friedrich Engels (1820-1895), posteriormente foi denominada **materialismo histórico**.

A concepção marxista marcou o divórcio entre sociedade civil e Estado. Embora seja determinado pela sociedade civil, o Estado teria certo grau de independência, o que lhe permitiria fixar regras e leis que perpetuariam a estrutura social vigente e manteriam os privilégios e os infortúnios dessa organização social. O Estado deixa, portanto, de ser considerado um contrato entre indivíduos que promove a realização da sociedade humana (segurança, direito à propriedade, liberdade) e passa a ser considerado um instrumento da classe dominante para a manutenção do poder econômico. A liberdade de que falam os filósofos liberais seria, portanto, ilusória em uma sociedade organizada por um Estado. Assim, a superação do Estado é concebida como um passo necessário para o surgimento da verdadeira história humana e para o estabelecimento do reino da liberdade, que, no pensamento de Marx, tem semelhanças com a idade de ouro pensada por Rousseau. Para Marx, o Estado é apenas um momento no trajeto da humanidade rumo ao reino da liberdade e, como tal, não deve ser legitimado, mas superado.

É preciso que o jogo termine logo, gravura francesa de 1789, em que um camponês é montado por um clérigo e um nobre. De modo crítico e irônico, a gravura representa os três estados da sociedade francesa da época (o clero, a nobreza e o povo) e o uso abusivo que os dois primeiros faziam do Estado para manter seus privilégios econômicos à custa da exploração do terceiro estado.

Foto de protesto em Madri, na Espanha, em 2017, contra medidas de austeridade econômica, tomadas pelos líderes dos principais Estados europeus ciante da crise econômica. Tais medidas, adotadas sem consulta popular, incluíam redução de salários, aumento da carga horária de trabalho, ampliação da idade-limite para aposentadoria e redução de pensões e benefícios na área da saúde, e afetavam principalmente as classes menos abastadas.

Se o Estado historicamente tem sido um instrumento de determinadas classes sociais para dominar e explorar outras, sua dissolução só seria possível em uma sociedade em que os indivíduos fossem de fato iguais e não houvesse exploração de um pelo outro. Como Marx afirmava que a exploração se dava em função da propriedade privada dos meios de produção, uma sociedade sem exploração seria uma sociedade sem propriedade privada desses meios. A isso Marx denominou **comunismo**, isto é, uma sociedade em que os meios de produção seriam comuns a todos. Como a propriedade é a base da divisão da sociedade em diferentes classes, uma sociedade comunista seria uma sociedade sem classes. Não havendo classes sociais com interesses diferentes, o Estado deixaria de ser necessário.

A teoria marxista afirma que as transformações sociais acontecem justamente porque há conflito entre as classes sociais. Portanto, a luta de classes move a História. Partindo dessa ideia, Marx estudou a fundo a sociedade capitalista para compreender seu funcionamento, a fim de planejar uma ação política que levasse à sua transformação em uma sociedade na qual os trabalhadores não fossem explorados e controlassem eles próprios os meios de produção.

Marx convocou os trabalhadores a se organizarem em várias associações, e especialmente em partidos comunistas, para que suas reivindicações ganhassem força. É bastante conhecida a frase final de um texto que escreveu em parceria com Engels, publicado em 1848, o *Manifesto do Partido Comunista*: "Proletários de todo o mundo, uni-vos!".

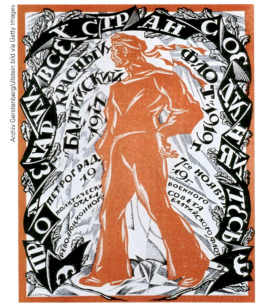

Cartaz de propaganda política da União Soviética, impresso em 1919, com o inscrito "Proletários de todo o mundo, uni-vos!". Essa frase pertence ao *Manifesto do Partido Comunista*, escrito por Karl Marx e Friedrich Engels em 1848.

Como o Estado era considerado instrumento de dominação da classe burguesa, a ruptura com o capitalismo, segundo Marx, seria possível apenas por meio de uma revolução. Nela, a classe trabalhadora organizada se tornaria dominante, o que levaria à democracia, isto é, ao poder exercido pelo povo e não mais por uma pequena classe dominante e economicamente privilegiada. Além dessa mobilização, que compõe o cerne do programa revolucionário de emancipação do proletariado, outras medidas estruturais seriam tomadas: a propriedade privada seria extinta e todos os meios de produção passariam a pertencer ao Estado.

Mas, como o Estado seria a expressão do conjunto da população, os bens necessários à produção da vida material seriam de todos. Esse conjunto de medidas caracteriza o que Marx denominou **socialismo**.

Com o fim da propriedade privada dos meios de produção, os interesses da antiga classe privilegiada pouco a pouco desapareceriam. Haveria, finalmente, uma sociedade sem classes. Nesse contexto, o Estado já não seria necessário e desapareceria. Isso significaria a emergência de uma **sociedade comunista**, na qual todos seriam livres e iguais entre si. Nesse momento teria início, segundo Marx e Engels, a "verdadeira história da humanidade".

O anarquismo: a defesa de uma sociedade sem Estado

O anarquismo como movimento social e político surgiu no século XIX, no contexto do movimento operário, e desenvolveu uma filosofia política que defende uma sociedade sem Estado. Para os anarquistas, o Estado é fonte da opressão humana e instrumento de dominação. Se o Estado existe para resolver os conflitos entre os indivíduos, ele não é necessário em uma sociedade que expresse a igualdade, a liberdade e a solidariedade.

O primeiro pensador a desenvolver ideias anarquistas no século XIX foi **Proudhon**. Em 1840 ele lançou um livro com o título *O que é a propriedade?*, e sua resposta à pergunta do título era simples e direta: a propriedade é um roubo. Fazendo a crítica da propriedade privada, Proudhon propunha uma sociedade sem propriedade, uma sociedade comunista.

Pierre-Joseph Proudhon (1809-1865)

Filósofo anarquista francês. De origem humilde, empregou-se muito jovem numa tipografia. Ali tomou contato com socialistas e revolucionários, que influenciariam seu pensamento. Afirmou que era necessário fazer uma revolução para pôr fim ao Estado. Propôs também a criação de um sistema mutualista, para empréstimos sem juros entre trabalhadores, e a volta ao trabalho artesanal contra o trabalho industrial. De sua vasta obra, destacam-se: *O que é a propriedade?* (1840); *Sistema das contradições econômicas, ou filosofia da miséria* (1846); e *Do princípio federativo* (1864).

Proudhon retratado por Gustave Courbet, em 1865. Óleo sobre tela.

Antes de Proudhon definir suas ideias como **anarquistas**, essa palavra tinha uma conotação pejorativa. Durante a Revolução Francesa, certos grupos chamavam seus adversários de anarquistas para dizer que não eram sérios, que eram badernreiros e desordeiros. Proudhon deu à palavra um sentido positivo, ao afirmar que a anarquia não é desordem, mas a expressão de uma "ordem natural", não de uma ordem artificial criada por um grupo segundo seus interesses. Sua conclusão: "Assim como o ser humano procura a justiça na igualdade, a sociedade procura a ordem na anarquia".

> ### INFORMAÇÕES COMPLEMENTARES
>
> #### Anarquia
>
> A palavra deriva do grego *arkhía*, "governo", "chefe", "autoridade", e o prefixo *a* ou *an*, que indica negação. Literalmente, portanto, anarquia significa ausência de governo, de chefe, de comando. Quando se parte do princípio de que o governo é absolutamente necessário, a palavra adquire um sentido negativo. Porém, para o anarquismo como teoria política e movimento social, a ausência de governo seria exatamente a realização de uma sociedade justa e igualitária.

As ideias de Proudhon foram retomadas e desenvolvidas por vários filósofos anarquistas. Um deles foi **Mikhail Bakunin**, revolucionário que atuou em associações de trabalhadores de diversos países europeus e procurou construir uma revolução que pusesse fim à exploração capitalista.

Mikhail Bakunin (1814-1876)

Nascido na Rússia, filho de grandes proprietários de terra, Bakunin se afastou da família, que desejava vê-lo na carreira política, para estudar Filosofia em Moscou. Ali tomou contato com as ideias de Hegel. Aproximou-se dos movimentos operários revolucionários e transitou por vários países europeus, tendo sido preso algumas vezes. Sua militância política e social foi marcada por uma também intensa produção intelectual. Escreveu panfletos políticos e textos esparsos, entre os quais: *A Comuna de Paris e a noção de Estado* (1871); *Federalismo, socialismo e antiteologismo* (1872); *Estado e anarquia* (1873); e *Deus e o Estado* (1882).

// Fotografia de Bakunin, feita por volta de 1870.

O princípio central da filosofia anarquista é a liberdade individual. Os anarquistas consideram que os indivíduos são livres e que a sociedade não pode limitar essa liberdade, mas deve confirmá-la e aprimorá-la. Por isso, o Estado, instrumento de dominação, é visto como algo a ser combatido. O conceito anarquista de liberdade, porém, difere daquele elaborado por Rousseau e por outros filósofos que podem ser chamados de "liberais".

Para Rousseau, o ser humano é livre por natureza: todos nascem livres, embora a sociedade coloque limites para a liberdade. Essa ideia de liberdade individualizada está expressa na frase: "O limite de minha liberdade é a liberdade do outro". Para a filosofia anarquista, não faz sentido pensar em limites para a liberdade. Se a liberdade do outro é um limite para minha liberdade, então nem ele nem eu somos livres. Os filósofos anarquistas, em especial Proudhon e Bakunin, elaboraram um conceito coletivista de liberdade. Para eles, a liberdade não é um dom natural do indivíduo. Ninguém nasceria livre; **nós nos tornaríamos livres**. Aprenderíamos a ser livres e precisaríamos conquistar a liberdade. E isso só poderia ser feito nas relações sociais, em meio a outros seres humanos, com outros iguais a nós. Não haveria sentido falar em liberdade se eu vivesse isolado em uma ilha deserta. Só poderia ser livre se, vivendo em meio a outras pessoas, as liberdades delas confirmassem a minha, assim como minha liberdade confirmasse as delas.

> [...] Só sou verdadeiramente livre quando todos os seres humanos que me cercam, homens e mulheres, são igualmente livres. A liberdade do outro, longe de ser um limite ou a negação da minha liberdade, é, ao contrário, sua condição necessária e sua confirmação [...] Ao contrário, é a escravidão dos homens que põe uma barreira na minha liberdade, ou, o que é a mesma coisa, é sua animalidade que é uma negação da minha humanidade [...] Minha liberdade pessoal assim confirmada pela liberdade de todos se estende ao infinito.
>
> BAKUNIN, Mikhail. *Textos escolhidos*. Porto Alegre: L&PM, 1983. p. 32-33.

// Capa do filme *O sistema*. Direção de Zal Batmanglij. Estados Unidos, 2013. (117 min).

Uma funcionária de uma empresa de segurança infiltra-se num grupo anarquista que realiza atos terroristas com a missão de denunciar o grupo, mas aos poucos envolve-se com as ideias que deveria combater.

As relações sociais não seriam outra coisa senão um jogo de liberdades. Quando esse jogo tende ao domínio de uns sobre outros, anulam-se as liberdades de todos e, afirmam os anarquistas, historicamente é isso que os sistemas políticos fazem: o Estado é sempre o instrumento de dominação de um grupo sobre o restante da sociedade. Por isso, as liberdades precisam ser conquistadas, o que requer organização política para uma revolução social que ponha fim ao sistema de exploração e abra espaço para a construção de uma sociedade realmente livre, justa e igualitária.

Para os anarquistas, diferentemente do que pensava Marx, a revolução social deveria derrubar imediatamente o Estado. Se o Estado fosse mantido após a revolução, a serviço da atuação partidária, seria mantido um sistema de privilégios, de relações de exploração, de classes sociais. Apenas a extinção imediata do Estado como aparelho de exploração poderia colocar em marcha outros tipos de relação, outros jogos de poder que fossem exercício de liberdade, não de dominação.

// Fábrica de tambores plásticos administrada desde 2003 pelos operários da empresa, em Sumaré (SP). Foto de 2013.

É lógico!

A partir do século XVII, houve significativo desenvolvimento de uma nova forma de compreender o mundo: o conhecimento científico. O avanço da ciência – que fez uso das ferramentas lógicas – acabou por influenciar decisivamente o próprio pensamento lógico. A lógica se tornou mais sistematizada com o intuito de possibilitar uma análise clara das proposições científicas para atestar sua validade. O problema da lógica passou a ser identificar a construção e a forma das proposições para avaliar se são falsas ou verdadeiras.

Assim, a lógica ficou cada vez mais próxima da Matemática. Os objetos da Matemática (as operações) possuem uma coerência interna e obedecem a uma série de regras que são aceitas pela comunidade matemática. Isso levou a lógica a se constituir como uma ciência que produz **operações simbólicas** partindo das **proposições**. Assim se consolidou aquilo que hoje denominamos **lógica matemática** ou **lógica simbólica**, na medida em que ela opera matematicamente com símbolos.

Um dos pioneiros no trato matemático da lógica foi o filósofo e matemático germânico Gottfried Wilhelm Leibniz (1646-1716). No final do século XVII, Leibniz mostrou que todo tipo de raciocínio pode ser reduzido a uma combinação de elementos variados, que podem ser números ou palavras, por exemplo. A lógica pensada por Leibniz, relacionada à **análise combinatória**, seria a base sobre a qual se desenvolveria, a partir da segunda metade do século XX, a ciência da computação.

Os princípios da lógica matemática, porém, provêm de uma sistematização muito mais antiga: a Geometria proposta pelo matemático Euclides de Alexandria. No livro *Os elementos* (c. 300 a.C.), ele organizou aquilo que se conhecia na época sobre as figuras, as linhas e os ângulos, distinguindo-os em **definições**, **axiomas** e **postulados**. No sistema euclidiano, as definições, os axiomas e os postulados são os princípios de todo conhecimento verdadeiro, aqueles conhecimentos que não precisam e não podem ser demonstrados, pois são autoevidentes, isto é, sustentam-se a si mesmos e deles não podemos duvidar. Com base neles, são deduzidos novos enunciados, os **teoremas**, que podem ser demonstrados.

São cinco os axiomas apresentados por Euclides:

1. Duas coisas iguais a uma terceira são iguais [entre si].
2. Se parcelas iguais forem adicionadas a quantidades iguais, os resultados permanecerão iguais.
3. Se quantidades iguais forem subtraídas de quantidades iguais, os restos serão iguais.
4. Coisas que coincidem são iguais.
5. O todo é maior que suas partes.

CERQUEIRA, Luiz Alberto; OLIVA, Alberto. *Introdução à lógica*. 2. ed. Rio de Janeiro: Zahar, 1982, p. 27-28.

A esses axiomas, que são as afirmações mais gerais, Euclides acrescentou cinco postulados, específicos da Geometria, que são afirmações sobre pontos, retas, ângulos. Em conjunto, essas afirmações e também as definições organizadas por Euclides formaram a base de todo o conhecimento matemático.

A lógica matemática contemporânea deriva diretamente desse tipo de raciocínio, e busca organizar e sistematizar a linguagem simbólica perfeita.

Trabalhando com textos

Os dois textos a seguir expressam diferentes concepções de Estado. Embora ambos sejam textos críticos, escritos contra as perspectivas políticas dominantes em suas épocas, eles trabalham com universos conceituais distintos. No primeiro texto, Rousseau defende a soberania como exercício da vontade geral, apontando-a como base de um Estado democrático. No segundo texto, o anarquista Bakunin desvela as relações entre governo e Estado, criticando o Estado burguês.

Texto 1

O governo de um Estado só é possível quando este Estado é soberano, quando nenhum outro se impõe sobre ele. Segundo Rousseau, essa soberania não pode ser cedida, ou isso significaria a perda do governo.

A soberania é inalienável

> **Inalienável:** que não pode ser alienado, que não pode ser vendido ou dado.

A primeira e mais importante consequência dos princípios até aqui estabelecidos é que somente a vontade geral pode dirigir as forças do Estado de acordo com a finalidade da sua instituição, que é o bem comum, porque, se a oposição dos interesses particulares tornou necessário o estabelecimento das sociedades, foi a concordância desses mesmos interesses que o tornou possível. O que forma o vínculo social é o que há de comum nesses diferentes interesses, e, se não houvesse um ponto no qual todos os interesses se põem de acordo, nenhuma sociedade poderia existir. Ora, é unicamente com base nesse interesse comum que a sociedade deve ser governada.

Digo portanto que a soberania, que é o exercício da vontade geral, nunca pode ser alienada e que o soberano, que é um ser coletivo, só pode ser representado por si mesmo. O poder pode ser transmitido, não a vontade.

De fato, se não é impossível que uma vontade particular concorde em algum ponto com a vontade geral, é impossível pelo menos que essa concordância seja duradoura e constante, porque a vontade particular tende por natureza às preferências, e a vontade geral à igualdade.

É ainda mais impossível ter uma garantia dessa concordância, mesmo que essa concordância perseverasse, o que não seria um efeito da arte mas do acaso. O soberano pode muito bem dizer: "Quero agora o que quer certo homem ou pelo menos o que ele diz querer". Mas ele não pode dizer: "O que esse homem quiser amanhã, eu também quererei", porque é absurdo que a vontade se dê grilhões para o futuro e porque não depende de nenhuma vontade consentir em nada que seja contrário ao bem do ser que quer. Portanto, se o povo promete simplesmente obedecer, ele se dissolve por esse ato, perde a sua qualidade de povo. A partir do instante em que tem um amo, não há mais soberano, e o corpo político é por conseguinte destruído.

Isso não quer dizer que as ordens dos chefes não possam ser tidas como vontades gerais, enquanto o soberano, que é livre para se opor a elas, não o fizer. Num caso assim, do silêncio universal deve-se deduzir o consentimento do povo.

ROUSSEAU, Jean-Jacques. *Do contrato social*.
São Paulo: Companhia das Letras/Penguin, 2011. p. 77-78.

Questões

1. Como Rousseau explica a ideia de que o soberano é um ser coletivo?
2. Por que a vontade geral, ou a soberania, é inalienável?
3. Seria possível a concordância de uma vontade particular com a vontade geral? Em que condições?
4. Em que sentidos a soberania é a base de qualquer sociedade?

Texto 2

No texto a seguir, Bakunin afirma que é impossível não se revoltar contra o Estado, pois ele opera pela opressão, pelo abuso da autoridade.

> **Enfatuação:** ato de enfatuar, tornar presunçoso (vaidoso).
> **Espoliador:** o mesmo que saqueador, usurpador, que tira o que não é seu.

Estado e governo

[...] Não hesito em dizer que o Estado é o mal, mas um mal historicamente necessário, tão necessário no passado quanto o será sua extinção completa, cedo ou tarde; tão necessário quanto foram a bestialidade primitiva e as divagações teológicas dos homens. O Estado absolutamente não é a sociedade, é apenas uma forma histórica tão brutal quanto abstrata. Nasceu historicamente, em todos os países, do casamento da violência, da rapina e do saque, isto é, da guerra e da conquista, com os deuses criados sucessivamente pela fantasia teológica das nações. Foi, desde sua origem e permanece ainda hoje, a sanção divina da força bruta e da iniquidade triunfante.

[...] A revolta é muito mais fácil contra o Estado, porque há na própria natureza do Estado alguma coisa que leva à revolta. O Estado é a autoridade, é a força, é a ostentação e enfatuação da força. Ele não se insinua, não procura converter: sempre que interfere, o faz de mau jeito, pois sua natureza não é de persuadir, mas de impor-se, de forçar. Inutilmente, tenta mascarar essa natureza de violador legal da vontade dos homens, de negação permanente de sua liberdade. Então, mesmo que determine o bem, ele o estraga, precisamente porque o ordena, e porque toda ordem provoca e suscita revoltas legítimas da liberdade; e porque o bem, no momento, da moral humana, não divina, do ponto de vista do respeito humano e da liberdade, torna-se um mal.

[...] Exploração e governo, o primeiro dando os meios de governar e constituindo a base necessária assim como o objetivo de todo governo, que por sua vez garante e legaliza o poder de explorar, são os dois termos inseparáveis de tudo que se chama política. Desde o início da história eles constituíram a vida real dos Estados: teocráticos, monárquicos, aristocráticos, e até mesmo democráticos. Anteriormente e até a grande Revolução do fim do século XVIII, sua íntima relação era mascarada por ficções religiosas, legais e cavalheirescas, mas, desde que a mão brutal da burguesia destruiu todos os véus, aliás nitidamente transparentes, desde que seu sopro revolucionário dissipou todas as vãs imaginações atrás das quais a Igreja e o Estado, a tecnocracia, a monarquia e a aristocracia puderam, durante tanto tempo, tranquilamente realizar todas as suas torpezas históricas; desde que a burguesia, cansada de ser bigorna, tornou-se, por sua vez, martelo; desde que inaugurou o Estado moderno, essa ligação fatal tornou-se para todos uma verdade revelada e até mesmo incontestável.

A exploração é o corpo visível e o governo é a alma do regime burguês. E, como acabamos de ver, uma e outra, nessa ligação tão íntima, são, tanto do ponto de vista teórico como prático, a expressão necessária e fiel do idealismo metafísico, a consequência inevitável dessa doutrina burguesa que procura a liberdade e a moral dos indivíduos fora da solidariedade social. Essa doutrina leva ao governo espoliador de um pequeno grupo de privilegiados, ou de eleitos, à escravidão espoliada da maioria e, todos, à negação de toda moralidade e toda liberdade.

BAKUNIN, Mikhail. *Textos escolhidos*. Porto Alegre: L&PM, 1983. p. 33-34.

Questões

1. Sob quais circunstâncias Bakunin afirma que o Estado é um "mal", mas também "necessário"?
2. Como Bakunin relaciona o governo com a exploração?
3. Em que se baseia a crítica de Bakunin ao regime burguês?

Em busca do conceito

1. Depois de conhecer um pouco o pensamento político moderno, como você analisa a letra da canção "Estado Violência" reproduzida no início do capítulo?
2. Relacione as principais semelhanças e diferenças entre as noções de "estado de natureza" e "contrato social" em Hobbes, Locke e Rousseau.
3. Que críticas os marxistas e os anarquistas fazem ao Estado? Em que elas se aproximam e em que se distanciam?
4. Faça uma pesquisa sobre movimentos organizados da sociedade civil que reivindicam direitos civis no Brasil. Analise o teor dessas reivindicações e como esses grupos são tratados pelo Estado. Reflita sobre os dados obtidos e escreva um texto argumentativo expondo suas posições sobre a questão.
5. Qual é a diferença entre a estratégia dos marxistas e a dos anarquistas para chegar a uma sociedade comunista?
6. Como as teorias estudadas neste capítulo podem ajudar você a compreender a estrutura de poder em seu país?
7. O que você pensa sobre a obrigatoriedade do voto no Brasil? E sobre o voto aos 16 anos? Você se sente preparado para exercer esse direito de cidadania? Escreva sobre isso e depois debata com seus colegas.
8. Faça uma dissertação filosófica sobre o tema: O fim do Estado é inevitável?

Além do que foi estudado neste capítulo, consulte os textos seguintes.

[...] A reflexão da filosofia política clássica evidencia entretanto um aspecto do Estado que contesta de antemão essas concepções instrumentalistas ou funcionalistas. O economismo que hoje domina o pensamento das ciências sociais não deveria fazer com que subestimássemos sua importância. Somos tributários de Thomas Hobbes por ter sido um dos primeiros a estudar esses aspectos em sua teoria da "pessoa fictícia" do soberano. A frase que se atribui a Luís XIV ("O Estado sou eu") o diz bem: na unidade física, visível, da pessoa do soberano, quer se trate de um monarca ou de uma assembleia, realiza-se por artifício a união dos cidadãos que a ele confiam sua segurança e bem-estar. O Leviatã revela assim suas forças propulsoras antropológicas com as quais tem de lidar essa pretensa "máquina". Espinosa, pouco suspeito de simpatia pela monarquia absoluta, concorda nesse ponto com o filósofo inglês. Define o Estado como um indivíduo que só pode existir sobre o modelo de uma pessoa, dotada de uma vontade. "O corpo do Estado", escreve ele em seu tratado político, "deve ser dirigido como que por uma única alma, e é por isso que a vontade da cidade deve ser considerada como a vontade de todos". E acrescenta que as "leis são a alma do Estado. Enquanto permanecerem, o Estado subsiste necessariamente. Mas as leis não podem permanecer invioladas se não estiverem sob a proteção da razão e das afecções comuns aos homens".

LECOURT, Dominique. O fim do Estado é inevitável? In: *Café Philo*: as grandes indagações da filosofia. Rio de Janeiro: Jorge Zahar, 1999. p. 51-52.

[...] O Estado, tal como conhecemos, nem sempre existiu. Sem dúvida o mundo atual nos pede para inventarmos formas novas de organização política. Mas nada seria mais grave do que esquecer, por cientificismo, as forças propulsoras antropológicas com as quais tiveram sempre de lidar os Estados modernos. Pois essas forças não desaparecerão. Toda transformação da forma estatal consistirá apenas em sua reativação conforme novas regras. E já vemos com nossos próprios olhos o preço que teríamos de pagar por uma denegação tecnocrática dessa realidade: explosões assassinas de ódio nacionalista e racista em reação ao que apareceria como um puro e simples desmantelamento; o desamparo de uma juventude que se entrega à violência destruidora (drogas incluídas) na impossibilidade de adquirir uma identidade e tornar-se alguém; ou ainda por nostalgia, o efeito bumerangue do que Espinosa chamava "o ódio teológico", que talvez seja o mais feroz de todos aqueles de que é capaz o ser humano.

LECOURT, Dominique. O fim do Estado é inevitável? *Café Philo*: as grandes indagações da filosofia. Rio de Janeiro: Jorge Zahar, 1999. p. 53.

Dissertação filosófica

Algumas vezes, a proposta de realização de uma dissertação filosófica aparece na forma de uma pergunta. Quando deparamos com esse tipo de atividade, é importante ter em mente que não se trata simplesmente de responder à pergunta-tema de forma direta.

É necessário observar a regra de "problematizar a pergunta". Em outras palavras, ela não pode ser tomada como absoluta; caso contrário, o exercício da dissertação simplesmente repetirá aquilo que foi exposto na aula ou no texto. Antes de escrever a dissertação é preciso refletir sobre a pergunta até atingir o problema filosófico que está por trás dela. Isso permitirá que ela seja examinada sob vários ângulos, de modo que o texto produzido, fruto dessa reflexão pessoal, exponha uma posição e argumentos próprios.

Sugestões de leituras

BAKUNIN, Mikhail. *Textos anarquistas*. Porto Alegre: L&PM, 1999.

Uma compilação de textos do anarquista russo que serve de introdução ao tema.

FREIRE, Roberto; BRITO, Fausto. *Utopia e paixão*: a política do cotidiano. 13. ed. Rio de Janeiro: Trigrama, 2001.

Uma visão descontraída, mas ao mesmo tempo aprofundada, das grandes questões políticas, analisadas com base em situações cotidianas e nas possibilidades de ação individual.

GATTAI, Zélia. *Anarquistas, graças a Deus*. São Paulo: Companhia das Letras, 2009.

De forma romanceada, a escritora, filha de imigrantes italianos anarquistas, conta suas memórias de infância. A família participou da industrialização de São Paulo e da Colônia Cecília, comunidade anarquista do interior do Paraná.

GOLDING, William. *O senhor das moscas*. Rio de Janeiro: Nova Fronteira, 2006.

Interessante fábula política sobre um grupo de crianças que, sozinhas numa ilha deserta, precisam organizar-se e constituir uma sociedade.

LIMONGI, Maria Isabel. *Hobbes*. São Paulo: Jorge Zahar, 2002.

Uma excelente introdução ao pensamento de Thomas Hobbes.

MARX, Karl; ENGELS, Friedrich. *Manifesto do Partido Comunista*. Porto Alegre: L&PM, 2001.

Talvez esse seja o texto político mais lido e discutido de todos os tempos. Nele, os autores apresentam sua concepção de história como luta de classes e exortam os trabalhadores do mundo inteiro a se unirem.

ROUSSEAU, Jean-Jacques. *Do contrato social*. São Paulo: Companhia das Letras/Penguin, 2011.

A principal obra política de Rousseau, que repensou o Estado no século XVIII.

SALINAS FORTES, Luiz R. *Rousseau*: o bom selvagem. São Paulo: FTD, 1989.

Uma introdução ao pensamento de Rousseau, em linguagem acessível e dinâmica.

CAPÍTULO 12
Totalitarismo e biopolítica na sociedade de controle

Lemmy Caution (Eddie Constantine) em cena do filme *Alphaville*. O gênero cinematográfico ficção científica costuma imaginar tendências totalitárias e distópicas da atualidade em suas formas extremas, muitas vezes retratando os perigos do uso da tecnologia como meio de controle social.

Alphaville é um filme clássico de ficção científica, lançado em 1965. Descreve uma cidade futurista na qual tudo – inclusive os habitantes – é controlado por um supercomputador, denominado Alpha 60. Um agente é enviado para encontrar o inventor da máquina e convencê-lo a destruí-la, mas as dificuldades que ele enfrenta são imensas, uma vez que o computador tem controle sobre tudo, a ponto de abolir os sentimentos humanos.

O filme mostra uma sociedade totalitária, com um governo absoluto, que nem sequer é humano. Trata-se claramente de uma metáfora para o que talvez tenha sido o maior problema político do século XX: o **totalitarismo**.

Após a consolidação das democracias liberais europeias no século XIX, o século seguinte assistiu à emergência desse novo fenômeno político, que teve consequências devastadoras. Segundo alguns especialistas, o termo "totalitarismo" surgiu com o líder fascista italiano Benito Mussolini (1883-1945), que, em oposição ao Estado liberal, propunha que todas as manifestações sociais, políticas, econômicas e culturais se mantivessem sob o poder do Estado. "Tudo pelo Estado – nada contra o Estado" era um de seus lemas. Há controvérsias sobre se o regime fascista instaurado por Mussolini foi de fato totalitário ou apenas autoritário; como veremos adiante, o totalitarismo é um sistema que se coloca para além do simples abuso da autoridade, exercida de forma implacável. Mas o termo pode ser aplicado com segurança aos regimes de Hitler e Stalin, respectivamente na Alemanha e na União Soviética.

Na Alemanha, o período após o fim da Primeira Guerra Mundial (1914-1918) foi marcado pelo descontentamento social e político. Nesse contexto, surgiram algumas ideias políticas baseadas em teorias biológicas racistas.

Cartaz do filme *Alphaville*. Direção de Jean-Luc Godard. França/Itália, 1965. (99 min).

Alphaville é uma cidade controlada pelo computador Alpha 60, que reprime a manifestação de qualquer sentimento de seus habitantes. Todos que descumprem suas ordens são punidos. Lemmy Caution é um agente secreto com a missão de destruí-lo.

Essas ideias elegiam a **raça ariana** como superior às demais e se tornaram o centro da ideologia nazista, que se caracterizava por autoritarismo político e ódio a judeus, homossexuais, ciganos, negros e qualquer opositor político.

Reunidos no Partido Nacional Socialista, os nazistas chegaram ao poder por meios democráticos no início da década de 1930 e, em 1933, instauraram uma ditadura sob o comando de Adolf Hitler (1889-1945), que conduziu a Alemanha a um governo totalitário.

INFORMAÇÕES COMPLEMENTARES

Raça ariana

No século XIX foi proposta a ideia de "raça ariana" para designar os descendentes europeus de um antigo povo (os arianos) que teria migrado da Ásia. A palavra ariano deriva de *arya*, "nobre", em sânscrito. No contexto racista do nazismo, o termo referia-se especificamente a nórdicos e germânicos, que supostamente pertenciam a uma linhagem "pura" de arianos e por isso mantinham o tom de pele claro, eram fortes, altos, e seriam mais desenvolvidos e inteligentes. A ideia de "raça" aplicada a seres humanos foi posteriormente refutada, pois não há diferenças genéticas que justifiquem essa diferenciação.

Josef Stalin (1878-1953) se tornou o comandante máximo das nações reunidas na União das Repúblicas Socialistas Soviéticas (URSS) depois da morte de Lenin, em 1924. Stalin instaurou uma ditadura que, a partir dos anos 1930, também se tornou um governo totalitário. Ele não se baseava em teorias racistas, mas em uma suposta teoria da História, segundo a qual certas classes sociais deveriam ser eliminadas para que a URSS chegasse a uma sociedade sem classes.

Com o rápido desenvolvimento da tecnologia informática, o final do século XX viu a ficção de *Alphaville* tornar-se possível em vários aspectos. Os contornos de uma sociedade em que os indivíduos podem ser acompanhados e controlados em tempo real ficaram cada vez mais nítidos – considerando tudo o que isso representa em termos de avanço tecnológico e social, mas também de ameaça às liberdades.

O pensamento político procurou compreender as razões de todos esses acontecimentos e as condições em que eles surgiram.

Arendt e a crítica ao totalitarismo

Hannah Arendt (1906-1975) viveu o horror da ascensão do nazismo na Alemanha e a crescente perseguição aos judeus. De família judaica, viu-se obrigada a exilar-se nos Estados Unidos. Dedicou-se, então, a refletir sobre o totalitarismo, tomando-o como um problema filosófico, e não apenas político e social.

Em seu livro *As origens do totalitarismo*, publicado em 1951, Arendt propôs uma explicação por meio de um amplo estudo histórico e político dessa nova forma de governo. As duas primeiras partes do livro tratam de **antissemitismo** e imperialismo, e destacam alguns dos elementos que permitiram a ascensão do totalitarismo alemão. A terceira parte do livro analisa os elementos que constituem os governos totalitários de Hitler, na Alemanha, e de Stalin, na União Soviética. Em ambos os casos, esse tipo de regime se fundamenta na imposição de uma ideologia, na mobilização das massas e no terror.

O totalitarismo é uma negação radical das liberdades individuais. A questão filosófica que ele suscita é: como podem as pessoas consentir com a negação de sua própria liberdade, suportando e até apoiando esse tipo de regime político?

INFORMAÇÕES COMPLEMENTARES

Antissemitismo

O termo "semita" era usado para se referir aos povos que, segundo a Bíblia, descenderiam de Sem, um dos filhos de Noé. Esses povos têm em comum o fato de falarem idiomas da mesma família: é o caso de judeus e de árabes. O termo antissemita foi difundido a partir do século XIX, na Europa, e posteriormente incorporado à ideologia nazista, designando especificamente a discriminação ao povo judeu. É importante ressaltar que, para Arendt, o antissemitismo nazista não era apenas discriminação religiosa contra o judaísmo, mas tinha relação com o fato de que a comunidade judaica alemã tinha grande influência econômica e política na época.

Arendt retomou a análise de Montesquieu para afirmar que o totalitarismo escapa ao sistema da política clássica. No esquema analítico de Montesquieu, há certos princípios de ação que são seguidos pelos indivíduos em cada regime político, bem como por seus governantes. Numa monarquia, esse princípio é a **honra**; numa república, é a **virtude**; numa tirania, é o **medo**. Em outras palavras: numa república, tanto cidadãos como governantes sentem orgulho em não dominar os demais, a menos naquilo que diz respeito aos **assuntos públicos**; numa monarquia, as pessoas agem visando à honra pública; numa tirania, o que move as ações é o medo – o medo dos súditos em relação ao tirano e também o medo do tirano em relação aos súditos. Todo esse esquema se baseia em uma separação das esferas privada e pública da vida. As relações políticas dizem respeito à esfera pública, e aquilo que o indivíduo faz em sua vida privada não é necessariamente controlado pelas regras de relação pública.

Segundo Arendt, o totalitarismo escapa a esse esquema exatamente porque visa à dominação total do ser humano, apagando a distinção entre as esferas pública e privada. Um governo totalitário não quer dominar apenas o cidadão (esfera pública); ele quer dominar também o indivíduo (esfera privada). Sendo assim, é evidente que o princípio de ação do governo totalitário não é a virtude nem a honra. Seria o medo? Será que as pessoas aderem ao totalitarismo por medo? Arendt afirmou que não. O totalitarismo não é uma tirania como aquelas classicamente conhecidas. Para Arendt, o princípio político do totalitarismo é o **terror**, que torna desnecessários quaisquer daqueles princípios de ação expostos por Montesquieu.

// Hannah Arendt, uma das principais pensadoras do século XX, revolucionou nossa compreensão da política e desenvolveu uma das mais agudas interpretações do totalitarismo. Foto de 1949.

INFORMAÇÕES COMPLEMENTARES

Assuntos públicos

Temas que, numa determinada sociedade, interessam a todos os seus membros. Por exemplo, a forma como o governo gerencia e utiliza os recursos que pertencem a todos os cidadãos.

A questão central do governo totalitário é que ele se coloca fora da divisão tradicional entre poder legal, de direito, ou ilegal, arbitrário. A dominação totalitária não segue nenhuma lei já conhecida: no caso de Stalin, segue uma razão que considera a existência de uma "lei da História"; no caso de Hitler, uma "lei da Natureza". Ambas as leis estão além das convenções humanas e não podem ser debatidas ou humanamente controladas. Por exemplo: nenhum regime político pode matar os cidadãos, pois a lei garante o respeito à vida; mas o totalitarismo nazista matou "legalmente" milhões de judeus, pois, segundo suas ideias, estava seguindo uma "lei da Natureza" de purificação da raça.

Capa do documentário *Arquitetura da destruição*. Direção de Peter Cohen. Suécia, 1989. (119 min).

Documentário sobre o totalitarismo nazista, com ênfase em suas ações no campo da medicina racista e da produção de uma estética da "raça superior".

Os governantes nazistas consideravam um "bem à humanidade" matar os judeus, e o faziam segundo a sua lei, e não de modo arbitrário e ilegal. Esta é a base do terror totalitário: atribuir legalidade a ações abomináveis dos governantes.

Ampliando a perspectiva de sua análise, Arendt afirmou que o totalitarismo é capaz de obter a adesão dos indivíduos porque eles se encontram totalmente isolados, sem laços sociais. É o que ela chamou de uma "sociedade atomizada". Isolamento seria diferente de solidão: na solidão a pessoa está "consigo mesma", enquanto no isolamento nem consigo ela dialoga. Para Arendt, o terror totalitário consegue unir esses indivíduos na mesma medida em que os mantém isolados. O totalitarismo amplia seu isolamento porque só indivíduos isolados podem ser dominados por completo, sem opor resistência. O terror totalitário não forma uma comunidade política de fato, em que as pessoas participam de uma vida comum. O totalitarismo transforma o povo em "massa", em multidão, aquilo que Hobbes dizia ser algo anterior ao pacto político.

Outro aspecto importante do totalitarismo é que seu governo só existe enquanto se mantém em movimento. É essa a razão do expansionismo totalitário, que precisa conquistar outros países, outros territórios. Seu limite é o mundo todo. Sua proposta é fundir todos os indivíduos em uma única humanidade, sob um mesmo governo totalitário, mesmo que estejam todos isolados uns dos outros.

Ainda segundo Arendt, o totalitarismo prepara os indivíduos para serem, ao mesmo tempo, carrascos e vítimas. É assim que funciona o terror totalitário: ninguém está a salvo. Até aqueles que ocupam postos de poder no governo podem, de uma hora para outra, cair em desgraça e tornar-se vítimas, sofrendo o mesmo destino que impunham a outros. Isso é garantido por meio da ideologia e sua propaganda.

O totalitarismo constrói uma **ideologia**, um sistema explicativo do mundo e da vida, que não tem, necessariamente, relação com a experiência concreta, mas explica tudo – o passado, o presente e o futuro. A ideologia amplifica sua ação por meio da **propaganda**.

Segundo Arendt, a grande lição do totalitarismo em relação ao perigo que ele representa é o isolamento dos seres humanos. Ainda que esse isolamento seja o sintoma de uma sociedade de massas, ele é contrário à **condição humana**, segundo a qual os seres humanos habitam o planeta como coletividade, e não como seres isolados. O modo de evitar novos regimes de terror, portanto, é resgatar os laços sociais e políticos entre os indivíduos.

Conduzidos pelo exército nazista, judeus húngaros chegam ao campo de concentração de Auschwitz, na Polônia, em junho de 1944.

Foucault, disciplina e biopoder

Vimos que Michel Foucault desenvolveu a ideia de uma "microfísica do poder", uma nova forma de compreender o poder nas relações sociais. O filósofo afirmou que, nas sociedades ocidentais, predominaram três **tecnologias de poder** distintas, por meio das quais o poder é exercido: poder de soberania, poder disciplinar e biopoder. Vamos nos deter agora em cada uma delas.

Soberania: poder de vida e morte

O **poder de soberania** predominou nas sociedades pré-capitalistas, em geral com governos monárquicos. É a tecnologia de poder que caracterizava a sociedade analisada por Hobbes e Maquiavel, por exemplo. Foucault afirmou que o princípio dessa tecnologia de poder era o direito do soberano sobre a vida e a morte de seus súditos. O governante soberano tinha o poder de estabelecer leis que se aplicavam a todos os seus súditos, mas não a ele mesmo. A lei determinava que um indivíduo não devia matar o outro (pois o soberano deveria ser capaz de manter a vida, a segurança e a integridade física de seus súditos), mas não se aplicava ao soberano: ele era o único que poderia tirar a vida de alguém sem descumprir a lei. Por isso, seria possível enunciar o princípio básico desse tipo de poder da seguinte maneira: "fazer morrer e deixar viver". O soberano era aquele que tinha o poder de fazer morrer qualquer um de seus súditos, por isso era também aquele que tinha o poder de deixá-los viver. A vida dos súditos era uma concessão do soberano.

Na análise do poder de soberania, Foucault distanciou-se da afirmação de Hobbes de que a instituição da sociedade põe fim à guerra entre os indivíduos. Para Foucault, a sociedade é um prolongamento da guerra. As relações políticas no meio social nada mais são que uma maneira de gerir os conflitos entre os indivíduos, isto é, trata-se da guerra entre os indivíduos organizada de outro modo. Além disso, Foucault não considerava que o pacto social desloca todo o poder para o governante, como sustentava Hobbes. Para Foucault, é apenas aparentemente que o poder emana do governante: como vimos, segundo esse autor, na realidade há toda uma rede de poder distribuída entre as pessoas que sustenta a posição do soberano, como foi pensado na crítica de La Boétie.

Disciplina para a submissão

Segundo Foucault, o crescimento do capitalismo se sustentou graças à **disciplina** – para ele, o poder disciplinar foi uma invenção burguesa do século XVII consolidada no século XVIII. É um tipo de poder que se exerce sobre os corpos dos indivíduos.

Para que essa tecnologia de poder funcione com todo seu potencial, foram criadas "instituições disciplinares" nas quais os indivíduos são confinados: a fábrica, o exército, a prisão, o hospital, a escola. Nessas instituições, as pessoas são individualizadas. Cada indivíduo tem um prontuário, no qual se anota tudo o que lhe acontece. Por meio da disciplina o indivíduo pode ser conhecido, controlado e explorado, tirando-se dele tudo o que pode oferecer.

Foucault debruçou-se sobre uma dessas instituições e escreveu o livro *Vigiar e punir: história da violência nas prisões*, em que mostra como a punição aos criminosos no Ocidente foi se transformando – dos castigos físicos ao encarceramento. Essas formas de punição impõem ao condenado uma disciplina que lhe permita ser ressocializado. Embora a instituição pesquisada seja a prisão, a análise sobre a disciplina é válida para qualquer instituição disciplinar. Tanto que a terceira parte do livro, na qual ele analisa o desenvolvimento das tecnologias disciplinares, foca a escola.

// Capa do filme *A vida dos outros*. Direção de Florian Henckel von Donnersmarck. Alemanha, 2006. (137 min).

Na década de 1980, o sistema de espionagem da então Alemanha Oriental começa a acompanhar e registrar a vida de um casal (um dramaturgo e uma atriz), por meio de escutas telefônicas. A história de ficção mostra o funcionamento de uma sociedade totalitária e o fim da distinção entre as esferas pública e privada.

// Henrique VIII (1491-1547), retratado por Hans Holbein por volta de 1540. Henrique VIII é considerado um dos soberanos mais absolutos da História. Foi rei da Inglaterra de 1509 até sua morte. Promulgou o *Ato de Traição*, que determinava a morte de todo aquele que não reconhecesse sua autoridade.

A função da disciplina é produzir **corpos dóceis**, que possam ser moldados, configurados segundo as necessidades sociais. Assim são produzidos os corpos dos estudantes, dos soldados e policiais, e também dos trabalhadores. Os corpos disciplinados são corpos exercitados e submissos. Segundo Foucault, a disciplina aumenta a força dos corpos orientada para a produção, mas diminui a força dos corpos em sentido político, tornando-os obedientes. A obediência e a conformação dos corpos os tornam mais produtivos.

A **disciplina** é uma "arte das distribuições". Sua primeira operação é a distribuição dos indivíduos no **espaço**. É necessário, portanto, delimitar esse espaço. Não é por acaso que a arquitetura das escolas é bastante típica, assim como a das fábricas ou a dos quartéis: trata-se da organização de um espaço disciplinar. Nesse espaço, os indivíduos são distribuídos segundo uma lógica organizacional.

Como exemplo, basta pensar em como os estudantes são distribuídos na escola, organizados por séries ou anos, por classes e grupos, e no interior das salas de aula. Essa ação, segundo o filósofo, transforma uma "multidão confusa" em uma "multiplicidade organizada".

O segundo aspecto da tecnologia disciplinar é sua ação de controle das atividades. Numa instituição disciplinar, toda atividade é controlada, e esse controle começa pelo **tempo**: há o momento certo para fazer cada coisa. Cada indivíduo aprende a controlar seu corpo, de modo, por exemplo, a ir ao banheiro no horário estabelecido, e não quando tiver vontade; almoçar no horário estipulado pela instituição, e não quando sentir fome. Um corpo assim disciplinado é um corpo muito mais eficiente e produtivo, seja para o estudo, seja para o trabalho.

// No século XVIII, o filósofo inglês Jeremy Bentham (1748-1832) idealizou um modelo de penitenciária chamado panóptico, composto de uma torre central de vigilância em torno da qual se distribuíam as celas. Da torre, funcionários podem vigiar os presos, mas estes não sabem se estão sendo vigiados ou não. Na primeira foto, de 1954, interior de penitenciária em Illinois, nos Estados Unidos, que reproduz esse modelo prisional. Na segunda, operários na fila do almoço, em canteiro de obras no Rio de Janeiro (RJ), em 2013. Segundo Foucault, o poder disciplinar está presente tanto em prisões como em escolas, hospitais e manicômios.

A disciplina, por meio do adestramento dos corpos, produz indivíduos que são vigiados e controlados o tempo todo. Quando se desviam do comportamento esperado, são punidos. A punição tem a função de normalizar sua ação, fazendo com que voltem a agir conforme o esperado.

Biopoder: bem-estar social

Foucault afirmou que, uma vez consolidada a tecnologia de poder disciplinar, por volta do fim do século XVIII começou a se constituir uma nova tecnologia. É o que ele denominou **biopoder**, um poder sobre a vida.

A tecnologia do biopoder está voltada para a manutenção da vida das populações organizadas pelo Estado como corpo político. Ela é a base do chamado "Estado de bem-estar social", que se preocupa em oferecer condições mínimas de vida digna para toda a população. É por meio do biopoder que os programas de previdência social são criados para garantir a saúde e a aposentadoria dos trabalhadores, bem como sistemas públicos de saúde, que atendem à população, por exemplo, em campanhas de vacinação em massa, como forma de prevenir doenças.

Mas o biopoder não deve ser confundido com o poder soberano. O poder soberano é aquele que decide sobre a vida ou a morte dos súditos, ao passo que o biopoder é aquele que procura **administrar** a vida de uma população. O biopoder é complementar ao poder disciplinar, mas apresenta diferenças.

Vimos que o poder disciplinar se exerce sobre indivíduos adequando-os à norma. O biopoder, por sua vez, se exerce sobre os grandes grupos de indivíduos já disciplinados que formam as populações. O poder disciplinar é, portanto, uma condição para que o biopoder se exerça e, enquanto a tecnologia centrada no corpo é individualizante (produz indivíduos), a tecnologia centrada na vida é massificante (trabalha com grupos populacionais, não com indivíduos).

O biopoder constitui o que Foucault denomina "sociedades de segurança", em que as ações dos governos já não estão voltadas para a disciplina (já estão todos disciplinados e individualizados), mas para a segurança da população em múltiplos sentidos. E a garantia da segurança é feita pelo controle populacional.

Segundo Foucault, essa tecnologia inverte o princípio do poder de soberania; trata-se agora de "fazer viver e deixar morrer". O Estado é responsável por fazer com que os cidadãos vivam mais e melhor, evitando as mortes que considerar desnecessárias. A morte se torna um "problema de Estado": só uma autoridade legalmente constituída pode atestar que alguém morreu, emitindo uma certidão de óbito, assim como é o Estado que emite uma certidão de nascimento.

Na visão de Foucault, as sociedades contemporâneas atuam com as duas tecnologias de poder simultaneamente: a disciplina e o biopoder. O cidadão legalmente constituído vive em uma situação de permanente controle por parte dos vários mecanismos estatais, e essa disciplina lhe garante segurança e bem-estar.

Cartaz de campanha de vacinação do governo federal, de 2014. Segundo a Constituição Federal, é competência do Estado cuidar da saúde e da assistência pública.

Deleuze e Guattari e a revolução molecular

Gilles Deleuze (1925-1995) denominou **sociedade de controle** a conformação social que opera segundo o biopoder. Sua principal característica é a **abertura**: enquanto a sociedade disciplinar precisava confinar os indivíduos em instituições para que o poder pudesse ser exercido sobre eles, agora isso já não é necessário. Deleuze mostrou que as instituições disciplinares estão sendo desgastadas. Pouco a pouco, a escola parece ser substituída pela noção de "formação permanente". O ensino escolar não é mais algo a ser terminado; há sempre algo novo a aprender, e a formação nunca cessa. Nesse contexto, as tecnologias de ensino a distância ganham cada vez mais adeptos. Já não é necessário sair de casa nem ter um horário determinado para estudar.

Também a área da saúde tem passado por mudanças. Prioriza-se a prevenção, para evitar que se fique doente; em vez de serem internados, alguns pacientes são tratados em hospitais-dia, nos quais não precisam permanecer por longos períodos. Nas empresas e fábricas, a palavra de ordem tem sido "flexibilidade", e é cada vez mais comum que os funcionários possam organizar seu próprio tempo, muitas vezes trabalhando em casa. Por fim, mesmo o confinamento nas prisões tem-se reduzido. Investe-se em penas alternativas, como prestação de serviços sociais, para reduzir ou substituir o encarceramento. Além disso, as pulseiras ou tornozeleiras eletrônicas, que monitoram os prisioneiros, têm permitido ampliar o cumprimento de penas fora das prisões.

Entretanto, essa aparente liberdade também permite que sejamos controlados. Podemos fazer quase todas as operações financeiras pela internet, por exemplo, sem precisar ir a uma agência bancária. Isso nos dá uma sensação de liberdade; podemos pagar uma conta em qualquer horário, e não apenas quando a agência bancária está aberta. Mas, para que isso seja possível, todos os nossos dados financeiros ficam a um clique de distância para um funcionário do banco.

Deleuze pensou no exemplo da construção de autoestradas. Cortar o país com extensas rodovias parece muito interessante, pois facilita a mobilidade da população. Mas, ao mesmo tempo, a autoestrada permite que se controle esse deslocamento. Antes das autoestradas, as pessoas podiam escolher seus trajetos, seguindo por pequenas estradas locais, por exemplo. Para ir de uma cidade a outra, havia várias possibilidades, e cada um era livre para escolher qual caminho seguir. Com a existência de uma autoestrada, sabe-se exatamente o percurso que uma pessoa fará, já que não há outras opções. Hoje, com a popularização do **GPS**, saber a localização de uma pessoa se tornou ainda mais simples, chegando a uma dimensão que Deleuze não poderia imaginar.

INFORMAÇÕES COMPLEMENTARES

GPS

Global positioning system (GPS), sistema de posicionamento por satélite, é uma tecnologia capaz de enviar para um aparelho receptor dados exatos de localização em qualquer parte do globo terrestre, obtidos por satélites. Atualmente há dois sistemas em funcionamento: o norte-americano GPS, controlado pelo Departamento de Defesa dos Estados Unidos, e o russo Glonass, subordinado à Força Espacial Russa. Os sistemas de posicionamento foram desenvolvidos para fins militares, mas hoje estão abertos ao uso civil e são amplamente explorados. A União Europeia trabalha no desenvolvimento do Galileo, um sistema de origem civil. A China também possui um sistema de navegação, o BeiDou, que ainda não atingiu cobertura global.

O avanço da tecnologia eletrônica levou às últimas consequências a sociedade de controle descrita por Deleuze. A internet e o uso de computadores e telefones celulares nos tornam objeto de controle por meio de telefonemas, *sites* e aplicativos que armazenam nossos dados e nossas mensagens, além de ferramentas que indicam em um mapa o local exato em que nos encontramos.

A frase "Sorria, você está sendo filmado!" é a síntese da sociedade de controle, que espalha câmeras de vigilância por todo lado. Sabendo que há controle, deixamos de fazer coisas que talvez fizéssemos se não estivéssemos sob vigilância. Muitas vezes nos apropriamos desses mecanismos, sendo nós mesmos instrumentos de controle do outro. Em termos políticos, a sociedade de controle se aproxima dos totalitarismos analisados por Hannah Arendt. Uma sociedade de controle é uma sociedade atomizada, que tende a isolar as pessoas, ao mesmo tempo que fornece os meios para que elas sejam controladas todo o tempo. Você poderia perguntar: por que isolamento, se hoje nos comunicamos o tempo todo pelas redes sociais, torpedos e mensagens instantâneas? Essas novas formas de comunicação pretendem aproximar as pessoas e criam a ilusão de que é possível estar em contato com um número quase infinito delas.

As câmeras de vigilância urbana e o sistema de armazenamento e circulação ilegal de dados pessoais na internet são alguns elementos que compõem a rede de poder e controle na sociedade contemporânea. Na foto, policial do departamento de vigilância de Nova York (Estados Unidos) monitora em tempo real acontecimentos de diferentes pontos da cidade, em 2010.

Entretanto, ao ampliarmos de maneira indefinida o contato com as pessoas por meio dos recursos eletrônicos, a tendência é que esse contato seja cada vez mais superficial e ligeiro. Assim, ainda que aumentem a quantidade de contatos, essas novas tecnologias podem diminuir a profundidade das relações.

Outra consequência dessa forma de sociabilidade é o distanciamento cada vez maior da esfera da política. Ao ter de lidar com um número excessivo de demandas da vida privada, para a qual nossas energias e nossos interesses são inteiramente canalizados, nós nos afastamos cada vez mais da esfera pública.

É claro que isso não precisa ser assim. Os mesmos meios de controle podem ser também meios de ação política. Quanto a isso, Deleuze afirma: não se trata de "temer ou esperar, mas de buscar novas armas". Hoje não podemos lutar politicamente com as armas do passado, pois elas já não servem; precisamos buscar novas armas, inventar formas de ação para resistir ao potencial totalitário da sociedade de controle. Como veremos no capítulo 14, novas formas de intervenção política estão sendo inventadas, com o uso das tecnologias de informação contemporâneas.

Deleuze e Guattari analisaram também o **capitalismo** sob diversos aspectos e pensaram em uma ação política para sua transformação. Uma das conclusões a que chegaram é que o capitalismo é um sistema "elástico". Enquanto o marxismo afirma que um modo de produção se transforma quando se esgotam suas possibilidades de exploração e ele chega a seu limite, Deleuze e Guattari sustentam que o capitalismo sempre coloca seus limites mais adiante. Já se anunciou o esgotamento do sistema capitalista algumas vezes, mas ele sempre conseguiu se recompor e ampliar seus limites. A contracultura e o movimento *hippie* da década de 1960, por exemplo, questionavam o mercado capitalista. Para se opor ao sistema de consumo, os ativistas usavam roupas velhas e desgastadas. Também contrários à cultura de massa, muitas vezes faziam suas próprias roupas, como forma de afirmar sua singularidade. Décadas depois do movimento, entretanto, o capitalismo se apropriou da estética *hippie*, fabricando, em massa, mercadorias inspiradas naquele estilo. Esse movimento de adaptação do sistema, percebido no universo cultural, também está presente no universo econômico.

// Capa do filme *1984*. Direção de Michael Radford. Inglaterra, 1984. (113 min).

Versão cinematográfica para o livro homônimo de George Orwell, que retrata uma sociedade totalitária em que todos os indivíduos são vigiados dia e noite pelo "grande irmão".

// Embora estejam fisicamente próximos, ou, muitas vezes, no mesmo lugar, jogando os mesmos jogos, participando das mesmas comunidades virtuais, o que indica que existem interesses em comum, os jovens se isolam cada vez mais através do mundo virtual. Na imagem, usuários testam programa de realidade virtual em São Paulo (SP), em 2015.

| INFORMAÇÕES | COMPLEMENTARES |

Uma crítica contemporânea ao capitalismo

As obras em que Deleuze e Guattari analisaram o capitalismo e propuseram uma leitura política contemporânea são: *O anti-Édipo: capitalismo e esquizofrenia*, publicado em 1972, e *Capitalismo e esquizofrenia: mil platôs*, publicado em 1980.

Cartaz do filme *1,99 – Um supermercado que vende palavras*. Direção de Marcelo Masagão. Brasil, 2003. (72 min).

Filme inspirado nas ideias do livro *Sem logo*, da ativista canadense Naomi Klein.

A força do capitalismo, segundo Deleuze e Guattari, reside no fato de que ele captura nossos desejos e nos faz desejar aquilo que o sistema quer que desejemos. Agimos de acordo com nossos desejos, pensando que somos livres, mas estamos sendo controlados e manipulados. Para esses autores, essa é a mesma dinâmica do fascismo, que serviu de base para os governos totalitários. Mas, em vez de um "fascismo de Estado", trata-se de um "microfascismo", que é ainda mais eficaz porque passa despercebido e se estende por toda a sociedade.

Se a força desse fascismo reside no desejo, é nessa força individual e subjetiva que também encontramos a possibilidade de fazer resistência. Deleuze e Guattari defendem uma micropolítica que se construa nas relações cotidianas e que possa resistir ao fascismo da sociedade de controle.

Não podemos lutar contra o Estado com suas próprias armas, pois seremos vencidos. Não há como usar as armas do controle contra o controle. É necessário inventar novas armas. Para esses filósofos, não faz muito sentido negar o Estado e achar que é possível destruí-lo; ao contrário, é preciso reconhecê-lo, conhecer sua força, para mantê-lo afastado. Essa é uma luta constante, não uma revolução capaz de transformar o mundo em um outro completamente diferente de uma hora para outra.

Essa é a lição daquilo que eles denominaram **revolução molecular**: uma revolução que se faz todo dia, nas pequenas coisas, procurando agir de modo não fascista, cada um consigo mesmo e com aqueles que estão próximos. Inventar formas de viver o próprio desejo, não se deixando capturar e controlar. Não se trata de uma grande revolução, que porá fim aos problemas e criará uma nova realidade, mas de pequenas revoluções permanentes, que vão produzindo novos fluxos de desejo e de ações, novas possibilidades de ser, de sentir, de pensar, de agir. Esse seria um caminho possível para construir laços sociais que não nos deixem no isolamento, presas fáceis para um novo totalitarismo.

Che Guevara (1928-1967), importante militante anticapitalista, também se transformou em produto. Na foto, camisetas com a estampa de seu rosto são expostas para venda a turistas em Cuba.

É lógico!

Ao aproximar-se da matemática, a lógica esforçou-se em produzir a linguagem mais simples e clara possível. Se a matemática faz cálculos com os números, a lógica faz cálculos com as proposições; para tanto, é preciso representá-las por meio de símbolos capazes de esquematizá-las. Isso permite definir o valor de uma proposição, ou seja, dizer se ela é verdadeira ou falsa. De maneira geral, os cálculos lógicos podem ser cálculos de proposições ou cálculos de predicados. Veremos, a seguir, alguns conceitos básicos.

Lógica proposicional

A **lógica proposicional** busca dar uma **forma matemática** ou **simbólica** a uma proposição, de modo a identificar as relações lógicas que ela estabelece com outras proposições. Temos proposições simples (por exemplo, "João é honesto") e proposições compostas, que são formadas pela junção de proposições simples (por exemplo, "O prédio é alto **e** a rua é barulhenta"; ou, "Uma maçã é uma fruta **ou** um legume"). Note que nos enunciados compostos existem **conectivos** (*e*, no primeiro exemplo; *ou*, no segundo exemplo), que têm a função de ligar as informações.

Em lógica costumamos utilizar letras minúsculas (x, y, p, q...) para representar as proposições simples, e letras maiúsculas (A, B, C...) para representar conjuntos. Já os conectivos são representados por caracteres especiais. Exemplos de conectivos:

- Negação: ~ (significa "não")
- Disjunção inclusiva: ∨ (significa "ou")
- Conjunção: ∧ (significa "e")
- Condicional ou implicador: → (significa "x implica y", ou, "se x, então y")
- Bicondicional ou bi-implicador: ↔ (significa dupla implicação, como em "se e somente se" ou "*x* é equivalente a *y*")

O enunciado "João não é Pedro", por exemplo, pode ser simbolizado assim: "p ~ q". Nele, "p" representa João e "q" representa Pedro. Vejamos outros exemplos:

Sou feliz se e somente se pratico o bem.	Costurar é difícil ou é fácil.	Se é um bom político, então é honesto.
Sou feliz = p Pratico o bem = q p ↔ q	Costurar é difícil = s Costurar é fácil = t s ∨ t	É um bom político = x É honesto = y x → y

A intenção da lógica proposicional é automatizar os processos básicos de análise lógica, tornando essa tarefa mais fácil e mais rápida. Para isso desenvolveu as **tabelas de verdade**, que mostram as possibilidades de cada tipo de enunciado e suas condições de verdade e falsidade. As principais são as seguintes:

Proposições negativas

p	~p
V	F
F	V

Se uma afirmação é verdadeira, sua negação só pode ser falsa, e vice-versa.

Proposições conjuntivas

p	q	p ∧ q
V	V	V
V	F	F
F	V	F
F	F	F

Tomados dois elementos verdadeiros, sua conjunção (p ∧ q) é verdadeira; se um deles ou os dois elementos forem falsos, sua conjunção é falsa.

Proposições disjuntivas inclusivas

p	q	p ∨ q
V	V	V
V	F	V
F	V	V
F	F	F

Quando afirmamos isso *ou* aquilo, ao menos um dos elementos deve ser verdadeiro para que a proposição seja verdadeira.

Proposições condicionais

p	q	p → q
V	V	V
V	F	F
F	V	V
F	F	V

Ao afirmar que uma coisa condiciona a outra, a implicação é falsa apenas quando o segundo termo é falso e o primeiro termo é verdadeiro.

Proposições equivalentes (bicondicionais)

p	q	p ↔ q
V	V	V
V	F	F
F	V	F
F	F	V

Se uma coisa implica outra e vice-versa, temos uma equivalência verdadeira apenas quando os dois termos forem verdadeiros ou quando os dois forem falsos.

Lógica de predicados

A **lógica de predicados** é uma extensão da lógica proposicional e insere as noções de quantificador universal e quantificador existencial. O **quantificador universal** é representado pelo símbolo ∀, que significa "para todo"; o **quantificador existencial**, pelo símbolo ∃, que significa "para algum", "existe algum".

Como vimos, a lógica proposicional admite apenas a possibilidade de verdade ou falsidade, e não pode ser utilizada quando houver muitos objetos a serem analisados, que resultariam em valores de verdade distintos. Ao introduzir os quantificadores, a lógica de predicados nos permite trabalhar com proposições que possuem valoração verdadeira para determinados elementos de um conjunto e falsa para outros elementos.

Podemos dizer, por exemplo, que "Todo homem é mortal" da seguinte forma:

$$\forall x \, (Hx \rightarrow Mx)$$

Para **todo** x (qualquer que seja x), **se** x é homem, **então** x é mortal.

Ou, então, "Alguns homens são filósofos":

$$\exists x \, (Hx \wedge Fx)$$

Existe **algum** x, tal que x é homem **e** x é filósofo.

Neste caso, o quantificador nos permite afirmar também a existência de homens que não são filósofos.

Trabalhando com textos

Os dois textos a seguir retomam e aprofundam temas trabalhados neste capítulo. No primeiro, a questão do preconceito é articulada com o totalitarismo. No segundo, Félix Guattari trabalha conceitualmente a noção de micropolítica.

Texto 1

O nazismo soube fazer uso do preconceito para construir o ódio racial contra os judeus, unindo o povo alemão. No texto a seguir, a filósofa húngara **Agnes Heller** fala sobre o preconceito e sua ação no cotidiano.

Sobre os preconceitos

[...]

A maioria dos preconceitos, embora nem todos, são produtos das classes dominantes, mesmo quando essas pretendem, na esfera do para-si, contar com uma imagem do mundo relativamente isenta de preconceitos e desenvolver as ações correspondentes. O fundamento dessa situação é evidente: as classes dominantes desejam manter a coesão de uma estrutura social que lhes beneficia e mobilizar em seu favor inclusive os homens que representam interesses diversos (e até mesmo, em alguns casos, as classes e camadas antagônicas). Com ajuda dos preconceitos, apelam à particularidade individual, que – em função de seu conservadorismo, de seu comodismo e de seu conformismo, ou também por causa de interesses imediatos – é de fácil mobilização contra os interesses de sua própria integração e contra a práxis orientada no sentido do humano-genérico. O camponês húngaro que se lançou com entusiasmo na Primeira Guerra Mundial, ou o operário alemão entregue de corpo e alma a Hitler, foram tipos humanos manipulados através de sistemas de preconceitos. Não é casual que fossem manipulados: seus interesses imediatos, sua particularidade individual foram mobilizados contra seu ser humano-genérico, e de um modo tal que passaram a aceitar como integração superior as formas ideais de serviço a uma "consciência de nós". [...]

A questão é esta: como libertamo-nos dos preconceitos? Há algum esquema, alguma receita, algum conselho que garanta essa libertação? Naturalmente que não. Em muitos casos, apenas *a posteriori* poderemos ver que uma opinião era um preconceito, e, com muita frequência, não somos capazes de perceber o ponto histórico nevrálgico no qual nossas ideias não preconceituosas convertem-se em preconceitos. Nesse campo, há tanto risco quanto em qualquer outra escolha que fazemos em nossa vida.

HELLER, Agnes. *O cotidiano e a história*. 4. ed. São Paulo: Paz e Terra, 1992. p. 43-60.

Agnes Heller (1929-)

Socióloga e filósofa húngara, nascida em Budapeste. Foi discípula do filósofo marxista húngaro Georg Lukács (1885-1971). Atualmente é professora na New School for Social Research, em Nova York, Estados Unidos. Dedica-se à filosofia de Hegel, à ética e ao existencialismo. De sua obra, podemos destacar: *Em torno de uma filosofia marxista do valor* (1972) e *Uma filosofia da moral* (1990).

Agnes Heller em foto de 2010.

Questões

1. Com base no texto, como você definiria preconceito?
2. De que maneira um governo totalitário pode fazer uso dos preconceitos?
3. Por que não é possível encontrar receitas para libertar-se de preconceitos?
4. Pesquise um exemplo de preconceito em uma notícia de jornal ou alguma outra mídia. Faça uma análise sobre a pessoa ou o grupo que sofreu o preconceito e a pessoa ou o grupo que agiu de forma preconceituosa. O preconceito aparece de forma explícita ou de forma velada, nas entrelinhas?

Texto 2

O texto a seguir, de Félix Guattari, discorre sobre a noção de micropolítica, base da ideia de uma revolução molecular, mostrando que as ações micropolíticas estão orientadas para e pelo desejo.

Em torno de uma micropolítica do desejo

A distinção que propomos estabelecer entre micropolítica e macropolítica do desejo deveria funcionar como algo que tende a liquidar a pretensa universalidade de modelos aventados pelos psicanalistas, e que lhes servem para precaver-se contra contingências políticas e sociais. Considera-se como óbvio que a psicanálise concerne ao que se passa em pequena escala, apenas a da família e da pessoa, enquanto a política só concerne a grandes conjuntos sociais. Queria mostrar que, ao contrário, há uma política que se dirige tanto ao desejo do indivíduo quanto ao desejo que se manifesta no campo social mais amplo.

E isso sob duas formas: seja uma micropolítica que vise tanto os problemas individuais quanto os problemas sociais, seja uma macropolítica que vise os mesmos campos (indivíduo, família, problemas de partido, de Estado, etc.). O despotismo que, frequentemente, reina nas relações conjugais ou familiais provém do mesmo tipo de agenciamento libidinal que aquele existente no campo social. Inversamente, não é absurdo abordar um certo número de problemas sociais em grande escala, por exemplo os do burocratismo e do fascismo, à luz de uma micropolítica do desejo. O problema, portanto, não é o de construir pontes entre campos já constituídos e separados uns dos outros, mas de criar novas máquinas teóricas e práticas, capazes de varrer as estratificações anteriores e estabelecer as condições para um novo exercício do desejo. Não se trata mais, nesse caso, simplesmente de descrever objetos sociais preexistentes, mas também de intervir ativamente contra todas as máquinas de poder dominante, quer se trate do poder do Estado burguês, do poder das burocracias de toda e qualquer espécie, do poder escolar, do poder familial.

[...]

Uma análise política que se pretendesse inseparável de uma política da análise só poderia recusar-se a deixar subsistir o corte tradicional entre os grandes conjuntos sociais e os problemas individuais, familiais, escolares, profissionais, etc. Não mais se trataria de reduzir mecanicamente a problemática das situações concretas a uma simples alternativa das classes ou de campos e de pretender encontrar todas as respostas, a partir de um partido revolucionário único, depositário central da verdade teórica e prática. Portanto, uma micropolítica do desejo não mais se proporia a representar as massas e a interpretar suas lutas. Isso não quer dizer que ela condene, *a priori*, toda ação de partido, toda ideia de linha, de programa, ou mesmo de centralismo; mas ela se esforça para situar e relativizar sua ação, em função de uma prática analítica, opondo-se passo a passo aos hábitos repressivos, ao burocratismo, ao maniqueísmo moralizante que contaminam atualmente os movimentos revolucionários. Deixaria de se apoiar em um objeto transcendente para ter segurança; não mais se centraria num só ponto: o poder de Estado – a construção de um partido representativo capaz de conquistá-lo, no lugar das massas. Ela investiria, ao contrário, uma multiplicidade de objetivos ao alcance imediato dos mais diversos conjuntos sociais. É a partir do acúmulo de lutas parciais – e esse termo já é um equívoco, pois elas não são parte de um todo já constituído – que poderiam desencadear-se lutas coletivas de grande envergadura.

GUATTARI, Félix. Micropolítica do fascismo. *Revolução molecular*: pulsações políticas do desejo. 2. ed. São Paulo: Brasiliense, 1985. p. 174-176.

> **Estratificação:** no pensamento de Guattari, diz respeito a um conjunto de aspectos que conformam as maneiras de viver o desejo.
> **Libidinal:** relativo à libido, à energia de natureza sexual, ao desejo.
> **Maniqueísmo:** doutrina segundo a qual o bem e o mal são totalmente autônomos um do outro, estando em luta constante.

Questões

1. Em que sentido, para o autor, uma política que se dirige ao desejo, às questões individuais, é uma política?
2. Qual é a utilidade da análise micropolítica feita sobre a práxis política?
3. Em que sentido as lutas parciais, micropolíticas, poderiam desencadear lutas de grande porte, macropolíticas?

Em busca do conceito

Agora é a sua vez. Com base no que foi estudado neste capítulo, vamos tornar viva a prática filosófica.

Atividades

1. O totalitarismo foi um fenômeno político do século XX. Como Hannah Arendt o distingue dos sistemas políticos clássicos?

2. Em que sentido o terror é o fundamento do totalitarismo?

3. Contextualize e explique cada uma das tecnologias de poder analisadas por Foucault.

4. Podemos dizer que a "sociedade de controle" é um sistema totalitário? Por quê?

5. "Os mesmos meios de controle podem ser meios de ação política." Levando em consideração essa afirmação de Deleuze e Guattari, dê exemplos de acontecimentos recentes em que os meios de controle foram utilizados de forma política, ou, ainda, sugira você mesmo um uso político para eles.

6. Leia o texto a seguir e responda:

    Aos olhos da violência, a democracia é o regime de todos os desafios – em todos os sentidos. Desafios do exterior, ameaças de morte real: os sistemas totalitários como mais profundo desejo de aniquilar as democracias. E, com frequência, o conseguiram. Hitler derrubou, um após outro, a maioria dos países democráticos da Europa, da Tchecoslováquia à França [...]. Assim projetou-se o mais grave desafio para a democracia: como, sem renegar seus próprios princípios nem recorrer a uma violência simétrica degradante, afrontar uma violência totalitária tornada intolerável?

    DADOUN, Roger. A violência. São Paulo: Difel, 1998. p. 97-98.

    Que tipos de enfrentamento há entre democracia e totalitarismo? Quais são os desafios para a democracia nesse enfrentamento, se pensarmos em seus fundamentos?

7. Leia o texto e faça o que se pede a seguir.

    ### Sorria: você está sendo filmado

    As novas tecnologias estão acabando com a privacidade das pessoas.

    Algumas pessoas sabem todos os lugares em que você esteve no ano passado. Possuem também a lista das mercadorias que você comprou, as músicas que ouviu e as pessoas com quem conversou. É possível que elas saibam até a sua preferência sexual. Assustador, não? O motivo alegado para tanta perseguição é apenas trazer segurança e conforto. Para você. Assim como as novas tecnologias se esmeram em acumular e disponibilizar o máximo de informações sobre todos os assuntos de interesse, muitas instituições utilizam os mesmos instrumentos para obter e manipular dados sobre pessoas simples, como eu e você. Empresas tentam reunir informações detalhadas de seus possíveis clientes para oferecer produtos e serviços personalizados no momento apropriado. Governos e agentes de segurança tentam registrar todas as atividades da população em busca de criminosos e infratores. O preço a pagar por esses benefícios, no entanto, é ser observado o tempo todo e ter suas informações mais íntimas devassadas.

    "Estamos em transição do 'estado de vigilância' para a 'sociedade de vigilância'", afirma o cientista político canadense Reg Whitaker, autor do livro The End of Privacy (O fim da privacidade), inédito no Brasil. Ao contrário do que previam romances como 1984, de George Orwell, ou Admirável mundo novo, de Aldous Huxley, o que está acontecendo não é apenas um governo centralizado que monitora as atividades da população. Empresas, família e até mesmo vizinhos instalam sistemas de vigilância cada vez mais sofisticados. Da mesma maneira, em vez de o Estado obrigar as pessoas a se registrarem em sistemas de controle, são os próprios cidadãos que, cada vez mais, entregam seus dados pessoais de forma voluntária. "A nova tecnologia de controle se diferencia das anteriores de duas formas: ela é descentralizada e consensual", diz Whitaker.

    [...]

    Se sair na rua sem ser vigiado já é difícil, passear anônimo na internet é quase impossível, principalmente quando se está no trabalho. Uma pesquisa da Associação Americana de Administração, feita em abril do ano passado, constatou que 73,5% das companhias nos Estados Unidos praticam algum método de vigilância, como registrar *e-mails*, páginas visitadas e as ligações telefônicas de seus funcionários. "Se a empresa deixar claro que aqueles instrumentos são para uso profissional e que podem ser monitorados, ela tem o direto de vigiar os seus funcionários", afirma o advogado especializado em tecnologia Antônio José Ludovino Lopes, que atua em São Paulo. Alguns casos, no entanto, chegam a extrapolar o ambiente de trabalho. Nos Estados Unidos, um funcionário de uma companhia elétrica foi demitido depois de usar o computador de sua própria casa para fazer críticas ao seu emprego e ao seu chefe em uma lista de discussão na internet.

[...]

Mas as empresas não vigiam só seus funcionários. Várias páginas da internet costumam implantar no computador de quem as visita pequenos programas (os chamados *cookies*) que registram alguns dados sobre o usuário, como o tipo de navegador utilizado ou as páginas que ele visitou. Os *cookies* são importantes para salvar as preferências do usuário e montar uma lista de compras para ele, por exemplo. Mas eles podem também enviar para as empresas informações sobre tudo o que as pessoas fazem na rede. Essa prática foi alvo de grande polêmica quando se descobriu que a agência antidrogas americana os utilizava para rastrear internautas. Cada vez que alguém digitava *grow pot* ('plantar maconha') ou outros termos relacionados a drogas nos principais serviços de busca, aparecia um anúncio da agência que carregava um *cookie*.

Apesar de o governo afirmar que o programa era usado apenas para verificar a eficiência da propaganda, o medo de que ele fosse utilizado para perseguir pessoas sem autorização judicial levou a Casa Branca a restringir o uso de *softwares* desse tipo nas páginas do governo.

[...]

KENSKI, Rafael. Sorria: você está sendo filmado. *Superinteressante*. São Paulo: Abril, maio 2001.
Disponível em: <http://super.abril.com.br/tecnologia/sorria-voce-esta-sendo-filmado/>. Acesso em: 23 abr. 2018.

Com base no texto e nas ideias de biopolítica e sociedade de controle, escreva uma dissertação filosófica sobre o tema: "A sociedade de controle é um novo totalitarismo?".

Dissertação filosófica

A dissertação designa [...] um trabalho escrito que tem por finalidade tratar e determinar um problema filosófico. Este trabalho escrito, que exige, evidentemente, um trabalho de investigação e que, propriamente falando, não repousa nunca sobre a memória, tem a ver com diferentes itinerários reflexivos e metódicos: é preciso levar em conta, por um lado, os diversos tipos de enunciados e, por outro, os planos que se tem à disposição em função dos grandes tipos de temas [...] Embora possa haver muitos tipos de temas, apenas alguns dentre eles, ligados diretamente ao procedimento e ao conteúdo da filosofia, são efetivamente usados:

- a pergunta;
- o estudo de uma citação;
- a comparação de duas ou mais noções;
- o enunciado de tipo imperativo;
- o enunciado de tipo infinitivo.

RUSS, Jacqueline. *Os métodos em filosofia*. Petrópolis: Vozes, 2010. p. 95.

Sugestões de leituras

ASSOULINE, Pierre. *Vida dupla*. Rio de Janeiro: Globo, 2001.

A clássica trama do triângulo amoroso ganha novos contornos nessa história, quando a vida dos três envolvidos é cercada de câmeras e de registros de suas atividades.

LEVI, Primo. *É isto um homem?*. Rio de Janeiro: Rocco, 1988.

Levi, um judeu italiano, relembra seus dias em Auschwitz, um campo de concentração nazista.

A Filosofia na História

Consulte na linha do tempo presente no final deste livro o contexto histórico e cultural dos acontecimentos mencionados aqui, bem como os filósofos que se destacaram no período em questão.

A grande revolução na filosofia política representada pela obra *O príncipe*, de Maquiavel, ocorre em um período de grande agitação política e cultural na cidade de Florença (na atual Itália), no século XV. No período em que Maquiavel viveu, a cidade era formalmente uma república, mas a família Médici dominava o cenário político. Em 1478, os membros da tradicional família Pazzi planejaram matar os membros da família Médici durante uma missa, mas a execução não deu certo. Lourenço de Médici, que estava no poder naquele momento, escapou, e, em seguida, comandou uma grande reação, que matou ou forçou a fuga de todos os envolvidos na conspiração. A revanche de Lourenço trouxe certa paz a Florença, mas as disputas internas se mantiveram por muito tempo.

Pouco depois da morte de Lourenço, em 1492, outro grande evento abalou a frágil tranquilidade da cidade. O rei da França invadiu a península Itálica em 1494 e ameaçou seriamente a cidade de Florença. Depois da fuga de Piero de Médici, que governava a cidade, a negociação com os franceses foi liderada pelo frade profeta Jerônimo Savonarola, um grande orador que misturava política e religião em sua atuação. Para ele, Florença estava destinada a ser a nova Jerusalém, e seu enorme poder de persuasão e influência sobre os cidadãos impressionou Maquiavel. Após o fim da ameaça francesa, Florença presenciou mais disputas, desta vez entre o papa e parte da aristocracia florentina. Essas novas disputas acabaram levando Savonarola à fogueira, os Médici de novo ao poder e Maquiavel à prisão. Foi nesse contexto de reviravolta política e declínio pessoal que Maquiavel, preso, escreveu *O príncipe*.

// Galleria degli Uffizi, em Florença, na Itália, exemplo de arquitetura renascentista. Foto de 2003.

Florença, no entanto, não foi apenas palco de disputas no século XV. Conhecida como o berço do Renascimento, na cidade viveram artistas e pensadores como Leonardo da Vinci, Michelangelo, Marsilio Ficino, Sandro Botticelli, Donatello, Brunelleschi e Maquiavel. Vinculado a um forte crescimento da vida urbana e econômica, o Renascimento se opôs aos valores predominantes durante a Idade Média e afirmou o surgimento de um "novo homem", mais livre do controle da Igreja. Foi um período em que se buscava inspiração nas obras deixadas pela Grécia e por Roma antigas.

Todos esses elementos da história de Florença estão contidos na reflexão de Maquiavel, que traduziu para o âmbito político as ideias renascentistas. Em seus textos, encontramos a recusa de vários preceitos medievais, que se baseavam em fundamentos sagrados. Maquiavel, ao contrário, descreveu o que via nas relações humanas, sem pretender recorrer a nenhuma forma de transcendência.

Com base nos ensinamentos de Jesus Cristo, os medievais defendiam, por exemplo, a bondade como princípio de ação dos governantes. Entretanto, diante de tantas disputas, trapaças, traições e jogos de poder, Maquiavel concluiu que um príncipe que agisse com base na ideia de bondade certamente se exporia ao perigo da ruína, pois um governante puramente bondoso não se ajustaria às mudanças que os novos tempos traziam. Para Maquiavel, o governante não deve nem pressupor a bondade nas ações humanas nem tentar basear suas próprias ações em sentimentos bondosos, e sim se servir daquilo que se costuma considerar bondade e daquilo que se costuma considerar maldade conforme a situação. Com essa afirmação, Maquiavel se afasta inteiramente da ideia medieval de que o poder temporal (dos seres humanos na Terra) deveria se espelhar no poder espiritual (exercido pela Igreja em nome de Deus).

Além disso, segundo Maquiavel, o objetivo do homem político deve ser a conquista do poder. Uma vez transformado em governante, este deve ter como meta a conservação de seu poder. Para atingir esses objetivos, a capacidade de convencimento é muito importante. Entretanto, refletindo sobre o destino de Savonarola, Maquiavel afirma que o governante também deve ter armas para manter o que conquistou por meio do convencimento. As armas não servem para fazer justiça ou para fazer maldade, mas para agir contra os adversários sempre que necessário e da maneira mais adequada para garantir que se mantenha no poder.

Maquiavel valorizou também a dissimulação, ou seja, a capacidade do governante de esconder suas verdadeiras intenções quando for conveniente. Como vimos nesta Unidade, no capítulo 10, Maquiavel chamou essa sabedoria para agir contra os adversários e contra as adversidades no momento certo e da maneira certa de *virtù*, e considerou que é ela a principal capacidade de um governante.

Algumas esculturas instaladas na fachada da Galleria degli Uffizi foram feitas no século XIX em homenagem a pensadores toscanos ligados ao Renascimento, como Galileu Galilei e Maquiavel.

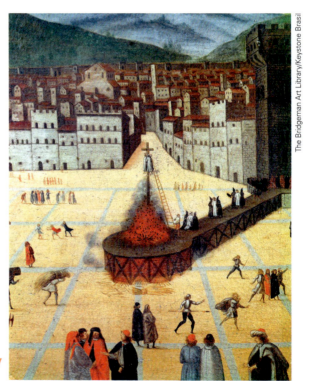

Savonarola sendo queimado na fogueira, em pintura italiana do século XVI.

Questões

1. Indique características do pensamento de Maquiavel que justifiquem a inclusão de seu nome entre os pensadores do Renascimento. Em seguida, compare a perspectiva dele com a do pensamento medieval.
2. O adjetivo "maquiavélico" é derivado do nome de Maquiavel e comumente usado para designar uma ação má. Explique em que medida esse adjetivo é adequado ao pensamento de Maquiavel e em que medida não é.
3. Cite um exemplo de ação política recente em que alguma pessoa com poder tenha agido de acordo com a *virtù* e explique por que esse exemplo é adequado.

Um diálogo com Ciências Humanas e Língua Portuguesa

Nesta Unidade estudamos as relações humanas. Vimos que a palavra política (do grego *politikós* e do latim *politicus*) não designa exclusivamente a atividade profissional dos candidatos eleitos ou de um partido político para nos representar. Ela está também presente na vida de cada cidadão, em suas relações, na realização de direitos e deveres, no conviver com as diversidades, etc.

Na maioria dos países, assim como no Brasil, o modelo político é o da democracia representativa. No entanto, também existe certo distanciamento entre os cidadãos e a real experiência política. Portanto, há muito por fazer para que se fortaleçam as conquistas na construção da cidadania.

Leia as duas notícias a seguir. Ambas estão relacionadas à mudança da localização do Museu do Índio, órgão ligado à Fundação Nacional do Índio (Funai), no Rio de Janeiro (RJ). O governo do estado do Rio de Janeiro adquiriu o imóvel do governo federal visando demoli-lo para construir no lugar um centro de compras e um estacionamento anexos ao Estádio do Maracanã, no contexto das reformas para a Copa do Mundo de Futebol de 2014. As duas notícias tratam da mesma temática, embora apresentem diferenças em seus discursos e intenções ideológicas. Observe essas diferenças e depois responda às questões propostas.

Texto 1

Polícia espera ordem judicial para retirar índios de museu

Ao menos 40 homens do Batalhão de Choque da Polícia Militar do Rio cercaram, na noite de anteontem, a antiga sede do Museu do Índio, no Maracanã, zona norte do Rio, onde vivem 23 famílias indígenas há seis anos. Os policiais aguardavam a chegada de uma ordem judicial para desocupar o espaço, cuja demolição está prevista no pacote de obras que preparam o estádio do Maracanã para a Copa do Mundo. Os índios se recusam a desocupar o imóvel. Às 19 h 30 de ontem, a tropa deixou o local; deve retornar hoje. No fim da manhã de ontem, alguns índios se posicionaram em janelas do prédio, com arcos e flechas, e criaram barreiras na entrada com pedaços de madeira e arame farpado. Às 16 h, o cacique Carlos Tukano disse que os índios decidiram não usar armas em caso de invasão, mas que iriam "resistir com a própria vida". "Em nome da Copa, o governo está matando nossa história. Não vamos brigar, mas vamos resistir."

O local é alvo de uma briga na Justiça. De um lado está o Estado, que quer demolir o prédio para melhorar o acesso ao estádio. Do outro, índios e a Defensoria Pública da União, que defende o tombamento. [...] Segundo o órgão [Emop — Empresa de Obras Públicas], os policiais foram enviados para que agentes do serviço social pudessem entrar para cadastrar as famílias e providenciar sua remoção para outro local. Criado em 1953, o museu funcionou por cerca de 25 anos. Desde o fim da década de 1970, está abandonado.

// Batalhão de Choque da Polícia Militar cerca o prédio do antigo Museu do Índio, no entorno do Maracanã, que seria demolido para as obras de modernização do complexo esportivo do estádio para a Copa do Mundo de Futebol de 2014. Foto de janeiro de 2013.

GIULIANA, Damaris. Polícia espera ordem judicial para retirar índios de museu. *Folha de S.Paulo*. São Paulo, 13 jan. 2013. Caderno C4 – Cotidiano.

CAPÍTULO 12 | TOTALITARISMO E BIOPOLÍTICA NA SOCIEDADE DE CONTROLE

Texto 2

Policiais da tropa de choque fortemente armados na porta do Museu

Cerca de 600 pessoas defenderam o antigo Museu do Índio, ao lado do Maracanã, zona norte do Rio, das demolições do governo do Estado previstas para as obras da Copa do Mundo de 2014. Além dos indígenas, que ocupam o terreno batizado de Aldeia Maracanã desde 2006, movimentos sociais, parlamentares e advogados, dentre outros setores da sociedade, se solidarizaram com a causa. O local foi cercado no último sábado (12) durante mais de 11 horas com forte aparato policial do Batalhão de Choque da Polícia Militar e houve momentos de tensão na negociação, apesar de ninguém sair ferido ou preso. A demolição, junto com a derrubada de uma escola municipal e de equipamentos esportivos no entorno, como o estádio Célio de Barros e o Parque Aquático Julio Delamare, faz parte do projeto de modernização do estádio.

[...] Defensores públicos e parlamentares estranham a motivação do poder público em demolir o imóvel, uma vez que órgãos como o Crea, Inepac e Iphan, ainda que este não tenha tombado o casarão centenário, se posicionaram contra a destruição. Alguns deles, inclusive, comprovam a não interferência da livre circulação de pessoas, caso o prédio seja reformado. O Conselho Municipal do Patrimônio Cultural do Rio também se posicionou contra a obra. Outro fator de estranhamento foi a Fifa desmentir publicamente o governo estadual, ao afirmar que é contrária à demolição.

Uma das lideranças da aldeia Maracanã, Urutau Guajajara, que é mestrando em linguística na UERJ e dá aulas de Tupi na ocupação, destacou a importância da rápida divulgação pela internet dos comunicadores independentes, que atraiu muitos apoiadores e jornalistas e inibiu a truculência policial. Clamando apoio à sociedade, disse que fica muito pesada a resistência só com os indígenas locais. Ele espera do governo o mesmo tratamento dado por eles em caso de um possível confronto: o maracá, cantorias e religiosidade.

"Pedimos ao governador do Estado, chefe máximo da polícia do Rio, para usar as mesmas armas: maracá, o canto e religiosidade", afirma Urutau Guajajara, uma das lideranças da aldeia.

SÁ, Eduardo. *Caros Amigos*. Disponível em: <www.carosamigos.com.br/index.php/cotidiano/2086-movimento-social-resiste-a-demolicao-do-museu-do-indio-no-rj>. Acesso em: 23 abr. 2018.

Helicóptero sobrevoa o prédio do antigo Museu do Índio, em 2013, no Rio de Janeiro (RJ), durante o cumprimento de ordem de desocupação, requerida pelo governo estadual.

Questões

1. Identifique as diferenças discursivas entre as duas notícias. Você acredita que isso reflete diferenças de posicionamento ideológico? Por quê?

2. Qual é a sua opinião: era justificável demolir e transferir o Museu do Índio para outro local com a alegação de facilitar o trânsito para o estádio do Maracanã na Copa de 2014? O museu deveria ter sido tombado como Patrimônio Cultural? Escreva um pequeno texto justificando sua opinião e, depois, converse com os colegas.

3. Como você analisa essa ação política do governo do estado do Rio de Janeiro: democrática ou autoritária? A comunidade deveria participar desse tipo de discussão e decidir as melhores propostas e decisões a serem viabilizadas? Justifique sua resposta.

4. Pesquise sobre a situação dos indígenas no Brasil. Durante a pesquisa, escolha algumas comunidades indígenas e descreva a sua distribuição geopolítica atual em nosso país. Depois, compartilhe com os demais colegas de sala as informações encontradas e montem um painel sobre essa questão, que pode ser exposto na escola assim que finalizado.

A Filosofia no Enem e nos vestibulares

Enem

1. (Enem 2013)

> O edifício é circular. Os apartamentos dos prisioneiros ocupam a circunferência. Você pode chamá-los, se quiser, de celas. O apartamento do inspetor ocupa o centro; você pode chamá-lo, se quiser, de alojamento do inspetor. A moral reformada; a saúde preservada; a indústria revigorada; a instrução difundida; os encargos públicos aliviados; a economia assentada, como deve ser, sobre uma rocha; o nó górdio da Lei sobre os Pobres não cortado, mas desfeito — tudo por uma simples ideia de arquitetura!
>
> BENTHAM, J. *O panóptico*. Belo Horizonte: Autêntica, 2008.

Essa é a proposta de um sistema conhecido como panóptico, um modelo que mostra o poder da disciplina nas sociedades contemporâneas, exercido preferencialmente por mecanismos

a) religiosos, que se constituem como um olho divino controlador que tudo vê.
b) ideológicos, que estabelecem limites pela alienação, impedindo a visão da dominação sofrida.
c) repressivos, que perpetuam as relações de dominação entre os homens por meio da tortura física.
d) sutis, que adestram os corpos no espaço-tempo por meio do olhar como instrumento de controle.
e) consensuais, que pactuam acordos com base na compreensão dos benefícios gerais de se ter as próprias ações controladas.

Vestibulares

2. (UEM-PR 2012 – somar respostas corretas) O filósofo Jean-Jacques Rousseau (1712-1778) diz no *Contrato Social*:

> "A passagem do estado natural ao estado civil produz no homem uma mudança notável, substituindo em sua conduta o instinto pela justiça, e conferindo às suas ações a moralidade que anteriormente lhes faltava. [...] O que o homem perde pelo contrato social é a liberdade natural e um direito ilimitado a tudo que o tenta e pode alcançar; o que ganha é a liberdade civil e a propriedade de tudo o que possui."
>
> (ROUSSEAU, Jean-Jacques. Contrato Social. In: *Antologia de textos filosóficos*. Curitiba: SEED-PR, 2009, p. 606-607.)

A partir desse trecho, que reproduz uma concepção clássica da filosofia política contratualista, é correto afirmar que:

01) A opção pelo contrato social ocorre porque não há garantias jurídicas no estado natural.
02) O estado natural é pautado por condutas instintivas porque não há limitações cívicas ou legais.
04) O contrato social garante mais liberdade civil porque os homens agem moralmente.
08) A liberdade civil não é uma conquista para os homens porque eles perdem seu maior bem, a liberdade instintiva.
16) O estado natural é inseguro e injusto porque não há homens moralmente corretos.

É lógico?

Elementar, meu caro. Depois de aprender um pouco sobre lógica nesta Unidade, vamos exercitar o uso das ferramentas de pensamento. Você verá como certo treino ajuda bastante a pensar de forma mais organizada.

1. Analise cada um dos enunciados apresentados e responda de que tipo de proposição se trata: negativa, conjuntiva, disjuntiva, condicional, equivalente. Em seguida, transforme-a numa sentença simbólica utilizando os símbolos lógicos:

a) Se for idoso, então tem preferência.
b) Somente pode prestar o Enem quem fizer a inscrição no prazo.
c) Não existe vida inteligente fora da Terra.
d) Gosto de ler e gosto de jogar *videogame*.
e) Você pode escolher carne ou vegetais.

2. Agora faremos o inverso. Dadas as expressões a seguir, escreva ao menos duas proposições possíveis para cada uma delas:

a) $p \sim q$
b) $p \rightarrow q$
c) $p \wedge q$
d) $p \vee q$
e) $p \leftrightarrow q$

Bibliografia

Continuação das obras consultadas por capítulo

UNIDADE 2 – Cap. 5

ARISTÓTELES. *A política*. São Paulo: Martins Fontes, 1991.

CASSIN, Barbara. *O efeito sofístico*. São Paulo: Ed. 34, 2005.

DERRIDA, Jacques. *A farmácia de Platão*. 2. ed. São Paulo: Iluminuras, 1997.

GUATTARI, Félix; ROLNIK, Suely. *Micropolítica:* cartografias do desejo. Petrópolis: Vozes, 1986.

GUTHRIE, W. K. C. *Os sofistas*. São Paulo: Paulus, 1995.

MORAIS, Regis de. *Estudos de Filosofia da cultura*. São Paulo: Loyola, 1992.

MORENO, Arley. *Wittgenstein:* os labirintos da linguagem. São Paulo: Moderna/Ed. da Unicamp, 2000.

WITTGENSTEIN, Ludwig. *Investigações filosóficas*. 3. ed. São Paulo: Abril Cultural, 1984.

_____. *Tractatus Logico-Philosophicus*. São Paulo: Edusp, 1994.

UNIDADE 2 – Cap. 6

BEAUVOIR, Simone de. *O segundo sexo*. Rio de Janeiro: Nova Fronteira, 1980. 2 v.

DELEUZE, Gilles; GUATTARI, Félix. *O Anti-Édipo*. São Paulo: Ed. 34, 2010.

FONTANELLA, Francisco Cock. *O corpo no limiar da subjetividade*. Piracicaba: Ed. da Unimep, 1995.

FOUCAULT, Michel. *História da sexualidade I:* a vontade de saber. 6. ed. Rio de Janeiro: Graal, 1985.

_____. *Le corps utopique, les hétérotopies*. Paris: Lignes, 2009.

GIL, José. *Metamorfoses do corpo*. 2. ed. Lisboa: Relógio D'Água, 1997.

LIPOVETSKY, Gilles. *A felicidade paradoxal:* ensaio sobre a sociedade de hiperconsumo. São Paulo: Cia. das Letras, 2007.

_____. *A sociedade pós-moralista*. São Paulo: Manole, 2005.

_____. *Os tempos hipermodernos*. São Paulo: Barcarolla, 2004.

LOURO, Guacira Lopes. *Um corpo estranho:* ensaios sobre sexualidade e teoria *queer*. Belo Horizonte: Autêntica, 2004.

MERLEAU-PONTY, Maurice. *Fenomenologia da percepção*. 2. ed. São Paulo: Martins Fontes, 1999.

SPINOZA. *Ética*. Belo Horizonte: Autêntica, 2007.

UNIDADE 3 – Cap. 7

CENCI, Angelo Vitório. *O que é ética?:* elementos em torno de uma ética geral. 2. ed. Passo Fundo: Edição do Autor, 2001.

HELLER, Agnes. *O cotidiano e a História*. 4. ed. Rio de Janeiro: Paz e Terra, 1992.

NIETZSCHE, Friedrich. *Além do Bem e do Mal:* prelúdio a uma filosofia do futuro. São Paulo: Cia. das Letras, 1992.

_____. *Genealogia da moral:* uma polêmica. São Paulo: Cia. das Letras, 1998.

NODARI, Paulo César. *Sobre ética:* Aristóteles, Kant, Levinas. Caxias do Sul: Educs, 2010.

PLATÃO. *A República*. 3. ed. Belém do Pará: Ed. da UFPA, 2000.

UNIDADE 3 – Cap. 8

ARISTÓTELES. *Ética a Nicômacos*. 2. ed. Brasília: Ed. da UnB, 1992.

BORGES, M. L.; DALL'AGNOL, D.; DUTRA, D. V. *Ética*. Rio de Janeiro: DP&A, 2002.

CENCI, Angelo (Org.). *Ética, racionalidade e modernidade*. Passo Fundo: Ed. da UPF, 1996.

DELEUZE, Gilles. *A Filosofia crítica de Kant.* Lisboa: Edições 70, 1994.

HARE, R. M. *Ética:* problemas e propostas. São Paulo: Ed. da Unesp, 2003.

HIPÓCRATES. *Conhecer, cuidar, amar:* o juramento e outros textos. São Paulo: Landy, 2002.

KANT. *Fundamentação da Metafísica dos Costumes.* Porto: Porto Editora, 1995.

LEBRUN, Gérard. *Sobre Kant.* São Paulo: Iluminuras/Edusp, 1993.

LIMA VAZ, Henrique C. *Escritos de Filosofia IV:* introdução à ética filosófica 1. São Paulo: Loyola, 1999.

_____. *Escritos de Filosofia V:* introdução à ética filosófica 2. São Paulo: Loyola, 2000.

NOVAES, Adauto (Org.). *Ética.* 3. reimp. São Paulo: Cia. das Letras, 1994.

SAVATER, Fernando. *Invitación a la Ética.* Barcelona: Anagrama, 1995.

SINGER, Peter. *Ética prática.* São Paulo: Martins Fontes, 1998.

TUGENDHAT, Ernst. *Lições sobre Ética.* Petrópolis: Vozes, 1997.

VERGNIÈRES, Solange. *Ética e política em Aristóteles:* physis, ethos, nomos. São Paulo: Paulus, 1999.

UNIDADE 3 – Cap. 9

DELEUZE, Gilles. *Lógica do sentido.* 4. ed. São Paulo: Perspectiva, 1998.

EPICURO. *Carta sobre a felicidade (a Meneceu).* São Paulo: Ed. da Unesp, 1997.

_____ et al. *Antologia de textos.* 3. ed. São Paulo: Abril Cultural, 1985. (Coleção Os Pensadores).

EPITECTO. *Manual de Epitecto:* máximas, diatribes e aforismos. Lisboa: Vega, 1992.

FOUCAULT, Michel. *A coragem da verdade.* São Paulo: Martins Fontes, 2011.

_____. *A hermenêutica do sujeito.* São Paulo: Martins Fontes, 2004.

_____. *Ética, sexualidade, política.* Rio de Janeiro: Forense Universitária, 2004. (Ditos & Escritos, v. 5).

_____. *O governo de si e dos outros.* São Paulo: WMF Martins Fontes, 2010.

GOULET-CAZÉ, M.-O.; BRANHAM, R. B. (Org.). *Os cínicos:* o movimento cínico na Antiguidade e o seu legado. São Paulo: Loyola, 2007.

GREENBLATT, Stephen. *A virada:* o nascimento do mundo moderno. São Paulo: Cia. das Letras, 2012.

NAVIA, Luis E. *Diógenes, o cínico.* São Paulo: Odysseus, 2009.

ONFRAY, Michel. *A arte de ter prazer:* por um materialismo hedonista. São Paulo: Martins Fontes, 1999.

_____. *A escultura de si:* a moral estética. Rio de Janeiro: Rocco, 1995.

_____. *Cinismos:* retrato de los filósofos llamados perros. Buenos Aires: Paidós, 2007.

_____. *La potencia de existir:* manifiesto hedonista. Buenos Aires: La Flor, 2007.

PAQUET, Léonce (Ed.). *Les cyniques grecs:* fragments et témoignages. Paris: Livre de Poche, 1992.

SAVATER, Fernando. *Ética como amor-próprio.* São Paulo: Martins Fontes, 2000.

SINGER, Peter. *Vida ética.* Rio de Janeiro: Ediouro, 2002.

UNIDADE 4 – Cap. 10

BARKER, Ernest. *Teoria política grega.* Brasília: Ed. da UnB, 1978.

BOBBIO, N.; MATTEUCCI, N.; PASQUINO, G. *Dicionário de política.* 6. ed. Brasília: Ed. da UnB, 1994.

DELACAMPAGNE, Christian. *A Filosofia política hoje.* Rio de Janeiro: Jorge Zahar, 2001.

LA BOÉTIE, Etienne. *Discurso da servidão voluntária.* 2. ed. São Paulo: Brasiliense, 1982.

LEBRUN, Gérard. *O que é poder.* 11. ed. São Paulo: Brasiliense, 1991.

MAQUIAVEL, Nicolau. *O Príncipe e Escritos políticos*. 5. ed. São Paulo: Nova Cultural, 1991. (Coleção Os Pensadores).

RUBY, Christian. *Introdução à Filosofia política*. São Paulo: Ed. da Unesp, 1998.

SAVATER, Fernando. *Política para meu filho*. São Paulo: Martins Fontes, 1996.

WOLF, Francis. *Aristóteles e a política*. São Paulo: Discurso Editorial, 1999.

UNIDADE 4 – Cap. 11

BAKUNIN, Mikhail. *Deus e o Estado*. São Paulo: Imaginário, 2000.

_____. *Textos escolhidos*. Porto Alegre: L&PM, 1983.

BOBBIO, Norberto; BOVERO, Michelangelo. *Sociedade e Estado na Filosofia política moderna*. 2. ed. São Paulo: Brasiliense, 1987.

HOBBES, Thomas. *Do Cidadão*. São Paulo: Martins Fontes, 1992.

_____. *Leviatã ou Matéria, forma e poder de um Estado eclesiástico e civil*. 3. ed. São Paulo: Abril Cultural, 1983. (Coleção Os Pensadores).

LOCKE, John. *Segundo Tratado sobre o Governo e outros textos*. 3. ed. São Paulo: Abril Cultural, 1983. (Coleção Os Pensadores).

MABBOTT, J. D. *O Estado e o cidadão:* uma introdução à Filosofia política. Rio de Janeiro: Zahar, 1968.

MARX, Karl. *O Capital*. Rio de Janeiro: Civilização Brasileira, 2008. 6 v.

_____; ENGELS, Friedrich. *Manifesto do Partido Comunista*. São Paulo: Cia. das Letras/Penguin, 2012.

PROUDHON, Pierre-Joseph. *Textos escolhidos*. Porto Alegre: L&PM, 1983.

ROUSSEAU, Jean-Jacques. *Discurso sobre a origem e os fundamentos da desigualdade entre os homens e outros textos*. 3. ed. São Paulo: Abril Cultural, 1983. (Coleção Os Pensadores).

_____. *Do contrato social*. São Paulo: Cia. das Letras/Penguin, 2011.

STAROBINSKI, Jean. *Jean-Jacques Rousseau:* a transparência e o obstáculo. São Paulo: Cia. das Letras, 2011.

UNIDADE 4 – Cap. 12

ARENDT, Hannah. *As origens do totalitarismo*. 2. ed. São Paulo: Cia. das Letras, 1989.

DELEUZE, Gilles. *Conversações*. Rio de Janeiro: Ed. 34, 1992.

_____. *Deux régimes de fous:* textes et entretiens 1975-1995. Paris: Minuit, 2003.

_____; GUATTARI, Félix. *Mille Plateaux*. Paris: Minuit, 1980.

FOUCAULT, Michel. *Em defesa da sociedade*. São Paulo: Martins Fontes, 1999.

_____. *Nascimento da biopolítica*. São Paulo: Martins Fontes, 2008.

_____. *Segurança, território, população*. São Paulo: Martins Fontes, 2008.

_____. *Vigiar e punir:* história da violência nas prisões. 8. ed. Petrópolis: Vozes, 1991.

GUATTARI, Félix. *Caosmose:* um novo paradigma estético. Rio de Janeiro: Ed. 34, 1992.

_____. *Revolução molecular:* pulsações políticas do desejo. 2. ed. São Paulo: Brasiliense, 1985.

MENGUE, Philippe. *Deleuze et la question de la démocratie*. Paris: L'Harmattan, 2003.

_____. *Utopies et devenirs deleuziens*. Paris: L'Harmattan, 2009.

SIMONS, Jon. *Foucault and the political*. London/New York: Routledge, 1995.

conecte
LIVE

Filosofia
EXPERIÊNCIA DO PENSAMENTO

SÍLVIO GALLO
Licenciado em Filosofia pela Pontifícia Universidade Católica de Campinas (PUCC-SP).
Mestre e doutor em Educação pela Universidade Estadual de Campinas (Unicamp-SP).
Livre-docente em Filosofia da Educação pela Unicamp-SP.
Professor titular da Faculdade de Educação da Unicamp-SP.

VOLUME ÚNICO

Direção geral: Guilherme Luz
Direção editorial: Luiz Tonolli e Renata Mascarenhas
Gestão de projeto editorial: Viviane Carpegiani
Gestão e coordenação de área: Wagner Nicaretta (ger.) e Brunna Paulussi (coord.)
Edição: Marina Nobre e Tami Buzaite
Gerência de produção editorial: Ricardo de Gan Braga
Planejamento e controle de produção: Paula Godo, Roseli Said e Marcos Toledo
Revisão: Hélia de Jesus Gonsaga (ger.), Kátia Scaff Marques (coord.), Rosângela Muricy (coord.), Ana Paula C. Malfa, Arali Gomes, Carlos Eduardo Sigrist, Cesar G. Sacramento, Daniela Lima, Diego Carbone, Heloísa Schiavo, Patrícia Travanca, Paula T. de Jesus e Ricardo Miyake
Arte: Daniela Amaral (ger.), Claudio Faustino (coord.), Simone Aparecida Zupardo Dias (edição de arte)
Diagramação: ArteAção
Iconografia: Sílvio Kligin (ger.), Denise Durand Kremer (coord.), Iron Mantovanello (pesquisa iconográfica)
Licenciamento de conteúdos de terceiros: Thiago Fontana (coord.), Luciana Sposito (licenciamento de textos), Erika Ramires, Luciana Pedrosa Bierbauer, Luciana Cardoso e Claudia Rodrigues (analistas adm.)
Tratamento de imagem: Cesar Wolf e Fernanda Crevin
Ilustrações: Theo Szczepanski
Cartografia: Eric Fuzii (coord.), Robson Rosendo da Rocha (edição de arte)
Design: Gláucia Correa Koller (ger.), Erika Yamauchi Asato, Filipe Dias (proj. gráfico), Adilson Casarotti (capa)
Composição de capa: Segue Pro
Foto de capa: Freeda/Shutterstock, Lisa S./Shutterstock, Ranta Images/Shutterstock, NASA Images/Shutterstock

Todos os direitos reservados por Saraiva Educação S.A.
Avenida das Nações Unidas, 7221, 1º andar, Setor A –
Espaço 2 – Pinheiros – SP – CEP 05425-902
SAC 0800 011 7875
www.editorasaraiva.com.br

Dados Internacionais de Catalogação na Publicação (CIP)
(Câmara Brasileira do Livro, SP, Brasil)

```
Gallo, Silvio
   Filosofia : experiência do pensamento volume
único : conecte live / Silvio Gallo. -- 1. ed. --
São Paulo : Saraiva, 2018.

   Suplementado pelo manual do professor.
   Bibliografia.
   ISBN 978-85-472-3385-3 (aluno)
   ISBN 978-85-472-3386-0 (professor)

   1. Filosofia (Ensino médio) I. Título.

18-16985                             CDD-107.12
```

Índices para catálogo sistemático:
1. Filosofia : Ensino médio 107.12
Maria Alice Ferreira - Bibliotecária - CRB-8/7964

2022
ISBN ⩽78 85 472 3385 3 (AL)
ISBN ⩽78 85 472 3386 0 (PR)
Códigc da obra CL 800874
CAE 627972 (AL) / 627973 (PR)
1ª edição
10ª impressão

Impressão e acabamento Gráfica Elyon

Apresentação

Caro aluno

Você está começando a estudar Filosofia. Não pense que ela é só mais um conjunto de informações e conteúdos que você pode decorar e esquecer depois. A Filosofia é uma prática de pensamento inventada há quase três mil anos. Desde então, os seres humanos a vêm experimentando. E você também pode experimentá-la. Este livro foi pensado para isso: mediar sua experiência de pensar filosoficamente.

Ao longo de seis unidades, você tomará contato com problemas sobre os quais os filósofos vêm pensando desde a Antiguidade e com conceitos que eles foram elaborando para enfrentá-los. Você verá que, às vezes, os problemas permanecem, e os conceitos vão se transformando. Outras vezes, são os problemas que mudam e pedem novos conceitos.

Não se preocupe em decorar o nome de cada filósofo, das correntes filosóficas, das categorias desenvolvidas, dos conceitos formulados. Você não precisa tê-los todos na ponta da língua.

Certa vez, um filósofo afirmou que as teorias são como "caixas de ferramentas". Quando temos um problema a ser enfrentado, procuramos na caixa uma ferramenta, ou melhor, um conceito que nos sirva. Caso nada dessa nossa caixa sirva, teremos de fazer adaptações, modificando uma ou mais ferramentas para que se tornem adequadas. Às vezes temos até mesmo de inventar uma nova ferramenta.

Aproprie-se deste livro como se fosse uma caixa de ferramentas. Nele você encontrará muitas delas para ajudá-lo a refletir. Mas as mais importantes são as suas ferramentas, elaboradas com base em sua experiência. Por isso, faça de seu pensamento um laboratório e experimente sempre!

O autor

Conheça seu livro

Seu livro está organizado em 6 unidades e 16 capítulos.

Abertura de unidade

Apresenta o tema da unidade, contextualizando-o brevemente na história da Filosofia e relacionando-o a uma obra de arte, área do conhecimento que tem muitas afinidades com a filosofia. Traz ainda uma pequena linha do tempo, localizando nos séculos os filósofos que serão tratados na unidade.

Boxes diversos

Há quatro tipos de boxe que aparecem ao longo de cada capítulo, contendo: a **biografia dos filósofos estudados**; a **indicação de filmes**; **citações**, como trechos de textos de filósofos, músicas, poemas, etc.; e **informações complementares** ao conteúdo estudado. Na seção *Em busca do conceito*, há um boxe com orientações sobre como desenvolver uma **dissertação filosófica**.

Em busca do conceito

Apresenta atividades práticas a fim de estimular o exercício do pensamento conceitual.

Sugestões de leituras

Apresenta indicações de livros que fornecerão elementos para o exercício do pensamento conceitual.

É lógico!

Apresenta fundamentos da lógica e as principais correntes que desenvolveram essa área da Filosofia ao longo da História.

4

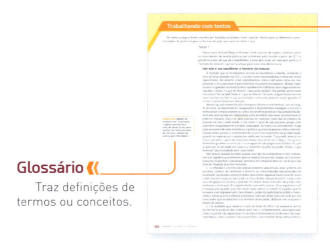

Glossário
Traz definições de termos ou conceitos.

Trabalhando com textos
Subseção presente no final de cada capítulo. É composta de textos escritos por filósofos em diferentes momentos da história da Filosofia e de algumas questões que orientam sua leitura e exploram seus pontos essenciais.

Fechamento de unidade

A Filosofia na História, *Um diálogo com...*, *A Filosofia no Enem e nos vestibulares* e *É lógico?* são as quatro seções que encerram as unidades.

A primeira aprofunda o contexto histórico em que se desenvolveram determinadas produções filosóficas tratadas no texto. A segunda trabalha em conjunto com outras disciplinas que você estuda na escola. A terceira fornece atividades de provas do Enem e de vestibulares de algumas universidades brasileiras. A última traz atividades que mobilizam os conhecimentos de lógica estudados na unidade.

5

Sumário geral

Parte 1

Unidade 1 – Como pensamos? 10

Capítulo 1 – Filosofia: o que é isso? 12
O pensamento filosófico 12
A Filosofia e o pensamento conceitual 14
A Filosofia e suas origens gregas 17
Filosofia e opinião 23
É lógico! 25
Trabalhando com textos 26
Em busca do conceito 28
Sugestões de leituras 28

Capítulo 2 – Filosofia e outras formas de pensar 29
Mitologia 29
Religião 33
Senso comum 37
Pensar criativo: Filosofia, Arte e Ciência 39
É lógico! 39
Trabalhando com textos 40
Em busca do conceito 43
Sugestões de leituras 45

Capítulo 3 – A Ciência e a Arte 46
A Ciência e os outros saberes 47
O pensamento científico 49
A Ciência hoje 58

Arte: o ser humano como criador 60
As várias formas de pensar 62
É lógico! 63
Trabalhando com textos 64
Em busca do conceito 66
Sugestões de leituras 67
A Filosofia na História 68
Um diálogo com História e Sociologia 70
A Filosofia no Enem e nos vestibulares 72
É lógico? 73

Unidade 2 – O que somos? 74

Capítulo 4 – O ser humano quer conhecer a si mesmo 76
Corpo e alma 77
Natureza humana *versus* condição humana ... 81
A filosofia da existência 85
É lógico! 91
Trabalhando com textos 92
Em busca do conceito 94
Sugestões de leituras 94

Capítulo 5 – A linguagem e a cultura: manifestações do humano 95
A linguagem verbal: um sistema simbólico .. 96
Filosofia e linguagem na Antiguidade 97

A "virada linguística"............................. 99
Trabalho, linguagem e cultura........... 103
É lógico!... 106
Trabalhando com textos..................... 107
Em busca do conceito........................ 110
Sugestões de leituras........................ 111

Capítulo 6 – Corporeidade, gênero e sexualidade: formas de ser 112
A dimensão humana da corporeidade...... 112
A filosofia e o corpo........................... 113
Novos conceitos na filosofia do corpo...... 117
Sexo, gênero e sexualidade: entre o biológico e o cultural 119
É lógico!... 123
Trabalhando com textos..................... 124
Em busca do conceito........................ 127
Sugestões de leituras........................ 127
A Filosofia na História........................ 128
Um diálogo com História e Sociologia...... 130
A Filosofia no Enem e nos vestibulares.... 133
É lógico?... 134
Bibliografia.. 135

Parte 2

Unidade 3 – Por que e como agimos?.................................. 138

Capítulo 7 – Os valores e as escolhas 140
Platão e a universalidade do valor 142
A historicidade dos valores 144
Valor, escolha e liberdade 149
Retomando a questão........................ 154
É lógico!... 155
Trabalhando com textos..................... 156
Em busca do conceito........................ 158
Sugestões de leituras........................ 158

Capítulo 8 – Ética: por que e para quê?... 159
Aristóteles e a ética como ação para a felicidade 160
Kant e a ética como ação segundo o dever 166
É lógico!... 172
Trabalhando com textos..................... 173
Em busca do conceito........................ 175
Sugestões de leituras........................ 176

Capítulo 9 – A vida em construção: uma obra de arte 177
Uma vida filosófica, uma filosofia de vida 178
É lógico!... 190
Trabalhando com textos..................... 191
Em busca do conceito........................ 194
Sugestões de leituras........................ 195
A Filosofia na História........................ 196
Um diálogo com Sociologia e História...... 198
A Filosofia no Enem e nos vestibulares.... 200
É lógico?... 201

Unidade 4 – Como nos relacionamos em sociedade?.................................. 202

Capítulo 10 – Poder e política............ 204
Poder e autoridade............................ 206
O pensamento político grego 209
Transformações no pensamento político 212
É lógico!... 216

7

Sumário geral

Trabalhando com textos 217
Em busca do conceito 219
Sugestões de leituras 221

Capítulo 11 – Estado, sociedade e poder 222
Teorias sobre a criação do Estado 224
As críticas ao Estado no século XIX. 230
É lógico! 236
Trabalhando com textos 237
Em busca do conceito 239
Sugestões de leituras 240

Capítulo 12 – Totalitarismo e biopolítica na sociedade de controle 241
Arendt e a crítica ao totalitarismo 242
Foucault, disciplina e biopoder 245
Deleuze e Guattari e a revolução molecular 247
É lógico! 251
Trabalhando com textos 253
Em busca do conceito 255

Sugestões de leituras 256
A Filosofia na História 257
Um diálogo com Ciências Humanas e Língua Portuguesa 259
A Filosofia no Enem e nos vestibulares 261
É lógico? 261
Bibliografia 262

Ancient Art and Architecture Collection Ltd./The Bridgeman Art Library/Keystone/Victoria & Albert Museum, Londres, Inglaterra.

Parte 3

Unidade 5 – Problemas contemporâneos I 266

Capítulo 13 – Desafios epistemológicos contemporâneos: quais os limites do conhecimento e da ciência? 268
Positivismo: cientificismo e neutralidade da ciência 269
A tecnociência 273
A emergência das Ciências Humanas 274
Ciência e poder na contemporaneidade 276

É lógico! 279
Trabalhando com textos 280
Em busca do conceito 282
Sugestões de leituras 285

Capítulo 14 – Desafios estéticos contemporâneos: a arte emancipa? 286
Sentidos, representação do mundo e estética 287
Arte, produção e indústria cultural 291
Arte e emancipação 294

É lógico!	297
Trabalhando com textos	298
Em busca do conceito	300
Sugestões de leituras	302
A Filosofia na História	303
Um diálogo com Geografia, Sociologia e Língua Portuguesa	305
A Filosofia no Enem e nos vestibulares	307
É lógico?	307

Unidade 6 – Problemas contemporâneos II ... 308

Capítulo 15 – Desafios políticos contemporâneos: novas formas de agir? ... 310

Vivemos sob a forma política do império?	310
A política como "partilha do sensível"	316
É lógico!	321
Trabalhando com textos	322
Em busca do conceito	325
Sugestões de leituras	329

Capítulo 16 – Desafios éticos contemporâneos: novas formas de agir? ... 330

Questões de vida e de morte: elementos da bioética	332
Ética, empresa e sociedade: um novo tecido político?	336
Ética e questões ambientais: por um "contrato natural"	340
É lógico!	342
Trabalhando com textos	343
Em busca do conceito	349
Sugestões de leituras	351
A Filosofia na História	352
Um diálogo com Biologia, Química, Geografia e Sociologia	354
A Filosofia no Enem e nos vestibulares	356
É lógico?	357

Linha do tempo ... 358

Bibliografia ... 366

UNIDADE 1
Como pensamos?

Carta Branca, pintura de René Magritte, de 1965. Por que essa imagem provoca tanta estranheza ao primeiro olhar? Alguma coisa não parece correta, as imagens se misturam e embaralham a perspectiva. Tal estranheza nos força a pensar. Esse é o mesmo tipo de estranheza e espanto que a Filosofia provoca. Ela não se conforma com respostas prontas e está sempre enfrentando os problemas que nos inquietam. Questionamentos e desafios: é disso que vive a Filosofia.

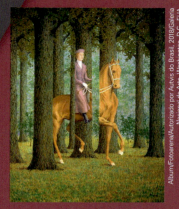

Carta Branca, pintura de René Magritte, de 1965

Na Grécia antiga, em meio à intensa vida cultural, política e comercial da pólis, nasceu a Filosofia, uma forma de pensar conceitualmente o mundo e responder a problemas diversos de modo racional.

Uma vez que a religião, o mito e o senso comum não mais forneciam respostas satisfatórias para as curiosidades cosmológicas, físicas e antropológicas, os primeiros filósofos buscaram uma explicação pautada em critérios claros, demonstrativos e não dogmáticos.

A Filosofia tem uma relação íntima com outros saberes. Na Idade Média, por exemplo, Agostinho e Tomás de Aquino aproximaram a teologia cristã da Filosofia; na modernidade, Galileu, Bacon e Newton investigaram na Filosofia, na Física e na Ciência nascente o método que seria mais adequado para a produção do conhecimento verdadeiro.

As artes constituem outro ponto de convergência para os interesses filosóficos. Com os pensadores da teoria crítica, como Benjamin e Adorno, veremos como a arte, sob o ponto de vista filosófico e histórico, teve sua produção e fruição modificadas pelo desenvolvimento de meios técnicos e tecnológicos num contexto capitalista.

VI a.C.-V a.C.
TALES (Mileto)
ANAXIMANDRO (Mileto)
ANAXÍMENES (Mileto)
PITÁGORAS (Samos)
XENÓFANES (Cólofon)
HERÁCLITO (Éfeso)
PARMÊNIDES (Eleia)
LEUCIPO (Mileto)
ZENÃO (Eleia)

IV a.C.
FILOLAU (Crotona)
SÓCRATES (Atenas)
DEMÓCRITO (Abdera)
PLATÃO (Atenas)
ARISTÓTELES (Estagira – Macedônia)

IV d.C.
AGOSTINHO (Hipona – Argélia)

XIII
TOMÁS (Aquino – Itália)

XVI
COPÉRNICO (Polônia)
GALILEU (Itália)
BACON (Inglaterra)

XVII
HOBBES (Inglaterra)
DESCARTES (França)
LOCKE (Inglaterra)
NEWTON (Inglaterra)

XVIII
KANT (Prússia – Alemanha)

XIX
NIETZSCHE (Alemanha)

XX
GRAMSCI (Itália)
BENJAMIN (Alemanha)
CASSIRER (Polônia)
HORKHEIMER (Alemanha)
ADORNO (Alemanha)
LÉVI-STRAUSS (Bélgica)
FEYERABEND (Áustria)
DELEUZE (França)
FOUCAULT (França)
GUATTARI (França)

XXI
COMTE-SPONVILLE (França)
LÉVY (Tunísia)

CAPÍTULO 1

Filosofia: o que é isso?

// Cena da série catalã *Merlí*, de 2015, dirigida por Eduard Cortés. Com a chegada do professor de Filosofia, Merlí Bergeron (Francesc Orella), os alunos do Instituto Àngel Guimerà, em Barcelona, vão passar por experiências de pensamento e de enfrentamento de problemas que mudarão o curso de suas vidas.

O pensamento filosófico

Se prestarmos atenção na canção "Tô", de Tom Zé, viveremos uma genuína experiência filosófica. A letra da canção nos estimula a pensar ao colocar em jogo uma série de situações aparentemente incongruentes: carinhoso para poder ferir; olho fechado para ver melhor; lentamente para não atrasar; desesperado para ter paciência; com alegria para poder chorar. Alguma coisa parece não se encaixar...

O pensamento filosófico é semelhante, pois nos tira do lugar-comum. É como se, no dia a dia, vivêssemos "no automático", sem pensar muito naquilo que fazemos, naquilo que acontece à nossa volta. De repente, alguma coisa nos chama a atenção. Alguma coisa está estranha. Algo nos faz parar e pensar. Como na canção de Tom Zé, ou como no poema de Carlos Drummond de Andrade: "tinha uma pedra no meio do caminho". É essa "pedra" que nos faz parar, é ela que nos atrai. Nesse momento, detemo-nos em nossos pensamentos. Dizendo de outra maneira: quando deparamos com um **problema**, somos levados a exercitar o pensamento.

Tô

Tô bem de baixo pra poder subir
Tô bem de cima pra poder cair
Tô dividindo pra poder sobrar
Desperdiçando pra poder faltar
Devagarinho pra poder caber
Bem de leve pra não perdoar
Tô estudando pra saber ignorar
Eu tô aqui comendo para vomitar

Eu tô te explicando
Pra te confundir
Eu tô te confundindo
Pra te esclarecer
Tô iluminado
Pra poder cegar
Tô ficando cego
Pra poder guiar

Suavemente pra poder rasgar
Olho fechado pra te ver melhor
Com alegria pra poder chorar
Desesperado pra ter paciência
Carinhoso pra poder ferir
Lentamente pra não atrasar
Atrás da vida pra poder morrer
Eu tô me despedindo pra poder voltar

ZÉ, Tom. *Tropicalista lenta luta*.
São Paulo: Publifolha, 2003. p. 188.

No meio do caminho

No meio do caminho tinha uma pedra
tinha uma pedra no meio do caminho
tinha uma pedra
no meio do caminho tinha uma pedra.

Nunca me esquecerei desse acontecimento
na vida de minhas retinas tão fatigadas.
Nunca me esquecerei que no meio do caminho
tinha uma pedra
tinha uma pedra no meio do caminho
no meio do caminho tinha uma pedra.

ANDRADE, Carlos Drummond de. *Poesia completa*.
Rio de Janeiro: Nova Aguilar, 2003. p. 16.

Pensar, nesse sentido filosófico, não é algo comum. É um acontecimento que produz transformações em nossa vida. Quando pensamos, já não somos os mesmos. Pensar é sair do automatismo em que vivemos no dia a dia.

Pensar e transformar o mundo...

Foi por meio do exercício do pensamento que o ser humano transformou a si mesmo e o mundo. A primeira cena do filme *2001: uma odisseia no espaço* mostra isso de forma contundente. Um grupo de hominídeos vaga pelas savanas africanas disputando poças de água para matar a sede, caçando animais para comer e, ao mesmo tempo, sendo caçados. Quando a câmera focaliza o rosto de um deles, o que vemos é uma expressão de medo. Como se sentir seguro quando não se é o mais forte? Como vencer o medo e enfrentar o mundo, uma natureza inóspita, desconhecida e cheia de perigos? O filme nos mostra que a resposta encontrada pela humanidade para solucionar esse problema é o **conhecimento**.

Certo dia, um dos hominídeos pega um osso de um animal morto e começa a batê-lo no chão. Percebe que, ao utilizar o osso, sua força é ampliada. Desse modo, o osso se transforma em uma **ferramenta**, algo que pode ser utilizado para realizar uma tarefa. Na sequência, durante a disputa de seu bando por uma fonte de água com um grupo rival, esse hominídeo usa o osso para atacar os inimigos. Sua força é multiplicada pela ferramenta (que, nesse caso, torna-se uma arma) e ele vence.

Automatismo: atributo daquilo que é automático, que funciona por conta própria, independentemente de vontade ou reflexão.

// Cena do filme *2001: uma odisseia no espaço*. Direção de Stanley Kubrick. Estados Unidos/Grã-Bretanha, 1968. (142 min).

O filme *2001: uma odisseia no espaço* narra a história de um enigma que acompanha a humanidade desde seus primórdios. Em busca de uma resposta, uma equipe de astronautas é enviada a Júpiter. A bordo da mais moderna e tecnológica nave espacial, a Discovery, controlada pelo supercomputador HAL 9 000, os astronautas querem investigar um fenômeno estranho que pode conduzi-los ao esclarecimento desse enigma.

Exultante, o hominídeo joga o osso para o alto. Quando o osso, girando, atinge o ápice e começa a cair, transforma-se em uma espaçonave em órbita na Terra.

Essa cena tem um significado muito profundo: mesmo enfrentando o problema da sobrevivência em um mundo inóspito, o hominídeo passou a ser humano porque foi capaz de inventar uma ferramenta, utilizada, nesse caso, como arma. O uso de ferramentas desenvolveu-se por séculos e milênios, e aquele osso do início converteu-se em outro tipo de ferramenta – um sofisticado aparelho tecnológico (a espaçonave).

Também o pensamento dispõe de próprias ferramentas – as **tecnologias da inteligência**, como as denominou o filósofo francês **Pierre Lévy**. Trata-se dos instrumentos que utilizamos para tornar o pensamento mais eficiente. Na história humana, a tecnologia da inteligência que predominou inicialmente foi a **oralidade**, isto é, a comunicação por meio da palavra falada; em determinado momento, desenvolveu-se a **escrita** (que teria um desdobramento importante com a invenção da imprensa); e mais recentemente, a **informática**. Essas tecnologias interferem diretamente no modo como pensamos. A forma de pensar durante uma conversa oral é diferente daquela usada em uma comunicação escrita, por exemplo, e difere de como pensamos ao mandar mensagens para um amigo usando um celular.

Procurando enfrentar seus problemas, os seres humanos utilizaram as tecnologias da inteligência para elaborar diferentes tipos de conhecimento. A Filosofia é um deles.

Em que a Filosofia se diferencia dos demais saberes? Se todos os saberes são resultado do exercício do pensamento, o que há de específico nela?

O que distingue a Filosofia são seus instrumentos e aquilo que ela produz: os conceitos.

Pierre Lévy (1956-)

Filósofo francês nascido na Tunísia. Dedica-se aos campos da comunicação e da informática, estudando seus impactos no pensamento. É autor de diversos livros, entre eles *As tecnologias da inteligência: o futuro do pensamento na era da informática*, publicado no Brasil em 1993.

Pierre Lévy, em foto de 2015. //

A Filosofia e o pensamento conceitual

A Filosofia já foi definida de várias maneiras. A palavra, de origem grega, é composta dos termos *phílos*, que designa "amigo, amante"; e *sophía*, que significa "sabedoria". O significado de filosofia, portanto, é amor ou amizade pela sabedoria. Se a Filosofia é o amor pela sabedoria, isso quer dizer que ela não é a própria sabedoria, e sim uma relação com o saber e que implica um movimento de construção e de busca da sabedoria. O filósofo não é um sábio; é alguém que busca o conhecimento.

O filósofo **Aristóteles** definiu o ser humano como um "animal portador da palavra, que pensa", isto é, um "animal racional". Segundo ele, "a filosofia é a atividade mais digna de ser escolhida pelos homens", uma vez que nela o ser humano exerce aquilo que lhe é próprio, ou seja, sua faculdade racional.

Seria também uma atividade capaz de proporcionar a felicidade, pois, vivendo filosoficamente, o ser humano estaria vivendo de acordo com a própria natureza.

A Filosofia é, portanto, o movimento daquele que **não sabe** em direção a um **saber**; é a vontade de conhecer a si mesmo e o mundo.

Aristóteles (384 a.C.-322 a.C.)

Nascido na cidade de Estagira, na Macedônia, ainda jovem se mudou para Atenas, onde estudou com o também filósofo grego Platão (c. 427 a.C.-347 a.C.). Foi professor de Alexandre, que se tornou imperador da Macedônia e ficou conhecido como Alexandre, o Grande. Em Atenas, Aristóteles fundou uma escola, o Liceu, onde ensinava Filosofia. Vários de seus livros foram escritos para suas aulas ou se originaram de anotações dos alunos.

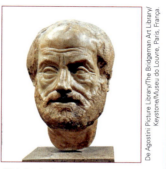

// Aristóteles, em escultura de mármore feita entre os séculos I e II d.C.

Duas perspectivas da Filosofia

Na segunda metade do século XX, o filósofo **Michel Foucault** procurou mostrar que há duas formas de compreender a Filosofia:

- como busca da sabedoria, entendendo o conhecimento como algo que vem de fora e ao qual podemos ter acesso pelo pensamento;
- como um trabalho de cada um sobre si mesmo, um modo de construir a própria vida, transformando-se sempre e aprendendo com isso.

No primeiro caso, a Filosofia é a busca de um saber que está fora de cada um de nós. No segundo, é uma prática de vida, um pensamento sobre nós mesmos, um modo de fazermos com que nossa vida seja melhor.

Essa segunda noção também é uma busca, mas não de algo que está fora de nós. É uma busca para nos tornarmos melhores por meio de práticas cotidianas que certos filósofos denominam **exercícios espirituais**. Mas atenção: a palavra **espiritual**, aqui, tem o sentido de intelectual, mental: um exercício que se faz no espírito. Não confundir com espiritual em um sentido religioso ou místico. Um exemplo de exercício espiritual seria o hábito de escrever um diário. Ao relatar os acontecimentos e as sensações do dia a dia, temos oportunidade de refletir sobre eles e, assim, de nos conhecer melhor.

Michel Foucault (1926-1984)

Pensador francês que se dedicou a vários campos do conhecimento, como a Filosofia, a História e a Psicologia. Entre 1970 e 1984 foi professor no Collège de France, uma das instituições de maior prestígio naquele país. Escreveu sobre vários assuntos, entre eles a sexualidade, a loucura e as instituições disciplinares, como a prisão e a escola. Em seus últimos anos de vida, dedicou-se a estudar a Filosofia grega antiga, preocupado com o tema da formação ética. Dentre seus vários livros, destacam-se *As palavras e as coisas* (1966) e *Vigiar e punir:* história da violência nas prisões (1975).

// Michel Foucault, em foto de 1967.

INFORMAÇÕES COMPLEMENTARES

Faculdade racional

Aristóteles afirmava que a alma humana é dotada de várias faculdades, ou capacidades. Entre elas, a faculdade racional ou intelectiva é a que torna os seres humanos aptos ao pensamento.

Por isso mesmo, segundo o filósofo, ela seria a mais importante, pois nos diferenciaria de todos os outros seres da natureza. Mais adiante estudaremos outras dessas faculdades.

Segundo Aristóteles, é o uso da faculdade racional da alma que nos permite pensar. Foto de 2011.

Essas duas perspectivas levam a uma terceira: o pensamento filosófico como uma reflexão interna que questiona todos os conhecimentos vindos de fora. Pensar filosoficamente é, portanto, trabalhar os mais diversos problemas e situações "partindo do zero", ou seja, sem aceitar mecanicamente os conhecimentos recebidos.

Na sua busca do conhecimento, a Filosofia elabora **conceitos**. Para começar a compreender o que são conceitos, pense no que significa para você a ideia de justiça. Faça a você mesmo algumas perguntas:

- O que é justiça?
- A que situações ela se aplica?
- Com seus amigos, por exemplo, você mantém relações justas? E na escola?
- Deve haver um limite para a justiça? Há situações em que se pode abrir mão dela?
- Será que a justiça tem alguma relação com a Filosofia?
- A ideia de justiça é algo pronto e definitivo ou muda conforme o lugar e a época?

Ao fazer essas perguntas a si mesmo, você está praticando a atividade filosófica e reunindo elementos que podem ajudá-lo a elaborar um conceito, o conceito de justiça. Nos dicionários e enciclopédias, é possível encontrar muitas definições da palavra justiça. O conceito é algo diferente, é uma elaboração própria, que envolve atividade do pensamento e modifica quem a realiza.

Os conceitos não estão prontos e acabados, mas estão sempre sendo criados e recriados, dependendo dos problemas enfrentados a cada momento. Cada filósofo cria seus conceitos ou recria os de outros filósofos. Ao criar ou recriar conceitos, o filósofo está também agindo sobre si mesmo, criando a si mesmo, construindo sua vida. Na obra *O que é Filosofia?*, Deleuze e Gattari estabelecem que "A Filosofia é a arte de formar, de inventar, de fabricar conceitos".

Mas isso não significa que apenas alguns privilegiados possam praticar a Filosofia. Segundo o filósofo italiano **Antonio Gramsci**, "todos os homens são filósofos", na medida em que todo ser humano, de maneira mais ou menos intensa e duradoura, pensa sobre os problemas que enfrenta em sua vida. De certo modo, todo ser humano se utiliza de conceitos, ou até mesmo os formula, em alguns momentos da vida.

Antonio Gramsci (1891-1937)

Jornalista e filósofo italiano. Militante comunista, passou muitos anos preso sob o governo do líder fascista Benito Mussolini. Foi na prisão que escreveu boa parte de sua obra filosófica, de crítica social e política. Por ter sido escrita na prisão, sua obra foi publicada com o título *Cadernos do cárcere*.

Antonio Gramsci, em foto da década de 1930.

Os **filósofos**, porém, dedicam-se à Filosofia de modo mais intenso, fazendo dessa atividade sua profissão e sua vida. Eles problematizam diversas questões, criam conceitos, escrevem textos e livros.

Alguns desses conceitos atravessam os séculos. Embora tenham sido elaborados em um contexto histórico diferente, podem despertar nossa reflexão e ajudar na formulação de nossos próprios conceitos. Pense, por exemplo, no conceito de felicidade. Muitos filósofos já estudaram o assunto em diferentes lugares e épocas e elaboraram os mais variados conceitos de felicidade. Esses conceitos são importantes como referência, mas não são estáticos: mudam conforme o contexto e as motivações de quem está refletindo sobre eles.

Nesta obra você vai conhecer diferentes conceitos criados pelos filósofos ao longo do tempo e compreenderá como eles podem ajudá-lo a pensar melhor sobre sua vida e a elaborar seus conceitos.

A Filosofia e suas origens gregas

Entre os séculos IX a.C. e VIII a.C., os gregos se expandiram para além da península grega, estabelecendo colônias importantes, como Éfeso, Mileto (situadas na Jônia, região sul da Ásia Menor, na atual Turquia), Eleia e Agrigento (na Sicília e no sul da atual Itália, região conhecida como Magna Grécia). Foi em algumas dessas cidades que viveram os primeiros filósofos. Tales de Mileto (Jônia), Pitágoras de Samos (Jônia), Filolau de Crotona (Magna Grécia) e Heráclito de Éfeso (Jônia) são alguns exemplos.

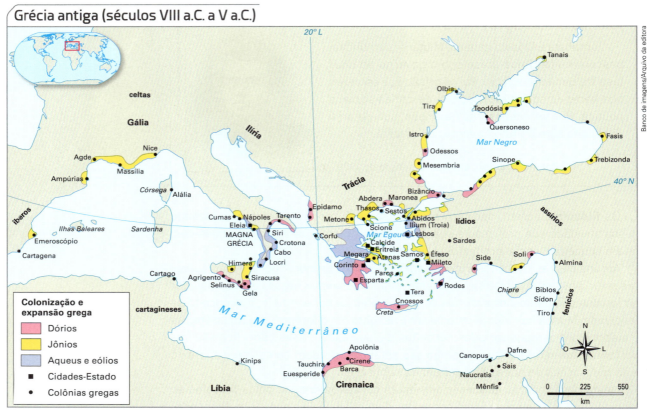

Elaborado com base em: DUBY, Georges. *Atlas historique mondial*. Paris: Larousse, 2007. p. 14.

Tales de Mileto é considerado o primeiro filósofo. Nasceu na região da Jônia e era apontado como um dos sete sábios da Grécia antiga. Foi o primeiro a afirmar que há um princípio universal do qual todas as coisas derivam (que os gregos chamavam *arkhé*) e que esse princípio seria o elemento água. Para ele era uma questão lógica: a água é o que há de mais abundante na natureza, por isso deve ser a origem de todas as coisas. Teve diversos seguidores na chamada escola jônica, os quais, embora concordassem com a ideia de *arkhé*, afirmavam que ela estaria relacionada a outro elemento que não a água.

Tales de Mileto (c. 624 a.C.-546 a.C.)

É considerado o primeiro pensador científico, preocupado em buscar respostas naturalistas e racionais para os fenômenos físicos. Grande conhecedor de Geometria e Astronomia, estudou as causas das inundações do rio Nilo – desmistificando as crenças antigas que as atribuíam a fatos sobrenaturais – e foi capaz de prever um eclipse total do Sol. Para ele, o princípio universal de todas as coisas era a água, por se tratar de algo essencial à vida, estar presente em todas as coisas e ser dotada de movimento, de mudança (existir em várias formas).

Gravura representando Tales de Mileto, feita no século XIX.

> ### INFORMAÇÕES COMPLEMENTARES
>
> #### Princípio universal
>
> Na Antiguidade, já se pensava que tudo o que existe é formado pela reunião de alguns elementos básicos. Falava-se na terra, na água, no ar e no fogo como esses elementos. O espaço sideral, além da Terra, seria preenchido por um quinto elemento, o éter, mais leve do que todos os outros.
>
> Alguns pensadores falavam também no *apeiron*, que significa o "ilimitado", o "indefinido". Outros falavam nos átomos, ou seja, aquilo que não pode ser dividido.

Fundador de uma importante escola filosófica na Magna Grécia, com sede na cidade de Crotona, o filósofo e matemático **Pitágoras de Samos** tornou-se muito conhecido pela enunciação de um teorema matemático que recebeu seu nome, o teorema de Pitágoras. Em seu pensamento, defendia que o Universo (em grego, *kósmos*) era regido por princípios matemáticos, sendo o número o fundamento de todas as coisas.

Pitágoras de Samos (c. 570 a.C.-495 a.C.)

Uma das grandes contribuições de Pitágoras foi a valorização do pensamento abstrato. Para ele, todo o Universo é regido por regras e relações matemáticas, que, uma vez descobertas, permitem compreender a estrutura da natureza. Além disso, todas as coisas teriam o número como princípio fundamental. Profundamente religioso, fundou uma escola que mesclava ciência e misticismo.

// Busto de mármore de Pitágoras, em Roma, Itália.

Filolau de Crotona (c. 470 a.C.-385 a.C.), filósofo e astrônomo que pertenceu à escola pitagórica, defendia o número como a *arkhé* do mundo físico, além de adotar uma estrita conduta para alcançar a boa vida. No campo da Astronomia, foi um dos primeiros a enunciar que a Terra está em movimento e não se encontra no centro do Universo, que seria ocupado por um "fogo central" sempre do lado oposto ao planeta e, por isso, impossível de ser visto pelos seres humanos. Em torno desse fogo central girariam a Terra e os demais corpos celestes.

Em Éfeso, o filósofo Heráclito (c. 535 a.C.-475 a.C.) defendia que o princípio de todas as coisas não era o número, mas sim o fogo. Assim como percebemos nesse elemento incessantes movimentos e transformações, na natureza também tudo se movimenta e se transforma, baseando-se na harmonia dos contrários (quente e frio, leve e pesado, sólido e líquido, seco e úmido, etc.). Esses elementos seriam organizados pelo *logos*, isto é, o princípio racional de inteligibilidade, que tudo organiza e ordena para a composição do *kósmos*.

Essa nova prática de pensamento surgida na periferia do mundo grego migrou para as cidades da península grega, em especial Atenas – cidade dedicada a Palas Atena, deusa da sabedoria. Aí se desenvolveria intensamente. É por isso que o filósofo contemporâneo **Gilles Deleuze** afirmou que "os filósofos são estrangeiros, mas a filosofia é grega": ainda que a prática tenha surgido na periferia do mundo grego, foi em seu centro que se desenvolveu e cresceu.

Gilles Deleuze (1925-1995)

Filósofo francês. Foi professor de filosofia no Ensino Médio francês e em universidades, tendo consolidado sua carreira na Universidade de Paris 8. Dedicou-se ao estudo de vários filósofos, como Hume, Nietzsche e Espinoza, mas também escreveu sobre literatura, pintura e cinema. De sua obra, destacam-se *Diferença e repetição* (1968) e seus dois livros sobre cinema: *Cinema: a imagem-movimento* (1983) e *Cinema 2: a imagem-tempo* (1985). No final da década de 1960, conheceu Félix Guattari (1930-1992), com quem produziu vários livros: *O anti-Édipo* (1972), *Kafka:* por uma literatura menor (1975), *Mil Platôs:* capitalismo e esquizofrenia (1980) e *O que é a Filosofia?* (1991).

Gilles Deleuze, em 1987.

É importante notar que a primeira palavra a surgir foi **filósofo**, que é aquele que pratica determinado tipo de investigação teórica. Só mais tarde apareceu a palavra **filosofia**, para designar a atividade desse investigador. Não se sabe ao certo quem inventou a palavra filósofo; alguns afirmam ter sido Pitágoras, outros afirmam ter sido Heráclito. Segundo a tradição, o primeiro filósofo teria sido um humilde homem grego que se recusava a ser reconhecido como sábio – isto é, que possui um saber –, preferindo chamar-se filósofo, ou "amigo da sabedoria", alguém que deseja ser sábio, mas ainda não o é. É uma posição semelhante à do filósofo grego **Sócrates**, que afirmou no século V a.C.: "Só sei que nada sei", percebendo e admitindo a própria ignorância.

Sócrates (c. 469 a.C.-399 a.C.)

Nascido em Atenas, na Grécia, é considerado um dos filósofos mais importantes de todos os tempos. Sócrates ensinava gratuitamente em praça pública. Reorientou o enfoque da Filosofia grega, antes voltada para o estudo da natureza, centrando o interesse no ser humano. Acusado de corromper a juventude e de renegar os deuses atenienses, foi condenado à morte por meio da ingestão de um veneno chamado cicuta. Sócrates nada escreveu: para ele a Filosofia se praticava no diálogo. Seu estilo filosófico está documentado na obra de Platão.

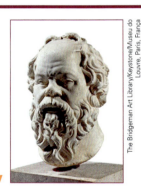

Sócrates, em escultura de mármore de Lysippus, c. 330 a.C.

Mas por que o modo filosófico de pensar, com a recusa de verdades prontas e a elaboração de novos conceitos, surgiu na Grécia? Para entender isso, é preciso recuar no tempo e conhecer um pouco a Grécia dos séculos VII a.C. e VI a.C. Assim, ficará mais fácil compreender quem eram e como viviam os gregos daquele tempo.

- **A civilização grega antiga construiu uma cultura pluralista**. Em sua origem, estão três povos (os jônios, os eólios e os dórios), que formaram uma sociedade unida pelo idioma e pelo culto aos deuses, mas que recebia influências de diversas culturas com as quais os gregos entraram em contato. Essa pluralidade foi um campo fértil para o desenvolvimento do teatro, da literatura, da arquitetura, da escultura e da filosofia.

- **Os gregos eram estimulados a pensar por si mesmos**. A Grécia jamais formou um império centralizado. Em vez disso, organizou-se em cidades independentes, chamadas pólis, as cidades-Estado, cada uma com o próprio governo e as próprias leis.

Entre os povos da mesma época que formaram impérios, como os egípcios, os persas e os chineses, a situação era bem diferente. Em razão da forte influência religiosa, a produção de saberes era monopólio dos sacerdotes ou de pessoas ligadas a eles, sempre em favor do imperador e visando ao controle social e à permanência no poder.

As explicações eram determinadas pela visão religiosa e não podiam ser contestadas. Até mesmo o saber prático era controlado. A Matemática é um exemplo. Entre os egípcios, os sacerdotes desenvolveram um conhecimento matemático destinado a registrar e controlar os estoques de alimentos do templo, bem como a construir pirâmides. Esse conhecimento, considerado segredo religioso, era privilégio dos sacerdotes. Todo esse controle tendia a impedir que as pessoas pensassem por si mesmas.

Na Grécia antiga, diferentemente, estimulava-se a discussão entre os cidadãos sobre os problemas e os rumos da cidade. Tanto é que foi na cidade-Estado de Atenas que se desenvolveu a forma democrática de governo. É verdade que a sociedade grega era escravagista e que só se consideravam cidadãos os homens maiores de idade, nascidos na cidade e proprietários de terras e de bens. Na Atenas dos séculos V a.C. e IV a.C., esse grupo correspondia no máximo a 10% da população total. Mas isso já era um número muito maior de pessoas dedicando-se à política do que nos impérios antigos.

- **Os gregos gostavam de discutir e polemizar**. O gosto pelo debate e pela disputa vem da própria constituição do povo grego, um povo de guerreiros que muitas vezes tiveram de se unir para combater inimigos em comum. Os heróis da mitologia representam esse gosto pela luta e pelo triunfo, bem como as disputas esportivas que se seguiram com a criação dos Jogos Olímpicos. A disputa de ideias fazia parte desse espírito competitivo. Eram comuns, na Grécia antiga, os debates em praça pública.

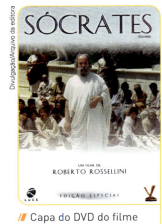

// Capa do DVD do filme *Sócrates*. Direção de Roberto Rossellini. Itália, RAI e TVE, 1971. 1 DVD. (120 min).

O filme *Sócrates* aborda os últimos momentos do filósofo na Atenas do século V a.C., incluindo seu julgamento e a condenação à morte, assim como sua defesa e seus últimos ensinamentos.

Polêmica: do grego *polémikos*, aquilo que é próprio da guerra, do conflito, da disputa.

// Foto das ruínas de uma ágora em Atenas, capital da Grécia, por volta de 2010. Situada geralmente no coração das cidades gregas, tendo em volta o comércio e os prédios públicos, a ágora era um complexo arquitetônico aberto, destinado a encontros, debates e outros eventos públicos.

Cena do filme *Troia*. Estados Unidos, 2004. 1 DVD. (163 min).

Um exemplo do **espírito competitivo** dos gregos pode ser visto no filme *Troia*, adaptação do poema épico *Ilíada*, de Homero. No início da guerra contra Troia, quando a mãe pede a Aquiles que não vá lutar, ele responde que é mais honrado morrer lutando, como herói, do que viver como um homem comum e ter uma vida sem glória.

A Filosofia é o resultado, portanto, da confluência e da interação de diferentes povos e culturas. A pólis ateniense foi o terreno mais propício para o seu desenvolvimento intelectual. Essa é a hipótese mais aceita e difundida sobre as origens gregas da Filosofia.

Mas atenção: quando dizemos que a Filosofia foi inventada na antiga Grécia, isso não significa que outros povos, seus contemporâneos ou mesmo mais antigos, não produzissem conhecimentos. Egípcios e outros povos africanos, chineses e persas, por exemplo, produziram importantes saberes, e muitos deles foram apropriados pelos gregos. Comunidades e povos nativos americanos, da mesma forma, produziram importantes saberes antes da dominação europeia. Mas a Filosofia, em sua forma própria de pensar, é uma invenção grega.

Os textos filosóficos

Os primeiros filósofos gregos, em sua maioria, praticavam ensinamentos orais. Os que produziam textos escritos geralmente utilizavam a **forma poética**, reproduzindo a forma de disseminação escrita das narrativas míticas.

Havia também filósofos, como Sócrates, que se recusavam a escrever suas ideias. Consideravam a escrita inimiga da memória: se escrevemos, já não precisamos lembrar, e isso enfraquece o pensamento.

INFORMAÇÕES COMPLEMENTARES

Poesia e memória

Na Grécia antiga, o uso da **forma poética** para criar textos estava ligado à maior facilidade de memorização. Os textos eram transmitidos oralmente de uma geração a outra, e era muito mais fácil memorizá-los se estivessem organizados em versos com métrica e rima. Não apenas os *aedos*, os poetas que relataram os mitos gregos, mas também os filósofos utilizaram esse recurso.

Em sua prática filosófica, Sócrates caminhava pelas ruas de Atenas, principalmente pela praça do mercado, onde havia maior circulação de gente, e conversava com as pessoas. Em geral, fazia perguntas que levavam o interlocutor a cair em contradição e, em seguida, a pensar sobre a inconsistência de sua opinião, inicialmente considerada certa e verdadeira. Por isso, dizemos que sua prática era **discursiva** (baseada na fala) e **dialógica** (fundamentada no diálogo, na conversa).

Sócrates dizia que, assim como sua mãe havia sido uma parteira, que dava à luz crianças, ele queria dar à luz ideias. Seu estilo filosófico ficou então conhecido como **maiêutica**, isto é, "o parto de ideias".

Platão, discípulo de Sócrates, resolveu homenagear o mestre escrevendo suas ideias, o que possibilitou que elas chegassem até os dias atuais. Mas, em vez de escrever em versos, como se fazia na época, elaborou **diálogos**, inaugurando uma nova forma de organizar as ideias filosóficas. Por meio dos diálogos, segundo Platão, seria possível chegar a um refinamento das ideias. O método de perguntas e respostas, para ele, permitia avançar entre contraposições e contradições, obtendo ideias cada vez mais precisas, até que se chegasse ao conhecimento verdadeiro. Esse modo de aprimorar as ideias foi denominado **dialética**.

Ainda hoje os textos filosóficos da Grécia antiga são estudados, embora restem apenas fragmentos dos textos anteriores à época de Sócrates, ou **pré-socráticos**, como são conhecidos.

A invenção da imprensa, no século XV, facilitou a documentação e a difusão da atividade filosófica, e os meios eletrônicos de comunicação de massa expandiram ainda mais essa possibilidade. Hoje, a Filosofia é discutida em diversas mídias, como em programas de televisão e *sites*.

Platão (c. 427 a.C.-347 a.C.)

Filósofo nascido em Atenas e filho de família aristocrática, era um crítico do regime democrático. Após a morte de Sócrates, dedicou-se a escrever diálogos, difundindo as ideias de seu mestre a respeito da política, da virtude, do amor, do conhecimento, da origem do Universo, entre outros assuntos. Criou uma escola em Atenas, a Academia, onde ensinou Filosofia para seus discípulos, tendo sido Aristóteles o mais famoso deles. Dedicou-se a vários campos do pensamento, como a Matemática e a Geometria. Uma de suas contribuições mais importantes foi a elaboração da Teoria das Ideias, consideradas por ele eternas e imutáveis. Seu pensamento influenciou profundamente filósofos como Plotino, Descartes e Schopenhauer, sendo ainda hoje fonte de estudo e de conhecimento.

// Platão, em escultura feita de mármore entre os séculos IV e I a.C.

Apesar de seus 2500 anos de história, a Filosofia persiste na busca de entendimento, motivada pela curiosidade e pelo desejo de compreender a vida e o mundo, sem ideias prévias, partindo sempre "do zero". Nas palavras do filósofo contemporâneo francês **André Comte-Sponville**: "Filosofia é uma prática discursiva que tem a vida por objeto, a razão por meio e a felicidade por fim".

André Comte-Sponville (1952-)

Filósofo francês contemporâneo. Foi professor na Universidade de Paris (Sorbonne) e desde 1998 dedica-se a escrever e a fazer conferências. É membro do Comitê Consultivo Nacional de Ética da França e autor de uma obra extensa, da qual se destacam: *Pequeno tratado das grandes virtudes* (1995) e *A felicidade, desesperadamente* (2000).

// André Comte-Sponville, em foto de 2015.

Filosofia e opinião

Qual é a sua opinião sobre a política? O que você pensa sobre a liberdade? Para você, o que é uma amizade verdadeira?

Perguntas como essas costumam surgir em rodas de conversa entre amigos. Para respondê-las, você reflete, cita exemplos, faz comparações... Mas será que está utilizando o pensamento filosófico?

Veja o que diz sobre isso o filósofo francês Gilles Deleuze: "É da opinião que vem a desgraça dos homens". Isso porque a opinião é um pensamento subjetivo, uma ideia vaga sobre a realidade, que não tem fundamentação e na maioria das vezes nem pode ser explicada. É comum, por exemplo, alguém dizer que é contra ou a favor de algo sem um motivo concreto, talvez por uma reflexão apressada, por superstição ou crença. "É uma questão de opinião", justifica a pessoa. Hoje, nas redes sociais, o que mais vemos é um "desfile de opiniões", como se tudo fosse válido. Também na época de Sócrates que, como vimos, propunha a Filosofia como um diálogo, um debate de ideias, a opinião era criticada, pois ela era um empecilho ao diálogo franco e aberto. Fica claro então que, ao emitir uma opinião, você não está pensando filosoficamente.

É muito fácil manipular as opiniões das pessoas que não estão dispostas a pensar sobre elas. Os meios de comunicação, por exemplo, fabricam ideias e desejos por meio da propaganda e de sua grade de programação. A **indústria cultural** – expressão que designa a produção da cultura segundo os padrões e os interesses do capitalismo – esforça-se em definir o que todos querem ler, os filmes que preferem, as músicas da moda. As respostas já vêm prontas, como nos livros de autoajuda. Os chamados formadores de opinião também exercem grande influência sobre o modo de pensar da sociedade e podem definir as opiniões alheias. São personalidades do esporte, da televisão, do teatro, líderes religiosos, professores.

A Filosofia, diferentemente, é uma prática de elaboração própria de ideias. Ela também parte da opinião, mas a recusa como verdade e vai além dela. Busca uma reflexão mais sólida e fundamentada, por meio da qual o ser humano possa se realizar em sua capacidade racional. As ideias elaboradas dessa forma podem ser defendidas com argumentos consistentes.

Não é difícil concluir que as pessoas que pensam por si mesmas, que não se acomodam às ideias prontas e não aceitam viver no "piloto automático", têm melhores condições de se tornar cidadãs mais atuantes, exercendo seus deveres e exigindo seus direitos na sociedade.

A prática filosófica humaniza as pessoas, tornando-as mais livres para pensar de forma crítica e criativa, capazes de transformar positivamente a si mesmas e o mundo que as cerca.

"Pinte para escapar", diz a frase neste grafite de Jamie Paul Scanlon, em Taunton, Inglaterra. Foto de 2012. A prática filosófica envolve não aceitar soluções prontas, mas elaborar as próprias ferramentas críticas e criar as próprias saídas.

É lógico!

Você já leu alguma aventura de Sherlock Holmes, o personagem criado por Sir Arthur Conan Doyle (1859-1930)? Ou assistiu a algum filme baseado em suas histórias? Sherlock Holmes é um detetive que resolve seus casos usando a **dedução**, uma ferramenta lógica muito poderosa. Sherlock sempre relata em detalhes a seu parceiro, dr. Watson, as observações que fez e os indícios que encontrou, com base nos quais chegou a uma conclusão, muitas vezes surpreendente. Embora, na realidade, não apareça nas histórias de Conan Doyle, a frase "Elementar, meu caro Watson..." tornou-se muito famosa como introdução a essa explicação.

Já na série de ficção científica norte-americana dos anos 1960 *Jornada nas estrelas*, que mais tarde foi adaptada para o cinema numa série de filmes, há outro personagem inquietante, o sr. Spock. Nascido no planeta Vulcano, filho de pai vulcano e mãe humana, Spock foi criado nesse local, onde todos são muito racionais e não possuem emoções como os seres humanos. Cenas memoráveis da série mostram as relações entre o passional capitão Kirk, o líder da nave Enterprise, e o racional sr. Spock, tenente encarregado pela área científica. Tais cenas são uma excelente metáfora para o conflito humano entre a emoção e a razão. Sr. Spock é a encarnação do pensamento lógico.

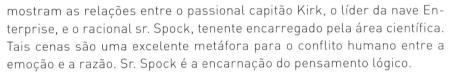

Theo Szczepanski/Arquivo da editora

A **lógica** é a área da Filosofia que estuda os modos de operação do pensamento correto. A palavra lógica deriva do termo grego *logos*, que inicialmente significava "palavra", passando depois a designar o pensamento, a razão. Os primeiros estudos sobre lógica foram feitos por Aristóteles, no século IV a.C. Os estudiosos posteriores de sua obra chamaram de *Organon* (órgão, ferramenta) o conjunto de textos em que o filósofo analisa os modos, os meios de organização do pensamento. Apenas séculos mais tarde a lógica seria denominada **lógica aristotélica** ou **lógica formal**. Hoje se trabalha com vários tipos de lógica, como a simbólica, a matemática, a computacional, entre outras. Note, então, que a lógica não é propriamente o pensamento/o pensamento em si mesmo, mas o estudo das formas de pensar corretamente, anterior ao exercício do pensamento, evitando que erremos posteriormente, que sejamos enganados por falsas afirmações.

Todo pensamento tem seus modos de operação. Mesmo sem refletir sobre isso, todos nós pensamos logicamente. "É lógico!": eis uma expressão que usamos para designar aquilo que parece ser evidente.

Ao longo dos próximos capítulos, você encontrará informações sobre essa área da Filosofia e, ao final de cada Unidade, alguns exercícios lógicos que vão ajudar você a pensar melhor, a usar corretamente as várias ferramentas do pensamento.

Trabalhando com textos

Os dois textos que você lerá a seguir foram escritos em momentos diferentes da História. O primeiro deles define a atividade filosófica como uma atividade contemplativa, e o segundo, como uma atividade criativa.

Texto 1

O texto a seguir corresponde a um trecho de uma carta escrita pelo filósofo grego Aristóteles, na qual ele convida Themison, rei de uma cidade do Chipre, à prática da Filosofia. Na carta, ele procura construir uma série de argumentos que justifiquem a escolha de dedicar-se à Filosofia. No trecho, ele argumenta em torno da necessidade do filosofar.

Por que é preciso filosofar?

Todos admitirão que a sabedoria provém do estudo e da busca das coisas que a filosofia nos deu a capacidade [de estudar], de modo que, de uma maneira ou de outra, é preciso filosofar sem subterfúgios. [...]

Há casos em que, aceitando todos os significados de uma palavra, é possível demolir a posição sustentada pelo adversário, fazendo a referência a cada significado. Por exemplo, suponhamos que alguém diga que não é preciso filosofar: pois "filosofar" tanto quer dizer 'procurar se é preciso filosofar ou não', quanto 'buscar a contemplação filosófica', mostrando que essas duas atividades são próprias do homem, destruiremos por completo a posição defendida pelo adversário.

Além do mais, há ciências que produzem todas as comodidades da vida e outras que usam as primeiras, assim como há algumas que servem e outras que prescrevem: nestas últimas, na medida em que são mais aptas a dirigir, está o que é soberanamente bom. Daí – se só a ciência que tem a retidão do julgamento, que usa a razão e que contempla o bem em sua totalidade (isto é, a filosofia) é capaz de usar todas as outras e de lhes dar prescrições conformes à natureza – ser preciso, de qualquer modo, filosofar, já que só a filosofia contém em si o julgamento correto e a sabedoria prescritiva infalível.

ARISTÓTELES. *Da geração e da corrupção, seguido de convite à filosofia.* São Paulo: Landy, 2001. p. 150-151.

Contemplação filosófica: ato de alcançar as ideias por meio do exercício do pensamento racional.
Prescrição: recomendação prática, regra de conduta, norma que define como algo deve ser.
Subterfúgio: desculpa, evasiva, manobra para evitar dificuldades.

Questões

1. Com base no texto lido e considerando o pensamento de Aristóteles apresentado no capítulo, por que é preciso filosofar?
2. Cite duas razões para a prática da Filosofia que aparecem no texto.
3. Por que a Filosofia é a ciência mais completa, segundo o autor do texto?

Texto 2

Uma vez formulada a pequena e complexa questão "O que é a Filosofia?", para chegar à resposta é preciso percorrer caminhos, buscando pistas por meio de outras indagações: "O que é o filósofo?", "O que é o conceito?", "Como é filosofar?". Assim fizeram Gilles Deleuze e o psicanalista e filósofo Félix Guattari quando escreveram o livro *O que é a Filosofia?*. O texto a seguir é um trecho da introdução dessa obra. Observe como questionar é um ato importante para a Filosofia, que serve de instrumento ao filósofo durante sua investigação.

Assim, pois, a questão...

O filósofo é o amigo do conceito, ele é conceito em potência. Quer dizer que a filosofia não é uma simples arte de formar, de inventar ou de fabricar conceitos, pois os conceitos não são necessariamente formas, achados ou produtos. A filosofia, mais rigorosamente, é a disciplina que consiste em criar conceitos. [...] Criar conceitos sempre novos é o objeto da filosofia. É porque o conceito deve ser criado que ele remete ao filósofo como àquele que o tem em potência, ou que tem sua potência e sua competência. [...] Os conceitos não nos esperam inteiramente feitos, como corpos celestes. Não há céu para os conceitos. Eles devem ser inventados, fabricados ou antes criados, e não seriam nada sem a assinatura daqueles que os criam. Nietzsche determinou a tarefa da filosofia quando escreveu: "os filósofos não devem mais contentar-se em aceitar os conceitos que lhes são dados, para somente limpá-los e fazê-los reluzir, mas é necessário que eles comecem por fabricá-los, criá-los, afirmá-los, persuadindo os homens a utilizá-los. Até o presente momento, tudo somado, cada um tinha confiança em seus conceitos, como num dote miraculoso vindo de algum mundo igualmente miraculoso", mas é necessário substituir a confiança pela desconfiança, e é dos conceitos que o filósofo deve desconfiar mais, desde que ele mesmo não os criou [...]. Platão dizia que é necessário contemplar as Ideias, mas tinha sido necessário, antes, que ele criasse o conceito de Ideia. Que valeria um filósofo do qual se pudesse dizer: ele não criou um conceito, ele não criou seus conceitos? [...]

DELEUZE, Gilles; GUATTARI, Félix. *O que é a Filosofia?*. São Paulo: Editora 34, 1992.

Questões

- Com suas palavras, responda:
  a) O que é a Filosofia?
  b) O que é o filósofo e qual é o seu papel na Filosofia?
  c) O que quer dizer a seguinte afirmação: "Não há céu para os conceitos"?
  d) Por que é preciso substituir a confiança nos conceitos pela desconfiança?
  e) Há algo em comum entre desconfiar dos conceitos dados e não aceitar as opiniões como certas e verdadeiras?

Em busca do conceito

1. Explique por que, segundo Aristóteles, a Filosofia "é a atividade mais digna de ser escolhida pelos homens".
2. Cite alguns fatores que explicam o surgimento da Filosofia na Grécia antiga.
3. Qual é a diferença entre pensar filosoficamente e emitir uma opinião sobre determinado assunto?
4. Compare as definições de Filosofia apresentadas por Aristóteles e por Deleuze e Guattari nos textos da seção "Trabalhando com textos". Aponte as semelhanças e as diferenças entre elas.
5. Elabore uma dissertação assumindo uma posição em relação às duas concepções de Filosofia acima. Você pode se colocar a favor ou contra cada uma delas ou mesmo oferecer sua concepção. O importante é apresentar argumentos coerentes que justifiquem sua escolha. Veja a seguir algumas orientações sobre como desenvolver uma dissertação.

Dissertação filosófica

A dissertação filosófica corresponde a um discurso específico da Filosofia, articulado por meio de conceitos e desenvolvido por meio de argumentos. A elaboração de dissertações filosóficas é essencial para a prática da Filosofia e do pensamento crítico e autônomo.

Uma dissertação deve conter as seguintes partes:

- **introdução:** parágrafo no qual o autor anuncia as ideias que serão desenvolvidas no texto;
- **desenvolvimento:** texto central, em que as ideias apresentadas na introdução serão trabalhadas por meio de uma argumentação consistente, baseada em conhecimentos que se tem sobre o assunto, dados publicados por instituições reconhecidas, citações de outros autores, etc.;
- **conclusão:** é o encerramento da dissertação, parte em que se retomam as ideias anunciadas na introdução de forma conclusiva, apresentando um fechamento para a reflexão, considerando toda a argumentação desenvolvida no texto central.

Sugestões de leituras

EYRE, Lucy. *O pensamento voa: descobrindo o prazer da Filosofia.* São Paulo: Rocco, 2007.

Nesse romance inusitado, Sócrates, presidente do Mundo das Ideias, faz uma aposta com seu rival, o também filósofo Wittgenstein. Para vencer a aposta e manter-se no cargo, Sócrates terá de convencer um adolescente de que a Filosofia pode mudar sua vida.

GAARDER, Jostein. *O dia do curinga.* São Paulo: Companhia das Letras, 1996.

O livro narra as viagens de um garoto e seu pai por vários países da Europa. A aventura dos dois em busca do saber é uma bela metáfora da própria busca filosófica.

GAARDER, Jostein. *O mundo de Sofia.* São Paulo: Companhia das Letras, 1995.

Certo dia, a menina Sofia começa a receber cartas anônimas com perguntas sobre a existência e a realidade. Assim começa esse romance, uma forma divertida de aprender um pouco mais sobre a Filosofia, sua história e os principais filósofos.

PRADO JR., Caio. *O que é Filosofia.* São Paulo: Brasiliense, 2007. (Primeiros passos).

Obra sucinta e introdutória em que o autor caracteriza o conhecimento filosófico por meio da análise do pensamento de grandes filósofos, desde os gregos antigos.

Filosofia e outras formas de pensar

CAPÍTULO 2

// Os mitos são ferramentas usadas para a compreensão de fatos históricos, naturais ou teológicos. No romance de José de Alencar, *Iracema*, apresentam-se as origens da figura do primeiro brasileiro, representado por Moacir, filho da índia Iracema com o colonizador português Martim. A lenda fincou raízes na cultura do Ceará.

Como vimos no capítulo anterior, para sobreviver em um mundo repleto de perigos e ameaças, o ser humano precisou desenvolver ferramentas – tanto os utensílios que o auxiliavam em suas tarefas quanto o próprio intelecto. A Filosofia, fruto desse desenvolvimento humano, formou-se a partir do século VI a.C., na Grécia, e também foi motivada pela insegurança de habitar um mundo desconhecido e por necessidade e vontade de compreender o seu funcionamento. A intenção dos primeiros filósofos era encontrar explicações racionais para todos aqueles fenômenos que eles observavam no mundo natural.

Entretanto, mesmo antes da filosofia, o ser humano já se preocupava em fornecer respostas para os fatos do mundo e da existência. Os mitos, por exemplo, cumpriram esse papel.

Há ainda outras formas de pensar o mundo em que vivemos além do mito e da Filosofia. O que há de específico em cada uma delas? Uma forma de pensar exclui as demais, ou elas podem coexistir? Como a Filosofia se relaciona com elas?

Mitologia

No filme *Os agentes do destino*, um candidato ao Senado norte-americano apaixona-se por uma bailarina e é afastado da garota por uma série de situações cotidianas. Quanto mais ele tenta se aproximar dela, mais o acaso os afasta. Até que ele descobre que esse acaso pode não ser tão acaso assim...

O filme discute uma questão muito antiga: somos senhores de nossa vida ou somos controlados por forças que estão além do nosso entendimento? Há um destino traçado previamente para cada um ou somos nós que conduzimos nossa vida?

// Cartaz do filme *Os agentes do destino*. Direção de George Nolfi. Estados Unidos, 2011. 1 DVD. (106 min).

Inspirado em um conto do escritor de ficção científica norte-americano Philip K. Dick (1928-1982), o filme discute o tema do destino e das escolhas que fazemos na vida.

A questão do destino humano foi muito discutida na cultura grega antiga. Um exemplo é a famosa tragédia *Édipo rei* (c. 425 a.C.), escrita por Sófocles, inspirada na mitologia grega. O mito conta a história de Édipo, filho de Jocasta e de Laio, rei de Tebas.

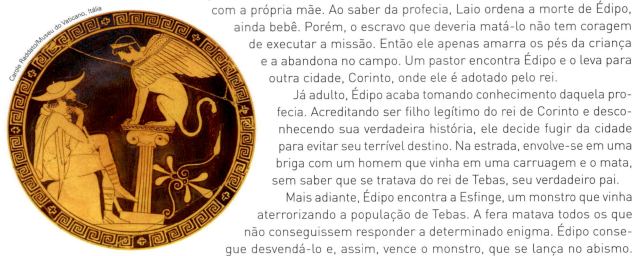

Segundo uma profecia, Édipo estava predestinado a matar o pai e se casar com a própria mãe. Ao saber da profecia, Laio ordena a morte de Édipo, ainda bebê. Porém, o escravo que deveria matá-lo não tem coragem de executar a missão. Então ele apenas amarra os pés da criança e a abandona no campo. Um pastor encontra Édipo e o leva para outra cidade, Corinto, onde ele é adotado pelo rei.

Já adulto, Édipo acaba tomando conhecimento daquela profecia. Acreditando ser filho legítimo do rei de Corinto e desconhecendo sua verdadeira história, ele decide fugir da cidade para evitar seu terrível destino. Na estrada, envolve-se em uma briga com um homem que vinha em uma carruagem e o mata, sem saber que se tratava do rei de Tebas, seu verdadeiro pai.

Mais adiante, Édipo encontra a Esfinge, um monstro que vinha aterrorizando a população de Tebas. A fera matava todos os que não conseguissem responder a determinado enigma. Édipo consegue desvendá-lo e, assim, vence o monstro, que se lança no abismo.

Em Tebas, Édipo é recebido como herói e ganha como prêmio a mão da rainha viúva, Jocasta, sem saber que se trata de sua mãe biológica. Dessa forma, mesmo tentando fugir da profecia, cumpriu-se seu destino: Édipo matou o pai e casou-se com a própria mãe.

A tragédia de Édipo mostra que o destino, tal como concebido pelos gregos do período clássico, é implacável. Não importa o que façamos para nos desviar ou fugir dele, o destino sempre nos alcança.

Mitos como o de Édipo foram criados em épocas muito antigas e não têm autoria definida. Eram narrativas transmitidas oralmente de geração em geração ao longo dos séculos, até que passaram a ser registradas na forma escrita. O mito, portanto, é uma narrativa fictícia, imaginária, cujo objetivo é explicar alguma coisa ou algum acontecimento.

// O mito de Édipo representado de duas formas: no alto, cálice grego de cerâmica feito no século V a.C. (visto de cima), mostrando Édipo e a Esfinge; acima, cena de uma adaptação brasileira para o teatro da tragédia *Édipo rei*, dirigida por Eduardo Wotzik, em 2012.

INFORMAÇÕES COMPLEMENTARES

Mito

Segundo a definição de Georges Zacharakis:

[a] palavra mito procede do grego *mythos*, que é uma palavra ligada ao verbo *mythevo*, que significa "crio uma história imaginária". Mito, então, é uma criação imaginária, que se refere a uma crença, a uma tradição ou a um acontecimento. Mito também é uma história imaginária ou alegórica, falada ou escrita em obra literária que encerra um fundo moral.

ZACHARAKIS, Georges. *Mitologia grega*: genealogia das suas dinastias. Campinas: Papirus, 1995.

A tradição mitológica não é exclusividade dos gregos. Povos orientais contam com uma variada gama de narrativas mitológicas (mitologia chinesa, japonesa, coreana), assim como há diversas mitologias provenientes dos povos africanos e indígenas americanos. Também podemos falar em mitologia nórdica, celta, egípcia, etc. No mundo ocidental, costuma-se dar ênfase à mitologia greco-romana porque gregos e romanos deram uma contribuição decisiva para o conhecimento e a formação dos valores culturais ocidentais. Isso não diminui a importância das demais tradições mitológicas nem tampouco a influência que elas têm sobre a cultura de outros povos. No Brasil, podemos observar como as tradições africanas e indígenas se fazem presentes. Um ponto, entretanto, é fundamental a todo tipo de mitologia: a criação de um universo sobrenatural que serve de base para explicar a vida terrena e o mundo natural dos seres humanos.

A Mitologia também pode ser relacionada à religião na medida em que narra as ações dos deuses cultuados pelos antigos. Voltando ao exemplo grego, cada cidade tinha seus deuses preferidos, aos quais dedicavam seus templos. Havia até mesmo deuses cultuados em uma única cidade e desconhecidos pelas demais. Isso porque as cidades gregas eram autônomas e a cultura grega era ampla e aberta.

A Mitologia grega, portanto, não constituía uma religião sistemática e institucionalizada, mas uma espécie de religiosidade aberta que se transformou ao longo do tempo, de acordo com as novas influências culturais recebidas. Chegou a incorporar ideias contraditórias entre si e até versões muito diferentes da mesma história.

No século VIII a.C., as principais narrativas mitológicas foram reunidas em poemas épicos por dois autores: Homero e Hesíodo. As duas principais obras de Homero são a *Ilíada*, que relata a história da guerra dos gregos contra Troia, e a *Odisseia*, narrativa sobre o retorno de um dos generais gregos, Odisseu (Ulisses), de Troia para a ilha de Ítaca. Hesíodo, um pequeno agricultor, teria vivido por volta de cinquenta anos depois de Homero e escreveu ao menos dois poemas épicos que chegaram até os nossos dias: a *Teogonia*, narrativa sobre a origem dos deuses e do Universo, e *Os trabalhos e os dias*, que relata a criação dos seres humanos, bem como seus afazeres cotidianos, como a agricultura e o comércio marítimo.

> **Mitologia:** corresponde ao conjunto ou estudo de mitos.

// Capa do DVD do filme *Orfeu negro*. Direção de Marcel Camus. França/Itália/Brasil, 1959. (100 min).

O filme *Orfeu negro* reconta o mito grego de Orfeu e Eurídice no contexto do Carnaval carioca do final dos anos 1950. Trata-se de uma adaptação da tragédia grega à realidade das favelas brasileiras, especificamente do Rio de Janeiro. O filme ambienta a história do amor impossível entre Orfeu e Eurídice.

INFORMAÇÕES COMPLEMENTARES

Homero

Alguns pesquisadores contestam se Homero de fato existiu. Porém, há referências a ele em algumas obras antigas, como na de Heródoto, historiador grego do século V a.C. Diz-se que era cego e que costumava cantar suas histórias. Outros pesquisadores acreditam que ele não foi o único autor da *Ilíada* e da *Odisseia*, pois, assim como a Bíblia, esses livros teriam sido feitos com a contribuição de diversas pessoas ao longo de anos.

// Homero, em escultura grega feita de mármore entre os séculos IV e I a.C.

> **INFORMAÇÕES COMPLEMENTARES**
>
> **Os mitos de Tolkien**
>
> O escritor britânico J. R. R. Tolkien (1892-1973) criou uma Mitologia moderna em um imaginário "universo paralelo" que ele denominou Terra Média. Ali se passam as aventuras narradas em seus três livros mais conhecidos: *O hobbit* (1937), *O Senhor dos Anéis* (em três volumes, publicados entre 1954 e 1955) e *O Silmarillion* (publicação póstuma em 1977). Grande conhecedor de linguística e dos estudos clássicos, Tolkien inspirou-se nas narrativas míticas antigas para criar um universo mitológico.

Características do mito e sua atualidade

O mito é uma forma de explicação da realidade que utiliza **narrativas imaginárias**, sobrenaturais, em geral transmitidas oralmente. Em grande parte, a força e o alcance dos mitos se devem a essa tradição oral que, de geração em geração, fez com que as histórias fossem incorporadas ao cotidiano e à cultura de cada povo.

O mito sempre recorre a forças sobrenaturais para explicar fenômenos naturais. Um exemplo: na Mitologia grega, Zeus, rei dos deuses que habitam o monte Olimpo, tem o poder de lançar raios. Essa é uma forma de explicar algo que os seres humanos observam na natureza – a ocorrência de raios – e que, a princípio, não compreendem. Com o mito, os seres humanos podem não apenas oferecer explicações para os fenômenos, mas também intervir neles, ou mesmo tentar controlá-los. No caso dos raios, os gregos tentavam agradar a Zeus construindo templos e realizando cultos e oferendas a fim de evitar que ele atirasse seus raios sobre os mortais.

Em certa medida, hoje continuamos a criar mitos, a inventar narrativas mitológicas. É o que ocorre, por exemplo, quando transformamos um artista ou um jogador de futebol em um ídolo, em uma espécie de herói contemporâneo. Para nós, esse ídolo não é mais visto como uma pessoa comum, mas como alguém que está além dos demais, que possui uma capacidade especial. Também não é raro que se criem explicações fantasiosas sobre determinados fatos: elas também são muito parecidas com as narrativas míticas.

No entanto, embora os mitos ainda possam ser criados, atualmente eles não têm o mesmo apelo nem a mesma abrangência que na Antiguidade.

Ruínas do Templo de Zeus em Atenas, na Grécia, com o Templo de Atena, na Acrópole, ao fundo. Foto de 2014. Ainda que essa cidade fosse dedicada à deusa Atena, o Templo de Zeus era um dos maiores da Antiguidade, mostrando a preocupação dos gregos em prestar-lhe homenagem.

Mito e Filosofia

O pensamento filosófico floresceu num mundo governado por mitos. Justamente por esse motivo, desenvolveu-se em uma forma de pensamento que pretendia se diferenciar da mitologia. Se o mito era uma narrativa sobrenatural, uma história criada pela imaginação para explicar o mundo, a filosofia pretendia ser um pensamento não fantasioso, que se baseava no raciocínio, no exame criterioso e consciente das coisas, buscando uma explicação racional e não sobrenatural.

A Filosofia, contudo, não substituiu a Mitologia: elas passaram a conviver. Platão, em alguns de seus diálogos filosóficos, fez uso de narrativas míticas para, com base nelas, elaborar suas explicações racionais. Em outros momentos, a Mitologia foi combatida como pura mistificação. Hoje em dia ocorre algo semelhante. Filosofia e mito convivem, às vezes conflituosamente.

INFORMAÇÕES COMPLEMENTARES

Procurando nossa "outra metade"

Um dos mitos que Platão cita é o do andrógino e está no diálogo "O banquete". No início da existência, os seres humanos eram "duplos": tinham duas cabeças, quatro pernas e quatro braços. Mas, como eles desafiaram os deuses, Zeus ordenou que fossem divididos ao meio, criando assim os homens e as mulheres. É por isso, diz o mito, que homens e mulheres se sentem incompletos e passam a vida em busca de sua "outra metade". Em seu texto, Platão utiliza o mito do andrógino para refletir sobre a união de duas pessoas como uma busca de aperfeiçoamento.

Religião

Como você viu anteriormente, a mitologia tem certa proximidade com a religião, mas não é uma religião. Qual seria, então, a diferença? Basicamente pode-se dizer que a religião é um conjunto de crenças, em geral amparadas em um texto, compreendidas como uma revelação de Deus (ou de um grupo de deuses) aos seres humanos. Por serem verdades reveladas por Deus, elas não podem ser contestadas. Dizemos, por isso, que as religiões são dogmáticas. **Dogmas** são fundamentos indiscutíveis, verdades absolutas que não podem ser questionadas.

Outra característica importante da religião é a existência de ritos que orientam a relação dos seres humanos com a(s) divindade(s). Os ritos são normas e comportamentos organizados pelos sacerdotes, líderes religiosos considerados intermediários na relação entre cada pessoa e a(s) divindade(s). De modo geral, as religiões se tornam **instituições**, ou seja, organizações que controlam o funcionamento do grupo religioso. Contam com uma rede organizada de pessoas que ocupam diversos postos, dos mais simples aos mais elevados, formando uma **hierarquia**.

Em resumo, o conhecimento de tipo religioso caracteriza-se:

- por um conjunto de ideias expressas em um texto ou um livro sagrado, compondo o dogma da religião – embora existam também religiões baseadas em uma tradição oral, que não possuem um livro sagrado, como a umbanda;
- pela organização institucional de pessoas que administram esse conhecimento e são responsáveis pela mediação entre os fiéis e o conhecimento; e
- pela definição de rituais que delimitam a forma de viver esse conhecimento e se relacionar com ele.

> **INFORMAÇÕES COMPLEMENTARES**
>
> ### Livros sagrados
>
> O livro sagrado do cristianismo é a Bíblia, dividida em Antigo Testamento e Novo Testamento. Os judeus organizam suas crenças em torno da Torá (que corresponde a uma parte do Antigo Testamento). O islamismo está centrado no Alcorão. Há ainda outros textos religiosos antigos, como os chineses I Ching e Tao Té Ching ("O livro do caminho e da virtude") e os hindus Bhagavad-Gîtâ e Vedas.

Assim como o mito, a religião é uma forma de pensamento, um modo de explicar a natureza, os fatos cotidianos e o sentido da vida. As religiões são encontradas em todas as culturas humanas, desde tempos imemoriais. Muitas vezes na História, conflitos religiosos provocaram guerras sangrentas entre os povos. Em outras situações, porém, as igrejas exerceram papel de mediadoras em conflitos. Mesmo que baseadas em dogmas, as religiões não são necessariamente contrárias, por exemplo, à ideia de tolerância, o que permite a convivência pacífica entre concepções religiosas diferentes.

// Em uma mesquita em Zagreb, Croácia, o imame (sacerdote muçulmano) conduz a reza vespertina dos fiéis. Foto de 2012.

Ocorre, no entanto, que alguns líderes religiosos, influenciados por interesses políticos e econômicos, acabam por manipular a fé de seus seguidores para perseguir objetivos alheios à religião. Isso pode gerar confrontos violentos entre grupos religiosos. Foi o que aconteceu, por exemplo, durante as Cruzadas entre os séculos XI e XIII (conflitos entre cristãos e muçulmanos pelo controle da Terra Santa) ou nos conflitos entre católicos e protestantes na Europa, no século XVI. Um exemplo mais atual é o conflito entre muçulmanos e judeus no Oriente Médio, ou mesmo as reações de populações islâmicas contra atitudes ocidentais consideradas desrespeitosas a sua religião.

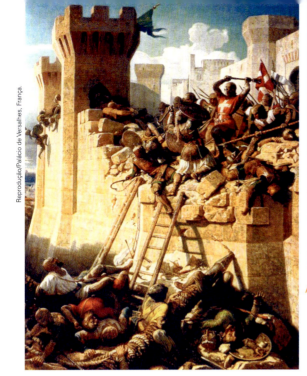

// Conflitos religiosos sempre existiram na história da humanidade. À esquerda, a pintura de Dominique Louis Papety, feita em 1845, representa cruzados franceses defendendo uma fortaleza na cidade de Acre (no atual território de Israel), em 1291. Acima, irmãos palestinos sentados em escombros do prédio onde moravam na cidade de Beit Hanun, destruída durante o conflito entre Israel e o grupo Hamas na Faixa de Gaza, em 2014.

Fé e razão

O **pensamento religioso** está centrado na fé, uma confiança absoluta nas palavras que foram reveladas pela divindade. A fé não é racional, embora a razão possa ser utilizada como um instrumento para compreender os mistérios da fé, como de fato o foi por vários filósofos cristãos durante a Idade Média. Teólogos medievais usavam um lema em latim: *credo quia absurdum* ("creio porque é absurdo"), justamente para demarcar a diferença entre a fé e a razão.

Os primeiros filósofos foram justamente aqueles que não aceitaram os dogmas religiosos e as explicações míticas. Os filósofos procuraram construir explicações racionais que não estivessem prontas nem fossem definitivas, mas que fizessem sentido e pudessem convencer pela lógica, e não pela imposição dogmática.

INFORMAÇÕES COMPLEMENTARES

Parábolas e conceitos

Segundo os filósofos Gilles Deleuze e Félix Guattari, no livro *O que é a Filosofia?*, o pensamento religioso é um "pensamento por figuras", enquanto a Filosofia é um "pensamento por conceitos". O pensamento por figuras usa metáforas e parábolas, enunciando histórias que servem de grandes quadros explicativos para a vida humana. Esses ensinamentos não dão margem a dúvidas e implicam aceitação plena por parte dos fiéis.

Podemos ver isso nos ensinamentos dos antigos sábios chineses, como Confúcio, e também no cristianismo: no Novo Testamento, vários evangelhos contêm parábolas narradas por Cristo. O judaísmo também utiliza esse tipo de ensinamento.

As relações da Filosofia com as diferentes religiões por vezes são conflituosas. Certos filósofos fazem duras críticas àquilo que chamam de "mistificações" da religião; alguns religiosos criticam o "ateísmo" de certos filósofos. E há também aqueles que são filósofos e teólogos ao mesmo tempo, vivenciando o conflito entre filosofia e religião: Santo **Agostinho** e São Tomás, dois pensadores medievais, são exemplos disso. Mas pode-se dizer que toda religião se constrói também como uma Filosofia, como uma forma de ver o mundo.

Agostinho (344-430)

Nasceu na cidade de Tagaste, no norte da África. Filho de pai pagão (não cristão), converteu-se ao cristianismo em 386. Foi ordenado padre na cidade de Hipona, também no norte da África, e depois tornou-se bispo. Escreveu diversas obras, estudos teológicos, filosóficos e comentários bíblicos, sendo um dos principais teóricos da Filosofia cristã. Dentre sua obra, destacam-se *Confissões* (397-398) e *Cidade de Deus* (terminado em 426). A obra filosófica de Agostinho, muito influenciada por Plotino (205-270 – responsável por uma releitura tardia de Platão) e pelo neoplatonismo (corrente de pensamento desenvolvida a partir do século III, baseada também em releituras da obra de Platão), é marcada por uma tentativa de tornar o pensamento de Platão compatível com a doutrina cristã.

// Pintura de Agostinho feita pelo italiano Domenico Beccafumi em 1513.

A Filosofia medieval

Foi durante a Idade Média (na história ocidental, o período entre os séculos V e XV) que se desenvolveu o vínculo mais sólido entre Filosofia e religião. Se podemos compreender toda religião como uma "filosofia" (tomando a palavra em sentido amplo), é no cristianismo que isso ficou mais evidente. O cristianismo é a única religião que estabeleceu também uma Filosofia. Como a religião cristã se constituiu numa época em que a Filosofia grega era de grande importância cultural, social e política, foi por ela largamente influenciada. É como se o cristianismo tivesse se constituído como uma Filosofia para se legitimar cultural e socialmente num meio em princípio avesso a essa nova religião. Ao longo de todo o período medieval, acompanhamos um intenso desenvolvimento de uma **filosofia cristã**, ainda que alguns teólogos da Igreja tenham feito oposição a ela. Em larga medida, a questão central dessa Filosofia pode ser definida como as relações que se estabelecem entre a fé, que é a crença em Deus, e a razão, que é o pensar sobre Deus.

Uma fórmula importante na Filosofia medieval foi primeiramente colocada por Tertuliano (que viveu na passagem do século II para o século III) e seria retomada por vários filósofos medievais: "Creio porque é absurdo". Essa frase, que você já conhece, justifica o predomínio da fé sobre a razão: não se acredita naquilo que é evidente, claro ao pensamento; acredita-se ainda que não possa ser demonstrado, porque não é evidente e compreensível.

A Filosofia medieval costuma ser agrupada em dois grandes movimentos de pensamento: primeiro, a **Patrística** (que tem esse nome porque se refere aos pais da Igreja, aqueles responsáveis pela sua criação), no período em que se consolidaram os princípios da fé cristã. Foram marcantes nessa fase a leitura e a interpretação do pensamento de Platão, como aquela feita por Santo Agostinho.

O segundo movimento foi a **Escolástica**, entre os séculos XII e XV, que recebeu esse nome por procurar articular os princípios da fé com o exercício do raciocínio filosófico crítico. Nasceu nos mosteiros cristãos e foi exercitada nas universidades medievais. Teve como seu principal expoente São **Tomás de Aquino**, que desenvolveu um intenso diálogo com a filosofia de Aristóteles. Outros pensadores importantes desse movimento foram Santo Anselmo de Canterbury (1033-1109) e Guilherme de Ockham (1285-1349), pensador original e polêmico, e um de seus últimos representantes.

Tomás de Aquino (1225-1274)

Outro grande expoente da Filosofia cristã católica, Aquino elaborou estudos de Teologia e de Filosofia na Itália, sua terra natal, e em Paris (França) e Colônia (Alemanha), importantes centros de produção de pensamento em sua época. Tornou-se padre dominicano e foi aclamado "Doutor da Igreja", considerado um de seus principais intelectuais. Sua obra filosófica centrou-se no estudo de Aristóteles, adaptando sua filosofia aos preceitos cristãos, buscando articular a **fé** dos textos sagrados à **razão** dos textos filosóficos. Fundou uma corrente de pensamento cristão, o **tomismo**, que exerceu grande influência no pensamento ocidental. Sua principal obra é a *Suma teológica*.

Apoteose de São Tomás de Aquino (detalhe), em pintura do espanhol Francisco de Zurbarán, feita em 1631.

Também é importante destacar na Filosofia medieval a influência do pensamento árabe. Entre os séculos VIII e XV, os árabes se estabeleceram na península Ibérica, influenciando o pensamento ocidental. Foram uma importante fonte de um pensamento filosófico alternativo, fora dos contornos da Filosofia medieval cristã. Devemos a eles o conhecimento de muitas obras filosóficas antigas que haviam sido banidas pela igreja cristã. Dois pensadores desse período são emblemáticos: Avicena (Abu Ali al-Hl-bu ibn Abd Allah ibn Sina), que nasceu por volta de 980 e faleceu em 1037, foi responsável pela consolidação dos saberes médicos que predominaram na época, além de dedicar-se à Filosofia, à Teologia, à Matemática e à Física; e Averróis (Abu al-Walid Muhammad ibn Ahmad ibn Muhammad ibn Rushd), que viveu entre 1126 e 1198, escreveu comentários sobre a obra de Aristóteles, textos teológicos e astronômicos.

A Idade Média foi um momento de grande produção na Filosofia, mesmo que tal produção tenha ficado restrita aos mosteiros e às ordens religiosas. Com a criação das universidades na Europa, a partir do século XI (a Universidade de Bolonha, criada em 1088, é considerada a mais antiga do continente), as ideias filosóficas circularam cada vez mais, alimentando novos caminhos para o pensamento.

Senso comum

Você talvez já tenha ouvido a canção de Raul Seixas (1945-1989) que fala sobre um homem que nasceu há 10 mil anos. Ela desfila uma série de fatos que teriam sido presenciados por esse estranho e velho narrador, que se considera um grande conhecedor de todas as coisas. A frase final da letra lança um desafio: *"E para aquele que provar / Que eu tô mentindo / Eu tiro o meu chapéu..."*.

Alguém pode provar que as histórias relatadas na música não aconteceram da forma como a tradição nos conta? Todos já ouvimos falar delas, são relatos muito antigos que estão gravados em nosso imaginário. É possível contestá-los?

Muitas vezes as pessoas julgam possuir conhecimento suficiente sobre determinados assuntos sem se dar conta de que esse conhecimento chegou até elas já pronto, que pode estar calcado no senso comum.

Cânone da Medicina de Avicena, publicado em 1595.

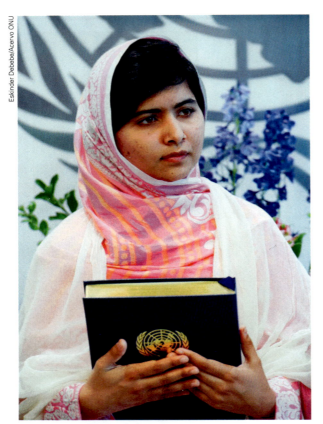

// A paquistanesa Malala Yousafzai foi baleada pelo Talibã (movimento fundamentalista islâmico) porque defendia o direito das mulheres de estudar. Em 2014, aos 17 anos, ela ganhou o Prêmio Nobel da Paz por ter se tornado porta-voz da luta pelos direitos das mulheres. Foto de 2013.

Outro exemplo: você já deve ter ouvido algum ditado popular, como o que afirma "As aparências enganam". Os ditados populares são uma sabedoria oral transmitida de uma pessoa para outra, de geração em geração. De algum modo os ditados evidenciam um tipo de conhecimento que todos nós experimentamos e que se convencionou chamar de senso comum, na medida em que é partilhado por um grande número de pessoas. Caracteriza-se por ser um tipo de conhecimento absorvido sem muitas reflexões, sem aprofundamento.

Todos nós pensamos e construímos uma visão de mundo. Das coisas que observamos e vivemos cotidianamente, tiramos conclusões e elaboramos explicações. Mas esse tipo de conhecimento em geral não é sistemático, não se baseia em métodos.

O senso comum como ponto de partida

Antonio Gramsci, filósofo já apresentado no capítulo 1, foi um dos pensadores que mais se ocuparam das relações da Filosofia com o senso comum. Por vezes ele falou positivamente do senso comum, pois é algo que evidencia que todos os seres humanos pensam e produzem conhecimentos, organizados ou não. Em outros momentos, porém, Gramsci afirmou que o senso comum é um bom ponto de partida, mas que não podemos nos contentar com ele. Esse tipo de conhecimento pode nos ser útil em determinados momentos da vida, mas em certas situações seria necessário um conhecimento formal mais sistematizado, mais organizado, como somente a Filosofia ou a Ciência podem construir.

Muitas vezes o senso comum é prejudicial e alimenta preconceitos e injustiças. A estrutura de sociedades patriarcais e a depreciação da mulher, sempre relegada a uma posição de inferioridade em relação aos homens, são exemplos disso. A manutenção desse preconceito é corroborada pela crença comum de que as mulheres são mais frágeis, não possuem as mesmas habilidades nem a mesma inteligência, nasceram para servir aos homens e, por esse motivo, não podem ter os mesmos direitos, devendo permanecer subalternas. A história do movimento feminista nos mostra quanto foi – e ainda é – difícil lutar contra o senso comum que preconiza a inferioridade das mulheres. Nesse sentido, a Filosofia, como discussão ética e política, tem contribuído muito para a derrubada de tais crenças.

Para se construir, a Filosofia necessariamente parte do conhecimento que as pessoas já têm. Como você estudou, filosofar é produzir um conhecimento sistemático e organizado por um processo de criação de conceitos. Mas essa criação conceitual pelo exercício do pensamento só pode ser feita com base naquilo que conhecemos de antemão, ainda que algumas vezes, no processo de pensar filosoficamente, esse conhecimento inicial acabe por ser abandonado.

Em síntese, não há Filosofia sem um ponto de partida no senso comum; mas, ao mesmo tempo, se o pensamento permanecer no senso comum, não haverá Filosofia. Esse movimento é capaz de transformar o mundo.

Pensar criativo: Filosofia, Arte e Ciência

De acordo com o que estudamos até aqui, a **Mitologia**, a **religião** e o **senso comum** são formas de pensamento que produzem certos tipos de conhecimento que fazem parte da nossa vida. Porém, eles nos conduzem de acordo com parâmetros preestabelecidos que muitas vezes não nos permitem ser protagonistas na construção de nossos conhecimentos. Se a Filosofia mantém com a Mitologia, a religião e o senso comum relações muitas vezes conflituosas, de negação, é em razão do panorama fechado que cada um deles apresenta. Há, porém, outras formas de conhecimento com as quais a Filosofia apresenta grande afinidade, como a Arte e a Ciência, dadas suas perspectivas sempre abertas e criativas.

Fazer arte não é fazer filosofia nem ciência; do mesmo modo, pensar filosoficamente não se confunde nem com o fazer artístico nem com o teorizar científico. Mas, como veremos no próximo capítulo, em suas atividades criativas, a Filosofia precisa dialogar constantemente com a Arte e com a Ciência para produzir seus conceitos. Da mesma forma, a Ciência tem necessidade de diálogo com a Arte e a Filosofia para produzir suas teorias. E a Arte também necessita de componentes da Filosofia e da Ciência na criação de suas obras.

// Laboratório de uma empresa que desenvolve pesquisa no campo da Genética com células-tronco de embriões humanos, em Ann Arbor, Estados Unidos, 2011.

É lógico!

Todos nós praticamos a lógica, ainda que não nos dediquemos a seu estudo. Nesta seção aos poucos você perceberá que usa a lógica todo o tempo, mesmo que faça isso sem perceber.

Por exemplo, quando quer convencer um amigo de que seu time de futebol é melhor do que o dele, ou quando quer convencer seus pais ou responsáveis a permitirem que você faça alguma coisa, como faz isso?

Em geral, usamos argumentos. Dizemos que o craque de nosso time faz mais gols do que a média dos atacantes, que seus passes são precisos, que seu futebol é bonito e eficiente e que tudo isso contribui para fazer com que nosso time do coração seja muito bom. Ou, conversando com os pais ou responsáveis, enumera como é legal aquilo que você pretende fazer, que fará na companhia de seus amigos que eles conhecem bem e nos quais eles confiam, que não há perigo naquilo que será feito e que você voltará em segurança, etc.

A argumentação é uma das principais ferramentas do pensamento e do discurso quando queremos alcançar um objetivo, principalmente quando o convencimento de outras pessoas é necessário para isso. O que a lógica nos mostra é que todos os argumentos são compostos de proposições, isto é, algo que pode ser afirmado ou negado. Exemplos: "O jogador x é um craque!"; "Há um ponto de ônibus na porta"; etc. Todas essas afirmações podem ser confirmadas ou refutadas, essa é a característica central de uma proposição.

Quando argumentamos, encadeamos proposições, levando-nos a conclusões. Exemplos: "o jogador x é um craque, ele é um dos destaques do time y, logo o time é muito bom". "Vou sair com meus amigos para ir a uma festa; há um ponto de ônibus na porta do local, portanto é rápido e seguro chegar até lá".

Percebe que você está o tempo todo lidando com proposições ou argumentos? Às vezes você os usa, outras vezes eles são usados para convencer você. Mas argumentos podem ser válidos ou inválidos, na medida em que são constituídos por proposições que podem ser verdadeiras ou falsas... E é isso que a lógica nos ajuda a identificar, como veremos nos capítulos seguintes.

Trabalhando com textos

O primeiro texto que você lerá a seguir trabalha o sentido da Mitologia grega e suas relações com a religião; o segundo texto trata de uma ideia mitológica contemporânea: a importância do plástico em nossa civilização.

Texto 1

No texto a seguir, veremos como o historiador e antropólogo francês Jean-Pierre Vernant (1914-2007) aborda a Mitologia referente à Grécia antiga. Para ele, essa questão só pode ser respondida se levarmos em conta a relação entre Mitologia grega e religião grega.

A questão mitológica

O que chamamos de mitologia grega? Grosso modo e essencialmente, trata-se de um conjunto de narrativas que falam de deuses e heróis, ou seja, de dois tipos de personagens que as cidades antigas cultuavam. Nesse sentido, a mitologia está próxima da religião: ao lado dos rituais, de que os mitos às vezes tratam de forma muito direta, ora justificando-os no detalhe dos procedimentos práticos, ora assinalando seus motivos e desenvolvendo seus significados, ao lado dos diversos símbolos plásticos que, ao atribuírem aos deuses uma forma figurada, encarnam sua presença no centro do mundo humano, a mitologia constitui, para o pensamento religioso dos gregos, um dos modos de expressão essenciais. Se a suprimirmos, talvez façamos desaparecer o aspecto mais apropriado para nos revelar o universo divino do politeísmo, uma sociedade com um além múltiplo, complexo, ao mesmo tempo rica e ordenada. Isto não significa, contudo, que podemos descobrir nos mitos, reunidos em forma de narrativas, a soma do que um grego devia saber e considerar verdadeiro sobre seus deuses, o seu *credo*. A religião grega não é uma religião do livro. Afora algumas correntes sectárias e marginais, como o orfismo, ela não conhece texto sagrado ou escrituras sagradas, nas quais a verdade da fé se encontraria definida e depositada de uma vez por todas. Não há lugar, dentro dela, para qualquer dogmatismo. As crenças que os mitos veiculam, enquanto acarretam a adesão, não possuem qualquer caráter de força ou de obrigação; elas não constituem um corpo de doutrinas que fixam as raízes teóricas da piedade, assegurando aos fiéis, no plano intelectual, uma base de certeza indiscutível.

Os mitos são outra coisa: são relatos – aceitos, entendidos, sentidos como tais desde nossos mais antigos documentos. Comportam assim, em sua origem, uma dimensão de "fictício", demonstrada pela evolução semântica do termo *mythos*, que acabou por designar, em oposição ao que é da ordem do real por um lado, e da demonstração argumentada por outro, o que é do domínio da ficção pura: a fábula. Esse aspecto de narração (e de narração livre o bastante para que, sobre um mesmo deus ou um mesmo episódio de sua gesta, versões múltiplas possam coexistir e ser contraditórias sem escândalo) relaciona o mito grego ao que chamamos de religião, assim como o que é hoje para nós a literatura. [...]

VERNANT, Jean-Pierre. *Entre mito e política*. São Paulo: Edusp, 2001. p. 229-232.

Gesta: feito heroico, proeza.
Orfismo: seita religiosa surgida na Grécia durante o século VII a.C. que defendia a reencarnação da alma após a morte do corpo. Seus princípios eram atribuídos ao poeta mitológico Orfeu, que exerceu grande influência na Antiguidade grega.
Sectário: aquele que pertence a uma seita qualquer; que age de maneira intolerante.

Questões

1. Segundo Vernant, o que é a Mitologia grega? Responda com suas palavras, levando em conta as características que ele aponta sobre a Mitologia em todo o trecho.
2. Qual é a importância da religião grega para compreendermos a Mitologia grega?

3. No texto, Vernant afirma: "A religião grega não é uma religião do livro". Com base nessa afirmação, podemos pensar nas religiões que, diferentemente da grega, encontram em textos suas narrativas míticas e o que consideram ser a verdade revelada por Deus: o cristianismo (Bíblia), o islamismo (Alcorão), entre outras. Com base nessas questões, em seus conhecimentos sobre religião e na sua leitura do texto, responda: quais são as semelhanças e as diferenças entre o pensamento religioso grego e as demais religiões citadas?

Texto 2

Será que um produto também pode se tornar um mito? É o que o estudioso francês Roland Barthes (1915-1980) discute no texto a seguir, escrito na década de 1950. Para Barthes, o plástico mudou o mundo contemporâneo e gerou toda uma mística a seu redor.

O plástico

Apesar dos seus nomes de pastores gregos (Polistirene, Fenoplaste, Polivinile e Polietilene), o plástico, cujos produtos foram recentemente concentrados numa exposição, é essencialmente uma substância alquímica. À entrada do *stand*, o público espera demoradamente, em fila, a fim de ver realizar-se a operação mágica por excelência: a conversão da matéria; uma máquina ideal, tubulada e oblonga (forma apropriada para manifestar o segredo de um itinerário) transforma sem esforço um monte de cristais esverdeados em potes brilhantes e canelados. De um lado, a matéria bruta, telúrica, e, do outro, o objeto perfeito, humano; e, entre esses dois extremos, nada; apenas um trajeto, vagamente vigiado por um empregado de boné, meio deus, meio autômato.

Assim, mais do que uma substância, o plástico é a própria ideia da sua transformação infinita, é a ubiquidade tornada visível, como o seu nome vulgar o indica; e, por isso mesmo, é considerado uma matéria milagrosa: o milagre é sempre uma conversão brusca da natureza. O plástico fica inteiramente impregnado desse espanto: é menos um objeto do que o vestígio de um movimento.

E como esse movimento é, nesse caso, quase infinito, transformando os cristais originais numa variedade de objetos cada vez mais surpreendentes, o plástico é, em suma, um espetáculo a se decifrar: o próprio espetáculo dos seus resultados. Perante cada forma terminal (mala, escova, carroceria de automóvel, brinquedo, tecido, cano, bacia ou papel), o espírito considera sistematicamente a matéria-prima como enigma. Este "proteísmo" do plástico é total: pode formar tão facilmente um balde como uma joia. Daí o espanto perpétuo, o sonho do homem perante as proliferações da matéria, perante as ligações que surpreende entre o singular da origem e o plural dos efeitos. Trata-se, aliás, de um espanto feliz, visto que o homem mede o seu poder pela amplitude das transformações e que o próprio itinerário do plástico lhe dá a euforia de um prestigioso movimento ao longo da Natureza.

Mas o preço desse êxito está no fato de que o plástico, sublimado como movimento, quase não existe como substância. A sua constituição é negativa: não sendo duro nem profundo, tem de se contentar com uma qualidade substancial neutra, apesar das suas vantagens utilitárias: a "resistência", estado que supõe o simples suspender de um abandono. Na ordem poética das grandes substâncias, é um material desfavorecido, perdido entre a efusão das borrachas e a dureza plana do metal: não realiza nenhum dos verdadeiros produtos da ordem mineral, espumas, fibras, estratos.

Efusão: derramamento, espalhamento, capacidade de ser moldado.
Oblongo: o mesmo que alongado.
Proteísmo: que diz respeito a Proteu, personagem mitológico que tinha a capacidade de mudar de forma; seria então a característica de um material que pode assumir muitas formas.
Telúrico: que diz respeito à terra.
Ubiquidade: característica de estar ou existir ao mesmo tempo em todos os lugares.

É uma substância alterada: seja qual for o estado em que se transforme, o plástico conserva uma aparência flocosa, algo turvo, cremoso e entorpecido, uma impotência em atingir alguma vez o liso triunfante da Natureza. Mas aquilo que mais o trai é o som que produz, simultaneamente oco e plano. O ruído que produz derrota-o, assim como as suas cores, pois parece fixar apenas as mais químicas: do amarelo, do vermelho e do verde só conserva o estado agressivo, utilizando-as somente como um nome, capaz de ostentar apenas conceitos de cores.

A moda do plástico acusa uma evolução no mito do símili sendo um costume historicamente burguês (as primeiras imitações, no vestuário, datam do início do capitalismo); mas até hoje o *símili* sempre denotou a pretensão, fazia parte de um mundo da aparência, não da utilização prática, pretendia reproduzir pelo menor preço as substâncias mais raras, o diamante, a seda, as plumas, as peles, a prata, tudo o que de brilhante houvesse no mundo. O plástico a preço reduzido é uma substância doméstica. É a primeira matéria mágica a adquirir o prosaísmo; mais precisamente, porque esse prosaísmo é para ele uma razão triunfante de existência: pela primeira vez o artifício visa o comum, e não o raro. E, paralelamente, modifica-se a função ancestral da natureza: ela deixou de ser a Ideia, a pura Substância a recuperar ou a imitar; uma matéria artificial, mais fecunda do que todas as jazidas do mundo, vai substituí-la e comandar a própria invenção das formas. Um objeto luxuoso está sempre ligado a terra, recorda sempre de uma maneira preciosa a sua origem mineral ou animal, o tema natural de que é apenas uma atualidade. O plástico é totalmente absorvido pela sua utilização: em última instância, inventar-se-ão objetos pelo simples prazer de os utilizar. Aboliu-se a hierarquia das substâncias, uma só substituiu todas as outras: o mundo inteiro pode ser plastificado, e até mesmo a própria vida, visto que, ao que parece, já se começaram a fabricar aortas de plástico.

BARTHES, Roland. *Mitologias*. 11. ed. Rio de Janeiro: Bertrand Brasil, 2001. p. 111-113.

> **Aparência flocosa:** com aparência de floco.
> **Prosaísmo:** característica daquilo que é comum ou banal.
> **Símili:** o igual, que possui a mesma forma.

Questões

1. A qual tipo de mito Roland Barthes se refere: ao mito antigo ou ao mito contemporâneo? Justifique.
2. Roland Barthes analisa o plástico como um mito, carregado de significados sagrados. Quais passagens do texto podem justificar essa afirmação?
3. Que outros produtos atuais também poderiam ser analisados como mitos? Explique sua resposta.

Em busca do conceito

1. Explique, com suas palavras, as diferenças entre a Mitologia e a religião de acordo com o que você estudou no capítulo.

2. Qual é a relação entre a Filosofia e o mito?

3. Explique em que medida o senso comum faz parte do pensamento filosófico.

4. Em grupo, façam uma pesquisa sobre um mito grego. Reescrevam a narrativa, atualizando-a. Para isso, será necessário que vocês interpretem o sentido do mito e reflitam sobre a relação que ele pode ter com os dias de hoje. Vejam algumas sugestões:
   - Narciso e a beleza.
   - Cronos e a imortalidade.
   - As sereias e as tentações.
   - Ícaro e as asas de cera.
   - Prometeu e o castigo de Zeus.

   Apresentem o texto elaborado pelo grupo aos colegas da classe.

5. Escolha uma das formas de pensamento estudadas neste capítulo (a Mitologia, a religião ou o senso comum) e faça uma dissertação explorando:
   - como você compreende essa forma de pensamento;
   - quais são as relações da Filosofia com ela;
   - por que você optaria pela Filosofia ou por essa forma de pensamento, se tivesse de recorrer a apenas uma delas.

   Escolha bons argumentos para justificar sua resposta. Para isso, você pode consultar os seguintes textos:
   - sobre mito: capítulo 1 da obra *O pensamento selvagem*, de Claude Lévi-Strauss (Campinas: Papirus, 2005);
   - sobre religião: apêndice da obra *Crítica da filosofia do direito de Hegel*, de Karl Marx (São Paulo: Boitempo Editorial, 2010);
   - sobre o senso comum: artigo de Oswaldo Porchat Pereira, presente na obra *A filosofia e a visão comum do mundo* (São Paulo: Brasiliense, 1981).

6. O texto a seguir mostra que a pretensão da Filosofia de se opor ao mito e elevar-se acima dele, por meio da razão, revelou-se fracassada. Leia-o atentamente.

O conceito de esclarecimento

No sentido mais amplo do progresso do pensamento, o esclarecimento tem perseguido sempre o objetivo de livrar os homens do medo e de investi-los na posição de senhores. Mas a terra totalmente esclarecida resplandece sob o signo de uma calamidade triunfal. O programa do esclarecimento era o desencantamento do mundo. Sua meta era dissolver os mitos e substituir a imaginação pelo saber. Bacon, "o pai da filosofia experimental", já reunira seus diferentes temas. Ele desprezava os adeptos da tradição, que "primeiro acreditam que os outros sabem o que eles não sabem; e depois que eles próprios sabem o que não sabem. Contudo, a credulidade, a aversão à dúvida, a temeridade no responder, o vangloriar-se com o saber, a timidez no contradizer, o agir por interesse, a preguiça nas investigações pessoais, o fetichismo verbal, o deter-se em conhecimentos parciais: isto e coisas semelhantes impediram um casamento feliz do entendimento humano com a natureza das coisas e o acasalaram, em vez disso, a conceitos vãos e experimentos erráticos: o fruto e a posteridade de tão gloriosa união pode-se facilmente imaginar. A imprensa não passou de uma invenção grosseira; o canhão era uma invenção que já estava praticamente assegurada; a bússola já era, até certo ponto, conhecida. Mas que mudança essas três invenções produziram – uma na ciência, a outra na guerra, a terceira nas finanças, no comércio e na navegação! E foi apenas por acaso, digo eu, que a gente tropeçou e caiu sobre elas.

Portanto, a superioridade do homem está no saber, disso não há dúvida. Nele muitas coisas estão guardadas que os reis, com todos os seus tesouros, não podem comprar, sobre as quais sua vontade não impera, das quais seus espias e informantes nenhuma notícia trazem, e que provêm de países que seus navegantes e descobridores não podem alcançar. Hoje, apenas presumimos dominar a natureza, mas, de fato, estamos submetidos à sua necessidade; se contudo nos deixássemos guiar por ela na invenção, nós a comandaríamos na prática".

Apesar de seu alheamento à matemática, Bacon capturou bem a mentalidade da ciência que se fez depois dele. O casamento feliz entre o entendimento humano e a natureza das coisas que ele tem em mente é patriarcal: o entendimento que vence a superstição deve imperar sobre a natureza desencantada. O saber que é poder não conhece nenhuma barreira, nem na escravização da criatura, nem na complacência em face dos senhores do mundo. Do mesmo modo que está a serviço de todos os fins da economia burguesa na fábrica e no campo de batalha, assim também está à disposição dos empresários, não importa sua origem. Os reis não controlam a técnica mais diretamente do que os comerciantes: ela é tão democrática quanto o sistema econômico com o qual se desenvolve. A técnica é a essência desse saber, que não visa conceitos e imagens, nem o prazer do discernimento, mas o método, a utilização do trabalho de outros, o capital. As múltiplas coisas que, segundo Bacon, ele ainda encerra nada mais são do que instrumentos: o rádio, que é a imprensa sublimada; o avião de caça, que é uma artilharia mais eficaz; o controle remoto, que é uma bússola mais confiável. O que os homens querem aprender da natureza é como empregá-la para dominar completamente a ela e aos homens. Nada mais importa. Sem a menor consideração consigo mesmo, o esclarecimento eliminou com seu cautério o último resto de sua própria autoconsciência. Só o pensamento que se faz violência a si mesmo é suficientemente duro para destruir os mitos. Diante do atual triunfo da mentalidade factual, até mesmo o credo nominalista de Bacon seria suspeito de metafísica e incorreria no veredicto de vacuidade que proferiu contra a escolástica. Poder e conhecimento são sinônimos. [...]

ADORNO, Theodor; HORKHEIMER, Max. O conceito de esclarecimento. In: *Dialética do esclarecimento*. Rio de Janeiro: Zahar, 2005. p. 19-20.

Cautério: meio físico ou químico empregado para queimar tecidos do corpo humano em procedimentos médicos.
Vacuidade: qualidade do que é vazio.

- Agora, faça um rascunho sintetizando as ideias principais do texto. Depois, com base nesse rascunho, elabore um texto explicando com suas palavras a relação que os autores estabelecem entre mito e esclarecimento (tome a palavra *esclarecimento* no sentido geral de razão humana e Filosofia). Para eles, a Filosofia suplantou o mito? O que ocorreu foi algo positivo? Você concorda ou discorda dos autores? Por quê?

Dissertação filosófica

O principal elemento de um texto dissertativo é a argumentação. É ela que sustentará as ideias propostas na introdução. Para que a argumentação seja consistente, além de ler bastante e manter-se sempre bem informado, você deverá ter em mente alguns critérios:
- utilize argumentos baseados em fatos noticiados por jornais, revistas, internet, televisão, etc., ou em estudos e publicações reconhecidos;
- desenvolva um raciocínio claro, organizado e coerente durante a argumentação;
- forneça exemplos que justifiquem seus argumentos;
- não utilize exemplos pessoais;
- não recorra a generalizações, gírias, ditados populares nem provérbios.

Sugestões de leituras

BULFINCH, Thomas. *O livro de ouro da mitologia:* histórias de deuses e heróis. São Paulo: Ediouro, 2011.

Coletânea que não se restringe aos mitos greco-romanos, englobando também as mitologias oriental e nórdica, os druidas e outras tradições.

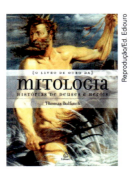

DELL, Christopher. *Mitologia:* um guia dos mundos imaginários. São Paulo: Edições Sesc, 2014.

Considera as tradições mitológicas celta, greco-romana, nórdica, budista, oriental, indígenas da América do Norte, centro e sul-americana, africana e do Oriente Médio. Dessa forma, o guia aborda temas que são recorrentes em várias tradições.

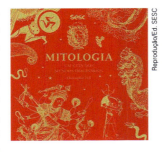

DICK, Philip K. *Labirinto da morte*. São Paulo: Melhoramentos, 1988.

Ficção científica que se passa numa época em que a existência de Deus foi provada cientificamente e os seres humanos conseguiram comunicar-se diretamente com Ele.

HOMERO. *Odisseia*. Porto Alegre: L&PM/Ediciones del Prado, 2012 (Grandes Clássicos da Literatura em Quadrinhos).

Acompanhe as aventuras do general Ulisses no retorno para casa, na ilha de Ítaca, após a vitória dos gregos na guerra contra Troia. Um dos maiores clássicos da Mitologia grega recontado com o dinamismo das histórias em quadrinhos.

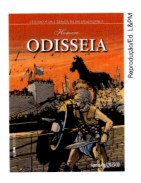

RIORDAN, Rick. Séries *Percy Jackson e os olimpianos* (5 volumes) e *Os heróis do Olimpo* (5 volumes). São Paulo: Intrínseca.

Essas histórias de aventura misturam personagens da Mitologia grega com adolescentes contemporâneos, filhos da união de deuses com mortais, e de forma animada ajudam a aprender sobre as histórias mitológicas. A segunda série traz novos personagens e introduz a Mitologia romana.

VERNANT, Jean-Pierre. *O Universo, os deuses, os homens*. 2. ed. São Paulo: Companhia das Letras, 2000.

Interessante obra de introdução aos mitos gregos, em linguagem clara e acessível.

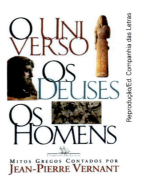

YOUSAFZAI, Malala. *Eu sou Malala:* a história da garota que defendeu o direito à educação e foi baleada pelo Talibã. São Paulo: Companhia das Letras, 2013.

O livro conta a história de Malala, sua infância no Paquistão, a luta da família para sobreviver numa região repleta de desigualdade social e dominada pelo Talibã. Malala tornou-se mundialmente conhecida ao sofrer um atentado em 2012, uma represália do Talibã pelo fato de ela defender o direito à educação para as mulheres.

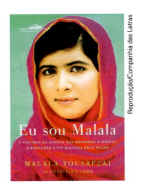

CAPÍTULO
3

A Ciência e a Arte

Sunset over Manhattan, de Tim Noble e Sue Webster, 2003. A Arte, além de despertar a fruição estética, pode muitas vezes ser considerada subversiva e revolucionária, servindo de protesto, de denúncia, de emancipação.

No capítulo anterior você estudou formas de pensamento que oferecem às pessoas diferentes maneiras de compreender e explicar o mundo, convidando-as a adotar determinado conjunto de ideias ou até mesmo obrigando-as a fazê-lo, como já aconteceu em certos momentos históricos. Nessa categoria de formas de pensamento incluem-se a Mitologia, a religião e o senso comum.

Galileu Galilei, por exemplo, foi acusado de heresia ao defender a teoria heliocêntrica, que era contrária à teoria proposta pela Igreja católica de que o Sol e os demais planetas giravam ao redor da Terra. Para não receber uma pena ainda maior – desde a Idade Média, quem ousasse contestar a autoridade da Igreja poderia ser julgado e, se condenado, punido de diversas formas, inclusive com a morte –, Galileu foi obrigado a abjurar suas ideias e viveu o resto da vida em uma espécie de prisão domiciliar.

Galileu Galilei (1564-1672)

Pensador renascentista italiano, aperfeiçoou o telescópio e realizou observações astronômicas que iam ao encontro da **teoria heliocêntrica**, segundo a qual a Terra gira em torno do Sol, e não o contrário, como se acreditava na época. Por defender essa teoria – elaborada por Nicolau Copérnico (1473-1543) –, foi acusado de heresia pela Igreja católica, que o condenou à prisão até o final da vida e incluiu suas obras no Índex de livros proibidos. Em 1983, a Igreja católica iniciou uma revisão do processo contra Galileu e o absolveu das acusações em 1992. Entre seus diversos estudos, destaca-se a defesa daquilo que denominou "método empírico" de pesquisa, que se baseia na experiência e na observação, procedimentos usados pela Ciência até hoje.

Retrato de Galileu Galilei, pintado por Justus Sustermans, em 1636.

46 UNIDADE 1 | COMO PENSAMOS?

Sócrates também enfrentou problemas relacionados à religião grega na Antiguidade: acusado, entre outras coisas, de não aceitar os deuses da cidade de Atenas e introduzir novos cultos, acabou condenado à morte em 399 a.C.

Muitos são os casos de artistas no decorrer da História que sofreram as consequências de elevar sua arte para além de dogmas políticos e religiosos ou mesmo do senso comum.

Percebemos que a Ciência e a Arte parecem estar em oposição àquelas formas de pensar já estudadas. Nesse sentido, elas podem se aproximar da Filosofia, como veremos.

A Ciência e os outros saberes

Quanta

[...]
Canto de louvor
De amor ao vento
Vento, arte do ar
Balançando o corpo da flor
Levando o veleiro pro mar
Vento de calor
De pensamento em chamas
Inspiração
Arte de criar o saber
Arte, descoberta, invenção

Theoría em grego quer dizer
O ser em contemplação
Cântico dos cânticos
Quântico dos quânticos
Sei que a arte é irmã da ciência
Ambas filhas de um deus fugaz
Que faz num momento e no mesmo momento desfaz
Esse vago deus por trás do mundo
Por detrás do detrás
[...]

GIL, Gilberto. Quanta. *Quanta* (CD), Warner Music, 1997. Letra disponível em: <www.gilbertogil.com.br/sec_disco_interno.php?id=34>. Acesso em: 30 jan. 2016.

// Capa do filme *Giordano Bruno*. Direção de Giuliano Montaldo. Itália, 1973. (114 min).

O filme *Giordano Bruno* mostra o processo da Inquisição contra o monge e filósofo Giordano Bruno, que defendia ideias consideradas heréticas pela Igreja católica e, por isso, foi queimado em praça pública na cidade de Roma em 1600.

Em 1997 o cantor e compositor Gilberto Gil (1942-) lançou o álbum *Quanta*, no qual propõe uma articulação entre Arte e Ciência. Muitas das canções exploram a relação entre a Arte, a Ciência e a existência humana.

No cinema, uma cena do filme *O homem que viu o infinito* é emblemática: o jovem matemático indiano S. Ramujan tenta explicar à esposa seu trabalho e comenta que a Matemática é uma maneira de ver os padrões da natureza de modo muito particular e inusitado e que isso é tão bonito como as composições das cores. A Matemática não deixa de ser uma forma de arte...

Também as artes plásticas podem encontrar motivação na Ciência. Na gravura de Escher (1898--1972) reproduzida ao lado, o artista utilizou uma ideia da Física contemporânea elaborada por Albert Einstein (1879-1955): tudo o que se observa é relativo ao ponto de vista do observador. A gravura, intitulada *Relatividade*, tem diversas perspectivas simultâneas.

// *Relatividade*, litografia de Maurits Cornelis Escher, feita em 1953.

Um dos exemplos mais notórios da associação entre esses dois saberes é a produção de Leonardo da Vinci (1452-1519). Pintor, escultor, poeta, músico e, ao mesmo tempo, inventor, engenheiro e arquiteto, fez estudos de anatomia humana que, além de ampliar o conhecimento científico da época, ajudaram-no a desenvolver seus trabalhos de pintura e escultura. O conhecimento que Da Vinci adquiriu a partir da investigação da estrutura e do funcionamento do corpo (o que na época só era possível por meio da dissecação de cadáveres, uma prática médica) permitiu o aprimoramento da representação artística. Sua perspicácia ao desenhar e descrever aquilo que observava, em contrapartida, também foi útil aos incipientes estudos da fisiologia do corpo humano.

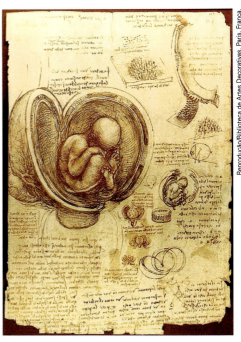

Estudos de feto humano no útero, de Leonardo da Vinci, feitos entre 1510 e 1513. Na época em que Da Vinci fez esses desenhos, essa era a única forma de registrar o interior do corpo humano.

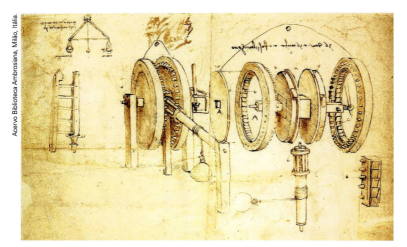

Leonardo da Vinci era muito criativo e versátil. Aventurou-se a desenhar protótipos de um vasto número de invenções, incluindo armamentos e máquinas voadoras. Acima, detalhe de projeto de máquina para elevação de pesos, em desenho de 1503-1504.

Mona Lisa, a famosa e enigmática pintura de Leonardo da Vinci. A data de elaboração do retrato levanta dúvidas, mas admite-se que tenha sido iniciado em 1503.

O pensamento científico

A Ciência é um tipo de pensamento que investiga os fenômenos da natureza e cria conhecimentos sobre ela por um processo de **experimentação**. É um conhecimento **sistemático** e **metódico**. Sistemático porque é organizado e procura relacionar as várias partes que compõem esse conhecimento, seguindo uma linha de raciocínio coerente. Metódico porque segue um caminho previamente concebido, um método para produzir esses conhecimentos, utilizando ferramentas adequadas para a obtenção de um resultado. Isso significa que, antes de produzir um conhecimento científico, é necessário estudar também o método que deve ser aplicado.

A Ciência, como a conhecemos hoje, se desenvolveu no século XVII, num período de grandes transformações do conhecimento e da própria concepção da realidade na Europa. Vários pensadores da época procuravam novas formas de produzir conhecimentos. Um dos maiores representantes desse período foi o italiano Galileu Galilei, que se dedicou a diferentes saberes, como a Astronomia, a Matemática e a Física.

Alguns acontecimentos significativos ocorridos a partir do século XV que proporcionaram essas transformações foram:

- a retomada de valores, ideias, textos e obras da Grécia e da Roma dos séculos VIII a.C. a V d.C., buscando-se uma renovação artística e cultural por meio da valorização do ser humano e do pensamento;
- as Grandes Navegações, que levaram os europeus a expandir seus territórios, estabelecer novas rotas comerciais e entrar em contato com outras civilizações;
- a Reforma protestante, que originou uma mentalidade religiosa oposta aos valores feudais da Igreja católica. A ética protestante não condenava os altos lucros nem práticas como a usura, o que era mais adequado à mentalidade da burguesia capitalista.

O florescimento cultural e científico da época impulsionou o espírito de pesquisa e a busca pelo progresso técnico. Contudo, o pensamento científico do século XVII foi a coroação de um processo iniciado bem antes. Pense, por exemplo, na teoria da gravidade. Hoje é bastante familiar para a maioria das pessoas a ideia de que os objetos caem em consequência da lei da gravidade (ou lei da gravitação universal). Mas, para chegar a esse conhecimento, foi necessário trilhar um longo caminho.

A bússola, invenção chinesa do século XI, representou uma inovação técnica para os europeus na época das Grandes Navegações. Ela permitiu uma orientação mais precisa dos navegadores em alto-mar. Na foto, bússola do século XVI.

A Ciência na Antiguidade grega

Na Antiguidade grega, os filósofos falavam em dois níveis de conhecimento: a *doxa* e a *episteme*. A *doxa*, em geral traduzida por "opinião", baseava-se nas observações cotidianas e era produzida sem método nem sistematização. Diz respeito ao senso comum. A *episteme* indicava um conhecimento racional, também com base na observação, mas construído de maneira sistemática e metódica. Em um sentido muito amplo, essa palavra grega é traduzida por "ciência".

O conhecimento sistematizado pode ser encontrado em culturas ainda mais antigas. Os egípcios, por exemplo, criaram uma Matemática bastante avançada, que era útil na construção de grandes monumentos, como as pirâmides. No entanto, esse conhecimento era um tipo de "ciência prática", sem maior elaboração teórica. Os egípcios produziam os conhecimentos de que necessitavam, mas estes eram válidos para situações específicas. Ou seja, eles não buscavam transformá-los em conhecimentos de natureza geral, como leis que pudessem ser aplicadas a situações diversas.

Conta-se que, em viagem ao Egito, Tales de Mileto descobriu a altura da pirâmide de Quéops utilizando o princípio da semelhança de triângulos e retângulos, que mais tarde seria a base para formulações gerais abstratas, como o teorema de Pitágoras.

Por isso, afirma-se que os gregos aprenderam o conhecimento prático dos egípcios e o transformaram em um conhecimento teórico, investigativo, criando, por exemplo, a Matemática como Ciência. Mesmo que esse conhecimento não tivesse uma aplicação direta e imediata, ele poderia depois ser aplicado a diferentes situações. Um exemplo é o teorema de Pitágoras. Tendo aprendido com os egípcios que a relação 3:4:5 entre os lados de um triângulo sempre garante que um dos ângulos seja reto (conhecimento que os egípcios utilizavam nas construções), Pitágoras descobriu um princípio que vale para todos os triângulos de ângulo reto: o quadrado da hipotenusa é sempre igual à soma dos quadrados dos catetos. Pitágoras transformou um conhecimento prático em um teorema, isto é, numa formulação geral.

Se a Ciência egípcia era **prática**, a Ciência grega era **teórica**: preocupava-se em observar os fenômenos e especular a respeito de teorias que pudessem explicá-los. De acordo com seus interesses, cada um desses povos antigos enfatizou um dos aspectos que, na Ciência moderna, seriam tomados em conjunto: uma explicação geral que pudesse ser aplicada para resolver problemas práticos.

A Ciência da natureza, segundo os gregos

Os chamados filósofos pré-socráticos dedicaram-se a explicar teoricamente aquilo que os gregos chamavam de *physis* (a natureza). Com isso, criaram o que hoje chamamos de Física, isto é, o estudo das leis que regem a natureza. Um de seus principais problemas era a busca pela *arkhé*, ou o princípio universal de todas as coisas, o elemento do qual todas as coisas provêm. Dessa forma, alguns filósofos, como Tales de Mileto, afirmavam que esse elemento era a água; outros, como **Heráclito de Éfeso**, acreditavam que era o fogo primordial. E havia os que chegavam a outras noções, como o *ápeiron*, "o indeterminado", segundo **Anaximandro de Mileto**, ou o átomo, "o indivisível", conforme **Leucipo**. Já para Pitágoras de Samos, o número era o princípio de todas as coisas.

INFORMAÇÕES COMPLEMENTARES

Filósofos pré-socráticos

São filósofos que viveram entre os séculos VII a.C. e V a.C. Nem todos são anteriores a Sócrates. Porém, este foi considerado um "divisor de águas" na Filosofia antiga ao preocupar-se mais com os problemas humanos do que com os fundamentos da natureza, como faziam os pré-socráticos. Em geral são agrupados em "escolas", sendo as principais:

- **Escola jônica** (desenvolveu-se na Jônia, colônia grega na Ásia Menor): Tales de Mileto, Anaxímenes de Mileto, Anaximandro de Mileto e Heráclito de Éfeso.
- **Escola itálica** (desenvolveu-se na região da Itália, também colônia grega): Pitágoras de Samos e Filolau de Crotona.
- **Escola eleática** (teve por centro a cidade de Eleia): Xenófanes, Parmênides de Eleia e Zenão de Eleia.
- **Escola atomista** (afirmava que o átomo era o princípio das coisas): Leucipo e Demócrito de Abdera.

Heráclito de Éfeso (c. 535 a.C.-475 a.C.)

Diferentemente dos outros pensadores que buscavam na própria *physis* um princípio fixo e imutável, Heráclito afirmava que tudo está em constante fluxo e todas as coisas se formam pela luta entre os opostos: o dia se transforma em noite, o quente se torna frio, etc., de forma que, na *physis*, existe fluxo, tudo é mutável. A unidade do mundo consiste exatamente no fato de que ele é múltiplo. A origem das coisas seria algo além, que ele definiu como um fogo primordial que faz todas as coisas a partir de si mesmo e é, ao mesmo tempo, todas as coisas.

Heráclito de Éfeso, em gravura do século XIX.

Anaximandro de Mileto (c. 610 a.C.-545 a.C.)

Filósofo da escola jônica, foi discípulo e amigo de Tales. Dedicou-se também à política e à Física, tendo estabelecido datas de eclipses. Um fragmento do seu livro *Sobre a natureza* é o mais antigo texto filosófico do qual se tem notícia. Sua noção filosófica mais importante é a de *ápeiron*, aquilo que, mesmo não sendo nenhuma das coisas conhecidas, ainda é capaz de dar origem a todas elas.

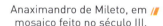

Anaximandro de Mileto, em mosaico feito no século III.

Leucipo (séc. V a.C)

Há poucas informações sobre a vida e a obra desse filósofo pré-socrático, considerado o fundador da escola atomista. Seu pensamento é mais conhecido por meio de seu discípulo, Demócrito de Abdera (c. 460 a.C.- 370 a.C.). O atomismo antigo defendia que o princípio de todas as coisas eram partículas indivisíveis que não podemos ver, daí o nome "átomo". Todas as coisas que existem podem ser divididas em partes menores, até chegar a essas partículas muito pequenas. Da reunião de um certo número de átomos, formava-se cada uma das coisas que conhecemos.

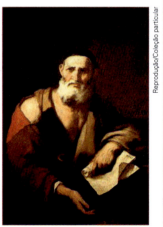

Leucipo, representado por autor desconhecido.

Embora discordantes entre si, essas hipóteses partiam do princípio de que havia um elemento primeiro do qual derivariam os elementos naturais (terra, água, ar e fogo), bem como da ideia de que, da combinação desses quatro elementos, surgiria tudo o que existe.

O importante a observar é que esses filósofos antigos procuravam abandonar as explicações míticas ou religiosas sobre a origem do mundo e das coisas, construindo uma hipótese **racional**, isto é, uma ideia criada pelo exercício do pensamento, por meio da observação dos fenômenos naturais e com base na argumentação. Com isso eles procuravam construir um conhecimento que pudesse convencer as pessoas por sua **clareza** e sua **coerência**, à diferença da religião, que esperava que as pessoas confiassem de modo "cego". Isso os aproxima da perspectiva científica atual.

Por mais inverossímeis que essas teorias pareçam hoje, ainda assim foram capazes de antecipar alguns fundamentos da Química e da Física modernas. Um exemplo é a própria ideia de átomo: Leucipo e Demócrito já teorizavam sobre a existência de partículas indivisíveis formadoras da matéria no século V a.C. No século XIX de nossa era, a Física conseguiu comprovar experimentalmente a existência do átomo e, hoje em dia, a Física contemporânea está envolvida no estudo de partículas subatômicas.

Observando os fatos

Ainda na Antiguidade grega, Aristóteles afirmava que todos os objetos são formados pelos quatro elementos básicos, em proporções diversas: terra, água, ar e fogo (quando nos referimos aos objetos do mundo terrestre) e éter (quando nos referimos aos corpos celestes). Segundo ele, a terra é o elemento mais pesado, a água é mais leve que a terra, o ar é mais leve que a terra e a água, e o fogo é mais leve que todos os outros elementos, inclusive o ar. Assim, o peso (massa) de cada corpo dependeria de sua composição. Aristóteles buscava entender, por exemplo, por que qualquer objeto que tenha massa cai se estiver livre. Ele elaborou uma explicação que dizia que todo corpo físico que tem massa busca seu "lugar natural" no Universo. Assim, conforme seu raciocínio, os corpos pesados (nos quais predominam os elementos água e terra) tendem a ir para baixo, para o centro do mundo. Note que a Terra era considerada o centro do Universo na teoria aristotélica. Se fosse um corpo leve (em que predominassem o fogo e o ar), seu lugar natural seria o alto, oposto ao centro do Universo. Por isso, quando qualquer objeto com peso é retirado do chão, que é o mais próximo que pode estar do centro do Universo, sua tendência é voltar para lá.

A "gravidade" (palavra que só apareceria mais tarde, derivada da palavra latina *gravitas*, "peso") seria, então, uma característica de cada corpo, e a velocidade com a qual ele cai (isto é, volta para seu lugar) seria proporcional a seu peso. A evidência dessa explicação fez com que as pessoas confiassem nela durante praticamente 2 mil anos. No entanto, por mais lógica que parecesse, a explicação de Aristóteles estava errada. E foi Galileu, muitos séculos depois, quem demonstrou isso.

Conta-se que ele teria subido no alto da Torre de Pisa, em sua cidade natal, e soltado objetos de diferentes massas ao mesmo tempo. Os observadores (provavelmente seus alunos), deitados ao pé da torre a uma distância segura, constataram que todos os objetos chegaram ao solo ao mesmo tempo. Estava provado empiricamente que a teoria de Aristóteles, embora perfeitamente lógica, estava equivocada.

Apesar de esse episódio nunca ter sido comprovado, há registros de uma longa série de experimentos de Galileu com planos inclinados que o levaram à mesma conclusão.

Galileu não chegou a elaborar uma teoria para explicar o fenômeno da queda dos corpos, o que seria feito quase um século depois por **Isaac Newton**. Mas sua ideia de que só podemos construir explicações com base em fatos observados revolucionou o pensamento científico.

Isaac Newton (1642-1727)

Filósofo, matemático e físico inglês. Dedicou-se à "Filosofia natural", que compreendia as Ciências Naturais em geral, como a Física, que, ainda nascente, se interrogava sobre as leis que organizam a natureza. Sua principal obra, *Princípios matemáticos da filosofia natural*, publicada em 1687, expõe a teoria da gravitação universal, segundo a qual todos os corpos do Universo – tanto os objetos no planeta Terra quanto os corpos celestes – estão sujeitos às mesmas leis naturais, que podem ser medidas, calculadas e explicadas. Conforme essa teoria, a gravidade não é uma característica de cada corpo físico, mas uma força de atração entre todos os objetos. No caso do planeta Terra, que é muito maior e mais pesado que qualquer corpo que há nele, essa atração é tão forte que praticamente anula a atração dos demais corpos entre si.

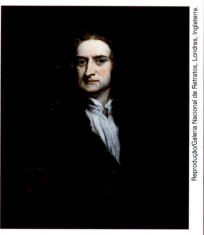

// Isaac Newton, em pintura de Godfrey Kneller, de 1702.

Em busca do método: entre o racionalismo e o empirismo

Com as experimentações de Galileu Galilei no século XVII, criou-se e consolidou-se o que chamamos hoje de Ciência.

Nessa época, discutia-se intensamente sobre qual seria o método apropriado para chegar ao conhecimento verdadeiro. O filósofo e matemático **René Descartes** incomodava-se com algo que observava: nas aulas de Matemática não via discordâncias entre seus professores, que sempre chegavam às mesmas conclusões; porém, nas aulas de Filosofia, as conclusões eram sempre diferentes e nunca se chegava a um acordo. Segundo ele, isso se devia ao fato de que, em Matemática, trabalhava-se sempre da mesma forma, enquanto na Filosofia cada um trabalhava a seu próprio modo.

René Descartes (1596-1650)

Também conhecido por seu nome latino, Renatus Cartesius, o filósofo francês foi um dos pensadores mais influentes do período moderno. Fundou a corrente filosófica do racionalismo, ao defender que o conhecimento verdadeiro só pode ser produzido pelo exercício da razão, a partir de certas ideias inatas. A célebre frase *Cogito ergo sum*, "penso, logo existo", evidencia o caráter absoluto de sua dúvida metódica. Chegou a duvidar de sua própria existência corpórea, para então provar que ele existe como algo capaz de produzir pensamento. A partir dessa primeira constatação, ele conseguiria provar a existência de todas as coisas e iniciar a construção de seu conhecimento sobre bases sólidas. Descartes dedicou-se também à Matemática, à Geometria e à Física. Talvez você já tenha ouvido falar do "plano cartesiano", uma das criações desse pensador. Dentre sua obra, destacam-se, no terreno da Filosofia, *Discurso do método* (1637) e *Meditações concernentes à primeira filosofia* (1641).

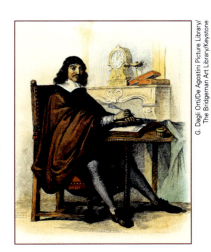

// René Descartes, em gravura do século XVII.

// Quando vemos uma colher imersa na água, sabemos que ela não está torta, apesar do que os olhos veem.

Buscando uma fonte segura para construir seu conhecimento, Descartes afirmava que só a razão seria confiável, pois os sentidos podem nos enganar. Tomemos como exemplo a visão: quando colocamos uma colher dentro de um copo com água, de modo que parte dela fique dentro da água e parte fora, vemos uma espécie de "desvio" na colher, como se ela estivesse torta. Porém, sabemos que ela não está torta, e basta tirá-la da água para verificar isso. Podemos concluir que os sentidos nos enganam algumas vezes; então, o que nos garante que eles não nos enganam sempre? Como a percepção que temos do mundo por meio dos sentidos é falha, eles não seriam uma fonte confiável e segura para a obtenção de conhecimento.

Com base nessa ideia, ele propôs um método racionalista (que parte da razão) denominado **método cartesiano**, que consiste em uma série de procedimentos para bem conduzir o pensamento daquele que medita filosoficamente em busca da verdade. Segundo o método, a partir das ideias inatas – aquelas que possuímos em nossa mente desde que nascemos porque ali foram colocadas por Deus –, podemos **deduzir** novas ideias, que serão necessariamente verdadeiras e corretas. Ora, essas convicções que já estão em nossa mente quando nascemos só podem ser corretas e verdadeiras, segundo Descartes, porque foi o próprio Deus quem as colocou lá e Ele não colocaria em nós ideias falsas. Se essas ideias que temos primariamente em nossa mente são verdadeiras, tudo aquilo que for derivado delas de forma correta e organizada também será verdadeiro. Contudo, algo que se mostre minimamente dubitável deve ser excluído e considerado falso.

A isso Descartes chamou **dúvida metódica**: um modo especial de duvidar que utiliza a dúvida como parte de um método para a obtenção do conhecimento. Diante da impossibilidade de saber quais daqueles conhecimentos adquiridos desde a infância são verdadeiros ou falsos, é mais sábio colocar todos eles em dúvida e começar do zero a construção da verdade. Começar do zero significa que Descartes duvidou, inclusive, da própria existência, até que pudesse provar que realmente existia como pensamento e, após, como corpo físico.

Assim, o método cartesiano é um instrumento seguro e confiável para distinguir o certo do duvidoso, pautado nos seguintes procedimentos:

1. Nunca aceitar como verdadeiro algo de que se possa duvidar.
2. Dividir os problemas em problemas menores, que sejam mais fáceis de resolver. Desse modo, a solução é encontrada em partes, chegando-se progressivamente à resolução do problema completo. É o que chamamos **análise** (palavra de origem grega que significa "por meio da divisão"). Baseia-se no método matemático de resolução de equações.
3. Conduzir o pensamento de forma ordenada, indo sempre do mais simples para o mais complexo.
4. Revisar a produção do conhecimento em cada etapa, de modo a nada esquecer ou deixar de lado.

Esse método, inspirado na Matemática, concebe a Ciência como um conhecimento **racional** e **demonstrativo**, ou seja, produzido exclusivamente com o uso do pensamento e de seus instrumentos lógicos, os raciocínios. Por isso mesmo, é possível ser demonstrado, assim como conseguimos demonstrar o resultado de uma equação matemática.

Quando falamos em conhecimento, há sempre dois polos envolvidos: o **sujeito** do conhecimento, um ser que pensa e observa o mundo, produzindo ideias sobre ele; e o **objeto**, a coisa que é pensada pelo sujeito, a matéria do conhecimento. No método cartesiano, a posição do sujeito que conhece é mais importante que a do objeto que é conhecido, pois a verdade é uma criação do sujeito.

> nunca sei ao certo
> se sou um menino de dúvidas
> ou um homem de fé
> certezas o vento leva
> só dúvidas continuam de pé
>
> LEMINSKI, Paulo. *O ex-estranho*. 3. ed. São Paulo: Iluminuras, 2001. p. 38.

O método cartesiano, embora tenha conquistado muitos seguidores, conquistou também opositores. Alguns filósofos discordaram da afirmação de que apenas a razão é uma base sólida para alcançar o conhecimento verdadeiro e sustentaram que é preciso igualmente considerar o objeto do conhecimento. Para esses filósofos, o conhecimento verdadeiro só pode ser alcançado partindo das observações que fazemos por meio de nossos sentidos (visão, audição, tato, paladar, olfato). Como os sentidos nos permitem **experimentar** o mundo, essa posição ficou conhecida como empirista (do grego *empeiría*, que significa "experiência").

Na Inglaterra, **Francis Bacon** lançou as bases do empirismo, afirmando a importância dos sentidos, no que foi seguido por **Thomas Hobbes**. Bacon defendeu um método experimental para o conhecimento, contra a Ciência teórica e especulativa dos antigos, e o progresso da Ciência e da técnica por meio do exercício de um pensamento crítico. É importante salientar que, a não ser em casos muito específicos, o empirismo não exclui necessariamente o racionalismo. O empirismo afirma sobretudo a precedência do objeto do conhecimento em relação ao sujeito, sem negar a importância da razão na construção do conhecimento.

Francis Bacon (1561-1626)

Filósofo e político inglês. É considerado um dos fundadores do pensamento moderno, assim como Descartes, e exerceu grande influência na constituição da Ciência. Escreveu obras literárias, jurídicas e filosóficas. Dentre as filosóficas, destaca-se o *Novum organum* (*Novo órgão*, ou *Nova lógica*), publicado em 1620, no qual Bacon critica a lógica aristotélica e a noção de Ciência dela derivada, propondo uma nova lógica para uma nova Ciência, de natureza experimental.

// Francis Bacon, em pintura de John Vanderbank, c. 1731.

Thomas Hobbes (1588-1679)

Filósofo inglês, defensor de uma visão mecanicista do mundo em oposição à visão teológica. Ficou mais conhecido por suas obras no campo da Filosofia política, sendo um defensor do absolutismo. Afirma que "o homem é o lobo do homem", e por isso é necessário um poder forte e centralizado, que garanta a vida dos indivíduos. Sua obra mais conhecida é o tratado *Leviatã*, publicado em 1651.

// Thomas Hobbes, em gravura do século XVIII.

// Conforme a afirmação de Locke, quando dizemos que este caderno é vermelho, o fazemos porque ao longo de nossa vida fomos construindo experiências que nos ensinaram o que é um caderno, o que são cores, a que cor chamamos vermelha, e não porque essas noções estavam em nossa mente quando nascemos.

John Locke, embora dialogasse com as ideias de Descartes, afirmava que não existem ideias inatas. Para ele, quando nascemos, nossa mente é como uma folha de papel em branco (ou uma *tabula rasa*, na expressão em latim), na qual a experiência vai escrevendo as informações obtidas por meio dos sentidos.

Para Locke, somente depois de haver experimentado o mundo por meio dos sentidos e obtido as informações por essas experiências é que a razão pode agir, articulando essas informações e produzindo nossos conhecimentos. Ele fazia uma distinção entre **ideias simples**, produzidas diretamente a partir das informações obtidas pelos sentidos, e **ideias complexas**, produzidas a partir de outras ideias. Como as primeiras estão mais próximas da experiência, a chance de estarem erradas é bem menor do que a das outras.

No método empirista, a posição do **objeto** conhecido é mais importante que a do **sujeito** que o conhece, pois admite-se que a verdade está no objeto e só pode ser alcançada pela experiência.

Da combinação das diferentes concepções de racionalismo e empirismo surgiu o que se denomina **Ciência moderna**, cuja diretriz foi dada pelo filósofo alemão **Immanuel Kant**. Em sua obra *Crítica da razão pura* (1781), ele afirma que o conhecimento é sempre algo produzido pela razão, mas que ela nunca é "pura", pois depende dos dados obtidos pelos sentidos por meio da experiência.

John Locke (1632-1704)

Filósofo inglês, dedicou-se principalmente à teoria do conhecimento e à Filosofia política. Sua obra *Ensaio sobre o entendimento humano* (1690) defende que a experiência é a fonte necessária de todo o conhecimento.

John Locke, em pintura de Godfrey Kneller, c. 1704. //

Immanuel Kant (1724-1804)

Um dos mais importantes filósofos de sua época, foi o principal representante do Iluminismo alemão, movimento filosófico que afirmava a importância do uso da razão para o progresso da humanidade. Publicou diversas obras, destacando-se suas três críticas: a *Crítica da razão pura* (1781), que trata a questão do conhecimento; a *Crítica da razão prática* (1788), sobre os princípios e os fundamentos da moral; e a *Crítica do juízo* (1790), dedicada à apreciação da Arte. Segundo ele, as três críticas formam uma teoria completa do entendimento humano acerca do mundo.

Immanuel Kant, em pintura alemã do século XVIII. //

Do método às teorias

Vê-se, pois, que o método científico moderno não pode ser compreendido sem a participação dessas diferentes visões filosóficas. Cada uma delas contribuiu com elementos para a consolidação da forma de pensar cientificamente e de produzir conhecimentos.

A Ciência moderna pode ser caracterizada por dois aspectos principais: a utilização do método experimental, ou método científico, e sua aplicação a um objeto específico, ou seja, a especialização. Temos, portanto, tantas ciências quantos são os objetos – por exemplo, a Física, que estuda as propriedades da matéria e da energia; a Química, que investiga as substâncias e suas transformações; a Biologia, que se dedica ao estudo do organismo dos animais e vegetais, entre várias outras. Todas essas ciências usam o mesmo método, ainda que ele possa sofrer algumas adaptações.

O método científico pode ser caracterizado por ao menos cinco passos, descritos a seguir:

- **Observação**: primeiro é necessário observar o fato que se deseja estudar. Mas não se trata de uma observação qualquer. Ela precisa ser rigorosa, sistemática, seguindo procedimentos e protocolos específicos, definidos pelo método científico.
- **Formulação de uma hipótese**: com base nos fatos observados, faz-se uma reorganização dos dados obtidos, de modo a explicar aquilo que foi visto. Elabora-se uma hipótese a ser comprovada. Por exemplo: se observamos que durante o dia o Sol parece mover-se pelo céu, então, podemos formular a hipótese de que esse astro está girando ao redor da Terra. Trata-se de uma interpretação do fato observado, a qual precisa ser verificada.
- **Experimentação**: nesta etapa, testa-se a hipótese construída, que pode ser ou não comprovada. A experimentação é uma nova observação, mas desta vez feita em condições privilegiadas, geralmente em um laboratório, simulando aquilo que acontece na natureza. Caso a hipótese não seja comprovada, é necessário elaborar outra hipótese, seguindo-se uma nova etapa de verificação. Por exemplo: cientistas levantam a hipótese de que determinada substância química age no combate ao câncer. Para verificar essa hipótese, será necessário organizar uma série de testes com animais doentes, aplicando neles essa substância e avaliando os resultados. É comum que isso seja feito de forma comparada: um grupo de animais recebe a substância, outro grupo, não (o chamado grupo de controle); durante certo tempo os dois grupos são examinados para verificar a ação da substância no grupo medicado em relação ao grupo de controle.

// Dependendo do objeto a ser observado, pode ser necessário o uso de instrumentos que potencializem os sentidos humanos, como microscópios para observar o que é muito pequeno ou telescópios para estudar os astros longínquos. Na foto, o coordenador do Observatório Astronômico de Piracicaba (OAP) participa do Encontro Nacional de Astronomia. São Paulo, 2017.

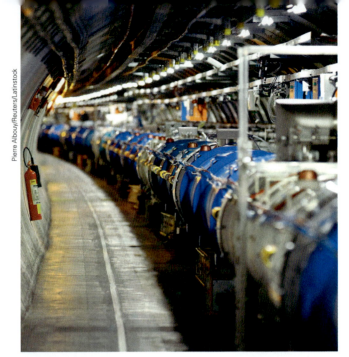

// O maior acelerador de partículas do mundo, localizado na sede da Organização Europeia para a Investigação Nuclear, na fronteira franco-suíça. Aqui trabalham cientistas do mundo todo, e diversos países apoiam suas pesquisas e experiências, que buscam compreender os mistérios da constituição da matéria subatômica. Partículas são lançadas e colididas em um enorme tubo circular, quase à velocidade da luz, e estuda-se seu comportamento e composição. A última grande descoberta foi o Bóson de Higgs, em 2012. Foto de 2014.

- **Generalização**: durante a experimentação são encontrados resultados que se repetem, o que torna possível elaborar "leis" gerais ou particulares que expliquem os fenômenos observados. Por exemplo: comprovada a hipótese de que todo corpo que tem massa atrai outros corpos que têm massa, podemos generalizar o fato para o exemplo de que todo corpo que tem massa menor que a Terra é atraído por ela e, portanto, todo corpo é atraído para a superfície do planeta. Assim, podemos afirmar com certeza que, em dadas condições materiais, todo corpo cai.

- **Elaboração de teorias (modelos)**: com os dados obtidos, é possível criar modelos teóricos de aplicação geral, capazes de explicar realidades complexas. É o que fez, por exemplo, Isaac Newton, ao criar a teoria da gravitação universal, que explica os processos de atração dos corpos que têm massa, sejam aqueles que observamos no dia a dia, sejam os planetas e os demais astros no céu.

Ao término da pesquisa, é necessário também que o cientista submeta sua teoria a outros membros da comunidade científica, divulgando seu trabalho, hipótese, método e conclusões. O constante diálogo entre os diversos pesquisadores permite que antigas teses sejam refutadas e novas teorias sejam criadas, pois mesmo a Ciência não conhece verdades absolutas e imutáveis: ela está em constante busca e aperfeiçoamento. A própria lei da gravitação universal proposta por Newton, apesar de aceita por grande parte da comunidade científica, é questionada hoje em dia. Estudos que têm por base a teoria geral da relatividade, de Albert Einstein, tentam provar que a lei formulada por Newton funciona bem como teoria, mas pode ser contestada na prática.

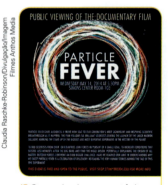

// Capa do documentário *Particle Fever*. Direção de Mark Levinson. Estados Unidos, 2014. (99 min).

O documentário *Particle Fever* acompanha o trabalho de cientistas no maior acelerador de partículas do mundo, na época em que foi descoberta a partícula de Higgs. A narrativa coloca-nos em contato com a Física contemporânea de forma acessível e envolvente.

A Ciência hoje

A Ciência, no sentido da busca por uma explicação racional, sistematizada e metódica do mundo, existe desde a Antiguidade e, durante muito tempo, fez parte da própria Filosofia. A partir do século XVII, alguns ramos do conhecimento começaram a se especializar e se tornar autônomos da Filosofia. Com a consolidação do método científico, sua aplicação a distintos objetos constituiu diferentes ciências.

A observação da natureza fez surgir a Física como a primeira ciência autônoma moderna. Seguiram-se a ela a Química e a Biologia. Só mais tarde, a partir da segunda metade do século XIX, o método científico aplicado aos fenômenos humanos – com certas adaptações – levou à criação das Ciências Humanas. Constituíram-se, assim, a História, a Sociologia e a Psicologia, entre outros campos do conhecimento.

A partir do século XX, produziu-se a noção de conhecimento científico como um saber aberto, sempre aproximativo e corrigível, e não uma afirmação de verdades absolutas. No final desse século, marcado por intensas discussões filosóficas sobre o conhecimento científico, o filósofo da Ciência **Paul Feyerabend** publicou um livro com o título *Contra o método* (1975). Nesse livro, o autor defende o que denomina um "anarquismo epistemológico". De acordo com sua tese central, a Ciência não é um saber tão organizado e metódico como acreditamos ser. Ao contrário, ela procede de forma anárquica, sem regras definidas, e o único princípio que não dificulta o progresso do conhecimento é aquele que afirma que "tudo vale" no exercício do pensamento. O foco da reflexão desse autor é a criatividade do pensamento científico, que seria diminuída se encerrada em um único método.

> **Epistemologia:** área da Filosofia dedicada a estudar o conhecimento, a teoria e a Filosofia da Ciência.

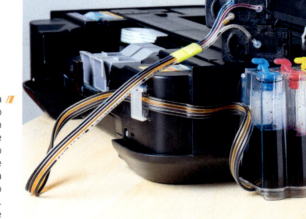

Ao encostar uma solda em sua caneta e perceber que, logo depois, ela liberava tinta, um engenheiro de uma empresa de eletrônicos inventou o mecanismo que regula as impressoras de cartucho. A criatividade e a quebra de regras marcam a produção científica atual.
Na foto, mecanismo de impressora a jato de tinta.

Paul Feyerabend (1924-1994)

Nasceu na cidade de Viena, capital da Áustria. Estudou com o filósofo da Ciência Karl Popper (1902-1994) e projetou parcerias com o amigo e também filósofo da Ciência Imre Lakatos (1922-1974), as quais não se realizaram por causa da morte repentina desse pensador. Seus estudos se concentraram no campo da filosofia da Ciência, tendo como temas centrais o método e o caráter anárquico da Ciência. Suas obras mais conhecidas são *Contra o método* (1975) e *Ciência em uma sociedade livre* (1978).

Paul Feyerabend, em foto de 1992.

Contra o método

A ciência é um empreendimento essencialmente anárquico: o anarquismo teórico é mais humanitário e mais apto a estimular o progresso do que suas alternativas que apregoam lei e ordem.

Isso é demonstrado tanto por um exame de episódios históricos quanto por uma análise abstrata da relação entre ideia e ação. O único princípio que não inibe o progresso é: tudo vale.

Por exemplo, podemos usar hipóteses que contradigam teorias bem confirmadas e/ou resultados experimentais bem estabelecidos.

A condição de consistência, que exige que hipóteses novas estejam de acordo com teorias aceitas, é desarrazoada, pois preserva a teoria mais antiga e não a melhor. Hipóteses contradizendo teorias bem confirmadas proporcionam-nos evidência que não pode ser obtida de nenhuma outra maneira. A proliferação de teorias é benéfica para a ciência, ao passo que a uniformidade prejudica seu poder crítico. A uniformidade também ameaça o livre desenvolvimento do indivíduo. Não há nenhuma ideia, por mais antiga e absurda, que não seja capaz de aperfeiçoar nosso conhecimento. Toda a história do pensamento é absorvida na Ciência e utilizada para o aperfeiçoamento de cada teoria. E nem se rejeita a interferência política.

FEYERABEND, Paul. *Contra o método*. São Paulo: Ed. da Unesp, 2007. [Trechos do índice analítico.]

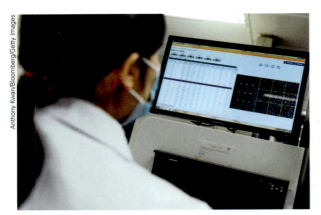

// A pesquisa para decifração do genoma humano envolveu diversas equipes de pesquisadores de várias partes do mundo. Na foto, sala de controle de laboratório de sequenciamento genético em Hong Kong, na China, 2017.

Atualmente, a Ciência é cada vez mais uma atividade colaborativa, feita em redes de pesquisas. O avanço dos meios de comunicação e a criação da internet (que originariamente era uma rede aberta somente a cientistas e pesquisadores) facilitaram muito isso. Nas últimas unidades deste livro voltaremos ao tema da Ciência, mas para estudar alguns de seus desafios contemporâneos, como o diálogo com as Ciências Humanas e as implicações éticas do conhecimento.

Arte: o ser humano como criador

O texto a seguir faz parte do encarte do CD *Com defeito de fabricação*, do compositor Tom Zé. Nele, o artista discorre sobre o "defeito inato" da população humana.

> O Terceiro Mundo tem uma crescente população. A maioria se transforma em uma espécie de "androide", quase sempre analfabeto e com escassa especialização para o trabalho.
>
> Isso acontece aqui nas favelas do Rio, São Paulo e do Nordeste do país. E em toda a periferia da civilização. Esses androides são mais baratos que o robô operário fabricado na Alemanha e no Japão. Mas revelam alguns "defeitos" inatos, como criar, pensar, dançar, sonhar; são defeitos muito "perigosos" para o Patrão Primeiro Mundo.
>
> Aos olhos dele, nós, quando praticamos essas coisas por aqui, somos "androides" com defeito de fabricação. Pensar sempre será uma afronta.
>
> Ter ideias, compor, por exemplo, é ousar. No umbral da História, o projeto de juntar fibras vegetais e criar a arte de tecer foi uma grande ousadia. Pensar sempre será.
>
> ZÉ, Tom. Defeito de fabricação. *Com defeito de fabricação* (CD). LuakaBop, 1998. Encarte.

// Pintura feita entre 4000 a.C. e 2000 a.C., em caverna de Tassili N'Ajjer, na Argélia.

Segundo o texto, "criar, pensar, dançar, sonhar" são "defeitos perigosos". Eles expressam aquilo que há de mais humano no ser humano. Graças a esses "defeitos", o ser humano deixa de ser apenas um androide, robô operário.

A capacidade criativa é inata ao ser humano e desde as primeiras civilizações a Arte é valorizada como um meio de expressão do nosso potencial.

De acordo com **Ernst Cassirer**, filósofo alemão que estudou a cultura humana, a Arte encanta porque é capaz de elevar o ser humano além da contemplação ordinária e revela à nossa imaginação a multiplicidade das coisas; o que, por fim, convida-nos a repensar o mundo em que vivemos. Aqueles que produzem a Arte têm, portanto, uma importante função. O que acontece se a Arte deixa de ser aquilo que nos liberta e faz pensar e passa a ser aquilo que nos aprisiona e limita? Hoje em dia, quais são os interesses por trás dos que produzem Arte?

Ernst Cassirer (1874-1945)

Filósofo alemão judeu, deixou a Alemanha após a ascensão de Hitler ao poder, tornando-se professor em universidades na Suécia e, depois, nos Estados Unidos. Dedicou-se a várias áreas, mas de modo especial à Filosofia da cultura. Dentre sua obra, podemos destacar: *Filosofia das formas simbólicas* (1923) e *Ensaio sobre o homem* (1944).

Ernst Cassirer, em foto de 1929. //

> Na percepção sensorial contentamo-nos em apreender os aspectos comuns e constantes dos objetos à nossa volta. A experiência estética é incomparavelmente mais rica, está prenhe de infinitas possibilidades que não são realizadas na experiência sensorial ordinária. Na obra do artista, essas possibilidades tornam-se realidades; são trazidas à luz e tomam uma forma definida. A revelação dessa inesgotabilidade dos aspectos das coisas é um dos grandes privilégios e um dos mais profundos encantos da arte.
>
> CASSIRER, Ernst. *Ensaio sobre o homem*. São Paulo: Martins Fontes, 2001. p. 238.

Já em seu primeiro livro, *O nascimento da tragédia*, publicado em 1872, o filósofo **Friedrich Nietzsche** atribuiu à arte um papel central na cultura humana. Estudando a Antiguidade grega, ele afirmou que a criatividade e a beleza daquela civilização se deveram à sua capacidade de articular duas forças que, em princípio, são opostas. Denominou essas forças inspirado na Mitologia grega. Chamou de apolíneo (relativo ao deus Apolo) o princípio que representa a razão como beleza harmoniosa e comedida, organizada. E denominou dionisíaco (relativo ao deus Dioniso) o princípio que representa a embriaguez, o caos, a falta de medida, a paixão. Para Nietzsche, nenhuma arte pode ser puramente apolínea (isto é, centrada na razão e na harmonia) nem puramente dionisíaca (isto é, centrada na desordem criativa e no excesso). A criação humana depende da articulação dos dois princípios, uma vez que o dionisíaco nos dá o princípio criativo e o apolíneo nos dá a ordem e a harmonia necessárias para a produção de algo belo.

Para Nietzsche é a Arte – com suas forças de criação – que nos faz plenamente humanos, pois ela nos dá a oportunidade de produzir a própria vida, construindo o que somos à medida que vamos vivendo.

> Apenas os artistas, especialmente os do teatro, dotaram os homens de olhos e ouvidos para ver e ouvir, com algum prazer, o que cada um é, o que cada um experimenta e o que quer; apenas eles nos ensinaram a estimar o herói escondido em todos os seres cotidianos, e também a arte de olhar a si mesmo como herói [...] – a arte de se "pôr em cena" para si mesmo.
>
> NIETZSCHE, Friedrich. *A gaia ciência*. São Paulo: Companhia das Letras, 2001. p. 106.

Friedrich Nietzsche (1844-1900)

Friedrich Nietzsche (1844-1900) é um dos mais importantes filósofos contemporâneos. Nasceu na Alemanha e seu pensamento contém uma crítica radical ao pensamento moderno e ao cristianismo, que ele identificava como uma "moral de rebanho". Defendeu a Filosofia como uma educação de si mesmo, um processo constante de autossuperação. Dentre sua obra, destaca-se *Assim falou Zaratustra* (1883-1885). Escreveu também muitos aforismos, um estilo deliberadamente fragmentário, que pede a reflexão e a interpretação do leitor.

// Nietzsche, em foto de 1875.

INFORMAÇÕES COMPLEMENTARES

Apolo e Dioniso

Na Mitologia grega, Apolo era filho de Zeus e Leto. Representa a beleza, a perfeição, a harmonia, o equilíbrio e a razão. Protege os marinheiros, os pastores e os arqueiros.

Dioniso era filho de Zeus e da princesa Sêmele. Representa os ciclos vitais, o vinho, as festas. O culto a Dioniso deu origem ao teatro grego.

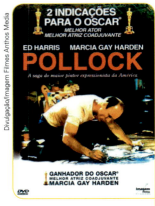

Capa do filme *Pollock*. Direção de Ed Harris. Estados Unidos, 2000. (117 min).

Com base na biografia do pintor estadunidense Jackson Pollock, o filme faz uma reflexão sobre a vida de um artista e as reações do público perante suas obras.

Arte e criação

Ao relacionar-se com o mundo, assim como qualquer pessoa, o artista experimenta sensações boas ou ruins, que o afetam, o mobilizam, deixam nele alguma marca. Mas, diferentemente daqueles que não são artistas, ele é capaz de transformar as percepções e os sentimentos em algo – uma música, uma pintura, uma escultura, um poema ou outro tipo de arte – que condensa esse estado. Outra pessoa, quando entra em contato com o objeto artístico, sente-se afetada por ele, com sensações boas, não tão boas ou mesmo ruins. Por essa razão, Gilles Deleuze e Félix Guattari, quando falam da potência criativa da Arte, dizem que aquilo que o artista cria, a obra de arte, é um "bloco de sensações". A obra traz em si as sensações do artista, sendo por isso capaz de provocar novas sensações nas pessoas.

Os sentimentos da pessoa que usufrui a obra não são necessariamente os mesmos do artista. Cada um tem as próprias percepções e uma mesma obra pode provocar reações muito diferentes nas diversas pessoas que entram em contato com ela. Diante de um trabalho de Jackson Pollock (1912-1956), por exemplo – artista que pintou de forma intensa, jogando tinta sobre a tela e formando composições bastante inusitadas –, algumas pessoas veem não mais do que borrões de tinta; outras podem analisar as cores utilizadas, a composição de tons e formas, a intensidade de cada jato de tinta que foi arremessado, e sentir alegria, tristeza, angústia, raiva, beleza...

Ao lado, *Number 8* (detalhe), feita por Pollock em 1949. O que essa obra desperta em você? Na imagem menor, o artista trabalhando em uma de suas criações, em 1950.

As várias formas de pensar

Afinal, por que exatamente a Filosofia, como já estudamos, mantém com a Mitologia, a religião e o senso comum relações muitas vezes conflituosas, enquanto seus vínculos com a Arte e a Ciência são mais estreitos?

Vamos pensar: uma obra de arte, seja ela qual for, é produto de uma experiência do pensamento que o artista vivenciou e tem o potencial de despertar em outras pessoas a sensibilidade e a curiosidade, instigando-as a pensar. Da mesma forma, uma teoria científica é também um produto do pensamento de um cientista e estimula outras pessoas a refletir. A Filosofia, igualmente, consiste em produzir conceitos com base em experiências do pensamento e gerar, assim, outros pensamentos.

Portanto, com as formas de enfrentar o mundo que não convidam nem incitam a um pensamento constante, a Filosofia não pode interagir com a mesma intensidade. Esse é o caso da Mitologia, da religião e do senso comum. Com aquelas formas que estão o tempo todo nos fazendo pensar – a Ciência e a Arte – a Filosofia dialoga e nelas interfere, da mesma forma que recebe suas influências e interferências.

Assim, Ciência, Arte e Filosofia são formas distintas de pensar, mas que se complementam na invenção de novas perspectivas a respeito do mundo e da existência.

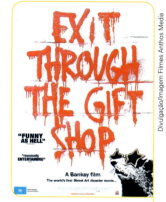

// Capa do documentário *Exit through the Gift Shop*. Direção de Banksy. Estados Unidos/Reino Unido, 2010. (87 min).

O documentário aborda de forma cômica e abrangente o mundo da *street art* ("arte de rua") e seus principais personagens no cenário norte-americano e europeu. Colhendo relatos de diversos artistas, incluindo o do misterioso Banksy, que nunca revelou sua identidade, o documentário joga com o real e o fictício, expondo as contradições que movem a Arte contemporânea.

É lógico!

Como vimos anteriormente, lidamos o tempo todo com argumentos, que são formados por proposições que, por sua vez, podem ser verdadeiras ou falsas. Quantas vezes não somos enganados por um argumento que parece correto e depois percebemos que não era? Será possível distinguir entre argumentos válidos e argumentos inválidos? Essa é uma das coisas que a lógica nos ensina.

As proposições sempre dizem respeito a alguma coisa. Por isso podem ser verdadeiras, quando correspondem àquilo que afirmam, ou falsas, quando essa correspondência não existe. Isso fica fácil de entender no caso de proposições que dizem respeito a fatos. Por exemplo, quando dizemos que há um ponto de ônibus em frente ao local aonde vamos, este é um fato que pode ser verificado. Se, de fato, o ônibus parar ali, a proposição é considerada verdadeira; se o ônibus parar apenas no quarteirão seguinte, a proposição será considerada falsa. Outro exemplo: "O sol está brilhando" é uma proposição que pode ser facilmente constatada e podemos verificar se é verdadeira ou falsa. Esse tipo de proposição é denominado juízo de fato, porque se refere a fatos concretos.

Já no caso do outro exemplo que demos no capítulo anterior, sobre o jogador de futebol, as coisas ficam mais complicadas. É que, quando afirmamos que "o jogador x é um craque", estamos fazendo uma avaliação de suas qualidades. Isso é verdadeiro ou não? Depende de quem avalia... É como dizer que um quadro é bonito ou como dizer que um filme é interessante – nem todos concordam. A esse tipo de proposição chamamos juízo de valor, porque a afirmação está baseada em uma avaliação pessoal. A verdade da proposição, nesse caso, não é objetiva: não é como olharmos pela janela para ver se, de fato, o Sol está brilhando. A verdade é "subjetiva", depende do sujeito que a avalia: alguns considerarão verdadeira a afirmação de que "x é um craque", mas outros poderão discordar dela, dizendo ser falsa.

Se as proposições podem ser verificadas como verdadeiras ou falsas pela sua relação com os fatos, os argumentos, por sua vez, precisam ser validados. O que a lógica nos ensina é que às vezes um argumento, mesmo constituído por proposições verdadeiras, pode não ser válido. Ele tem toda a aparência de ser correto, mas nos engana. Como será isso? Veremos nos capítulos seguintes.

Trabalhando com textos

Dos dois textos a seguir, o primeiro aborda o pensamento científico e o segundo trata da importância da Arte para o exercício de um pensamento livre. Leia-os atentamente.

Texto 1

Para pensar cientificamente, precisamos lidar com os conhecimentos e preconceitos já cristalizados, como as **opiniões** – grande obstáculo a ser removido –, conforme explica o filósofo Gaston Bachelard (1884-
-1962) no texto a seguir.

A formação do espírito científico

A ideia de partir de zero para fundamentar e aumentar o próprio acervo só pode vingar em culturas de simples justaposição, em que um fato conhecido é imediatamente uma riqueza. Mas, diante do mistério do real, a alma não pode, por decreto, tornar-se ingênua. É impossível anular, de um só golpe, todos os conhecimentos habituais. Diante do real, aquilo que cremos saber com clareza ofusca o que deveríamos saber. Quando o espírito se apresenta à cultura científica, nunca é jovem. Aliás, é bem velho, porque tem a idade de seus preconceitos. Aceder à ciência é rejuvenescer espiritualmente, é aceitar uma brusca mutação que contradiz o passado.

A ciência, tanto por sua necessidade de coroamento como por princípio, opõe-se absolutamente à opinião. Se, em determinada questão, ela legitima a opinião, é por motivos diversos daqueles que dão origem à opinião; de modo que a opinião está, de direito, sempre errada. A opinião pensa mal; não pensa: traduz necessidades em conhecimentos. Ao designar os objetos pela utilidade, ela se impede de conhecê-los. Não se pode basear nada na opinião: antes de tudo, é preciso destruí-la. Ela é primeiro obstáculo a ser superado. Não basta, por exemplo, corrigi-la em determinados pontos, mantendo, como uma espécie de moral provisória, um conhecimento vulgar provisório. O espírito científico proíbe que tenhamos uma opinião sobre questões que não compreendemos, sobre questões que não sabemos formular com clareza. Em primeiro lugar, é preciso saber formular problemas. E, digam o que disserem, na vida científica os problemas não se formulam de modo espontâneo. É justamente esse sentido do problema que caracteriza o verdadeiro espírito científico. Para o espírito científico, todo conhecimento é resposta a uma pergunta. Se não há pergunta, não pode haver conhecimento científico. Nada é evidente. Nada é gratuito. Tudo é construído.

BACHELARD, Gaston. *A formação do espírito científico*. Rio de Janeiro: Contraponto, 1996. p. 17-18.

Questões

1. O que quer dizer a seguinte afirmação de Bachelard: "Aceder à ciência é rejuvenescer espiritualmente [...]"? Utilize dados do próprio texto e as informações sobre as características da Ciência moderna que você estudou neste capítulo.

2. Por que, segundo o texto, a formulação do problema caracteriza o espírito científico?

Texto 2

Para Nietzsche, apenas quando usamos o "chapéu de bobo" a vida é suportável. Segundo esse filósofo, a Arte nos ajuda a deixar de ser "pesados e sérios" e experimentar o pensamento livre.

A gaia ciência

Nossa derradeira gratidão para com a arte. – Se não tivéssemos aprovado as artes e inventado essa espécie de culto do não verdadeiro, a percepção de inverdade e mendacidade geral, que até agora nos é dada pela ciência – da ilusão e do erro como condições de existência cognoscente e sensível –, seria intolerável para nós. A retidão teria por consequência a náusea e o suicídio. Mas agora a nossa retidão tem uma força contrária, que nos ajuda a evitar consequências tais: a arte como a boa vontade da aparência. [...]

Como fenômeno estético a existência ainda nos é suportável, e por meio da arte nos são dados olhos e mãos e, sobretudo, boa consciência para poder fazer de nós mesmos um tal fenômeno. Ocasionalmente precisamos descansar de nós mesmos, olhando-nos de cima e de longe e, de uma artística distância, rindo de nós ou chorando por nós; precisamos descobrir o herói e também o tolo que há em nossa paixão do conhecimento, precisamos nos alegrar com nossa estupidez de vez em quando, para poder continuar nos alegrando com a nossa sabedoria! E justamente por sermos, no fundo, homens pesados e sérios, e antes pesos do que homens, nada nos faz tanto bem como o chapéu do bobo: necessitamos dele diante de nós mesmos – necessitamos de toda arte exuberante, flutuante, dançante, zombeteira, infantil e venturosa, para não perdermos a liberdade de pairar acima das coisas, que o nosso ideal exige de nós. Seria para nós um retrocesso cair totalmente na moral, justamente com a nossa suscetível retidão, e, por causa das severas exigências que aí fazemos a nós mesmos, tornamo-nos virtuosos monstros e espantalhos. Devemos também poder ficar acima da moral: e não só ficar em pé, com a angustiada rigidez de quem receia escorregar e cair a todo instante, mas também flutuar e brincar acima dela! Como poderíamos então nos privar da arte, assim como do tolo? – E, enquanto vocês tiverem alguma vergonha de si mesmos, não serão ainda um de nós!

NIETZSCHE, Friedrich. *A gaia ciência*. São Paulo: Companhia das Letras, 2001. p. 132-133 (aforismo 107).

Cognoscente: aquele que conhece; existência cognoscente: a existência que produz conhecimentos.
Mendacidade: característica do que é mentiroso, falso.
Retidão: característica daquilo que é reto. No texto, trata-se de uma retidão moral, retidão de caráter.
Suscetível: que tem tendência para receber influências.

Questões

1. Segundo Nietzsche, na Arte as pessoas podem "descansar de si mesmas". O que ele quis dizer com isso?
2. O aforismo citado fala sobre um "espírito livre". De acordo com sua leitura do texto e a relação entre Filosofia e Arte, responda: Qual é o significado dessa expressão?

Em busca do conceito

1. Podemos falar em "Ciência" na Antiguidade? Cite exemplos da produção de um conhecimento sistematizado naquela época.
2. Quais são os dois componentes básicos da Ciência moderna?
3. De acordo com o que foi visto neste capítulo, explique por que a Arte é importante para a vida humana.
4. Ouça a canção "A ciência em si" e reflita sobre sua letra. Escreva um pequeno texto, relacionando-a às noções de mito e Ciência.

A ciência em si

Se toda coincidência
Tende a que se entenda
E toda lenda
Quer chegar aqui
A ciência não se aprende
A ciência apreende
A ciência em si
Se toda estrela cadente
Cai pra fazer sentido
E todo mito

Quer ter carne aqui
A ciência não se ensina
A ciência insemina
A ciência em si
Se o que se pode ver, ouvir, pegar, medir, pesar
Do avião a jato ao jaboti
Desperta o que ainda não, não se pôde pensar
Do sono do eterno ao eterno devir

Como a órbita da Terra abraça o vácuo devagar
Para alcançar o que já estava aqui
Se a crença quer se materializar
Tanto quanto a experiência quer se abstrair
A ciência não avança
A ciência alcança
A ciência em si

ANTUNES, Arnaldo; GIL, Gilberto. A ciência em si. *Quanta* (CD), Warner Music, 1997. Letra disponível em: <www.gilbertogil.com.br/sec_disco_interno.php?id=34>. Acesso em: 25 maio 2018.

Fotografia reproduzida no livro Saudades do Brasil, de 1994. Aqui o antropólogo francês Lévi-Strauss interage com indígenas brasileiros em sua pesquisa de campo, na década de 1930.

5. Faça uma pesquisa (na internet, em bibliotecas, em bancas de jornal) sobre as revistas de divulgação científica disponíveis hoje no Brasil. Escolha um ou mais artigos sobre uma pesquisa atual e, em grupo, preparem uma apresentação para os colegas, de modo a promover uma discussão sobre o tema. A apresentação deve ser precedida pela elaboração, em grupo, de uma análise crítica do artigo ou conjunto de artigos, explicitando:
   a) a hipótese ou hipóteses do autor;
   b) o método utilizado na pesquisa;
   c) as principais conclusões do texto.

6. No texto a seguir, **Claude Lévi-Strauss** rejeita a ideia de uma ruptura absoluta entre o pensamento mítico e a Ciência. Ele afirma que é preciso considerar ambos "em paralelo", pois há mais proximidade entre eles do que supõe a visão comum.

> Não voltamos, contudo, à tese vulgar (aliás admissível, na perspectiva estreita em que se coloca), segundo a qual a magia seria uma modalidade tímida e balbuciante da ciência: pois nos privaríamos de todos os meios de compreender o pensamento mágico se pretendêssemos reduzi-lo a um momento ou a uma etapa da evolução técnica e científica. Mais como uma sombra que antecipa a seu corpo, ela é, num sentido, completa como ele, tão acabada e coerente em sua imaterialidade quanto o ser sólido por ela simplesmente precedido. O pensamento mágico não é uma estreia, um começo, um esboço, parte de um todo ainda não realizado; forma um sistema bem articulado; independente, neste ponto, desse outro sistema que constituirá a ciência [...].
>
> Em lugar, pois, de opor magia e ciência, melhor seria colocá-las em paralelo, como duas formas de conhecimento, desiguais quanto aos resultados teóricos e práticos (pois, sob este ponto de vista, é verdade que a ciência se sai melhor que a magia, se bem que a magia preforme a ciência no sentido de que triunfa também algumas vezes), mas não pelo gênero de operações mentais, que ambas

supõem, e que diferem menos em natureza que em função dos tipos de fenômeno a que se aplicam.

Estas relações decorrem, com efeito, das condições objetivas em que surgiram o conhecimento mágico e o conhecimento científico. A história deste último é bastante curta para que estejamos bem informados a seu respeito; mas o fato de a origem da ciência moderna remontar apenas há alguns séculos cria um problema, sobre o qual os etnólogos ainda não refletiram suficientemente; o nome paradoxo neolítico caber-lhe-ia perfeitamente.

LÉVI-STRAUSS, Claude. *O pensamento selvagem*. Campinas: Papirus. 2005.

O que você pensa sobre essa questão? Com base em tudo o que estudamos no capítulo, elabore uma dissertação desenvolvendo o seu ponto de vista.

Claude Lévi-Strauss (1908-2009)

Filósofo e etnólogo nascido em Bruxelas, Bélgica, foi professor na Universidade de São Paulo (USP), em instituições norte-americanas e em instituições francesas, especialmente o Collège de France. Com base em suas pesquisas feitas com indígenas brasileiros, criou a Antropologia estrutural, uma nova forma de fazer pesquisas antropológicas que teve grande impacto no pensamento francês do século XX, nos mais variados campos. Foi autor de diversas obras, entre as quais: *As estruturas elementares do parentesco* (1949), *Antropologia estrutural* (1958) e *O pensamento selvagem* (1962).

Claude Lévi-Strauss, em foto da década de 1980.

Dissertação filosófica

Na introdução de uma dissertação, além de deixar claro o seu posicionamento em relação ao tema que será desenvolvido, é importante conquistar a atenção do leitor. Para isso, você pode começar seu texto, por exemplo, com uma declaração sucinta, uma pergunta, um fato histórico, uma citação ou até mesmo um ponto de vista que será contra-argumentado. Aproveite este momento do texto para problematizar o tema.

A introdução não deve ser longa, mas também não será boa se tiver apenas uma frase. O ideal é que tenha um número de frases suficiente para anunciar ao leitor as ideias que serão desenvolvidas. Isso corresponde a uma média de três a cinco frases.

Sugestões de leituras

CAPRA, Fritjof. *A Ciência de Leonardo da Vinci*. São Paulo: Cultrix, 2008.

A obra examina as produções científicas e tecnológicas do grande gênio do Renascimento.

HALPERN, Paul. *Os Simpsons e a Ciência*. Ribeirão Preto: Novo Conceito, 2008.

De forma divertida, o livro investiga temas como Ecologia, tecnologias, viagens espaciais e mutações genéticas, entre outros, a partir da conhecida série de animação *Os Simpsons*.

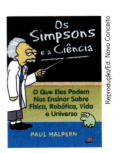

A Filosofia na História

Consulte na linha do tempo presente no final deste livro o contexto histórico e cultural dos acontecimentos mencionados aqui, bem como os filósofos que se destacaram no período em questão.

Embora civilizações antigas, como a egípcia, a indiana e a chinesa, cultivassem conhecimentos e visões de mundo sofisticadas, foi na Grécia antiga que a Filosofia nasceu e se desenvolveu. No capítulo 1, vimos que entre os gregos havia uma cultura pluralista, aberta a influências e estimuladora de um pensamento autônomo, debatido e polemizado. Há, no entanto, outros motivos igualmente importantes que favoreceram o nascimento da Filosofia entre os gregos.

Toda vez que nos referimos à Grécia antiga, estamos na verdade nos referindo a um conjunto de cidades politicamente independentes umas das outras. Reveja o mapa da página 18 e observe que essas cidades se situavam ao longo de todo o mar Mediterrâneo, mas se concentravam na península em que hoje se localiza o país que conhecemos por Grécia. No século V a.C., Atenas concentrou intensa vida cultural e diversas transformações políticas. É por isso que ela é frequentemente tomada como exemplo.

Sólon e Clístenes, dois políticos atenienses, foram os principais responsáveis por reformas políticas que permitiram o desenvolvimento da democracia na cidade. Essas reformas estabeleceram leis que contrariavam alguns costumes patriarcais e dividiram de maneira mais equitativa o poder. Primeiro, os grupos mais poderosos tiveram seus poderes igualados aos dos menos poderosos. Mais tarde, todos os cidadãos (dentro das restrições que vimos no capítulo 1) passaram a ter os mesmos direitos e deveres, princípio chamado *isonomia*. Antes dessas reformas, as leis eram feitas no Areópago por um pequeno grupo de pessoas sob a influência da deusa Atena, que, segundo a tradição, só falava a alguns. Mas Clístenes instituiu o tribunal popular e a assembleia, que passaram a debater questões importantes para a cidade na presença de todos os cidadãos e em um local circular, para que todos estivessem diante de todos. Na assembleia, todos os cidadãos têm direito à palavra, princípio chamado *isegoria*.

Essa nova configuração do espaço político exigiu mudanças na mentalidade política dos cidadãos atenienses. Nessa nova sociedade, eles não apenas obedeciam às decisões e às leis, mas tomavam decisões e faziam as leis que deveriam ser obedecidas. Os homens passaram ao centro, determinando os destinos da cidade e, portanto, tiveram de pensar por si mesmos. Não havia mais respostas vindas de cima e todas as decisões poderiam ter seus pressupostos questionados, de maneira que quem defendia tal ponto de vista teria de explicá-lo, e quem o criticava, também.

A Filosofia é justamente essa forma de pensamento que questiona os pressupostos e que, nessa nova forma política, é muito estimulada. No início, a Filosofia se ocupava da natureza, em busca de suas leis e de uma cosmologia.

/// Acima, imagem de debate em ágora ateniense, de William S. Bagdatopoulos (1888-1965); ao lado, abertura das atividades do Congresso Nacional, em Brasília (DF), 2014. Dos ideais e conceitos políticos ao modelo arquitetônico das instituições públicas, as inovações culturais e políticas realizadas pelos gregos entre o nascimento e a consolidação da Filosofia se refletem ainda hoje.

Mas, pouco a pouco, as demandas de cunho político, moral e ético fizeram com que o ser humano, e não mais os deuses, ocupasse o centro das atenções.

É nesse contexto que Sócrates, segundo Cícero (106 a.C.-43 a.C.), "trouxe a Filosofia dos céus para a terra" e deu grande impulso ao que Deleuze chama "potência do pensamento". Também a Arte, outra "potência do pensamento", se desenvolveu muito nesse período áureo de Atenas. Durante o governo de Péricles (461 a.C.-429 a.C.), grandes obras arquitetônicas, como o Parthenon, foram construídas. A escultura grega chegou ao seu ponto mais alto com as obras de Fídias. Os três grandes autores trágicos, Sófocles, Eurípedes e Ésquilo, também produziram suas peças teatrais nesse momento. Na Medicina, destaca-se a obra de Hipócrates, considerado o pai desse saber. Heródoto e Tucídides narraram fatos memoráveis do passado sem recorrer aos mitos, e deram início à historiografia e ao conhecimento que hoje chamamos História.

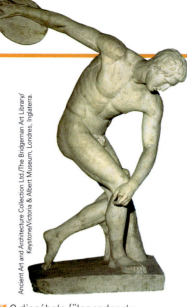

O discóbolo ("lançador de disco"), feito pelo escultor Míron em 450 a.C., é um exemplo da grande estatuária grega, que celebrava a beleza do corpo humano. Nesse caso, também os esportes são celebrados.

O Parthenon foi um templo erguido para a deusa Atena. É um símbolo tanto da arquitetura grega quanto da democracia, pois sua longa construção foi decidida em assembleia, que também escolhia anualmente os cidadãos responsáveis pela fiscalização da obra. Foto de 2015.

Questões

1. Com base no texto de Jean-Pierre Vernant, abaixo, e no conteúdo da unidade 1, indique os "vínculos demasiado estreitos" entre o advento da pólis e o nascimento da Filosofia.

   > Advento da pólis, nascimento da filosofia: entre as duas ordens de fenômenos, os vínculos são demasiado estreitos para que o pensamento racional não apareça, em suas origens, solidário das estruturas sociais e mentais próprias da cidade grega. [...] De fato, é no plano político que a Razão, na Grécia, primeiramente se exprimiu, constituiu-se e formou-se. A experiência social pôde tornar-se entre os gregos objeto de uma reflexão positiva, porque se prestava, na cidade, a um debate público de argumentos. [...] A razão grega é a que de maneira positiva, refletida, metódica, permite agir sobre os homens, não transformar a natureza. Dentro de seus limites, como em suas inovações, ela é filha da cidade.
   >
   > VERNANT, Jean-Pierre. *As origens do pensamento grego*. São Paulo: Difel, 1986. p. 141-143.

2. Considerando a concepção racional de destino, que se refletiu na vida política ateniense por meio da democracia, de que modo ela se diferencia da concepção de destino derivada da religião, do mito e do senso comum?

3. Embora muitos considerem que vivemos, hoje, em uma sociedade democrática e que a Filosofia, a Ciência e a Arte estão muito desenvolvidas, é comum encontrarmos conflitos entre alguma das formas de potência do pensamento e a Mitologia, a religião ou o senso comum, o que prova que essas três formas de pensamento ainda vigoram entre nós. Identifique um desses conflitos no mundo atual. Qual é a sua posição a respeito dele?

Um diálogo com História e Sociologia

O jovem e o exercício do pensamento

Você já parou para pensar em como os conteúdos e as investigações das disciplinas que você estuda na escola possibilitam uma interação, um diálogo com as questões presentes em seu cotidiano? Isso ocorre porque os conhecimentos não são isolados: eles se relacionam e se complementam, tendo em vista a compreensão da realidade em que vivemos.

No caso da Filosofia, ao pensar filosoficamente, focamos os mais variados objetos, sem perder a noção de que eles compõem um todo, isto é, fazem parte do mundo.

Dessa forma, não há como estudar Filosofia sem estar em relação direta com outras disciplinas e áreas do conhecimento. E ainda mais: não há como produzir Filosofia sem o diálogo com as artes e as ciências.

Ao realizar as atividades desta seção, observe como a Filosofia interage com outras áreas. Quando essas relações são estabelecidas, o estudo fica ainda mais significativo e – por que não? – mais divertido.

Após ler o artigo "Saudade para quê?", escrito por Serginho Groisman (1950-) para a Edição Especial Jovens da revista *Veja*, publicada em junho de 2004, e trechos da canção "Tempo perdido", de Renato Russo (1960-1996), faça o que se propõe a seguir.

Texto 1

Saudade para quê?

Existem jovens que sentem nostalgia por não ter sido jovens em gerações passadas. Saudade do enfrentamento com os militares dos anos [19]70, da organização estudantil nas ruas, do sonho socialista-comunista-anarquista-marxista-leninista.

Ter saudade da ditadura é ter saudade de conhecer a tortura, o medo, a falta de liberdade e a morte. Ser jovem naquela época era coexistir com a morte, ver os amigos ser tirados das salas de aula para o pau de arara, para o choque elétrico, para as humilhações. Da mesma forma, quem sente nostalgia dos anos [19]80 se esquece do dogmatismo limitante das tribos daqueles tempos, fossem *punks*, góticos ou metaleiros. Hoje, é a vez dos mauricinhos-patricinhas-cybermanos-junkies, das *raves*, do *crack*, da segurança dos *shoppings* e do Beira-Mar. Um cenário que pode parecer aborrecido ou irritante para muita gente que tem uma visão romântica de outras décadas. Mas nada melhor que a liberdade que temos hoje para saber qual é a real de uma juventude e de uma sociedade. Hoje, a juventude é mais tolerante com as diferenças. Hoje, existem ferramentas melhores para a pesquisa e a diversão. Hoje, a participação em ONGs é grande e isso mostra um país que trabalha, apesar do Estado burocrático. O país está melhor. Falta muito, mas o olhar está mais atento, e até o sexo está mais seguro. Não temos hinos mobilizadores, mas nem precisamos deles.

O jovem de hoje não precisa mais lutar pelo fim da tortura ou por eleições diretas, pois outras gerações já fizeram isso. Se o país necessitar, é verdade, lá estarão eles de cara limpa, pintada, o que for. Mas é bobagem achar, como pensam os nostálgicos, que tudo já foi feito. Há muito por realizar pelo país. Seria bom, por exemplo, se a juventude participasse de forma mais efetiva na luta pela educação e pela leitura. Sim, porque lemos pouco, muito pouco. Ler mais vai fazer a diferença. Transformar a chatice da obrigação de ler Machado de Assis no prazer absoluto de ler Machado de Assis. Repensar a escola também é

Serginho Groisman, em foto de 2010.

fundamental. Dar ao aluno mais responsabilidade pelo próprio destino e a chance de se autoavaliar e avaliar seus professores. Reformular o sistema de avaliação e transformar a escola numa atividade de prazer: trazer para dentro dos colégios os temas da atualidade, além de transformar numa atividade doce o trinômio física-química-biologia.

Vivemos num país que mistura desdentados com marombados, famintos com *bad boys*, motins em prisões com *raves* na Amazônia, malabares nos cruzamentos com gatinhas tatuadas, crianças com 15 anos na Febem e outras com 15 na Disney. É Macunaíma dando passagem aos tropicalistas, numa maçaroca que é o samba-enredo chamado Brasil. É um país com muitas diferenças – e acabar com elas é papel dos jovens. A juventude deve, acima de tudo, saber desconfiar das verdades absolutas. Desconfiar sempre é ser curioso, pesquisador, renovador, transgressor. Seja intransigente na transgressão. Sempre diga não ao não – e desafine o coro dos contentes.

GROISMAN, Serginho. Saudade para quê? *Veja*. Edição Especial Jovens. São Paulo: Abril, n. 32, p. 82, jun. 2004.

Texto 2

Tempo perdido

Todos os dias quando acordo,
Não tenho mais o tempo que passou
Mas tenho muito tempo:
Temos todo o tempo do mundo.
Todos os dias antes de dormir,
Lembro e esqueço como foi o dia:
"Sempre em frente,
Não temos tempo a perder".

[...]
O que foi escondido é
o que se escondeu
E o que foi prometido,
ninguém prometeu.
Nem foi tempo perdido;
Somos tão jovens.

RUSSO, Renato. Tempo perdido. *Dois* (CD), EMI-Odeon, 1986.

O grupo de *rock* Legião Urbana, em foto de 1986.

1. O artigo menciona a ditadura militar e a organização estudantil que marcaram os anos 1970. Faça uma pesquisa em bibliotecas e na internet sobre o movimento estudantil no Brasil e escreva um breve relatório comparando as principais reivindicações feitas pelos jovens daquela década e atualmente. O que mudou?

2. Releia o trecho do artigo destacado abaixo:

> Mas é bobagem achar, como pensam os nostálgicos, que tudo já foi feito. Há muito por realizar pelo país. Seria bom, por exemplo, se a juventude participasse de forma mais efetiva na luta pela educação e pela leitura. Sim, porque lemos pouco, muito pouco. [...] Repensar a escola também é fundamental. [...] Reformular o sistema de avaliação e transformar a escola numa atividade de prazer [...].

a) Qual é a sua opinião sobre esse trecho? Você concorda ou discorda dele?
b) Em sua opinião, o que mais precisa ser feito pelo nosso país? O que você faz para contribuir com isso?

3. A canção do grupo Legião Urbana nos faz pensar sobre o tempo e a História. A cada dia, já não temos o tempo que passou, mas temos um futuro aberto. Como nos relacionamos com o passado: nostalgicamente ou utilizando-o como experiência para a construção do futuro? Com base no artigo de Serginho Groisman, argumente sobre essa questão.

4. Releia os trechos abaixo:

> A juventude deve, acima de tudo, saber desconfiar das verdades absolutas. Desconfiar sempre é ser curioso, pesquisador, renovador, transgressor. Seja intransigente na transgressão. Sempre diga não ao não – e desafine o coro dos contentes.
>
> O que foi escondido é o que se escondeu,
> E o que foi prometido, ninguém prometeu,
> Nem foi tempo perdido;
> Somos tão jovens.

Escreva um pequeno texto relacionando os trechos às ideias estudadas nesta unidade.

A Filosofia no Enem e nos vestibulares

Enem

1. (Enem 2014)

A filosofia encontra-se escrita neste grande livro que continuamente se abre perante nossos olhos (isto é, o universo), que não se pode compreender antes de entender a língua e conhecer os caracteres com os quais está escrito. Ele está escrito em língua matemática, os caracteres são triângulos, circunferências e outras figuras geométricas, sem cujos meios é impossível entender humanamente as palavras; sem eles, vagamos perdidos dentro de um obscuro labirinto.

GALILEI, G. O ensaiador. *Os pensadores*.
São Paulo: Abril Cultural, 1978.

No contexto da Revolução Científica do século XVII, assumir a posição de Galileu significava defender a

a) continuidade do vínculo entre ciência e fé dominante na Idade Média.
b) necessidade de o estudo linguístico ser acompanhado do exame matemático.
c) oposição da nova física quantitativa aos pressupostos da filosofia escolástica.
d) importância da independência da investigação científica pretendida pela Igreja.
e) inadequação da matemática para elaborar uma explicação racional da natureza.

2. (Enem 2015)

A filosofia grega parece começar com uma ideia absurda, com a proposição: a água é a origem e a matriz de todas as coisas. Será mesmo necessário deter-nos nela e levá-la a sério? Sim, e por três razões: em primeiro lugar, porque essa proposição enuncia algo sobre a origem das coisas; em segundo lugar, porque o faz sem imagem e fabulação; e enfim, em terceiro lugar, porque nela, embora apenas em estado de crisálida, está contido o pensamento: Tudo é um.

NIETZSCHE, F. Crítica moderna. In: *Os pré-socráticos*.
São Paulo: Nova Cultural, 1999.

O que, de acordo com Nietzsche, caracteriza o surgimento da filosofia entre os gregos?

a) O impulso para transformar, mediante justificativas, os elementos sensíveis em verdades racionais.
b) O desejo de explicar, usando metáforas, a origem dos seres e das coisas.
c) A necessidade de buscar, de forma racional, a causa primeira das coisas existentes.
d) A ambição de expor, de maneira metódica, as diferenças entre as coisas.
e) A tentativa de justificar, a partir de elementos empíricos, o que existe no real.

Vestibulares

3. (UEG-GO 2014) A filosofia surge na Grécia aproximadamente no século VII a.C. e procura formular questões e respondê-las apenas com auxílio da razão, voltando-se contra o mito, os preconceitos e o senso comum. Nessa busca pelo conhecimento do mundo e do homem, ela se constitui, em sua origem, como uma cosmologia racional de tendência monista. Isso significa que a filosofia surge

a) como diálogo da razão com ela mesma, não se interessando inicialmente por questões referentes ao cosmo, sendo sua preocupação primordial o mundo humano.
b) propondo uma concepção racional da ordem cósmica e buscando um princípio único originário.
c) reforçando o testemunho dos sentidos; portanto, afirma a multiplicidade e a transitoriedade de todas as coisas.
d) como um conhecimento alimentado pela codificação mítica e procura elucidar os mistérios dos tempos primordiais por meio de uma verdade revelada.

4. (UFU-MG 2013/2)

A atividade intelectual que se instalou na Grécia a partir do séc. VI a.C. está substancialmente ancorada num exercício especulativo-racional. De fato, "[...] não é mais uma atividade mítica (porquanto o mito ainda lhe serve), mas filosófica; e isso quer dizer uma atividade regrada a partir de um comportamento epistêmico de tipo próprio: empírico e racional".

SPINELLI, Miguel. *Filósofos Pré-socráticos*.
Porto Alegre: EDIPUCRS, 1998. p. 32.

Sobre a passagem da atividade mítica para a filosófica, na Grécia, assinale a alternativa correta.

a) A mentalidade pré-filosófica grega é expressão típica de um intelecto primitivo, próprio de sociedades selvagens.

b) A filosofia racionalizou o mito, mantendo-o como base da sua especulação teórica e adotando a sua metodologia.
c) A narrativa mítico-religiosa representa um meio importante de difusão e manutenção de um saber prático fundamental para a vida cotidiana.
d) A *Ilíada* e a *Odisseia* de Homero são expressões culturais típicas de uma mentalidade filosófica elaborada, crítica e radical, baseada no *logos*.

5. (Unesp-SP 2015)

Texto I

Quanto mais as classes exploradas, o "povo", sucumbem aos poderes existentes, tanto mais a arte se distanciará do "povo". A arte pode preservar a sua verdade, pode tornar consciente a necessidade de mudança, mas apenas quando obedece à sua própria lei contra a lei da realidade. A arte não pode mudar o mundo, mas pode contribuir para a mudança da consciência e impulsos dos homens e mulheres que poderiam mudar o mundo. A renúncia à forma estética é abdicação da responsabilidade. Priva a arte da verdadeira forma em que pode criar essa outra realidade dentro da realidade estabelecida – o cosmos da esperança. A obra de arte só pode obter relevância política como obra autônoma. A forma estética é essencial à sua função social.

(Herbert Marcuse. *A dimensão estética*, s/d. Adaptado.)

Texto II

Foi com estranhamento que crítica e público receberam a notícia de que a escritora paulista Patrícia Engel Secco, com a ajuda de uma equipe, simplificou obras de Machado de Assis e de José de Alencar para facilitar sua leitura. O projeto que alterou partes do conto *O Alienista* e do romance *A Pata da Gazela* recebeu a aprovação do Ministério da Cultura para captar recursos com a lei de incentivo para imprimir e distribuir, gratuitamente, 600 000 exemplares. Os livros apresentam substituição de palavras e expressões com registro simplificado, como, por exemplo, a troca de "prendas" por "qualidades" em *O Alienista*. "O público-alvo do projeto é constituído por não leitores, ou leitores novos, jovens e adultos, de todos os níveis de escolaridade e faixa de renda", afirmou Patrícia. Autora de mais de 250 títulos, em sua maioria infantis, ela diz que encontra diariamente pessoas que não leem, mas que poderiam se interessar pelo universo de Machado e Alencar se tivessem acesso a uma obra facilitada.

(Meire Kusumoto. "De Machado de Assis a Shakespeare: quando a adaptação diminui obras clássicas". http://veja.abril.com.br, 12.05.2014. Adaptado.)

Explique o significado da autonomia da obra de arte para o filósofo Marcuse. Considerando esse conceito de autonomia, explique o significado estético do projeto literário de facilitação de algumas obras de Machado de Assis e de José de Alencar.

É lógico?

Elementar, meu caro. Depois de aprender um pouco sobre lógica nesta unidade, vamos começar a exercitar o uso das ferramentas de pensamento. Você verá como um pouco de treino ajuda bastante a pensar de forma mais organizada.

Agora vamos "brincar" com um dos mais clássicos jogos usados para exercitar o pensamento. A versão apresentada abaixo foi traduzida e adaptada de uma publicação *on-line* na seção "Tu cerebro y tú", do jornal espanhol *El País*.

Em uma ilha há 100 habitantes, sendo que todos eles possuem olhos azuis ou olhos castanhos. Todos veem a cor dos olhos dos outros, mas não a cor de seus próprios olhos, uma vez que não há espelhos na ilha. Eles estão proibidos de falar nesse assunto. E mais ainda: uma lei estabelece que, se alguém descobre que tem olhos azuis, precisará abandonar a ilha até as 8h da manhã do dia seguinte. Todos os habitantes da ilha são capazes igualmente de raciocinar e todos são capazes de usar impecavelmente a lógica.

Certo dia, chega à ilha um visitante e, ao olhar para todos os habitantes, diz, sem apontar nenhum deles: "Puxa, que bom que é ver pelo menos uma pessoa com olhos azuis depois de passar tanto tempo em alto-mar!".

Disponível em: <http://verne.elpais.com/verne/2015/04/22/articulo/1429704573_761260.html>. Acesso em: 19 abr. 2018.

• Que consequências esse comentário do visitante trouxe para os habitantes da ilha? Argumente para justificar sua resposta.

UNIDADE 2
O que somos?

Mulher com uma flor, pintura de Pablo Picasso, feita em 1932. Nesta obra, Picasso "explode" a representação: os elementos do corpo estão todos ali, mas com um arranjo completamente diferente. A concepção do artista sobre a modelo, a simbologia das formas e a singularidade da representação buscam traduzir tudo aquilo que define o ser humano: corpo, alma, morte, personalidade, linguagem, sexualidade, etc.

Mulher com uma flor, de Pablo Picasso, 1932.

À questão "O que somos?", filósofos de diferentes épocas deram respostas fundamentadas no estudo de atributos que acreditavam ser intrínsecos ao ser humano.

Sócrates e Platão indicaram o dualismo corpo-alma. Aristóteles ressaltou que o ser humano é um ser de linguagem, que utiliza formas lógicas na organização e expressão de ideias e conhecimentos. Por ser portador de linguagem, o ser humano é um "animal político".

Em resposta ao pensamento medieval, que estudou o dualismo e a lógica pela perspectiva das verdades cristãs, os renascentistas realizaram a crítica ao teocentrismo e o elogio ao antropocentrismo. Depois, com Baruch Espinosa, corpo e alma passaram a designar uma só coisa – o ser humano –, na qual mente e corpo estão sempre juntos no agir e no pensar.

Já nos séculos XIX e XX, o ser humano foi considerado sob a ótica de diferentes correntes filosóficas: o materialismo, que define o corpo por meio dos conceitos políticos de natureza e condição humana; a fenomenologia, que prioriza os conceitos epistemológicos de fenômeno e essência; e o existencialismo, que recorre aos conceitos ontológicos de ser, ente e existência.

Sob a influência da linguística, Ludwig Wittgenstein realizou reflexões inovadoras sobre a linguagem, consolidando uma nova área de estudo, a filosofia da linguagem. A sexualidade também se tornou objeto privilegiado de investigações filosóficas, em obras como as de Simone de Beauvoir e Michel Foucault.

IV a.C.
SÓCRATES (Atenas)
PLATÃO (Atenas)
ARISTÓTELES (Estagira – Macedônia)

XV
PICO DELLA MIRANDOLA (Mirandola – Itália)

XVI
ERASMO DE ROTERDÃ (Países Baixos)
THOMAS MORE (Inglaterra)
MONTAIGNE (França)

XVII
ESPINOSA (Holanda)

XVIII
VOLTAIRE (França)

XIX
HEGEL (Alemanha)
KIERKEGAARD (Dinamarca)
MARX (Alemanha)
NIETZSCHE (Alemanha)

XX
HUSSERL (Áustria)
CASSIRER (Polônia)
HEIDEGGER (Alemanha)
WITTGENSTEIN (Áustria)
SARTRE (França)
ARENDT (Alemanha)
MERLEAU-PONTY (França)
BEAUVOIR (França)
DELEUZE (França)
FOUCAULT (França)
GUATTARI (França)
LIPOVETSKY (França)

CAPÍTULO 4

O ser humano quer conhecer a si mesmo

// Cena do filme *Blade Runner: o caçador de androides*, de 1982. Ironicamente, a androide Pris, mais forte e inteligente que o humano J. F. Sebastian, diz a ele: "Eu penso, Sebastian, portanto eu sou". O que nos faz seres humanos?

Em algum momento da vida, praticamente todo ser humano pergunta a si mesmo: "Quem sou eu?". A mitologia e a religião, estudadas na primeira unidade, se preocuparam em buscar respostas para essa inquietação, assim como a filosofia. A partir das descobertas de Darwin (1809-1882) e de sua teoria evolucionista, no século XIX, um ramo da ciência também se voltou para o tema, constituindo uma nova disciplina, a antropologia. Numa perspectiva mais subjetiva, também a psicologia trouxe suas contribuições para o enfrentamento da questão.

Suponha que o desenvolvimento tecnológico nos permita criar androides, seres artificiais exatamente iguais aos seres humanos. Como distinguiríamos os "verdadeiros humanos" desses seres artificiais? Será que eles se perguntariam sobre sua existência? Esse é o argumento do romance de ficção científica *Androides sonham com ovelhas elétricas?*, de Philip K. Dick, escrito em 1968 e adaptado para o cinema em 1982, dando origem ao filme *Blade Runner: o caçador de androides*. Como saber quem somos?

Da mesma forma, na esfera criativa da arte, essa indagação é um tema recorrente. O poema "O homem; as viagens", de Carlos Drummond de Andrade (1902-1987), é um exemplo. Nele, o poeta reflete sobre a questão e convida o ser humano a empreender a extraordinária viagem de si a si mesmo.

O homem; as viagens

O homem, bicho da Terra tão pequeno
chateia-se na Terra
lugar de muita miséria e pouca diversão,
faz um foguete, uma cápsula, um módulo
toca para a Lua
desce cauteloso na Lua
pisa na Lua
planta bandeirola na Lua
experimenta a Lua
coloniza a Lua
civiliza a Lua
humaniza a Lua.

Lua humanizada: tão igual à Terra.
O homem chateia-se na Lua.
Vamos para Marte — ordena a suas máquinas.
Elas obedecem, o homem desce em Marte
pisa em Marte
experimenta
coloniza
civiliza
humaniza Marte com engenho e arte.

Marte humanizado, que lugar quadrado.
Vamos a outra parte?
Claro — diz o engenho
sofisticado e dócil.
Vamos a Vênus.
O homem põe o pé em Vênus,
Vê o visto — é isto?

idem
idem
idem.

O homem funde a cuca se não for a Júpiter
proclamar justiça junto com injustiça
repetir a fossa
repetir o inquieto
repetitório.

Outros planetas restam para outras colônias.
O espaço todo vira Terra-a-terra.
O homem chega ao Sol ou dá uma volta
só para tever?
Não-vê que ele inventa
roupa insiderável de viver no Sol.
Põe o pé e:
Mas que chato é o Sol, falso touro
espanhol domado.

Restam outros sistemas fora
do solar a colonizar.
Ao acabarem todos
só resta ao homem
(estará equipado?)
a dificílima dangerosíssima viagem
de si a si mesmo:
pôr o pé no chão
do seu coração
experimentar
colonizar
civilizar
humanizar
o homem
descobrindo em suas próprias inexploradas
[entranhas
a perene, insuspeitada alegria
de con-viver.

ANDRADE, Carlos Drummond de. *Poesia completa*. Rio de Janeiro: Nova Aguilar, 2004. p. 718-719.

Corpo e alma

No primeiro capítulo, vimos que a investigação da natureza ocupava o centro das atenções dos primeiros filósofos. Mas, a partir do século V a.C., Sócrates (c. 469 a.C.-399 a.C.) pôs o ser humano sob o foco do pensamento filosófico grego.

Afirma-se que ele adotou como lema de sua prática filosófica a inscrição que ficava no portal do famoso Oráculo de Delfos, templo dedicado ao deus Apolo: "Conhece-te a ti mesmo". Essa inscrição coloca o ser humano como a fonte e o caminho para a obtenção de todo o conhecimento. Seguindo tal máxima, a vida, examinada e investigada por meio da prática da filosofia, iria se tornar mais digna de ser vivida.

Ainda na Antiguidade, dois outros filósofos deram importantes contribuições para o pensamento a respeito do ser humano: Platão (c. 427 a.C.-347 a.C.) e Aristóteles (c. 384 a.C.-322 a.C.).

🔳 Cartaz do filme *Blade Runner: o caçador de androides*. Direção de Ridley Scott. Estados Unidos, 1982. (117 min).

No futuro, o ser humano é capaz de fabricar androides perfeitos para realizar as tarefas que ninguém quer fazer. Com o objetivo de evitar que se tornem muito perigosos, eles são programados para morrer após cinco anos da data de sua ativação. Uma nova geração de androides, com corpo perfeito e inteligência muito acima da média, sai em busca de seu criador para questionar a razão da finitude.

🔳 Pôster do filme *Blade Runner 2049*. Direção de Denis Villeneuve. Estados Unidos, 2017. (163 min).

Blade Runner 2049 se passa trinta anos após a ocorrência dos fatos do primeiro filme, quando um caçador de androides volta a entrar em ação. A tensão do enredo permanece: quem é humano e quem é androide? Como podemos ter certeza do que somos?

Platão afirmava que o ser humano é composto de um **corpo** físico, material, imperfeito e mortal, e de uma **alma**, imaterial, perfeita e imortal. Não se pode pensar no ser humano apenas como um corpo nem apenas como uma alma; ele é a ligação indissolúvel entre os dois. Precisaria, no entanto, ser conduzido pela alma, que é onde residem a razão e o pensamento, para que sua vida não se perdesse nas imperfeições do mundo físico. Essa teoria, que considera uma oposição entre os atributos do corpo e da alma, é a base daquilo que seria chamado depois de **dualismo psicofísico**. Uma vez controlados os instintos e as paixões do corpo, a alma pode dedicar-se às ideias. Contudo, Platão advertia que o fato de sermos guiados pela alma não significa uma negação do corpo, pois o bom uso da alma depende da saúde do corpo, que precisa ser bem cuidado. Um corpo devidamente exercitado possibilitaria que a alma também se exercitasse corretamente, por meio da prática filosófica.

🔳 *As águas do Lete, ao lado das planícies do Elísio*, pintura de John Roddam Spencer Stanhope, feita em cerca de 1880. Em *A república*, de Platão, encontramos o mito de Er, que narra a jornada das almas rumo à reencarnação. Conduzidas ao rio Lete ('esquecimento', em grego), as almas tinham de beber sua água para se purificar. As almas que bebiam muita água esqueciam mais e se tornavam tolas; as que bebiam menos se tornavam sábias.

Sem se afastar do dualismo corpo-alma platônico, Aristóteles avançou nos estudos filosóficos sobre o ser humano. Desenvolveu uma teoria na qual distingue os vários atributos da alma, sendo a razão o mais importante deles, por ser encontrada apenas nos seres humanos. Definiu o ser humano como um **animal racional** e um **animal político**.

Os gregos antigos afirmavam que o ser humano só pensa por meio da linguagem, o que significa que pensamento e linguagem estão entrelaçados. Ao afirmar que o ser humano é um animal racional, Aristóteles também quer dizer que ele é dotado de pensamento e de linguagem. Para designar tal característica, ele usou a palavra grega *logos*, que tanto significa 'razão', 'pensamento', quanto 'palavra', 'linguagem'.

Dessa primeira definição decorre a segunda: se somos seres de linguagem, se nos comunicamos com aqueles que são iguais a nós, então, com eles compartilhamos a vida. Por isso somos seres sociais, seres políticos, que não apenas têm necessidade de viver em comunidade, mas que só realizam plenamente sua humanidade na vida política.

A palavra política tem origem no termo grego *polis*, 'cidade', e se relaciona ao modo como os gregos conduziam a vida nas cidades, por meio de debates e discussões públicas. Animal político, então, seria aquele que só consegue realizar seu potencial no âmbito da pólis.

Mais tarde, com a expansão do cristianismo, a filosofia esteve estreitamente ligada à religião, na Europa. A Igreja católica utilizava argumentos filosóficos para reforçar os ensinamentos cristãos. O ser humano era considerado criação e instrumento de Deus. Sendo assim, o mais importante era conhecer aquilo que o criador espera da criatura. A pergunta, então, não era "quem sou eu?", mas sim "como Deus quer que eu seja?".

Entre os séculos XIV e XVI, a situação começou a se modificar. Era a época do Renascimento, movimento que se difundiu na Europa e que voltou a valorizar as qualidades humanas. **Pensadores renascentistas** (ver boxe na página seguinte) propuseram que o centro das preocupações humanas deixasse de ser Deus (teocentrismo) e passasse a ser o próprio ser humano (antropocentrismo), como forma de recuperar a "dignidade humana".

A ênfase no ser humano marcou também o Iluminismo (século XVIII), movimento que reafirmou a capacidade da razão em superar as adversidades do mundo. Podemos perceber a importância dada ao conhecimento na *Enciclopédia*, uma volumosa coleção que visava sistematizar todo o saber humano da época e que foi escrita com a colaboração de inúmeros pensadores iluministas. **Voltaire** foi um dos grandes entusiastas do progresso das ciências, das artes e do suposto avanço da civilização europeia, acreditando que as luzes haviam chegado para acabar com a superstição e o obscurantismo.

// Protesto de estudantes, pais e professores de São Paulo (SP) contra a proposta de reestruturação da rede estadual de ensino, em 2015. A ação política é o que nos torna de fato humanos, segundo Aristóteles.

Voltaire (1694-1778)

Pseudônimo de François Marie Arouet. Polêmico e satírico, o escritor foi preso algumas vezes por sua postura crítica à política e à religião. Foi um incansável defensor da liberdade de pensamento e de expressão, e um dos pensadores mais influentes do século XVIII em toda a Europa. É autor de uma obra vasta, na forma de contos, peças de teatro, poesia, tratados filosóficos e cartas. Entre seus trabalhos mais conhecidos estão *Cândido, ou o otimismo* (1759); *Tratado sobre a tolerância* (1763) e *Dicionário filosófico* (1764).

// Voltaire, em detalhe de retrato feito por Maurice Quentin de la Tour, em 1736.

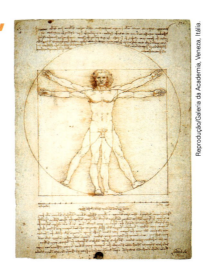

Homem vitruviano, de Leonardo da Vinci, 1490. Baseando-se nos escritos do arquiteto romano Vitrúvio (século I a.C.), Da Vinci desenvolveu esse estudo das proporções humanas, cuja imagem se tornou o símbolo do Renascimento.

Com a Revolução Industrial do século XIX, ganhariam forma as preocupações com a "desumanização" trazida pelas técnicas e com a exploração do homem pelo homem na sociedade capitalista. Assim, a razão ganhava uma posição renovada na filosofia, sendo vista como necessária à crítica dos efeitos de sua própria aplicação. Os avanços científicos nos séculos XIX e XX, especialmente com a formação das várias ciências humanas, também trouxeram conhecimentos que atribuíram novo significado às reflexões sobre o ser humano no campo da filosofia.

INFORMAÇÕES COMPLEMENTARES

Pensadores renascentistas

A filosofia renascentista costuma ser qualificada como um humanismo, por valorizar o ser humano. Dentre os pensadores renascentistas, destacam-se:

Giovanni Pico della Mirandola (1463-1494)

Nobre italiano, erudito e polêmico, publicou em 1480 um discurso denominado "Sobre a dignidade do homem", uma das primeiras obras humanistas.

Giovanni Pico della Mirandola, em retrato de autoria desconhecida do século XVII.

Erasmo de Roterdã (1466-1536)

Monge católico nascido nos Países Baixos e profundo crítico da vida monástica. Sua obra mais conhecida é *Elogio da loucura*, de 1509. Para ele, a dignidade do ser humano reside em aceitar-se como tal, agindo de acordo com sua própria consciência. Ser humano é ser louco, mas loucura maior ainda é querer elevar-se além de sua própria condição.

Erasmo de Roterdã, representado pelo artista alemão Hans Holbein, o Jovem, em 1523.

Thomas More (1478-1535)

Também conhecido pelo nome na forma latina Thomas Morus, exerceu vários cargos políticos na Inglaterra, chegando a ser conselheiro do rei Henrique VIII. Católico radical, recusou-se a reconhecer o divórcio do rei, razão pela qual foi condenado à morte. No século XX foi canonizado pela Igreja católica. Sua principal obra é o diálogo *Utopia*, de 1516, no qual descreve uma fantasiosa sociedade perfeita na ilha de Utopia (em grego, 'o não lugar', 'o lugar que não existe'), a fim de criticar a situação política e social inglesa.

Thomas More, em pintura de Hans Holbein, o Jovem, feita em 1527.

Michel de Montaigne (1533-1592)

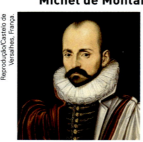

Pensador francês, Montaigne desenvolveu um estilo de escrita e de pensamento muito particular, no qual sua própria vida e suas preocupações eram o foco. Sua principal obra, *Ensaios*, foi publicada em três livros, entre 1580 e 1588. Não se ocupou em "definir" o ser humano, mas quis apresentá-lo em sua diversidade, discutindo os mais variados temas, como a política, até questões mais subjetivas, como o amor.

Michel de Montaigne, em óleo sobre tela. Obra anônima feita no século XVII.

Natureza humana *versus* condição humana

Na busca pelo sentido do humano, uma pergunta frequente é: o que há em nós que nos faz humanos, tornando-nos singulares em relação a todos os seres da natureza? Em outras palavras: qual é a **natureza humana**? Nessa pergunta, apresentada no início deste capítulo, está implícita a ideia de que existe uma **essência humana** que nos distingue, por exemplo, dos outros animais, dos vegetais, dos minerais, etc.

Tendo em vista a definição da natureza humana, Aristóteles ressaltou que os humanos são seres racionais – aquilo que lhes caracteriza e lhes torna singulares é o fato de serem dotados de razão. Além disso, se somos dotados de uma natureza humana, significa que já nascemos com ela. O que fazemos ao longo de nossa vida é transformar em ato essas potencialidades que carregamos desde o nascimento.

Observando as pessoas, filósofos procuraram evidências que poderiam confirmar a realização de suas potencialidades. Para alguns, o ser humano se distingue dos demais seres porque pensa, utiliza a linguagem e a razão, o que o caracteriza como *Homo sapiens*; para outros, a natureza humana reside nas relações econômicas, dando origem ao conceito de *homo economicus*; há também quem afirme que apenas o ser humano pode criar, fabricar (*homo faber*); ou trabalhar (*homo laborans*); ou ainda brincar, jogar (*homo ludens*); ou, então, nenhum desses aspectos em particular, mas o conjunto deles.

Alguns filósofos, porém, não ficaram satisfeitos com nenhuma das caracterizações de uma suposta natureza humana. Eles afirmaram que o ser humano não é definido por uma característica universal, ou seja, que esteja presente em todos os seres humanos, em qualquer época e lugar. Segundo esses filósofos, o ser humano deve ser caracterizado por aquilo que cada um faz de si mesmo, de acordo com as realizações humanas no mundo. Eles tiraram o foco da definição pela **essência** humana e o colocaram na **existência**.

Nessa perspectiva, não há nada universal que defina o humano, e só podemos compreendê-lo observando como os seres humanos vivem e como se relacionam com os demais indivíduos e com as coisas do mundo. Para saber o que faz de homens e mulheres seres humanos, e não outros seres quaisquer, seria mais importante estudar a **condição humana** do que uma suposta natureza humana.

Essa condição refere-se aos fatores históricos e sociais em meio aos quais o ser humano vive e, sobretudo, às ações que ele exerce sob sua influência, sendo capaz de produzir novas condições. Na ideia de condição humana não há, portanto, uma noção determinada de ser humano, mas uma abertura de sua compreensão, que está de acordo com a diversidade de nossas ações. Os filósofos que pensam em termos de condição humana colocam muito mais ênfase na investigação da existência, porque é aí que podemos conhecer o ser humano mais profundamente.

// Toda semente tem a potência para se atualizar em planta. Assim, o devir é a ação de um ser, que vai do ato, de sua forma de ser atual (semente), à realização da potência nele contida, isto é, ao que ele pode vir a ser no tempo (planta). Segundo Aristóteles, o devir é uma manifestação da razão em nós.

A filósofa contemporânea **Hannah Arendt**, por exemplo, compreendia essa condição como o exercício do que ela denominou uma ***vita activa*** ('vida ativa', em latim), que se desdobra nas três atividades humanas fundamentais: o trabalho, a obra e a ação. O **trabalho** é a atividade do corpo humano, em seu aspecto biológico. A **obra** é a atividade da existência, que consiste em transformar a natureza e criar cultura. A **ação** é a atividade política, aquilo que os indivíduos realizam entre si. A cada uma dessas atividades corresponde uma condição humana. Ao trabalho corresponde a própria **vida**, pois ela é necessária para a realização de todas as atividades. À obra corresponde a **mundanidade**, na medida em que os seres humanos criam um mundo por meio da cultura e é o mundo que possibilita a obra. À ação, por fim, corresponde a **pluralidade**, pois ela é requisito para que a política possa ser feita por todas as pessoas.

Hannah Arendt (1906-1975)

Filósofa de origem judaica alemã, naturalizada norte-americana em 1951, foi aluna de importantes pensadores do início do século XX, como Heidegger, Husserl e Jaspers. Foi vítima do nazismo, mas conseguiu fugir de um campo de concentração. Exilou-se em países europeus no início da década de 1930 e, a partir de 1941, nos Estados Unidos, onde viveu até sua morte. Dentre sua obra, destacam-se *As origens do totalitarismo* (1951), *A condição humana* (1958) e *A vida do espírito* (1971).

Hannah Arendt, em foto de 1944.

A condição humana é o que nos permite que, exercendo uma vida ativa, sejamos humanos de fato. Contudo, ressaltou Arendt, essa noção não explica, não define o que somos; ela nos condiciona, ela nos mostra um horizonte no qual construímos nossa vida, mas não nos determina de modo absoluto, como uma **natureza humana**. Esta só poderia ser conhecida do ponto de vista de uma divindade, de um ser que estivesse acima dos humanos; já as **condições humanas** podem ser conhecidas, proporcionando às pessoas o referencial dentro do qual podem se mover e criar.

Para evitar erros de interpretação: a condição humana não é o mesmo que a natureza humana, e a soma total das atividades e capacidades humanas que correspondem à condição humana não constitui algo que se assemelhe à natureza humana. Pois nem aquelas que discutimos neste livro nem as que deixamos de mencionar, como o pensamento e a razão, e nem mesmo a mais meticulosa enumeração de todas elas, constituem características essenciais da existência humana no sentido de que, sem elas, essa existência deixaria de ser humana.

ARENDT, Hannah. *A condição humana*. 11. ed. Rio de Janeiro: Forense Universitária, 2010. p. 11-12.

O ser humano produz a si mesmo, mas também se perde de si mesmo

Outro filósofo que já havia refletido sobre tal distinção é o alemão **Karl Marx**. Entretanto, Marx procurou integrar as visões de natureza humana e condição humana. Em seu texto *Manuscritos econômico-filosóficos*, propôs que, para compreender o ser humano, é necessário investigar ambas as perspectivas. Cada uma delas, se tomada isoladamente, não permitiria tal conhecimento.

A obra de Marx concede um novo sentido a essas visões. Por **natureza humana** entende-se aquilo de propriamente humano que se pode identificar em cada indivíduo. São considerados, assim, os aspectos biológicos, anatômicos, fisiológicos e psicológicos, que se expressam no **aspecto material** da vida cotidiana. O pensamento marxista distingue entre uma "natureza humana geral", que são os aspectos invariáveis em toda a humanidade, e uma "natureza humana modificada de cada época histórica", constituída pelos aspectos particulares de cada cultura e de cada sociedade em um período histórico específico.

Para Marx, o ser humano muda ao longo da história e, no entanto, permanece o mesmo. Isso porque ele considerava que o ser humano constrói-se a si mesmo por meio do trabalho e, conforme se constrói, ele se modifica. O trabalho, nesse sentido, remete a todo tipo de criação, produção e transformação que o ser humano é capaz de empreender no mundo. A construção de si é feita a partir de uma espécie de "matéria-prima", que é o próprio ser humano, e essa "matéria-prima" permanece sempre igual. Daí a possibilidade de falar em uma natureza humana. Na medida em que, ao trabalhar e transformar a natureza, o ser humano também se modifica, é o **trabalho** que faz com que ele seja propriamente humano.

Em outras palavras: para Marx, os seres humanos produzem a si mesmos por meio do trabalho. O trabalho seria, portanto, fonte de humanidade, de humanização.

// Cena do filme *Tempos modernos*. Direção de Charles Chaplin. Estados Unidos, 1936. (87 min).

O filme *Tempos modernos*, de forma bem-humorada, conta a história de um trabalhador de fábrica e suas dificuldades para lidar com as péssimas condições do trabalho fabril no início do século XX. Chaplin se inspirou largamente nas ideias e nos movimentos de sua época que criticavam o capitalismo, sistema de organização social e econômico vigente até hoje.

Karl Marx (1818-1883)

Filósofo alemão. Foi um dos principais militantes do movimento operário europeu e um dos mais eminentes intelectuais do século XIX. Sua obra, em parte escrita em parceria com outro pensador alemão, Friedrich Engels (1820-1895), inspirou as lutas pelos direitos humanos e trabalhistas e a concepção do comunismo moderno. Escreveu diversos livros, entre os quais o *Manifesto do Partido Comunista* (1848), com Engels, e sua principal obra, *O capital* (começou a ser editada em 1867 e só teve sua publicação concluída depois da morte de Marx).

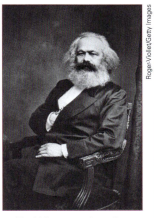

// Karl Marx, em foto de 1865.

// Os produtos fabricados na China são largamente consumidos no mundo todo, por causa do baixo custo. Os preços baixos muitas vezes se devem à exploração existente por trás disso: trabalhadores chineses precisam se sujeitar a baixos salários, longas horas de jornada e condições degradantes de trabalho e segurança. Muitas corporações ocidentais, entre as quais importantes empresas de informática e vestuário, também possuem linhas de produção na China, pois o baixo custo da mão de obra torna o produto final mais lucrativo. Na foto, de 2009, trabalhadora de fábrica de brinquedos em Lianyungang.

INFORMAÇÕES COMPLEMENTARES

Humano ou animal?

Nos *Manuscritos econômico-filosóficos*, escritos entre abril e agosto de 1844, mas publicados em alemão somente em 1932, lemos:

> Chegamos à conclusão de que o homem (o trabalhador) só se sente livremente ativo em suas funções animais – comer, beber e procriar, ou no máximo também em sua residência e no seu próprio embelezamento –, enquanto em suas funções humanas se reduz a um animal. O animal se tornou humano e o homem se torna animal.
>
> MARX, Karl. *Manuscritos econômico-filosóficos*. In: FROMM, Erich. *O conceito marxista do homem*. 8. ed. Rio de Janeiro: Zahar, 1983. p. 94.

Por **condição humana**, nos escritos de Marx, entende-se a situação concreta vivida por homens e mulheres, bem como as características que eles assumem em cada momento histórico. Na sociedade capitalista do século XIX, Marx afirmava que a condição humana era a **alienação** no processo do trabalho, ou o **trabalho alienado**.

Marx denominava trabalho alienado aquele que acontece no capitalismo industrial, no qual, em razão da divisão de funções entre os trabalhadores, cada trabalhador não conhece o processo geral do trabalho. Ele não tem condições de compreender como a atividade que ele realiza se encaixa no processo de produção. Outro aspecto é que aquilo que o trabalhador produz não pertence a ele, mas ao dono da fábrica. Esse aspecto é essencial, pois revela o fundamento da alienação: a apropriação privada da produção da riqueza humana. Sob essa ótica, o trabalhador perde sua "humanidade" no processo do trabalho, uma vez que empenha parte dele mesmo – a sua força de trabalho – naquilo que produz, mas esse produto não pertence a ele. O trabalhador, desse modo, seria transformado em um objeto, em uma coisa. Em suas obras de maturidade, como *O capital*, Marx denominou esse processo **reificação**, termo oriundo da palavra latina *res*, que significa 'coisa'.

O trabalho deixa de ser fonte de humanização e passa a ser, então, um processo de "coisificação" do trabalhador; deixa de ser um processo de transformação da natureza e perde a possibilidade de ser algo criativo, convertendo-se em um processo mecânico e repetitivo. O trabalho já não é aquilo que faz do ser humano plenamente **humano**, tornando-o um **animal** como qualquer outro.

Esta charge com os personagens Frank e Ernest, de Thaves, exprime bem o contexto da alienação: mesmo após anos executando a mesma função, o trabalhador não sabe qual é a finalidade daquilo que ele faz em uma linha de montagem.

Segundo Marx, se foi a humanidade quem produziu a desumanizante condição humana do capitalismo, os próprios seres humanos devem transformar essa condição, superando o trabalho alienado. Para ele, isso só pode ser alcançado por meio da abolição da propriedade privada dos meios de produção. Dessa forma seria possível retomar o processo de autoconstrução do humano, a criação coletiva e histórica daquilo que chamamos "natureza humana" e que os seres humanos produzem cotidianamente nas suas relações consigo mesmos, com os outros e com o mundo.

A filosofia da existência

No século XX, o pensamento sobre o ser humano assumiu novas perspectivas com as concepções dos filósofos Martin Heidegger e Jean-Paul Sartre. As raízes dessas ideias surgiram um século antes, especialmente com Kierkegaard e Nietzsche.

As raízes do existencialismo

O filósofo dinamarquês **Søren Kierkegaard**, na primeira metade do século XIX, afirmou que, para compreender a vida humana, o filósofo deve pensar sobre sua própria vida. Ele produziu uma filosofia com forte caráter subjetivo, de certo modo como uma reação ao pensamento idealista do filósofo alemão **Friedrich Hegel**, que procurava estabelecer uma filosofia ancorada na razão e que desejava abarcar a totalidade dos saberes. Para Hegel, nossas escolhas seriam, em grande parte, determinadas por fatores e condições históricas. Kierkegaard refutou essa afirmação dizendo que nós somos totalmente livres para exercer nossa vontade, prevalecendo o fator subjetivo. Diante dessa liberdade de escolha, o ser humano viveria um constante sentimento de apreensão, de angústia. Tais conclusões serviram de base para a construção da filosofia existencialista, no século XX.

Søren Kierkegaard (1813-1855)

Filósofo e teólogo dinamarquês, inspirado em Sócrates e crítico de Hegel, procurou construir uma filosofia voltada para a interrogação da vida humana. Dentre seus livros, destacam-se: *O conceito de ironia* (1840), *Migalhas filosóficas* (1844), *O conceito de angústia* (1844) e *O desespero humano* (1849).

Søren Kierkegaard, em desenho feito por seu irmão no século XIX.

Friedrich Hegel (1770-1831)

Filósofo alemão, propôs um sistema filosófico que considera o mundo em um contínuo processo histórico voltado para o alcance da autoconsciência humana e da razão. Exerceu forte influência sobre a filosofia dos séculos XIX e XX. Escreveu, entre outras obras, *Fenomenologia do espírito* (1806).

Friedrich Hegel, representado por Jacob Schlesinger, em 1825.

Nietzsche: revaloração do real

Na segunda metade do século XIX, Friedrich Nietzsche (1844-1900) reafirmou o princípio de Sócrates, e também de Kierkegaard, segundo o qual o sentido da filosofia é a interrogação sobre a própria vida. Para Nietzsche, todo ser humano é um estranho para si mesmo e, por isso, a prática filosófica precisa orientar-se para uma investigação da existência humana cotidiana. No entanto, essa orientação do pensamento para a vida opõe Nietzsche a Sócrates, na medida em que este último buscava as respostas para seus questionamentos por meio do controle dos instintos pela razão. Quando a filosofia socrático-platônica critica a arte, a moral e todos os elementos da cultura grega clássica, substituindo-os pelo elemento racional, nega a força vital criativa dos seres humanos. Já Nietzsche acreditava que essas duas forças, razão e instintos (o apolíneo e o dionisíaco, como trabalhado na unidade 1), precisam conviver e não devem suplantar uma à outra.

Além disso, em Sócrates e, principalmente, em Platão, a alma humana não encontra a verdadeira felicidade no mundo sensorial, mas sim no mundo inteligível. Nietzsche se opôs à ideia platônica – que mais tarde deu origem à ideia cristã – de que devemos negar a vida mundana das "aparências" e buscar a transcendência em valores que se encontram em um mundo suprassensível.

Nietzsche pretendia "filosofar com um martelo" a fim de destruir as concepções tradicionais e revalorar todos os valores, recobrando a importância da vida real e do mundo em que vivemos. Para ele, a vida não tem um sentido definido de antemão; seus sentidos são construídos por nós mesmos, conforme vivemos, e a função do homem é superar o próprio homem. Com sua postura contestadora, Nietzsche abriu uma janela para a ilimitada possibilidade humana.

Heidegger: em busca da essência

No século XX, período em que ocorreram duas guerras mundiais, a filosofia procurou novos caminhos para pensar sobre a humanidade. Um deles desembocou na corrente denominada **existencialismo**, desenvolvida a partir do enfoque na vida humana herdado do século XIX.

O método utilizado pela corrente existencialista se denomina **fenomenologia**, uma forma de analisar a realidade com base nas percepções de cada indivíduo. **Edmund Husserl** criou esse método com o objetivo de procurar desvendar a **essência** das coisas e dos seres. O objeto de estudo da fenomenologia é o fenômeno, isto é, a aparição das coisas à consciência, a ideia imediata que concebemos sobre algo. Com base na análise dos fenômenos da consciência, podemos chegar às essências, aquilo que permanece inalterado, que são as coisas em si mesmas.

Edmund Husserl (1859-1938)

Matemático e filósofo austríaco, cuja produção intelectual se deu na Alemanha. Sua principal realização foi a criação do método fenomenológico, adotado por diversos filósofos do século XX. Recebeu grande influência de Franz Brentano (1838-1917) na Universidade de Viena. Entre as obras que publicou estão: *Investigações lógicas* (1901), *Filosofia como ciência rigorosa* (1911), *Ideias para uma fenomenologia pura* (1913) e *Meditações cartesianas* (1931).

Edmund Husserl, em foto de 1932.

Martin Heidegger adotou alguns aspectos do método fenomenológico de Husserl para investigar a existência humana. Primeiro, distinguiu entre **ser** e **ente**. Para Heidegger, tudo o que existe é um ente – uma mesa, um livro, um cão, um humano. O ser é o único ente que tem a faculdade de questionar a respeito de si mesmo: o ser humano. Para ele, a existência torna-se a via de acesso ao ser, no qual, de fato, está a essência humana. Por essa razão, Heidegger nunca aceitou ser chamado de "filósofo existencialista". A essência humana que ele buscava se relaciona a uma consciência de si e denota o caráter subjetivo da reflexão realizada por esse filósofo.

Martin Heidegger (1889-1976)

Filósofo alemão, estudou com Edmund Husserl e depois se tornou seu assistente. Foi professor em algumas universidades alemãs, tendo se tornado reitor da Universidade de Freiburg. Aplicou o método fenomenológico de Husserl ao estudo da existência humana e exerceu grande influência no pensamento do século XX. Dentre seus muitos livros, destacam-se: *Ser e tempo* (1927), *Que é metafísica* (1929), *O que é isso, a filosofia?* (1956), *Nietzsche* (1961) e *Heráclito* (1970).

Heidegger, em foto de 1960.

Heidegger denominou o ser humano com a expressão alemã *Dasein*, que pode ser traduzida por '**ser-aí**', que é o ser que existe na realidade cotidiana e pode ser apreendido pela consciência. Quando nasce, o ser-aí é jogado num mundo preexistente, numa trajetória que não escolhe, e, a partir disso, precisa dar sentido ao seu mundo.

Há algumas características existenciais investigadas por Heidegger que definem a condição humana. Heidegger as denominou: *ser-no-mundo*, *ser-com* e **ser-com-os-outros**. O ser humano é um ser-no-mundo porque não pode ser separado dele, e sua tomada de consciência ocorre em meio às coisas, a partir do momento em que o ser-aí se projeta no mundo. Uma vez no mundo, o ser humano é um ser-com, um ser de relações; e é também um ser-com-os-outros, pois se relaciona com as coisas e também com outros seres humanos.

Heidegger afirmava ainda que o ser humano é livre porque é um **projeto** (a palavra vem da expressão latina *pro-jectum*, 'aquilo que se lança'), ou seja, é capaz de fazer escolhas e traçar rumos e futuros mesmo que tenha sido lançado em algo que, a princípio, não escolheu. Nesse sentido não caberia falar em natureza humana, já que não há nada que determine sua existência. Na verdade, a essência do humano é justamente essa indeterminação. O fundamento da liberdade humana é essa consciência de mundo, por meio da qual o ser humano é capaz de julgar os atos e escolher entre todas as opções de que dispõe.

Outra característica do ser humano é que ele vive a dimensão da **temporalidade** e descobre-se como um **ser-para-a-morte**. O que nos faz humanos é saber que um dia morreremos. Somos seres finitos, vivemos no tempo. Nesse sentido, a morte não é apenas o fim da vida, mas atravessa toda a existência, como possibilidade constante e da qual não podemos escapar.

Quando o ser humano descobre-se no tempo, pode escolher como dar sentido à própria existência. Essa consciência da morte nos leva a dar o primeiro passo para abandonar uma vida sem sentido em direção a uma existência

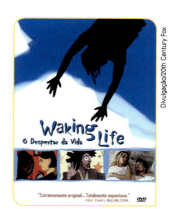

Cartaz do filme de animação *Waking Life*. Direção de Richard Linklater. Estados Unidos, 2001. (97 min).

Produção que usa a técnica de filmar atores e depois transformá-los em desenho animado, o filme *Waking Life* acompanha um jovem que não consegue acordar de um sonho. Vivendo nessa espécie de "realidade paralela", ele encontra pessoas reais com as quais dialoga sobre questões filosóficas e religiosas.

Cartaz do filme O preço do amanhã. Direção de Andrew Niccol. Estados Unidos, 2011. (109 min).

No filme *O preço do amanhã*, os seres humanos têm a existência limitada a 25 anos de idade porque o controle populacional não permite que vivam mais que isso. Quando completam essa idade, ganham um "crédito" de um ano. E o tempo é a moeda corrente: tudo o que se compra é pago com minutos, horas, dias... Quando se esgota o tempo de um indivíduo, ele morre. Mas é possível viver muitos séculos e mesmo para sempre, desde que se saiba como "ganhar tempo" e administrá-lo.

autêntica e criativa. Poderíamos argumentar que, sendo livre, o ser humano pode fugir das responsabilidades de uma existência autêntica e escolher viver de modo banal. Mas, para Heidegger, a consciência não o perdoa e não o deixa em paz, pois o ser humano sabe que pode se envolver em uma dimensão muito mais profunda da existência. Ele é, então, invadido pela **angústia**, diante da constatação de que vive para a morte e tem apenas o tempo de uma vida para construir sua história e dar sentido à existência.

Sartre: a gratuidade da existência

Para Aristóteles, a essência existe antes mesmo de o ser existir. Ao longo da vida, a essência vai se realizando com a ação. Para compreender isso, pense em uma semente, como a do ipê. A semente traz em si mesma a identidade do vegetal. Sua germinação, seu crescimento e sua transformação em uma árvore florida nada mais são do que a realização de sua essência.

De acordo com **Jean-Paul Sartre**, a filosofia existencial se opõe a essa ideia, no caso do ser humano, e afirma que **a existência precede a essência**. O ser humano não tem uma essência ao nascer, como a árvore; ele vai construindo aquilo que é ao longo de sua vida, de sua existência.

Jean-Paul Sartre (1905-1980)

Filósofo francês, dedicou-se à filosofia e também à literatura, ao teatro e à militância política. Viveu até o fim da vida uma relação amorosa com a também filósofa Simone de Beauvoir (1908--1986). Em 1964 foi escolhido para o Nobel de Literatura, mas recusou-se a receber o prêmio, considerando que isso seria uma concessão à vida burguesa. Entre os anos 1930 e 1950, desenvolveu as bases de uma filosofia existencialista e, a partir da década de 1960, intensificou sua militância social e política, com forte influência do marxismo.

Jean-Paul Sartre, em fcto de 1970.

Em um estágio na Universidade de Berlim, Sartre conheceu os trabalhos de Husserl e ficou muito impressionado. Decidiu aplicar o método fenomenológico ao estudo da existência humana. Escreveu vários livros sob essa influência, sendo o principal deles *O ser e o nada*, publicado em 1943.

Essa obra retoma o dualismo psicofísico para afirmar que, embora dual, o ser humano é uma unidade inseparável de corpo e consciência, uma vez que um corpo sem consciência não é humano e uma consciência sem corpo é impossível. Utilizando conceitos da filosofia de Hegel, Sartre afirmou que há no humano duas modalidades de ser: o corpo é um **ser-em-si** (que existe em si mesmo, que tem uma identidade), como as coisas, enquanto a consciência é um **ser-para-si** (que existe para si mesmo, que sabe que existe, mas que não tem uma identidade). Essa existência dual gera angústia, pois o ser humano anseia ser idêntico a si mesmo (ser-em-si), mas não pode sê-lo; ao mesmo tempo, também não poderia ser pura consciência (ser-para-si), pois, para que haja consciência, é preciso que estejamos no mundo, e só podemos estar no mundo encarnados, por meio do corpo.

> Vejamos esse garçom. Tem gestos vivos e marcados, um tanto precisos demais, um pouco rápidos demais, e se inclina com presteza algo excessiva. Sua voz e seus olhos exprimem interesse talvez demasiado solícito pelo pedido do freguês [...]. Toda sua conduta parece uma brincadeira. Empenha-se em encadear seus movimentos como mecanismos regidos uns pelos outros. Sua mímica e voz parecem mecanismos; e ele assume a presteza e a rapidez inexorável das coisas. Brinca e se diverte. Mas brinca de quê? Não é preciso muito para descobrir: brinca de ser garçom. Nada surpreendente: a brincadeira é uma espécie de demarcação e investigação. A criança brinca com seu corpo para explorá-lo e inventariá-lo, o garçom brinca com sua condição para realizá-la.
>
> SARTRE, Jean-Paul. *O ser e o nada*. 7. ed. Petrópolis: Vozes, 1999. p. 105-106.

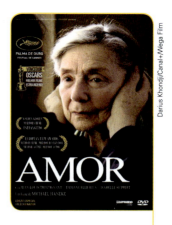

// Cartaz do filme *Amor*. Direção de Michael Haneke. França, 2012. (126 min).

Um casal de músicos aposentados desfruta da companhia um do outro e dos prazeres da cultura erudita. Um dia, Anne, a esposa, sofre um derrame e fica com sequelas, fato que altera completamente a vida do casal. O filme *Amor* é um belo e dramático olhar sobre a vida que se esvai lentamente e o fim inevitável.

Para Sartre, apenas os seres humanos são conscientes e a consciência é o único ser-para-si em meio a um mundo de coisas, de seres-em-si. No caso das coisas, a essência vem em primeiro lugar, fornecendo uma identidade a cada ser. Mas, no caso do ser humano, por ser consciente (ter ciência de alguma coisa é saber; ter consciência é saber que sabe), a existência é anterior à essência. Isso significa que primeiro existimos, somos lançados no mundo, para que depois possamos ser alguma coisa. Nascemos sem essência e sem identidade e as construímos enquanto existimos, ao longo de nossas vidas. É por isso que Sartre abandona a noção de natureza humana, que se refere a uma essência comum a todos os humanos, para falar em uma condição humana.

Para Sartre, a condição humana é marcada por três realidades, muito próximas daquelas identificadas por Heidegger: o humano é um ser-no-mundo; um ser-com-os-outros; e um ser-para-a-morte.

A condição humana determina que o ser humano construa sempre sua identidade. Ele nunca é alguma coisa, ele sempre **está** em determinada condição. Você, por exemplo, hoje é estudante do Ensino Médio, mas não será isso sempre; você **está** estudante, assim como um dia **estará** universitário, profissional de determinada área, etc. Mas nenhuma dessas realidades dá ou dará a você uma identidade fixa. Por isso, Sartre afirma que o humano não é propriamente um **ser**, mas um **vir-a-ser**, na medida em que ele é sempre um **projeto**.

Em sua relação com os outros, o ser humano também recebe uma identidade. Por exemplo, um professor de filosofia é reconhecido por seus alunos como professor, recebe deles a identidade de professor. Ele sabe, porém, que essa identidade é falsa, pois ela não o define por completo: ele não é apenas professor, mas também é pai, marido, amigo, irmão, etc. Mas, como vivemos sempre a falta de identidade, ficamos animados quando outros nos atribuem uma identidade por reconhecimento. Então representamos essa identidade, agimos como se, de fato, fôssemos isso. No entanto, a aceitação de uma identidade imposta por outro limita as possibilidades do indivíduo e, portanto, fere sua liberdade. A esse tipo de ação Sartre chamou de **má-fé**, pois a pessoa que vive assim está mentindo para si mesma, e sabe disso. Viver na má-fé é viver uma existência inautêntica.

Por outro lado, uma **existência autêntica** é a recusa da má-fé e está fundada na afirmação da liberdade, que nada mais é do que a capacidade de fazer escolhas.

Para Sartre, o ser humano está "condenado a ser livre", pois a única escolha que ele **não** pode fazer é a de não ser livre. O ser humano é livre porque sua existência é gratuita, contingente, não tem uma finalidade definida. Na medida em que é **nada**, o ser humano pode ser tudo, pode ser qualquer coisa.

A liberdade se traduz no ato da escolha. Cada situação que vivemos nos coloca algumas possibilidades, e temos sempre que escolher entre essas possibilidades. Se você está na escola, por exemplo, pode decidir assistir ou não à aula. Toda escolha tem suas consequências, pelas quais somos responsáveis. Assim, a liberdade gera em nós uma angústia: a de ter que decidir; a angústia de se saber responsável pelas escolhas e por suas consequências.

A escolha torna cada ser humano responsável por toda a humanidade, pois aquilo que escolhe para si está também escolhendo para os outros. Se escolho, por exemplo, a vida do crime, estou afirmando que ela é uma boa opção para todos os seres humanos, não apenas para mim. E sou responsável por ela. Liberdade envolve, portanto, responsabilidade.

A filosofia de Sartre recebeu críticas de que seria pessimista, mas, ao contrário, é a afirmação da abertura, da possibilidade. O ser humano é o ser da liberdade, da escolha, do projeto. A vida é sempre uma construção. Defendendo-se dessas críticas, Sartre afirmou, em uma palestra em 1946, que "o existencialismo é um humanismo", isto é, uma afirmação das potencialidades humanas.

É lógico!

Já vimos que os argumentos são compostos de proposições; mas como construímos um argumento? Há duas operações lógicas fundamentais que usamos para isso: a **dedução**, que consiste em tirar conclusões a partir de algumas ideias gerais; e a **indução**, que é o processo contrário: construímos conclusões com base em um conjunto de dados singulares.

Num raciocínio dedutivo, chamamos de **premissas** as ideias gerais das quais partimos para chegar a uma **conclusão**. Desse modo, precisamos sempre ter algumas premissas para que seja possível deduzir uma conclusão. Segundo as regras da lógica formal, a conclusão nada pode acrescentar às premissas, sob o risco de invalidar o argumento. Tudo isso parece muito complicado? Tomemos um exemplo e você verá que é mais simples do que imagina.

O tipo mais comum de dedução é aquele no qual produzimos uma conclusão sobre um caso específico a partir de ideias gerais. Observe o seguinte raciocínio:

- Todo planeta gira em torno de uma estrela. [premissa 1]
- A Terra gira em torno do Sol. [premissa 2]
- O Sol é uma estrela. [premissa 3]
- Logo, a Terra é um planeta. [conclusão]

Assim fica mais fácil compreender, não é? Temos três premissas, uma que afirma um princípio geral (todo planeta gira em torno de uma estrela); e duas que inserem casos particulares (a Terra gira em torno do Sol, o Sol é uma estrela). Dessas premissas, extraímos uma conclusão: a afirmação de que a Terra é um planeta (caso particular). Note que a conclusão não acrescenta nada às premissas, apenas deduz uma característica do planeta Terra a partir daquilo que foi exposto antes.

Podemos modificar ligeiramente esse exemplo, montando-o da seguinte forma:

- Todo planeta gira em torno de uma estrela. [premissa 1]
- A Terra gira em torno do Sol. [premissa 2]
- A Terra é um planeta. [premissa 3]
- Logo, o Sol é uma estrela. [conclusão]

Ainda que tenhamos alterado as premissas, elas nos permitem extrair uma conclusão. Como na configuração anterior, a conclusão não acrescenta nenhum dado novo, mas permite emitir uma afirmação sobre o caso particular do Sol com base em algumas outras informações.

Em ambos os casos, partimos de informações que possibilitaram construir um argumento conclusivo. No primeiro, foi possível afirmar que a Terra é um planeta ao encadear as informações de que dispomos sobre esses corpos celestes e sobre a própria Terra. No segundo, foi possível afirmar que o Sol é uma estrela ao encadear informações sobre os movimentos celestes de planetas e a constatação de que a Terra é um planeta. A forma da dedução nos dá a certeza de que a conclusão é correta, uma vez que ela está corretamente extraída de premissas que são verdadeiras.

Para explorarmos a dedução como operação lógica precisamos ter ao menos duas premissas, das quais extraímos uma conclusão. Procure pensar em alguns exemplos, dialogando sobre eles com seus colegas e com o professor.

Trabalhando com textos

Para aprofundar a investigação filosófica sobre o ser humano, leia os dois textos a seguir. O primeiro deles, de Ernst Cassirer (1874-1945), problematiza a noção de natureza humana e evidencia as dificuldades de compreender o humano. O segundo, de Sartre, aprofunda a ideia apresentada no capítulo de que "a existência precede a essência".

Texto 1

Neste texto, o filósofo Ernst Cassirer reflete sobre a dificuldade para compreender o ser humano. Se buscamos uma "natureza humana", atribuímos ao humano uma homogeneidade que ele não tem.

O que é o homem?

[...] Nem a lógica ou a metafísica tradicionais estão em melhor posição para compreender e resolver o enigma do homem. Sua primeira e suprema lei é o princípio da contradição. O pensamento racional, o pensamento lógico e metafísico, só pode compreender os objetos que estão livres da contradição e possuem uma natureza e verdade coerentes. Entretanto, é precisamente essa homogeneidade que nunca encontramos no homem. Não é lícito ao filósofo construir um homem artificial; cumpre-lhe descrever um homem verdadeiro. Todas as chamadas definições do homem não serão mais do que mera especulação, enquanto não se basearem em nossa experiência sobre ele, dela tendo a confirmação. Não há outro caminho para se conhecer o homem a não ser o de compreender-lhe a vida e seu procedimento. Mas o que encontramos aqui desafia toda tentativa de inclusão numa fórmula única e simples. A contradição é o próprio elemento da existência humana. O homem não tem "natureza" – não é simples e homogêneo. É uma estranha mistura de ser e não-ser. Seu lugar fica entre esses dois polos opostos.

[...]

A filosofia das formas simbólicas parte do pressuposto de que, se existe alguma definição da natureza ou "essência" do homem, só pode ser compreendida como funcional, não como substancial. Não podemos definir o homem por nenhum princípio inerente que constitui sua essência metafísica – nem defini-lo por nenhuma faculdade ou instinto inatos, passíveis de serem verificados pela observação empírica. A característica notável do homem, a marca que o distingue, não é sua natureza metafísica ou física – mas seu trabalho. É esse trabalho, o sistema das atividades humanas, que define e determina o círculo de "humanidade". A linguagem, o mito, a religião, a arte, a ciência, a história são constituintes, os vários setores desse círculo. Uma "filosofia do homem" seria, portanto, uma filosofia que nos desse a visão da estrutura fundamental de cada uma dessas atividades humanas, e que, ao mesmo tempo, nos permitisse compreendê-las como um todo orgânico. A linguagem, a arte, o mito, a religião não são criações isoladas ou fortuitas, são unidas entre si por um laço comum; este não é um *vinculum substantiale* [vínculo substancial] como foi concebido e descrito pelo pensamento escolástico; é antes um *vinculum functionale* [vínculo funcional]. É a função básica da linguagem, do mito, da arte, da religião que devemos procurar muito além de suas formas e expressões inumeráveis e que, em última análise, devemos tentar rastrear até uma origem comum.

CASSIRER, Ernst. *Antropologia filosófica*. 2. ed. São Paulo: Mestre Jou, 1977. p. 30 e 116.

Filosofia das formas simbólicas: perspectiva filosófica criada por Cassirer, centrada no estudo dos símbolos criados pelos seres humanos, que constituem o universo da cultura.
Metafísica: palavra de origem grega que significa, literalmente, 'aquilo que está além do físico'; assume diferentes sentidos para distintos filósofos. Neste contexto, refere-se a uma suposta essência do ser humano que estaria além de sua existência física, concreta.
Pensamento escolástico: relativo à escolástica, uma das perspectivas de pensamento desenvolvidas no período medieval (ver capítulo 2 da unidade 1).

Questões

1. Por que o autor afirma que não há uma natureza humana?
2. Que crítica o texto faz ao pensamento metafísico?
3. Como construir uma "filosofia do homem"?

Texto 2

O texto a seguir é um trecho de uma famosa conferência de Jean-Paul Sartre, proferida em 1946 e depois publicada em livro. Nessa conferência, ele rebate as críticas que o existencialismo recebia dos cristãos – que o acusavam de não ter esperança – e dos marxistas – que o acusavam de alienado, sem consciência dos problemas sociais e humanos. No trecho aqui reproduzido, Sartre explica o ato humano da escolha e como ele nos "engaja" com toda a humanidade.

Escolhendo-me, escolho o homem

[...] Se realmente a existência precede a essência, o homem é responsável pelo que é. Desse modo, o primeiro passo do existencialismo é o de pôr todo homem na posse do que ele é, de submetê-lo à responsabilidade total de sua existência. Assim, quando dizemos que o homem é responsável por si mesmo, não queremos dizer que o homem é apenas responsável pela sua estrita individualidade, mas que ele é responsável por todos os homens. A palavra subjetivismo tem dois significados, e os nossos adversários se aproveitaram desse duplo sentido. Subjetivismo significa, por um lado, escolha do sujeito individual por si próprio e, por outro lado, impossibilidade em que o homem se encontra de transpor os limites da subjetividade humana. É esse segundo significado que constitui o sentido profundo do existencialismo. Ao afirmarmos que o homem se escolhe a si mesmo, queremos dizer que cada um de nós se escolhe, mas queremos dizer também que, escolhendo-se, ele escolhe todos os homens. De fato, não há um único de nossos atos que, criando o homem que queremos ser, não esteja criando, simultaneamente, uma imagem do homem tal como julgamos que ele deva ser. Escolher ser isso ou aquilo é afirmar, concomitantemente, o valor do que estamos escolhendo, pois não podemos nunca escolher o mal; o que escolhemos é sempre o bem e nada pode ser bom para nós sem o ser para todos. Se, por outro lado, a existência precede a essência, e se nós queremos existir ao mesmo tempo que moldamos nossa imagem, essa imagem é válida para todos e para toda a nossa época. Portanto, a nossa responsabilidade é muito maior do que poderíamos supor, pois ela engaja a humanidade inteira. Se eu sou um operário e se escolho aderir a um sindicato cristão em vez de ser comunista, e se, por essa adesão, quero significar que a resignação é, no fundo, a solução mais adequada ao homem, que o reino do homem não é sobre a terra, não estou apenas engajando a mim mesmo: quero resignar-me por todos e, portanto, a minha decisão engaja toda a humanidade. Numa dimensão mais individual, se quero casar-me, ter filhos, ainda que esse casamento dependa exclusivamente de minha situação, ou de minha paixão, ou de meu desejo, escolhendo o casamento estou engajando não apenas a mim mesmo, mas a toda a humanidade, na trilha da monogamia. Sou, desse modo, responsável por mim mesmo e por todos e crio determinada imagem do homem por mim mesmo escolhido; por outras palavras: escolhendo-me, escolho o homem.

SARTRE, Jean-Paul. *O existencialismo é um humanismo*. São Paulo: Abril Cultural, 1984. p. 6-7. (Os Pensadores).

Questões

1. Explique o significado da afirmação: "a existência precede a essência".
2. O que significa afirmar que o ser humano "se escolhe a si mesmo"?
3. Explique por que, segundo Sartre, quando fazemos uma escolha, estamos envolvendo a humanidade inteira nessa escolha.

Em busca do conceito

1. O que é o dualismo psicofísico? Como ele caracteriza o ser humano?
2. Reveja as noções de natureza humana e condição humana. Qual delas você considera mais apropriada? Justifique sua resposta apontando as diferenças entre elas.
3. Sartre afirmou que "O homem está condenado a ser livre". Como ele chegou a essa conclusão? Você a considera uma afirmação otimista ou pessimista?
4. Reflita sobre as noções estudadas de natureza humana e condição humana e sobre o princípio existencialista que afirma que a "existência precede a essência". Assuma uma posição em relação a esse debate e escreva uma dissertação para defendê-la.
5. Para a maior parte dos críticos de arte, o pintor Edward Hopper representou em suas obras a solidão e a melancolia da existência. Observe ao lado a reprodução de uma obra de Hopper e procure relacioná-la às ideias sobre o existencialismo estudadas neste capítulo.

Morning sun (Sol da manhã), pintura de Edward Hopper, feita em 1952.

Dissertação filosófica

A argumentação faz parte do nosso dia a dia. Você já pensou em como sempre estamos defendendo um ponto de vista? Ao escrever um texto, isso não muda muito.

Num texto dissertativo, é importante estabelecer o ponto de vista que se quer defender, e estruturar o discurso argumentativo de forma bastante convincente. Afinal, em última instância, o que pretendemos com esse tipo de texto é convencer alguém de alguma coisa, ou apresentar nossa análise de um problema ou de um conceito sob um ponto de vista crítico.

Na unidade anterior, você viu algumas dicas sobre como estruturar sua argumentação. Retome-as se achar necessário.

Sugestões de leituras

BARBERY, Muriel. *A elegância do ouriço*. São Paulo: Companhia das Letras, 2008.

Uma série de reflexões sobre a vida e a morte, tendo como protagonista uma adolescente de 11 anos.

BEAUVOIR, Simone de. *Todos os homens são mortais*. Rio de Janeiro: Nova Fronteira, 2011.

Um romance sobre um homem que atinge a imortalidade é o meio que a filósofa encontrou para refletir sobre a condição humana e a consciência da morte como aquilo que dá sentido à vida.

CAPÍTULO 5

A linguagem e a cultura: manifestações do humano

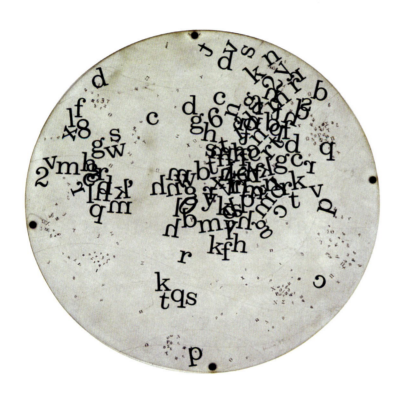

Sem título [Disco], da artista plástica suíça radicada no Brasil Mira Schendel, 1972. Muitas obras da artista, que estudou arte e filosofia, são uma investigação em torno da linguagem, recombinando e movimentando letras e representações gráficas, propondo experiências inusitadas com a língua.

Conforme aponta Aristóteles, o ser humano é um ser de linguagem. O filósofo chegou mesmo a dizer que é a linguagem que nos faz humanos, nos diferenciando dos outros animais. O filme *Planeta dos macacos: a origem* mostra exatamente isso: um chimpanzé que recebe uma droga capaz de deixá-lo mais inteligente dá um salto evolutivo quando aprende a falar. A primeira palavra que pronuncia é "não!", e em seguida inicia uma rebelião contra os humanos.

No conto "Um relatório para uma academia" (1917), de Franz Kafka (1883-1924), encontramos um relato similar. Um chimpanzé é capturado nas selvas da África e posto numa jaula para ser levado de navio à Europa. Ele procura um modo de se libertar, e logo percebe que a saída é imitar os humanos. Começa a fazer tudo o que os vê fazerem, das coisas mais simples às mais deploráveis. Aos poucos, vai ficando cada vez mais parecido com os humanos, que se divertem com ele. Até que aprende a falar palavrões, sempre imitando aqueles que o mantinham preso. Ao chegar à Europa, em vez de ser vendido a um zoológico, ele é vendido a um circo. E se torna um artista de sucesso! Nas duas histórias, animais tornam-se humanos quando aprendem a falar como nós.

// Cena do filme *Planeta dos macacos: a origem*. Direção de Rupert Wyatt. Estados Unidos, 2011. (105 min).

Filme inspirado no romance *O planeta dos macacos* (1963), de Pierre Boulle (1912-1994), que conta a história de um astronauta que se perde no espaço e chega a um planeta habitado por macacos humanizados e seres humanos animalizados. O filme narra acontecimentos anteriores aos relatados no livro.

É evidente que os animais se comunicam entre si. As abelhas, por exemplo, são capazes de informar umas às outras onde há néctar. E também há comunicação entre os humanos e outras espécies. Existem várias pesquisas que indicam que animais como chimpanzés e cachorros são capazes de reconhecer palavras e expressões humanas. Mas, ainda assim, apenas os humanos se comunicam entre si por meio de uma linguagem articulada.

O que diferencia nossa linguagem da forma de comunicação dos outros animais e como ela faz com que sejamos humanos?

Invernáculo (3)

Esta língua não é minha,
qualquer um percebe.
Quando o sentido caminha,
a palavra permanece.
Quem sabe mal digo mentiras,
vai ver que só minto verdades.
Assim me falo, eu, mínima,
quem sabe, eu sinto, mal sabe.

Esta não é minha língua.
A língua que eu falo trava
uma canção longínqua,
a voz, além, nem palavra.
O dialeto que se usa
à margem esquerda da frase,
eis a fala que me lusa,
Eu, meio, eu dentro, eu, quase.

LEMINSKI, Paulo. *O ex-estranho*. 3. ed. São Paulo: Iluminuras, 2001. p. 21.

A linguagem verbal: um sistema simbólico

A linguagem humana se baseia em palavras (a princípio, palavras orais – sons articulados; depois, também palavras escritas – representações gráficas desses sons ou ideias), que são organizadas em frases e em conjuntos de frases. Simplificadamente, podemos dizer que a linguagem verbal é um sistema simbólico. Por meio desse sistema, nos comunicamos, expressando nossos sentimentos, nossas impressões do mundo, pedimos ajuda, damos ordens. A linguagem verbal é também matéria-prima para várias formas de expressão artística.

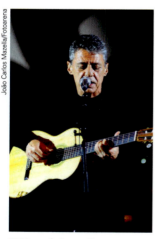

// Na música, a linguagem verbal se associa à melodia para expressar sentimentos e ideias. Na foto, de 2012, Chico Buarque de Hollanda (1944-), compositor e também autor de livros, como *Leite derramado*, de 2009.

Uma palavra

Palavra prima
Uma palavra só, a crua palavra
Que quer dizer
Tudo
Anterior ao entendimento, palavra
Palavra viva
Palavra com temperatura, palavra
Que se produz
Muda
Feita de luz mais que de vento,
[palavra
Palavra dócil
Palavra d'água pra qualquer moldura
Que se acomoda em balde, em verso,
[em mágoa
Qualquer feição de se manter palavra

Palavra minha
Matéria, minha criatura, palavra
Que me conduz
Mudo
E que me escreve desatento, palavra
Talvez, à noite
Quase-palavra que um de nós
[murmura
Que ela mistura as letras que eu
[invento
Outras pronúncias do prazer, palavra
Palavra boa
Não de fazer literatura, palavra
Mas de habitar
Fundo
O coração do pensamento, palavra

HOLLANDA, Chico Buarque de. Uma palavra. *Chico Buarque* (LP). BMG, 1989. Letra disponível em: <www.chicobuarque.com.br/construcao/mestre.asp?pg=umapalav_89.htm>. Acesso em: 17 abr. 2018.

As palavras que compõem qualquer língua humana são **símbolos**, isto é, formas de representar alguma coisa, seja um objeto, seja uma ação. A palavra cadeira, por exemplo, é um símbolo que representa um objeto usado para sentar. A palavra comer é um símbolo que representa o ato de nos alimentarmos. O símbolo representa alguma coisa por **convenção**. Isso quer dizer que as pessoas, ao criarem uma palavra, combinam entre si que aquele objeto com espaldar, usado para sentar, será chamado **cadeira** (caso se trate da língua portuguesa), *chair* (em inglês), *chaise* (francês), *silla* (espanhol), e assim por diante. Cada uma dessas palavras aqui escritas possui um correspondente oral. De fato, as palavras escritas formam um conjunto de símbolos gráficos criados com base em nossa fala, que é um conjunto de símbolos orais.

É por meio desses sistemas simbólicos que nos comunicamos e podemos levar uma vida em comum com outras pessoas. Arnaldo Antunes (1960-) brinca com essas convenções na canção a seguir:

Nome não

os nomes dos bichos não são os
　　　　　　　　　　　　　　[bichos
os bichos são:
macaco gato peixe cavalo
macaco gato peixe cavalo
vaca elefante baleia galinha
os nomes das cores não são as cores
as cores são:
preto azul amarelo verde vermelho
　　　　　　　　　　　　　　[marrom
os nomes dos sons não são os sons
os sons são
só os bichos são bichos
só as cores são cores
só os sons são
som são, som são
nome não, nome não
nome não, nome não

os nomes dos bichos não são os
　　　　　　　　　　　　　　[bichos
os bichos são:
plástico pedra pelúcia ferro
plástico pedra pelúcia ferro
madeira cristal porcelana papel
os nomes das cores não são as cores
as cores são:
tinta cabelo cinema sol arco-íris tevê
os nomes dos sons não são os sons
os sons são
só os bichos são bichos
só as cores são cores
só os sons são
som são, nome não
nome não, nome não
nome não, nome não

ANTUNES, Arnaldo. Nome não. *Nome* (CD). BMG, 1993.
Letra disponível em: <www.arnaldoantunes.com.br/new/sec_discografia_sel.php?id=50>.
Acesso em: 17 abr. 2018.

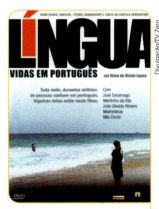

// Cartaz do documentário *Língua: vidas em português*. Direção de Victor Lopes. Portugal/Brasil, 2004. (105 min).

Contando com a participação do escritor português José Saramago e do brasileiro João Ubaldo Ribeiro, o documentário mostra a curiosa relação que os diversos países lusófonos mantêm com a língua portuguesa.

Filosofia e linguagem na Antiguidade

Além de afirmar que o ser humano é um ser de linguagem, os gregos antigos mostraram os vínculos da linguagem com o pensamento, com a racionalidade. Em vários diálogos de Platão vemos sua discussão com os sofistas, que ensinavam **retórica** – a arte de usar a palavra para convencer – aos jovens atenienses. A intenção desse tipo de ensino era que os jovens se tornassem oradores capazes de persuadir os demais cidadãos nas assembleias.

Em sua crítica aos sofistas, Platão afirmava que a palavra é um *pharmakon* ('fármaco', 'medicamento', em grego), que pode agir como um remédio ou como um veneno, dependendo da forma como é usada. A palavra, portanto, não seria boa em si mesma, não teria um valor definitivamente positivo.

// Detalhe de *Escola de Atenas*, pintura de Rafael feita entre 1510 e 1511, que mostra o desacordo entre Platão e Aristóteles: enquanto o primeiro aponta para cima, indicando as ideias, o outro está com a mão indicando o "meio-termo", a realidade como uma composição de matéria e ideia.

Dependeria sempre de quem a usa, dos interesses com que é utilizada. O bom uso da palavra, para Platão, ocorre quando ela faz com que o pensamento se exercite em direção ao conhecimento verdadeiro. Em Platão, o processo pelo qual a alma aproxima-se cada vez mais das ideias, da verdade, é o diálogo entre as pessoas, o que deu origem à **dialética**. Mas, para ele, os sofistas não se preocupavam em buscar a verdade; e o conhecimento da linguagem era, muitas vezes, uma ferramenta para persuadir, manipular e enganar, já que nas assembleias a discussão pública era vencida por quem conseguisse envolver aqueles que ignoravam os assuntos tratados.

Aristóteles concordava com a crítica de Platão aos sofistas, mas não concordava totalmente com a visão platônica sobre o uso da palavra e da linguagem. Para ele, as ideias de Platão geravam um novo problema, uma vez que Platão fazia uma distinção entre o **mundo sensível** dos fenômenos e o **mundo inteligível** das ideias. Segundo Aristóteles, isso implicava uma **duplicação da realidade**.

INFORMAÇÕES COMPLEMENTARES

Sofistas

Os sofistas eram mestres que se dedicavam a educar os jovens cidadãos gregos, preparando-os para a vida política. Ensinavam uma filosofia diferente daquela dos pré-socráticos, pois estavam mais preocupados com o ser humano do que com a natureza. Mas, ao defender que a verdade é relativa, propagavam uma visão de mundo diferente da de Sócrates e seus seguidores, como Platão e Aristóteles. Por essa visão relativa da verdade e por cobrarem pagamento por seus ensinamentos, os sofistas foram duramente criticados por Sócrates e Platão.

O mundo das ideias – mundo ideal ou mundo inteligível – só poderia ser alcançado por meio do intelecto. Segundo Platão, esse é o mundo real, eterno, no qual não há mudança. O outro é o mundo em que vivemos, o mundo sensível, que pode ser conhecido por meio dos sentidos. Este corresponde, segundo Platão, a uma realidade imperfeita, pois tudo o que há nele foi copiado das ideias que se encontram no mundo inteligível, e nenhuma cópia pode ser tão perfeita quanto a ideia original. Por exemplo: no mundo inteligível há uma ideia perfeita de cavalo. Todos os cavalos que habitam o mundo sensível são cópias imperfeitas da ideia original. Isso explica por que existem tantos cavalos diferentes, variando em tamanhos, cores, pelagem...

Além disso, no mundo sensível, as coisas mudam, pois tudo aquilo que é imperfeito busca a perfeição. Nele as coisas não são eternas, elas possuem uma duração: o que foi criado será um dia destruído; tudo que nasce um dia morrerá. Para Platão, a variabilidade e a multiplicidade do mundo sensível não permitem que obtenhamos um conhecimento verdadeiro sobre as coisas que existem aqui; este mundo seria apenas um meio para elevar nosso intelecto em direção ao conhecimento verdadeiro das ideias perfeitas que existem no mundo inteligível.

Assim, de acordo com Platão, as palavras que utilizamos para nomear as coisas, nossa linguagem, também constituiriam um problema para o conhecimento, porque a representação de uma coisa nunca equivaleria à coisa mesma.

A questão de Aristóteles era: como construir um conhecimento rigoroso que se baseie não no mundo das ideias (como queria Platão), mas no mundo sensível, aquele com o qual nos defrontamos todos os dias? Como conhecer a verdade sobre as coisas com as quais nos relacionamos?

Enfrentando esse problema, Aristóteles foi talvez o primeiro pensador a tentar mostrar a importância da estrutura da linguagem, e não apenas das palavras. Para ele, embora as palavras sejam convenções – portanto, relativas –, existe uma estrutura na linguagem, uma série de regras de uso que permitem a construção de um discurso verdadeiro, para além da relatividade das palavras. Assim, elaborando asserções a respeito das coisas e analisando se são verdadeiras ou falsas, Aristóteles acreditava ser possível adquirir conhecimento sobre o mundo físico. Ele afirmou que a palavra é *pharmakon* (nos dois sentidos, como em Platão), mas é também *organon*, isto é, instrumento do pensamento. Ao procurar estabelecer as regras do discurso correto, Aristóteles definiu as regras do pensamento correto, criando o campo que depois seria conhecido como **lógica**.

Segundo Aristóteles, é o fato de sermos seres de linguagem, portadores da palavra, que nos diferencia dos outros animais; pela palavra nos comunicamos, mas também pensamos. Por meio da palavra compartilhamos a vida, vivemos em comunidade com outros seres humanos, nos tornando seres políticos.

// Cartaz do filme *O enigma de Kaspar Hauser*. Direção de Werner Herzog. Alemanha, 1974. (109 min).

Um jovem que nunca havia convivido em sociedade é encontrado numa praça. Será possível introduzi-lo no mundo da cultura, considerando que ele não sabe se comunicar?

> O homem é um animal cívico [político], mais social do que as abelhas e outros animais que vivem juntos. A natureza, que nada faz em vão, concedeu apenas a ele o dom da palavra, que não podemos confundir com os sons da voz. Estes são apenas a expressão de sensações agradáveis ou desagradáveis, de que os outros animais são, como nós, capazes. [...] nós, porém, temos a mais, senão o conhecimento desenvolvido, pelo menos o sentimento obscuro do bem e do mal, do útil e do nocivo, do justo e do injusto, objetos para a manifestação dos quais nos foi principalmente dado o órgão da fala. Esse comércio da palavra é o laço de toda sociedade doméstica e civil.
>
> Aristóteles. *A política*. São Paulo: Martins Fontes, 1991. p. 4.

A "virada linguística"

Pense na afirmação: "O irmão de Lucas está doente". Ela é verdadeira ou falsa? A resposta pode parecer fácil: bastaria saber se ele está ou não doente. No entanto, a afirmação pode ser analisada quanto a uma série de outros aspectos: quem é Lucas? Ele tem um irmão? Ele tem apenas um irmão, ou mais de um? No caso de ser mais de um, qual deles estaria doente? Ele está doente no momento em que o autor escreve essa frase? E no momento em que você a lê? Perguntas como essas caracterizam o tipo de preocupação de uma corrente filosófica surgida no século XX, a **filosofia analítica**. Segundo seus representantes, a única tarefa plausível para a filosofia seria produzir uma análise lógica da linguagem, de modo a testar a veracidade ou a falsidade das frases e das proposições.

No mesmo século XX, consolidou-se uma nova ciência, a linguística, também orientada para os estudos da linguagem. E ela teria grande influência em outras ciências humanas e na filosofia, por meio da teoria estruturalista.

Dada a importância da linguagem nos estudos filosóficos no século XX, fala-se em uma "virada linguística", isto é, uma mudança de foco nas preocupações da filosofia, que passa a ter na linguagem seu problema central.

Wittgenstein: linguagem e mundo

Um dos mais importantes pensadores da linguagem no século XX foi **Ludwig Wittgenstein**. A princípio, ele se alinhou às perspectivas da filosofia analítica da linguagem, mas, depois, foi se distanciando delas. Em sua primeira obra, Wittgenstein está preocupado com a essência da linguagem, com seu mecanismo de significação das coisas e do mundo. A linguagem é tratada como um sistema de representação e, portanto, algo diferente do mundo, pois aquilo que representa precisa ser diferente daquilo que é representado. Ao mesmo tempo que é diferente, o representante (a palavra) deve ter semelhanças com o representado (a coisa), ou não pode haver representação. Segundo o filósofo, o mundo é composto de fatos, e o que a linguagem representa, por meio das proposições, são os fatos.

No pensamento de Wittgenstein, linguagem e mundo estão, portanto, intrinsecamente ligados. É por isso que ele chega a uma interessante afirmação: quanto mais ampla minha linguagem (minhas possibilidades de representação), mais amplo é meu mundo; quanto mais restrita minha linguagem, mais restrito é meu mundo. De modo que, quanto mais amplos meu mundo e minha linguagem, mais possibilidades de pensamento tenho. Em seu *Tratado lógico-filosófico*, Wittgenstein afirma que "Os limites de minha linguagem significam os limites de meu mundo".

Ludwig Wittgenstein (1889-1951)

Filósofo austríaco, filho de uma rica família de Viena, foi educado em meio a artistas e músicos. Foi aluno do filósofo e matemático Bertrand Russell (1872-1970) e tornou-se professor de Filosofia na Universidade de Cambridge, naturalizando-se britânico. Dentre sua obra, destacam-se o *Tratado lógico-filosófico* (1921) e as *Investigações filosóficas* (1953).

Ludwig Wittgenstein, em foto de 1930.

INFORMAÇÕES COMPLEMENTARES

Estruturalismo

Corrente de pensamento criada pelo linguista suíço Ferdinand de Saussure (1857-1913). Para ele, ao estudar uma língua, além de prestar atenção aos seus conteúdos e formas, precisamos também analisar sua **estrutura inconsciente**, isto é, como esses elementos se relacionam entre si, pois essa estrutura é o que determina a língua. Essa noção de estrutura inconsciente seria aplicada à antropologia, à literatura e à psicanálise. O estruturalismo também provocou reações contrárias, uma vez que, ao afirmar a importância da estrutura para o conhecimento de um dado fenômeno, deixava de lado seus aspectos históricos.

A ideia dos limites impostos pela linguagem é trabalhada no romance *1984*, de George Orwell (1903-1950). O livro narra uma sociedade no futuro (o livro foi escrito em 1948, daí a projeção do futuro em 1984), na qual os seres humanos são vigiados e controlados por um governante totalitário, o Grande Irmão (ou *Big Brother*, no original inglês). Nessa sociedade o controle sobre os cidadãos é absoluto e o principal objetivo do governo é regular o que as pessoas pensam e sentem, para conseguir mantê-las sob seu domínio. Como isso é feito? Por meio da linguagem! Sabe-se que uma linguagem muito rica, com muitas palavras, gera muitas possibilidades de pensamento, o que é ruim para o sistema. O governo cria então a "novilíngua", que é uma simplificação da linguagem. A cada semana é publicado um novo *Dicionário de novilíngua*, que tem cada vez menos palavras, e as pessoas são proibidas de utilizar termos que não estejam no dicionário. A cada semana, a linguagem é reduzida, o mundo é reduzido, o pensamento é reduzido. E cada vez há menos possibilidade de resistência e ação política contra o regime totalitário.

Cena do filme *1984*, dirigido por Michael Radford. Secretamente, Winston Smith (John Hurt) tenta registrar suas memórias e expressar suas opiniões em um diário, que mantém escondido em seu quarto.

> Segredo não se diz.
> Mentira não se diz.
> O que não se sabe não se diz.
> O que não se pode dizer não se diz.
> Palavrão não se diz.
> Coisa com coisa não se diz.
> Armazém não se diz.
> Armazém!
> Armazém!!
>
> ANTUNES, Arnaldo.
> Psia. 5. ed. São Paulo: Iluminuras, 2001. p. 31.

"Jogos de linguagem"

Ao longo da vida, Wittgenstein mudou radicalmente o enfoque de sua prática filosófica. Ele passou a considerar que o problema não é a busca da essência da linguagem, uma vez que não haveria essência a ser encontrada. Em sua obra *Investigações filosóficas*, ele afirma que não existe **a** linguagem, mas **linguagens** múltiplas, com diferentes objetivos.

O filósofo faz uma analogia com os jogos: não existe um único jogo, mas diversos jogos. Eles têm semelhanças entre si (por exemplo, todo e qualquer jogo tem regras), mas são definidos por suas diferenças (ainda que todo jogo tenha regras, regras diferentes significam jogos diferentes). Os jogos também têm componentes e conteúdos distintos, bem como modos de funcionamento diferenciados; por exemplo, futebol e pôquer, xadrez e peteca. Mesmo completamente diferentes entre si, todos são jogos.

Para Wittgenstein, as linguagens são múltiplas porque múltiplos são os **jogos de linguagem**. Esses jogos são os variados usos da linguagem: usamos a linguagem para expressar nossos sentimentos, mas também para dar ordens; usamos a linguagem para pedir desculpas, mas também para fantasiar. Cada um desses usos é um jogo, com regras próprias, elementos próprios, formas de funcionamento próprias.

Uma pessoa pode se calar em determinado jogo de linguagem porque não quer ou não sabe falar daquilo, mas isso não quer dizer que aquilo seja **indizível**; ela pode dizê-lo, quem sabe, em outro jogo de linguagem diferente, em que aquilo faça todo o sentido e seja perfeitamente possível de expressar. Por exemplo: um réu pode se calar em um tribunal, não falando sobre a acusação que é feita a ele para não admitir sua culpa; mas pode falar livremente sobre isso com seu advogado, que preparará sua defesa. São diferentes jogos de linguagem, cada um com seus interesses e suas possibilidades.

O significado de uma palavra, portanto, não é universal e imutável: depende do jogo no qual ela é usada. Tudo consiste, então, em saber usar as palavras de acordo com o jogo de linguagem em questão.

> Todas as coisas do mundo não cabem numa ideia.
> Mas tudo cabe numa palavra, nesta palavra tudo.
> ANTUNES, Arnaldo. *As coisas*. 8. ed. São Paulo: Iluminuras, 2002. p. 25.

// Cartaz do filme *O terminal*. Direção de Steven Spielberg. Estados Unidos, 2004. (128 min).

Viktor Navorski chega a um aeroporto nos Estados Unidos quando o governo de seu país natal sofre um golpe de Estado. Assim, fica impedido tanto de entrar legalmente no país onde se encontra como de retornar à sua terra. Como não fala inglês, a língua local, Viktor precisa buscar formas de se comunicar com outras pessoas enquanto aguarda por uma definição.

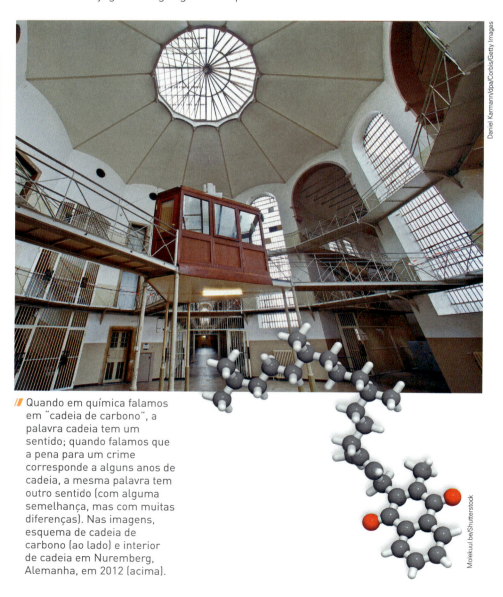

// Quando em química falamos em "cadeia de carbono", a palavra cadeia tem um sentido; quando falamos que a pena para um crime corresponde a alguns anos de cadeia, a mesma palavra tem outro sentido (com alguma semelhança, mas com muitas diferenças). Nas imagens, esquema de cadeia de carbono (ao lado) e interior de cadeia em Nuremberg, Alemanha, em 2012 (acima).

Trabalho, linguagem e cultura

A linguagem é uma forma de expressão simbólica. Por isso, segundo o filósofo Ernst Cassirer (1874-1945), podemos compreender o ser humano como um **animal simbólico**. Segundo ele, o ser humano não é bem caracterizado quando o definimos como um animal racional, pois essa expressão limitaria a imensidão de coisas das quais somos capazes. Somos mais bem caracterizados pelo ato de simbolizar, que nos abre todo o universo da cultura.

> Razão é um termo muito pouco adequado para abranger as formas da vida cultural do homem em toda sua riqueza e variedade. Mas todas essas formas são simbólicas. Portanto, em lugar de definir o homem como um animal *rationale*, deveríamos defini-lo como um animal *symbolicum*. Desse modo, podemos designar sua diferença específica, e podemos compreender o novo caminho aberto ao homem: o da civilização.
>
> CASSIRER, Ernst. *Antropologia filosófica*. 2. ed. São Paulo: Mestre Jou, 1977. p. 51.

Os antigos romanos empregavam a palavra **cultura** no sentido de "cultivo"; daí a origem da palavra agricultura: o cultivo agrícola, o cuidado com a terra que permite que as plantas cresçam. Mas também falavam em um "cultivo de si", um cultivar-se, no sentido de uma pessoa cuidar-se, educar a si mesma, e, com isso, crescer. É apenas no século XIX que se difunde a ideia de cultura como a forma de vida própria de determinado povo. Nesse sentido, falamos de "culturas indígenas", "culturas pré-colombianas", "cultura brasileira" e "culturas europeias", por exemplo.

Em termos mais estritamente filosóficos – portanto, conceituais –, podemos entender por cultura o conjunto de tudo aquilo, no ambiente em que vivemos, que foi produzido pelo ser humano. Como vimos no capítulo anterior, Karl Marx associou o trabalho à natureza humana, uma vez que é por meio do trabalho que o ser humano transforma o mundo e transforma-se a si mesmo. A atividade de transformação do mundo pelo trabalho é justamente o que chamamos de cultura.

Percebe-se, portanto, uma estreita ligação entre trabalho, cultura e linguagem: produzimos cultura ao transformar o mundo por meio do trabalho, e expressamos essas transformações por meio da linguagem. Porém, a produção de linguagem é uma forma de trabalho, o que significa que também a linguagem transforma o mundo.

Se entendemos por cultura o mundo transformado pelo ser humano e por natureza a parte do mundo que não depende de nós e que não foi transformada por nós, será que existe uma espécie de oposição entre natureza e cultura? De forma nenhuma. O universo humano só pode ser compreendido pelo entrecruzamento de natureza e cultura. Marx também afirmava que a natureza é o **corpo inorgânico** do ser humano.

O corpo humano é a ferramenta do indivíduo. Quando ele transforma um objeto em extensão de seu corpo – uma pedra afiada em forma de ponta de lança, por exemplo –, esse objeto se torna seu "corpo inorgânico". Assim, ao realizar seu trabalho como transformação, o ser humano atravessa o mundo natural e é atravessado por ele. A cultura é a produção desse mútuo atravessamento.

Pensando na cultura como o mundo transformado pelo ser humano, Cassirer afirmou que podemos concebê-la como uma **trama simbólica** produzida pela linguagem.

Cartaz do filme *O carteiro e o poeta*. Direção de Michael Radford. Itália, 1995. (108 min).

Em uma pequena ilha da Itália, um grande poeta chileno e um simples carteiro semianalfabeto se conhecem e criam uma grande amizade em torno do trabalho, da comunicação e da poesia.

Assim, quando usamos determinada roupa, por exemplo, não estamos apenas cumprindo uma função material de proteger e aquecer o corpo: estamos também expressando nossa visão de mundo, nossos valores, o grupo social ao qual pertencemos.

É comum ouvirmos falar em "cultura erudita" e "cultura popular", por exemplo. A primeira compreenderia as realizações culturais humanas mais complexas, nas artes e no pensamento de forma geral, elaboradas com base num estudo sistemático de realizações anteriores; a segunda reuniria expressões tradicionais ou que circulam em amplos setores da sociedade, como festas, crenças, músicas e outras manifestações. Qual das duas é mais importante? Embora conheçamos respostas em favor de uma ou de outra, em termos filosóficos essa pergunta não faz sentido, pois ambas são igualmente importantes como expressões do ser humano.

// Espetáculos como as óperas são considerados exemplos de uma cultura erudita. Na imagem, uma cena da ópera *Norma*, em apresentação no Dnepropetrovsk State Opera and Ballet Theatre, na Ucrânia, em 18 de fevereiro de 2012.

// Crenças e tradições de determinado local fazem parte da cultura popular. Na foto, Festival Folclórico de Parintins, no Amazonas, em 2015. Essa festa é um dos maiores eventos populares do Brasil e mantém viva e em transformação a lenda do boi-bumbá e a história da região.

Cultura e mercadoria

A cultura, como você viu, é a produção por meio da qual o ser humano se faz plenamente humano. Ao mesmo tempo, na sociedade capitalista, ela também é transformada em mercadoria, em produto, algo que pode ser negociado. Isso levou o pensador francês **Félix Guattari** a distinguir três sentidos do termo cultura:

- **Cultura-valor:** o sentido mais antigo de cultura, relativo ao "cultivar-se" e que permite julgar quem tem cultura (quem é culto, cultivado) e quem não a tem (quem é inculto, não cultivado). Em suma, a cultura é tratada como um valor social, capaz de dar prestígio a algumas pessoas, distinguindo-as de outras.
- **Cultura-alma coletiva:** a cultura tomada como "civilização", como a produção de determinado povo. Nesse sentido do termo, não faz sentido dizer que uns têm e outros não têm cultura, pois todos estão no universo da civilização.
- **Cultura-mercadoria:** o conjunto de "bens culturais". Existe um mercado cultural e difunde-se a cultura pelo mesmo mecanismo de distribuição de qualquer outro produto.

Para Guattari, o que prevalece em nossos dias é o conceito de cultura-mercadoria, embora os outros dois conceitos continuem válidos. Hoje, a cultura é considerada moeda de troca. É uma cultura que se produz, se reproduz, se difunde a todo momento, seja pela lógica do mercado capitalista, seja às margens desse mercado, pois mesmo uma "cultura marginal" também é mercadoria.

Essa terceira noção tem um aspecto negativo, porque valoriza a produção cultural pelo que ela pode render em termos de lucro econômico. Ao mesmo tempo, há um lado positivo em termos de acesso à cultura, já que a cultura-mercadoria não faz distinção entre uma "cultura popular" e uma "cultura erudita". No contexto da sociedade capitalista, ambas são mercadorias.

// Com o avanço tecnológico, cada vez mais artistas passaram a produzir e distribuir suas obras fora das grandes empresas da indústria fonográfica. Isso, de modo geral, tornou-as mais acessíveis ao público. Os vários serviços de transmissão de mídia via internet – como o *streaming* – também ajudaram os artistas a difundir suas obras com mais facilidade.

Félix Guattari (1930-1992)

Filósofo, psicanalista e ativista político francês. Dedicou-se a vários temas em diferentes campos do pensamento e da cultura. Em seus últimos anos de vida apoiou movimentos ecologistas. Esteve várias vezes no Brasil, dando cursos, fazendo palestras e estudando movimentos sociais e políticos. Escreveu diversos livros com o filósofo Gilles Deleuze. De sua autoria, destacam-se: *Psicanálise e transversalidade* (1974); *As três ecologias* (1989); e *Caosmose: um novo paradigma estético* (1992).

// Félix Guattari, em foto de 1987.

É lógico!

A operação lógica da dedução, que vimos no capítulo anterior, parte de premissas gerais para expressar conclusões específicas. Dediquemo-nos agora a examinar uma operação inversa, a indução, que consiste em partir de dados singulares para chegar a afirmações gerais, universais.

Todos os dias João espera pelo ônibus para ir à escola. Há um horário previsto para que o ônibus passe pelo ponto, mas João já está acostumado com um atraso de dez minutos, sempre. Observando, dia a dia, que o atraso se repete (curiosamente, o ônibus é pontual em seu atraso!), João conclui que o ônibus sempre se atrasa dez minutos. Essa inferência a partir da observação de casos que se repetem é o que chamamos de indução. Perceba: vemos um evento que se repete muitas vezes e isso nos leva a afirmar que isso sempre acontece; com base em dados singulares, particulares, emitimos uma conclusão que é geral. Portanto, a indução procede por generalização.

As ciências naturais trabalham, em geral, de forma indutiva, enquanto a matemática procede, em geral, por dedução. No caso das ciências modernas, a indução é uma das etapas do método científico. Por exemplo: como se chegou à "lei geral" de que o ponto de ebulição da água, em condições normais de temperatura e pressão, é de 100 °C? Por indução: colocou-se uma quantidade de água para ferver e fez-se uma medição da temperatura no ponto de fervura. Repetiu-se essa operação diversas vezes e observou-se que o ponto de ebulição sempre ocorria a determinada temperatura. Assim, estabeleceu-se a medida de 100° na escala de graus Celsius para o ponto de ebulição da água. De modo que podemos afirmar, como conclusão geral, que a água ferve a 100 °C.

O mesmo procedimento é usado nas pesquisas e enquetes. Se queremos, por exemplo, saber a opinião da população brasileira sobre determinado assunto, temos de partida um problema evidente: não há possibilidade de entrevistar todos os brasileiros. Então é preciso definir um número mínimo de pessoas que seja necessário entrevistar para chegar a uma resposta confiável: é o que os institutos de pesquisas chamam de "universo de pesquisa". Essas pessoas devem ser selecionadas de modo a contemplar, de forma proporcional, a composição da população brasileira em suas diferentes características – faixa etária, sexo, cor ou etnia autodeclarada, etc. É preciso também entrevistar pessoas de diferentes regiões brasileiras, pois há variações nas opiniões. Selecionado o universo de pesquisa, o instituto coleta respostas e, com base nelas, apresenta os resultados conclusivos.

A estatística embasa essas análises, ajudando a chegar a um "universo de entrevistados" que seja confiável. Mas, por mais que esse "universo" seja indicativo da população, ele não é a população inteira, portanto, podemos ter variações importantes... Já houve diversos casos, por exemplo, de pesquisas eleitorais que indicavam, durante a campanha, uma tendência de voto que não se concretizou na apuração das urnas.

Vimos que, no caso da dedução, a conclusão não acrescenta nada de novo às premissas. No caso da indução, ao contrário, a generalização nos leva para além dos casos particulares que examinamos no princípio. Como no caso da escala de graus Celsius: a observação de situações particulares nos permite afirmar uma "lei universal" sobre o ponto de ebulição da água.

Mas será a indução sempre confiável? Se todos os dias João chegar ao ponto dez minutos após o horário previsto para que o ônibus passe por ali, ele não se arrisca a eventualmente perder o ônibus?

// Pesquisadora do Instituto de Pesquisa e Planejamento para o Desenvolvimento Sustentável de Joinville (IPPUJ) entrevista usuária de ônibus para pesquisa de satisfação sobre o sistema. Foto de 2014.

Trabalhando com textos

No primeiro texto a seguir, você verá como Wittgenstein explicou e exemplificou o conceito de "jogos de linguagem". No outro texto, note como Adorno e Horkheimer exploraram a linguagem da propaganda no contexto de uma cultura capitalista.

Texto 1

Ao ler o texto abaixo, observe que, para Wittgenstein, não se trata de propor uma "reforma da linguagem", como no romance *1984*, mas de mostrar as possibilidades da linguagem.

Os jogos de linguagem

23. Quantas espécies de frases existem? Afirmação, pergunta e comando, talvez? – há inúmeras de tais espécies: inúmeras espécies diferentes de emprego daquilo que chamamos de "signo", "palavras", "frases". E essa pluralidade não é nada fixo, um dado para sempre; mas novos tipos de linguagem, novos jogos de linguagem, como poderíamos dizer, nascem e outros envelhecem e são esquecidos (uma imagem aproximada disto podem nos dar as modificações da matemática.)

O termo "jogo de linguagem" deve aqui salientar que o falar da linguagem é uma parte de uma atividade ou de uma forma de vida.

Imagine a multiplicidade de jogos de linguagem por meio destes exemplos e outros:

Comandar, e agir segundo comandos.
Descrever um objeto segundo uma descrição (desenho).
Relatar um acontecimento.
Expor uma hipótese e prová-la.
Apresentar os resultados de um experimento por meio de tabelas e diagramas.
Inventar uma história, ler.
Representar teatro.
Cantar uma cantiga de roda.
Resolver enigmas.
Fazer uma anedota; contar.
Resolver um exemplo de cálculo aplicado.
Traduzir de uma língua para outra.
Pedir, agradecer, maldizer, saudar, orar.

É interessante comparar a multiplicidade das ferramentas da linguagem e seus modos de emprego, a multiplicidade das espécies de palavras e frases com aquilo que os lógicos disseram sobre a estrutura da linguagem. (E também o autor do *Tratado lógico-filosófico*.)

[...]

132. Queremos estabelecer uma ordem no nosso conhecimento do uso da linguagem: uma ordem para uma finalidade determinada; uma ordem entre as muitas possíveis; não *a* ordem. Com esta finalidade, *salientaremos* constantemente diferenças que nossas formas habituais de linguagem facilmente não deixam perceber. Isto poderia dar a aparência de que considerássemos como nossa tarefa reformar a linguagem.

Uma tal reforma para determinadas finalidades práticas, o aperfeiçoamento da nossa terminologia para evitar mal-entendidos no uso prático, é bem possível. Mas esses não são os casos com que temos algo a ver. As confusões com as quais nos ocupamos nascem quando a linguagem, por assim dizer, caminha no vazio, não quando trabalha.

WITTGENSTEIN, Ludwig. *Investigações filosóficas*. 3. ed. São Paulo: Abril Cultural, 1984. (Os Pensadores). p. 18-19; 57-58.

Questões

1. O texto afirma que os jogos de linguagem são múltiplos. O que isso significa?
2. Se, para Wittgenstein, não se trata de propor uma reforma da linguagem (como a que se realiza no livro *1984*), em que consistiria pensar filosoficamente a linguagem? Argumente, sustentando sua resposta.

Texto 2

Neste texto, os filósofos Adorno e Horkheimer exploram as relações entre linguagem e cultura. Mostram a associação entre a cultura e a mercadoria, esclarecendo o mecanismo da propaganda. Em seguida, criticam o fato de que a sociedade contemporânea cria uma espécie de "magia" em torno da palavra, sendo necessária sua desmistificação pelo exercício do pensamento racional.

Cultura e mercadoria

[...] A cultura é uma mercadoria paradoxal. Ela está tão completamente submetida à lei da troca que não é mais trocada. Ela se confunde tão cegamente com o uso que não se pode mais usá-la. É por isso que ela se funde com a publicidade. Quanto mais destituída de sentido esta parece ser no regime do monopólio, mais todo-poderosa ela se torna. Os motivos são marcadamente econômicos. Quanto maior é a certeza de que se poderia viver sem toda essa indústria cultural, maior a saturação e a apatia que ela não pode deixar de produzir entre os consumidores. Por si só ela não consegue fazer muito contra essa tendência. A publicidade é seu elixir da vida. Mas como seu produto reduz incessantemente o prazer que promete como mercadoria a uma simples promessa, ele acaba por coincidir com a publicidade de que precisa, por ser intragável [...].

[...] Tanto técnica quanto economicamente, a publicidade e a indústria cultural se confundem. Tanto lá como cá, a mesma coisa aparece em inúmeros lugares, e a repetição mecânica do mesmo produto cultural já é a repetição do mesmo *slogan* propagandístico. Lá como cá, sob o imperativo da eficácia, a técnica converte-se em psicotécnica, em procedimento de manipulação das pessoas. Lá como cá, reinam as normas do surpreendente e no entanto familiar, do fácil e no entanto marcante, do sofisticado e no entanto simples. O que importa é subjugar o cliente que se imagina como distraído e relutante.

Pela linguagem que fala, ele próprio dá sua contribuição ao caráter publicitário da cultura. Pois quanto mais completamente a linguagem se absorve na comunicação, quanto mais as palavras se convertem de veículos substanciais do significado em signos destituídos de qualidade, quanto maior a pureza e a transparência com que transmitem o que se quer dizer, mais impenetráveis elas se tornam. A desmitologização da linguagem, enquanto elemento do processo total de esclarecimento, é uma recaída na magia. Distintos e inseparáveis, a palavra e o conteúdo estavam associados um ao outro. Conceitos como melancolia, história e mesmo vida eram reconhecidos na palavra que os destacava e conservava. Sua forma constituía-os e, ao mesmo tempo, refletia-os. A decisão de separar o texto literal como contingente e a correlação com o objeto como arbitrária acaba com a mistura supersticiosa da palavra e da coisa. O que, numa sucessão determinada de letras, vai além da correlação com o evento é proscrito como obscuro e como verbalismo metafísico. Mas deste modo a palavra, que não deve significar mais nada e agora só pode designar, fica tão fixada na coisa que ela se torna uma fórmula petrificada. Isso afeta tanto a linguagem quanto o objeto. Ao invés de trazer o objeto à experiência, a palavra purificada serve para exibi-lo como instância de um aspecto abstrato, e tudo o mais, desligado da expressão (que não existe mais) pela busca compulsiva de uma impiedosa clareza, se atrofia também na realidade. O ponta-esquerda no futebol, o camisa-negra, o membro da Juventude Hitlerista, etc. nada mais são do que o nome que os designa. Se, antes de sua racionalização, a palavra permitira não só a nostalgia mas também a mentira, a palavra racionalizada transformou-se em uma camisa de força para a nostalgia, muito mais do que para mentira. A cegueira e o mutismo dos fatos a que o positivismo reduziu o mundo estendem-se à própria linguagem, que se limita ao registro desses dados. Assim as próprias designações se tornam impenetráveis, elas adquirem uma contundência, uma força de adesão e repulsão que as assimila a seu extremo oposto, as fórmulas de encantamento mágico. [...]

ADORNO, Theodor; HORKHEIMER, Max. *Dialética do esclarecimento*: fragmentos filosóficos. Rio de Janeiro: Jorge Zahar, 1985. p. 151-154.

Camisa-negra: milícia que operou durante o regime fascista italiano, entre os anos 1920 e 1940.
Contundência: no contexto, força, vigor, evidência.
Mutismo: característica daquilo que é mudo.
Paradoxal: que apresenta um paradoxo, uma contradição.
Saturação: estado em que não é mais possível acrescentar nada.

⫽ Pessoas em frente ao cartaz gigantesco feito para divulgação do filme-catástrofe *2012*, em festival de cinema de San Sebastián, na Espanha, em 2009. O texto em espanhol diz: "Estávamos avisados".

Questões

1. Segundo o texto, como funciona a propaganda?
2. Por que, para Adorno e Horkheimer, a indústria cultural se assemelha a um *slogan* propagandístico? Dê exemplos.
3. Conforme o texto, as palavras, tanto na propaganda quanto na indústria cultural, perderam o significado, transformando-se em uma "fórmula petrificada". Explique essa afirmação.

Em busca do conceito

1. Você concorda com a afirmação de que é a linguagem que nos define como humanos? Explique os motivos de sua posição.
2. Em que sentido podemos afirmar que "a cultura é uma trama simbólica"?
3. Faça uma pesquisa sobre a linguagem utilizada na internet, principalmente nas redes sociais. Como as pessoas escrevem? O que elas escrevem? Como se expressam? Esse tipo de linguagem se aproxima ou se afasta do discurso oral? Com base na pesquisa, faça uma análise crítica sobre os "jogos de linguagem" que são encontrados nas redes sociais como manifestação cultural.
4. Pergunte a seus pais, tios ou avós sobre as músicas que eles ouviam e ouvem ainda hoje e procure a letra de algumas dessas músicas. Compare essas letras com as das músicas que você ouve. Faça uma análise crítica sobre a linguagem utilizada nos dois casos.
5. Dê exemplos de cultura-mercadoria que circulam na sociedade atual.
6. Leia com atenção a letra da música e, se possível, ouça a canção. A seguir, discuta com seus colegas o fato de necessitarmos de sistemas simbólicos para nos comunicar com outras pessoas. Escreva uma dissertação filosófica refletindo sobre a linguagem como representação das coisas. Use elementos que aprendeu neste capítulo e assuma uma posição, defendendo-a com argumentos.

O mundo

O mundo é pequeno pra caramba
Tem alemão, italiano e italiana
O mundo, filé à milanesa
Tem coreano, japonês e japonesa

O mundo é uma salada russa
Tem nego da Pérsia, tem nego da Prússia
O mundo é uma esfirra de carne
Tem nego da Zâmbia, tem nego do Zaire

O mundo é azul lá de cima
O mundo é vermelho na China
O mundo tá muito gripado
O açúcar é doce, o sal é salgado

O mundo – caquinho de vidro
Tá cego do olho, tá surdo do ouvido

O mundo tá muito doente
O homem que mata, o homem que mente

Por que você me trata mal
Se eu te trato bem?
Por que você me faz o mal
Se eu só te faço o bem?

Todos somos filhos de Deus
Só não falamos as mesmas línguas
Todos somos filhos de Deus
Só não falamos as mesmas línguas

Everybody is filhos de God
Só não falamos as mesmas línguas
Everybody is filhos de God
Só não falamos as mesmas línguas

ABUJAMRA, André. O mundo. *Karnak* (CD). Trinitus, 1995. Letra disponível em: <www.letras.mus.br/karnak/183768/>. Acesso em: 17 abr. 2018.

Dissertação filosófica

Um texto argumentativo pode ser estruturado utilizando-se o método dialético. Seus elementos básicos são a tese, a antítese e a síntese.

A tese é a afirmação que se faz no início do texto. A antítese é a oposição que se faz à tese, criando um conflito. A síntese é uma nova situação originada desse embate entre tese e antítese.

Podemos dizer que a síntese torna-se uma nova tese, que aceita uma nova antítese e, consequentemente, originam uma nova síntese, num processo infinito; mas seu texto precisa concluir o processo dialético em algum ponto. No início, tente elaborar a dissertação apenas com um conjunto tese/antítese/síntese. Conforme sua escrita se aprimorar, permita-se alongar a discussão num processo dialético mais amplo.

Esta é a estrutura utilizada em textos filosóficos, uma vez que, antes de propor qualquer interpretação definitiva, a filosofia busca refletir acerca de problemas em um questionamento constante, sempre aberto ao surgimento de novas teses que possam ser investigadas.

Sugestões de leituras

ARANTES, Antônio Augusto. *O que é cultura popular*. São Paulo: Brasiliense, 1981. (Primeiros Passos).

Uma reflexão introdutória sobre a cultura, centrada na questão da cultura popular.

ORLANDI, Eni Pulcinelli. *O que é linguística*. São Paulo: Brasiliense, 1986. (Primeiros Passos).

Uma introdução ao estudo da língua e da linguística como ciência no século XX.

BRADBURY, Ray. *Fahrenheit 451*. Rio de Janeiro: Globo, 2009.

Ficção científica sobre uma sociedade na qual os livros não são permitidos. Os bombeiros são uma corporação cuja missão é encontrar livros e queimá-los. Para preservá-los, as pessoas leem e decoram livros.

ORWELL, George. *1984*. São Paulo: Companhia das Letras, 2009.

Numa sociedade do futuro, o controle sobre o pensamento é feito por meio do repertório de palavras que cada indivíduo pode usar.

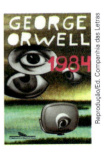

LEMINSKI, Paulo. *La vie en close*. São Paulo: Brasiliense, 1991.

Este livro póstumo reúne poemas do escritor curitibano nos quais os jogos de linguagem estão presentes, em especial por meio do humor.

CAPÍTULO 6

Corporeidade, gênero e sexualidade: formas de ser

A dimensão humana da corporeidade

Vivemos numa era de culto ao corpo. Há uma forte pressão social para que se siga determinado padrão de beleza: as pessoas devem ser magras, "saradas", sempre com aspecto jovem. No entanto, por trás dessa preocupação com a beleza física nem sempre há uma busca verdadeira por saúde e bem-estar – o que envolveria, por exemplo, a prática de atividade física regular e uma alimentação saudável. Em geral, o que comanda o culto ao corpo é a preocupação estética.

Para o filósofo **Gilles Lipovetsky**, essa onda de preocupação com o corpo é parte daquilo que ele denomina "sociedade pós-moralista". Em vez da antiga sociedade moralista, na qual a ética e a virtude impunham uma série de deveres, vive-se hoje em uma sociedade que valoriza, principalmente, o bem-estar individual. Em lugar dos deveres, agora há "tarefas" que devemos cumprir para alcançar a felicidade. Tais "tarefas" envolvem muitos aspectos de nossas vidas, como a orientação sexual, que deve ser exposta socialmente; as práticas de higiene traduzidas como "amor ao corpo", como as campanhas antifumo e antidrogas, a prática de esportes radicais e "ecológicos", bem como as academias de ginástica e os tratamentos estéticos.

Litografia, *Tríptico*, de Francis Bacon, 1983. Essa obra nos leva para além das representações estéticas do corpo: o que significa ser um corpo?

Gilles Lipovetsky (1944-)

Filósofo francês, professor na Universidade de Grenoble, dedica-se a refletir sobre o mundo contemporâneo. Dentre suas várias obras publicadas, destacam-se: *A sociedade pós-moralista:* o crepúsculo do dever e a ética indolor dos novos tempos democráticos (1992); *Os tempos hipermodernos* (2004); e *A felicidade paradoxal:* ensaio sobre a sociedade de hiperconsumo (2006).

Gilles Lipovetsky, em foto de 2013.

// Atualmente as pessoas buscam um padrão de beleza estabelecido por meios como a moda, o *marketing*, a propaganda e a televisão. Esse padrão desconsidera as particularidades (diferentes biotipos, condições financeiras, etc.) e estimula as pessoas a cultuar um padrão corporal irreal em troca de uma promessa de felicidade e bem-estar que a maioria não alcançará. Na foto, desfile em Belo Horizonte (MG), 2016.

Podemos destacar a **corporeidade** – o fato de sermos um corpo – como uma das dimensões humanas mais fundamentais.

O poema a seguir, de Arnaldo Antunes, trata dessas questões que a filosofia enfrenta, desde a Antiguidade, ao refletir sobre o ser humano. Como a filosofia tem conceituado o corpo ao refletir sobre o ser humano? Será ele que nos faz ser o que somos? Quando dizemos "eu", falamos de um corpo ou de alguma outra coisa, como um "recheio" que está no corpo?

> O corpo existe e pode ser pego.
> É suficientemente opaco para que se possa vê-lo.
> Se ficar olhando anos você pode ver crescer o cabelo.
> O corpo existe porque foi feito.
> Por isso tem um buraco no meio.
> O corpo existe, dado que exala cheiro.
> E em cada extremidade existe um dedo.
> O corpo se cortado espirra um líquido vermelho.
> O corpo tem alguém como recheio.
>
> ANTUNES, Arnaldo. *As coisas*. 8. ed. São Paulo: Iluminuras, 2002. p. 23.

Para compreender como a filosofia construiu esse conceito, é preciso fazer um percurso pela sua história.

A filosofia e o corpo

Os gregos antigos davam muita importância ao corpo. Exercitavam-se e preocupavam-se com a alimentação, de modo a ter um corpo saudável. Os guerreiros eram fortes, ágeis e astutos em combate. A admiração pela força e beleza do corpo produziu disputas atléticas, como as que ocorriam nos Jogos Olímpicos.

Para os gregos, o ser humano é constituído de *soma* (que traduzimos por 'corpo'), uma certa quantidade de matéria, e de *psique* (que traduzimos por 'alma'), o "sopro" que anima a matéria, que dá vida ao corpo.

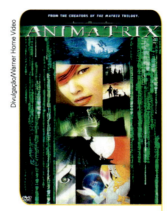

// Cartaz do filme *Animatrix*. Direção de Andy, Larry Wachowski e outros. Estados Unidos/Japão, 2003. (102 min).

Série de animações em diferentes estilos baseada no universo do filme *Matrix*, explorando o confronto entre realidade e ficção. Destaca-se o episódio "O recorde mundial", que discute os limites do corpo.

Na mitologia, a história da criação do homem conta que Prometeu fez bonecos de barro e começou a brincar com eles. Zeus então soprou nos bonecos e eles ganharam vida. Essa narrativa mítica busca explicar a dupla natureza do ser humano: uma parte material, o corpo, moldado no barro; e uma parte espiritual, a alma, que é um sopro divino e que dá vida ao corpo material.

// Neste detalhe de um alto-relevo ateniense do século VI a.C., vemos uma cena de luta entre dois atletas. Observe a representação dos corpos musculosos, tidos pelos gregos como expressão da beleza.

Platão: ideias e sentidos

A preocupação grega com o corpo estendeu-se para a filosofia, que dedicou grande esforço para compreendê-lo. Platão, que era excelente atleta e via o cultivo do corpo como uma exigência para o desenvolvimento da alma, elaborou uma concepção baseada no **dualismo psicofísico**.

Para compreender essa concepção, é importante lembrar como Platão explicava o mundo. No capítulo anterior, vimos que o filósofo o considerava uma duplicação da realidade, composta pelo mundo das ideias e pelo mundo dos sentidos. O primeiro é imaterial e inteligível; o segundo, sensível, material e físico.

As ideias a que a teoria platônica se refere não são aquelas criadas pelos seres humanos por meio do pensamento. Para Platão, as ideias (também chamadas de formas) são eternas, sempre existiram e sempre existirão, e compõem um mundo considerado perfeito, distinto deste em que vivemos. Na criação do mundo que conhecemos, um espírito artesão (que Platão denominou *demiurgo*) contemplou as ideias que habitam esse mundo ideal e fez cópias delas a partir da matéria sem forma. Assim, contemplando a ideia perfeita de árvore (que é única e imutável), o demiurgo criou diversas cópias de árvores materiais; contemplando a ideia perfeita de homem, criou vários homens materiais; da ideia perfeita de mulher, copiou diversas mulheres materiais. E assim tudo o mais foi criado, como cópias imperfeitas dessas ideias. Nós, que habitamos o mundo imperfeito dos sentidos, poderíamos, por meio do pensamento, tentar conhecer as ideias de onde tudo se originou.

Se, para Platão, o corpo humano é parte do mundo sensível, a alma é parte do mundo ideal. A alma tem a mesma constituição das ideias; portanto, é perfeita e imortal. O corpo, tendo uma constituição material, é imperfeito e mortal. Enquanto um ser humano está vivo, ele é a união indissolúvel de um corpo físico mortal com uma alma ideal imortal.

Por isso o ser humano precisa cuidar do corpo, exercitá-lo, cultivá-lo: é por meio do cuidado com o corpo que podemos cuidar da alma, fazendo com que ela domine esse corpo imperfeito. Mas, quando o corpo morre, a alma se libera e volta ao mundo das ideias, podendo depois encarnar em outro corpo. Vê-se então que, para Platão, a alma é mesmo um "recheio" do corpo.

// Diferentes exemplares de cavalo seriam cópias imperfeitas da ideia singular e perfeita de cavalo.

Aristóteles: matéria e forma

Insatisfeito com a perspectiva platônica, Aristóteles defendeu a noção de **hilemorfismo** (das palavras gregas *hylé*, 'matéria'; e *morphé*, 'forma'), segundo a qual todas as coisas resultam de dois princípios diferentes e complementares: a **matéria** e a **forma**. A matéria é aquilo de que a coisa é feita; a forma é o que faz com que a coisa seja aquilo que é. No caso do ser humano, o corpo físico é a matéria, enquanto a forma é dada pela alma. Mais do que em Platão, essas duas realidades são inseparáveis, embora distintas. Uma só pode agir em conjunto com a outra.

Essa concepção de Aristóteles pode ser chamada de **orgânica**: a alma é aquilo que anima o corpo, que lhe confere movimento, estando totalmente integrada a ele. Corpo e alma formam um sistema orgânico. Um movimento físico, como levantar a mão direita, é realizado pelo corpo possibilitado pela ação da alma, responsável pelo movimento. Um pensamento também é uma ação da alma, mas só pensamos porque somos seres corpóreos. Para Aristóteles, mesmo que fosse possível conceber uma alma separada de um corpo, essa alma não pensaria.

Ainda que tenha avançado em relação ao dualismo de Platão, em Aristóteles a alma continua sendo o "recheio" do corpo, pois é ela que lhe dá o movimento e a ação.

Espinosa: corpo-mente

Na Idade Média, sob a influência do pensamento cristão, essas ideias de Platão e de Aristóteles foram retomadas, mas passaram por uma reelaboração. Vários filósofos dedicaram-se a reler a filosofia antiga segundo os preceitos do cristianismo. Os dois mais importantes, como tratamos na unidade 1, foram Santo Agostinho (354-430) e São Tomás de Aquino (1225-1274), em diferentes períodos da filosofia medieval: o primeiro no início do período conhecido como **patrística**, a filosofia dos "padres da Igreja"; o segundo, no da **escolástica**, a filosofia ensinada nos mosteiros e nas universidades medievais.

A expulsão do Jardim do Éden (1426-1427), afresco de Masaccio (1401-1428) na igreja de Santa Maria del Carmine, em Florença, Itália. Para filósofos como São Tomás de Aquino, o pecado original se perpetua porque os seres humanos de sucessivas gerações têm a mesma natureza, recebida do primeiro homem, Adão.

Sob a influência do pensamento cristão, o corpo passou a ser considerado fonte e lugar do pecado, uma vez que, de acordo com essa tradição, foi por meio do corpo que o ser humano pecou e perdeu o paraíso. À alma, expressão de pureza divina, cabe a função de controlar os desvios do corpo.

Apenas no século XVII, com o filósofo **Espinosa**, surgiu uma posição diferente dessa visão dualista que compreendia o ser humano como corpo e alma, seja destacando aspectos positivos, seja destacando aspectos negativos. O filósofo não utiliza a palavra alma, preferindo falar sempre em **mente**. Para ele, mente e corpo são **uma coisa só**. Quando nos referimos ao pensamento, o chamamos de mente; e, quando se trata da matéria, a chamamos de corpo. Mas um não pode ser concebido sem o outro.

Contrariando uma tradição filosófica de mais de dois mil anos, Espinosa elaborou uma concepção não dualista do ser humano. Com essa posição, ele nega que a mente prevaleça sobre o corpo. Como um e outro são a mesma coisa, nem o corpo pode obrigar a mente a pensar, nem a mente pode forçar o corpo a agir. Quando pensamos, o fazemos na condição de corpo-mente; quando nos movimentamos, também o fazemos na condição de corpo-mente.

Enquanto a tradição considerava o corpo pura matéria controlada por uma alma imaterial, Espinosa afirmava que, até então, ninguém havia sido capaz de dizer quais são as possibilidades do corpo, aquilo que ele pode ou não pode fazer. Podemos compreender essa ideia pensando em situações extremas, nas quais o corpo reage de maneira inesperada. Em uma catástrofe, por exemplo, uma pessoa seria capaz de erguer rochas muito pesadas para salvar alguém, algo que, em circunstâncias normais, não conseguiria realizar. Nos esportes, os atletas procuram sempre chegar ao limite das possibilidades do corpo. A cada quatro anos, novos recordes são quebrados nas Olimpíadas: um atleta nada mais rápido, outro salta mais alto, outro corre mais depressa.

> O corpo humano pode ser afetado de muitas maneiras, pelas quais sua potência de agir é aumentada ou diminuída, enquanto outras tantas não tornam sua potência de agir nem maior nem menor.
>
> SPINOZA. *Ética*. Belo Horizonte: Autêntica, 2007. p. 163.

Para Espinosa, as ações do corpo dependem dos estímulos que ele recebe. Espinosa chamou esses estímulos de **afecções**. O corpo pode ser afetado de diferentes formas e age a partir dessas afecções. Dependendo de como o corpo é afetado, sua potência de agir aumenta. Um bom exemplo é o atleta que compete: o estímulo para alcançar a vitória é a afecção que aumenta sua potência de agir, levando a bons resultados. Há também afecções que diminuem a potência de agir de um corpo. Quando ficamos decepcionados com algo e nos sentimos abatidos, temos pouca vontade de fazer qualquer coisa; nossa potência de agir se reduz. Como mente e corpo são uma só coisa, Espinosa denomina o aumento da potência de agir de **alegria**, enquanto a diminuição dessa potência é a **tristeza**.

Baruch Espinosa (1632-1677)

Filho de uma família portuguesa, nasceu em Amsterdã (na atual Holanda) e recebeu uma sólida formação religiosa judaica e humanista. Por suas ideias filosóficas e políticas consideradas heréticas, foi expulso da comunidade judaica local. Suas principais obras foram: *Tratado da reforma do entendimento* (escrito por volta de 1671 e só publicado após sua morte), *Tratado teológico-político* (1670) e *Ética demonstrada segundo o método geométrico* (1677).

// Espinosa, em pintura de Samuel von Hoogstraten, de 1670.

Vemos assim que, para Espinosa, não faz nenhum sentido pensar no corpo como uma porção de matéria que tem por "recheio" uma mente ou uma alma que nos faz ser o que somos, que nos dá uma identidade. Não há um "recheio" diferenciado do resto do corpo, ele é o próprio recheio.

Espinosa afirmava que, até sua época, ninguém havia conseguido conhecer a estrutura do corpo de modo a poder explicar todas as suas funções. Por isso, atribuíam-se à alma as ações do corpo.

Hoje, com os avanços na ciência, conhecemos bem melhor o corpo, sua anatomia e fisiologia, do que no tempo de Espinosa. Só recentemente, porém, a neurociência tem conseguido compreender melhor as interações entre o corpo e a mente, dando ampla razão à teoria de Espinosa.

// O ginasta brasileiro Ângelo Assumpção apresenta-se no solo durante a Copa do Mundo de Ginástica Artística de 2015, em São Paulo (SP). Num exercício como esse, o corpo é levado a seus limites, num equilíbrio entre força e destreza.

Novos conceitos na filosofia do corpo

No século XX o pensamento filosófico sobre o corpo recebeu novas contribuições, como aquelas de **Maurice Merleau-Ponty** e Michel Foucault (1926-1984).

Maurice Merleau-Ponty (1908-1961)

Filósofo francês, foi professor em escolas de Ensino Médio e no ensino universitário. Trabalhou com o método fenomenológico de Husserl e procurou desenvolvê-lo para além daquilo que foi imaginado por seu criador. Dentre sua obra, destacam-se: *Fenomenologia da percepção* (1945), *As aventuras da dialética* (1955) e *O visível e o invisível* (publicada postumamente em 1964).

Maurice Merleau-Ponty, em 1950. //

CAPÍTULO 6 | CORPOREIDADE, GÊNERO E SEXUALIDADE: FORMAS DE SER **117**

// Cartaz do filme *Eu não quero voltar sozinho*. Direção de Daniel Ribeiro. Brasil, 2010. (17 min).

O curta-metragem narra o cotidiano de Leonardo, um adolescente cego que vivencia a experiência da amizade e da descoberta sexual.

Na obra *Fenomenologia da percepção*, Merleau-Ponty desenvolve o conceito de **corpo próprio**. O filósofo muda o foco da afirmação "Penso, logo existo", de Descartes (1596-1650), que coloca a certeza da existência no pensamento (na consciência ou na alma), para situá-la no corpo.

Vivendo no mundo, sendo um corpo em meio às coisas, nós as percebemos. É no ato da percepção que descobrimos a nós mesmos, que descobrimos que existimos. Em outras palavras, nós só sabemos que existimos porque somos um corpo no mundo.

Merleau-Ponty criticou a filosofia e a fisiologia (o estudo biológico das funções do corpo) por serem **mecanicistas**, isto é, por considerarem o corpo um objeto, um mecanismo cujo funcionamento podemos conhecer. Isso, segundo Merleau-Ponty, significa transformar o corpo em pura materialidade, que só ganha sentido se for "recheada" por uma mente ou uma alma.

O corpo próprio, para Merleau-Ponty, é a ideia de que cada pessoa é um corpo que percebe e que pensa – e, pensando, atua no mundo e sobre si mesmo. Desse modo, o corpo não é um objeto, como uma pedra ou um martelo, tampouco pura consciência ou pura percepção. **Meu corpo próprio** é a sede da percepção do mundo e de mim mesmo, possibilidade única de existência concreta.

O filósofo francês Michel Foucault reflete sobre outro aspecto da corporeidade: a atuação do poder sobre o corpo. Segundo o filósofo, o "desprezo pelo corpo" que vemos na Idade Moderna é apenas aparente. Durante todo aquele período, foi feito grande esforço para manter o corpo controlado, para que ele pudesse ser tomado como força de trabalho. O suposto "esquecimento do corpo" pela filosofia tinha sua função: fazer com que não se percebesse sua submissão e os mecanismos que o submetiam.

Segundo Foucault, um importante mecanismo de controle era o **poder disciplinar**, que atuava individualizando os corpos. Esse poder era exercido em instituições, como fábricas, escolas, hospitais, prisões e quartéis. Pense no exemplo da escola: cada estudante tem um registro, é colocado em determinada classe, tem um número na lista de chamada, é avaliado por meio de notas que medem seu aproveitamento. São formas de disciplinar os estudantes para que se mantenha certa ordem estabelecida, ao mesmo tempo construindo para esses sujeitos um papel que deve ser cumprido. Esse tipo de controle transforma corpos em sujeitos presos a identidades que lhes são atribuídas.

Ao mesmo tempo, a disciplina tem também seus efeitos positivos: ela possibilita a cada um que se conheça melhor e tenha consciência do próprio corpo. Mesmo Merleau-Ponty só conseguiu formular sua teoria graças ao poder disciplinar a que estava submetido. A tomada de consciência possibilita uma "revolta do corpo", que busca mais liberdade e menos controle. Para que o corpo seja afirmado, é preciso que seja conhecido; para ser conhecido, o corpo precisou ser disciplinado.

E, se o corpo é lugar de exercício de poder, ele é também lugar de se fazer único. O corpo resiste ao controle que lhe é imposto. Essa relação do corpo com os poderes por meio da educação – uma relação de submissão, mas também de resistência – é vista de forma poética pelo compositor Paulinho Moska (1967-) na canção "O corpo". Não sabemos o que pode o corpo, pois nosso olhar para ele é limitado; o corpo é colocado em determinadas formas por um processo de educação, mas o corpo também resiste às normas e busca outras possibilidades.

> **O corpo**
>
> Meu corpo tem cinquenta braços
> E ninguém vê porque só usa dois olhos
> Meu corpo é um grande grito
> E ninguém ouve porque não dá ouvidos
> Meu corpo sabe que não é dele
> Tudo aquilo que não pode tocar
> Mas meu corpo quer ser igual àquele
> Que por sua vez também já está cansado de não mudar
> Meu corpo vai quebrar as formas
> Se libertar dos muros da prisão
> Meu corpo vai queimar as normas
> E flutuar no espaço sem razão
> Meu corpo vive e depois morre
> E tudo isso é culpa de um coração
> Mas meu corpo não pode mais ser assim
> Do jeito que ficou após sua educação.
>
> MOSKA, Paulinho. O corpo. *Pensar é fazer música* (CD). EMI, 1995.
> Letra disponível em: <www.letras.mus.br/paulinho-moska/130039>. Acesso em: 19 abr. 2018.

Cartaz do documentário *Pro dia nascer feliz*. Direção de João Jardim. Brasil, 2006. (88 min).

O documentário *Pro dia nascer feliz* mostra as contradições e os problemas do sistema de ensino brasileiro, por meio de depoimentos de estudantes e profissionais de diferentes realidades escolares. O filme evidencia a atuação do poder disciplinar nas escolas.

Sexo, gênero e sexualidade: entre o biológico e o cultural

Um dos desdobramentos da corporeidade é a sexualidade: todo corpo humano é sexuado. Em uma visão mecanicista do corpo, podemos afirmar que o sexo é algo puramente biológico e definido por características com as quais nascemos – excluindo alguns tipos de distúrbio genético, existem o sexo feminino e o sexo masculino. Isso nos leva a concluir que existem mulheres, aquelas que são do sexo feminino, e homens, aqueles que são do sexo masculino. Com base nisso, também somos levados a crer que há coisas que se relacionam exclusivamente às mulheres e compõem o universo feminino e outras que são exclusividade dos homens, do universo masculino.

Será que as coisas são tão simples assim? Como compreender, por exemplo, que existem homens e mulheres que gostam de se vestir de acordo com os padrões estabelecidos para o sexo oposto?

Para entender a complexidade dessa questão, precisamos recorrer a uma visão não mecanicista do corpo. A forma como nos vestimos, por exemplo, deve ser considerada numa dimensão simbólica, que diz respeito ao modo como representamos e vivemos nossa corporeidade, e que, portanto, se coloca para além do biológico. Como estudamos anteriormente, essa dimensão simbólica é o universo da cultura.

Se o corpo não é apenas matéria, se ele existe em uma determinada cultura, assuntos ligados à sexualidade estão relacionados à dinâmica da vida humana e não são apenas traços físicos ou biológicos. Dito de outra forma: o sexo é biológico, mas as maneiras de vivê-lo são culturais, por isso se modificam de pessoa para pessoa, de cultura para cultura, de uma época para outra. Sexualidade e gênero precisam ser discutidos de forma mais ampla.

Na obra *História da sexualidade: a vontade de saber* (1976), Foucault investigou como as sociedades entenderam a sexualidade ao longo do tempo e notou um paradoxo.

Nas sociedades ocidentais dos séculos XVI e XVII, embora se acreditasse que a sexualidade era reprimida, ela era valorizada como o segredo por excelência – em decorrência disso, na mesma medida em que era reprimida, *falava-se* muito sobre sexo. Procurando estabelecer "a verdade" sobre o sexo, as sociedades encontraram basicamente dois caminhos. Por um lado, criaram uma espécie de "arte erótica" como uma forma de prescrever as melhores e mais corretas maneiras de viver o sexo; isso se verificou, principalmente, nas sociedades orientais. O exemplo mais conhecido desse tipo de arte talvez seja o clássico hindu Kama Sutra. Por outro lado, as sociedades ocidentais tentaram produzir um conhecimento científico sobre o sexo, como uma forma lícita de procurar sua "verdade".

Lícito: que é permitido; que está de acordo com a lei.

> Cena do curta-metragem *Vestido de Laerte*. Direção de Pedro Marques e Claudia Priscilla. Brasil, 2012. (13 min).
>
> O curta-metragem *Vestido de Laerte*, ficção baseada em uma história vivida pela cartunista Laerte, narra a busca de sua personagem – uma travesti e transgênero interpretada por ela mesma – por um certificado que lhe garantisse o direito de utilizar o banheiro público feminino.

INFORMAÇÕES COMPLEMENTARES

Kama Sutra

Livro indiano antigo dedicado às artes do amor e à fruição do prazer dos sentidos. Foi escrito por Vatsyayana, que provavelmente viveu em um período entre os séculos I e IV.

Essas vertentes deram origem a duas linhas de estudo sobre o sexo no Ocidente. De um lado, surgiu um saber científico legítimo, sobre o qual se pode falar livremente e até ensinar nas escolas, uma forma de educação sexual admitida como necessária. De outro lado, ganhou força uma visão moralista do sexo, que reprime certas práticas e legitima outras, criando-se uma série de hábitos sociais relacionados à sexualidade. Essa moral sexual padronizou uma perspectiva heteronormativa e cisnormativa, centrada apenas na visão biológica. Essa visão afirma não só a distinção absoluta entre homens e mulheres (cisnormatividade), como a complementaridade necessária entre esses dois sexos por meio do relacionamento afetivo (heteronormatividade).

Mas, como a vivência da sexualidade envolve uma conjunção dos fatores biológico e cultural, nela também interfere um tema de grande interesse para o século XXI: os papéis atribuídos aos homens e às mulheres na sociedade – ou, como costuma ser denominada, a **questão do gênero**.

Uma coisa é o sexo de cada pessoa visto sob o ponto de vista biológico. Alguns indivíduos nascem com um corpo dotado de órgãos sexuais masculinos; outros, de órgãos sexuais femininos. Mas será que isso é suficiente para afirmar que uns são homens e outros são mulheres? Os gêneros masculino e feminino são puramente biológicos? Na realidade, a questão do gênero também está profundamente ligada à vivência das pessoas em determinada época e lugar.

A filósofa **Simone de Beauvoir** dedicou-se a estudar a condição da mulher na sociedade. Em sua obra *O segundo sexo*, publicada em 1949, afirmou que "ninguém nasce mulher: torna-se mulher" conforme se vive. Não existe algo como uma "natureza feminina", porque o "ser mulher" não é uma essência (seja biológica, seja cultural) que se realiza, mas uma construção que cada mulher faz em sua vida.

> Garota lê livros de educação sexual produzidos para o público infantil, em Florianópolis (SC), em 2006.

Simone de Beauvoir (1908-1986)

Filósofa francesa nascida em Paris, dedicou-se também à literatura. Foi professora de filosofia em vários colégios franceses, antes de resolver dedicar-se exclusivamente a escrever. Produziu uma obra extensa, composta de romances, novelas e ensaios filosóficos. Tornou-se conhecida por sua ligação com o existencialismo e por seus trabalhos sobre a mulher e sua condição. Dentre sua obra, destacam-se: *Uma moral da ambiguidade* (1947); *O segundo sexo* (1949); e *A cerimônia do adeus* (1981).

// Simone de Beauvoir, em 1983.

// Cartaz do filme *A encantadora de baleias*. Direção de Niki Karo. Nova Zelândia/Alemanha, 2003. (105 min).

O filme conta a história de Pai, uma garota de 11 anos que assume a chefia de uma tribo maori após a morte de seu irmão. Ela precisa vencer a resistência de seu avô, que não aceita romper a tradição de que apenas homens podem ser chefes da tribo.

Para Beauvoir, assim como falamos em uma **condição humana**, de modo geral, podemos falar em uma **condição feminina**, de forma particular. A filósofa argumenta que a cultura e o pensamento foram sempre dominados pelos homens, de modo que a mulher foi considerada o outro, o não homem, e relegada a um segundo plano (daí o título de sua obra). Desvendar e compreender essa condição é, assim, a tática para poder lutar contra ela, construindo outras realidades para o feminino.

A afirmação de Beauvoir sobre o "tornar-se mulher" teve grande impacto nos movimentos feministas no século XX. Mas podemos dizer que sua validade é mais ampla, uma vez que essa formulação também é aplicável para o homem: ninguém nasce homem, mas se torna homem. Isso significa que a classificação homem ou mulher e toda a carga que essas definições contêm são reflexos da época e da sociedade em que se dão: são construções culturais humanas, e não dados imutáveis da natureza.

Por exemplo: até o início do século XX, a calça não era aceita no Ocidente como vestimenta apropriada para mulheres. Alguns países, como a França, chegaram a ter leis proibindo seu uso. Mas, sendo uma questão cultural, o modo de se vestir das mulheres foi mudando com o tempo, e a busca pela praticidade e pelo conforto fez com que, em muitos lugares, elas passassem a usar mais comumente calças do que saias e vestidos.

A construção do gênero é biológica, cultural e histórica, assim como a construção do que somos em outras esferas da vida. E, como na música "Super-homem, a canção", a condição dos gêneros está em constante reavaliação.

Super-homem, a canção

Um dia
Vivi a ilusão de que ser homem bastaria
Que o mundo masculino tudo me daria
Do que eu quisesse ter
Que nada
Minha porção mulher, que até então
se resguardara
É a porção melhor que trago em mim agora
É que me faz viver

Quem dera
Pudesse todo homem compreender, oh, mãe,
[quem dera
Ser o verão o apogeu da primavera
E só por ela ser
Quem sabe
O Super-homem venha nos restituir a glória
Mudando como um deus o curso da história
Por causa da mulher

GIL, Gilberto. Super-homem, a canção. *Realce* (LP). Warner Music, 1979.
Letra disponível em: <www.gilbertogil.com.br/sec_disco_interno.php?id=18>. Acesso em: 19 abr. 2018.

// Em dezembro de 2015, na Arábia Saudita, ocorreu a primeira eleição em que mulheres puderam votar e também se candidatar a cargos nos conselhos municipais. O direito ao voto representou um avanço na construção da igualdade de gênero no país, que tem uma das legislações mais restritivas às mulheres: elas são proibidas, por exemplo, de viajar, trabalhar, possuir patrimônio e se casar sem a permissão de um homem. Na imagem, mulher vota em Jedda.

Referindo-se ao filme *Superman*, de 1978, no qual o herói faz o planeta girar ao contrário e voltar o tempo para impedir a morte da mulher amada, Gilberto Gil reavalia o curso que nossa história tomou e lembra a importância da existência do feminino para o próprio masculino. Todo homem carrega uma "porção mulher" em si; assim como a mulher tem uma "porção homem". O ser humano não precisa simplesmente ser classificado em homem ou mulher, masculino ou feminino. As duas perspectivas são parte de uma única realidade: o humano.

A diversidade sexual vem se colocando com uma força cada vez maior, ainda que uma sociedade moralista a combata. Além disso, ela amplia nossa reflexão a respeito da distinção de gênero. No campo da filosofia, Deleuze e Guattari alertam que há muitas "camadas" nas formas como vivemos a sexualidade: se ela costuma ser reduzida a dois gêneros é em razão de um aparelho social repressor que procura conter os jogos do desejo. Mas cada pessoa "embaralha" em si mesma o masculino e o feminino, o heterossexual e o homossexual, de modo que uma definição de gênero e orientação sexual é sempre algo transitório e que se faz em determinado contexto, não algo que determine, de fato, como vivemos nosso corpo, como experimentamos o desejo, como construímos aquilo que somos.

Esse jogo de construções de si mesmo é um jogo de identidades. A cada momento somos chamados a assumir uma identidade, um papel social, e a agir de acordo com ele. Na vivência desses papéis, vamos ouvindo coisas como "homem que é homem não chora" e "menina não pode se sentar desse jeito". É culturalmente, em nossas relações sociais, que as identidades de gênero vão sendo construídas. E é também pela produção cultural que elas vão mudando, de acordo com os valores socialmente dominantes.

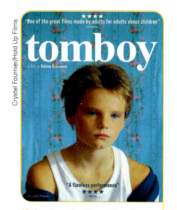

// Cartaz do filme *Tomboy*. Direção de Céline Sciamma. França, 2012. (82 min).

Laure é uma garota de 10 anos que se muda com os pais e a irmã mais nova para um local onde não conhece ninguém. Ela tem o cabelo curto e gosta de vestir roupas masculinas. Um dia conhece Lisa, que a confunde com um menino. Laure então se apresenta como Mickaël, e passa a ter uma dupla identidade: para os novos amigos ela é um menino, mas, em família, continua sendo menina.

O cantor maranhense // Pabllo Vittar ficou conhecido como um símbolo de fluidez de gênero. Um exemplo de que a questão de gênero pode ser desconstruída, pois a divisão do mundo entre masculino e feminino não dá conta de abarcar todos os papéis sexuais que podem existir.

É lógico!

Vejamos agora um tipo específico de indução, a **analogia**. Se, na indução, partimos de casos particulares para produzir uma conclusão geral, na analogia fazemos o mesmo, mas estabelecendo comparações e tirando conclusões por relações de **semelhança**.

Daí o nome analogia: afirmamos que duas coisas são análogas, semelhantes, de modo que aquilo que é válido para uma também deve ser válido para a outra. Esta é uma das formas mais comuns e frequentes de indução. Porém, ao realizá-la, precisamos estar atentos ao fato de que as semelhanças entre as coisas comparadas precisam ser bastante relevantes, ou o processo se torna falho.

Vejamos alguns exemplos. Maria tinha fortes dores no estômago e curou-se usando chá de carqueja. Logo, chá de carqueja será bom também para as dores estomacais de Paulo. Utilizamos a analogia – ainda que o façamos sem perceber – quando recomendamos algo para alguém: como um produto satisfez nossas expectativas, por semelhança concluímos que terá o mesmo efeito em outras pessoas. Na pesquisa científica também se usa analogia: certos produtos costumam ser testados em animais para verificar suas reações (embora isso esteja se tornando menos usual, por razões éticas). Quando se atingem os efeitos desejados, por analogia, pensa-se que os produtos também produzirão esses efeitos em seres humanos. Evidentemente, isso precisa ser testado e comprovado, mas o raciocínio que permite a indução é do tipo analógico.

Há, porém, o caso da analogia inadequada, quando as diferenças são maiores que as semelhanças. Tomemos como exemplo um relato de Jonathan Swift em *Viagens de Gulliver*:

> Havia, ainda, um engenhoso arquiteto que havia imaginado um novo método de construir casas, começando pelo telhado e descendo até aos alicerces. Justificava ele tal prática dizendo-me que tal era a usada por dois prudentes insetos, a abelha e a aranha.
>
> Citado em: BARBOSA, Severino A. M.; AMARAL, Emília. *Escrever é desvendar o mundo*. 2. ed. Campinas: Papirus, 1987. p. 148.

Por que se trata de uma analogia inadequada? É verdade que abelhas e aranhas constroem suas "casas", como os seres humanos também constroem locais para habitar. Porém, há mais diferenças do que semelhanças entre os seres humanos e esses insetos e aracnídeos, assim como entre as casas que construímos e as teias e colmeias. Em termos lógicos, de construção do argumento, a indução pode parecer correta; porém, como as diferenças são muito grandes, a analogia é inadequada e o argumento, portanto, falho.

A analogia, portanto, é um procedimento lógico muito utilizado, mas com o qual devemos ter precauções. Precisamos estar sempre atentos para que as semelhanças sejam significativas e possibilitem uma generalização que tenha chances de se concretizar. Mesmo quando uma analogia é adequada, por se embasar em semelhanças significativas, ela pode não funcionar: um telefone celular que é muito bom para Wellington pode não ser para Joana, e vice-versa. Um analgésico que tem ótimo efeito em Mônica pode não ser tão bom para Clarice, e até provocar uma reação alérgica nela... Isso não impede que utilizemos a analogia, mas precisamos estar sempre atentos para refinar esse procedimento lógico-argumentativo.

Trabalhando com textos

Veremos em seguida dois textos de filósofos do século XX. Foucault oferece neste fragmento outro conceito de corpo, o "corpo utópico". No texto de Simone de Beauvoir, encontramos a problematização em torno do ser mulher.

Texto 1

O texto a seguir é parte de uma conferência de Foucault em 1966 na rádio France-Culture. Nele, o filósofo mostra a relação entre o corpo humano e a utopia. A utopia no corpo está nas roupas que usamos, na maquiagem, em máscaras ou tatuagens. Mudamos o corpo, mudamos a nós mesmos, mudamos nossos lugares no mundo.

O corpo utópico

[...] O corpo é ele mesmo um grande ator utópico, quando se trata de máscaras, da maquiagem e da tatuagem. Mascarar-se, maquiar-se, tatuar-se, não é exatamente, como poderíamos imaginar, adquirir um outro corpo, simplesmente uma pele mais bonita, mais bem decorada, mais facilmente reconhecível; tatuar-se, maquiar-se, mascarar-se é sem dúvida algo completamente diverso, é fazer o corpo entrar em comunicação com os poderes secretos e as forças invisíveis. A máscara, o desenho tatuado, o produto cosmético depositam no corpo toda uma linguagem: toda uma linguagem enigmática, toda uma linguagem cifrada, secreta, sagrada, que chama sobre esse mesmo corpo a violência do deus, a potência surda do sagrado ou a vivacidade do desejo. A máscara, a tatuagem, o cosmético localizam o corpo em outro espaço, eles o fazem entrar em um lugar que não tem um lugar diretamente no mundo, eles fazem desse corpo um fragmento de espaço imaginário que vai se comunicar com o universo das divindades ou com o universo de outrem. Seremos pegos pelos deuses ou seremos pegos pela pessoa que acabamos de seduzir. Em todo caso, a máscara, a tatuagem, o cosmético são operações por meio das quais o corpo é arrancado de seu espaço próprio e projetado em um outro espaço.

[...]

E se sonhamos que a vestimenta sagrada ou profana, religiosa ou civil faz o indivíduo entrar no espaço fechado do religioso ou na rede invisível da sociedade, então vemos que tudo isso que toca o corpo – desenho, cor, diadema, tiara, vestimenta, uniforme – tudo isso faz desabrocharem, sob uma forma sensível e matizada, as utopias seladas no corpo.

Mas talvez fosse necessário ir abaixo da roupa, talvez fosse preciso tomar a própria carne, e aí veríamos que, em certos casos, no limite, é o corpo ele mesmo que faz retornar contra si seu poder utópico e faz entrar todo o espaço do religioso e do sagrado, todo o espaço do outro mundo, todo o espaço do contramundo no interior mesmo do espaço a ele reservado. Então, o corpo na sua materialidade, na sua carne, seria como o produto de suas próprias ilusões. O corpo do dançarino não é justamente um corpo dilatado, segundo todo um espaço que lhe é interior e exterior ao mesmo tempo? E também os drogados, os possuídos; os possuídos, cujos corpos tornam-se o inferno; os estigmatizados, cujos corpos tornam-se sofrimento, redenção e saúde, paraíso sangrento.

Eu estaria maluco, de fato, se acreditasse que o corpo jamais está em outro lugar, que ele está irremediavelmente aqui e que ele se opõe a toda utopia.

Meu corpo, de fato, está sempre em outro lugar, ele é ligado a todos os outros lugares do mundo, e verdadeiramente ele não é senão em outro lugar. Pois é em torno dele que as coisas estão dispostas, é em relação a ele – e em relação a ele como um soberano – que há um acima, um abaixo, uma direita, uma esquerda, um adiante, um atrás, um próximo, um distante. O corpo é o ponto zero do mundo, o lugar em que os caminhos e os lugares vêm se cruzar; o corpo não está em nenhum lugar: ele é no coração do mundo esse pequeno núcleo utópico a partir do qual eu sonho, falo, avanço, imagino, percebo as coisas em seu lugar e também as nego, pelo poder indefinido das utopias que imagino. Meu corpo é como a Cidade do Sol*, ele não tem um lugar, mas é dele que partem e se distribuem todos os lugares possíveis, reais ou utópicos.

FOUCAULT, Michel. *Le corps utopique, les hétérotopies*. Paris: Lignes, 2009. p. 15-18. Texto traduzido.

* *Cidade do Sol* é o título de um livro de Tommaso Campanella (1568-1639) que descreve uma cidade utópica.

Questões

1. Segundo Foucault, qual é o efeito de intervenções estéticas sobre o corpo, como a maquiagem e a tatuagem?
2. Como podemos compreender a afirmação de que "o corpo é o ponto zero do mundo"?

Texto 2

A constituição da mulher como um fator cultural e não apenas biológico é o tema dos trechos a seguir, extraídos do primeiro e mais importante livro de filosofia dedicado à condição da mulher. Simone de Beauvoir reflete sobre a produção da masculinidade e da feminilidade e afirma que a "libertação da mulher" requer que ela se assuma como ser sexuado.

Tornar-se mulher...

Ninguém nasce mulher: torna-se mulher. Nenhum destino biológico, psíquico, econômico define a forma que a fêmea humana assume no seio da sociedade; é o conjunto da civilização que elabora esse produto intermediário entre o macho e o castrado que qualificam de feminino. Somente a mediação de outrem pode constituir um indivíduo como um Outro. Enquanto existe para si, a criança não pode apreender-se como sexualmente diferenciada. Entre meninas e meninos, o corpo é, primeiramente, a irradiação de uma subjetividade, o instrumento que efetua a compreensão do mundo: é através dos olhos, das mãos e não das partes sexuais que apreendem o universo. O drama do nascimento, o da desmama desenvolvem-se da mesma maneira para as crianças dos dois sexos [...].

[...] Uma segunda desmama, menos brutal, mais lenta do que a primeira, subtrai o corpo da mãe aos carinhos da criança; mas é principalmente aos meninos que se recusam pouco a pouco beijos e carícias; enquanto à menina, continuam a acariciá-la, permitem-lhe que viva grudada às saias da mãe, no colo do pai que lhe faz festas; vestem-na com roupas macias como beijos, são indulgentes com suas lágrimas e caprichos, penteiam-na com cuidado, divertem-se com seus trejeitos e seus coquetismos: contatos carnais e olhares complacentes protegem-na contra a angústia da solidão. Ao menino, ao contrário, proíbe-se o coquetismo; suas manobras sedutoras, suas comédias aborrecem. "Um homem não pede beijos... um homem não se olha no espelho... Um homem não chora", dizem-lhe. Querem que ele seja "um homenzinho"; é libertando-se dos adultos que ele conquista o sufrágio deles. Agrada se não demonstra que procura agradar.

Muitos meninos, assustados com a dura independência a que são condenados, almejam então ser meninas; nos tempos em que no início os vestiam como elas, era muitas vezes com lágrimas que abandonavam o vestido pelas calças, e viam cortar-lhes os cachos. Alguns escolhem obstinadamente a feminilidade, o que é uma das maneiras de se orientar para o homossexualismo [...].

Coquetismo: atos graciosos que visam agradar; característica frequentemente associada à feminilidade.

[...] O privilégio que o homem detém, e que se faz sentir desde sua infância, está em que sua vocação de ser humano não contraria seu destino de homem. Da assimilação do falo e da transcendência, resulta que seus êxitos sociais ou espirituais lhe dão prestígio viril. Ele não se divide. Ao passo que à mulher, para que realize sua feminilidade, pede-se que se faça objeto e presa, isto é, que renuncie a suas reivindicações de sujeito soberano. É esse conflito que caracteriza singularmente a situação da mulher libertada. Ela se recusa a confinar-se em seu papel de fêmea porque não quer mutilar-se, mas repudiar o sexo seria também uma mutilação. O homem é um ser humano sexuado: a mulher só é um indivíduo completo, e igual ao homem, sendo também um ser sexuado [...].

BEAUVOIR, Simone de. *O segundo sexo*. Rio de Janeiro: Nova Fronteira, 1980. p. 9, 12, 452.

Questões

1. Por que a mulher foi considerada pelos homens como o Outro? Quais são as decorrências culturais e sociais disso?

2. Em que sentido a libertação da mulher requer que ela se assuma como ser sexuado? Por que se recusar a isso seria como uma mutilação?

3. Depois de ler o texto, você acredita que diferenças emocionais entre homens e mulheres estão ligadas à diferença na educação de filhos e filhas? Elabore uma dissertação explicando sua conclusão.

Em busca do conceito

Agora é a sua vez. Com base no que foi estudado neste capítulo, vamos tornar viva a prática filosófica.

1. Na história da filosofia houve diferentes formas de dualismo psicofísico. Cite alguns exemplos.

2. Em que a visão de Espinosa sobre o corpo se diferencia da visão dualista?

3. O conceito de "corpo próprio" criado por Merleau-Ponty considera o pensamento como fonte da certeza de nossa existência? O que significa tal conceito?

4. Escolha dez alunos de sua escola com idades diferentes e faça uma entrevista com cada um deles, com as seguintes perguntas:
   a) Qual é seu ideal de um corpo perfeito? Você faz alguma coisa para ter ou manter um corpo assim?
   b) O que é para você um corpo saudável? O que você faz para ter uma vida saudável?

   Com base nas respostas, faça uma análise crítica dos resultados para discussão coletiva em sala de aula. De acordo com os entrevistados, há relação entre um corpo perfeito e um corpo saudável? A perfeição do corpo é algo meramente estético? O que parece mais importante: estética ou saúde? Há equilíbrio entre os dois aspectos?

5. Converse com seus amigos que têm perfil em redes sociais. Pergunte a eles se a foto que eles divulgam recebeu ou não algum tipo de edição em programas de correção de imagem e, em caso afirmativo, o que eles alteram e por que fazem isso. Escreva uma dissertação sobre como cada um divulga publicamente sua imagem.

6. Faça uma pesquisa em livros e na internet sobre imagens de corpos humanos que sofrem intervenções estéticas, como tatuagem e *piercing*. Que tipo de linguagem esses corpos comunicam?

7. Escolha um mangá ou animê e analise como os gêneros masculino e feminino são representados nos desenhos. Compare essa análise com a de personagens de quadrinhos e animações ocidentais. Discuta com sua turma as conclusões.

8. Procure na internet a música "Homem com H", de autoria de Antonio Barros – se possível, assista a um vídeo em que ela seja interpretada pelo cantor Ney Matogrosso, que a tornou conhecida nacionalmente em 1981. Em seguida, elabore uma reflexão com base no que você estudou sobre gênero.

Dissertação filosófica

Escrever um texto sobre algum tema abstrato não é tão fácil. Nem sempre se trata de utilizar argumentos para convencer alguém sobre alguma coisa: em alguns casos, é preciso desenvolver as dimensões do tema ou problema, indicando, quando possível, os meios existentes para abordá-los. Por isso, quanto mais lemos, mais desenvolvemos nossa capacidade de abstrair e de argumentar.

Antes de começar a escrever uma dissertação, pare e pense um pouco sobre o que pretende dizer e aonde quer chegar. É muito importante organizar as ideias na cabeça ou em um rascunho para depois estruturá-las definitivamente.

Sugestões de leituras

GAIARSA, José A. *O que é corpo*. 2. ed. São Paulo: Brasiliense, 1986.

Em linguagem acessível, o autor transita por diversos temas ligados à corporeidade, da medicina à psicologia e à filosofia.

SÜSKIND, Patrick. *Perfume*. 29. ed. Rio de Janeiro: Record, 2012.

Jean-Baptiste Grenouille se dedica a tentar produzir um perfume que o torne irresistível. Para isso, mata pessoas a fim de extrair de seus corpos essências que permitam a produção do perfume.

A Filosofia na História

Consulte na linha do tempo presente no final deste livro o contexto histórico e cultural dos acontecimentos mencionados aqui, bem como os filósofos que se destacaram no período em questão.

No século XIX, com a segunda fase da Revolução Industrial, ocorreram grandes alterações na economia, no trabalho e no comportamento dos seres humanos.

A industrialização colocou as máquinas, agora motorizadas, no centro da atividade produtiva, e muitas pessoas tiveram de se adaptar a essa mudança. As relações com o trabalho e as regras para sua execução sempre foram determinadas e estabelecidas pelo tipo de atividade. Entretanto, com o advento da industrialização, elas foram drasticamente alteradas. O processo de produção fragmentado, as jornadas de trabalho exaustivas e o ritmo vertiginoso das novas máquinas fugiam ao modelo do trabalho mecânico e artesanal até então praticado.

Trabalhadores em linha de montagem de uma indústria de automóveis em Detroit, nos Estados Unidos, por volta de 1927.

Sob as novas condições, o processo geral de produção, com base na exploração do proletariado, foge à compreensão de homens, mulheres e crianças paupérrimos e, em sua maioria, não escolarizados. Hora exata para chegar, para sair, para comer; movimentos repetitivos; limitação da linguagem. Tudo isso mecaniza o comportamento humano, tendo em vista o controle da força de trabalho direcionado para o aumento de produção. A construção da identidade ou da personalidade por meio da educação e do ócio criativo era praticamente impossível para as massas de proletários, que encontravam, no próprio local de trabalho, a residência. Nas fábricas, os seres humanos se padronizam, submetendo-se à ordem da produção e ao tipo de máquina que foram designados a operar.

Karl Marx viveu esse período e procurou compreender as enormes modificações que a industrialização promovia na Europa, especialmente na Inglaterra, a primeira potência industrial capitalista do mundo. Nisso, considerou que os seres humanos se adaptavam às regras de comportamento impostas pela mecanização da vida em sociedades industrializadas e que muitas diferenças entre as pessoas eram determinadas pelo trabalho que realizavam e pelo papel que exerciam na sociedade. Assim, Marx negou a ideia de que existe uma natureza humana universal determinante, única, idêntica e presente em todos os seres humanos e em todos os tempos. Segundo ele, a relação de transformação que a humanidade estabelece com a natureza ao longo da história por meio das diferentes formas de trabalho diz respeito à condição humana, que, portanto, também deve ser filosoficamente considerada. Para ele, o trabalho é o elemento central na compreensão da condição humana nas sociedades capitalistas, bem como em toda a história da humanidade. Pensando nisso, Marx formulou e reformulou alguns conceitos referentes a esse problema.

Novas formas de comportamento e de relações humanas são criadas e descartadas por empresas em função de seus lucros. Na foto, jovens se ocupam com seus celulares em uma praia do Rio de Janeiro (RJ), em 2014. Você já parou para pensar em quanto tempo gasta com seu celular ou computador? Esse tempo é maior ou menor do que o tempo que você passa com seus amigos e familiares?

Como estudamos no capítulo 4, Marx integrou à concepção de "natureza humana geral" (que corresponde aos aspectos invariáveis em toda a humanidade) a concepção de "natureza humana modificada de cada época histórica". Segundo o filósofo, esta última se baseia na forma de trabalho em determinada época e lugar, que estabelece a condição humana daquele momento histórico observado. Ao considerar esses conceitos, Marx diagnosticou que a condição humana do proletariado nas sociedades capitalistas industrializadas da primeira metade do século XIX era a alienação. Por não compreender o processo geral de produção e exploração ao qual é submetido, o proletariado desconhece que seu trabalho faz parte das riquezas socialmente produzidas, que são injustamente apropriadas pela burguesia (dona dos meios de produção). A situação se agrava se entendermos que, além de perder riquezas que poderiam suprir sua vida material, o trabalhador perde também sua humanidade, ao doar sua força – parte de si – ao produto, dentro do processo de trabalho. Esse processo em que o trabalhador é transformado em objeto ou coisa foi chamado, por Marx, reificação. Junto a essa "coisificação" e perda da humanidade do trabalhador, podemos também entender a mecanização do comportamento, que faz com que mulheres e homens desempenhem seus trabalhos de forma mecânica, submissa e acrítica, feito máquinas.

Tirinha de Clay Butler que se inspira em elementos da análise que Marx faz do capitalismo.

A adequação ao ritmo da máquina e aos padrões de produção e controle das pessoas, entretanto, não se resume à fábrica: ela se dá em vários âmbitos, tendendo a permear toda a vida humana. Aproximadamente um século depois de Marx, Michel Foucault criou o conceito de poder disciplinar para dar nome a essa tendência ao comportamento regrado que se espraia por todas as esferas da vida. Nas fábricas, nas escolas, nos hospitais, nas prisões, nos quartéis e até na diversão e no consumo, o ser humano moderno tende a se comportar por meros impulsos exteriores, que podem ser controlados em função de interesses alheios a ele.

Questões

1. Com base no conteúdo estudado nesta unidade, dê exemplos de como filósofos da Antiguidade e do Renascimento consideravam a essência humana.

2. Explique por que a Revolução Industrial fez com que os filósofos, sobretudo Marx, recusassem o conceito de natureza humana como explicação única da essência humana.

3. De que maneira, hoje em dia, nossos comportamentos ou pensamentos são afetados por elementos externos a nós mesmos? De que maneira isso se opõe à filosofia como um pensamento autônomo e questionador?

Um diálogo com História e Sociologia

Leia os textos e faça o que se pede a seguir.

Texto 1

A maioria das espécies, incluída a humana, possui um par de cromossomos sexuais ou heterocromossomos, responsável pela diferença entre os sexos. Em geral, as fêmeas apresentam dois cromossomos sexuais idênticos um ao outro (cromossomo X), e os machos têm um cromossomo idêntico ao das fêmeas (X) e outro diferente (Y). Assim as fêmeas são **homogaméticas** (XX) e produzem óvulos com um dos cromossomos X; os machos são **heterogaméticos** (XY) e produzem espermatozoides X e espermatozoides Y. O sexo é determinado no momento da fecundação. Se o óvulo for fecundado por um espermatozoide X, o embrião originará uma fêmea; se for fecundado por um espermatozoide Y, nascerá um macho. Portanto, a origem do sexo é determinada exclusivamente pelo espermatozoide.

LINHARES, Sérgio; GEWANDSZNAJDER, Fernando. *Biologia*. São Paulo: Ática, 2012. p. 380.

Texto 2

Limites incertos

Grupo de pesquisa paulista caracteriza 23 disfunções orgânicas do desenvolvimento sexual

— Maria, você quer ser mulher ou homem?

A médica Berenice Bilharinho Mendonça, ao fazer essa pergunta, buscava uma informação importante para planejar o tratamento de Maria, então com 16 anos, naquele dia usando um vestido florido. Berenice já tinha reparado que Maria olhava constantemente para o chão para que o cabelo comprido encobrisse os pelos de barba do rosto. Os níveis do principal hormônio masculino, a testosterona, eram normais para um homem. Os genitais eram ao mesmo tempo masculinos e femininos, com predomínio do aspecto masculino. Diante da médica, em uma sala do Hospital das Clínicas (HC) de São Paulo, Maria respondeu de modo evasivo, com voz grave e forte sotaque do interior de Minas Gerais:

— Ah. A senhora é que sabe.

Berenice conta que não soube o que fazer de imediato. Não poderia escolher por Maria. Como lhe parecia claro que Maria não se sentia bem como mulher, ela chamou a equipe com que trabalhava – Walter Bloise, Dorina Epps e Ivo Arnhold. Em conjunto, decidiram fazer o que não estava nos manuais de atendimento a pessoas com distúrbios do desenvolvimento sexual. Sugeriram que Maria morasse em São Paulo por um ano e vivesse como homem para ver com qual sexo se adaptava melhor à vida em sociedade.

Maria vestiu roupas masculinas pela primeira vez, ganhou outro nome – digamos, João –, saiu do hospital com o cabelo cortado e trabalhou em um emprego que a assistente social lhe arrumou. Maria gostou de ser João. No HC, desde aquela época uma referência nacional nessa área, Maria passou por uma cirurgia que corrigiu a ambiguidade dos genitais, tornando-os masculinos. Quando Maria nasceu, a parteira havia comentado que bebês como aquele morriam logo, mas João tem hoje 50 anos e, de acordo com as notícias mais recentes, vive bem no interior de Minas Gerais.

João sempre foi homem, do ponto de vista genético. Suas células contêm um cromossomo X e um Y, como todo homem – as mulheres têm dois cromossomos X –, além de 23 pares de cromossomos não ligados ao sexo. Por causa de uma falha em um gene em cromossomo não sexual, porém, seu organismo produz uma quantidade muito baixa da enzima 5-alfa-redutase tipo 2.

Em consequência, seus genitais masculinos não tinham se formado por completo e se apresentavam com um aspecto feminino, o que fez com que fosse registrado como mulher.

[...]

"Os pais tendem a esconder ou a negar os distúrbios do desenvolvimento sexual dos filhos, porque reconhecer pode ser emocionalmente doloroso, e a maioria dos portadores de distúrbios de desenvolvimento sexuais só chega aqui quando já são adolescentes ou adultos", diz Berenice. [...]

"Quanto mais cedo possível se fizer o diagnóstico e desfizer a ambiguidade sexual, melhor, de preferência antes dos 2 anos de idade, quando as crianças ainda não estabeleceram as noções de sexo e gênero", diz a psicóloga Marlene Inácio, que acompanha as pessoas com ambiguidade sexual no HC há 28 anos. [...]

Dar voz aos pais implica o reconhecimento de expectativas frustradas com filhos que morreram ao nascer ou com meninas que chegaram no lugar imaginado para meninos.

"Antes de o filho nascer, a mãe imagina o que o bebê vai ser; ele existe primeiro em sua mente", diz a psicanalista Norma Lottenberg Semer, professora da Universidade Federal de São Paulo e membro associado da Sociedade Brasileira de Psicanálise de São Paulo. "O que os filhos serão, em termos sexuais e psíquicos, em parte reflete as fantasias, os sentimentos e os pensamentos dos pais."

"As condutas de tratamento são estabelecidas em consenso entre os pais e a equipe multidisciplinar", diz Berenice. Do diagnóstico, segundo ela, participam endocrinologistas, cirurgiões, clínicos, biólogos, psicólogos, psiquiatras e assistentes sociais. "Quando não há consenso entre a orientação médica e o desejo dos pais, o desejo dos pais deve ser respeitado."

[...]

O diagnóstico para definição do sexo ou da ambiguidade sexual inclui sete itens. Alguns são biológicos, como os níveis de hormônios e as estruturas genitais externas e internas. Outros são subjetivos, como o sexo social – pelo qual um indivíduo é reconhecido por outras pessoas – e a identidade de gênero – se essa mesma pessoa se assume psiquicamente como homem ou como mulher. "A identidade de gênero é ser e ao mesmo tempo sentir-se homem ou mulher", diz Marlene. [...]

O homossexualismo* constitui outro universo distante dos distúrbios biológicos. Nesse caso, a identidade de gênero se mantém: são homens ou mulheres que se aceitam como homens ou mulheres e escolhem outros homens ou mulheres como objetos amorosos. Já nos travestis a identidade de sexo é estável, mas a de gênero é flutuante: os travestis sabem que são homens, mas podem às vezes se comportar como mulheres.

No hospital da USP, só depois do diagnóstico e da escolha do sexo a ser adotado é que a ambiguidade sexual pode ser desfeita, por meio de uma cirurgia de correção da genitália externa masculina ou feminina, seguida de reposição hormonal. "Não queremos apenas tratar e resolver, mas entender as causas de um problema, examinando os dados e a história pessoal de cada paciente, elaborando uma hipótese e, a partir daí, pedindo os exames", diz Berenice. "Não

// Ilustração de Laura Daviña, feita a partir de colagem das obras *Autorretrato*, de Van Gogh, e *Lorette*, de Matisse.

adianta pedir exames e mais exames sem uma hipótese a ser investigada. Só investigamos os possíveis genes envolvidos em um problema depois de termos em mãos o diagnóstico hormonal. Se não, é caro e inútil."

[...]

FIORAVANTI, Carlos. Limites incertos. *Pesquisa Fapesp*, ed. 170, abr. 2010. Disponível em: <http://revistapesquisa.fapesp.br/2010/04/02/limites-incertos>. Acesso em: 22 jan. 2016.

* Atualmente prefere-se o uso do termo homossexualidade ao termo 'homossexualismo', para indicar que a homossexualidade não é uma condição médico-psiquiátrica como se supunha quando o termo surgiu, no século XIX.

1. Tendo por base o texto 1, explique a determinação do sexo pelo aspecto genético. Depois, responda: existe diferença entre sexo e gênero? Comente.

2. Releia o quinto e o sexto parágrafo do texto 2. Quais são as implicações pessoais e sociais em ter um nome registrado no gênero feminino, sentir-se homem e apresentar genitais ambíguos?

3. A Constituição brasileira de 1988 expõe como fundamentos de nosso país, em seu artigo 1º, a cidadania e a dignidade da pessoa, e como objetivo fundamental, no artigo 3º, promover o bem de todos, sem preconceitos. Além disso, há um Projeto de Lei (PL 7582/2014) em tramitação na Comissão de Direitos Humanos de Minorias (CDHM) que "define os crimes de ódio e intolerância e cria mecanismos para coibi-los", incluindo entre os crimes abrangidos a discriminação por gênero, sexo, orientação sexual e identidade de gênero. Se cabe ao ser humano orientar a sua sexualidade, por que, em sua opinião, homossexuais, bissexuais, travestis, transexuais, transgêneros e intersexuais ainda hoje necessitam se perguntar por que são assim e justificar socialmente o seu direito à cidadania?

4. Leia os trechos a seguir:

[A cultura] é responsável pela transformação dos corpos em entidades sexuadas e socializadas, por intermédio de redes de significados que abarcam categorias de gênero, de orientação sexual, de escolha de parceiro.

HEILBORN, Maria L. Construção de si, gênero e sexualidade. In: *Sexualidade*: o olhar das ciências sociais. Rio de Janeiro: Zahar, 1999. p. 40.

Se o gênero é um produto histórico, então ele está aberto à mudança histórica. [...] Podemos rearranjar a diferença apenas se contestarmos a dominação. Assim, uma estratégia de recomposição exige um projeto de justiça social.

CONNEL, Robert. Políticas da masculinidade. *Educação & Realidade*. Porto Alegre, v. 2, n. 20, jul.-dez. 1995. p. 189, 200.

[...] a sexualidade tem muito a ver com a capacidade para a liberdade e com os direitos civis e [...] o direito a uma informação adequada é parte daquilo que vincula a sexualidade tanto com o domínio imaginário quanto com o domínio público.

BRITZMAN, Débora. O que é essa coisa chamada amor: identidade homossexual, educação e currículo. *Educação & Realidade*. Porto Alegre, v. 21, n. 1, jan.-jul. 1996. p. 106.

Imagine uma sociedade na qual não mais houvesse as classificações "normal" e "anormal", o preconceito, o racismo e a discriminação. Considerando os trechos que você acabou de ler e aquilo que você observa em seu cotidiano, escreva um pequeno texto descrevendo uma situação vivida por essa sociedade imaginária.

A Filosofia no Enem e nos vestibulares

Enem

1. (Enem 2012)

Na regulação de matérias culturalmente delicadas, como, por exemplo, a linguagem oficial, currículos da educação pública, o *status* das Igrejas e das comunidades religiosas, as normas do direito penal (por exemplo, quanto ao aborto), mas também em assuntos menos chamativos, como, por exemplo, a posição da família e dos consórcios semelhantes ao matrimônio, a aceitação de normas de segurança ou a delimitação das esferas pública e privada – em tudo isso reflete-se amiúde apenas o autoentendimento ético-político de uma cultura majoritária, dominante por motivos históricos. Por causa de tais regras de uma comunidade republicana que garanta formalmente a igualdade de direitos para todos, pode eclodir um conflito movido pelas minorias desprezadas contra a cultura da maioria.

HABERMAS, J. A inclusão do outro: estudos de teoria política. São Paulo, 2002.

A reivindicação dos direitos culturais das minorias, como exposto por Habermas, encontra amparo nas democracias contemporâneas, na medida em que se alcança:

a) a secessão, pela qual a minoria discriminada obtém a igualdade de direitos na condição de sua concentração espacial, num tipo de independência nacional.

b) a reunificação da sociedade que se encontra fragmentada em grupos de diferentes comunidades étnicas, confissões religiosas e formas de vida, em torno da coesão de uma cultura política nacional.

c) a coexistência das diferenças, considerando a possibilidade de os discursos de autoentendimento se submeterem ao debate público, cientes de que estarão vinculados à coerção do melhor argumento.

d) a autonomia dos indivíduos que, ao chegarem à vida adulta, tenham condições de se libertar das tradições de suas origens em nome da harmonia da política nacional.

e) o desaparecimento de quaisquer limitações, tais como linguagem política ou distintas convenções de comportamento, para compor a arena política a ser compartilhada.

Vestibulares

2. (UEL-PR 2009) De acordo com a crítica à "indústria cultural", na sociedade capitalista avançada, a produção e a reprodução da cultura se realizam sob a égide da padronização e da racionalidade técnica. No contexto dessa crítica, considerando o *fast food* como produto cultural, é correto afirmar:

a) A padronização dos hábitos e valores alimentares obedece aos ditames da lógica material da sociedade industrializada.

b) O consumo dos produtos da indústria do *fast food* e a satisfação dos novos hábitos alimentares contribuem com a emancipação humana.

c) A homogeneização dos hábitos alimentares reflete a inserção crítica dos indivíduos na cultura de massa.

d) A racionalidade técnica e a padronização dos valores alimentares permitem ampliar as condições de liberdade e de autonomia dos cidadãos.

e) A massificação dos produtos alimentares sob os ditames do mercado corresponde à efetiva democratização da sociedade.

3. (Unimep-SP s.d.)

A invenção da linguagem é a primeira das grandes invenções, aquela que contém em germe todas as outras, talvez menos sensacional que a dominação do fogo, porém, mais decisiva. A linguagem se apresenta como a mais originária de manipulação das coisas e dos seres. Uma palavra é muitas vezes mais que um utensílio ou que uma arma para a tomada de posse da realidade. A palavra é a estrutura do universo, a reeducação do mundo natural.

Georges Gusdorf, nascido em 1912.

Com base nas afirmações acima, assinale a alternativa INCORRETA:

a) Dentre as importantes invenções humanas, a linguagem foi a mais decisiva, mais ainda que a do fogo.

b) Embora tenha sido importante, a invenção da linguagem pelos homens não foi a mais decisiva, pois foi a invenção do uso do fogo que nos fez humanos.

c) É através da linguagem que podemos compreender o universo.

d) A palavra é muito mais do que uma ferramenta, pois ela é a própria possibilidade de compreendermos o mundo.

e) A linguagem é a mais importante das invenções humanas, pois foi a partir dela que todas as outras puderam ser feitas.

É lógico?

Elementar, meu caro. Depois de aprender um pouco sobre lógica nesta unidade, vamos começar a exercitar o uso das ferramentas de pensamento. Você verá como certo treino ajuda bastante a pensar de forma mais organizada.

1. Leia com atenção o poema *Amar*, de Carlos Drummond de Andrade. Em seguida, identifique ao longo do texto as premissas e as conclusões. Note que o poeta não necessariamente segue uma ordem convencional: em alguns momentos apresenta primeiro a conclusão e depois as premissas que a sustentam. O exercício consiste justamente em identificar o que é premissa e o que é conclusão.

Amar

Que pode uma criatura senão,
entre criaturas, amar?
amar e esquecer,
amar e malamar,
amar, desamar, amar?
sempre, e até de olhos vidrados, amar?
Que pode, pergunto, o ser amoroso,
sozinho, em rotação universal, senão
rodar também, e amar?
amar o que o mar traz à praia,
o que ele sepulta, e o que, na brisa marinha,
é sal, ou precisão de amor, ou simples ânsia?
Amar solenemente as palmas do deserto,
o que é entrega ou adoração expectante,
e amar o inóspito, o cru,
um vaso sem flor, um chão de ferro,
e o peito inerte, e a rua vista em sonho, e uma ave
[de rapina.
Este o nosso destino: amor sem conta,
distribuído pelas coisas pérfidas ou nulas,
doação ilimitada a uma completa ingratidão,
e na concha vazia do amor a procura medrosa,
paciente, de mais e mais amor.
Amar a nossa falta mesma de amor, e na secura
[nossa
amar a água implícita, e o beijo tácito, e a sede
[infinita.

ANDRADE, Carlos Drummond de. *Poesia completa*.
Rio de Janeiro: Nova Aguilar, 2004. p. 263.

2. Tome os fragmentos a seguir como *premissas* e, deles, extraia possíveis *conclusões*. Os fragmentos indicados foram extraídos do livro *Escrever é desvendar o mundo*, de Severino A. M. Barbosa e Emília Amaral (2. ed. Campinas: Papirus, 1987):

a) "Não nos banhamos duas vezes nas águas de um mesmo rio." (Heráclito)
b) "A morte é fácil
O difícil é a vida
e o seu ofício" (Maiakóvski)

3. Agora, faça o movimento inverso ao realizado na atividade anterior: tome os fragmentos indicados como *conclusões* e escreva a(s) *premissa(s)* que pode(m) levar a tais conclusões:

a) "O importante não é dar o peixe, mas ensinar a pescar." (ditado popular)
b) "A melhor herança que se pode deixar a um filho é possibilitar que ele mesmo desbrave o seu próprio caminho." (Isadora Duncan)

4. Leia o poema de Bertolt Brecht abaixo e explique por que ele é um exemplo de indução por analogia. Trata-se de uma analogia válida ou não? Por quê?

A emigração dos poetas

Homero não tinha morada
E Dante teve que deixar a sua.
Li-Po e Lu-Tu andaram por guerras civis
Que tragaram 30 milhões de pessoas
Eurípides foi ameaçado com processos
E Shakespeare, moribundo, foi impedido de falar.
Não apenas a Musa, também a polícia
Visitou François Villon.
Conhecido como "o Amado"
Lucrécio foi para o exílio
Também Heine, e assim também
Brecht, que buscou refúgio
Sob o teto de palha dinamarquês.

BRECHT, Bertolt. *Poemas 1913-1956*. 4. ed.
São Paulo: Brasiliense, 1990. p. 129.

// O escritor e dramaturgo alemão Bertolt Brecht na ilha de Thuro, Dinamarca, em 1934. Brecht se exilou da Alemanha em 1933, ao perceber que os nazistas começariam a perseguir socialistas e comunistas como ele.

Bibliografia

Obras gerais e de referência consultadas no livro

BLACKBURN, Simon. *Dicionário Oxford de Filosofia*. Rio de Janeiro: Jorge Zahar, 1997.

CAILLÉ, Alain; LAZZERI, Christian; SENELLART, Michel (Org.). *História argumentada da filosofia moral e política:* a felicidade e o útil. São Leopoldo: Ed. Unisinos, 2004.

CANTO-SPERBER, Monique. *Dicionário de ética e filosofia moral*. São Leopoldo: Ed. Unisinos, 2003. 2 v.

CHÂTELET, François. *Histoire de la philosophie, idées, doctrines*. Paris: Hachete, 2000. 8 t.

COMTE-SPONVILLE, André. *Dicionário filosófico*. São Paulo: Martins Fontes, 2003.

DIÔGENES LAÊRTIOS. *Vidas e doutrinas dos filósofos ilustres*. Brasília: Ed. da UnB, 1988.

FERRATER MORA, José. *Dicionário de Filosofia*. São Paulo: Loyola, 2000. 4 t.

HUISMAN, Denis. *Dicionário de obras filosóficas*. São Paulo: Martins Fontes, 2000.

_____. *Dicionário dos filósofos*. São Paulo: Martins Fontes, 2001.

JAPIASSÚ, Hilton; MARCONDES, Danilo. *Dicionário básico de Filosofia*. 3. ed. Rio de Janeiro: Jorge Zahar, 2001.

LALANDE, André. *Vocabulário técnico e crítico da Filosofia*. São Paulo: Martins Fontes, 1996.

ONFRAY, Michel. *Contre-histoire de la philosophie*. Paris: Grasset, 2006-2013. 9 v.

REALE, Giovanni; ANTISSERI, Dario. *História da Filosofia*. São Paulo: Paulus, 1990. 3 v.

Obras consultadas por capítulo

UNIDADE 1 – Cap. 1

ARISTÓTELES. *Da geração e da corrupção:* seguido de convite à Filosofia. São Paulo: Landy, 2001.

CASSIN, Barbara; LORAUX, Nicole; PESCHANSKI, Catherine. *Gregos, bárbaros, estrangeiros:* a cidade e seus outros. Rio de Janeiro: Ed. 34, 1993.

COLLI, Giorgio. *O nascimento da Filosofia*. Campinas: Ed. da Unicamp, 1988.

DELEUZE, Gilles; GUATTARI, Félix. *O que é a Filosofia?*. Rio de Janeiro: Ed. 34, 1992.

GRAMSCI, Antonio. *Concepção dialética da História*. 6. ed. Rio de Janeiro: Civilização Brasileira, 1986.

LÉVY, Pierre. *As tecnologias da inteligência*. Rio de Janeiro: Ed. 34, 1993.

MOSSÉ, Claude. *Dicionário da civilização grega*. Rio de Janeiro: Jorge Zahar, 2004.

VERNANT, Jean-Pierre. *As origens do pensamento grego*. 3. ed. São Paulo: Difel, 1981.

UNIDADE 1 – Cap. 2

DESCARTES, René. *Discurso do Método e outras obras*. 3. ed. São Paulo: Abril Cultural, 1983. (Coleção Os Pensadores).

GILSON, Etienne. *A Filosofia na Idade Média*. São Paulo: Martins Fontes, 1995.

GRIMAL, Pierre. *Dicionário de mitologia grega e romana*. 3. ed. Rio de Janeiro: Bertrand Brasil, 1997.

HESÍODO. *Os trabalhos e os dias*. 4. ed. São Paulo: Iluminuras, 2002.

_____. *Teogonia:* a origem dos deuses. São Paulo: Iluminuras, 1991.

HOMERO. *Ilíada*. Tradução de Haroldo de Campos. 2. ed. São Paulo: Mandarim, 2002.

_____. *Odisseia*. Tradução de Manuel Odorico Mendes. São Paulo: Edusp, 2000.

KURY, Mário da Gama. *Dicionário de mitologia grega e romana*. 4. ed. Rio de Janeiro: Jorge Zahar, 1997.

SNELL, Bruno. *A cultura grega e as origens do pensamento europeu*. São Paulo: Perspectiva, 2001.

SÓFOCLES. *A Trilogia Tebana:* Édipo Rei, Édipo em Colono, Antígona. 6. ed. Rio de Janeiro: Jorge Zahar, 1997.

VERNANT, Jean-Pierre. *Entre mito & política*. São Paulo: Edusp, 2001.

VIDAL-NAQUET, Pierre. *O mundo de Homero.* São Paulo: Cia. das Letras, 2002.

_____. *Os gregos, os historiadores, a democracia:* o grande desvio. São Paulo: Cia. das Letras, 2002.

ZACHARAKIS, Georges E. *Mitologia grega:* genealogia de suas dinastias. Campinas: Papirus, 1995.

UNIDADE 1 – Cap. 3

ALVES, Rubem. *Filosofia da Ciência:* introdução ao jogo e suas regras. 14. ed. São Paulo: Brasiliense, 1991.

ARAÚJO, Inês Lacerda. *Introdução à Filosofia da Ciência.* 3. ed. Curitiba: Ed. da UFPR, 2003.

BACHELARD, Gaston. *A formação do espírito científico.* Rio de Janeiro: Contraponto, 1996.

CHALMERS, Alan. *A fabricação da ciência.* São Paulo: Ed. da Unesp, 1994.

FEYERABEND, Paul. *Contra o método.* São Paulo: Ed. da Unesp, 2007.

FOUREZ, Gérard. *A construção das ciências:* introdução à Filosofia e à ética das ciências. São Paulo: Ed. da Unesp, 1995.

GRANGER, Giles-Gaston. *A Ciência e as Ciências.* São Paulo: Ed. da Unesp, 1994.

KIRK, G. S.; RAVEN, J. E. *Os filósofos pré-socráticos.* 2. ed. Lisboa: Fundação Calouste Gulbenkian, 1982.

KOYRÉ, Alexandre. *Do mundo fechado ao universo infinito.* Rio de Janeiro/São Paulo: Forense Universitária/Edusp, 1979.

MORAIS, Régis de. *Evoluções e revoluções da ciência atual.* Campinas: Alínea, 2007.

_____. *Filosofia da ciência e da tecnologia.* 7. ed. Campinas: Papirus, 2002.

NIETZSCHE, Friedrich. *A Gaia Ciência.* São Paulo: Cia. das Letras, 2001.

_____. *O nascimento da tragédia:* ou helenismo e pessimismo. 2. ed. São Paulo: Cia. das Letras, 1992.

PRIGOGINE, Ilya; STENGERS, Isabelle. *A nova aliança.* Brasília: Ed. da UnB, 1984.

SERRES, Michel. *Hermes:* uma Filosofia das ciências. Rio de Janeiro: Graal, 1990.

STENGERS, Isabelle. *A invenção das ciências modernas.* São Paulo: Ed. 34, 2002.

UNIDADE 2 – Cap. 4

ARENDT, Hannah. *A condição humana.* 10. ed. Rio de Janeiro: Forense Universitária, 2001.

_____. *Compreender:* formação, exílio e totalitarismo. São Paulo/Belo Horizonte: Cia. das Letras/Ed. da UFMG, 2008.

CASSIRER, Ernst. *Antropologia filosófica.* 2. ed. São Paulo: Mestre Jou, 1977.

FROMM, Erich. *O conceito marxista do homem.* 8. ed. Rio de Janeiro: Zahar, 1983.

GROETHUYSEN, Bernard. *Antropologia filosófica.* 2. ed. Lisboa: Presença, 1988.

HACKER, P. M. S. *Natureza humana:* categorias fundamentais. Porto Alegre: Artmed, 2010.

HEIDEGGER, Martin. *Ser e Tempo.* Campinas/Petrópolis: Ed. Unicamp/Vozes, 2012.

HUIZINGA, Johan. *Homo Ludens:* o jogo como elemento da cultura. 2. ed. São Paulo: Perspectiva, 1980.

MORIN, Edgar. *O enigma do homem.* 2. ed. Rio de Janeiro: Zahar, 1979.

PICO, Giovanni. *A dignidade do homem.* 2. ed. Campo Grande: Solivros/Uniderp, 1999.

SARTRE, Jean-Paul. *O Ser e o Nada.* 7. ed. Petrópolis: Vozes, 1999.

VAZ, Henrique C. L. *Antropologia filosófica I.* São Paulo: Loyola, 1991.

Sumário

Parte 3

Unidade 5 - Problemas contemporâneos I 266

Capítulo 13 - Desafios epistemológicos contemporâneos: quais os limites do conhecimento e da ciência? 268

Capítulo 14 - Desafios estéticos contemporâneos: a arte emancipa? 286

Unidade 6 - Problemas contemporâneos II 308

Capítulo 15 - Desafios políticos contemporâneos: novas formas de agir? 310

Capítulo 16 - Desafios éticos contemporâneos: novas formas de agir? 330

Linha do Tempo 358

Bibliografia 366

UNIDADE 5
Problemas contemporâneos I

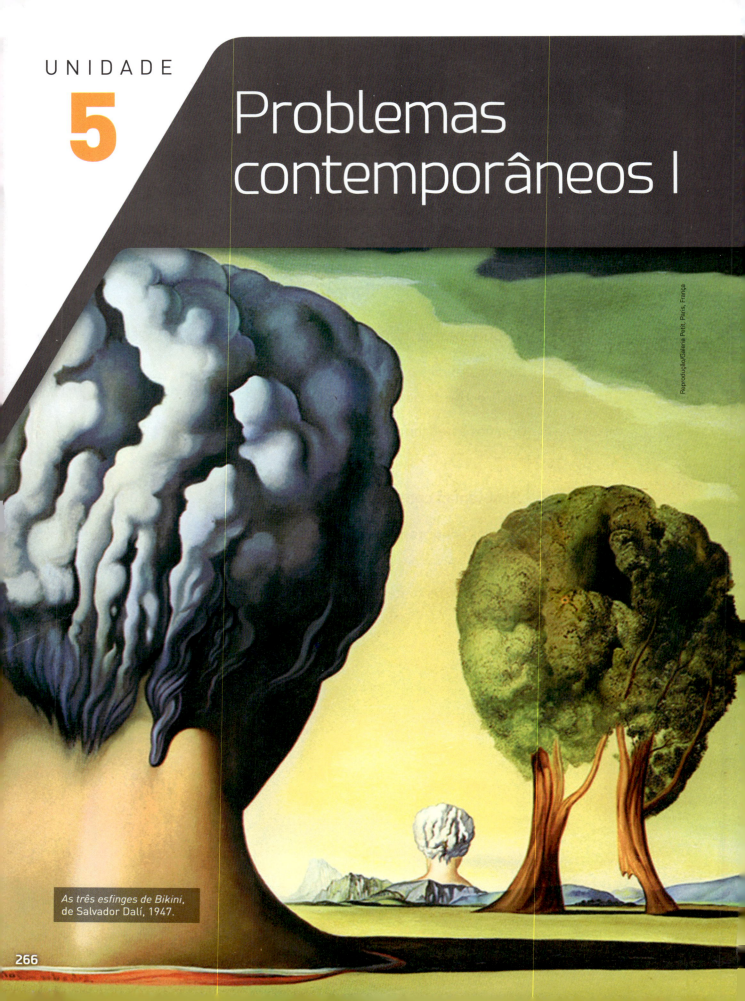

As três esfinges de Bikini, de Salvador Dalí, 1947.

// Na pintura podemos distinguir três formas que se assemelham a cabeças humanas vistas de trás. No título da obra, *As três esfinges de Bikini*, o pintor surrealista Salvador Dalí (1904-1989) fornece algumas dicas sobre o que elas podem representar: "Esfinge" remete à mitologia: para os egípcios, era uma figura de poder; para os gregos, figura fatal e enigmática. Já Bikini é um atol no oceano Pacífico onde os Estados Unidos testaram bombas nucleares e de hidrogênio entre 1946 e 1958, tornando o local radioativo e inabitável. Voltando à tela: uma das cabeças lembra uma árvore; e as outras duas remetem à ideia de uma nuvem de fumaça gerada por uma explosão atômica. Ser humano, natureza, poder e destruição formam um grande enigma que desafia nosso entendimento.

A progressiva separação da ciência em relação a outras formas de conhecimento na Europa, a partir do século XVI, foi um dos marcos de entrada na modernidade. Áreas aplicadas à busca científica das leis universais e imutáveis da natureza, como a física e a química avançaram em suas descobertas e impulsionaram as inovações técnicas. Nesse contexto, as humanidades tomaram essas ciências como paradigma. Ideais de imparcialidade e objetividade passaram a orientar a investigação a respeito do ser humano, ainda que este seja um ser histórico e cultural.

Impulsionado pelos interesses do capitalismo, o avanço tecnológico e científico fez com que o ser humano interferisse cada vez mais sobre a natureza, levando a melhorias na Medicina e na indústria, por exemplo. Mas esse avanço também gerou catástrofes, como a bomba atômica, e problemas ambientais cada vez mais graves.

A ciência, hoje, está intrinsecamente ligada ao desenvolvimento tecnológico. Impulsionada pelas superpotências políticas e econômicas, a tecnociência impôs-se na nova ordem mundial, muitas vezes prejudicando o ambiente, os sujeitos, a liberdade e a democracia. Diante disso, pensadores contemporâneos têm levantado discussões filosóficas a respeito, por exemplo, da bioética, do meio ambiente, da comunicação e da política.

IV a. C.
PLATÃO
(Grécia)
ARISTÓTELES
(Grécia)

XVII
GALILEU
(Itália)
DESCARTES
(França)

XVIII
BAUMGARTEN
(Alemanha)

XIX
SAINT-SIMON
(França)
FOURIER
(França)
COMTE
(França)

XX
FOUCAULT
(França)
ADORNO
(Alemanha)
BENJAMIN
(Alemanha)
HORKHEIMER
(Alemanha)

XXI
LADRIÈRE
(Bélgica)
RANCIÈRE
(França)
LATOUR
(França)

267

CAPÍTULO 13

Desafios epistemológicos contemporâneos: quais os limites do conhecimento e da ciência?

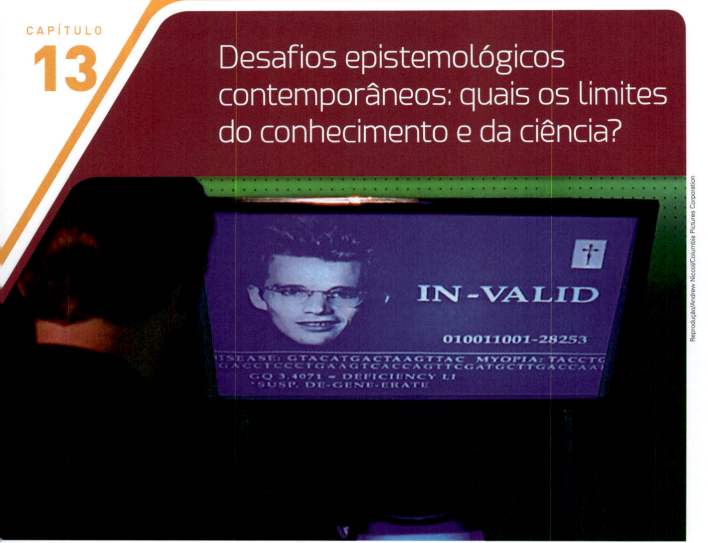

Cena do filme *Gattaca: a experiência genética*, em que o personagem Vincent Freeman aparece como "inválido" na tela do monitor por ter uma doença de fígado e não ser geneticamente perfeito.

A ciência excitada
Fará o sinal da cruz
E acenderá fogueiras
Para apreciar a lâmpada elétrica

FISCHER, Júlio; ZÉ, Tom. Ogodô, ano 2000. *Tom Zé - The Hips of Tradition*. Luakabop, 1992. Letra disponível em: <http://letrasweb.com.br/tom-ze/ogodo-ano-2000.html>. Acesso em: 17 maio 2018.

Assim como a arte e a filosofia, a ciência caracteriza-se por investir em um pensamento crítico e criativo, produzindo novos saberes. O trecho da canção citado acima, porém, coloca a ciência em uma posição em que não estamos acostumados a vê-la: como uma mistificação. A ciência que faz "o sinal da cruz" e acende fogueiras faz referência a atitudes religiosas completamente contrárias àquilo que chamamos de "espírito científico".

Em outra criação artística, o filme *Gattaca: a experiência genética*, a atenção se volta para o poder da ciência. O filme mostra uma sociedade do futuro na qual a ciência controla a humanidade. Os seres humanos dominam as viagens espaciais, mas apenas aqueles que são considerados geneticamente perfeitos podem viajar. Nessa sociedade, o conhecimento científico melhorou radicalmente a vida humana, mas o preço é o controle absoluto sobre as pessoas.

O conhecimento da genética permite saber, desde o nascimento, o que uma pessoa pode ou não fazer, determinando seu perfil e suas possibilidades de vida.

Considerando a aventura da vida humana, sempre enfrentando desafios e superando limites, a sociedade mostrada no filme não seria a negação da parte mais humana que há nas pessoas, que é o fato de determinarmos a nós mesmos? Poderíamos viver conformados àquilo que a ciência nos impõe?

O escritor francês François Rabelais (1494-1553), ainda no século XVI, afirmou que "ciência sem consciência não é senão a ruína da alma". Para ele, o conhecimento não pode bastar-se a si mesmo. Conhecer por conhecer é perder a humanidade, colocando-a a serviço do conhecimento, e não o contrário. Séculos depois, estudando a lógica do funcionamento da ciência, o filósofo **Jean Ladrière** afirmou que esta tende a constituir-se como um sistema autônomo e fechado em si mesmo, no qual a regra que vale é a do conhecimento pelo conhecimento. Em outras palavras: devemos sempre conhecer cada vez mais, não importando se as consequências desse conhecimento serão boas ou más.

// Cartaz do filme *Gattaca: a experiência genética*. Direção de Andrew Niccol. Estados Unidos, 1997. (106 min).

O filme *Gattaca: a experiência genética* propõe uma reflexão sobre os limites da intervenção do conhecimento científico e da tecnologia nas vidas humanas.

Jean Ladrière (1921-2007)

Filósofo e lógico belga, foi professor na Universidade Católica de Louvain, onde dirigiu o Instituto Superior de Filosofia. Dedicou-se a estudar a razão científica e a razão filosófica, articulando-as com a fé cristã. Escreveu centenas de artigos científicos e vários livros, destacando-se: *Os desafios da racionalidade* (1977); *A ética no universo da racionalidade* (1997); e *O tempo do possível* (2004).

// Jean Ladrière, em foto de c. 2000.

Positivismo: cientificismo e neutralidade da ciência

No século XVII, com a ciência de Galileu (1564-1642) e a filosofia de Descartes (1596-1650), formou-se uma maneira inteiramente nova de pensamento. O período que seguiu daí até pelo menos meados do século XX ficou conhecido como modernidade. Essas mudanças se originaram no âmbito da ciência, mas se espalharam por todos os campos do pensamento, formando uma nova visão de mundo que coloca o sujeito do conhecimento no centro das preocupações filosóficas.

Na modernidade passou-se a considerar que tudo o que pode ser representado intelectualmente pode ser conhecido. Por meio do uso reto da razão e do método correto, acreditava-se que o conhecimento humano podia ser ampliado indefinidamente. Embora alguns objetos sejam mais difíceis de serem conhecidos porque são mais difíceis de serem representados, com o aprimoramento dos meios de conhecer eles poderão tornar-se familiares ao ser humano.

Essa mudança de visão de mundo conduziu a formas diferentes de pensamento, todas interligadas pelos fundamentos da modernidade. Entre essas formas, encontra-se o cientificismo, a tendência a valorizar excessivamente a ciência. O cientificismo considera que apenas os conhecimentos científicos são válidos e passa a aplicar as noções científicas a todos os campos da vida humana. Essa perspectiva teve origem no positivismo, corrente filosófica criada por **Auguste Comte**.

Auguste Comte (1798-1857)

Filósofo francês, criador do positivismo, foi aluno da Escola Politécnica de Paris. Com sólido conhecimento científico, produziu uma filosofia que considera a ciência a única fonte do conhecimento verdadeiro. Acreditava que os problemas sociais deveriam ser tratados cientificamente e sistematizou o ramo da ciência dedicado a estudá-los, a Sociologia. Foi autor de uma obra vasta, na qual se destacam: *Curso de filosofia positiva* (6 volumes, publicados entre 1830 e 1842); *Sistema de política positiva* (4 volumes, publicados entre 1851 e 1854); e *Catecismo positivista* (1852).

Auguste Comte, em retrato de 1845.

O positivismo teve grande número de seguidores e exerceu enorme influência no pensamento do século XIX e início do século XX. Seu princípio básico, denominado por Comte "lei dos três estados", afirma que a humanidade passou por três estágios de evolução em sua relação com o mundo. Esses estágios podem ser assim resumidos:

- **estado teológico**: o ser humano explica os fenômenos da natureza como resultado de forças divinas e sobrenaturais. Esse estágio permitiu à humanidade intervir na natureza. Por exemplo: se explicamos a chuva como consequência da ação de um deus, então podemos tentar fazer chover em época de seca, por meio de oferendas que agradem ao deus. Na visão de Comte, essas explicações são ingênuas e infantis. Esse estágio corresponde ao predomínio da **mitologia** e da **teologia** como explicações do mundo;

- **estado metafísico**: seria um estágio mais evoluído que o anterior. Aqui os deuses e as forças sobrenaturais são substituídos por forças abstratas. Apesar do abandono das explicações por causas sobrenaturais, a estrutura delas continua a mesma, porém fazendo uso de teorias racionais. Assim como no estágio anterior, as explicações não se baseiam na observação empírica. Esse estágio corresponde ao predomínio da **filosofia** como explicação do mundo;

- **estado positivo**: corresponderia ao estágio mais evoluído da humanidade. Os fatos e fenômenos são explicados racionalmente pela **causalidade** – ou seja, pela relação entre causa e efeito –, que estabelece a relação natural entre eles. A **ciência** é a guia mestra do desenvolvimento da humanidade em seu estágio de maturidade.

Para Comte, os indivíduos também passam por esses três estágios: quando crianças, tendemos a acreditar em explicações mitológicas e religiosas; crescemos um pouco e passamos a preferir explicações de cunho filosófico; mas é apenas na maturidade da idade adulta que estamos preparados para ver o mundo por meio da ciência.

A visão científica é aquela que consegue explicar a natureza pela própria natureza, sem recorrer a fatores externos. É uma visão madura, pois só se realiza pela investigação e pela experimentação, que levam à descoberta das relações de causa e efeito entre os fenômenos. Ao estabelecer a absoluta causalidade, o positivismo instaurou o reino da **necessidade**: nada acontece por contingência; tudo pode ser explicado por suas relações naturais com os outros elementos da realidade.

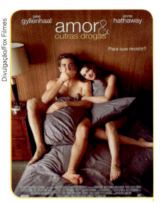

Cartaz do filme *Amor e outras drogas*. Direção de Edward Zwick. Estados Unidos, 2010. (112 min).

Um representante comercial de produtos farmacêuticos se envolve com uma garota que sofre do mal de Parkinson. O filme expõe as táticas que os laboratórios farmacêuticos utilizam para convencer os médicos a prescrever seus produtos aos pacientes.

As descobertas astronômicas do início da modernidade deram novo impulso à ciência e à filosofia, cada vez mais confiantes nas possibilidades da razão. Johannes Kepler (1571-1630), por exemplo, propôs a ideia de que a distância entre as órbitas dos planetas então conhecidos era determinada por formas geométricas perfeitas, como mostra esta xilogravura colorida de 1596.

Comte quis aplicar aos problemas sociais o mesmo tipo de relação de causalidade das ciências naturais. Ele defendia a necessidade de uma **física social** e foi o responsável pela sistematização da Sociologia, que seria o resultado da aplicação das leis naturais e do método científico da Física ao estudo da sociedade. Assim como a física natural se constrói em torno do conceito de gravitação, Comte considerava que a sociedade deveria se organizar por meio do conceito de **ordem**, pois apenas com ordem poderia haver progresso. A preocupação social de Comte recebeu grande influência de **Saint-Simon**, de quem foi secretário durante muitos anos. Saint-Simon é considerado um dos fundadores do socialismo, embora seja apresentado como um "socialista utópico", pois acreditava que o socialismo seria alcançado apenas pelo convencimento das pessoas, e não por uma crítica ao sistema capitalista que indicasse meios para a transformação da realidade, como Marx fez posteriormente.

Essa posição cientificista se caracteriza também pela defesa da neutralidade da ciência, ou seja, da ideia de que os conhecimentos científicos não são bons nem maus em si mesmos. A ciência, portanto, não toma partido em relação a eles. É a aplicação desses conhecimentos que pode resultar em algo bom ou ruim. A produção do conhecimento pela ciência obedece à regra "saber cada vez mais". A aplicação dos conhecimentos fica a cargo da tecnologia, que se utiliza deles para criar usos práticos – vem daí outro lema positivista: "Saber para prever, prever para prover". E são essas aplicações que podem ser avaliadas, e não os conhecimentos.

// A atual bandeira do Brasil foi adotada em 1889, após a Proclamação da República. O dístico "Ordem e Progresso" é inspirado no positivismo de Auguste Comte, cujo lema era: "O amor como princípio, a ordem como base, o progresso como fim". Várias tentativas de incluir a palavra "amor" em nossa bandeira já foram feitas.

Claude-Henri de Rouvroy, conde de Saint-Simon (1760-1825)

Filósofo e economista francês, de família aristocrática, Saint-Simon foi para a América em 1779, tendo participado da Guerra de Independência dos Estados Unidos. Sua obra esteve voltada para uma reforma social, pensada em princípios científicos. Alguns de seus livros foram escritos em parceria com Auguste Comte, que foi seu secretário desde 1817.

De sua obra, destacam-se: *Introdução aos trabalhos científicos do século XIX* (1807-1808); *Sistema industrial* (1821); e *Catecismo dos industriais* (1823-1824). Deixou inacabada a obra *O novo cristianismo*.

Saint-Simon retratado por Hippolyte Ravergie // em óleo sobre tela de 1848.

INFORMAÇÕES COMPLEMENTARES

Usinas nucleares

Em 11 de março de 2011, o norte do Japão foi atingido por um forte *tsunami* (onda gigante provocada por um maremoto) que arrasou várias localidades. Uma das consequências desse *tsunami* foi a inundação da Central Nuclear de Fukushima I, que causou danos a alguns reatores nucleares e o vazamento de radiação. Toda a região precisou ser evacuada.

No século XX ocorreram dois acidentes nucleares graves: o da Usina de Three Mile Island, nos Estados Unidos, em março de 1979, e o da Usina de Chernobyl, na então União Soviética, em abril de 1986.

Um exemplo é o desenvolvimento da física nuclear. O estudo dos átomos e das partículas subatômicas foi e continua sendo realizado pelo desejo e pela necessidade do ser humano de conhecer e explicar a natureza. Esse conhecimento pode ser aplicado a uma série de coisas. O conhecimento sobre a fissão e a fusão atômicas, por exemplo, pode ser aplicado à produção de energia para a Medicina e para pesquisas agrícolas. Atualmente vários países dependem de usinas nucleares para gerar energia elétrica, ainda que essa fonte de energia apresente riscos de contaminação do ambiente e das pessoas. O mesmo conhecimento de física nuclear usado para geração de energia também pode ser aplicado na construção de armas de destruição em massa, como bombas e mísseis nucleares. O fato de que esse conhecimento pode resultar na fabricação de armas de destruição em massa, porém, não significa que ele seja um conhecimento ruim, que deva ser proibido. O que interessa, segundo o cientificismo, é que os seres humanos, dominando a física nuclear, a utilizem apenas para fins pacíficos, pois, em si mesma, ela é neutra.

// Cartaz do filme *O início do fim*. Direção de Roland Joffé. Estados Unidos, 1989. (127 min).

Narra o andamento do Projeto Manhattan, que durante a Segunda Guerra Mundial reuniu cientistas em um deserto norte-americano com o objetivo de estudar a energia nuclear e construir a bomba atômica.

// O Centro de Energia Nuclear na Agricultura da Universidade de São Paulo (Cena-USP), fundado em 1966, desenvolve pesquisas sobre o uso da energia nuclear na agricultura.

Policiais japoneses em trajes de // segurança resgatam corpo em área devastada pelo *tsunami* em Fukushima, em 2011.

Dizem (quem me dera)

o mundo está bem melhor
do que há cem anos atrás, dizem
morre muito menos gente
as pessoas vivem mais

ainda temos muita guerra
mas todo mundo quer paz, dizem
tantos passos adiante
e apenas alguns atrás

já chegamos muito longe
mas podemos muito mais, dizem
encontrar novos planetas
pra fazermos filiais

quem me dera
não sentir mais medo
quem me dera
não me preocupar

temos inteligência
pra acabar com a violência, dizem
cultivamos a beleza,
arte e filosofia

A modernidade agora
vai durar pra sempre, dizem
toda a tecnologia
só pra criar fantasia

deuses e ciência
vão se unir na consciência, dizem
vivermos em harmonia
não será só utopia

quem me dera
não sentir mais medo
quem me dera
não me preocupar
quem me dera
não sentir mais medo algum

ANTUNES, Arnaldo; MONTE, Marisa; CARVALHO, Dadi. *Disco*. Rosa Celeste, 2013.
Letra disponível em: <www.arnaldoantunes.com.br/new/sec_discografia_list.php?view=65>. Acesso em: 9 abr. 2018.

A tecnociência

A partir da segunda metade do século XX, a noção de neutralidade da ciência começou a ser criticada, em virtude da estreita relação que existe entre o conhecimento científico e a sua aplicação.

Na sua origem, a ciência moderna foi impulsionada pela vontade humana de conhecer a natureza cada vez mais a fundo. Porém, desde o século XIX, sua principal motivação tem sido a possibilidade de aplicação e utilização desse conhecimento. Passou-se a falar em "ciência e tecnologia" e, depois, em **tecnociência** para caracterizar esse tipo de conhecimento científico.

Grande parte das principais conquistas tecnológicas do século XX provém de pesquisas feitas em épocas de guerra, quando altos investimentos financeiros em pesquisa são realizados, motivados por interesses geopolíticos. No caso da energia nuclear, por exemplo, foram as pesquisas para a construção da bomba atômica que possibilitaram o estudo e o controle de partículas subatômicas para a geração de energia elétrica. A informática e as telecomunicações, que tiveram grandes avanços na segunda metade do século XX, também foram beneficiadas por pesquisas feitas durante a Segunda Guerra Mundial e a Guerra Fria, assim como diversas aplicações tecnológicas que hoje facilitam nosso dia a dia, como o forno de micro-ondas.

Grandes investimentos em pesquisa também são realizados por alguns setores econômicos muito lucrativos, e a tecnologia que eles desenvolvem acaba chegando à nossa vida cotidiana. É o caso, por exemplo, das empresas envolvidas com as disputas de Fórmula 1, que investem milhões de dólares para construir carros cada vez mais competitivos e lucrar com as corridas. Vários equipamentos e tecnologias que elas desenvolvem para os carros de corrida são depois adaptados aos automóveis comuns.

Em uma era na qual uma das palavras de ordem é "inovação", diante de todos os benefícios que parecem advir do desenvolvimento científico, é necessário pensar se o utilitarismo da tecnociência não beneficia apenas grupos específicos (por exemplo, aumentando a dominação ou os lucros de alguns), em vez de toda a humanidade. Questionar os interesses políticos e econômicos que tentam se sobrepor aos interesses científicos e sociais pode nos ajudar a delinear o tipo de desenvolvimento científico que devemos buscar.

Capa do filme *Erin Brockovich: uma mulher de talento*. Direção de Steven Soderbergh. Estados Unidos, 2000. (130 min).

O filme se baseia na história real de uma advogada que descobre que uma companhia de energia estava contaminando as águas de uma cidade na Califórnia, causando danos à saúde de muitos habitantes. Erin resolve investigar o caso e convencer os habitantes a processar a empresa.

Destruição causada pelo rompimento da barragem de rejeitos de mineração em Bento Rodrigues, distrito de Mariana, Minas Gerais, em 2015. A enxurrada de lama ocasionou mortes, devastou distritos próximos e atingiu o rio Doce em toda sua extensão. Para muitos, trata-se do maior desastre ambiental já ocorrido no país. O Brasil é um dos maiores extratores de minério de ferro do mundo, mas a produção e a tecnologia envolvidas nessa atividade são controladas por empresas privadas. Esse minério é matéria-prima do aço, utilizado em larga escala para as mais diversas aplicações, desde a fabricação de ferramentas e máquinas até a construção de edifícios.

A emergência das Ciências Humanas

O século XIX, no qual emergiram as ideias positivistas associadas ao cientificismo, foi marcado também pelo surgimento da Sociologia como ciência. Outras ciências sociais e humanas foram surgindo e se consolidaram ao longo do século XX, como a Psicologia, a Psicanálise, a Antropologia.

Se apenas a ciência produz conhecimentos verdadeiros, segundo a filosofia positivista, tornava-se necessário dar também a outras áreas do saber um tratamento científico. Da mesma forma que a Sociologia constituiu-se como um estudo experimental das leis que regem a mecânica social, estudos análogos deveriam ser feitos no caso de outras ciências sociais e humanas

INFORMAÇÕES COMPLEMENTARES

Episteme

Episteme não é sinônimo de saber; significa a existência necessária de uma ordem, de um princípio de ordenação histórica dos saberes anterior à ordenação do discurso estabelecida pelos critérios de cientificidade e dela independente. A episteme é a ordem específica do saber; a configuração, a disposição que o saber assume em determinada época, e que lhe confere uma possibilidade enquanto saber.

MACHADO, Roberto. *Foucault, a ciência e o saber*. 3. ed. Rio de Janeiro: Jorge Zahar, 2006. p. 133.

Foucault: uma arqueologia das Ciências Humanas

Para compreender a formação das ciências humanas, Michel Foucault (1926-1984) se serviu de uma palavra grega e criou seu conceito de **episteme**. Cada época histórica tem sua própria *episteme*, que é o solo de onde emergem os saberes. É importante perceber que ele fala em saberes, e não em **conhecimentos**. Para Foucault, os conhecimentos são organizados segundo os princípios de uma ciência, tendo compromisso com a verdade; já os saberes são uma categoria mais ampla, não necessariamente científica. Ao realizar uma "arqueologia do saber", como ele denomina o seu método, Foucault não está se ocupando apenas da ciência, mas também de outras formas de pensar e investigar a realidade.

Compreendendo a ideia de *episteme*, é possível entender por que certos conhecimentos científicos e saberes se formaram em uma época e não em outra.

Fazendo a arqueologia do saber no Ocidente desde o período que ele denomina "época clássica" (o período renascentista), Foucault encontra três *epistemes*, relacionadas a diferentes saberes e ciências:

- A *episteme* da Renascença (séculos XV e XVI): centrada na **semelhança**. Nessa época, conhecer era perceber as semelhanças. Porém, elas não se apresentavam de imediato. Era como se o mundo tivesse signos que precisassem ser decifrados, interpretados, para que se pudesse perceber as semelhanças entre as coisas. A relação entre as coisas e os signos também se dava por semelhança.

As meninas (c. 1656), do artista espanhol Diego Velázquez (1599-1660). Em *As palavras e as coisas* (1966), Foucault faz uma longa análise dessa pintura do século XVII. Nela podemos contemplar membros da família real espanhola e o próprio Velázquez, que está pintando a cena. Ao mesmo tempo, parece que somos contemplados pelos personagens da obra, indicando que a ação ocorre em dois sentidos. A obra ilustra a atitude de representação e suas implicações para a produção de saberes.

- A *episteme* clássica (séculos XVII e XVIII): voltada para a **representação**. Neste período, a *episteme* não articula mais as coisas e os saberes. Não há mais semelhança, e conhecer já não é decifrar os signos da natureza. O conhecer passa a ser, nesse período, uma atividade de representação: conhecer o mundo é representar o mundo no pensamento, dando-lhe uma ordem, uma organização. Foucault destaca a emergência de três ciências nesse período, que operam por meio da representação: a Gramática geral, a História natural e a Economia como análise das riquezas. As três se dedicam a organizar e classificar (as palavras; os seres vivos; as riquezas), dando uma ordem aos conhecimentos.

- A *episteme* moderna (séculos XIX e XX): tomada como a "idade do homem". Com o enfraquecimento da representação, emerge o conceito moderno de homem como *episteme*. O que garante o saber já não é uma semelhança ou uma representação, mas sua construção por um sujeito, o ser humano. A **ordem** é substituída pela **história**. Foucault afirma que há uma transformação da Gramática geral em **Filologia** (a busca pela história das palavras, mais que sua classificação); da História natural em **Biologia** (o estudo dos seres vivos em sua história, e não a mera classificação em gêneros e espécies); da análise das riquezas em **Economia política** (o estudo dos fluxos econômicos na história).

No âmbito de uma *episteme* da semelhança ou de uma *episteme* da representação, o ser humano é sujeito de conhecimento e só pode tomar como objeto algo que não seja ele mesmo. Por isso, do século XVII até o século XIX, consolidam-se as ciências exatas e da natureza. Mas, no século XIX, com um novo solo para os saberes, o ser humano, sujeito de conhecimento, pode tomar a si mesmo também como objeto. É possível, então, o necessário distanciamento de si mesmo para produzir-se como saber, como conhecimento científico, o que leva à consolidação das ciências humanas.

Problemas de método nas Ciências Humanas

Na formulação de Comte, a "física social" seria o resultado da aplicação do método experimental da física aos problemas sociais. Com o desenvolvimento posterior da sociologia, porém, isso não se mostrou algo simples. Nas ciências naturais, o método experimental, como vimos no capítulo 3 da unidade 1, tem normas bastante rígidas para garantir a produção de um conhecimento verdadeiro. Os problemas começam a aparecer quando ele é aplicado a objetos da esfera humana. Um dos princípios básicos do método experimental é a objetividade; mas como ser objetivo quando o objeto do conhecimento é o próprio indivíduo que faz o estudo?

As ciências são baseadas em fatos. Elas não são apenas especulações teóricas, mas sim análises dos fatos. No entanto, os fatos humanos não têm a mesma previsibilidade que os fatos naturais: os fatos humanos são fluidos, mutantes, inconstantes. Seu estudo oferece mais dificuldade e as conclusões podem não ser tão definitivas como nas ciências naturais. Por essa razão, o método experimental precisa ser adaptado quando aplicado ao estudo dos fatos humanos. Cada ciência humana faz suas próprias adaptações, de acordo com seu objeto e suas especificidades. Assim, enquanto no campo das ciências naturais se fala em **método científico**, no campo das ciências humanas é mais apropriado falar em **métodos**, no plural.

Capa do filme *O jardineiro fiel*. Direção de Fernando Meirelles. Alemanha/Reino Unido, 2005. (129 min).

Uma trama internacional envolve questões políticas e sociais em torno da pesquisa de medicamentos e das cobaias usadas pela indústria farmacêutica. Essa história policial de suspense coloca em pauta discussões sobre os limites da ciência e da tecnologia em sua relação com os seres humanos.

Dessa situação decorrem muitas críticas às ciências humanas por parte dos representantes das ciências naturais. Fala-se, por exemplo, em "ciências exatas" para se referir às ciências naturais, como se as ciências humanas não se caracterizassem pela exatidão. Outras denominações das ciências naturais são "ciências duras" ou "ciências fortes", como se as ciências humanas fossem "moles" ou "fracas". Essas distinções não têm fundamento, porque as ciências humanas são tão rigorosas quanto as naturais e desenvolvem metodologias de investigação que lhes permitem ser o mais acuradas possível.

De forma geral, podemos dizer que a metodologia nas ciências humanas está baseada na **observação** dos fenômenos humanos, os quais são carregados de sentidos e significados que precisam ser **interpretados**. Cada ciência humana desenvolve suas maneiras próprias de orientar a observação dos fatos humanos que são seu objeto de pesquisa, bem como os instrumentos de interpretação desses fatos, que permitem estabelecer suas conclusões.

O método etnográfico, um dos mais utilizados pela Antropologia, se baseia no convívio prolongado com o grupo estudado em sua comunidade. Na foto de 1957, a antropóloga Margaret Mead em Bali, na Indonésia.

Ciência e poder na contemporaneidade

Os desafios contemporâneos para a ciência e o conhecimento vêm sendo analisados sob várias perspectivas. Uma delas é a do filósofo francês **Bruno Latour**, que faz uma dura crítica ao afirmar que a modernidade, da qual o Ocidente tanto se orgulha, nunca deixou de ser apenas um projeto, isto é, nunca se realizou de fato. Segundo ele, o **projeto da modernidade** era o de separar radicalmente a **natureza** da **cultura** e a **ciência** da **política**. Em outras palavras, esse projeto pretendia separar o científico (que é racional e pode ser demonstrado por leis naturais) do social. Caberia aos cientistas conhecer, compreender e gerir a natureza, ficando sob a responsabilidade dos políticos a gestão da sociedade. Latour afirma que essa divisão de tarefas nunca se materializou, porque todo conhecimento novo se forma em uma sociedade específica por meio de indivíduos imersos nessa sociedade, e interfere diretamente na vida dessa sociedade – portanto, a ciência é também social, cultural e política.

Bruno Latour (1947-)

Filósofo, sociólogo e antropólogo francês, estuda a atividade científica contemporânea. Foi professor no Centro de Sociologia da Inovação da Escola Nacional Superior de Minas, em Paris, França, e dirige um projeto no Instituto de Estudos Políticos da mesma cidade. Dentre seus vários livros, destacam-se: *Jamais fomos modernos* (1991); *A esperança de Pandora* (1999); *Cogitamus: seis cartas sobre as humanidades científicas* (2010); e *Pesquisa sobre os modos de existência: uma antropologia dos modernos* (2012).

Bruno Latour, em foto de 2010.

Como não é possível separar o "humano" do "não humano", o conhecimento não pode ser classificado como apenas social ou apenas científico. Os conhecimentos são "híbridos", conforme os denomina Latour.

Como exemplos de híbridos, Latour cita o buraco na camada de ozônio, o congelamento de embriões para a retirada futura de células-tronco, a poluição dos rios e as pesquisas da cura para a Aids. Esses temas podem ser estudados apenas por uma ciência, isoladamente, ou por um projeto interdisciplinar? Latour responde que não, e lembra que esses temas envolvem também aspectos sociais, econômicos e políticos que precisam ser levados em conta.

Não se pode fazer uma separação entre a produção do conhecimento e o exercício do poder, diz Latour. Como vimos, a ciência deixou de ser movida pela vontade de conhecer e passou a se guiar pelas possibilidades de aplicação. Esta relação entre conhecimento e poder, já demonstrada por Foucault, exigiu a criação do termo **tecnociência**.

Recorrendo a uma metáfora mitológica, Latour afirma que toda a curiosidade que moveu a ciência no século XX fez esgotarem-se os males que escaparam da **caixa de Pandora**. Assim, tendo experimentado todos os males, podemos agora encontrar aquilo que restou no fundo da caixa: a esperança. Para isso será necessário criar um novo modo de fazer ciência – desta vez, sem que se busque a separação entre ela e a política.

// Pandora e sua caixa, retratada pelo pintor Dante Charles Gabriel Rossetti no século XIX.

Talvez a grande lição da contemporaneidade seja a de que a ciência e o conhecimento sempre envolvem novas possibilidades e reflexões, não apenas sobre o que se conhece, mas também sobre **como** e **a que preço** se conhece. Essas ideias são discutidas de forma divertida e irônica no artigo do físico Marcelo Gleiser (1959-) reproduzido adiante. Sob o impacto do anúncio da descoberta do "bóson de Higgs", uma partícula subatômica prevista pela Física contemporânea e detectada em experimentos em 2012, Gleiser cria um diálogo hipotético entre o filósofo grego Aristóteles e o físico contemporâneo Peter Higgs (1929-). A descoberta de Higgs lhe rendeu diversos prêmios, inclusive o Nobel de Física de 2013.

INFORMAÇÕES COMPLEMENTARES

Caixa de Pandora

Na mitologia grega, Pandora foi a primeira mulher, criada por Hefesto e Atena a mando de Zeus. Cada um dos deuses deu a ela um atributo, para que pudesse ser usada em um plano arquitetado por Zeus. O objetivo era vingar-se de Prometeu, que roubara dos deuses a chama da inteligência e a concedera aos humanos. Como Prometeu (cujo nome significa "aquele que vê antes", "que prevê", "é prudente") recusou o presente, Zeus ofereceu-o a seu irmão, Epimeteu (cujo nome significa "aquele que vê depois", "o imprudente"). Encantado com a beleza de Pandora, Epimeteu aceitou-a e casou-se com ela. Zeus presenteou-o também com uma caixa, mas o alertou de que ela nunca deveria ser aberta. No entanto, a curiosidade de Pandora levou-a a abrir a caixa, da qual escaparam todos os males do mundo (a dor, a tristeza, a insatisfação, etc.), que então se espalharam entre os seres humanos. No fundo da caixa restou apenas a esperança.

Aristóteles e Higgs: uma parábola etérea

Aristóteles e Peter Higgs entram num bar. Higgs, como sempre, pede o seu uísque de puro malte. Aristóteles, fiel às suas raízes, fica com um copo de vinho.

– Então, ouvi dizer que finalmente encontraram – diz Aristóteles, animado.

– É, demorou, mas parece que sim – responde Higgs, todo sorridente.

– Você acha que 40 anos é muito tempo? Eu esperei 23 séculos!

– Como é? – pergunta Higgs, atônito. – Você não acha que...

– Claro que acho! – corta Aristóteles. – Você chama de campo, eu de éter. No final dá no mesmo, não?

– De jeito nenhum! – responde Higgs, furioso. – O seu éter é inventado. Eu calculei, entende? Fiz previsões concretas.

– Vocês cientistas e suas previsões... – diz Aristóteles. – Basta ter imaginação e um bom olho. Você não acha que o meu éter é uma excelente explicação para o que ocorre nos céus?

– Talvez tenha sido há 2 000 anos. Mas tudo mudou após Galileu e Kepler – diz Higgs. Aristóteles olha para Higgs com desprezo.

– Você está se referindo a esse "método" de vocês, certo?

– O método científico, para ser preciso – responde Higgs, orgulhoso. – É a noção de que uma hipótese precisa ser validada por experimentos para que seja aceita como explicação significativa de como funciona o mundo.

– Significativa? A minha filosofia foi muito mais significativa para mais gente e por muito mais tempo do que sua ciência e o seu método.

– É verdade, Aristóteles, suas ideias inspiraram muita gente por muitos séculos. Mas ser significativo não significa estar correto.

– E como você sabe o que é certo ou errado? – rebate Aristóteles. – O que você acha que está certo hoje pode ser considerado errado amanhã.

– Tem razão, a ciência não é infalível. Mas é o melhor método que temos para aprender como o mundo funciona – responde Higgs.

– Nos meus tempos bastava ser convincente – reflete Aristóteles com nostalgia. – Se tinha um bom argumento e sabia defendê-lo, dava tudo certo – continuou. – As pessoas acreditavam em você, mas não era fácil. A competição era intensa!

– Posso imaginar – responde Higgs. – Ainda é difícil. A diferença é que argumentos não são suficientes. Ideias têm que ser testadas. Por isso a descoberta do bóson de Higgs é tão importante.

– É, pode ser. Mas no fundo é só um outro éter – provoca Aristóteles.

– Um éter bem diferente do seu – responde Higgs.

– E por quê? – pergunta Aristóteles.

– Pra começar, o campo de Higgs interage com a matéria comum. O seu éter não interage com nada.

– Claro que não! Era perfeito e eterno – diz Aristóteles.

– Nada é eterno – rebate Higgs.

– Pelo seu método, a menos que você tenha um experimento que dure uma eternidade, é impossível provar isso! – afirma Aristóteles.

– *Touché*, você me pegou – admite Higgs. – Não podemos saber tudo.

– Exato – diz Aristóteles. – E é aí que fica divertido, quando a certeza acaba.

– Parabéns pela descoberta do seu éter – diz Aristóteles.

– Existem muitos tipos de éter – afirma Higgs.

– E muitos tipos de bósons de Higgs – retruca Aristóteles.

– É, vamos ter que continuar a busca.

– E o que há de melhor? – completa Aristóteles, tomando um gole.

GLEISER, Marcelo. *Folha de S.Paulo*, Caderno Ciência, 29 jul. 2012. Disponível em: <www1.folha.uol.com.br/colunas/marcelogleiser/1127415-aristoteles-e-higgs-uma-parabola-eterea.shtml>. Acesso em: 17 maio 2018.

É lógico!

Nos capítulos anteriores vimos que a **lógica clássica**, que teve início com os silogismos de Aristóteles, recebeu várias contribuições no decorrer do tempo. Com isso, novas formas de raciocínio lógico se configuraram, dentre as quais a lógica simbólica (ou lógica matemática), da qual fazem parte a lógica proposicional e a lógica de predicados.

De acordo com a lógica clássica, há três **princípios fundamentais** que servem de base para toda construção correta do pensamento. São eles:

- **Princípio da identidade**: Toda coisa é idêntica a si mesma.
- **Princípio da não contradição**: Uma coisa não pode ser e não ser ao mesmo tempo.
- **Princípio do terceiro excluído**: Uma coisa é ou não é, não havendo uma terceira possibilidade.

Esses três princípios se articulam entre si. O princípio da identidade, ao afirmar que "A = A" (e não que "A = B"), permite afirmar a unidade de uma coisa, indicando que ela é sempre igual a si mesma e nunca igual a outras coisas. Ao afirmar que uma proposição é equivalente a si mesma, o primeiro princípio nos fornece condições para enunciar os demais. Então, se afirmo de uma coisa que ela é "p", não posso, ao mesmo tempo, afirmar que ela é "não p" (~p): é o princípio da não contradição.

Tomemos como exemplo a proposição "Esta praia **é** poluída". Seria contraditório, para a lógica clássica, afirmar, ao mesmo tempo, que "Esta praia não é poluída".

De forma semelhante podemos compreender o princípio do terceiro excluído: para a lógica clássica, uma proposição sempre pode ser classificada como verdadeira ou como falsa, não havendo um terceiro valor que lhe possamos atribuir.

Se afirmo que "Todos os seres humanos são egoístas", posso atribuir o valor verdadeiro (V) ou falso (F) à proposição, mas não há uma terceira possibilidade de julgamento, porque tanto afirmar "Alguns seres humanos são egoístas" como "Nenhum ser humano é egoísta" corresponderiam a atribuir o valor de falsidade à proposição inicial.

Embora distintos, os três princípios atendem a uma mesma exigência: garantir o bom funcionamento do pensamento. Para pensar corretamente, analisar os fatos e tirar conclusões corretas é preciso seguir esses princípios básicos do pensamento, que são chamados de princípios justamente por serem evidentes e imediatos, sem necessidade de demonstração.

Mas será que essas são as únicas possibilidades de pensamento lógico? Não haverá alternativas, outras formas de pensar? Nos últimos séculos alguns filósofos se aventuraram a pensar outros sistemas lógicos, com base em princípios diferentes destes que acabamos de ver. Essas possibilidades são denominadas "lógicas não clássicas" e nos próximos capítulos trataremos de algumas delas.

Trabalhando com textos

Os dois textos a seguir são de autores contemporâneos que se dedicam a estudar a prática científica e seus limites. Ambos destacam as relações entre ciência e política, em uma direção similar àquela que vimos na produção de Bruno Latour.

Texto 1

No texto a seguir, Isabelle Stengers (1949-), química belga e doutora em filosofia das ciências, discute o interesse pela pesquisa científica. O cientista precisa ser capaz de despertar o interesse dos outros por aquilo que ele pesquisa, para que possa obter verbas para suas investigações – o que revela as questões políticas envolvidas na ciência.

Ciência, interesse e poder

O cientista que quer ser inovador, que quer criar história, deve ser um estrategista de interesses. Ele deve criar vínculos, encontrar aliados, criar relações de força favoráveis. Ele deve certamente aceitar certas imposições: **Lyssenko** é o exemplo daquilo que é preciso evitar, aquele que jogou de maneira direta o poder do Estado soviético contra seus colegas. Se um biólogo, porém, consegue fazer com que, por exemplo, se aceite um vínculo entre sua pesquisa e o problema da Aids, ele terá mais crédito financeiro, mais prestígio e terá feito seu trabalho de cientista: se suas pesquisas não contribuírem para a resolução do problema, ninguém o censurará.

As ciências não são nem empreendimentos puros, inocentes, vítimas de poderes que desviam o sentido das pesquisas, nem os cúmplices servis dos poderes. O cientista procura interessar àqueles que o ajudarão a fazer a diferença, a criar história, e nenhum limite intrínseco define aqueles a quem ele não deve procurar interessar. Eventualmente certas preocupações políticas ou morais impedirão um físico de dizer aos militares: "nós poderíamos conceber um novo tipo de arma a partir de minha proposição". Eventualmente, mas não seria na qualidade de cientista que ele se recusaria a isso. Enquanto cientista seu trabalho é de interessar, e interessar a todos aqueles que podem ajudá-lo a criar uma história que passe por ele. Tal cientista, porém, poderá também, e com a consciência limpa, enganar os militares, conseguir interessá-los por aquilo que ele sabe que não passa de uma ficção. Isso também faz parte da profissão. As ciências não traduzem de maneira servil os interesses daqueles de quem dependem, e sim reinventam o sentido para seu proveito. Em contrapartida, há uma coisa que elas traduzem fielmente: as relações de forças sociais que determinam aqueles a quem é interessante interessar, aqueles que podem ajudar a fazer a diferença.

[...]

A utopia que minha crítica propõe não é a de uma ciência "pura", "desinteressada", "sem ideologia". Não se trata de dizer aos cientistas: "parem de interessar", o que significaria dizer: "deixem de ser cientistas". O verdadeiro problema é político. A ciência é amoral no sentido em que interessa a quem pode fazer a diferença, e no sentido em que coloca o problema geral de nossas sociedades. Mas, como sempre é o caso, ela o coloca de um modo singular, ao qual podem corresponder, aqui e agora, a respostas singulares. No que me concerne, aqui e agora, eu tento complicar a situação, isto é, a diferenciação clara demais entre aqueles a quem os cientistas interessam (e surpreendentemente que, em francês, essa última frase tenha um duplo sentido indecidível: não se pode saber quem é o sujeito, quem é o alvo) e o "público". Por isso tento fazer proliferar os interesses a propósito da ciência, multiplicar o número daqueles que serão capazes de apreciar, avaliar as operações científicas, admirá-las e rir delas. [...]

[...] As escolhas e as orientações em matéria de ciência serão reconhecidas por aquilo que são: questões políticas. Que elas o sejam é algo que muitos sabem, em princípio, mas, de maneira geral, eles sempre chegam tarde demais, criticam uma ciência já feita. É preciso que as controvérsias interessem ao que então não se chamará mais de "público".

Político também é o modo de formação dos cientistas, acerca do qual sabemos que ele é feito para separar ao máximo a competência dos especialistas e a eventual "boa vontade" do cidadão que o cientista também é. Nem todos os cientistas estão prontos para interessar a qualquer custo, mas mesmo aqueles que não o estão calculam mal o sentido do interesse que seu trabalho pode suscitar. [...]

STENGERS, Isabelle. *Quem tem medo da ciência?*: ciências e poderes. São Paulo: Siciliano, 1990. p. 104-107.

> **Trofim Lyssenko (1898-1976)**
>
> Biólogo ucraniano que se tornou diretor do Instituto de Genética da Academia de Ciências da União Soviética em 1940, durante o governo de Stalin. Defendia teses completamente diferentes da Biologia clássica e apoiadas pelo regime soviético. Perseguiu geneticistas que tinham ideias contrárias às dele, vários dos quais foram demitidos ou mesmo presos. Seu trabalho foi oficialmente desacreditado em 1964.

Questões

1. Por que, segundo o texto, o cientista precisa despertar o interesse dos outros em suas pesquisas?
2. Quais são as relações entre ciência e política, segundo a autora?
3. Como as questões políticas interferem na ciência? O inverso também acontece? Explique.

Texto 2

O texto a seguir trata do conflito ético entre a busca do saber pelo saber e o atendimento às necessidades humanas. Edgar Morin (1921-), cientista social e filósofo francês contemporâneo, enfatiza também as questões políticas relacionadas à pesquisa científica.

Os dois deuses

[...]

Dissemos justamente que não se tratava tanto, hoje, de dominar a natureza como de dominar o domínio. Efetivamente, é o domínio do domínio da natureza que hoje causa problemas. Simultaneamente, esse domínio é, por um lado, incontrolado, louco, e pode conduzir-nos ao aniquilamento; por outro lado, é demasiado controlado pelos poderes dominantes. Esses dois caracteres contraditórios explicam-se porque nenhuma instância superior controla os poderes dominantes, ou seja, os Estados-nações.

O problema do controle da atividade científica tornou-se crucial. Supõe um controle dos cidadãos sobre o Estado que os controla e uma recuperação do controle pelos cientistas, o que exige a tomada de consciência de que falei ao longo destas páginas.

A recuperação do controle intelectual das ciências pelos cientistas necessita da reforma do modo de pensar. É certo que a reforma do modo de pensar depende de outras reformas, e há uma interdependência geral dos problemas. Mas essa interdependência não devia fazer esquecer essa reforma-chave.

Todo cientista serve pelo menos a dois deuses que, ao longo da história da ciência e até hoje, lhe parecem absolutamente complementares. Hoje, devemos saber que eles não são somente complementares, mas também antagonistas. O primeiro deus é o da ética do conhecimento, que exige que tudo seja sacrificado à sede de conhecimento. O segundo deus é o da ética cívica e humana.

O limite da ética do conhecimento era invisível, *a priori*, e nós transpusemo-lo sem saber; é a fronteira para lá da qual o conhecimento traz com ele a morte generalizada: hoje, a árvore do conhecimento científico corre o risco de cair sob o peso dos seus frutos, esmagando Adão, Eva e a infeliz serpente.

MORIN, Edgar. Para a ciência. *Ciência com consciência*. Lisboa: Europa-América, 1994. p. 29-30.

Questões

1. Segundo o texto, qual é a condição para que os cientistas recuperem o controle intelectual sobre a ciência?
2. Por que os "dois deuses" a que servem os cientistas são antagônicos? Que conflito de interesses eles representam?
3. Qual é o sentido da metáfora da "árvore do conhecimento" no último parágrafo do texto? Como interpretá-la?

Em busca do conceito

1. Como o positivismo e a noção de neutralidade interferiram na reflexão sobre os limites da ciência?
2. Por que o positivismo de Comte levou à constituição de ciências ligadas às questões humanas, como a Sociologia?
3. Explique a noção de tecnociência.
4. Como o surgimento das ciências humanas foi trabalhado por Foucault? Como a sua visão se diferencia da positivista?
5. Sobre as ciências humanas, responda:
   a) Por que foram levantados problemas de método nessas ciências?
   b) Quais são esses problemas e como eles são enfrentados?
6. Que relações podemos estabelecer entre ciência e política?
7. O texto abaixo foi adaptado da edição de 2014 do Prêmio Jovem Cientista:

O Prêmio Jovem Cientista visa revelar talentos, impulsionar a pesquisa no país e investir em estudantes e jovens pesquisadores que procuram inovar na solução dos desafios da sociedade.

Instituído em 1981, o Prêmio é uma iniciativa do Conselho Nacional de Desenvolvimento Científico e Tecnológico (CNPq), a primeira instituição federal de fomento à ciência, tecnologia e inovação e pioneira na concessão de prêmios no Brasil.

[...]

O conceito de segurança alimentar abrange o manejo sustentável dos recursos naturais, a produção, armazenagem, distribuição, conservação e acesso universal aos alimentos, bem como os aspectos relacionados à sua qualidade, composição nutricional e aproveitamento biológico.

É crescente a preocupação mundial com a obtenção de alimentos nutritivos e seguros, do ponto de vista químico, microbiológico e toxicológico, que proporcionem saúde às pessoas. Procura-se, cada vez mais, fornecer informações adequadas, para que a escolha de alimentos *in natura* ou processados seja confiável.

O Brasil tem papel decisivo no futuro dos alimentos. Possui vasto território agricultável, sendo atualmente o maior produtor mundial de cana-de-açúcar, laranja, café e feijão, e o segundo em soja e o terceiro em milho. Possui, ainda, diversidade de frutas e vegetais, com alto conteúdo de substâncias bioativas e nutrientes, além de ter o maior rebanho comercial bovino. A indústria brasileira de alimentos é dinâmica, competitiva e contribui significativamente para o Produto Interno Bruto (PIB) do país, com cerca de 30%.

Disponível em: <www.jovemcientista.cnpq.br>. Acesso em: 15 mar. 2016.

Diante da necessidade de estimular estudos científicos que propiciem avanços na promoção da saúde, qualidade de vida e cidadania, bem como no desenvolvimento de tecnologias agrícolas e industriais, desenvolva, em grupo, um pré-projeto de pesquisa relacionado ao tema proposto pelo Prêmio Jovem Cientista de 2014: Segurança Alimentar e Nutricional.

O pré-projeto de uma pesquisa científica é um planejamento de estudo no qual expomos nossas ideias a respeito de determinado tema e nossos objetivos ao pesquisá-lo. O pré-projeto é uma apresentação que contém, no mínimo, o problema a ser investigado, a justificativa (por que essa investigação é relevante) e os objetivos (o que se pretende com essa investigação? Para que ela serve?).

8. Com base no que foi estudado neste capítulo e na letra da canção "Dizem (quem me dera)", reproduzida na página 272, escreva uma dissertação filosófica com o tema: "Desafios da ciência contemporânea: limites e possibilidades".

Dissertação filosófica

A dissertação filosófica pode ser redigida de diferentes formas, com distintas estruturas lógicas. Podemos falar, de forma geral, em três grandes modelos: o **plano dialético**, o **plano progressivo** e o **plano nocional**.

Para fazer uma dissertação segundo o plano dialético, o autor deverá organizar a dissertação em três partes: na primeira, apresenta a **tese** que é defendida no texto, isto é, a ideia em torno da qual argumentará. Na segunda parte, o autor apresenta os elementos contrários à sua tese, a **antítese**, que podem refutá-la. Por fim, na terceira parte, o autor apresenta uma **síntese** dessas ideias, examinando os dois pontos de vista opostos, mostrando suas aproximações e distanciamentos.

A dificuldade desse plano dissertativo é evitar uma perspectiva caricatural da dialética, que apenas apresenta as três fases, sem que elas efetivamente funcionem como categorias lógicas. Ao fazer esse tipo de dissertação, é preciso se assegurar, de fato, que as ideias sejam confrontadas e contrastadas, para garantir uma boa síntese.

9. Em sua edição de outubro de 2012, a revista *Pesquisa Fapesp* publicou um conjunto de textos resultantes de palestras de cientistas em um ciclo de encontros preparatórios para o Fórum Mundial da Ciência 2013. Leia a seguir trechos de dois desses textos.

Ciência e inovação

Tales de Mileto, geômetra e astrônomo considerado por alguns o primeiro cientista, foi também um hábil transformador de conhecimento em riqueza. Em um certo ano, previu que haveria uma grande safra de olivas e comprou muitas prensas de óleo, revendendo-as na safra. Assim conseguiu uma grande receita e satisfez as necessidades dos produtores de óleo. Se não tivesse acumulado as prensas que mandou fazer, não haveria como prensar todas as azeitonas. Portanto, o primeiro cientista soube usar o conhecimento para gerar riquezas, para si e para outros.

No contexto de hoje temos um desafio global, criado por uma população crescente e expectativa de aumento de consumo, num quadro de recursos naturais finitos. Ambicionamos o desenvolvimento sustentável ou durável, que requer novo conhecimento. E precisamos também mudar atitudes.

O novo conhecimento científico cria possibilidades de inovação, mas também coloca perguntas: qual ciência? Qual inovação? Os recursos são sempre limitados, especialmente em países de renda *per capita* e índice de desenvolvimento humano baixos. No Brasil, que tem pouca infraestrutura, a situação se torna particularmente séria e as questões se desdobram: onde se deve gastar? Quanto se pode gastar? Quem vai gastar? Como? Os gastos feitos proporcionarão sustentabilidade para o sistema? Para o país? Para o mundo? Essas questões devem estar sempre presentes nas mentes de cientistas, pesquisadores e gestores.

Hoje há no mundo muitos grupos envolvidos com esses problemas. O chamado Grupo Carnegie é formado por ministros de C&T de países do G8 e trata, entre outros temas, das *Research Facilities of Global Interest*. Estas são hoje principalmente os grandes aceleradores de partículas e observatórios astronômicos. Recentemente o Grupo Carnegie começou a discutir as necessidades de ciência para a sustentabilidade e a transição rumo à economia "verde". Uma conclusão atual é a de que não existem as infraestruturas que deveriam estar disponíveis,

C&T: ciência e tecnologia.
***Research Facilities of Global Interest*:** Instalações de Pesquisa de Interesse Global.

independentemente de méritos intrínsecos das que já existem. Ou seja, não há *facilities* aptas para sediar o trabalho científico requerido para o enfrentamento dos problemas globais. Essa situação faz voltar à pergunta: qual ciência? [...]

Qual inovação interessa? A inovação depende de desenvolvimento, que custa muito dinheiro, por isso só faz sentido fomentar trabalhos de P&D que tenham foco bem definido e perspectivas concretas de utilização. Inovação tem que satisfazer necessidades emergentes, e é essencial saber em que setores da agricultura, da indústria e dos serviços estão essas necessidades. Inovação tem impacto econômico, estratégico ou social e, de novo, precisamos saber: em quais cenários? Em qual contexto? Para quem? A ciência em princípio beneficia a todos, mas a inovação frequentemente beneficia alguns, e não outros, podendo mesmo prejudicar muitos.

Há 10 anos, em meio à euforia em torno da nanotecnologia, alguns a descreviam como uma solução de todos os problemas da humanidade. Também a energia nuclear foi apresentada, em meados do século XX, como uma solução para todos os problemas – e nós sabemos o que aconteceu. Qualquer nova tecnologia cria riscos ambientais, sociais e econômicos e isso vale para a nanotecnologia. Portanto, as decisões sobre incentivos à inovação e à ciência que ela demanda têm de ser instruídas por uma análise do equilíbrio entre benefícios e riscos. [...]

GALEMBECK, Fernando. Ciência e inovação. *Pesquisa Fapesp*. ed. 200, out. 2012. p. 52-53.
Disponível em: <http://revistapesquisa.fapesp.br/2012/10/11/ciencia-e-inovacao>.
Acesso em: 17 maio 2018.

Ciência básica para conhecer e inovar

Há uma pergunta feita há séculos que ainda se apresenta com alguma insistência: "Para que serve a ciência básica?". Tomo o exemplo da descoberta recente de um bóson que poderá ser a partícula de Higgs. O experimento foi feito num grande laboratório europeu e envolveu recursos da ordem de US$ 13,5 bilhões. Ouvi muitas indagações sobre até que ponto vale a pena gastar tanto com esse tipo de experimento. E então resolvi, em lugar de recorrer a revistas científicas, tomar outra mais distante desse universo. A *Forbes* pareceu-me interessante porque trata das grandes fortunas do mundo.

O comentário da *Forbes* menciona que a quantia investida é grande, mas que em sua lista dos mais ricos do mundo há mais de 50 bilionários cuja fortuna é maior que isso. Observa que US$ 13,25 bilhões parecem uma bagatela ante o potencial de avanço na tecnologia de computação, de diagnóstico por imagem, em *breakthroughs* científicos e – destacando outra faceta da ciência – diante do quanto o experimento nos aproxima do entendimento dos mistérios do universo.

Vale a pena, ante a pergunta "para que serve a ciência básica?", voltar-se para o começo do século XX e observar o surgimento da física quântica. Uma galeria de jovens movia-se pela curiosidade e pela paixão nesse momento mágico. Certamente, jamais poderiam imaginar que aquela teoria que desenvolviam para melhor entender a natureza poderia mudar o mundo. A física quântica resultou mais tarde no desenvolvimento do *laser*, ponto de partida dos discos de *laser*, das unidades centrais de processamento dos computadores modernos, dos leitores dos códigos de barras e de relógios atômicos que são a base do sistema GPS, hoje utilizado em todo o mundo.

[...]

Numa época de crise global como a que estamos vivendo, o primeiro-ministro da China, ao anunciar no Congresso Nacional do Povo que o crescimento do PIB chinês passaria de 8% para 7,5%, para eles uma grande tragédia, anunciou também que o investimento em pesquisa básica em 2012 teria um aumento de 26% e que o financiamento das chamadas *top universities* cresceria em torno

---

Breakthroughs: inovações.
Facilities: instalações.
P&D: pesquisa e desenvolvimento.
Top universities: universidades de ponta.

de 24%. Sua promessa, feita em janeiro de 2012, foi mais que dobrar o gasto da nação em pesquisa e desenvolvimento nos próximos cinco anos. Associa-se, assim, a batalha contra a crise global ao desenvolvimento da ciência. E o Brasil em relação a isso? Seguimos uma trajetória ascendente nos últimos anos e temos, de fato, uma longa história de grandes sucessos [...] associados a uma verdadeira política de Estado de formação de recursos humanos. Tivemos depois uma grande ideia, que foi a formação dos fundos setoriais, impostos recolhidos em empresas a fim de aplicá-los em pesquisa. Mas sua evolução mais recente não parece estar de acordo com a estratégia adotada por outros BRICs para combater a crise global. Faço por último uma referência a um artigo do físico Brian Greene, publicado no *New York Times*, em junho de 2008. Ele fala de uma carta que recebeu de um soldado americano no Iraque, contando-lhe como naquele ambiente hostil e solitário um de seus livros tinha se tornado uma espécie de linha de vida para ele. Propiciara-lhe o contato com o poder da ciência para dar à vida contexto e significado. Então, esse é um grande objetivo da ciência, ao qual eu acrescentaria que, devido a uma sutil peculiaridade da evolução da espécie humana, a paixão pela ciência serve à humanidade. Ela revoluciona a vida diária das pessoas, afeta nossa organização social, nossos modos e costumes.

BRICs: bloco dos principais países emergentes em termos proporcionais de área e de importância econômica: Brasil, Rússia, Índia e China. A partir de 2011, a África do Sul (em inglês, South Africa) foi admitida no grupo, e o acrônimo passou a ser BRICS.

DAVIDOVICH, Luiz. Ciência básica para conhecer e inovar. *Pesquisa Fapesp*. ed. 200, out. 2012. p. 50-51. Disponível em: <http://revistapesquisa.fapesp.br/2012/10/11/ciencia-basica-para-conhecer-e-inovar>. Acesso em: 17 maio 2018.

Após a leitura e discussão coletiva dos textos, faça o que se pede a seguir.

a) Dividam-se em oito grupos. Cada grupo escolherá um dos seguintes temas: trabalho, lazer e cultura, moradia, educação, transporte, comunicação, saúde e alimentação.

b) Cada grupo deve fazer uma pesquisa sobre a tecnociência aplicada à vida cotidiana, em relação ao tema pesquisado.

c) Para encerrar, o grupo deverá escrever uma reflexão sobre os impactos da tecnociência na vida das pessoas e apresentar o trabalho aos colegas da classe, para debate.

Sugestões de leituras

ADAMS, Douglas. *O guia do mochileiro das galáxias*. Rio de Janeiro: Arqueiro, 2009.

Este livro e outros quatro que dão seguimento a ele (*O restaurante no fim do universo*; *A vida, o universo e tudo mais*; *Até mais, e obrigado pelos peixes!*; e *Praticamente inofensiva*) compõem uma série de ficção científica que mistura guerras intergalácticas com guias de viagem, apostando no *nonsense*. Trata-se de uma sátira à busca do ser humano pela resposta definitiva para "a vida, o universo e tudo mais", na qual o planeta Terra é um computador criado por uma raça de ratos alienígenas para responder à pergunta fundamental.

GRANGER, Gilles-Gaston. *A ciência e as ciências*. São Paulo: Ed. Unesp, 1994.

Nesta obra, o filósofo francês, que foi professor no Brasil, sintetiza suas reflexões no campo da filosofia da ciência, em linguagem acessível ao grande público.

MORAIS, Régis de. *Evoluções e revoluções da ciência atual*. Campinas: Alínea, 2007.

Com uma visão humanista, o filósofo expõe os desafios propostos ao ser humano pela ciência contemporânea, explorando-os sob vários aspectos.

CAPÍTULO 14

Desafios estéticos contemporâneos: a arte emancipa?

A Cova das Mãos, na província de Santa Cruz, na Argentina, é famosa pelas pinturas feitas pelos indígenas locais há 9 000 anos. Foto de 2007.

Em setembro de 2017, uma exposição de arte em Porto Alegre gerou enorme polêmica nas redes sociais e na imprensa, o que levou o museu que a sediava a encerrá-la um mês antes do previsto. Os detratores diziam que algumas obras eram imorais, ofensivas e que outras sequer eram obras de arte. No final do mesmo ano, o Museu de Arte de São Paulo abriu uma exposição intitulada "Histórias da Sexualidade", vetando seu acesso a menores de idade. Isso aconteceu pela primeira vez na história do museu, que se justificou dizendo que a exposição de obras retratando nus e temáticas sexuais poderia contrariar algumas pessoas. A polêmica intensificou-se: há limites para a arte? Será possível definir o que é artístico e o que não é? Devemos moralizar a arte? A visita a um museu, uma atividade cultural formativa, precisa ser regulada segundo a idade dos visitantes?

Independentemente de qualquer polêmica, a arte é a atividade humana mais antiga que se conhece. Sítios arqueológicos com pinturas rupestres, muitas vezes representando animais e cenas de caçada, estão espalhados por todo o mundo. Em larga medida, como vimos na unidade 1, a arte é que nos faz humanos, como podemos perceber, por exemplo, na canção "Força estranha", de Caetano Veloso, que destaca que ela é "a parte que o sol me ensinou": é porque observamos o mundo que fazemos arte.

Pinturas rupestres no Boqueirão da Pedra Furada, no Parque Nacional da Serra da Capivara, no Piauí. Foto de 2017.

286

Força estranha

Eu vi um menino correndo
Eu vi o tempo brincando ao redor
Do caminho daquele menino

Eu pus os meus pés no riacho
E acho que nunca os tirei
O sol ainda brilha na estrada e eu nunca passei

Eu vi a mulher preparando outra pessoa
O tempo parou pra eu olhar para aquela barriga
A vida é amiga da arte
É a parte que o sol me ensinou
O sol que atravessa essa estrada que nunca passou

Por isso uma força me leva a cantar
Por isso essa força estranha
Por isso é que eu canto, não posso parar
Por isso essa voz tamanha

Eu vi muitos cabelos brancos na fronte do artista
O tempo não para e no entanto ele nunca envelhece
Aquele que conhece o jogo, do fogo das coisas que são
É o sol, é o tempo, é a estrada, é o pé e é o chão

Eu vi muitos homens brigando, ouvi seus gritos
Estive no fundo de cada vontade encoberta
E a coisa mais certa de todas as coisas
Não vale um caminho sob o sol
E o sol sobre a estrada, é o sol sobre a estrada, é o sol

Por isso uma força me leva a cantar
Por isso essa força estranha
Por isso é que eu canto, não posso parar
Por isso essa voz tamanha

Por isso uma força me leva a cantar
Por isso essa força estranha
Por isso é que eu canto, não posso parar
Por isso essa voz tamanha

VELOSO, Caetano. Força estranha. 1978. Letra disponível em: <https://www.letras.mus.br/caetano-veloso/44727/>. Acesso em: 9 abr. 2018.

Sentidos, representação do mundo e estética

A arte e a experiência artística estão intimamente ligadas aos sentidos. É porque experimentamos o mundo pelos sentidos que procuramos produzir representações da realidade que também possam ser percebidas sensivelmente. Mas a arte também está comprometida com a beleza e procura expressar o belo e o sublime.

INFORMAÇÕES COMPLEMENTARES

Sublime

Sensação que temos diante de um fenômeno da natureza, como uma intensa tempestade, que provoca medo e espanto, mas ao mesmo tempo admiração pela beleza, força e intensidade do espetáculo. A partir do século XVIII, passou a ser considerado uma categoria estética, para além do belo. Immanuel Kant, por exemplo, afirma que, ao ouvir uma sinfonia de Beethoven, o sentimento que temos é o de sublime, mais do que de beleza, como se estivéssemos observando uma tempestade ou uma aurora boreal, que enche o céu de cores e luzes. A palavra deriva do latim *sublimis*, que significa "o que se eleva", se sustenta no ar.

Snow Storm – Steam-Boat off a Harbour's Mouth (1842), de Joseph Mallord William Turner. Essa obra de Turner desperta a sensação do sublime diante das forças da natureza.

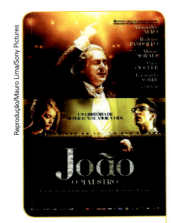

// Cartaz do filme *João, o maestro*. Direção de Mauro Lima. Brasil, 2017. (104 min).

Biografia de João Carlos Martins, pianista brasileiro intérprete da obra de Bach. Após perder o movimento nas mãos, tornou-se maestro e passa a trabalhar na divulgação da música clássica no país. Uma história de superação pessoal e de amor à arte.

Desde a arte rupestre, passando pelos vários tipos e expressões da arte, há uma constância: a tentativa de representar aquilo que observamos, que vivenciamos. Pode ser uma representação direta, como temos na pintura realista, que pretende reproduzir exatamente aquilo que o artista vê; ou representações indiretas, nas quais o artista exprime suas sensações e não necessariamente reproduz aquilo que observa. Podemos verificar esse estilo no Impressionismo, movimento artístico iniciado no final do século XIX, em que os artistas estavam interessados em mostrar suas impressões sobre aquilo que observavam, e não necessariamente fazer uma representação direta do real. Essa característica seria ainda mais explorada e desenvolvida no Expressionismo, movimento da primeira metade do século XX, em que a manifestação da expressão do artista é o objetivo. Se acompanhamos o desenvolvimento da arte moderna, o rompimento com a representação direta da realidade observada é ainda mais evidente.

// *A traição das imagens* (1928-29), de René Magritte. Nessa obra o artista belga brinca justamente com a arte como representação: pinta um cachimbo de forma realista e escreve embaixo "Isso não é um cachimbo". Claro que não: quando vemos a tela, vemos uma representação do objeto, e não o próprio objeto.

A obra de arte tomada como uma representação direta do real foi estudada na antiguidade por filósofos como Platão e Aristóteles, que trataram da questão da *mimesis*, palavra grega que podemos traduzir por imitação. Para Platão, ela possui um valor negativo, visto que a verdade está no mundo das ideias. Tudo o que é cópia, imitação das ideias perfeitas, é imperfeito. O mundo que conhecemos já é uma cópia das ideias e não consegue imitar sua perfeição; uma obra de arte que imite as imperfeições do mundo produzirá ainda mais imperfeição. Por isso, para Platão, a arte é uma atividade de segunda categoria, que só deve ser praticada por pessoas em posição social inferior: crianças, mulheres e escravos. Um cidadão participante da vida política da cidade deve ocupar-se com coisas mais relevantes. Sendo uma atividade que não tem relação com a verdade das ideias, quando Platão projeta sua cidade ideal na obra *A república*, expulsa dela os artistas, pois eles não poderiam oferecer uma contribuição efetiva para uma sociedade justa e feliz.

Já Aristóteles ampliou o conceito de *mimesis*: não se imitam apenas coisas que existem, mas também coisas que podem *existir*. Por isso, na arte, de acordo com o filósofo, abre-se espaço para a **invenção** e a **criação**. A imitação ganha então um valor positivo: é por meio dela que podemos produzir coisas novas. Mais do que isso, com Aristóteles a arte ganha uma função social: comentando o teatro grego de sua época, especialmente a tragédia, ele afirma que por meio do espetáculo encenado publicamente a plateia se envolve com a história representada e vivencia situações que permitem uma espécie de "descarga emocional". A esse fenômeno Aristóteles denominou **catarse**, um termo médico que significa a retirada de elementos que causam dano ao corpo. Mas a catarse artística é psicológica: as pessoas vivem fortes emoções e depois da descarga sentem um alívio e uma sensação de equilíbrio. Por isso a participação da comunidade nas atividades artísticas era de grande importância para o equilíbrio e o bem-estar social. De algum modo, não é algo similar que vemos ainda hoje com as novelas na televisão?

Você notou que nos exemplos dados até aqui neste capítulo predominaram as artes visuais e, mais especificamente, a pintura? É evidente que a arte não se resume à pintura... Estão, por que ela é a primeira (ou uma das primeiras) que nos vem à mente quando pensamos em arte?

Alguns autores comentam que há uma espécie de "hierarquia dos sentidos", com o privilégio da visão sobre os demais. Assim, também na arte, temos um predomínio da visão e por isso boa parte das expressões artísticas é formada por artes visuais: pintura, fotografia, escultura (ainda que envolva também o tato), cinema, teatro, dança (ainda que nesses casos seja importante também o som e, portanto, a audição). Mas não podemos deixar de lado artes que são orientadas por outros sentidos: a música, arte da audição por excelência; a perfumaria, baseada no olfato; a gastronomia, produzida para encantar o paladar; a escultura que, além de visual, é tátil, tanto em sua produção como em sua possível fruição.

Numa publicação de 1735, o filósofo **Alexander Baumgarten** utilizou pela primeira vez o termo **estética** para designar a ciência que estuda o conhecimento sensorial, diferenciando-a da lógica, que trata do conhecimento cognitivo, racional. A palavra foi criada com base na expressão grega *aisthesis*, usada para designar a percepção das coisas pelos sentidos ou pelos sentimentos. Trata-se, pois, de um exame da sensibilidade e de como podemos produzir conhecimentos a partir dela, da mesma forma que usamos a racionalidade lógica para produzir conhecimentos baseados no raciocínio. Vindo da tradição racionalista de Descartes, Baumgarten inova consideravelmente ao deslocar para o âmbito da estética a apreciação da arte e do belo. Tomado como conhecimento sensível, o estudo da arte ganha dimensões que não teria numa perspectiva estritamente racional.

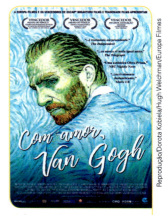

// Cartaz do filme Com amor, Van Gogh. *Direção de Dorota Kobiela, Hugh Welchman. Reino Unido/Polônia, 2017. (95 min).*

Realizado com técnicas de animação que reproduzem o estilo das pinceladas de Vincent van Gogh, o filme é uma ficção baseada em cartas que ele deixou para seu irmão Theo.

Alexander Gottlieb Baumgarten (1714-1762)

Filósofo alemão, foi professor da Universidade de Frankfurt an der Oder desde 1740 até sua morte. Seguidor de pensadores como Wolff e Leibniz, é conhecido por seus trabalhos no campo da estética (termo cunhado por ele), que influenciaram a filosofia moderna. Dentre seus trabalhos, destacam-se: *Meditações filosóficas sobre as questões da obra poética* (1735) e a obra inacabada *Estética*, da qual foram publicados dois volumes, o primeiro em 1750 e o segundo em 1758.

A série de pinturas do austríaco Hans Makart (1840-1884), intitulada *Os cinco sentidos*, retrata nossa relação com o mundo por meio dos sentidos. Alguns interpretam que há aí uma representação da hierarquia entre eles.

Essa ciência (ou área da Filosofia) está voltada, então, para a essência do belo, para a possibilidade de definição do que é a beleza. Duas posições contrapostas foram defendidas nesse campo. De um lado, a perspectiva **subjetiva**, defendida pelo próprio Baumgarten, segundo a qual, em se tratando da sensação, o sujeito que percebe é quem define o que é belo. De outro lado, a perspectiva **objetiva**, que encontramos, por exemplo, em Hegel, que definiu o belo como uma manifestação da Ideia, portanto, independente do sujeito que o percebe.

Essas duas posições nos ajudam a compreender a polêmica citada na abertura deste capítulo. De um lado, questiona-se se qualquer intervenção exposta numa galeria ou num museu é arte; ou mesmo afirma-se categoricamente: "isso não é arte". Tal afirmação denota uma noção objetiva de belo, que poderia categorizar o que é e o que não é uma obra de arte. De outro lado, temos uma posição subjetivista, reivindicando que quem define o belo é o sujeito da sensação, é quem observa uma obra e se sente provocado por ela. Nessa perspectiva, temos inclusive uma retomada da posição já trabalhada por Aristóteles: há uma função social na arte.

> A arte é sempre perturbadora, permanentemente revolucionária. É por isso que o artista, na proporção de sua grandeza, enfrenta sempre o desconhecido, e aquilo que traz de volta dessa confrontação é uma novidade, um símbolo novo, nova visão da vida, a imagem externa de coisas interiores. Sua importância para a sociedade não é a de expressar opiniões recebidas ou dar expressão clara aos sentimentos confusos das massas: essa função cabe ao político, ao jornalista, ao demagogo. O artista é aquilo que os alemães chamam de *ein Rüttler*, um perturbador da ordem estabelecida. O maior inimigo da arte é a mente coletiva, em qualquer de suas muitas manifestações. A mente coletiva é como a água, que busca sempre o nível de gravidade mais baixo: o artista luta para sair deste pantanal, para buscar um nível superior de sensibilidade e de percepção individual. Os sinais que ele manda de volta são, com frequência, ininteligíveis para a multidão, mas vêm então os filósofos e os críticos para interpretar sua mensagem.
>
> READ, Herbert. *Arte e alienação* – o papel do artista na sociedade. Rio de Janeiro: Zahar, 1983. p. 27.

Museu

Musa eu, sou seu museu aberto pra visitação
Museu da luz, museu da pessoa
Museu da espera e do encantamento
Do calçamento ainda não pisado
E da calçada explodindo em flor

Musa eu, sou seu museu
Do jambo pendurado no jambeiro
E se sonha passa pássaro e balança baloiça
Museu do café amargo, num copo grande
Museu do corpo, meu corpo e o seu
E do aprendizado em outros corpos

Musa eu, sou seu museu
Musa eu, sou seu museu

Musa eu, sou seu museu da memória de ontem
Do musgo, do mel, da música sem fim museu

Enfim museu do mar, do cheiro de mar museu
Espaço cultural, a ser preenchido pelo beijo
Fundação tremula, dos afetos acidênticos
Museu da mordida no lábio inferior

Da língua solta, do verbo encarnado transcolor
Museu do abraço experimental
Das almas atentas, antenas entre si, entrelaçadas
Da rede maca tipoia, museu do índio íntimo
Contemporâneo místico

Museu do seu assum preto musa
Do somos do som do eco
Museu do somos do som do eco
Museu do somos do som do eco
Museu do somos do som do eco

CÉSAR, Chico. Museu. *Estado de poesia* (CD), 2015. Letra disponível em: <www.letras.mus.br/chico-cesar/museu/>. Acesso em: 9 abr. 2018.

Arte, produção e indústria cultural

No início do século XX reuniu-se na Alemanha um grupo de pensadores ao qual atribuímos o nome Escola de Frankfurt. Em trabalhos que analisavam a arte e a cultura da época, os filósofos **Adorno** e **Horkheimer**, dois dos principais nomes do grupo, criaram o conceito de "indústria cultural", que apareceu pela primeira vez no livro *Dialética do esclarecimento*, publicado em 1947. Antes deles, outro filósofo alemão, **Walter Benjamin**, havia publicado um ensaio sobre a questão da arte na sociedade industrial.

Obra *Boîte-en-valise* (em português, "caixa-numa-maleta"), feita pelo artista conceitual francês Marcel Duchamp, entre 1935 e 1941. A caixa traz cópias em miniatura de 69 obras do próprio artista, que mais tarde reproduziu edições de luxo dessa mesma obra.

Theodor Adorno (1903-1969), Max Horkheimer (1895-1973) e Walter Benjamin (1892-1940)

Os três filósofos estiveram ligados ao Instituto para a Pesquisa Social, na cidade alemã de Frankfurt. Os pensadores ligados ao instituto, mesmo com diferenças intelectuais entre si, formaram aquilo que se tornou conhecido como Escola de Frankfurt. Suas pesquisas foram influenciadas pelo pensamento de Karl Marx, Nietzsche e Freud.

// Theodor Adorno, cerca de 1960.

// Max Horkheimer, em foto de 1960.

// Walter Benjamin, cerca de 1930.

Como sabemos, alemães de origem judaica sofreram perseguição durante o período nazista e precisaram deixar o país. Adorno e Horkheimer exilaram-se nos Estados Unidos e retornaram após o final da Segunda Guerra Mundial. Benjamin não teve a mesma sorte: quase capturado pelos nazistas ao tentar deixar a Europa, acabou se suicidando em 1940.

O pensamento produzido pela Escola de Frankfurt, em geral denominado **teoria crítica**, exerceu grande influência na Filosofia e nas Ciências Sociais ao longo do século XX.

Para Walter Benjamin, a natureza da obra de arte havia se transformado radicalmente após a invenção das técnicas de reprodução mecânicas em meados do século XIX. Se antes uma pintura ou uma escultura eram objetos únicos, com o advento da fotografia elas puderam ser reproduzidas em massa, o que transformou a relação do público com a arte. Antes da invenção da fotografia, por exemplo, apenas quem fosse ao Museu do Louvre, em Paris, poderia conhecer a *Mona Lisa*, de Leonardo da Vinci. Com a reprodutibilidade técnica, sua imagem ganha uma circulação universal. Dessa forma, a arte deixa de ser acessível apenas a poucos. Apesar de a pintura nunca perder seu caráter original, sua autoridade é diminuída.

Podemos também pensar no exemplo da música: ela só era acessível quando os músicos se reuniam para tocá-la. Com a industrialização, a invenção de técnicas e equipamentos de gravação permitiu que uma música fosse gravada, e alguém que tivesse em casa um aparelho de reprodução poderia ouvi-la a qualquer momento, sem precisar ir a um concerto.

A invenção da fotografia e, mais tarde, do cinema inaugurou uma forma completamente nova de arte, uma vez que em ambos os casos não fazia sentido falar em original. A imagem fotografada e reproduzida por meio de inúmeras impressões não mantém com suas cópias a mesma relação da pintura com sua imagem reproduzida. A pintura não deixa de ser única, enquanto as imagens são cópias dela. Já no caso da fotografia, tudo é cópia, a arte é cópia. Da mesma forma, várias salas de cinema exibem cópias do mesmo filme e não faz sentido querer assistir ao "filme original".

Para Benjamin, a possibilidade de reprodução contém um aspecto positivo, pois "democratiza" o acesso à arte, que deixa de ser um privilégio das elites. Embora a obra de arte perdesse seu caráter singular, sua unicidade, com a evolução técnica, poderia ser levada a um grande número de pessoas. Benjamin, na década de 1930, nem sequer poderia imaginar aonde chegaríamos décadas depois com as tecnologias digitais, que potencializaram ainda mais a questão da reprodutibilidade.

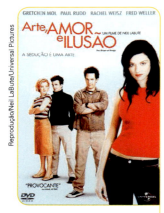

// Capa do filme *Arte, amor e ilusão*. Direção de Neil LaBute. Estados Unidos/ França, 2003. (96 min).

Um romance contemporâneo no qual a relação de um casal é permeada pela arte.

Em oposição a Benjamin, Adorno e Horkheimer acentuaram o caráter problemático desse processo, exatamente por ele vir acompanhado de uma massificação das artes. Eles afirmavam que a obra de arte reproduzida seria transformada em mais uma mercadoria pela lógica capitalista de produção e circulação. E, tornando-se uma mercadoria, ela deixaria de ser obra de arte para tornar-se uma "coisa". Segundo os dois filósofos, surgia assim uma nova indústria, a **indústria cultural**, destinada a produzir objetos culturais em larga escala para serem vendidos como mercadorias. O cinema e posteriormente a televisão se tornaram uma indústria que produz mercadorias culturais (os filmes e a programação televisiva); a música também passou a ser produzida segundo a lógica de mercado das gravadoras. Em lugar de democratizar a arte, como pensava Benjamin, levando-a a um número maior de pessoas, apenas mais produtos foram criados para serem oferecidos ao mercado consumidor.

Dessa forma, a aura da obra de arte, sua unicidade, o gênio criativo do artista, a questão estética e todas as revelações que a arte verdadeira poderia trazer à experiência comum das pessoas foram perdidos. O efeito desse processo é o que Adorno chamaria mais tarde de **semicultura**, uma cultura pela metade. Isso ocorre porque é a indústria quem decide o que deve ser produzido de acordo com sua lógica capitalista. Ouvimos as músicas que o mercado nos oferece, assistimos aos filmes que a indústria nos oferece. Pensamos que escolhemos aquilo de que gostamos, mas estamos apenas escolhendo a partir das opções que a indústria cultural nos dá. E as coisas se tornam muito parecidas umas com as outras, porque também é característica da indústria cultural repetir em seus produtos uma fórmula que já se sabe que dá certo. Diante da falta de opção e da falsa variabilidade dos produtos, perdemos nossa capacidade crítica, nos habituamos aos produtos superficiais e de baixa qualidade que nos são oferecidos e continuamos a consumi-los.

// Daguerreótipo, uma das primeiras máquinas fotográficas de reprodução de imagem em larga escala, inventada em 1837 pelo francês Louis Jacques Mandé Daguerre. O daguerreótipo influenciou profundamente as artes plásticas do século XIX e contribuiu, mais tarde, na criação do cinema.

Ciranda do incentivo

Boiar no mar é de graça,
é de graça, é de graça
Eu vou fazer uma ciranda
Pra botar o disco
Na Lei de Incentivo à Cultura,
à Cultura, à Cultura

Mas é preciso entrar no gráfico
No mercado fonográfico
Mas eu não sei negociar
Eu só sei tocar meu tamborzinho e olhe lá
E olhe lá.

BUHR, Karina. Ciranda do incentivo. *Eu menti pra você* (CD), 2010. Letra disponível em: <www.letras.mus.br/karina-buhr/1685737>. Acesso em: 17 maio 2018.

Album/Fotoarena/Coleção particular/Autorizado por Autvis do Brasil, 2018.

// *Marilyn*, de Andy Warhol, 1967. Na foto original, a atriz era retratada com um ar despreocupado. As alterações do artista criaram atmosferas distintas, que evidenciaram a natureza ilusória do estrelato.

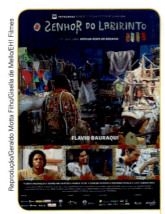

// *O senhor do labirinto*. Direção de Geraldo Motta Filho e Gisella de Mello. Brasil, 2012. (80 min).

O filme retrata Arthur Bispo do Rosário, artista plástico brasileiro que passou anos internado em um hospital psiquiátrico e foi considerado gênio por alguns e louco por outros. Discute a fronteira entre sanidade e insanidade na criação artística. Também pode-se ver o documentário *Arthur Bispo do Rosário*, de Valdir Rocha (2012, 33 min), produzido para a Bienal de São Paulo e disponível no YouTube (https://www.youtube.com/watch?v=t6Jou6DlEek). Acesso em: 17 maio 2018.

Para que a indústria cultural consiga agradar a um público bastante diverso, os produtos precisam apenas continuar entretendo e exigindo muito pouco do nosso intelecto, nos tornando cada vez mais alienados. Parece muito cômodo deixar que alguém escolha por nós e sirva pronta a programação. Mas você já pensou que, além de tudo o que foi dito, os donos da indústria cultural escolhem o tipo de ideia que eles querem incutir em nossa mente por meio de seus produtos "culturais"?

Atualizando esse debate, poderíamos questionar em que medida a internet, como meio de comunicação de massas e como arquivo digital de uma grande quantidade de informações e de produtos culturais, pode agir a favor ou contra a indústria cultural. Por um lado, a tecnologia hoje permite que um músico tenha um estúdio em sua casa, grave as músicas que compõe e as divulgue na rede mundial, cobrando ou não por seu trabalho. A diversidade de criações a que temos acesso, portanto, nunca foi tão grande, e o acesso a elas é muito mais direto. Nesse sentido, podemos pensar em como a internet contraria a indústria cultural, porque nos tira de uma posição passiva em relação aos produtos que querem nos empurrar. Por outro lado, a tecnologia e a internet podem ser, elas mesmas, um reforço da própria indústria cultural. Quem direciona seus interesses na *web*? Você vai em busca de sua programação cultural e do que gostaria de apreciar ou apenas consome aquilo que lhe oferecem?

Arte e emancipação

Ainda que a arte tenha sido apropriada pelo capitalismo e transformada em mercadoria por meio de estratégias da indústria cultural, teria ela perdido sua característica revolucionária, emancipatória?

No final da década de 1970, **Jacques Rancière** realizou uma ampla pesquisa em arquivos franceses do movimento operário, buscando documentos de associações de trabalhadores que desenvolveram atividades artísticas nas primeiras décadas do século XIX. O resultado desta pesquisa seria publicado em seu livro *A noite dos proletários – Arquivos do sonho operário*, publicado em 1981. A tese resultante de sua pesquisa é simples: a emancipação dos trabalhadores não está simplesmente em sua luta social para escapar da dominação burguesa; ela acontece na medida em que os operários dedicam-se a atividades de criação artística e, nessa ação, transitam de sua condição de meros reprodutores para a condição de criadores. Não se tornam ricos, não se tornam burgueses e não deixam de ser operários, mas subvertem a própria condição social do operário para criar, contra qualquer perspectiva econômica e política.

Jacques Rancière (1940-)

Filósofo francês nascido na Argélia, é professor emérito da Universidade de Paris VIII, na qual trabalhou entre 1969 e 2000, quando se aposentou. Foi aluno de Louis Althusser (1918-1990) na Escola Normal Superior de Paris, participando do grupo de pesquisa dirigido por ele, que publicaria o livro *Para ler O Capital*, em 1965. Afastou-se do pensamento de Althusser e dedicou-se a refletir sobre a relação entre dois campos em geral vistos como distintos: a política e a estética. É autor de mais de 30 livros e diversos artigos. Dentre seus livros, destacam-se: *A noite dos proletários* (1981), *Às margens do político* (1990), *O desentendimento* (1995), *O ódio à democracia* (2005), *O espectador emancipado* (2008) e *As distâncias do cinema* (2011).

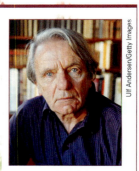

// Jacques Rancière, em foto de 2011.

Na sociedade capitalista industrial francesa do século XIX os papéis sociais estavam claramente estabelecidos. Os operários, que precisavam vender sua força de trabalho para sobreviver, viviam seus dias entre as longas jornadas de trabalho nas fábricas e oficinas e as horas de descanso que tinham em casa, normalmente em condições não muito favoráveis. Uma das poucas diversões a eles reservadas era tomar uma bebida no bar com os amigos – quando tivessem dinheiro para isso. Os burgueses, com boa situação econômica e não tendo que empenhar seu tempo em um trabalho maçante, podiam dedicar-se a reuniões sociais, a produzir arte, a escrever poemas e prosa, a pintar e a esculpir, a participar dos salões de arte e a visitar exposições. Ou seja: a criatividade e a produção artística estavam reservadas àqueles que tinham boas condições econômicas; os operários pobres estavam destinados a um trabalho maçante e estafante que ocupava quase todo o seu tempo.

E aí aparece a grande subversão descoberta por Rancière: alguns operários, contra todos os prognósticos e contra todas as condições desfavoráveis, reuniam-se à noite em associações, fora do horário de trabalho, para dar vazão à criatividade e produzir arte. Eram seguidores das ideias de socialistas utópicos como Saint-Simon e **Charles Fourier** que procuravam transformar as próprias vidas, para servir de exemplo a outros que viviam nas mesmas condições. Um sapateiro que escrevia poemas os declamava nos encontros de sua associação e publicava em jornais operários; um metalúrgico que pintava telas a óleo e dedicava-se à escultura; um marceneiro que escrevia peças de teatro e as encenava com atores operários.

Segundo Rancière, isso fazia com que essas pessoas se transformassem em outras pessoas, pois faziam coisas que não eram esperadas delas; e manifestavam a "dupla e irremediável exclusão de viver *como* operários e falar *como* burgueses", como afirma em *A noite dos proletários*. De fato, ainda que não fossem burgueses (apenas *falavam como*) também já não eram operários como outros quaisquer (apenas *viviam como*). Esses operários se emanciparam da condição de operários destinados única e exclusivamente à produção econômica para poder ganhar a vida, e passaram e dedicar-se a atividades de criação, nas quais não dependiam de ninguém nem obedeciam a ordens de outrem. E essa emancipação, ainda que não fosse uma emancipação política ou econômica, já os retirava da condição de exploração brutal e absoluta. Esses operários não cediam à desumanização por um trabalho alienado e explorado, eles se faziam plenamente humanos na criação artística, praticada na contramão de qualquer possibilidade.

Charles Fourier (1772-1837)

Filósofo francês. Produziu críticas à sociedade capitalista e à sua economia, defendendo a necessidade de uma profunda transformação social. Para ele, a base do capitalismo é a estrutura familiar, aí reside a origem da exploração humana; uma nova sociedade, portanto, deve ser construída sem estar estruturada na família. Fourier foi um dos primeiros a denunciar a exploração das mulheres e das crianças, e propôs uma estrutura social em que elas teriam os mesmos direitos e participação política de homens e de adultos. A sociedade pensada por ele estava baseada em núcleos comunitários de vida e de produção, independentes uns dos outros, que ele denominou falanstérios. De sua obra, pode-se destacar: *Teoria dos quatro movimentos* (1808); *O novo mundo industrial e societário* (1829); e *O novo mundo amoroso* (publicação póstuma de 1967, mais de um século depois de sua morte).

// Charles Fourier em pintura de Samuel Sartain, 1848.

INFORMAÇÕES COMPLEMENTARES

Socialismo utópico

Com vimos no capítulo 11 da unidade 4, o socialismo e o anarquismo são teorias políticas que surgiram a partir da metade do século XIX fazendo uma dura crítica ao Estado e defendendo uma sociedade na qual não houvesse a exploração do ser humano. Essas teorias foram precedidas por ideias desenvolvidas já no final do século XVIII por pensadores que faziam a crítica da exploração na sociedade capitalista e defendiam a criação de uma nova sociedade, justa, fraterna e igualitária. Diferentes teorias foram divulgadas, mas, de forma geral, havia a ideia de que a transformação social poderia ser conseguida pela força do exemplo. Se comunidades fossem criadas mostrando que é possível viver e produzir de outra forma, isso seria pouco a pouco seguido por outros indivíduos e comunidades, de forma que depois de um tempo toda a sociedade teria sido transformada.

Essas teorias anteciparam o movimento socialista, mas foram criticadas por Marx e por Engels como ingênuas. Segundo eles, não se pode pensar que as pessoas serão convencidas a mudar o sistema de exploração apenas pelo exemplo moral. É necessário um "socialismo científico" que desvende as bases históricas da exploração e defina os princípios de uma luta revolucionária que possa, de fato, mudar a sociedade.

// O movimento muralista mexicano, do qual esta obra de Diego Rivera é um exemplo, traz para a arte temas sociais e políticos, procurando chamar a atenção do público por seu colorido e grandes dimensões. Ampara-se na ideia de que a arte pode ser emancipadora, despertando no povo a consciência dos problemas sociais.

// Cartaz do filme *Cinema Paradiso*. Direção de Giuseppe Tornatore. Itália, 1988. (124 min).

Uma declaração de amor ao cinema e à possibilidade da arte de interferir diretamente na vida das pessoas.

Essa emancipação pela arte mostrada por Jacques Rancière é anterior ao fenômeno da indústria cultural. Será que, na sociedade atual, em que a arte é também tratada como mercadoria, ainda faria sentido uma emancipação pela arte? Sim, e mais do que nunca. Hoje é necessário resistir não apenas à desumanização do trabalho degradante e humilhante; é preciso também resistir à "produção artística" estritamente comercial. E, para isso, nada melhor do que as pessoas tomarem para si mesmas as tarefas da criação, praticando-as em seu cotidiano.

Outro aspecto da emancipação humana produzida pela arte foi pensado pelo mesmo Rancière em um livro mais recente, *O espectador emancipado*. Nessa obra, o filósofo problematiza as formas de produção artística na "pós-modernidade" e coloca em questão as formas de arte contemporânea, principalmente o teatro, que se esforçam por garantir uma participação ativa do espectador.

Para ele, a questão não está em fazer do espectador um participante ativo do espetáculo, pois não é isso que faz da arte uma "arte política". O equívoco está em considerarmos que assistir a um espetáculo é uma passividade, um mero exercício do olhar, que em nada contribui para que o espetáculo aconteça. Quando vemos no espectador passividade, isso significa que consideramos a arte apenas da perspectiva do artista (produtor); mas a obra convida e incita a uma atividade: a fruição da obra de arte é ela própria participação no ato criativo.

Segundo Rancière, quando assistimos a uma peça de teatro ou vemos um filme, quando contemplamos um quadro ou uma escultura, ou quando lemos um poema ou um romance, nós, espectadores, vemos, sentimos e compreendemos, ao mesmo tempo em que compomos nosso próprio poema, dirigimos nosso próprio filme, pintamos nosso próprio quadro, ainda que o façamos apenas mentalmente. Interagir com a obra de arte não é passividade, é uma ação criativa, por meio da qual recriamos a obra segundo nossa própria percepção.

Por isso a ideia de que a emancipação pela arte está aberta a todos e a qualquer um: não é necessário sermos artistas para sermos emancipados; podemos sê-lo se nos relacionarmos ativamente com qualquer expressão artística.

É lógico!

Como vimos, para a lógica clássica a contradição é o maior absurdo lógico. Isso é demonstrado pelos três princípios básicos: o da identidade, o da não contradição e o do terceiro excluído. Algo não pode ser e não ser ao mesmo tempo, pois as regras da lógica formal não permitem pensar tal situação.

O filósofo alemão Georg W. F. Hegel (1770-1831) questionou esses princípios. Como compreender o movimento que observamos no mundo, a constante transformação das coisas, se não enfrentarmos a possibilidade de situações que se apresentam como contraditórias? O que acontece quando uma coisa é e não é ao mesmo tempo?

Para Hegel, é o embate de opostos que provoca as transformações, o movimento do mundo. Portanto, tudo o que existe só pode ser pensado a partir da contradição. Por exemplo: é necessário que uma semente seja plantada, deixando de ser semente, para que surja uma planta. A negação da semente faz com que ela deixe de existir como semente e passe a existir como planta, assumindo outra realidade. Essa passagem do ser para o não ser não significa a morte pura e simples: a contradição entre o ser e não ser da semente leva à transformação, à evolução.

Hegel buscou estratégias de raciocínio que atribuíssem valor à contradição, em lugar de negá-la. Nos primeiros anos do século XIX ele elaborou a primeira lógica não clássica: a **lógica dialética**. Um dos problemas filosóficos centrais era articular a realidade objetiva e o racional, isto é, aquilo que existe materialmente e o pensamento sobre aquilo que existe. Hegel não considerava suficiente a afirmação de que o pensamento é mera representação da realidade, pois, para ele, não existe realidade fora do pensamento: realidade objetiva e pensamento são a mesma coisa. No âmbito da lógica clássica essa questão ficava muito difícil de ser pensada, pois, segundo os três princípios, realidade objetiva e pensamento não podem ser confundidos um com o outro.

A noção de dialética proposta por Hegel como movimento lógico do pensamento foi a base para Marx (1818-1883) e Engels (1820-1895) desenvolverem o **materialismo dialético**, que evidencia o movimento dialético da matéria. De acordo com a dialética, o movimento se dá pelo antagonismo entre uma **tese** e sua **antítese**, cuja contradição deve ser superada por meio da **síntese**.

No próximo capítulo, estudaremos alguns desdobramentos da lógica dialética.

Trabalhando com textos

Os dois textos a seguir apresentam perspectivas muito distintas e até mesmo opostas. De um lado, Adorno e Horkheimer expõem a indústria cultural e sua ideologia, mostrando que a fruição da arte é uma forma de dominação. De outro lado, Rancière defende a ideia de que há um processo emancipatório na fruição artística.

Texto 1

Neste texto, escrito na década de 1940, Adorno e Horkheimer explicam a noção de indústria cultural e mostram como se produz uma cultura de massas, apresentando uma crítica radical a elas.

Indústria cultural e cultura de massas

[...] Sob o poder do monopólio, toda cultura de massas é idêntica, e seu esqueleto, a ossatura conceitual fabricada por aquele, começa a se delinear. Os dirigentes não estão mais sequer muito interessados em encobri-lo, seu poder se fortalece quanto mais brutalmente ele se confessa de público. O cinema e o rádio não precisam mais se apresentar como arte. A verdade de que não passam de um negócio, eles a utilizam como uma ideologia destinada a legitimar o lixo que propositalmente produzem. Eles se definem a si mesmos como indústrias, e as cifras publicadas dos rendimentos de seus diretores gerais suprimem toda dúvida quanto à necessidade social de seus produtos.

Os interessados inclinam-se a dar uma explicação tecnológica da indústria cultural. O fato de que milhões de pessoas participam dessa indústria imporia métodos de reprodução que, por sua vez, tornam inevitável a disseminação de bens padronizados para a satisfação de necessidades iguais. O contraste técnico entre poucos centros de produção e uma recepção dispersa condicionaria a organização e o planejamento pela direção. Os padrões teriam resultado originariamente das necessidades dos consumidores: eis por que são aceitos sem resistência. De fato, o que explica é o círculo da manipulação e da necessidade retroativa, no qual a unidade do sistema se torna cada vez mais coesa. O que não se diz é que o terreno no qual a técnica conquista seu poder sobre a sociedade é o poder que os economicamente mais fortes exercem sobre a sociedade. A racionalidade técnica hoje é a racionalidade da própria dominação. Ela é o caráter compulsivo da sociedade alienada de si mesma. Os automóveis, as bombas e o cinema mantêm coeso o todo e chega o momento em que seu elemento nivelador mostra sua força na própria injustiça à qual servia. Por enquanto, a técnica da indústria cultural levou apenas à padronização e à produção em série, sacrificando o que fazia a diferença entre a lógica da obra e a do sistema social. Isso, porém, não deve ser atribuído a nenhuma lei evolutiva da técnica enquanto tal, mas à sua função na economia atual. A necessidade que talvez pudesse escapar ao controle central já é recalcada pelo controle da consciência individual. A passagem do telefone ao rádio separou claramente os papéis. Liberal, o telefone permitia que os participantes ainda desempenhassem o papel do sujeito. Democrático, o rádio transforma-os a todos igualmente em ouvintes, para entregá-los autoritariamente aos programas, iguais uns aos outros, das diferentes estações. Não se desenvolveu nenhum dispositivo de réplica e as emissões privadas são submetidas ao controle. Elas limitam-se ao domínio apócrifo dos "amadores", que ainda por cima são organizados de cima para baixo. No quadro da rádio oficial, porém, todo traço de espontaneidade no público é dirigido e absorvido, numa seleção profissional, por caçadores de talentos, competições diante do microfone e toda espécie de programas patrocinados. Os talentos já pertencem à indústria muito antes de serem apresentados por ela: de outro modo não se integrariam tão fervorosamente. A atitude do público que, pretensamente e de fato, favorece o sistema da indústria cultural é uma parte do sistema, não sua desculpa.

ADORNO, Theodor W.; HORKHEIMER, Max. *Dialética do esclarecimento*. Rio de Janeiro: Jorge Zahar, 1996. p. 114-115.

Questões

1. Com base no texto, sistematize com suas palavras o conceito de indústria cultural.
2. Segundo os autores, como se estrutura o mecanismo da produção cultural de massas?
3. Explique a comparação feita pelos autores entre o telefone e o rádio. Como esse exemplo explica o mecanismo da indústria cultural?

Texto 2

O texto a seguir parte de um livro que escreveu na década de 1980, *O mestre ignorante*, no qual trabalha com a ideia de emancipação intelectual nos processos educativos, para pensar o espectador de uma obra artística como um sujeito emancipado, que não faz apenas uma recepção passiva da obra de arte.

O espectador emancipado

A emancipação, por sua vez, começa quando se questiona a oposição entre olhar e agir, quando se compreende que as evidências que assim estruturam as relações do dizer, do ver e do fazer pertencem à estrutura da dominação e da sujeição. Começa quando se compreende que olhar é também uma ação que confirma ou transforma essa distribuição das posições. O espectador também age, tal como o aluno ou o intelectual. Ele observa, seleciona, compara, interpreta. Relaciona o que vê com muitas outras coisas que viu em outras cenas, em outros tipos de lugares. Compõe seu próprio poema com os elementos do poema que tem diante de si. Participa da performance refazendo-a à sua maneira, furtando-se, por exemplo, à energia vital que esta supostamente deve transmitir para transformá-la em pura imagem e associar essa pura imagem a uma história que leu ou sonhou, vive ou inventou. Assim, são ao mesmo tempo espectadores distantes e intérpretes ativos do espetáculo que lhes é proposto.

Aí está um ponto essencial: os espectadores veem, sentem e compreendem alguma coisa à medida que compõem seu próprio poema, como o fazem, à sua maneira, atores ou dramaturgos, diretores, dançarinos ou performers. Observemos apenas a mobilidade do olhar e das expressões dos espectadores de um drama religioso xiita tradicional que comemora a morte do imã Hussein, captados pela câmera de Abbas Kiarostami (Tazieh). O dramaturgo ou o diretor de teatro queria que os espectadores vissem isto e sentissem aquilo, que compreendessem tal coisa e que tirassem tal conclusão. É a lógica do pedagogo embrutecedor, a lógica da transmissão direta e fiel: há alguma coisa, um saber, uma capacidade, uma energia que está de um lado – num corpo ou numa mente – e deve passar para o outro. O que o aluno deve aprender é aquilo que o mestre o faz aprender. O que o espectador deve ver é aquilo que o diretor o faz ver. O que aquele deve sentir é a energia que este lhe comunica. A essa identidade de causa e efeito, que está no cerne da lógica embrutecedora, a emancipação opõe sua dissociação. É o sentido do paradoxo do mestre ignorante: o aluno aprende do mestre algo que o mestre não sabe. Aprende como efeito da habilidade que o obriga a buscar e comprova essa busca. Mas não aprende o saber do mestre.

Dir-se-á que o artista, ao contrário, não quer instruir o espectador. Hoje ele se defende de usar a cena para impor uma lição ou transmitir uma mensagem. Quer apenas produzir uma forma de consciência, uma intensidade de sentimento, uma energia para a ação. Mas supõe sempre que o que será percebido, sentido, compreendido é o que ele pôs em sua dramaturgia ou sua performance. Pressupõe sempre a identidade entre causa e efeito. Essa igualdade suposta entre a causa e o efeito baseia-se num princípio desigualitário: baseia-se no privilégio que o mestre se outorga, no conhecimento da "boa" distância e do meio para eliminá-la. Mas isso é confundir duas distâncias bem diferentes. Existe a distância entre o artista e o espectador, mas existe também a distância inerente à própria performance, uma vez que, como espetáculo, ela se mantém como coisa autônoma, entre a ideia do artista e a sensação ou compreensão do espectador. Na lógica da emancipação há sempre entre o mestre ignorante e o aprendiz emancipado uma terceira coisa – um livro ou qualquer outro escrito – estranha a ambos e à qual eles podem recorrer para comprovar juntos o que o aluno viu, o que disse e o que pensa a respeito. O mesmo ocorre com a performance. Ela não é a transmissão do saber ou do sopro do artista ao espectador. É essa terceira coisa de que nenhum deles é proprietário, cujo sentido nenhum deles possui, que se mantém entre eles, afastando qualquer transmissão fiel, qualquer identidade entre causa e efeito.

RANCIÈRE, Jacques. *O espectador emancipado*. São Paulo: WMF Martins Fontes, 2014. p. 17-19.

Questões

1. Por que, segundo o autor, o ponto de partida da emancipação é o questionamento entre o olhar e o agir?
2. Como e em que medida o espectador participa do espetáculo que assiste? Como isso quebra a lógica do embrutecimento?
3. Usando algum exemplo da arte, explique a lógica da emancipação exposta no texto.

Em busca do conceito

1. Discuta essa afirmação e comente-a: "Sem arte, não saberíamos que a verdade existe, pois ela só se torna visível, apreensível e aceitável, nas obras de arte" (READ, Herbert. *Arte e alienação*. Rio de Janeiro: Zahar, 1983, p. 25).

2. Explique o conceito de *mimesis* e as diferenças entre o pensamento de Platão e o de Aristóteles em relação a esse tema.

3. Explique a ideia de uma "hierarquia dos sentidos" e como ela interferiria nas artes.

4. O que é a estética? Como ela foi criada e como impactou o universo artístico?

5. Explique as críticas de Walter Benjamin aos processos de reprodução da obra de arte.

6. Que relações podemos estabelecer entre os conceitos de indústria cultural e semicultura?

7. Leia abaixo a letra da canção de Pato Fu (se possível, ouça a música) e, em seguida, analise-a com base no conceito de indústria cultural:

A necrofilia da arte

A necrofilia da arte
Tem adeptos em toda parte
A necrofilia da arte
Traz barato artigos de morte

Se o Lennon morreu, eu amo ele
Se o Marley se foi, eu me flagelo
Elvis não morreu, mas não vivo sem ele
Kurt Cobain se foi, e eu o venero

A necrofilia da arte
Dá meu endereço a quem não gosto
A necrofilia da arte
Faz compreender quem não conheço

Zunfus Trunchus que eu nem conhecia
Virou meu *star* no outro dia.

PATO Fu. A necrofilia da arte. *Televisão de cachorro* (CD), 1998. Letra disponível em: <https://www.letras.mus.br/pato-fu/47978/>. Acesso em: 9 abr. 2018.

8. Segundo J. Rancière, por que a arte pode ser pensada como emancipatória? Aborde a questão pelo viés da produção artística e pelo viés de sua fruição.

9. Leia a reportagem a seguir, publicada na versão brasileira *on-line* do jornal espanhol *El País*. Em seguida, faça uma enquete na escola com diferentes segmentos (estudantes, professores, funcionários), coletando opiniões a respeito e reflita sobre elas com base no que foi estudado neste capítulo. Considere a seguinte questão: situações como a descrita na reportagem estão articuladas com que tipo de posição filosófica sobre a arte? Que tipo de efeitos sociais podem causar? Faça uma dissertação para expor seus argumentos.

Queermuseu: O dia em que a intolerância pegou uma exposição para Cristo

Após protestos nas redes sociais, banco Santander encerra mostra que abordava questões de gênero e de diversidade sexual

Nos últimos dias, a intolerância voltou a assombrar a arte. A exposição Queermuseu – Cartografias da Diferença na Arte Brasileira, em cartaz há quase um mês no Santander Cultural, em Porto Alegre, foi cancelada neste domingo após uma onda de protestos nas redes sociais. A maioria se queixava de que algumas das obras promoviam blasfêmia contra símbolos religiosos e também apologia à zoofilia e pedofilia.

A mostra, com curadoria de Gaudêncio Fidelis, reunia 270 trabalhos de 85 artistas que abordavam a temática LGBT, questões de gênero e de diversidade sexual. As obras – que percorrem o período histórico de meados do século XX até os dias de hoje – são assinadas por grandes nomes como Adriana Varejão, Cândido Portinari, Fernando Baril, Hudinilson Jr., Lygia Clark, Leonilson e Yuri Firmesa.

Nas redes, as mensagens e vídeos mais compartilhados pelos críticos e movimentos religiosos mostravam a pintura de um Jesus Cristo com vários braços (a obra *Cruzando Jesus Cristo Deusa Schiva*, de Fernando Baril) e imagens de crianças com as inscrições *Criança viada travesti da lambada* e *Criança viada deusa das águas*, da artista Bia Leite. As manifestações foram lideradas principalmente pelo Movimento Brasil Livre (MBL), que pediu o encerramento da exposição e pregou ainda um boicote ao banco Santander. O prefeito de Porto Alegre, Nelson Marchezan Jr. (PSDB), também se manifestou contra a mostra dizendo que elas exibiam "imagens de zoofilia e pedofilia".

Diante da forte repercussão repentina, o Santander esclareceu, por meio de nota, em um primeiro momento, que algumas imagens da mostra poderiam provocar um sentimento contrário daquilo que discutem. No entanto, elas tinham sido criadas "justamente para nos fazer refletir sobre os desafios que devemos enfrentar em relação a questões de gênero, diversidade, violência entre outros". Dois dias depois, entretanto, o banco voltou atrás e cedeu às pressões dos críticos com medo de um forte boicote contra o Santander e de manchar a imagem da instituição financeira.

Em nova nota, neste domingo, o Santander Cultural pediu desculpas a todos os que se sentiram ofendidos por alguma obra que fazia parte da mostra. "Ouvimos as manifestações e entendemos que algumas das obras da exposição Queermuseu desrespeitam símbolos, crenças e pessoas, o que não está em linha com a nossa visão de mundo. Quando a arte não é capaz de gerar inclusão e reflexão positiva, perde seu propósito maior, que é elevar a condição humana". O banco resolveu então encerrar a mostra que ficaria em cartaz até o dia 8 de outubro. A exposição foi viabilizada pela captação de 800 mil reais por meio da Lei Rouanet.

A decisão gerou, no entanto, outra polêmica no meio artístico e entre internautas, que acusaram o banco de promover censura. Os termos "MBL" e "Santander" estavam entre os mais comentados do Twitter no Brasil nesta segunda-feira, com comentários contra e a favor do fechamento prematuro da mostra. Muitos reclamavam também da falta de uma classificação de idade mínima para visitar o local.

O curador da exposição diz ter sido pego de surpresa com a notícia. "Já fiz duas bienais do Mercosul, nunca tinha visto algo parecido. As manifestações foram muito organizadas e se debruçaram sobre algumas obras muito específicas, que não dão a verdadeira dimensão da exposição. Esses grupos [de críticos] mostraram uma rapidez em distorcer o conteúdo, que não é ofensivo", disse Gaudêncio Fidelis ao jornal O Globo.

Antonio Grassi, ex-presidente da Fundação Nacional de Artes e atual diretor executivo do Inhotim, acha lamentável que uma exposição seja interrompida dessa forma. "A arte é o melhor lugar para debater. Eu vejo como preocupante esse tipo de movimento que impulsiona esse tipo de intransigência com o debate. Essas ideias de intolerância são incompatíveis com a arte. É uma censura", disse ao El País.

O crítico de arte Moacir Dos Anjos, que já foi curador da Bienal de São Paulo, também criticou a decisão. "Rumo ao passado. E que vergonhosa a nota do Santander, querendo justificar, valendo-se de hipócrita retórica corporativa, o ato de censura que cometeu. Viva a diversidade!", escreveu no seu Facebook.

Nas redes sociais, Kim Kataguiri, um dos líderes do MBL, rebateu as críticas e disse que a sociedade brasileira se mobilizou para repudiar a exposição e o banco, com medo de perder clientes, cancelou a mostra. "Isso é um boicote que deu certo, não uma censura", escreveu. Kataguiri também publicou uma foto da obra Cena de Interior II, da artista Adriana Varejão para alegar que 800 mil reais de dinheiro público foram investidos em exposição para crianças verem pedofilia e zoofilia.

Ao El País, a artista afirmou que a obra em questão é adulta, feita para adultos. "A pintura é uma compilação de práticas sexuais existentes, algumas históricas (como as Chungas, clássicas imagens eróticas da arte popular japonesa) e outras baseadas em narrativas literárias ou coletadas em viagens pelo Brasil. O trabalho não visa julgar essas práticas", explicou. Adriana, que tem peças nas coleções do Tate Modern, de Londres, no Museu Guggenheim, em Nova York, e na Fundação La Caixa, em Barcelona, disse ainda que, como artista, apenas busca jogar luz sobre coisas que muitas vezes existem escondidas.

Não é a primeira vez que obras causam uma chuva de reclamações e são censuradas. Em 2006, o Banco do Brasil retirou do Centro Cultural Banco do Brasil (CCBB) do Rio de Janeiro a obra Desenhando em Terços, da artista plástica Márcia X, que mostrava a foto de dois terços que desenhavam dois pênis e formavam também uma cruz.

Em protesto contra o encerramento da mostra Queermuseu – Cartografias da Diferença na Arte Brasileira, o Nuances – Grupo Pela Livre Expressão Sexual organiza nesta terça-feira à tarde, em frente ao Santander Cultural, o Ato pela Liberdade de Expressão Artística e Contra a LGBTTFobia, "em defesa da liberdade de expressão artística e das liberdades democráticas".

MENDONÇA, Heloísa. Queermuseu: O dia em que a intolerância pegou uma exposição para Cristo. *El País – Brasil*, 13 set. 2017. Disponível em: <https://brasil.elpais.com/brasil/2017/09/11/politica/1505164425_555164.html>. Acesso em: 9 abr. 2018.

> **Dissertação filosófica**
>
> A dissertação filosófica pode ser redigida de diferentes formas, com distintas estruturas lógicas. Podemos falar, de forma geral, em três grandes modelos: o plano dialético, o plano progressivo e o plano nocional.
>
> Para produzir uma dissertação segundo o plano dialético, o autor deverá organizá-la em três partes: na primeira, apresenta a tese que é defendida no texto, isto é, a ideia em torno da qual argumentará. Na segunda parte, o autor apresenta os elementos contrários à sua tese, a antítese, que podem refutá-la. Por fim, na terceira parte, o autor apresenta uma síntese dessas ideias, examinando os dois pontos de vista opostos, mostrando suas aproximações e distanciamentos.
>
> A dificuldade desse plano dissertativo é evitar uma perspectiva caricatural da dialética, que apenas apresenta as três fases, sem que elas efetivamente funcionem como categorias lógicas. Ao realizar esse tipo de dissertação, é preciso garantir, de fato, que as ideias sejam confrontadas e contrastadas, para garantir uma boa síntese.

Sugestões de leituras

COLI, Jorge. *O que é arte*. São Paulo: Brasiliense, 1995.

Um estudo introdutório em torno da arte por um especialista brasileiro, em linguagem adequada para quem se inicia no tema.

DUARTE, Rodrigo. *O belo autônomo – Textos clássicos de estética*. Belo Horizonte: Autêntica, 2012.

Uma coletânea de textos sobre estética, desde Platão até pensadores contemporâneos.

NUNES, Benedito. *Introdução à filosofia da arte*. São Paulo: Loyola, 1991.

Um filósofo brasileiro apresenta didaticamente o desenvolvimento histórico da Filosofia da Arte, da Antiguidade ao século XX.

A Filosofia na História

Consulte na linha do tempo que se encontra no final deste livro o contexto histórico e cultural dos acontecimentos mencionados aqui, bem como os filósofos que se destacaram no período em questão.

A **revolução científica** ocorrida no século XVII originou a ciência moderna, que desenvolveu uma nova concepção de conhecimento, de universo e de ser humano. O período que se seguiu a esse evento histórico trouxe avanços para diversas áreas da ciência e propiciou o desenvolvimento de suas técnicas e tecnologias. Durante o século XIX, esses avanços se intensificaram, o que gerou um grande otimismo quanto ao papel da ciência, reforçando a ideia de que o futuro da humanidade seria magnífico graças a ela. A corrente filosófica do **positivismo** é expressão desse otimismo.

Entretanto, já no século XIX é possível identificar algumas **consequências negativas** do desenvolvimento da ciência. A máquina a vapor, por exemplo, poluiu as grandes cidades, causando sérios problemas de saúde às pessoas, os quais a ciência nem sempre foi capaz de resolver.

Durante o início do século XX, essas consequências negativas se multiplicaram. Percebeu-se que os perigos gerados pela ciência não são um pequeno "erro de percurso", mas decorrem de algumas características da própria estrutura da racionalidade científica, desenvolvida ao longo dos séculos.

Construído pelo inglês Robert Hooke em 1665, o primeiro microscópio (representado acima por uma gravura do século XVII) foi uma das maiores conquistas da ciência moderna. Sua invenção possibilitou o avanço no estudo científico da estrutura íntima da matéria, dimensão até então muito pouco conhecida pela humanidade.

O papel da ciência nas catástrofes (duas guerras mundiais, ataque atômico norte-americano ao Japão, Guerra Fria, etc.) levou vários filósofos a reconsiderar o otimismo que envolvia a ciência moderna no século XIX. Nessa reconsideração, percebeu-se que havia muitos elementos nocivos e contestáveis na ciência moderna, como a primazia do cálculo, a crença na objetividade absoluta dos métodos e procedimentos, a universalidade das conclusões, a infinidade e baixa comunicabilidade dos números, bem como a falsa ideia de neutralidade da ciência e dos cientistas. Segundo os críticos, esses elementos que compõem a **racionalidade científica**, e se fizeram presentes nas práticas que levaram a humanidade às grandes descobertas, também se converteram em práticas desumanas e, portanto, irracionais, pois se tornaram lógicas autônomas e nocivas ao próprio ser humano e à natureza.

Diante disso, filósofos do século XX indicaram alguns caminhos para a construção de outro tipo de racionalidade científica, que fosse válida objetiva e universalmente, mas que correspondesse aos ideais **humanistas**. Essa mudança se faz necessária até os dias de hoje, isto é, pensar em uma ciência que não paute sua relação nos termos de uma dominação da natureza pela técnica, mas sim que nos conduza a um modo racional e pacífico de sobrevivência, tornando positiva a relação que mantemos com o mundo e com nós mesmos.

A bomba atômica que os norte-americanos lançaram sobre o Japão em agosto de 1945 foi resultado de muitas pesquisas científicas. Ela é um exemplo de como a técnica, a ciência e outras grandes potencialidades da razão podem se voltar contra a humanidade.

Questões

1. Indique alguns exemplos que justifiquem o otimismo científico que acompanhou a ciência moderna.
2. Cite um caso ou procedimento científico no qual a racionalidade científica se manifesta claramente de forma prejudicial à natureza e ao ser humano.

3. Sobre a racionalidade da ciência, a filósofa Hannah Arendt indicou o caráter "não humano" da ciência moderna. Segundo ela, esse caráter, cujos elementos se encontram descritos no texto a seguir, também é perceptível em ações que não conduzem necessariamente a catástrofes. Ela afirmou que, de fato, o homem moderno, seguindo a racionalidade científica, está empreendendo uma revolta contra a condição humana, ou seja, contra algumas características que o definem.

Em 1957, um objeto terrestre, feito pela mão do homem, foi lançado ao universo, onde durante algumas semanas girou em torno da Terra segundo as mesmas leis de gravitação que governam o movimento dos corpos celestes – o Sol, a Lua e as estrelas [...] e lá ficou, movendo-se no convívio dos astros como se estes o houvessem provisoriamente admitido em sua sublime companhia.

[...] O curioso, porém, é que essa alegria não foi triunfal: o que encheu o coração dos homens que, agora, ao erguer os olhos para os céus, podiam contemplar uma de suas obras, não foi orgulho nem assombro ante a enormidade da força e da proficiência humanas. A reação imediata, expressa espontaneamente, foi alívio ante o primeiro "passo para libertar o homem de sua prisão na terra".

[...] Devem a emancipação e a secularização da era moderna [...] terminar com um repúdio ainda mais funesto de uma terra que era a Mãe de todos os seres vivos sob o firmamento? A Terra é a própria quintessência da condição humana e, no que sabemos, sua natureza pode ser singular no universo, a única capaz de oferecer aos seres humanos um *habitat* no qual eles podem mover-se e respirar sem esforço nem artifício. [...] Recentemente, a ciência vem-se esforçando por tornar "artificial" a própria vida, por cortar o último laço que faz do próprio homem um filho da natureza. [...]

Esse homem futuro [...] parece motivado por uma rebelião contra a existência humana tal como nos foi dada – um dom gratuito [...] que ele deseja trocar, por assim dizer, por algo produzido por ele mesmo. Não há razão para duvidar de que sejamos capazes de realizar essa troca, tal como não há motivo para duvidar de nossa atual capacidade de destruir toda a vida orgânica da Terra. A questão é apenas se desejamos usar nessa direção nosso novo conhecimento científico e técnico – e esta questão não pode ser resolvida por meios científicos: é uma questão política de primeira grandeza, e portanto não deve ser decidida por cientistas profissionais nem por políticos profissionais.

[...] Se realmente for comprovado esse divórcio definitivo entre o conhecimento (no sentido moderno de *know-how*) e o pensamento, então passaremos, sem dúvida, à condição de escravos indefesos, não tanto de nossas máquinas quanto de nosso *know-how*, criaturas desprovidas de raciocínio, à mercê de qualquer engenhoca tecnicamente possível, por mais mortífera que seja.

ARENDT, Hannah. *A condição humana*. Rio de Janeiro: Forense Universitária, 1981. p. 9-11.

// Astronautas se alimentam na Estação Espacial Internacional, em abril de 2013. A conquista do espaço, fruto da ciência moderna, trouxe grandes benefícios para o ser humano no campo das comunicações. Mas ela não revelaria também a pretensão do homem moderno de subjugar tudo o que estiver ao seu alcance?

Os grandes avanços da ciência moderna permitiram que as pessoas sonhassem com uma utopia científica, ou seja, um mundo perfeito construído pela ciência. Com base no texto de Hannah Arendt e em exemplos retirados das artes (literatura, cinema, quadrinhos, etc.), indique algumas características dessa utopia.

// Os enormes avanços da Medicina nos permitem viver mais e melhor, constituindo um dos grandes méritos da ciência moderna. Esses avanços permitiram também a manipulação da vida e do corpo em função de outros interesses. Na imagem, o brasileiro Celso Santebañes, em foto de 2014, após a realização de várias intervenções estéticas para ficar semelhante a um famoso boneco.

Um diálogo com Geografia, Sociologia e Língua Portuguesa

1. Leia o texto a seguir e responda.

Fome é causada pela má distribuição e não pela falta de alimentos

Se em 2008 o número de vítimas da fome no mundo havia sido reduzido para menos de 1 bilhão, já em junho de 2009 essa marca foi ultrapassada. Neste ano, o número de famintos aumentou em 150 milhões. Muitas das soluções encontradas em certos países em desenvolvimento não dão mais conta do crescimento populacional. A Organização das Nações Unidas para a Agricultura e a Alimentação (FAO) já tinha reconhecido há 20 anos que "o problema não é tanto a falta de alimentos, mas a falta de vontade política". **Como a pobreza é o principal causador da fome, esta diminui em países que empreendem políticas capazes de gerar empregos e renda**. Em contrapartida, onde há ditaduras e despotismo, há fome e morte por inanição. [...] No entanto, há alimento suficiente no mundo para o sustento diário de todos os habitantes do planeta, afirma Benedikt Haerlin, da fundação Zukunftsstiftung Landwirtschaft, que apoia projetos ecológicos e sociais no setor agrícola. "Hoje produzimos alimentos demais. Muito mais do que seria necessário para alimentar a população atual, sendo que ainda nem estamos perto de esgotar o potencial da alimentação direta.

"E, para pequenos produtores rurais, dobrar a produção custa pouco", argumenta Haerlin, que participou da elaboração do Relatório Internacional sobre Ciência e Tecnologia Agrícolas para o Desenvolvimento (IAASTD, na sigla em inglês) de 2008. [...] "Se temos 1 bilhão de pessoas que passam fome por não ter dinheiro para comprar comida e outro bilhão de clinicamente obesos, alguma coisa está obviamente errada", alerta Janice Jiggings, do Instituto Internacional para o Meio Ambiente e Desenvolvimento em Londres. "O sistema agrário saiu do controle e, no futuro, não estaremos mais em condições de nos alimentar de forma pacífica e civilizada. Precisamos mudar todo o sistema. O consumidor já nota isso e, aos poucos, os políticos também.

"Ao mesmo tempo em que temos uma crise de alimentos, jogamos fora 30% a 40% dos alimentos produzidos. Ao invés de nos perguntarmos onde podemos encontrar mais terra para cultivar ou se será preciso plantar na Lua, deveríamos olhar para o nosso quintal. Temos que encontrar estímulos financeiros para evitar que se jogue comida fora", conclui.

JEPPESEN, H.; ZAWADZKY, K.; ABDELMALACK, R. Fome é causada pela má distribuição e não pela falta de alimentos. *Agência Deutsche Welle*. In: EcoDebate. *Cidadania e meio ambiente*, 16 out. 2009. Disponível em: <www.ecodebate.com.br/2009/10/16/fome-e-causada-pela-ma-distribuicao-e-nao-pela-falta-de-alimentos>. Acesso em: 4 abr. 2018.

Frutas e hortaliças descartadas em centro de distribuição em Foz do Iguaçu (PR), 2010.

Centenas de migrantes ganham refeição distribuída por uma instituição local em Calais, França, 2014.

Em 2000, a Organização das Nações Unidas (ONU) analisou os maiores problemas mundiais e estabeleceu oito objetivos, conhecidos como Objetivos de Desenvolvimento do Milênio (ODM) ou 8 jeitos de mudar o mundo, que são os seguintes:

Esses objetivos deveriam ser atingidos por todos os países até 2015. Para saber mais sobre o assunto, acesse os *sites*:
- ODM Brasil. Disponível em: <www.objetivosdomilenio.org.br>. Acesso em: 11 abr. 2018.
- PNUD. Disponível em: <www.pnud.org.br/odm.aspx>. Acesso em: 11 abr. 2018.

Com base nessas informações e no trecho do texto em destaque, pesquise quais foram as ações do Brasil para atingir os objetivos do milênio, em especial no que se relaciona ao primeiro objetivo.
a) Quais foram as ações políticas promovidas?
b) Quais foram os resultados obtidos?
c) Esses resultados trouxeram consequências positivas para o país? Quais?

2. Pesquise em um dicionário de língua portuguesa o significado das palavras ditadura e despotismo. Depois, explique a frase: "Em contrapartida, onde há ditaduras e despotismo, há fome e morte por inanição".

3. Comente o paradoxo (a contradição) existente na seguinte frase: "Ao mesmo tempo em que temos uma crise de alimentos, jogamos fora 30% a 40% dos alimentos produzidos." Agora, reflita: o que você pode fazer em sua casa e em sua comunidade para evitar o desperdício de alimentos?

4. Segundo dados da Organização Mundial de Saúde (OMS), em 2002, mais de 1 bilhão de adultos da população mundial estava com sobrepeso e 300 milhões com obesidade. No entanto, grande parte desses adultos era desnutrida. Analise esse diagnóstico e responda: Como uma educação para a cidadania pode contribuir para a garantia social e política da distribuição de renda, da aquisição de alimentos e da alimentação com qualidade e saúde?

A Filosofia no Enem e nos vestibulares

1. (Unicentro-PR 2013) Com o aparecimento da ciência, a humanidade deparou-se com um fenômeno que o pensador Max Weber convencionou chamar de "desencantamento do mundo", a partir do qual a natureza, bem como a realidade humana, desprendendo-se do sagrado, começa a sofrer intervenções que vão desde a dissecação dos corpos para os fins da medicina, no início da época moderna, até as situações que nos são mais próximas, como a inseminação artificial, a clonagem, os transgênicos, as células tronco etc. Considerando essas questões, próprias das transformações ocasionadas pelo advento da ciência, da técnica e da tecnologia, atribua V (verdadeiro) ou F (falso) às afirmativas a seguir.

   ( ) A filosofia, no século XIX, demonstrou desconfiança com o aparecimento dos avanços técnico-científicos, pois, através de seus processos, ter-se-ia um domínio e um controle arbitrários com relação à natureza, à sociedade e à realidade dos indivíduos.

   ( ) A filosofia, no século XX, passou a ver com entusiasmo tudo quanto a ciência, através do seu progresso, proporcionou, incluindo o fato de que, com suas contribuições, seria possível sanar definitivamente os problemas enfrentados pela humanidade.

   ( ) No processo histórico de desenvolvimento científico-tecnológico, muita coisa foi desenvolvida visando o incremento da vida de certas pessoas, e isso porque, em vez da promoção humana, o que vem a ocupar o centro dos valores é, sobretudo, a utilidade.

   ( ) Para a filosofia, o problema da ciência é que, ao invés de cumprir seu papel de perseguir o desenvolvimento e a projeção de si mesma, busca, ao contrário, respostas para os problemas do ser humano em um mundo que sempre se caracterizou por ser adverso.

   ( ) Se o ser humano é colocado como valor fundamental de escolhas, a ciência e a tecnologia podem permitir ações antes impossíveis. Assim, os avanços tecnológicos possibilitariam hoje uma prática democrática direta que, historicamente, nunca foi possível.

   Assinale a alternativa que contém, de cima para baixo, a sequência correta.
   a) V, V, V, F, F.
   b) V, V, F, V, F.
   c) F, V, F, V, V.
   d) F, F, V, F, V.
   e) F, F, F, V, V.

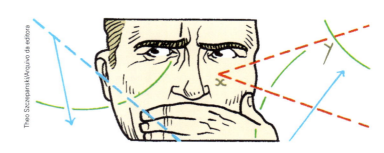

É lógico?

Elementar, meu caro. Depois de aprender um pouco sobre lógica nesta unidade, vamos começar a exercitar o uso das ferramentas de pensamento. Você verá como certo treino ajuda bastante a pensar de forma mais organizada.

1. Leia o poema abaixo:

não sei	talvez
se é meu	ali
ou de mim	ou além
o eu	alguém
que rima	seja eu
com fim	por mim

   ANTUNES, Arnaldo. *n. d. a.*
   São Paulo: Iluminuras, 2010. p. 80.

   • Analise o poema segundo o princípio de identidade da lógica formal. Ele tem um sentido lógico? E se for analisado segundo o princípio dialético da contradição entre o ser e o não ser visto neste capítulo? Explique o motivo em cada caso.

UNIDADE 6

Problemas contemporâneos II

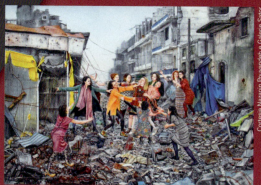

// *La cité céleste* (2016), de Nazanin Pouyandeh.

A obra de Nazanin Pouyandeh, artista iraniana que vive na França, expõe alguns aspectos do mundo contemporâneo. No cenário de uma cidade devastada pela guerra, mulheres de diferentes nacionalidades e distintas etnias parecem lutar sobre os escombros. Mas também parecem se apoiar, quem sabe unindo-se para manter a vida. Esta imagem é das mais representativas do mundo contemporâneo.

Como agir nesse mundo? A política tal como a conhecemos e que foi se desenhando nos últimos séculos segue vigente? Como agir democraticamente em nossos dias? A lógica da representação continua pertinente? E no âmbito da vida privada, quais valores fundamentam as ações éticas?

O filósofo italiano Antonio Negri tem feito uma leitura política do contemporâneo e afirma que, no contexto de uma "nova ordem mundial", vivemos sob a forma política do império, que implica outras formas de se produzir os consensos e as práticas democráticas. Já o filósofo francês Jacques Rancière propõe pensar a política como uma "partilha do sensível" e a democracia como uma ruptura radical com a ordem instituída. Segundo ele, a lógica democrática é a do dissenso, da vida na diferença. Em que medida essas reflexões filosóficas atuais nos ajudam a pensar nossas formas de ação política?

No âmbito da vida ética, novas questões se impõem a nós: como pensar o valor da vida humana hoje? Questões como as da eutanásia e do aborto, bem como da manipulação genética, constituem o campo de uma ética contemporânea que se ocupa da vida: a bioética. Em outro patamar, vemos empresas alardearem sua "responsabilidade social" e publicarem seus "códigos de ética": como entender esse fenômeno? E ainda: como a ética se relaciona com a política? De que modos podemos pensar nossas relações com o planeta e com o meio ambiente?

XVII
GALILEU (Itália)
DESCARTES (França)

XIX
SAINT-SIMON (França)
COMTE (França)

XX
JONAS (Alemanha)
LEVINAS (Lituânia)

XXI
RANCIÈRE (França)
NEGRI (Itália)
HARDT (EUA)
VALLS (Brasil)
SINGER (Austrália)
LIPOVETSKY (França)
SERRES (França)
HABERMAS (Alemanha)

CAPÍTULO
15

Desafios políticos contemporâneos: novas formas de agir?

// Banksy é um artista de rua britânico que atua no mundo inteiro. Sua identidade é desconhecida e suas intervenções têm forte conteúdo político. Alguns o consideram mero vândalo; outros, um ícone do terrorismo simbólico, uma forma pacífica, mas atuante, de resistência. Esta imagem traz uma versão do *flower power*, em uma mostra de arte em Bristol (Reino Unido), em 2011. Ela talvez expresse o sentido do próprio trabalho de Banksy.

// Cena do filme *V de vingança*. Direção de James McTeigue. Estados Unidos/Reino Unido/Alemanha, 2006. (132 min).

Inspirado na série de quadrinhos escrita por Alan Moore, o filme retrata uma sociedade totalitária na qual um militante anarquista escolhe o terrorismo como forma de resistência.

O filme de ficção científica *V de vingança* se relaciona com uma discussão política contemporânea. Em um futuro próximo, uma guerra civil deixou os Estados Unidos devastados, e o Reino Unido está sob o controle de um governo totalitário, corrupto e violento.

Um militante anarquista que usa uma máscara e se denomina "V" comete uma série de atentados terroristas contra o governo. Em vários momentos, as atitudes do ativista revolucionário não são diferentes daquelas que ele critica. O filme permite refletir sobre as seguintes questões: até que ponto é válido recorrer ao terrorismo como arma política? O uso da força e da violência não representaria o fim da política como a conhecemos?

Como você verá neste capítulo, a ação política não se restringe ao que comumente se considera "esfera política", e a filosofia pode nos ajudar a refletir sobre as várias formas de atuar politicamente.

Vivemos sob a forma política do império?

Segundo o filósofo **Antonio Negri**, todas as transformações que a sociedade tem sofrido, especialmente ao longo do século XX, tornaram pouco úteis os conceitos clássicos da política. Segundo sua tese central, com a consolidação do processo de globalização nas últimas décadas daquele século, a noção de soberania centrada no Estado-nação declinou.

Para ele, assim como para outros filósofos contemporâneos, já não vivemos a era moderna, e sim uma fase posterior, a **pós-moderna**. Essa nova situação se caracteriza por uma forma diferente de soberania, composta de uma rede de organismos nacionais ou supranacionais – como empresas e organizações políticas e sociais – articulados segundo uma mesma regra. A soberania pós-moderna está centrada na produção **biopolítica** (termo que Negri toma emprestado de Foucault), em que a produção da vida social abarca os planos econômico, político e cultural de modo que eles se interpenetram e se completam.

Antonio Negri (1933-)

Filósofo e cientista político italiano. Foi professor da Universidade de Pádua e militante social e político na Itália dos anos 1950-1970. Foi também um dos fundadores das organizações *Potere Operaio* e *Autonomia Operaia*, que defendiam princípios marxistas, mas se colocavam à margem do Partido Comunista Italiano. Estudou as obras de Espinosa e de Marx, entre outros filósofos, e manteve estreita relação com filósofos franceses, em especial Foucault e Deleuze. É autor de vasta obra no campo da Filosofia e da Ciência Política, com destaque para: *A anomalia selvagem: poder e potência em Espinosa* (1981) e *O poder constituinte: ensaio sobre as alternativas da modernidade* (1992). Com o norte-americano Michael Hardt escreveu: *Império* (2000), *Multidão* (2004) e *Commonwealth (Comunidade)*, publicado em 2009, constituindo uma trilogia que pretende oferecer uma leitura do mundo político contemporâneo.

// Antonio Negri, em foto de 2011.

O império e a fabricação de uma "ordem mundial"

Se no período moderno o Estado-nação representava a soberania, a forma política da soberania na pós-modernidade, segundo Negri, é denominada **império**. Não se trata, porém, de uma alusão aos impérios antigos, como o romano. O termo também não se refere à ideia de imperialismo – ação política e econômica de um país que visa exercer dominação política, econômica e cultural sobre outros povos e territórios.

Para Negri, o conceito de império pós-moderno se distingue por quatro características principais:

1. No império não há fronteiras. Ele atua de modo global, abarcando todo o mundo, independentemente das fronteiras nacionais.
2. O império não resulta de um processo histórico de conquistas que o tenha consolidado – ou seja, o conceito de império é supra-histórico. É como se o império estivesse fora da história.
3. No império, o exercício do poder não se limita ao plano político, mas estende-se a todas as esferas sociais. Ele governa a vida social como um todo, pois opera por meio da biopolítica.
4. O império está sempre dedicado à paz, ainda que sua prática seja fazer a guerra. O projeto político globalizado é um projeto de paz entre as nações, uma vez que são todas parte de um mesmo organismo político. Porém, ainda que esse organismo seja comum, podem surgir conflitos, e cabe ao império combatê-los por meio da guerra, de modo que estejam todos alinhados ao mesmo projeto.

// Capa do filme *A corporação*. Direção de Jennifer Abbott e Mark Achbar. Canadá, 2003. (145 min).

Documentário que mostra como se constituem as corporações empresariais, relacionando-as com tipos psicológicos humanos. É um exercício interessante de compreensão da biopolítica.

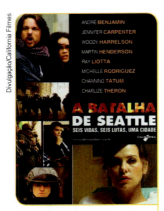

Capa do filme *A batalha de Seattle*. Direção de Stuart Townsend. Canadá/Alemanha/Estados Unidos, 2007. (100 min).

Relata os protestos em 1999 na cidade de Seattle, Estados Unidos, contra a Organização Mundial de Comércio e o mecanismo da globalização. A manifestação pacífica acabou em rebelião, ensejando protestos dessa natureza em outros lugares do mundo.

Fora da ordem

Vapor barato, um mero serviçal do narcotráfico
Foi encontrado na ruína de uma escola em construção
Aqui tudo parece que é ainda construção e já é ruína
Tudo é menino e menino no olho da rua
O asfalto, a ponte, o viaduto, ganindo pra lua
Nada continua
E o cano da pistola que as crianças mordem
Reflete todas as cores da paisagem da cidade
que é muito mais bonita
E muito mais intensa do que no cartão-postal
Alguma coisa está fora da ordem
Fora da nova ordem mundial
Escuras coxas duras tuas duas de acrobata mulata
Tua batata da perna moderna, a trupe intrépida
em que fluis
Te encontro em Sampa de onde mal se vê quem sobe ou desce a rampa
Alguma coisa em nossa transa é quase luz forte demais
Parece pôr tudo à prova, parece fogo, parece, parece paz
Parece paz
Pletora de alegria, um show de Jorge Ben Jor dentro de nós
É muito, é grande, é total
Alguma coisa está fora da ordem
Fora da nova ordem mundial
Meu canto esconde-se como um bando de ianomâmis na floresta
Na minha testa caem, vêm colocar-se plumas de um velho cocar
Estou de pé em cima do monte de imundo lixo baiano
Cuspo chicletes do ódio no esgoto exposto do Leblon
Mas retribuo a piscadela do garoto de frete do Trianon
Eu sei o que é bom
Eu não espero pelo dia em que todos os homens concordem
Apenas sei de diversas harmonias bonitas possíveis sem juízo final
Alguma coisa está fora da ordem
Fora da nova ordem mundial

VELOSO, Caetano. Fora da ordem. *Circuladô*. PolyGram, 1991.
Letra disponível em: <www.letras.com.br/#!caetano-veloso/fora-da-ordem>.
Acesso em: 12 abr. 2018.

A queda do muro de Berlim em 1989 e a extinção da União Soviética em 1991 puseram fim à Guerra Fria e à antiga bipolarização mundial entre Estados Unidos e União Soviética, dando lugar a uma nova ordem mundial que não mais se baseia no antagonismo entre capitalismo e socialismo. A hegemonia capitalista fez emergir grandes conglomerados empresariais, capazes de atuar de forma globalizada, e estimulou a criação de blocos econômicos. Apesar de haver cada vez mais riquezas circulando mundialmente, a desigualdade econômica e os problemas dela decorrentes muitas vezes foram ampliados.

Essa ordem mundial, característica do império, se expressa de forma jurídica por meio de leis, tratados, acordos, e nada mais é que a materialização de uma ordem capitalista, que une poder econômico e poder político.

Na canção "Fora da ordem", Caetano Veloso expõe alguns problemas da sociedade brasileira, que são frutos, entre outros fatores, das diferenças e contradições econômicas e sociais. Na análise de Antonio Negri, a ordem mundial do império se sustenta graças a esse tipo de contradição – ela abarca a tudo e a todos.

Império, democracia e consenso

Antonio Negri afirma que o império não nasce da intenção de alguém ou algum grupo. Ele vai se constituindo aos poucos, nos movimentos do jogo político das instituições sociais. Em outras palavras, o império não é um organismo que se coloca além do conjunto social, organizando-o e gerindo-o; ele brota do próprio meio social.

É próprio do império estar aberto à diversidade, às diferenças sociais. Diferentemente de um regime totalitário, ele não busca eliminar as diferenças, impondo uma igualdade social; nessa nova ordem política a diversidade chega mesmo a ser cultivada. O império nasce dos consensos sociais que resultam dos conflitos gerados por essas diferenças.

INFORMAÇÕES COMPLEMENTARES

Consenso

Produção de uma visão comum, de uma concordância, de um consentimento nas ações políticas e sociais. Se uma decisão foi consensual, isso significa que foi aceita por todos. No regime do império, o objetivo é fazer com que todos os indivíduos concordem com certas decisões e ações, não importando as diferenças que existam entre eles.

Uma habilidade importante para o império é o gerenciamento dos conflitos. Em meio à diversidade de interesses econômicos, sociais e políticos, ele administra as situações que possam ser conflituosas. Por essa razão, é fundamental para o império o exercício do **direito de polícia**. O poder jurídico do império deve ser capaz de harmonizar as diferenças. Porém, quando por algum motivo a situação foge ao controle, os dirigentes recorrem ao poder de polícia para resgatar o equilíbrio social.

Um correlato do direito de polícia é o **direito de intervenção**. Quando um território coloca a ordem imperial em risco, o império exerce o direito de intervenção de modo a resgatar o equilíbrio de forças. Um exemplo foi a invasão do Iraque pelos Estados Unidos e outros países aliados em 2003. A justificativa da invasão era a de que o Iraque produzia armas químicas e era governado por um ditador, colocando em risco a ordem mundial. Pela lógica do império, a invasão não poderia ser condenada como uma intervenção ilegítima, que ferisse a soberania política daquele país.

Uma rede norte-americana de *fast-food* especializada em hambúrguer criou lojas *kosher*, ou seja, adaptadas às regras alimentares da religião judaica, para garantir um maior público em Israel. Exemplo de empresa que se espalhou globalmente, oferecendo comida rápida, calórica e pouco nutritiva, e responsável pela geração de grande quantidade de lixo, em razão das embalagens descartáveis. Na foto, loja em Tel-Aviv, Israel, em 2006.

Capa do filme *Terra de ninguém*. Direção de Danis Tanovic. Reino Unido/Bósnia/Eslovênia/Itália/Bélgica, 2001. (90 min).

Um episódio na Guerra da Bósnia em 1993, que mostra a ineficiência da ONU para agir como poder moderador supranacional.

Ela visaria recuperar para o Iraque e para a comunidade global uma situação de paz e segurança, ameaçada por um ditador ambicioso e pela fabricação de armas banidas pela comunidade internacional.

Nessa "máquina biopolítica globalizada" que é o império, não se consegue definir onde está o centro. O centro e as margens estão sempre se conectando e mudando de posição. De qualquer forma, a soberania do império ocorre nas margens, onde as fronteiras são mais fluidas. Por essa razão, Negri afirma que o império atua de maneira **virtual**: é como se fosse uma "máquina de alta tecnologia", construída para controlar os eventos marginais e organizada para dominar globalmente, sendo capaz de intervir nos casos de falha do sistema. O império representa, hoje, a ordem global do capital, que articula economia e política, produção e circulação de bens e de ideias.

Uma brigada de combate norte-americana no Iraque, em 24 de março de 2003, intercepta um homem em atividade considerada suspeita.

Em busca de uma democracia da multidão

Haverá um modo de resistir e escapar ao controle quase absoluto que o império parece nos impor?

Negri vê possibilidades de resistência ao império e, mais do que isso, afirma que o potencial de libertação humana tem aumentado. Segundo ele, o império é fruto da ação das massas. Ainda no século XIX, o movimento operário organizado lutava contra a exploração dos trabalhadores e defendia a necessidade de internacionalização dessa luta. Os militantes daquela época compreendiam que as lutas dos trabalhadores não poderiam ficar restritas a seus países, pois o capital é internacional e não respeita fronteiras políticas em seus fluxos e acumulação. Por isso, foram as massas (que Negri denomina **multidão**) que exigiram o nascimento do império. A nova ordem política se construiu com base nesse desejo da multidão, mas continuou representando uma forma de exploração da multidão em nome do capital.

Embora aja segundo a lógica do capital, o império contribui para derrubar regimes ditatoriais, e assim o potencial de libertação se amplia.

No regime imperial, os cidadãos parecem ser mais "livres", uma vez que o controle está virtualizado. Como você já estudou, nas sociedades de controle há um aparente ganho de liberdade, pois as pessoas têm muito mais opções e possibilidades de mobilidade. Negri afirma que, ao virtualizar o controle, o império abre possibilidades de organização da multidão, e é nesse aspecto que reside a possibilidade de enfrentar o regime. Uma vez que o império é fruto da multidão, dela provém seu poder.

Um exemplo disso é o uso das redes sociais virtuais para organizar manifestações (como as *flash mobs*), protestos, ações na rede ou mesmo ações na rua. Em 1999, uma grande mobilização aconteceu em Seattle, nos Estados Unidos, em protesto contra a Organização Mundial do Comércio, que fazia uma conferência naquela cidade. A partir de então, manifestações desse tipo se tornaram comuns no mundo todo. A multidão, nesse caso, usa uma arma do império – a capacidade de intervenção – para enfrentá-lo.

Em 2011 grandes manifestações se espalharam por diversos países do norte da África e do Oriente Médio que eram governados por ditadores havia décadas. Em alguns deles, o processo resultou na deposição desses governantes autoritários. O uso das redes sociais foi de grande importância para mobilizar a população para os protestos e divulgar informações para o mundo todo. Na imagem, manifestantes protestam contra o então presidente do Iêmen, Ali Abdullah Saleh, em Sanaa.

INFORMAÇÕES COMPLEMENTARES

Flash mob

A expressão *flash mob* significa "mobilização instantânea". Corresponde a uma forma de manifestação popular organizada via redes sociais ou meios de comunicação de massa, na qual um grupo de pessoas se reúne, realiza um ato e se dispersa com rapidez. Sua intenção pode ser festiva, artística ou política.

Segundo Negri, existem duas formas de ação complementares para enfrentar o império. De um lado, uma forma **crítica e desconstrutiva**, voltada para recuperar as bases criadoras e produtivas da multidão. De outro lado, uma forma **construtiva e ético-política**, que pretende construir uma alternativa social e política ao império.

Na visão de Negri, somente a multidão criada pelos jogos políticos do império pode voltar-se contra ele e sua dominação, apropriando-se dos meios virtuais e reinventando a democracia. Como vimos, no mundo ocidental moderno, a soberania esteve a princípio concentrada na figura política do Estado-nação, sendo depois transferida para a figura política do império. Segundo o filósofo italiano, teríamos hoje condições práticas para, de modo articulado, transferir essa soberania das organizações econômicas e políticas do império para a multidão. Isso seria a verdadeira realização da democracia, com a ação popular direta, sem mediações.

Manifestação do movimento Occupy Wall Street contra o sistema financeiro, em Nova York, Estados Unidos, em 12 de dezembro de 2011. Os *smartphones* foram bastantes utilizados pelos manifestantes tanto na organização como durante as manifestações.

Capa do documentário *Lute como uma menina!* Direção de Beatriz Alonso e Flávio Colombini. Brasil, 2016. (76 min).

Neste documentário sobre as ocupações de escolas pelos estudantes, o foco é a participação feminina no movimento, questionando situações e atitudes machistas.

A política como "partilha do sensível"

Enquanto Antonio Negri confronta modernidade com pós-modernidade, para o filósofo francês Jacques Rancière (que você conheceu na unidade anterior), essa distinção não faz nenhum sentido, nem ajuda a refletir sobre a sociedade atual. Segundo Rancière, o problema da política contemporânea está em buscá-la naquilo que não é, em essência, o político. Para ele, a pergunta fundamental que define o campo da filosofia política seria: "o que há de específico para pensar sob o nome política?".

A resposta para a pergunta é simples: o que há de específico na política é o **desentendimento**. Com isso, Rancière se coloca em uma linha de pensamento distinta tanto da filosofia política antiga quanto da moderna. Aristóteles (c. 384 a.C.- -322 a.C.) via o ser humano como "naturalmente" político, social, na medida em que é próprio de sua natureza viver junto com outros e compartilhar a vida. E esse compartilhamento só é possível se há entendimento entre os indivíduos. Thomas Hobbes (1588-1679), por sua vez, afirma que a política é uma produção humana para pôr fim ao desentendimento que reina no estado de natureza. Para Rancière, porém, o desentendimento é a própria base da política.

Entre a polícia e a política

Rancière afirma que deveríamos mudar os termos. Aquilo que chamamos de **política**, deveríamos chamar de **polícia**. É evidente que as duas palavras têm a mesma origem, o termo grego *polis*, que designa a cidade, a comunidade política básica. Em suas análises sobre o poder, Foucault já havia proposto a denominação polícia para as táticas e práticas da organização social, reservando o termo política para as relações efetivas de poder. Para Rancière, porém, mesmo essas relações de poder pertencem ao âmbito da polícia. Por política ele entende algo muito mais raro, que é exatamente aquilo que perturba a ordem da polícia (compreendida como administração do social) pela introdução da diferença, daquilo que é heterogêneo.

Vários protestos contrários à realização, no Brasil, da Copa do Mundo de futebol masculino ocorreram entre 2013 e 2014, muitos dos quais organizados em comitês que utilizavam as redes sociais como canal de divulgação. Os manifestantes protestavam contra os gastos de dinheiro público nas obras de infraestrutura para a realização do evento. Na foto, manifestantes em Porto Alegre (RS), em 2013.

O que Rancière propõe é ampliar, alargar o sentido de polícia. Ela não seria simplesmente um aparelho repressor a serviço do Estado, que entra em ação para combater as práticas vistas como nocivas à sociedade: para esse filósofo, a polícia é algo muito mais amplo, como a própria organização da vida social e sua administração cotidiana, a garantia de uma ordem instituída. Ao mesmo tempo, Rancière propõe restringir o sentido de política. A política é um acontecimento, algo incomum, que se manifesta na afirmação da "igualdade de qualquer ser falante com outro ser falante".

O problema é que, desde a Antiguidade grega, aqueles que falam de forma diferente são excluídos. Como é difícil compreender aquele que tem um discurso diferente, sua fala não é reconhecida, e o sujeito é excluído do universo político. A política é entendida como a convivência e o compartilhamento da vida entre aqueles que são iguais entre si. Os demais são excluídos desse universo. Assim, na Antiguidade grega, apenas determinada camada social tinha direito à cidadania. Os que não compartilhavam desse mesmo mundo não faziam parte da política. Esse sistema de exclusão persiste ainda hoje, mesmo que de outras maneiras.

// Acima, policiais reprimem manifestantes em protesto contra a Copa do Mundo, em 2014, em São Paulo (SP). Se aplicarmos os conceitos de Rancière, podemos dizer que a população praticava **política**, enquanto os políticos, ao reprimir violentamente os movimentos para garantir a ordem instituída, praticaram **polícia**.

Um mundo dividido, mundos em convivência

Segundo Rancière, a política é a partilha do mundo. Não o compartilhamento, conforme Aristóteles, que significa viver juntos; mas a partilha como divisão, como separação de partes, que permite que cada um seja integrante de uma comunidade e possa viver à sua maneira.

A **multiplicidade** se sustenta na existência de vários mundos. Isso que chamamos de "mundo", afirma Rancière, não é uma unidade, pois há diferentes formas de sentir o mundo. Para ele, assim como a arte, a política envolve percepções individuais, e ambas pertencem à esfera da sensibilidade – razão pela qual ele define a política como a **partilha do sensível**.

Porém, se cada indivíduo ou cada grupo pode viver à sua maneira, a convivência tende a ser conflituosa. A **política** é justamente esse conflito, que ele chama de **desentendimento**. Em outras palavras: a política não é o entendimento entre as pessoas do povo; ao contrário, a política é a vida no desentendimento, e por essa razão Rancière afirma que ela não consiste no consenso, mas no **dissenso**, ou seja, na discordância, na falta de consentimento.

// Jovem e sua casa em uma ilha flutuante habitada pelo povo Uros, no lago Titicaca, no Peru (foto de 2009). Para Rancière, o mundo não é uma unidade, mas uma multiplicidade de formas de viver e de sentir.

// Capa do documentário *Acabou a paz! Isto aqui vai virar o Chile!* Direção de Carlos Pronzato. Brasil, 2016. (60 min).

Um documentário sobre os movimentos estudantis de ocupação das escolas públicas no estado de São Paulo em dezembro de 2015.

/ Representação da Torre de Babel de Pieter Bruegel, o Velho.

O desentendimento é também tema da passagem bíblica da Torre de Babel. Segundo a Bíblia, os seres humanos falavam a mesma língua, o que os tornava poderosos. Tão poderosos que resolveram alcançar o céu. Para isso, puseram-se a construir uma torre. Deus, descontente com essa ação, instaurou a confusão entre os humanos: fez com que cada um começasse a falar uma língua diferente, para que não mais se entendessem. Em razão dos desentendimentos, já não era possível construir um projeto comum – a Torre –, e ela foi abandonada. Os seres humanos nunca mais foram tão poderosos, e então espalharam-se pelo mundo. Uma interpretação dessa história nos leva a considerar a política como a construção de um projeto comum, e tal projeto só seria possível se nos entendêssemos (isto é, se construíssemos um consenso). Para que isso se realize, é necessário que a política cumpra seu papel: possibilitar que, em meio às diferenças, haja algo em comum, algo que não seja a eliminação das diferenças, mas sua confirmação.

A filosofia de Rancière chama a atenção para a dificuldade de construir a **igualdade na diferença**. Segundo ele, o problema das filosofias políticas modernas é definir a igualdade como algo a ser construído. Somos desiguais e queremos ser iguais. Então, define-se que "todos são iguais perante a lei": trata-se de uma igualdade fabricada, de uma igualdade legal. É preciso construir socialmente a igualdade; porém, como os interesses são distintos, isso acaba sendo impossível. Para Rancière, a igualdade é o ponto de partida da política, não seu ponto de chegada. Só pode haver política entre iguais, entre seres que se reconhecem como iguais, como falantes, ainda que sejam completamente diferentes entre si. Em outras palavras: diferenças não significam desigualdades; é possível nos reconhecermos como iguais, ainda que sejamos diferentes em nossas visões de mundo. Podemos falar linguagens ou línguas diferentes, mas falamos – e isso nos torna seres igualmente políticos.

Lutar e vencer

Temos suprimento
Temos provisão
Nesse acampamento
Nossa ocupação

Nós temos víveres, víveres, víveres
Nós temos víveres, víveres, víveres

Material humano
Com potencial
De uma natureza
Sobrenatural

Nós temos líderes, líderes, líderes
Nós temos líderes, líderes, líderes

Venha logo, não demore
Estamos esperando você

Venha, chegue junto
Somos fortes pra lutar e vencer
Estamos dando aula
De organização
Reformando a sala
Dormindo no chão

Não temos ídolos, ídolos, ídolos
Os velhos ídolos, ídolos, ídolos

Somos emergência
De revolução
Temos consciência
E educação

Não temos símbolos, símbolos, símbolos
Os velhos símbolos, símbolos, símbolos

MONTE, Marisa; ANTUNES, Arnaldo; BROWN, Carlinhos. Lutar e vencer. *Tribalistas*, (CD), 2017. Letra disponível em: <www.vagalume.com.br/tribalistas/lutar-e-vencer.html>. Acesso em: 12 abr. 2018.

Igualdade e emancipação

De acordo com Rancière, a finalidade da política é a **emancipação** dos seres humanos. Por emancipação entendemos a capacidade de cada um agir por si mesmo, segundo suas próprias ideias. Em um de seus livros (*O mestre ignorante: cinco lições sobre emancipação intelectual*), Rancière mostra que a sociedade moderna construiu-se com base na ideia de emancipação intelectual, a capacidade de cada um pensar por si mesmo. Lembremos, por exemplo, o lema iluminista de Kant (1724-1804): "Ouse saber!".

A crítica de Rancière mostra que o ideal de emancipação é impossível em nossa sociedade, que ele denomina "sociedade pedagogizada". Nessa sociedade, sempre precisamos aprender com alguém que saiba mais. Os mestres, os professores, são explicadores; sem a explicação, ninguém aprende. Ele afirma, então, que nessa sociedade parte-se de uma ideia de "desigualdade de inteligências". Se as inteligências são desiguais, porque sempre haverá alguém que sabe mais, nunca será possível chegar à igualdade. E sempre precisaremos dessa desigualdade para aprender.

A proposta de Rancière é romper com essa sociedade pedagogizada. Um antigo professor francês, Joseph Jacotot (1770-1840), inspirou-lhe a ideia de um ensino que não é explicativo. Jacotot afirmava que todos têm condições de ensinar, desde que sejam emancipados intelectualmente; e todos têm condições de aprender, desde que também o sejam. Do método de "ensino universal" proposto por esse professor francês, Rancière tirou o **princípio da igualdade de inteligências**, que afirma que todos são capazes de aprender e todos são capazes de ensinar, visto que todos são inteligentes. Todos são iguais na inteligência, ainda que uns saibam mais que outros, dadas as condições de vida de cada um. Mas o fato de alguém saber mais não significa que seja mais inteligente. Assim, a relação pedagógica já não é uma relação entre inteligências desiguais, em que uma ensina e outra aprende, e esta que aprende só pode aprender porque a outra ensina. A relação pedagógica torna-se uma relação entre inteligências iguais, emancipadas, na qual uma não domina a outra, mas pode haver uma partilha de aprendizados.

A emancipação política é análoga à emancipação intelectual. Só pode haver emancipação política quando os diferentes atores políticos se reconhecem e se relacionam como iguais, como seres falantes, ainda que um não entenda a palavra do outro. É o reconhecimento dessa igualdade que pode ensejar a construção de projetos em comum, mesmo que na relação entre diferentes, estruturando algo que é de todos, que é compartilhado por todos.

Idosa participa de curso de informática em Manaus (AM), em 2015.

A democracia e o dissenso

Rancière afirma que, em nossos dias, vivemos uma espécie de "ódio à democracia", que se manifesta das mais diversas formas. Manifesta-se nos países teocráticos, em que líderes religiosos defendem a ideia de que a palavra de Deus está acima de qualquer democracia; manifesta-se também nos países que assumem a democracia como princípio político. Como compreender esse ódio à democracia, se desde o século XVIII, nos países ocidentais, temos visto esforços para sua construção?

Segundo Rancière, o ódio vem do medo que sentimos da democracia. No fundo, sente-se que a democracia é mais que um regime político, que ela é o verdadeiro nome da política.

Ao longo da modernidade, construiu-se uma visão social da democracia como o regime do consenso, a forma de administração do social na qual todas as forças estão mobilizadas em uma única direção, em torno de uma ideia comum.

Entende-se que agir democraticamente é produzir esse consenso com base na vontade da maioria, de modo que a minoria vencida submeta-se à vontade da maioria, e assim seja abarcada no todo. Por ser o desejo da maior parte, ele deve ser o movimento de todos. No reinado do consenso, não há lugar para as diferenças. Elas podem existir no princípio, mas deverão ser "diluídas" na construção do projeto comum. O jogo democrático da fabricação do consenso apaga as diferenças e torna o mundo um só.

No entanto, Rancière afirma que há política quando a minoria não se cala, quando faz questão de fazer valer sua voz diferente. Esse é o dissenso, o desentendimento de que fala o filósofo. A democracia, portanto, não pode ser um entendimento único, um mundo único, uma vontade única.

À esquerda, manifestação favorável ao *impeachment* da presidente Dilma Rousseff, ocorrida em abril de 2016, em Curitiba (PR). Abaixo, manifestantes contrários ao *impeachment* da presidente, em Recife (PE), no mesmo dia. Numa democracia, cada cidadão tem o direito de expressar sua opinião política. Segundo Rancière, a política é dissenso, mas é preciso agir na construção de um projeto comum.

Isso é dominação de uns por outros, ainda que seja a dominação da maioria. A **democracia é a arte de viver nas diferenças**, partindo do fato de que somos todos igualmente seres políticos. Cada um com sua voz, cada um no exercício de sua diferença, na construção de um projeto que é comum, mas que não apaga a diferença. Um projeto comum que precisa ser construído a cada instante, que nunca está pronto. Um projeto comum que não é um mundo único, mas a convivência de diferentes mundos, diferentes perspectivas, diferentes vozes. Isso não é nada fácil. Daí o medo que se tem da democracia e o ódio que resulta desse medo.

É justamente nessa difícil convivência das diferenças que reside a potencialidade do humano no ato político.

É lógico!

Vimos anteriormente que a lógica dialética foi proposta por Hegel no século XIX, com o objetivo de superar impasses gerados pela lógica formal. Em termos gerais, os seus princípios são os seguintes:

- **Princípio da totalidade**: tudo o que existe, sejam coisas concretas, sejam pensamentos, se relaciona e forma um amplo conjunto, uma totalidade; é como parte dessa totalidade que tudo precisa ser compreendido.
- **Princípio do movimento**: tudo aquilo que existe está em movimento, em constante transformação. As coisas se transformam porque estão relacionadas umas com as outras, e umas negam as outras.
- **Princípio da contradição**: a transformação se move pelas contradições entre as coisas. A contradição não paralisa nem as coisas nem o pensamento; é ela que os coloca em movimento e produz transformações constantes.

No século XX, o filósofo Henri Lefebvre (1901-1991) sistematizou em nove regras a prática do método dialético, aqui citadas de forma resumida:

a) **Dirigir-se à própria coisa**, isto é, a análise é sempre objetiva.
b) Apreender o **conjunto das conexões** internas da coisa, de seus aspectos; o desenvolvimento e o movimento próprios da coisa.
c) Apreender os aspectos e momentos contraditórios; **a coisa como totalidade e unidade dos contraditórios**.
d) Analisar a luta, o conflito interno das contradições, o movimento, a **tendência**.
e) Não se esquecer de que **tudo está ligado a tudo**.
f) Não se esquecer de captar as **transições**; transições dos aspectos e contradições, passagens de uns nos outros, transições no devir.
g) Não se esquecer de que o **processo de aprofundamento do conhecimento** é infinito. Jamais estar satisfeito com o obtido.
h) Penetrar, portanto, mais fundo do que a simples coexistência observada; **penetrar sempre mais profundamente na riqueza do conteúdo**, captar solidamente as **contradições** e o **movimento**.
i) Em certas fases do próprio **pensamento**, este deverá se transformar, se **superar**.

Trabalhando com textos

Os textos a seguir foram escritos por filósofos estudados neste capítulo. Atente para as diferentes caracterizações do político e para as formas de ação que cada um deles traça.

Texto 1

Neste texto, Antonio Negri e Michael Hardt, autores de *Império*, refletem sobre os movimentos de revolta política que eclodiram pelo mundo a partir de 2011 e propõem a tese de que eles manifestam a emergência de um novo ator político: o "homem do comum", que seria a base para uma nova democracia.

Isto não é um manifesto: o homem do comum

É verdade que os movimentos sociais de resistência e revolta, incluindo o ciclo de lutas iniciado em 2011, criaram novas oportunidades e testaram novas experiências. No entanto, esses experimentos, belos e virtuosos como são, não possuem a força necessária para derrubar os poderes dominantes. Muitas vezes, mesmo os grandes sucessos podem rapidamente enfrentar seus trágicos limites. Expulse o tirano e o que se obterá? Uma junta militar? Um partido governante teocrático? Feche Wall Street e o que se obterá? Um novo resgate financeiro em favor dos bancos? As forças acumuladas contra nós parecem muito grandes. O monstro possui diversas cabeças!

Mesmo quando tomados pelo desespero, devemos nos lembrar que, ao longo da história, acontecimentos inesperados e imprevisíveis emergem e voltam a embaralhar completamente as cartas dos poderes políticos e das possibilidades. Você não precisa ser um milenarista para acreditar que esses acontecimentos políticos voltarão. Não é só uma questão de números. Num dia há milhões de pessoas na rua e nada muda, e, no outro, a ação de um pequeno grupo pode subverter completamente a ordem dominante. Às vezes, o acontecimento chega num momento de crise econômica e política, quando as pessoas estão sofrendo. Outras vezes, porém, o acontecimento ocorre em momentos de prosperidade, quando as esperanças e aspirações estão em ascensão. É possível, mesmo no futuro próximo, que toda estrutura financeira entre em colapso. Ou que os devedores ganhem a convicção e a coragem de não pagar suas dívidas. Ou que as pessoas se recusem em massa a obedecer àqueles no poder. Então, o que faremos? Que sociedade será construída?

Não somos capazes de saber quando esse tipo de acontecimento virá. Todavia, isso não significa que devemos apenas esperar até que ele chegue. Ao contrário, nossa tarefa política é paradoxal: devemos nos preparar para ele, ainda que sua data de chegada seja desconhecida.

[...] a rebelião e a revolta não ativam somente uma recusa, mas também um processo criativo. Ao subverter e inverter as subjetividades empobrecidas da sociedade capitalista contemporânea, descobrem algumas bases reais de nosso poder relativo à ação social e política. Uma dívida mais profunda é criada como uma obrigação social para a qual não há credor. Novas verdades são produzidas mediante a interação de singularidades que estão juntas. Uma segurança real é forjada por aqueles que não estão mais presos ao medo. E aqueles que se recusam a ser representados descobrem o poder da participação política democrática. Esses quatro atributos subjetivos, cada um deles caracterizado por um novo poder que as rebeliões e as revoltas alcançaram, definem em conjunto o *homem do comum*.

[...] A multidão que animou o ciclo de lutas de 2011 e os inúmeros outros movimentos políticos dos últimos anos não é, evidentemente, desorganizada. Claro, a questão da organização é um tópico fundamental do debate e da experimentação: como conduzir uma assembleia, como resolver desacordos políticos,

---

Milenarista: adepto do milenarismo, movimento religioso que afirma a volta de Jesus Cristo para instituir na Terra um reino de mil anos, período de justiça, paz e felicidade.

como tomar uma decisão política de modo democrático. Para todos aqueles que ainda são apaixonadamente fieis aos princípios da liberdade, da igualdade e do comum, constituir uma sociedade democrática está na ordem do dia.

NEGRI, Antonio; HARDT, Michael. *Declaração*: isto não é um manifesto. 2. ed. São Paulo: n-1 edições, 2016. p. 133-141.

Questões

1. Com base no texto, explique em que medida acontecimentos inesperados têm impacto na política.
2. Segundo o texto, por que nossa atividade política hoje é paradoxal? Explique com suas palavras.
3. Explique como você compreendeu os quatro atributos subjetivos que definem aquilo que os autores chamam de "o homem do comum".

Texto 2

No texto a seguir, Rancière expõe seu pensamento sobre a política de modo sistemático e na forma de teses. Nele se percebe a crítica à noção de consenso como anulação da política, e não sua realização.

Dez teses sobre a política

1. A política não é o exercício do poder. A política deve ser definida por ela mesma, como um modo de agir específico posto em ação por um sujeito próprio e realçando uma racionalidade própria. É a relação política que permite pensar o sujeito político, e não o inverso.

[...]

Perde-se aquilo que é próprio da política, se a pensamos como um mundo vivido específico. A política não poderia ser definida por nenhum sujeito que lhe preexistisse. É na forma mesma de sua relação que deve ser buscada a "diferença" política que permite pensar seu sujeito. Se retomamos a definição aristotélica de cidadão, vemos que há nela o nome de um sujeito que se define por um fazer parte de um modo de agir e ao sofrer que corresponde a esse modo de agir. Se há algo próprio da política nós o vemos por inteiro nessa relação que não é uma relação entre dois sujeitos, mas uma relação entre dois termos contraditórios pela qual se define um sujeito. A política desaparece quando desfazemos esse nó de um sujeito e de uma relação. É isso que se passa em todas as ficções, especulativas ou empiristas, que buscam a origem da relação política nas propriedades de seus sujeitos e nas condições de sua reunião. A questão tradicional: "por qual razão os homens se reúnem em comunidades políticas?" é já sempre uma resposta, e uma resposta que faz desaparecer o objeto que ela pretende explicar ou fundar, seja a forma do fazer parte político, que desaparece no jogo dos elementos ou dos átomos de sociabilidade.

2. O próprio da política é a existência de um sujeito definido por sua participação em relação aos contrários. A política é um tipo de ação paradoxal.

[...]

3. A política é uma ruptura específica com a lógica da *arkhé* ['o princípio']. Ela não supõe simplesmente a ruptura da distribuição "normal" das posições entre aquele que exerce uma potência e aquele que a sofre, mas uma ruptura na ideia das disposições que tornam "próprias" tais posições.

[...]

4. A democracia não é um regime político. Ela é, como ruptura da lógica da *arkhé*, isto é, da antecipação do comando nessa disposição, o regime mesmo da política como forma de relação definindo um sujeito específico.

[...]
A democracia não é de forma alguma um regime político, no sentido de constituição particular entre as diferentes maneiras de reunir os homens sob uma autoridade comum. A democracia é a instituição mesma da política, a instituição de seu sujeito e de sua forma de relação.
[...]
5. O povo, que é o sujeito da democracia, logo o sujeito matricial da política, não é a coleção dos membros da comunidade ou a classe laboriosa da população. Ele é a parte suplementar em relação a toda soma das partes da população, que permite identificar no todo da comunidade a soma dos não contados.
[...]
6. Se a política é o traçado de uma diferença evanescente com a distribuição dos partidos e das partes sociais, resulta que sua existência é em nada necessária, mas que ela advém como um acidente sempre provisório na história das formas da dominação. Disso resulta também que o litígio político tem por objeto essencial a existência mesma da política.
[...]
7. A política opõe-se especificamente à polícia. A polícia é uma partilha do sensível em que o princípio é a ausência de vazio e de suplemento.

A polícia não é uma função social, mas uma constituição simbólica do social. Sua essência não é a repressão, nem mesmo o controle sobre os vivos. Sua essência é uma certa partilha do sensível. Chamaremos partilha do sensível a lei geralmente implícita que define as formas do fazer parte ao definir, de princípio, os modos perceptivos nos quais elas se inscrevem [...] Essa partilha deve ser entendida no duplo sentido da palavra: aquilo que separa e exclui, de um lado, aquilo que faz participar, de outro lado. Uma partilha do sensível é o modo pelo qual se determina no sensível a relação entre um comum compartilhado e a repartição das partes exclusivas.
[...]
8. O trabalho essencial da política é a configuração de seu próprio espaço. É o de fazer ver o mundo de seus sujeitos e de suas operações. A essência da política é a manifestação do dissenso, como presença de dois mundos em um só.
[...]
9. Assim como o próprio da filosofia política é fundar o agir político em um modo de ser próprio, o próprio da filosofia política é apagar o litígio constitutivo da política. É na descrição mesma do mundo da política que a filosofia efetua esse apagamento. Sua eficácia se perpetua também até nas descrições não filosóficas ou antifilosóficas deste mundo.
[...]
10. O fim da política e o retorno da política são duas maneiras complementares de anular a política na relação simples entre um estado do social e um estado do dispositivo estatal. O consenso é o nome vulgar dessa anulação. [...]

RANCIÈRE, Jacques. Dix thèses sur la politique. In: *Aux bords du politique*. Paris: Folio Essais, 2007. p. 223-254. Texto traduzido.

> **Evanescente:** aquilo que tem curta duração.
> **Litígio:** o mesmo que conflito.

Questões

1. Qual é a diferença entre política e polícia?
2. Você concorda que a polícia ajuda a refletir sobre a política? Explique, usando suas palavras.
3. Como a política lida com as diferenças?
4. Por que, para Rancière, o consenso é a anulação da política?

Em busca do conceito

1. Explique o conceito de império proposto por Antonio Negri e responda: como ele pode ajudar a compreender o mundo contemporâneo?
2. Explique as relações entre biopolítica, sociedades de controle e império.
3. Explique a ideia de política como "partilha do sensível".
4. Explique a noção de dissenso e como ela fundamenta a política.
5. Que relação existe, segundo Rancière, entre emancipação política e emancipação intelectual?
6. Leia a letra da canção dos Titãs reproduzida a seguir. Depois, responda à pergunta que se segue.

   Disneylândia

   Filho de imigrantes russos casado na Argentina com uma pintora judia,
   Casou-se pela segunda vez com uma princesa africana no México.
   Música hindu contrabandeada por ciganos poloneses faz sucesso no interior
      [da Bolívia.
   Zebras africanas e cangurus australianos no zoológico de Londres.
   Múmias egípcias e artefatos incas no museu de Nova York.
   Lanternas japonesas e chicletes americanos nos bazares coreanos
      [de São Paulo.
   Imagens de um vulcão nas Filipinas passam na rede de televisão
      [em Moçambique.
   Armênios naturalizados no Chile procuram familiares na Etiópia.
   Casas pré-fabricadas canadenses feitas com madeira colombiana.
   Multinacionais japonesas instalam empresas em Hong-Kong e produzem
      [com matéria-prima brasileira para competir no mercado americano.
   Literatura grega adaptada para crianças chinesas da comunidade europeia.
   Relógios suíços falsificados no Paraguai vendidos por camelôs no bairro
      [mexicano de Los Angeles.
   Turista francesa fotografada seminua com o namorado árabe na
      [Baixada Fluminense.
   Filmes italianos dublados em inglês com legendas em espanhol nos
      [cinemas da Turquia.
   Pilhas americanas alimentam eletrodomésticos ingleses na Nova Guiné.
   Gasolina árabe alimenta automóveis americanos na África do Sul.
   Pizza italiana alimenta italianos na Itália.
   Crianças iraquianas fugidas da guerra não obtêm visto no consulado
      [americano do Egito para entrarem na Disneylândia.

   TITÃS. Disneylândia. *Titanomaquia*. Warner Music, 1993.
   Letra disponível em: <www.letras.com.br/#!titas/disneylandia>. Acesso em: 17 maio 2018.

   Como você analisa essa letra com base nos conceitos de globalização e de política estudados no capítulo? Escreva uma dissertação argumentativa expondo suas conclusões.

7. Faça uma pesquisa sobre ações políticas realizadas recentemente por meio das redes sociais virtuais, selecione uma delas e responda:
   a) Qual é o objetivo da ação?
   b) Quem são os organizadores?
   c) Quantas pessoas estão envolvidas?
   d) Qual é a forma de participação?
   e) A ação obteve algum resultado positivo?
   f) Pode-se afirmar que esse tipo de ação representa uma forma de emancipação política, segundo os conceitos estudados no capítulo?

8. Ao se cadastrar em uma rede social, você tem o hábito de ler documentos como "Termos de uso" e "Política de privacidade"? Escolha uma rede de sua preferência, leia e analise seus documentos e responda: a ação dessa rede contribui para a participação democrática dos usuários?

9. Leia a matéria a seguir, publicada pela revista *Superinteressante* em outubro de 2012, época de eleições municipais no Brasil e eleições presidenciais nos Estados Unidos.

As armas do futuro na guerra política

Com as eleições municipais no Brasil e para presidente nos Estados Unidos, veja como celulares e computadores têm papel de destaque nas mãos de representantes e representados.

Aplicativos engajados

Os americanos têm aliados poderosos: os aplicativos. Numa eleição em grande parte financiada pelo setor privado, um aplicativo ajuda a achar as empresas que apoiam os presidenciáveis. Basta esperar a campanha do político começar e apontar o celular para a televisão. Ele identifica quem deu o dinheiro e mostra notícias sobre aquele candidato. Outro aplicativo ainda informa se os dados mostrados no comercial são verdadeiros.

Buscas compradas

Ainda nos Estados Unidos, anúncios pagos em *sites* de busca são responsáveis por grande parte dos acessos aos portais dos candidatos. 60% das visitas à página do democrata Barack Obama vêm desses anúncios.

E no Brasil?

Por aqui, ainda estamos no começo. O aplicativo Candidatos exibe uma ficha dos aspirantes a prefeito e vereador. Mais simples, o aplicativo Eleições ajuda a organizar as opções de voto e atualiza o usuário sobre o resultado das eleições.

ROMERO, Luiz. *Superinteressante*, out. 2012. Disponível em: <http://super.abril.com.br/cotidiano/armas-futuro-guerra-politica-721147.shtml>. Acesso em: 17 maio 2018.

Entreviste duas pessoas que tenham acesso a informações veiculadas por meios de comunicação impressos e eletrônicos. Faça as seguintes perguntas:

a) Você acredita que os meios de comunicação são importantes para a formação de opinião política? Por quê?

b) Qual é a diferença entre os meios impressos e os eletrônicos na atuação política dos cidadãos?

Relate aos colegas as respostas obtidas. Depois, discutam: as tecnologias de informação e comunicação têm o potencial de tornar o mundo mais democrático?

10. No ano de 2003 debateu-se intensamente na França um projeto de lei (aprovado em março de 2004) que proibia o uso de símbolos religiosos nas escolas públicas, inclusive na forma de adereços pessoais. A argumentação central era a de que o Estado é laico e as instituições públicas também devem sê-lo. No contexto desse debate, Jacques Rancière fez uma conferência na rádio France Culture, em 19 de dezembro de 2003. O texto a seguir é a transcrição dessa exposição. Leia-o e responda à pergunta que se segue.

Sobre o véu islâmico: um universal pode esconder outro

Há uma maneira tranquilizadora de colocar a questão que se está chamando "do véu islâmico". Ela consiste em sopesar dois princípios da vida em comum. Por um lado, a universalidade da lei à qual as particularidades devem estar submetidas; por outro, o respeito às diferenças, sem o qual nenhuma comunidade é viável. Sem dúvida, poderia acontecer de a questão ser mais temível: que se tratasse de escolher não entre o universal e o particular, mas entre várias formas universais e várias maneiras de particularizar o universal.

Sopesar: contrabalançar o peso de duas coisas.

Aquilo a que se apela com maior facilidade na atualidade é o universal jurídico-estatal da lei que não faz preferências entre as pessoas e suas peculiaridades. De fato, é duvidoso que esse universal possa resolver a querela aqui tratada. Se a educação pública se dirige a todos por igual, deixando de lado as características – religiosas ou não – que diferenciam os alunos, a consequência mais lógica é que também se deve ser distribuída a todos e a todas, sem levar em conta tais diferenças e símbolos que as exibam. A escola, então, não deve excluir tais símbolos, uma vez que, por definição, não os vê.

O pedido de uma lei sobre o véu é então o pedido de uma lei que introduza uma exceção na invisibilidade das diferenças com respeito à lei. Deve ser feita em nome de um princípio de universalidade que ultrapasse a mera igualdade jurídica. Para os defensores mais intransigentes da laicidade, essa universalidade é aquela do conhecimento compartilhado, superior a qualquer convenção jurídica e a toda lei estatal. A criança que tenha compreendido – diz uma teoria da laicidade – está em uma posição divina. Essa participação espinosana na divindade do conhecimento define, para a escola que forma segundo ela, um regime de exceção radical ao regime comum de indiferença para com as diferenças.

Espinosano: relativo à filosofia de Baruch de Espinosa.

A questão é saber se uma lei como aquela hoje proposta responde de forma adequada a essa exigência. Se a comunidade escolar é uma exceção em relação aos agrupamentos sociais comuns, o que primeiro deve reivindicar é sua autonomia. Os diretores e os conselhos disciplinares são aqueles que possuem o poder de avaliar soberanamente que pessoas e que atitudes são as que destroem a comunidade do saber. Desse ponto de vista, nada é pior que a tendência atual a despojar as instituições escolares de seu poder de decisão para entregá-lo aos tribunais. Sem dúvida, a lei proposta evidentemente não faz outra coisa senão reforçar essa tendência, que trata a escola como qualquer outro lugar social.

O que sustenta, então, o pedido atual da lei não é nem a universalidade indiferente às particularidades nem a singularidade radical da comunidade escolar. É um universal cultural, a ideia de um conjunto de valores de universalidade sobre os quais se assenta nossa sociedade e que impõe uma repressão, não das diferenças em geral, mas de algumas particularidades opostas a tais valores. A lei proposta é, pois, uma lei excepcional, que aponta a alunos de um sexo e uma religião determinados, a fim de agir de modo indireto sobre a comunidade a que pertencem. A exclusão das meninas que usam véu é posta como uma maneira de liberar as mulheres muçulmanas do véu e da situação de desigualdade da qual ele é símbolo.

Uma posição desse tipo exige somente que se revogue a forma de universalidade até então reivindicada pelos teóricos da laicidade. A escola, diziam, ocupa-se apenas de uma única igualdade, a sua: aquela do saber que distribui a todos por igual. Ainda que queira ocupar-se em reduzir as desigualdades existentes na sociedade, confunde a instrução e funde a universalidade do saber nos perigos da demanda social. Os termos em que hoje está redigido o pedido de lei voltam a questionar, sem dizê-lo, essa visão da especificidade escolar. Não reivindicam a neutralidade da escola, e sim uma função social da qual ela deva ser instrumento. Mas se a escola deve, uma vez mais, reduzir as desigualdades na sociedade, colocam-se duas questões: quais desigualdades sociais pertencem à escola e quais não? E esse efeito deve ser operado por aquilo que a escola inclui ou por aquilo que ela exclui?

São perguntas um pouco intimidantes, por isso a busca de um terreno aparentemente mais seguro: aquele da luta por defender a homogeneidade social contra as diferenças comunitárias. O que converte esse terreno seguro em instável por si mesmo é que nossa sociedade está regulada, antes de tudo, por uma quarta universalidade: a universalidade capitalista do equivalente monetário. Nos tempos de Marx se acreditava que se afogaria nas águas geladas da diferença religiosa. Agora parece que suas consequências são muito diferentes: por um lado, tende a fazer da insígnia religiosa um desses símbolos de diferença que cada um de nós – e cada aluno em particular – deve exibir em seu corpo como marca de pertencimento à felicidade coletiva do sistema; por outro, tende a fazer da diferença religiosa a única diferente que lhe resiste, o único princípio de outra comunidade.

Pensar a relação desses quatro universais e agir esse pensamento provavelmente exigiria a participação de um quinto universal. Poderíamos chamar "universal político" a esse universal adicional que mediria a todos os outros com sua régua, a da igualdade incondicional de todos com todos. Mas talvez isso seja trabalho demais. Tenhamos, portanto, uma lei cuja tarefa será dissimular, em sua aparente simplicidade, a contradição não medida dos universais. A questão reside em saber se a confusão consensual dos conceitos pode curar a confusão comunitária dos sentimentos.

RANCIÈRE, Jacques. Sobre el velo islámico: un universal puede esconder otro. In: *Momentos políticos*. Buenos Aires: Capital Intelectual, 2010. p. 121-124. Texto traduzido.

Várias situações cotidianas podem ser consideradas análogas à discutida por Rancière no texto anterior.

I. Escreva um texto de reflexão sobre o possível sentido de expor um símbolo religioso em cada caso a seguir:

a)
// Sala de aula em Burgos, na Espanha, em 2009.

b)
// Tatuagem da Estrela de Davi em perna de fiel. Jerusalém, 2008.

c)
// Árvore de Natal em Antônio Prado (RS), em 2008.

d)
// Cristo Redentor na cidade do Rio de Janeiro (RJ), em 2008.

e)
// O profeta Baruc, escultura de Aleijadinho, em frente à Basílica do Bom Jesus de Matosinhos, em Congonhas (MG), em 2011.

f)
// Bandeira da Turquia, com o símbolo do islã.

II. Com base nas análises que você fez no item anterior, redija uma dissertação filosófica sobre o tema "A presença dos símbolos religiosos na sociedade democrática laica".

Dissertação filosófica

Veja agora algumas dicas de como redigir uma dissertação filosófica segundo o **plano progressivo**. Nesse plano, deve-se trabalhar com uma noção ou um conjunto de noções que serão apresentados segundo diferentes perspectivas.

O trabalho deve ser organizado em várias partes. Em cada uma delas, explora-se determinada perspectiva do tema.

Se o assunto da dissertação for um conceito, em cada parte pode-se apresentar como esse conceito foi trabalhado por diferentes filósofos. Ao final, o autor redige uma conclusão, na qual apresenta seu ponto de vista.

Segundo Jacqueline Russ (1934-1999):

> [...] o método progressivo consiste então em construir e produzir, a partir de pontos de vista diferentes, definições sucessivas da noção ou do conceito considerados, definições cada vez mais complexas e ricas, de modo a trazer à tona e explicitar a essência do termo que exige análise: trata-se de dar uma explicação autêntica da noção ou conceito.
>
> RUSS, Jacqueline. *Os métodos em filosofia*. Petrópolis: Vozes, 2010. p. 109.

Sugestões de leituras

DALLARI, Dalmo de Abreu. *O que é participação política*. 5. ed. São Paulo: Brasiliense, 1984.

Uma discussão em linguagem acessível sobre os fundamentos da política e a necessidade de uma efetiva participação popular para a construção de um regime democrático.

LE GUIN, Ursula K. *A mão esquerda da escuridão*. São Paulo: Aleph, 2008.

Romance de ficção científica que trata da tentativa de construção de uma comunidade política universal. Um enviado visita o planeta Inverno para convencer seus habitantes a aderir a essa comunidade, mas sente na pele o que é ser um estranho em um mundo estranho. O romance propõe uma profunda reflexão sobre a convivência das diferenças e as possibilidades de construção da comunidade.

NEGRI, Antonio; HARDT, Michael. *Declaração*: isto não é um manifesto. São Paulo: n-1 edições, 2016.

Os autores analisam as lutas políticas contemporâneas, com foco nos movimentos de rua nos países árabes, na Europa, nos Estados Unidos e no Brasil, questionando a emergência de novas formas de governar e contribuindo para a construção de uma sociedade horizontalizada, fundada na noção de comum.

ROSENFIELD, Denis L. *O que é democracia*. São Paulo: Brasiliense, 1984.

Uma introdução em linguagem clara e simples às várias teorias que embasam o sistema democrático.

CAPÍTULO 16

Desafios éticos contemporâneos: novas formas de agir?

Jack (Al Pacino) em cena do filme *Você não conhece o Jack*. Direção de Barry Levinson. Estados Unidos, 2010. (134 min).

O filme *Você não conhece o Jack* conta a história verídica de Jack Kevorkian, médico defensor da eutanásia, e suas batalhas judiciais para legalizar o suicídio assistido.

No final do século XX, o médico norte-americano Jack Kevorkian tornou-se mundialmente conhecido como Dr. Morte. Com o objetivo de abreviar o sofrimento de doentes terminais, ele desenvolveu uma máquina para a prática do "suicídio assistido": o próprio paciente acionava um mecanismo capaz de liberar substâncias letais em seu corpo. Mais de 130 pessoas morreram por meio desse procedimento, considerado um tipo de eutanásia e proibido por lei em diversos países, inclusive nos Estados Unidos. Em muitos locais, a lei também considera crime fornecer meios para que alguém pratique a eutanásia. Suspeita-se que alguns pacientes de Jack Kevorkian não eram doentes terminais, e sim pessoas depressivas que poderiam ter recebido tratamento específico. Ele foi processado e condenado à prisão. Sua história é contada no filme *Você não conhece o Jack*.

O caso envolve uma questão ética importante: as pessoas devem ter o direito de decidir quando e como querem morrer?

Em sociedades que funcionam segundo a lógica do biopoder, cuja função primordial é garantir a vida dos cidadãos, essa situação se torna bastante controversa. Nem sempre é fácil estabelecer os limites entre o cidadão e o Estado.

O filósofo francês Gilles Lipovetsky (1944-) afirma que vivemos em uma "sociedade pós-moralista", na qual nossas ações já não são determinadas pelo dever, pois a ética abarca praticamente todos os campos da vida social. Fala-se de ética nas empresas, na política, na imprensa, nas decisões relacionadas à vida humana e aos animais, na educação e em outras tantas áreas.

As instituições são chamadas a criar e a tornar públicos seus "códigos de ética". Tudo isso, segundo o filósofo, porque a ética já não tem, de fato, o valor e a força que teve outrora. Vivemos uma "moralidade minimalista", com valores que mudam de acordo com a situação. Essa é uma das formas do que se denomina **relativismo moral**.

INFORMAÇÕES COMPLEMENTARES

Eutanásia

De origem grega, o termo significa "boa morte", "morte tranquila e sem sofrimento". Em Medicina, designa o ato de antecipar a morte de um doente terminal com o objetivo de abreviar seu sofrimento e a dor física.

O sociólogo polonês **Zygmunt Bauman** opunha-se frontalmente a Lipovetsky. As preocupações éticas continuam as mesmas, dizia Bauman, que cita os direitos humanos, a justiça social, a autoafirmação pessoal e a relação entre a conduta individual e o bem-estar coletivo. Porém, para ele, hoje esses problemas precisam ser tratados de uma nova maneira, gerando possibilidades de transformação.

Zygmunt Bauman (1925-2017)

Sociólogo polonês, foi professor emérito das universidades de Leeds (Reino Unido) e de Varsóvia (Polônia). Pensador crítico do mundo contemporâneo, criou a expressão "modernidade líquida" para analisar as relações fluidas e sempre em transformação que travamos na atualidade. Escreveu, entre outros livros, *O mal-estar da pós-modernidade* (1997) e *Modernidade líquida* (2000).

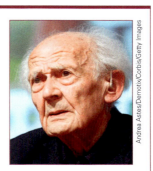

// Zygmunt Bauman, em foto de 2015.

Mesmo que não tomemos partido por uma dessas posições, aquilo que elas ressaltam é de grande importância. Não podemos deixar de enfrentar os problemas éticos que surgem todos os dias em várias esferas da vida. É necessário encontrar ferramentas conceituais para esse enfrentamento.

Você poderá refletir melhor sobre isso ao conhecer, a seguir, algumas importantes perspectivas filosóficas contemporâneas sobre a ética. Analisaremos três temas éticos fundamentais: a bioética, que trata de questões relacionadas à vida; o mundo corporativo e as relações entre economia e política; e o meio ambiente.

Na Suíça, associações oferecem a // estrutura necessária para a eutanásia, ou o suicídio assistido, prática médica permitida por uma brecha na legislação do país. Uma das mais conhecidas se chama Dignitas (em latim, "dignidade") e tem como lema "viver com dignidade – morrer com dignidade".

Questões de vida e de morte: elementos da bioética

Cada vez mais, o conhecimento científico e tecnológico permite a manipulação de processos naturais. Os novos saberes trouxeram muitos benefícios, como o aumento da expectativa de vida, o conforto da vida urbana e a agilidade nas comunicações. Porém, quando realizada de forma excessiva e sem parâmetros, a interferência na natureza pode colocar em risco a vida de diversas espécies, inclusive a humana, razão pela qual esses procedimentos sempre envolvem discussões éticas.

Com o avanço da Medicina, é possível, por exemplo, realizar o transplante de órgãos, o que levanta um dilema ético relacionado à vida. O critério médico da morte encefálica (ou cerebral) atesta o óbito do potencial doador, embora muitas vezes o coração continue a bater e a temperatura do corpo se mantenha normal. Cabe à equipe de transplantes orientar os familiares do paciente sobre o critério, confortá-los pela perda de seu ente querido e, ao mesmo tempo, convencê-los da importância da doação imediata dos órgãos, que poderão melhorar a qualidade de vida de outras pessoas ou até mesmo salvar a vida delas. Acima de tudo, é dever ético da equipe respeitar a vontade da família.

Situações como essa pertencem ao campo da **bioética**, um conjunto de interrogações e procedimentos éticos relacionados ao fenômeno da vida. O termo foi utilizado pela primeira vez na Alemanha, no título de um artigo do teólogo Fritz Jahr, "Bioética: um panorama das relações éticas dos homens com os animais e as plantas", de 1927. No início da década de 1970, o termo foi retomado pelo médico oncologista Van Renssellaer Potter para integrar às ciências da vida os estudos sobre valores. A partir daí, a bioética foi se constituindo como um campo de pesquisas e consolidando sua importância, especialmente no âmbito da medicina.

Uma das principais fontes filosóficas da bioética é o trabalho do filósofo **Hans Jonas**. Para Jonas, agir com ética é "atuar de forma que os efeitos de suas ações sejam compatíveis com a permanência de uma vida humana genuína". A ética, portanto, diz respeito à vida não apenas do indivíduo, mas da espécie humana.

Capa do filme *A bela que dorme*. Direção de Marco Bellocchio. Itália e França, 2012. (115 min).

Filme sobre a batalha judicial em torno do caso verídico de Eluana Eglaro, uma jovem italiana que, depois de um acidente, passou 17 anos em estado vegetativo. Seu pai recorreu à justiça para ter o direito de desligar as máquinas que alimentavam sua filha.

De acordo com Álvaro Valls (1947-), filósofo brasileiro especialista em ética, são quatro os princípios básicos da bioética que se aplicam aos profissionais da área de saúde, tanto os que exercem a profissão (médicos, enfermeiros e outros) quanto os que fazem pesquisas que envolvam seres humanos:

Cartaz de campanha de doação de órgãos de 2010, do Ministério da Saúde. No Brasil, por muitos anos foi necessário que o futuro doador deixasse sua vontade expressa por escrito em documento. Em 1997 avançou-se para a doação presumida, mas, posteriormente, condicionou-se a doação de órgãos ao consentimento familiar.

1. **princípio da não maleficência**: proveniente do código de conduta médico definido na Antiguidade por Hipócrates (séculos V a.C.-IV a.C.), afirma que o profissional deve agir de modo a não causar nenhum mal ao paciente;
2. **princípio da beneficência**: também proveniente do código hipocrático, afirma que o profissional deve agir de modo a buscar o benefício do paciente;
3. **princípio do respeito à autonomia do indivíduo**: de origem moderna, procura desfazer o paternalismo na relação profissional-paciente; o paciente deve ser informado de tudo e decidir por si próprio se quer ou não ser tratado e de que forma; no caso de participação em uma pesquisa, ele deve tomar conhecimento e assinar o termo de consentimento esclarecido;
4. **princípio de justiça**: busca regular as relações entre o profissional e o paciente em uma perspectiva contratual, não baseada apenas na autoridade do profissional.

Hans Jonas (1903-1993)

Filósofo alemão de origem judaica, estudou Filosofia e Teologia. Com a ascensão do nazismo, refugiou-se na Inglaterra e depois na Palestina. Ensinou na Universidade Hebraica de Jerusalém; transferiu-se para o Canadá e posteriormente para os Estados Unidos, onde trabalhou na Nova Escola de Investigações Sociais de Nova York, entre 1955 e 1976. Em sua obra destacam-se os seguintes livros: *O princípio vida:* fundamentos de uma biologia filosófica (1966), *O princípio responsabilidade* (1979) e *Técnica, medicina e ética* (1985).

// Hans Jonas, em 1991.

Nos trechos abaixo, destacados do Juramento de Hipócrates, que até hoje é utilizado como símbolo do comprometimento médico, fica clara a influência do teórico grego sobre os princípios contemporâneos da bioética:

> Eu juro por Apolo, médico, por Esculápio, por Higea e Panacea, e tomo por testemunha todos os deuses e todas as deusas, cumprir, segundo meu poder e minha razão, o que se segue:
> [...]
> Aplicarei os regimes para o bem do doente, segundo o meu poder e entendimento, nunca para causar dano ou mal a alguém. A ninguém darei com comprazer, nem remédio mortal, nem um conselho que induza a perda. Do mesmo modo não darei a nenhuma mulher uma substância abortiva.
> [...]
> Em toda casa que eu vá, aí entrarei pelo bem dos doentes, mantendo-me longe de todo o dano voluntário e de toda sedução, sobretudo longe dos prazeres do amor, com as mulheres ou com os homens livres ou escravizados.
> Aquilo que, no exercício ou fora do exercício da profissão e no convívio da sociedade, eu tiver visto ou ouvido, que não seja preciso divulgar, eu conservarei inteiramente secreto.
> [...]
>
> Hipócrates. *Conhecer, cuidar, amar:* "O juramento" e outros textos. São Paulo: Landy, 2002. p. 17-18.

Podemos compreender a bioética como uma **ética aplicada**. Seu objetivo é refletir sobre problemas concretos e definir princípios e valores para lidar com esses problemas. Nessa perspectiva, Peter Singer (1946-) defende uma mudança radical no campo da ética, dada a complexidade atual das questões relacionadas à vida. No livro *Repensando a vida e a morte: o colapso da ética tradicional*, publicado em 1994, ele afirma que não se pode continuar a utilizar uma perspectiva religiosa, que considera a vida humana sagrada. É preciso repensar os valores para criar uma nova ética, adequada aos novos problemas práticos.

Gravura colorizada de Hipócrates, feita no século XVI. Hipócrates viveu entre os séculos V e IV a.C. e é considerado o fundador da medicina como conhecimento racional e não religioso. O enorme *Corpus hippocraticus* contém obras dele, as de alguns de seus seguidores e outras cuja autoria é desconhecida, mas que por muito tempo foram creditadas a ele.

Assumindo essa tarefa, Singer seleciona cinco mandamentos do que ele chama "velha ética" e propõe reescrevê-los:

1. **Trate todas as vidas humanas como se tivessem valor igual**. Singer diz que isso já não se sustenta. Os médicos, afirma ele, fazem um grande esforço para salvar a vida de um bebê com anomalias, mas ao mesmo tempo permitem que um idoso com mal de Alzheimer morra de pneumonia ao não lhe darem antibióticos. São duas vidas humanas, mas a medicina as trata de maneiras distintas. A própria desigualdade social fere esse mandamento. No Brasil, por exemplo, quem tem bom poder aquisitivo pode pagar pela internação imediata e pelo tratamento em hospitais bem equipados, enquanto pessoas pobres aguardam por um atendimento, em muitos casos, precário, em macas ou mesmo no chão dos corredores de hospitais públicos. O filósofo cita também casos específicos de prolongamento da vida de pacientes que não têm condição de sobreviver, como um bebê nascido sem cérebro ou um esportista acidentado que vive décadas em estado vegetativo. Assim, ele propõe escrever o "primeiro novo mandamento" da seguinte maneira: "Reconheça que o valor da vida humana é variável". Isso permitiria, por exemplo, aceitar a decisão de suicídio de alguém com doença incurável e dolorosa, até porque essa pessoa poderia doar seus órgãos para salvar a vida de outras.

No Brasil, desde abril de 2012 o aborto de bebês anencéfalos não é considerado crime e pode ser feito com assistência médica na rede de saúde. Na foto de 2012, manifestações de religiosos contrários ao procedimento, em Brasília (DF).

Quem são os animais?

Te julgam e não aceitam a tua fome
Te insultam e te condenam a pecar
Te julgam e nem conhecem teu nome
Te humilham não te deixam falar

Você tem que respeitar o direto de
escolher livremente
Como um velho mandamento
Você tem que respeitar o direito
de ser diferente
Como um novo sacramento

Te chamam de viado
E vivem no passado
Te chamam de macaco
Inventam o teu pecado

Te julgam pela cor da tua pele
Te insultam e te condenam a penar
Te julgam pela roupa que vestes
Te humilham e não te deixam falar

Você tem que respeitar o direto de
escolher livremente
Como um velho mandamento

Você tem que respeitar o direito de ser diferente
Como um novo sacramento

Te chamam de viado, de sujo, de incapaz
Te chamam de macaco
Quem são os animais?

Ninguém diz o que se vê – perceba a minoria
Ninguém fala por você – perceba a minoria
Ninguém diz o que se vê – perceba a minoria

Ninguém fala por você
Ninguém diz, ninguém fala
Ninguém fala por você
Ninguém diz, ninguém fala
Ninguém fala por você

Você tem que respeitar o direto de escolher
livremente
Como um velho mandamento
Você tem que respeitar o direito de ser diferente
Como um novo sacramento

Você tem que respeitar o direto de escolher
livremente

TITÃS, Quem são os animais? *Nheengatu* (CD), 2014. Letra disponível em: <www.letras.mus.br/titas/quem-sao-os-animais/#album:nheengatu-2014>. Acesso em: 17 abr. 2018.

2. **Jamais tire intencionalmente a vida de um ser humano inocente**. Esse mandamento não tem sido suficiente para evitar que pessoas sejam assassinadas em guerras, assaltos e outros episódios de violência. No entanto, ele limita a ação dos médicos, que se veem impedidos de agir na circunstância específica de doentes terminais – como no polêmico caso do Dr. Morte, citado no início do capítulo. Singer propõe que tal mandamento seja reescrito desta forma: "Assuma a responsabilidade pelas consequências de suas decisões". O filósofo afirma que, com isso, o médico poderia sentir-se livre para aceitar a vontade do paciente, no caso de uma doença terminal, e conduzir a eutanásia da forma que julgar mais adequada, assumindo a responsabilidade por essa decisão.

3. **Jamais tire sua própria vida e sempre tente impedir outros de tirarem suas vidas**. Singer afirma que esse mandamento tem origem no fato de que o cristianismo considera o suicídio um pecado. Só Deus pode decidir a hora da morte de cada um. Contudo, diz ele, isso não faz sentido no caso de doentes terminais. Desde que sua decisão não cause danos a outras pessoas, cada um deveria ser capaz de escolher se deseja morrer ou continuar vivendo. Por isso ele sugere este "terceiro novo mandamento": "Respeite o desejo do outro de viver ou morrer".

4. **Sede frutíferos e multiplicai-vos**. Se esse princípio fazia sentido em uma época na qual o planeta era pouco povoado, o que dizer dele hoje, quando mais de 7 bilhões de pessoas disputam espaço e recursos?

Capa do filme *A ilha*. Direção de Michael Bay. Estados Unidos, 2005. (136 min).

Ficção científica que põe em discussão temas atuais da bioética, como clonagem humana e uso de células-tronco no tratamento de doenças congênitas.

Ainda faz sentido incentivar a multiplicação? Como garantir qualidade de vida a tanta gente? A nova versão proposta é: "Só traga ao mundo filhos desejados". Singer afirma que essa reforma do quarto mandamento nos permitiria enfrentar de forma muito mais racional questões como o aborto e o descarte de embriões mantidos em laboratório.

5. **Trate toda vida humana como se fosse mais valiosa que qualquer vida não humana**. Segundo Singer, o antropocentrismo dessa formulação não tem nenhuma sustentação racional. Apenas uma perspectiva religiosa, que afirma que o ser humano é superior aos outros animais, poderia dar-lhe algum sentido. Ele propõe a seguinte formulação para o "quinto novo mandamento": "Não discrimine com base na espécie". Se os humanos não são o centro do universo, não faz sentido afirmar sua superioridade e, com base nisso, discriminar outras espécies animais. Isso implica, por exemplo, não testar produtos dermatológicos nem medicamentos em animais, causando-lhes sofrimento. Singer alerta, porém, que esse mandamento não pode contradizer o primeiro. Não se trata de afirmar que toda vida, humana ou não humana, tem o mesmo valor. Se nem as vidas humanas têm o mesmo valor, não faria sentido afirmar que todas as espécies valem o mesmo. O que esse quinto novo mandamento afirma é apenas que não podemos discriminar outras espécies por considerar a espécie humana mais importante.

As propostas de Singer têm provocado muita polêmica. No entanto, é preciso reconhecer seu mérito de rediscutir valores até então considerados absolutos, universais e inquestionáveis. Não é possível julgar os problemas bioéticos de hoje – como eutanásia, aborto e manipulação genética – com base em valores e conceitos originados da "velha ética".

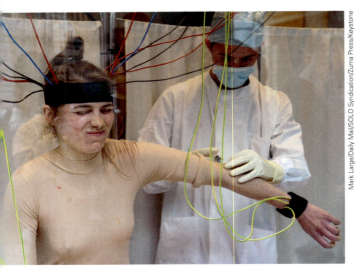

// Em 2012, na vitrine de uma loja de Londres, capital da Inglaterra, a artista Jacqueline Traide se submeteu publicamente a testes químicos e a outros procedimentos comumente aplicados em animais usados como cobaias em laboratórios. A aversão causada pela intervenção artística expõe o antropocentrismo de nossas concepções éticas.

Ética, empresa e sociedade: um novo tecido político?

No início da primeira década dos anos 2000, um escândalo empresarial sem precedentes causou grandes perdas nos Estados Unidos. Uma companhia que atuava no ramo de energia fraudou suas operações financeiras para elevar o valor de suas ações na Bolsa de Valores. Como os altos lucros divulgados não correspondiam ao crescimento real da empresa, em determinado momento as ações começaram a cair. Os altos executivos da companhia venderam rapidamente suas ações, a empresa decretou falência e o prejuízo ficou para seus funcionários e pequenos investidores. As investigações revelaram indícios da conivência de influentes políticos norte-americanos nas fraudes.

Casos como esse ilustram os graves problemas éticos contemporâneos concernentes às relações das empresas e dos setores públicos com a sociedade. Nas últimas décadas, com o objetivo de estabelecer parâmetros para suas ações, as empresas têm elaborado **códigos de ética**. Segundo Gilles Lipovetsky, o surgimento nos Estados Unidos do campo nomeado como "ética nos negócios" é mais um sintoma do que ele denomina "sociedade pós-moralista".

// Tirinha do personagem Calvin, de Bill Watterson (1993).

O filósofo afirma que a empresa, que sempre se preocupou estritamente com o aspecto financeiro de sua atividade, guiando-se por eficácia e rentabilidade, agora parece buscar sua "alma", que seria traduzida em um código de conduta ética.

O fenômeno da ética nos negócios está intimamente relacionado com as sociedades democráticas. As empresas tornam-se parte de um jogo político no qual os funcionários e os clientes são vistos como cidadãos, e a própria empresa apresenta-se como partícipe da vida social. É nesse contexto que surge a ideia de "responsabilidade social da empresa". Entende-se por **responsabilidade social** o compromisso da empresa com a sociedade, por meio de uma atuação responsável e ética nos diversos aspectos, desde a preocupação com o meio ambiente até o desenvolvimento social e econômico.

Lipovetsky afirma que a ética é um "bom negócio" para as empresas, pois, ao ser instrumentalizada, as ajuda a construir uma imagem social de respeitabilidade e confiança. Um código de ética, longe de inibir a liberdade e os movimentos, confere à empresa uma "personalidade moral" e respeito público, atraindo mais clientes. Constrói-se a ideia de que o lucro não é mais a finalidade última da empresa, passando a ser visto como o meio de realização de seu projeto social.

As instituições públicas fazem algo similar. Várias instituições das diversas esferas de governo criaram seus códigos de ética, no intuito de definir os princípios de ação e da relação com os cidadãos, no que diz respeito, por exemplo, à transparência. Assim, fortalece-se a imagem das instituições pelo bom uso dos recursos públicos ao se determinar por lei que a população tem o direito de consultar as finanças de todos os órgãos de governo. Exemplo disso é o Portal da Transparência, um *site* mantido pela Controladoria-Geral da União desde 2004 que permite fiscalizar os gastos de dinheiro público por parte do Governo Federal.

No âmbito da ação política, a ética se empenha na busca de uma convivência democrática por meio do diálogo e do consenso. Os filósofos Levinas e Habermas se dedicaram a analisar esse tema.

Levinas: o outro é um ser

O pensamento de **Emmanuel Levinas** foi muito influenciado pelo holocausto perpetrado pelos nazistas. Toda a filosofia ocidental, disse ele, foi pensada segundo a lógica da dominação do ser humano por outro ser humano. Daí a necessidade urgente de dirigir-se ao outro, àquele que não sou eu, mas não para dominá-lo nem para ser dominado por ele. Uma primeira fase da filosofia ocidental, da Antiguidade à Idade Média, foi centrada no estudo do "ser". Esse estudo apagou a ideia de **alteridade** (a condição de ser o outro), pois a noção geral de ser envolve o estudo daquilo que é em si mesmo, e não a partir de outro. O estudo do ser é fechado em si mesmo. Depois de pensar o ser, a filosofia passou a pensar o eu: a filosofia moderna constituiu-se como uma filosofia do sujeito. Mas nessa filosofia do sujeito o outro também ficou de fora, pois ele é sempre definido a partir daquilo que não é o "eu". Era necessário, portanto, voltar-se para o outro, colocar aquilo que é diferente em primeiro plano na análise. Essa é, pensava Levinas, a tarefa da filosofia contemporânea. Isso significaria colocar a ética em primeiro lugar, pois é dessa relação com o outro que surge o questionamento moral.

Emmanuel Levinas (1906-1995)

Filósofo francês nascido na Lituânia em uma família judaica, estudou Filosofia em Estrasburgo, na França. Foi influenciado por Husserl e por Heidegger. Seu pensamento filosófico se concentrou na questão do outro (alteridade). Em sua extensa obra, destacam-se os títulos: *Totalidade e infinito: ensaio sobre a exterioridade* (1961), *Humanismo do outro homem* (1972), *Entre nós: ensaios sobre a alteridade* (1991) e *Ética como filosofia primeira* (publicação póstuma em 1998).

Emmanuel Levinas, em foto de 1988.

Dessa forma, a ética está fundada em dois conceitos centrais: **proximidade** e **responsabilidade**. A vida humana é marcada pelo constante e incontornável encontro com o outro, ou seja, com aquilo que é diferente do **eu**. Nesse encontro, o rosto do outro vem até nós e nos faz perceber que existe um ser "igual a mim", porém diferente. Ele é igual a mim na medida em que tem, assim como eu, uma consciência, mas é diferente de mim por ter uma consciência distinta da minha. A proximidade se expressa no rosto do outro que me olha, pois é no semblante que percebo a existência dessa consciência diante de mim, da mesma forma que sou capaz de perceber minha própria consciência.

Estamos sempre nos relacionando com outros e é nessa relação que a moral adquire sentido, que nunca é individual. A proximidade, ou seja, a constatação de que este outro que está diante de mim tem, como eu, uma consciência, implica responsabilidade para com o outro.

Autorretrato de Rembrandt, feito por volta de 1665. Em seus autorretratos, Rembrandt era capaz de expressar muitos sentimentos por meio do olhar. Os olhos, em seus quadros, são verdadeiras janelas para a alma. Segundo Levinas, é por meio dos olhos que encontramos o outro, na realidade tão próximo a nós.

Estamos juntos, somos próximos, somos responsáveis uns pelos outros. Se alguém sofre do meu lado, isso convoca minha ação; se nada faço, me torno responsável por seu sofrimento. Não podemos simplesmente esquecer o outro ou apagá-lo. Proximidade e responsabilidade resultam na justiça, que significa deixar-se julgar pelo rosto do outro, buscando sempre corrigir as assimetrias entre os seres humanos.

A **ética da alteridade** pensada por Levinas implica uma convivência democrática entre iguais, que só é possível no diálogo – a ética desse diálogo, ou discurso, é outro tema relevante na Filosofia.

Habermas: entendimento pelo discurso ético

Jürgen Habermas dedica-se a analisar a **ética do discurso**. Suas ideias exercem grande influência nos debates éticos e políticos contemporâneos.

Jürgen Habermas (1929-)

Filósofo e sociólogo alemão. Após seus estudos de Filosofia, doutorou-se em 1954 e foi assistente de Theodor Adorno no Instituto de Pesquisa Social entre 1956 e 1959. Lecionou na Universidade de Heidelberg e depois na Universidade de Frankfurt, onde voltou a trabalhar com Adorno, agora como colega. Trabalhou também no Instituto Max Planck e na Universidade J. W. von Goethe. Defende uma "ética comunicacional", centrada no agir comunicativo. Dentre suas obras, destacam-se: *Técnica e ciência como ideologia* (1968), *Teoria do agir comunicativo* (1981), *O discurso filosófico da modernidade* (1985) e *Sobre a constituição da Europa* (2011).

// Jürgen Habermas, em foto de 2010.

Um dos conceitos fundamentais do pensamento de Habermas é o **agir comunicativo**. Agimos e interagimos com outras pessoas por meio da comunicação. Essa ação é racional, uma vez que a razão é pensamento e comunicação. Segundo ele, duas esferas compõem o social: o **sistema** e o **mundo da vida**. O que Habermas chama de **sistema** é a esfera da reprodução material, ou seja, as instâncias relacionadas à manutenção e à distribuição de bens e poderes. Os principais elementos do sistema são a economia e a política. O **mundo da vida** é a esfera da linguagem, da cultura – enfim, da reprodução simbólica. Na história ocidental, tem havido uma "colonização" do mundo da vida pela lógica do sistema, pela razão instrumental: essa foi a crítica feita por Adorno e Horkheimer, como vimos no capítulo 3 da unidade 1. A intenção de Habermas é investir em uma "descolonização" por meio do exercício de uma razão comunicativa e de uma ação comunicativa que sejam livres, racionais e críticas, o que envolve uma **ética comunicativa**.

Habermas procura resgatar uma ética universalista e racional. Opõe-se assim à visão pós-moderna, segundo a qual os valores são relativos, mudando conforme as necessidades. A ética proposta por Habermas é centrada na razão comunicativa, na prática do discurso como forma de garantir uma participação democrática de todos. Levando-se em conta que a relação entre os indivíduos é marcada pelas pressões do sistema, em especial as demandas políticas dos jogos de poder e as demandas econômicas, é fundamental a existência de uma esfera comum, em que o diálogo e a comunicação possam garantir a autonomia do mundo da vida.

// Capa do documentário *Trabalho interno*. Direção de Charles Fergusson. Estados Unidos, 2010. (105 min).

Documentário que investiga as causas da enorme crise econômica mundial, desencadeada pela crise hipotecária dos Estados Unidos, em 2007. Entre as causas, o filme encontra ganância e corrupção empresarial.

O princípio ético de Habermas é algo a ser construído, e não algo dado. Uma ética para as sociedades democráticas é aquela capaz de promover a justiça pelo entendimento de todos com todos. O entendimento é possível pelo exercício da razão comunicativa, que pouco a pouco pode ir descolonizando o mundo da vida. O agir comunicativo possibilita o convencimento, um diálogo no qual as pessoas convencem e são convencidas, de acordo com a validade dos discursos. A ética do discurso investe na produção de um **consenso democrático** como forma de produzir a **emancipação humana**.

// Para Habermas, diante das tentativas do sistema de colonizar o mundo da vida e formatar as pessoas conforme sua lógica, é preciso buscar construir a emancipação por meio do agir comunicativo. Na foto, pessoas caminham pela Times Square, em Nova York, Estados Unidos, em 2012.

Ética e questões ambientais: por um "contrato natural"

No século XX, a humanidade passou a se preocupar cada vez mais com a preservação dos recursos naturais e as questões ambientais em geral. Segundo o filósofo Bruno Latour, um problema ecológico é um híbrido, pois não envolve apenas uma ciência ou um conjunto de ciências e tem um aspecto político. Por essa razão, Latour fala em "políticas da natureza". Já não basta produzir uma ciência, um conhecimento da natureza: é necessário também construir ações políticas na relação entre o ser humano e a natureza. Um terceiro elemento deve ser acrescentado: uma **ética ambiental**. Uma abordagem política pode corrigir equívocos passados, mas apenas uma abordagem ética que mude a forma como os seres humanos se relacionam entre si e com a natureza pode evitar futuros equívocos.

Um dos estudiosos que têm se dedicado a refletir sobre esse tema é o filósofo francês **Michel Serres**. Em 2008 ele lançou um livro com o título *O mal limpo: poluir para se apropriar?*, no qual expõe uma tese inquietante. Serres afirma que, assim como os outros animais, os seres humanos procuram "marcar território", apropriar-se de espaços. Alguns bichos deixam excrementos para identificar o território com seu cheiro, afastando dali outros bichos. Os seres humanos, segundo Serres, poluem o ambiente com o mesmo objetivo.

Michel Serres (1930-)

Filósofo e membro da Academia Francesa, graduou-se em Matemática e em Filosofia. Seu doutorado foi orientado pelo filósofo Gaston Bachelard. Foi professor em universidades francesas, entre as quais a Sorbonne, e também na Universidade de Stanford, nos Estados Unidos. Seu pensamento transita por diversos campos científicos, bem como pela literatura, resultando em uma filosofia bastante singular. É autor de uma obra vasta e abrangente, dedicando-se a temas diversos, mas sempre em torno das ciências. Dentre seus livros, destacam-se: *O sistema de Leibniz e seus modelos matemáticos* (1968), *Hermes* (vários volumes, publicados entre 1969 e 1980), *Os cinco sentidos* (1985), *O contrato natural* (1990), *O mal limpo: poluir para se apropriar?* (2008) e *A guerra mundial* (2008).

// Michel Serres, em foto de 2012.

Para Serres, é um equívoco nos referirmos à natureza com a expressão "meio ambiente". Essa expressão denota que somos o centro de um sistema de coisas que se espalham a nossa volta. Seríamos o "umbigo do universo", os senhores e possuidores da natureza, que existiria apenas para nos servir. Daí as ações de apropriação poluidoras. A realidade, afirma Serres, é diferente: o ambiente físico constitui um sistema que independe do ser humano. O planeta sobreviveria bem sem nós; nós é que não viveríamos sem o planeta. A humanidade vive na Terra como um parasita, retirando tudo para seu proveito sem dar nada em troca. A visão de que o ser humano teria direitos sobre a natureza foi difundida pelo relato bíblico, segundo o qual o ser humano é o "senhor da natureza" porque é o único ser à imagem e semelhança de Deus, que deve "encher a Terra e dominá-la"; e também pela filosofia moderna, que considera o ser humano senhor do mundo por meio do exercício da razão. Esse tipo de pensamento constituiu a base da relação parasitária da humanidade com o mundo.

Serres explica que, na filosofia moderna, tanto a noção de um **contrato social** como a de um **direito natural** deixaram de lado a proteção para o conjunto da natureza, porque previam proteção apenas para os seres humanos. O contrato social é firmado entre os seres humanos para garantir sua convivência, mas, estando os indivíduos pactuados entre si, a natureza é esquecida, fica fora do contrato e não interessa à política. A mesma filosofia fala em um direito natural, que possibilitou a Declaração dos Direitos do Homem e do Cidadão, de 1789. Com a noção de direito natural, especificamente como era compreendido na Idade Moderna, é enfatizada a ideia da liberdade que cada indivíduo tem para reivindicar seus direitos, assegurando seus interesses subjetivos. Nessa concepção, o conceito de natureza fica reduzido ao de natureza humana. Ou seja: a constituição da sociedade como a conhecemos nunca levou em consideração a necessidade de conviver com a natureza.

Serres exemplifica o direito natural comentando uma pintura de Francisco de Goya (1746-1828), na qual dois homens lutam com porretes enquanto afundam em areia movediça. Trata-se, segundo ele, de uma metáfora de nossa condição: enquanto nos preocupamos com assuntos exclusivamente humanos, sem atentar para a natureza, destruímos nossas próprias vidas.

Para mudar essa situação, é necessário um novo contrato, que Serres denomina **contrato natural**. Seria não mais um contrato firmado exclusivamente entre os seres humanos, mas um contrato dos humanos com a natureza inumana. O contrato natural transformaria os seres humanos de parasitas em **simbiontes**. Em uma relação simbiótica há um compartilhamento: os dois lados retiram aquilo de que necessitam, mas também fornecem ao outro aquilo que ele necessita. A relação de simbiose é uma relação de reciprocidade, e não de exploração unilateral.

No livro *O mal limpo*, Serres se pergunta se a Terra estaria preparada para assinar tal contrato. Caberia questionar, também, se a humanidade, enfim, está pronta para isso.

Duelo com porretes, de Francisco de Goya, pintada entre 1820 e 1823.

É lógico!

Vimos nos capítulos anteriores que a lógica dialética opera com o princípio da contradição. Outra lógica contemporânea não clássica que opera com a contradição é a **lógica paraconsistente**. O filósofo e matemático brasileiro Newton Carneiro Affonso da Costa (1929-) é um de seus criadores. O nome foi dado pelo filósofo peruano Francisco Miró Quesada Cantuarias (1918-) e evidencia que essa lógica opera próximo aos sistemas consistentes, que são o objeto da lógica clássica. Ela é uma alternativa lógica aos sistemas formais.

A lógica clássica trabalha com proposições que podem ser verdadeiras ou falsas, não havendo meio-termo possível; daí a consistência do sistema. Temos preto ou branco e podemos decidir entre eles; mas, se introduzimos uma zona cinza (isto é, que mistura preto e branco), a lógica clássica é insuficiente.

O sistema lógico binário (verdadeiro *ou* falso) possibilitou a invenção da computação. Filósofos modernos, como Pascal (1623-1662) e Leibniz (1646-1716), criaram as bases matemáticas e lógicas que tornaram possível, no século XX, a invenção dos computadores. Toda a lógica computacional é binária: as informações são codificadas em 0 ou 1, formando sequências que permitem ao computador efetuar suas operações.

Porém, os avanços da computação na segunda metade do século XX levaram ao desenvolvimento de novas áreas, como a inteligência artificial. A partir de então tem-se procurado desenvolver uma máquina que seja capaz não só de calcular com base em informações dadas, mas também de aprender e pensar, tomando decisões próprias. Nesse caso, as lógicas clássicas e seu binarismo não são suficientes. Elas não são capazes, por exemplo, de lidar com as contradições presentes em uma massa de informações. Para um sistema de inteligência artificial, as contradições não podem ser simplesmente ignoradas e descartadas; elas precisam ser incorporadas ao pensamento. Aí entra a lógica paraconsistente.

Ela analisa, numa massa de dados, os **graus de certeza** e os **graus de contradição**, para possibilitar uma tomada de decisão. Retomando o exemplo dado anteriormente: a lógica paraconsistente não se limita a analisar o preto e o branco, mas considera toda a zona cinzenta que existe entre o preto e o branco, analisando os vários graus de contradição e de certeza numa dada situação para poder tomar uma decisão. Isso permite que a inteligência artificial ganhe maior complexidade, tornando-se cada vez mais próxima do pensamento humano.

Ainda estamos longe de ter "máquinas pensantes", mas já há vários produtos tecnológicos do cotidiano que só se tornaram possíveis porque usam os mesmos princípios lógicos da inteligência artificial. Um exemplo são os sistemas de reconhecimento de voz, cada vez mais comuns nos telefones celulares. O programa reconhece determinados padrões e os associa com seu banco de memória, utilizando os princípios lógicos na análise dos graus de contradição e de certeza das palavras que o usuário diz. Isso permite chegar a um resultado o mais aproximado possível das palavras que o programa tem em seu banco de dados. A lógica formal não permitiria tal grau de sofisticação no reconhecimento de palavras, pois as variações e nuances de pronúncias são muitas (basta pensar nos diferentes sotaques, nos diferentes timbres e alturas de voz, na variação da velocidade da fala, entre outras). Os sistemas complexos pedem lógicas cada vez mais complexas. Elas são possíveis porque partem dos princípios básicos da lógica formal, utilizando-os quando é viável e buscando alternativas quando estes não são capazes de oferecer respostas.

Trabalhando com textos

Os textos a seguir se referem aos tópicos principais deste capítulo e visam aprofundar as reflexões até aqui desenvolvidas. O primeiro, um trecho de um livro de Peter Singer, debate o problema da riqueza e suas implicações éticas. Em seguida, um trecho de Gilles Lipovetsky discute as questões relativas à ética no mundo empresarial. Por fim, o texto de Michel Serres problematiza nossas relações com a natureza e seus impactos na vida e na cultura.

Texto 1

Neste texto, o filósofo Peter Singer discorre sobre a fome no mundo, provocada pela má distribuição de riquezas, e a responsabilidade ética que essa situação implica.

Alguns fatos sobre a riqueza

Esse é o panorama, a situação que predomina o tempo todo em nosso planeta e que não resulta em manchetes. Ontem, muitas pessoas morreram de subnutrição e doenças a ela associadas, e muitas mais morrerão amanhã. As secas, as inundações, os furacões e terremotos que eventualmente tiram as vidas de milhares de pessoas em um só lugar são muito mais interessantes enquanto notícias. São coisas que ajudam muito a aumentar o sofrimento humano; contudo, é um erro pensar que tudo está bem quando essas grandes calamidades não acontecem.

O problema não é que o mundo não seja capaz de produzir o suficiente para alimentar e abrigar a sua população. Nos países pobres, as pessoas consomem, em média, 180 quilos de grãos por ano, ao passo que, nos Estados Unidos, essa média é de cerca de 900 quilos. A diferença resulta do fato de que, nos países ricos, alimentamos os animais com a maior parte dos nossos grãos, transformando-os em carne, leite e ovos. Por ser este um processo extremamente ineficaz, os habitantes dos países ricos são responsáveis pelo consumo de muito mais alimento do que os dos países pobres, que comem poucos produtos de origem animal. Se parássemos de alimentar os animais com grãos e com soja, a quantidade de alimento poupado seria – caso fosse distribuído aos que necessitam – mais do que suficiente para acabar com a fome no mundo inteiro.

Esses fatos sobre a alimentação animal não significam que possamos facilmente resolver o problema mundial da fome mediante a redução dos produtos de origem animal, mas mostram que, essencialmente, trata-se de um problema de distribuição, e não de produção. Na verdade, o mundo produz alimento suficiente. Além disso, as próprias nações mais pobres poderiam produzir muito mais se fizessem um maior uso das técnicas avançadas de agricultura.

Agricultores em lavoura de cultivo orgânico em Santa Maria de Jetibá (ES). Foto de 2008.

Trabalhador acompanha colheita mecanizada de milho em Cornélio Procópio (PR), em 2015.

Por que, então, as pessoas passam fome? Os pobres não têm condições de comprar os grãos cultivados pelos agricultores dos países mais ricos. Os agricultores pobres não têm condições de comprar sementes melhores nem os fertilizantes ou as máquinas necessárias para abrir poços e bombear água. A situação só poderia ser mudada através da transferência de uma parte das riquezas dos países desenvolvidos para os mais pobres.

[...]

Se assim é, não podemos deixar de concluir que, por não darem mais do que damos, as pessoas dos países ricos estão permitindo que os que vivem nos países mais pobres sofram de pobreza absoluta, a consequente desnutrição, falta de saúde e morte. Esta conclusão não diz respeito apenas aos governos. Aplica-se também a cada indivíduo absolutamente rico, pois todos nós temos a oportunidade de fazer alguma coisa para melhorar essa situação; temos, por exemplo, a oportunidade de dar nosso tempo ou nosso dinheiro para organizações voluntárias [...] Portanto, se o fato de permitir que alguém morra não é intrinsecamente diferente de matar alguém, fica a impressão de que somos todos assassinos.

O veredito será duro demais? Muitos irão rejeitá-lo como um absurdo evidente. Tratariam logo de entendê-lo como uma demonstração de que deixar morrer não equivale a matar, e não como uma demonstração de que viver em alto estilo sem contribuir para um órgão de assistência internacional equivale, eticamente, a ir para a Etiópia e atirar em alguns camponeses. Sem dúvida, colocado assim abruptamente, o veredito é duro demais.

São muitas as diferenças significativas entre gastar dinheiro com coisas luxuosas, em vez de usá-lo para salvar vidas, e atirar deliberadamente em pessoas.

Em primeiro lugar, a motivação será quase sempre diferente. Os que atiram deliberadamente em outras pessoas são movidos por uma intenção; supõe-se que, por sadismo, maldade ou qualquer outra motivação igualmente desagradável, querem as suas vítimas mortas. Imagina-se que quem compra um novo sistema de som esteja querendo sofisticar a sua fruição da música – o que, em si, não é uma coisa horrível. Na pior das hipóteses gastar dinheiro com supérfluos em vez de dá-lo a quem precisa indica egoísmo e indiferença diante do sofrimento alheio, características que podem ser indesejáveis, mas que não podem ser comparadas com a intenção criminosa ou motivações semelhantes.

Em segundo lugar, para quase todos nós, não é difícil agir de acordo com uma regra contrária a matar pessoas; por outro lado, é muito difícil obedecer a um preceito que nos manda salvar todas as vidas possíveis. Para levar uma vida confortável, ou mesmo luxuosa, não é preciso matar ninguém, mas é preciso permitir que morram algumas pessoas que poderíamos ter salvo, pois o dinheiro de que precisamos para viver confortavelmente poderia ter sido dado a elas. Portanto, cumprir a obrigação de não matar alguém é muito mais fácil do que cumprir a obrigação de salvar alguém. Salvar todas as vidas que pudéssemos significaria reduzir o nosso padrão de vida ao mínimo essencial para nos manter vivos. Eximir-se de todo dessa obrigação exigiria um grau de heroísmo moral profundamente diferente do que é exigido pelo simples fato de impedir que pessoas sejam mortas.

Uma terceira diferença diz respeito à maior certeza das consequências do tiro em comparação com a recusa em ajudar. Se aponto um revólver carregado para alguém, à queima-roupa, e puxo o gatilho, é virtualmente certo que a pessoa vai morrer, ao passo que o dinheiro que eu poderia dar talvez fosse empregado num projeto que, por não dar certo, não ajudaria ninguém.

Em quarto lugar, quando as pessoas são baleadas existem indivíduos identificáveis contra os quais se fez mal. Podemos mostrá-los, e mostrar também o sofrimento de suas famílias. Quando compro o meu sistema estéreo, não posso saber a quem o meu dinheiro teria salvo se eu o tivesse dado. Em tempos de escassez e fome, posso ver corpos mortos e famílias mortificadas nos noticiários de televisão, e poderia não ter dúvidas de que o meu dinheiro teria salvo alguns deles. Mesmo assim, é impossível apontar para um cadáver e dizer que, se eu não tivesse comprado o estéreo, aquela pessoa não teria morrido.

Em quinto e último lugar, poderia dizer que as agruras dos famintos não me dizem respeito e que, portanto, não posso ser responsabilizado por elas. Os famintos continuariam morrendo de fome mesmo que eu nunca tivesse existido. Se eu matar, porém, torno-me responsável pelas mortes de minhas vítimas, que jamais teriam morrido se eu não as tivesse matado.

Essas diferenças não precisam abalar a nossa conclusão anterior de que não há uma diferença intrínseca entre matar e deixar morrer. São diferenças extrínsecas, isto é, diferenças em geral, mas não necessariamente associadas à distinção entre matar e deixar morrer [...].

Explicar as nossas atitudes éticas convencionais não significa justificá-las. As cinco diferenças não só explicam, como também justificam as nossas atitudes? [...]

SINGER, Peter. *Ética prática*. 2. ed. São Paulo: Martins Fontes, 1998. p. 231-236.

Questões

1. Na sua opinião, o veredito expresso no texto é duro demais, como se pergunta o autor? Explique.
2. Você concorda que o problema da fome no mundo necessita de uma abordagem ética, e não apenas política e econômica? Por quê?
3. Responda à questão do texto: as diferenças entre matar e deixar morrer explicam e justificam nossas atitudes? Por quê?
4. Observe as duas imagens da página 343. O que cada uma delas apresenta? Procure descobrir o destino mais comum de cada um dos produtos originados desses diferentes modelos de produção agrícola. De que modo elas se relacionam com o texto de Peter Singer?

Texto 2

O texto a seguir é parte de uma conferência que Gilles Lipovetsky proferiu em uma universidade canadense em novembro de 2001 sobre as preocupações éticas nas empresas. O filósofo questiona em que medida esse novo tipo de abordagem empresarial vai além dos interesses meramente econômicos.

A onda ética

Como compreender as razões desse crescimento da exigência de valores no mundo econômico? Antes de responder, cabe precisar um aspecto essencial: essa valorização da ética é tudo menos evidente, sobretudo quando nos remetemos à opinião tradicionalmente dominante nos negócios, ou seja, como dizem pragmaticamente nossos amigos anglo-saxões, *business is business*, expressão que indica a própria ideologia da mão invisível, cujo princípio é o de que a economia não necessita de virtudes morais e dos bons sentimentos recíprocos dos homens. São, para falar como Mandeville [*filósofo do século XVIII*], os vícios privados, a busca do interesse pessoal, que permitem o crescimento da riqueza coletiva, não a moralidade subjetiva. A preocupação ética aparece, então, numa visão liberal clássica, como um freio ou como um obstáculo à eficácia econômica. Nessa perspectiva, a moral era boa para os patrões cristãos, mas não podia ser uma atitude geral e realista na condução dos negócios.

Essa atitude começa a mudar, ao menos ideologicamente. Em algumas décadas, o respeito aos princípios da moral tornou-se a condição para o sucesso a longo termo dos negócios, o motor de uma empresa eficiente, fazendo parte das necessidades do comércio e do próprio capitalismo; até então esse respeito era considerado como uma utopia mais ou menos contraprodutiva. É essa reviravolta ideológica maior que devemos tentar compreender.

Deixadas de lado as origens históricas e religiosas do fenômeno, parece-me que é possível ligar essa nova ascensão do parâmetro ético a quatro grandes fatores. Primeiro grande fator, o mais envolvente, uma sucessão de catástrofes e de perigos que acelerou a tomada de consciência relativa à preservação do meio ambiente e do homem: as catástrofes marítimas de Amoco Cadiz e da Exxon Valdez, a tragédia de Bhopal, na Índia (2 850 mortos), depois do acidente da Union Carbide, e, mais amplamente, todos os problemas enfrentados pela época contemporânea, como a diminuição da camada de ozônio, poluição atmosférica, emissão de gás de efeito estufa e destruição da floresta Amazônica. Mais recentemente ainda, vimos aparecerem inquietações em relação aos OGM, às farinhas animais, ao amianto. Todos esses desastres acentuaram a questão da responsabilidade dos industriais em relação não somente a nós mesmos, mas também no que se refere às futuras gerações e ao destino do planeta.

Em nossas sociedades, o medo e o desejo de proteção estão na base da preocupação com a ética no mundo industrial e comercial. Diante das ameaças do *laissez-faire* econômico, cresce a exigência de instauração de controles e de proteções suplementares em nome do "compromisso com o futuro", para falar como Hans Jonas, mas também de uma ética da sobrevivência e do bem viver no presente. O "sucesso" da temática ética traduz menos uma intensificação do ideal moral que uma ascensão do sentimento de insegurança das populações, assim como uma demanda de eliminação dos riscos (industriais, alimentares) e de proteção da saúde e da qualidade de vida. No coração da ascensão do referencial ético está a obsessão securitária e higiênica dos novos tempos individualistas.

O segundo fator é o novo modelo econômico do capitalismo determinado pelas políticas neoliberais dos anos [19]80 e pelo desenvolvimento de inovações financeiras cada vez mais sofisticadas [...].

[...]

Ao dotar-se de códigos de ética e de um "Senhor Ética", encarregado de garantir a transparência das operações, os estabelecimentos financeiros tentam estabelecer um clima de confiança, condição essencial para que os negócios "funcionem". Ao mesmo tempo, essa ênfase na ética dos negócios constitui uma operação destinada a melhorar a imagem das empresas junto ao Estado, às comunidades e aos organismos regionais, numa época em que se multiplicam os casos de corrupção. [...]

Terceiro grande fator. A ascensão do referencial ético no universo empresarial é também inseparável de novas estratégias de *marketing*, com o objetivo de ganhar novas fatias de mercado por meio de novas políticas de comunicação e de produtos. [...]

A nova onda do *marketing* não se limita às políticas de comunicação; inclui também a política dos produtos, como indicam o crescimento dos mercados verdes, das ecoproduções, das embalagens e acondicionamentos "limpos", a gasolina menos poluente, etc. Doravante, o *marketing* quer estimular e lançar produtos que respeitem o meio ambiente e melhorem a qualidade de vida dos homens.

Laissez-faire econômico: doutrina do liberalismo, de não interferência na economia; em tradução literal, 'deixar fazer'.
OGM: organismos geneticamente modificados, também conhecidos como transgênicos.

[...]
Um quarto fator deve ser considerado, o da promoção da chamada cultura empresarial, com a exigência de mobilização dos empregados. Durante muito tempo, acreditou-se que o sucesso econômico dependia exclusivamente de uma organização racional mais forte, de uma administração científica ou tecnocrática. Era, para resumir, o modelo tailoriano, que rachou por todos os lados. As novas condições de concorrência, a informatização do trabalho, os gastos com burocracia, a exigência de produção mais diversificada, todos esses fatores conjugaram-se para colocar o homem no centro da empresa e promover os recursos humanos como a primeira condição da produtividade de uma empresa, como aquilo que faz a diferença entre as empresas.

[...]
Vê-se claramente o aspecto instrumental da ética dos negócios comandada pelos interesses vitais das empresas. A moral transformou-se em meio econômico, em instrumento de gestão, em técnica de administração. Fala-se, com frequência, de um retorno da moral. Creio que essa formulação não é exata. De fato, produziu-se uma reviravolta, pois, de agora em diante, virtudes e valores são instrumentalizados a serviço das empresas. Não há retorno ou renascimento da moral, mas operacionalização utilitária dos ideais. Paralelamente à irrupção dos valores, avança a lógica do poder e da competição econômica, transformando os fins em meios, tecnicizando, "racionalizando" a esfera da virtude.

Se nos esforçamos para tirar as consequências das análises feitas até agora, podemos responder, ao menos parcialmente, à questão clássica de saber se a ética dos negócios é ou não uma moda, um fenômeno passageiro. Trata-se de um deslumbramento de algumas empresas prósperas ou de uma exigência de fundo das nossas sociedades neoliberais? [...] A ética dos negócios é, ao mesmo tempo, uma moda e uma tendência pesada da pós-modernidade.

LIPOVETSKY, Gilles. *Metamorfoses da cultura liberal*: ética, mídia, empresa.
Porto Alegre: Sulina, 2004. p.42-51.

Questões

1. Que fatores levaram ao surgimento de uma "ética nos negócios"? Como ela responde aos interesses capitalistas?
2. A que "reviravolta ideológica" o autor se refere?
3. Explique a última afirmação do texto: "A ética dos negócios é, ao mesmo tempo, uma moda e uma tendência pesada da pós-modernidade". Você concorda com essa afirmação ou discorda dela? Justifique sua resposta.

Texto 3

No texto a seguir, Michel Serres discute o afastamento do ser humano da natureza, que é base dos problemas ecológicos que vivemos atualmente. Antes do trecho reproduzido, o autor relata que, em francês – assim como em português –, a palavra **tempo** designa tanto a passagem temporal quanto o estado momentâneo da atmosfera. Em algumas línguas, há palavras diferentes para expressar essas duas coisas, como *time/weather*, em inglês, e *Zeit/Wetter*, em alemão. Quando o autor fala em "primeiro tempo", está se referindo à passagem temporal; quando fala em "segundo tempo", está se referindo ao estado momentâneo da atmosfera.

Camponês e marinheiro

Antigamente, dois homens viviam mergulhados no tempo exterior das intempéries: o camponês e o marinheiro, cujo emprego do tempo dependia, a cada hora, da situação do céu e das estações; perdemos toda a memória do que devemos a esses dois tipos de homens, desde as técnicas mais rudimentares até os mais elevados refinamentos. Um certo texto grego divide a terra em duas zonas: aquela onde um mesmo instrumento passava por ser uma pá de grãos e aquela em que os passantes nele reconheciam um remo de embarcação. Essas duas populações acabaram desaparecendo progressivamente da superfície da terra ocidental; excedentes agrícolas, navios de grande porte transformaram o mar e o solo em desertos. O maior acontecimento do século XX continua sendo incontestavelmente o desaparecimento da agricultura como atividade orientadora da vida humana de maneira geral e das culturas singulares.

Vivendo apenas em interiores, mergulhados exclusivamente no primeiro tempo, os nossos contemporâneos, empilhados nas cidades, não utilizam mais nem pá nem remo e, pior, sequer já os viram. Indiferentes ao clima, a não ser durante as férias, quando voltam a encontrar de maneira arcádica e pesada o mundo, poluem, ingênuos, aquilo que não conhecem, que raramente os machuca e que nunca lhes diz respeito.

Espécies sujas, macacos e automobilistas, rapidamente, deixam cair o seu lixo porque não habitam o espaço por onde passam e o emporcalham.

Mais uma vez: quem decide? Cientistas, administradores, jornalistas. Como vivem? E, antes de mais nada, onde? Em laboratórios, onde as ciências reproduzem os fenômenos para melhor defini-los, em escritórios ou estúdios. Enfim, em interiores. O clima não mais influencia nossos trabalhos.

Com que nos ocupamos? Com dados numéricos, com equações, com relatórios, com textos jurídicos, notícias no prelo ou telex; enfim, com a língua. Com linguagem, verdadeira para a ciência, normativa para a administração, sensacional para a mídia. De vez em quando um especialista, climatólogo ou geofísico parte em missão para recolher no local suas observações, assim como um repórter ou um inspetor. O essencial, no entanto, acontece do lado de dentro e em palavras, jamais fora com as coisas. Chegamos até a emparedar as janelas, para nos escutarmos melhor ou para mais facilmente discutir. Sem poder reprimir, comunicamos. Estamos ocupados apenas com os nossos canais.

Os que hoje dividem o poder se esqueceram de uma natureza, da qual se pode dizer que se vinga mas que, de preferência, remete-se a nós que vivemos no primeiro tempo e jamais diretamente no segundo, do qual no entanto temos a pretensão de falar com pertinência e a respeito do qual temos de decidir.

Perdemos o mundo: nós transformamos as coisas em fetiches ou mercadorias, apostas dos nossos jogos de estratégia; e nossas filosofias, acosmistas, sem cosmos, há quase um meio século, só dissertam sobre a linguagem ou a política, a escrita ou a lógica.

Exatamente no instante em que agimos fisicamente pela primeira vez sobre a Terra global, e quando ela reage sem dúvida sobre a humanidade global, tragicamente, nós a desprezamos.

SERRES, Michel. *O contrato natural*. Rio de Janeiro: Nova Fronteira, 1991. p. 40-41.

Acosmista: sem cosmos; uma filosofia que não está voltada para a natureza.
Arcádica: relativo à Arcádia, antiga província grega, pastoril e bucólica. Diz respeito a uma relação romantizada com a natureza.
Fetiche: ídolo, objeto que se considera encantado, com poderes sobrenaturais.
Telex: antigo sistema de envio rápido de notícias, derivado do telégrafo.

Questões

1. Quais são os efeitos, para nós, de vivermos em ambientes fechados, sem maior contato com a natureza? O que ganhamos? O que perdemos?

2. Segundo o autor, pensamos sobre problemas como as mudanças climáticas estritamente com "linguagem", seja ela científica, administrativa ou midiática. Essas linguagens são adequadas a esse gênero de problema? Por quê?

3. Como uma filosofia atenta aos fenômenos naturais poderia enfrentar os problemas ambientais?

Em busca do conceito

1. Com base no que você aprendeu neste capítulo, redija um conceito de bioética e cite aqueles que você acredita que sejam os principais temas dessa área.

2. Explique a relação entre uma "ética nos negócios" e os princípios da sociedade democrática.

3. Como as perspectivas dos filósofos Emmanuel Levinas e Jürgen Habermas, estudadas neste capítulo, contribuem para a construção de uma ética adequada às sociedades democráticas?

4. Sobre o "contrato natural" proposto por Michel Serres, escreva um texto argumentativo para responder às perguntas:
   a) Esse contrato é viável?
   b) Em caso afirmativo, como ele seria posto em prática? Em caso negativo, que proposta você faria em lugar de um contrato natural?

5. Explique as diferenças entre a ética do discurso que busca o consenso, proposta por Habermas, e a perspectiva de Rancière estudada no capítulo anterior, que considera a democracia o exercício do dissenso.

6. Leia o texto abaixo e responda à pergunta que se segue.

> Todas as atividades envolvidas nos debates e avaliações sobre o binômio risco-benefício visam a uma finalidade que é a própria razão de ser dos debates na bioética. Esse projeto bioético não se restringe a se enclausurar no estreito limite de simples debates, é uma linguagem que visa à prática, à concretude e, para isso, envolve em sua dinâmica a deliberação e a tomada de decisão.
> [...]
> A intenção ética que anima todo projeto da bioética traz a suposição de que o panorama englobante se chama bem comum. O cenário conceitual que dá suporte ao projeto bioético está contido na Declaração Universal dos Direitos do Homem.
> [...]
> A ética não se presta a ser utilizada para a luta contra as inovações. Não se constrói o futuro sobre o reconhecimento da tirania de uma opinião sem nada fazer para avaliá-la criticamente e mesmo opor-se a ela, não por ser uma opinião, mas por impor-se dogmaticamente.
>
> VON ZUBEN, Newton Aquiles. *Bioética e tecnociências*: a saga de Prometeu e a esperança paradoxal. Bauru: Edusc, 2006. p. 229-231.

Segundo o autor, não compete à bioética frear o conhecimento e o progresso, mas analisar de forma clara os riscos, para encontrar caminhos de ação. Você concorda com essa perspectiva? Redija uma resposta expondo seus argumentos.

7. Leia a notícia a seguir e responda à pergunta ao final.

Brasil anuncia quebra de patente inédita para remédio contra a aids

O governo brasileiro anunciou [...] a quebra da patente de um medicamento utilizado no tratamento da aids. Atualmente, ele é fornecido pelo governo a cerca de 23,4 mil pacientes de todo o país. Essa é a primeira vez que um antiaids tem sua patente quebrada no mundo, segundo informou o Ministério da Saúde.

Em portaria do Ministério da Saúde [...], o governo declarou essa patente de interesse público e determinou o licenciamento compulsório do antirretroviral, fabricado por um laboratório norte-americano.

O medicamento será produzido no laboratório Farmanguinhos, da Fundação Oswaldo Cruz [...], para consumo exclusivo do SUS (Sistema Único de Saúde). [...]

O ministro da Saúde, Humberto Costa, informou que o licenciamento compulsório será adotado porque o laboratório não concordou em negociar a redução do preço do medicamento [...]

O medicamento que é vendido pelo laboratório a US$ 1,17 a unidade, custará US$ 0,68 no Farmanguinhos.

O laboratório será notificado pelo governo brasileiro e terá dez dias para se pronunciar sobre a decisão. Para evitar a quebra da patente, o laboratório terá que concordar em fornecer o medicamento pelo preço do laboratório de Farmanguinhos.

Segundo Costa, as negociações com outros laboratórios para o licenciamento voluntário de dois medicamentos estão em curso, mas há uma expectativa positiva sobre a possibilidade de acordo.

Os três medicamentos em negociação pelo Ministério representam 66% do orçamento destinado à compra de antirretrovirais. A compra do primeiro compromete cerca de um terço do orçamento.

A medida representará uma economia de R$ 130 milhões por ano ao governo brasileiro, que deverá gastar, somente neste ano, R$ 945 milhões em medicamentos contra a aids.

O ministro deixou claro, no entanto, que o licenciamento compulsório não significará pirataria. O governo pagará *royalties* de 3% sobre o valor do produto fabricado em Farmanguinhos.

ZIMMERMANN, Patrícia. Brasil anuncia quebra de patente inédita para remédio contra a aids, *Folha de S.Paulo*, 24 jun. 2005. Cotidiano. Texto adaptado. Disponível em: <www1.folha.uol.com.br/folha/cotidiano/ult95u110423.shtml>. Acesso em: 7 jun. 2018.

Com a ação relatada na matéria, o governo brasileiro assumiu uma posição de destaque no mundo em relação ao atendimento público a doentes com aids. Com base no que foi estudado neste capítulo, como você analisa filosoficamente a ação de quebra de patentes do governo brasileiro? Redija sua resposta de forma argumentativa.

8. Antiéticos é um grupo de *rap* do Rio de Janeiro (RJ). Na entrevista a seguir, os músicos explicam o nome do grupo, além de comentar seu trabalho. Leia o texto e faça o que se pede ao final.

Central Hip-Hop (CHH): Por que Antiéticos?

Antiéticos: Ética é um nome que inventaram pra representar um conjunto de normas e princípios da boa conduta humana. Seria um conjunto de valores que direcionam os humanos a um bem-estar, conservando sua vida, logo, a vida do seu grupo. E a gente passou a observar que, primeiro, isso é uma definição grega. Segundo, esses princípios conservam sim a vida e o bem-estar, mas de um grupo que se definiu humano sozinho. Os outros tiveram que provar.

Na medida em que eles são éticos, que possuem suas boas condutas, suas normas, seus princípios, os outros grupos são mortos. Aí a gente pensou: "Ué, como é que pode?" *(risos)*. Não! Essa ética aí, esses princípios, esses valores não estão favorecendo a nossa humanidade. O ser humano não é mau, não destrói o mundo.

Nunca foi dada a chance de a gente administrar o controle do mundo, nem os indígenas, nem os orientais. Então não tem nada de errado com os seres, tem com um grupo: o grupo que administra o mundo hoje, o mesmo que vai nos ver como transgressores, fora do padrão, pois a gente acaba pondo em risco o conforto deles.

Então "Antiéticos" surge desse "biri-bolo" de ideias desse tipo aí *(risos)*. Não seria ausência da ética, nem pessoas sem escrúpulos, nada disso. Não seria nesse sentido, mas sim um desacordo.

// O grupo Antiéticos, em foto de 2015.

CHH: Desenvolver uma proposta contra-hegemônica é viável?

Antiéticos: Sim. Sempre seremos a favor de alternativas, de possibilidades. Sempre seremos a favor da criação e descoberta de novas áreas de conhecimento, de cultura. Pra nós, não é apenas viável, é necessário para nossa sobrevivência. Hegemonia é entendida por nós como uma imposição, uma supremacia cultural de um determinado grupo sobre outro que não permite autonomias, não reconhece o outro como complementar, mas sim como inimigo. Então se impõe, sem permitir que o outro se desenvolva por si só, anula o nosso autoconhecimento e veta nossa capacidade criadora, capacidade de criar para o nosso grupo.

O grupo hegemônico só permite que você crie pra ele, que você faça pra benefício dele. Esse grupo está aí, matou, escravizou, estuprou, tomou as terras, construiu fábricas e hoje quer determinar como deve ser o *rap*. Afinal, eles acabam sendo os possuidores dos recursos, dinheiro. E isso ilude, engana nosso povo.

Através de vários aparelhos, eles reforçam, reafirmam suas ideias o tempo todo. Tem hora que parte da nossa comunidade passa a acreditar. Então, tudo que for contra a hegemonia, a homogenia também *(risos)*, tudo que provoque uma nova possibilidade que venha resgatar a autoestima, os valores ancestrais, a felicidade e o sorriso do nosso povo, nós seremos a favor.

Numa sociedade que só produz ódio, amar já se tornou contra-hegemônico. A gente se amando, se protegendo já estamos num bom caminho, com certeza. Não é apenas viável, mas acaba se tornando necessário para nossa sobrevivência.

ANTIÉTICOS. Entrevista concedida à *Central Hip-Hop*. Disponível em: <https://territoriocoletivo.wordpress.com/antieticos/>. Acesso em: 7 jun. 2018.

Considerando o que foi estudado neste capítulo e as ideias expressas na entrevista dos Antiéticos, debata estas questões com os colegas:

a) Quais alternativas éticas contra-hegemônicas você consegue imaginar para a sua comunidade?
b) Elas produziriam alguma transformação na vida das pessoas? Quais?

De forma colaborativa, elaborem um mural ou painel (com desenhos, colagens, escritos, etc.) que reúna os pontos levantados nesse debate e o exponham na escola.

9. Como você estudou neste capítulo, no mundo capitalista contemporâneo as empresas e corporações elaboram seus códigos de ética. Se as empresas ditam as normas de comportamento moral, como é possível uma sociedade democrática? Como escolher, se a escolha já está feita pelo meio empresarial? Reflita sobre essas questões e escreva um texto sobre as relações entre a ética e a política nos dias de hoje.

10. Escolha uma empresa que tenha um projeto de ação social (responsabilidade social). Leia e analise o projeto e faça uma pesquisa sobre o investimento da empresa nessas ações, a fonte dos recursos, a execução do projeto, seus resultados práticos e suas dificuldades. Redija ao final um relatório de pesquisa, comentando os resultados de sua investigação.

11. Escreva uma dissertação filosófica sobre um dos três grupos de problemas éticos contemporâneos estudados neste capítulo, analisando as possibilidades atuais de enfrentar esses problemas.

Dissertação filosófica

Uma possibilidade de organização da dissertação é o **plano nocional**, que destaca uma noção ou conceito analisados no texto. Esse plano pode ser subdividido: pode-se escrever uma dissertação sobre apenas uma noção ou um conceito; ou pode-se preparar uma dissertação na forma de uma confrontação de diferentes noções ou de diferentes conceitos.

No primeiro caso, apresenta-se a noção ou o conceito, mostrando diferentes abordagens possíveis, os vários aspectos nela implicados. A base da dissertação é uma interrogação em torno do sentido ou dos sentidos da noção ou conceito escolhido. O autor deve apresentar essa interrogação e o sentido ou sentidos, explicando-os e argumentando em torno da perspectiva que escolheu. Esse plano de dissertação aproxima-se do plano progressivo, mas está centrado no conceito.

No segundo caso, trata-se de apresentar um confronto de noções ou conceitos, com base em um problema central. A proposta é aproximar dois ou mais conceitos, estabelecendo as relações entre eles. Dessa forma, cada conceito é mais bem explicado e compreendido na sua confrontação com os outros. Esse plano aproxima-se do plano dialético, mas também se diferencia por estar centrado nos conceitos ou noções.

Sugestões de leituras

STRIEBER, Whitley; KUNETKA, James. *A morte da natureza*. Rio de Janeiro: Record, 1990.

Romance de ficção científica sobre uma crise ecológica que pode significar o extermínio da natureza. Enseja uma reflexão sobre aquilo que o ser humano está fazendo com sua espécie e com o planeta.

VALLS, Álvaro L. M. *Da ética à bioética*. Petrópolis: Vozes, 2004.

Coletânea de textos escritos em linguagem simples e acessível sobre os problemas da ética e da bioética.

VON ZUBEN, Newton Aquiles. *Bioética e tecnociências*: a saga de Prometeu e a esperança paradoxal. Bauru: Edusc, 2006.

Série de ensaios sobre os problemas éticos relacionados à ciência e à tecnologia, com ênfase nas questões de bioética. Uma reflexão filosófica que acredita nas possibilidades humanas.

A Filosofia na História

Consulte na linha do tempo que se encontra no final deste livro o contexto histórico e cultural dos acontecimentos mencionados aqui, bem como os filósofos que se destacaram no período em questão.

Como se sabe, a democracia é uma invenção grega, que floresceu em Atenas no século V a.C. Ela foi implantada em razão de uma reforma política realizada pelo legislador Clístenes, entre 508 e 507 a.C. Aproveitando-se da derrocada de um regime aristocrático apoiado pelos espartanos, Clístenes promoveu uma reestruturação política da cidade, instituindo um novo regime, uma nova forma de governo, levando em conta as reformas já instituídas pelo legislador Sólon, que décadas antes havia instituído a *eclésia*, a assembleia popular que possibilitava a participação dos cidadãos nas atividades políticas.

A reforma de Clístenes foi baseada numa divisão territorial da Ática, região onde se encontra Atenas. Foram criadas três regiões administrativas: o litoral, a cidade e o interior. Cada região, por sua vez, foi dividida em dez unidades, denominadas *demos* (ou *trities*). Foram organizadas dez tribos, cada uma delas composta por três *demoi* (plural de *demos*), sendo um de cada região (litoral, cidade, interior), de modo que cada uma das dez tribos era composta de pessoas de todas as regiões. Esta divisão territorial quebrou com os privilégios de famílias, que constituíam a base do regime aristocrático. As tribos já não eram constituídas por famílias tradicionais, mas por indivíduos provenientes de distintas famílias, de distintas regiões.

O sistema político representativo foi construído a partir dessa divisão territorial. Cada tribo indicava 50 de seus membros para formar o *Bulé* (Conselho dos 500), que, junto com a *Eclésia* (Assembleia), constituíam os principais órgãos de governo. O conselho preparava projetos de lei e a assembleia, que se reunia uma vez por mês, discutia e votava os projetos. Como a unidade básica da divisão territorial era o *demos*, esse regime recebeu o nome de democracia.

Uma questão central é que por mais que esse sistema fosse um enorme avanço para a época, quebrando a força dos tradicionalismos na política e instituindo uma representação igualitária por territórios, ele estava longe de abarcar a totalidade da população. A democracia grega era o governo dos cidadãos organizados territorialmente para garantir a igual participação de todos. Mas o conjunto dos cidadãos nessa época era composto de quarenta mil pessoas, num universo populacional de quatrocentos mil habitantes. Era um governo, portanto, realizado por dez por cento da população ateniense. Dele estavam excluídos os estrangeiros, os escravos, as mulheres.

Como foi visto no capítulo 11, a modernidade foi marcada pela construção dos Estados democráticos. Pensadores como Locke, Montesquieu, Rousseau, entre outros, produziram o conceito moderno de democracia que, diferente daquele da antiguidade grega, pretendia ser muito mais representativo, estendendo a categoria de "cidadão" à totalidade da população maior de idade. Do século XVII até nossos dias, a democracia vem se aprimorando e passando por impasses. No capítulo 15, foram estudados alguns dos desafios políticos contemporâneos.

Como pensar a democracia em nossos dias?

Segundo o filósofo Jacques Rancière, passamos da fase de uma "democracia vitoriosa" para aquela de uma "democracia criminosa". Isso porque, após a consolidação do modelo democrático na Europa e nos Estados Unidos, o início dos anos 2000 foi marcado pela imposição de regimes democráticos pela força militar, como foi o caso da invasão militar do Iraque pelos Estados Unidos. Segundo o filósofo, para os políticos liberais, não há nenhuma contradição em impor a democracia a um país, pois não podemos ficar na posição idealista de pensar que a democracia é o "governo do povo pelo povo"; é preciso, ao contrário, ser realista e analisar os efeitos práticos da sua instalação em um país até então governado de forma ditatorial. No entanto, o que Rancière ressalta é que esse tipo de ação militar acaba por provocar uma espécie de "ódio à democracia".

Mas não é de hoje que a democracia provoca ódio. Ainda na antiguidade grega, Platão combateu duramente a democracia dominante em seu tempo, defendendo o restabelecimento de um regime aristocrático, enquanto Aristóteles a classificava como uma das "formas degeneradas de governo", aquelas que não visam ao bem comum, mas aos interesses de um determinado grupo social. Para Rancière, quando pensamos a democracia como um acontecimento político, como a emergência de uma diferença que rompe com aquilo que está instituído (veja-se o capítulo 15), somos levados a admitir que o ódio é sempre inerente a ela. Segundo ele, é em alguma medida desse ódio que provém também sua força contemporânea:

> "A democracia não é nem a forma de governo que permite à oligarquia reinar em nome do povo nem a forma de sociedade regulada pelo poder da mercadoria. Ela é a ação que arranca continuamente dos governos oligárquicos o monopólio da vida pública e da riqueza a onipotência sobre a vida. Ela é a potência que, hoje mais do que nunca, deve lutar contra a confusão desses poderes em uma mesma e única lei da dominação. [...] A democracia está nua em sua relação com o poder da riqueza, assim como com o poder da filiação, que hoje vem auxiliá-lo ou desafiá-lo. Ela não se fundamenta em nenhuma natureza das coisas e não é garantida por nenhuma forma institucional. Não é trazida por nenhuma necessidade histórica e não traz nenhuma. Está entregue apenas à constância de seus próprios atos. A coisa tem porque suscitar medo e, portanto, ódio, entre os que estão acostumados a exercer o magistério do pensamento. Mas, entre os que sabem partilhar com qualquer um o poder igual da inteligência, pode suscitar, ao contrário, coragem e, portanto, felicidade."
>
> RANCIÈRE, Jacques. *O ódio à democracia*. São Paulo: Boitempo, 2014, p. 121-122.

Questões

1. Compare o modelo grego com o modelo moderno de democracia. Em que eles se aproximam? Quais são as diferenças fundamentais?

2. Faça uma pesquisa sobre a ocupação do Iraque pelos Estados Unidos em 2003. Quais argumentos foram divulgados na época em favor dessa ação militar? Analise, com base naquilo que foi estudado aqui, em que medida esses argumentos fortalecem ou enfraquecem a democracia.

3. Releia o trecho da obra *O ódio à democracia*, acima. Reflita sobre ele e pense sobre a situação política contemporânea no Brasil. Como devemos pensar o exercício da democracia em nosso país?

4. Em um pequeno livro publicado na França em 2017 (*Em que tempo vivemos?*) Rancière retoma as teses expostas em *O ódio à democracia*, afirmando que ainda não superamos as questões analisadas naquela época, especialmente a diferenciação entre a lógica democrática e a lógica da representação. Leia o texto a seguir para compreender parte de seu raciocínio:

> Lembrei particularmente um certo número de princípios e de regras que se podem deduzir do princípio democrático e são próprios para colocar mais democracia nas instituições, como o sorteio e os mandatos curtos, não cumulativos e não renováveis. Eu os evoquei não como uma receita a ser aplicada para "revitalizar a democracia", como se diz hoje, mas como exigências próprias para criar um distanciamento em relação à visão dominante, que assimila democracia e representação, para mostrar que nossos regimes representativos são de fato cada vez mais oligárquicos e que as campanhas republicanas contra os horrores da igualdade são o ponto de honra teórico do processo de desigualdade crescente em nossas sociedades e em nossas instituições.
>
> RANCIÈRE, Jacques. *En quel temps vivont-nous?*. Paris: La Fabrique, 2017. p. 8-9. Texto traduzido.

Levando em consideração o exposto no texto, analise a política recente no país. Podemos falar em uma crise de representatividade política? Em que sentido e em que medida? Movimentos sociais têm experimentado novas formas de fazer política? Cite exemplos. Será possível identificar avanços em relação ao modelo da democracia representativa?

Um diálogo com Biologia, Química, Geografia e Sociologia

Leia o texto e em seguida faça as atividades propostas.

Agrotóxicos

Na contracorrente dos países desenvolvidos, onde há forte tendência de redução no uso de agrotóxicos por conta dos danos diretos à saúde humana e impactos ambientais preocupantes, a agricultura brasileira ostenta números nada admiráveis: em 2011, as vendas de agrotóxicos no país alcançaram cerca de R$ 14 bilhões, um aumento de mais de 72% entre 2006 e 2012, e o consumo médio por hectare saiu de 7 para 10,1 quilos, em um salto de 43,2%. Desde 2008, o Brasil ocupa a primeira posição no consumo mundial, quando ultrapassou os Estados Unidos. Atualmente, é responsável pelo consumo de 1/5 dos agrotóxicos produzidos no mundo e, entre 2000 e 2010, enquanto o mercado mundial de tais produtos subiu 93%, o mercado brasileiro cresceu 190%. Comemorando, certamente, estão as 130 empresas produtoras de defensivos agrícolas que atuam no país.

Os defensores do uso de agrotóxicos alegam que o consumo no país é alto porque a área plantada é muito extensa. Segundo a Companhia Nacional de Abastecimento (Conab), na safra 2011/2012, a área cultivada com grãos, fibras, café e cana-de-açúcar foi de 81,7 milhões de hectares. Outro argumento é que, nos últimos 20 anos, a safra de grãos tem batido recordes sucessivos de produtividade. A produção de soja, por exemplo, saltou de 15,4 milhões de toneladas na safra 1980/1981 para 75,3 milhões de toneladas na safra 2010/2011, ganho atribuído, em parte, ao combate sistemático de pragas e doenças. Argumenta-se, ainda, que o Brasil tem clima tropical, o que favorece a proliferação de ervas daninhas, fungos, insetos, bactérias e vírus.

À sociedade fica o papel de avaliar se o preço pago pela população brasileira não seria alto demais para justificar um modelo que consome recursos na forma de isenção de impostos e sobrecarrega a saúde pública. Os que preconizam o uso de agrotóxicos procuram difundir o uso correto e seguro desses produtos. O desafio é garantir o uso seguro de venenos agrícolas em um país continental, onde é possível comprar o produto que estiver disponível e usá-lo sem que haja monitoramento dos efeitos no ambiente e na saúde de trabalhadores e consumidores. Além disso, nenhum estudo laboratorial pode assegurar que determinado nível de veneno é inócuo, pois, entre outros fatores, depende do estado de saúde do indivíduo que vai manipulá-lo.

Existem técnicas alternativas para combater pragas, doenças e plantas infestantes nas lavouras, mas são ainda pouco praticadas em larga escala. O uso intensivo de agrotóxicos tem menos de 70 anos, certamente, e aumentou a produtividade agrícola, mas não melhorou a segurança e a soberania alimentar da humanidade. Ao contrário: hoje, quase um bilhão de pessoas são desnutridas ou subnutridas no planeta.

Porém, enquanto políticas públicas para o setor agrícola privilegiarem sistemas de produção intensivos, com monoculturas em grandes extensões de terra, visando à exportação de produtos com baixo valor agregado, os agrotóxicos serão cada vez mais necessários para combater o que não pode ser combatido por meio da biodiversidade perdida. Outro desafio a enfrentar é de ordem cultural: enquanto o consumidor preferir um produto com aparência perfeita, os alimentos oferecidos por sistemas de produção agroecológicos não ganharão escala e continuarão mais caros.

Incentivos fiscais no Brasil

O uso de agrotóxicos na agricultura teve seu primeiro grande incentivo em 1965, por meio do Sistema Nacional de Crédito Rural, que vinculava o crédito agrícola à obrigatoriedade de compra de insumos químicos pelos agricultores. Em 1975, o Programa Nacional de Defensivos Agrícolas destinou recursos financeiros para a criação de empresas de insumos agrícolas. Mas, são as isenções fiscais e tributárias concedidas ao comércio desses produtos que, até hoje, impulsionam o mercado multibilionário. Desde 1997, encontra-se vigente o Convênio ICMS 100/97, segundo o qual o governo federal concede redução de 60% da alíquota de cobrança do ICMS (Imposto sobre Circulação de Mercadorias e Serviços) a todos os agrotóxicos.

Flavia Londres, em seu livro *Agrotóxicos no Brasil: um guia para ação em defesa da vida*, assinala que o Decreto 6.006/06 isenta completamente da cobrança de IPI (Imposto sobre Produtos Industrializados) agrotóxicos fabricados a partir de uma lista de dezenas de ingredientes ativos, dentre eles o glifosato, campeão de vendas, e o metamidofós, retirado de mercado em junho de 2012 pela Anvisa. Além disso, o Decreto 5.630/05 isenta da cobrança de PIS/Pasep (Programa de Integração Social/Programa de Formação do Patrimônio do Servidor) e de Cofins (Contribuição para o Financiamento da Seguridade Social) os defensivos agropecuários classificados na posição 38.08 da NCM (Nomenclatura Comum do Mercosul) e suas matérias-primas, que compreendem produtos diversos das indústrias químicas como inseticidas, fungicidas e herbicidas. Além das isenções federais, há as isenções complementares determinadas por alguns estados. No Ceará, por exemplo, a isenção de impostos para atividades envolvendo agrotóxicos chega a 100%, afirma Flavia.

No Brasil, a venda de agrotóxicos é controlada. O comprador deve apresentar um receituário agronômico assinado por engenheiro agrônomo, após vistoria da lavoura. Na prática, a situação é bem diferente. A professora Raquel Rigotto explica que "a maioria das revendas conta com um agrônomo que passa de vez em quando, às vezes uma vez por mês, para assinar receituários agronômicos". Ou seja, o agricultor não recebe a devida orientação e, muitas vezes, a compra não é a mais adequada para as suas reais necessidades.

ASSAD, Leonor. Agrotóxicos – agricultura brasileira é a maior consumidora mundial; gasto em 2011 chegou a R$ 14 bilhões. *Ciência e Cultura* – Revista da SBPC. Ano 64, número 4, out./dez. 2012. p. 6-8. Disponível em: <http://cienciaecultura.bvs.br/scielo.php?script=sci_arttext&pid=S0009-67252012000400003>. Acesso em: 26 abr. 2018.

Questões

1. Faça uma pesquisa sobre a composição química dos agrotóxicos e dos efeitos que cada uma dessas substâncias pode provocar no corpo humano. Redija um texto com os dados encontrados e comente-os.

2. Faça um levantamento das várias regiões agrícolas brasileiras, identificando:
   a) o tipo de cultivo que se faz;
   b) o uso de sementes industrializadas;
   c) o uso de agrotóxicos.

   Depois, responda: Quais são os impactos humanos e ambientais provocados em cada uma dessas regiões?

3. Leia o texto e a estrofe da canção e, em seguida, responda às questões.

   O conceito de pessoa é o tema mais importante da bioética [...] Da definição de pessoa decorre diretamente uma segunda questão: em que momento a existência humana é definida e aceita como pessoa? No momento da concepção? Na implantação do zigoto no útero? No momento do nascimento com vida? Estas questões fundamentais à filosofia, à ética, ao direito, à teologia e à política que estabelece leis, por exemplo, sobre o aborto e o uso de células-tronco para pesquisa científica [...] Estas questões filosóficas e jurídicas serão equacionadas com mais clareza e fundamentação quando a ciência biológica puder definir quando começa a vida humana. As perguntas feitas à ciência são: que é a vida? E quando começa a vida?

   PEGORARO, O. Bioética: ciência e pessoa. *Ética dos maiores mestres através da história*. Petrópolis: Vozes, 2006. p. 165-166.

   Haiti

   [...]
   O Haiti é aqui – Haiti não é aqui
   E na TV se você vir um deputado em pânico mal dissimulado
   Diante de qualquer, mas qualquer mesmo, qualquer... qualquer
   Plano de educação que pareça fácil
   Que pareça fácil e rápido
   E vá representar uma ameaça de democratização
   Do ensino de primeiro grau
   E se esse mesmo deputado defender a adoção da pena capital
   E o venerável cardeal disser que vê tanto espírito no feto e nenhum no marginal.

   VELOSO, Caetano; GIL, Gilberto. Haiti. *Tropicália* 2. PolyGram, 1993.
   Letra disponível em: <www.letras.com.br/#!caetano-veloso/haiti>. Acesso em: 17 maio 2018.

   a) Você concorda com a afirmação do autor do texto: "O conceito de pessoa é o tema mais importante da bioética"? Como ficam estabelecidos os estudos e as ações bioéticas para outras modalidades ambientais: animal, vegetal, mineral? Justifique sua resposta.
   b) Qual é o seu entendimento do verso da canção: "E o venerável cardeal disser que vê tanto espírito no feto e nenhum no marginal"?
   c) Qual é a definição de vida para a Biologia? Para essa área do conhecimento, quando o ser humano passa a existir: na concepção, na implantação do zigoto no útero, no processo de gestação ou no nascimento? Comente.

A Filosofia no Enem e nos vestibulares

Enem

1. (Enem 2014)

Panayiotis Zavos "quebrou" o último tabu da clonagem humana — transferiu embriões para o útero de mulheres, que os gerariam. Esse procedimento é crime em inúmeros países. Aparentemente, o médico possuía um laboratório secreto, no qual fazia seus experimentos. "Não tenho nenhuma dúvida de que uma criança clonada irá aparecer em breve. Posso não ser eu o médico que irá criá-la, mas vai acontecer", declarou Zavos. "Se nos esforçarmos, podemos ter um bebê clonado daqui a um ano, ou dois, mas não sei se é o caso. Não sofremos pressão para entregar um bebê clonado ao mundo. Sofremos pressão para entregar um bebê clonado saudável ao mundo."

CONNOR, S. Disponível em: www.independent.co.uk.
Acesso em: 14 ago. 2012 (adaptado).

A clonagem humana é um importante assunto de reflexão no campo da bioética que, entre outras questões, dedica-se a

a) refletir sobre as relações entre o conhecimento da vida e os valores éticos do homem.
b) legitimar o predomínio da espécie humana sobre as demais espécies animais no planeta.
c) relativizar, no caso da clonagem humana, o uso dos valores de certo e errado, de bem e mal.
d) legalizar, pelo uso das técnicas de clonagem, os processos de reprodução humana e animal.
e) fundamentar técnica e economicamente as pesquisas sobre células-tronco para uso em seres humanos.

Vestibulares

2. (Unicentro-PR 2015) A filosofia contemporânea buscou superar a ideia metafísica de uma essência universal do homem. O pensador alemão Peter Sloterdijk desenvolve a tese de que aquilo que nós conhecemos como ser humano foi desenvolvido por uma série de exercícios e protocolos – religiosos, educativos, culturais etc. – nomeados por ele de antropotécnicas. Em relação às implicações dessa reflexão sobre a Bioética, assinale a alternativa correta.

a) A manipulação genética, aproximando o homem do animal, retira sua dignidade.
b) A manipulação genética é mais uma técnica frente a todas aquelas que constituíram o ser humano ao longo da história.
c) A engenharia genética destrói a consciência humana de sua originalidade.
d) A essência humana permanece inalterada através, ou apesar, da manipulação genética.
e) A humanidade se identifica com um código genético, que poderá ser aperfeiçoado.

3. (Unicentro-PR 2016) Leia o texto a seguir.

Habermas defende a tese de que a tolerância religiosa formulada no século XVI contribuiu para o surgimento da democracia e sua legitimação nas sociedades ocidentais. A necessidade de vários credos religiosos ressaltou a importância da tolerância, seja por imperiosidade mercantilista, seja para garantir a lei e a ordem, seja por questões morais e éticas.

(VELLOSO, C. M. S.; AGRA, W. M. *Elementos de Direito Eleitoral*.
4. ed. São Paulo: Saraiva, 2014. p. 23-24.)

Sobre a aproximação da tolerância religiosa e da democracia, considere as afirmativas a seguir.

I. A democracia permite a convivência da diversidade e do mútuo respeito.
II. A democracia legitima a ordem social por meio da participação e do debate público.
III. A democracia organiza a sociedade e seus valores a partir de liderança carismática.
IV. A democracia requer ordem e respeito por coação exercida em nome do Estado.

Assinale a alternativa correta.

a) Somente as afirmativas I e II são corretas.
b) Somente as afirmativas I e IV são corretas.
c) Somente as afirmativas III e IV são corretas.
d) Somente as afirmativas I, II e III são corretas.
e) Somente as afirmativas II, III e IV são corretas.

4. (Fuvest-SP 2014)

A fotografia acima, tirada em Pequim, China, em 1989, pode ser identificada, corretamente, como

a) reveladora do sucateamento do exército chinês, sinal mais visível da crise econômica que então se abateu sobre aquela potência comunista.
b) emblema do conflito cultural entre Ocidente e Oriente, que resultou na recuperação de valores religiosos ancestrais na China.
c) demonstração da incapacidade do Partido Comunista Chinês de impor sua política pela força, já que o levante daquele ano derrubou o regime.
d) montagem jornalística, logo desmascarada pela revelação de que o homem que nela aparece é chinês, enquanto os tanques são soviéticos.
e) símbolo do confronto entre liberdade de expressão e autoritarismo político, ainda hoje marcante naquele país.

5. (UEL-PR 2004)

O aumento da produtividade econômica, que por um lado produz as condições mais justas para um mundo mais justo, confere por outro lado ao aparelho técnico e aos grupos sociais que o controlam uma superioridade imensa sobre o resto da população. O indivíduo se vê completamente anulado em face dos poderes econômicos. Ao mesmo tempo, estes elevam o poder da sociedade sobre a natureza a um nível jamais imaginado. Desaparecendo diante do aparelho a que serve, o indivíduo se vê, ao mesmo tempo, melhor do que nunca provido por ele. Numa situação injusta, a impotência e a dirigibilidade da massa aumentam com a quantidade de bens a ela destinados.

ADORNO, Theodor W; HORKHEIMER, Max. *Dialética do esclarecimento*. Tradução de Guido Antonio de Almeida. Rio de Janeiro: Jorge Zahar Editor, 1997. p. 14.

De acordo com o texto de Adorno e Horkheimer, é correto afirmar:

a) A alta capacidade produtiva da sociedade garante liberdade e justiça para seus membros, independentemente da forma como ela se estrutura, controlando ou não seus membros.
b) O "desaparecimento" do indivíduo diante do aparato econômico da sociedade se deve à incapacidade dos próprios cidadãos em se integrarem adequadamente ao mercado de trabalho.
c) A ciência e a técnica, independente de quem tem seu controle, são as responsáveis pela circunstância de muitos estarem impossibilitados de atingir o status de sujeito numa sociedade altamente produtiva.
d) O fato de a sociedade produzir muitos bens, valendo-se da ciência e da técnica, poderia representar um grau maior de justiça para todos; no entanto, ela anula o indivíduo em função do modo como está organizada e como é exercido o poder.
e) O alto grau de autonomia das massas na sociedade capitalista contemporânea é resultado do avançado domínio tecnológico alcançado pelo homem.

É lógico?

Elementar, meu caro. Depois de aprender um pouco sobre lógica nesta unidade, vamos começar a exercitar o uso das ferramentas de pensamento. Você verá como certo treino ajuda bastante a pensar de forma mais organizada.

Analise o poema a seguir e explique em que medida ele pode ser compreendido por meio das ideias da lógica paraconsistente.

Você que me continua

Se ando cheio me dilua
Se estou no meio conclua
Se perco o freio me obstrua
Se me arruinei reconstrua
Se sou um fruto me roa
Se viro um muro me rua
Se te machuco me doa
Se sou o futuro evolua
Se eu não crescer me destrua
Se obcecar me distraia
Se me ganhar distribua
Se me perder subtraia
Se estou no céu me abençoe
Se eu sou seu me possua
Se dou um duro me sue
Se sou tão puro polua
Se sou voraz me sacie
Se for demais atenue
Se fico atrás assobie
Se estou em paz tumultue
Se eu agonio me alivie
Se me entedio me dê rua
Se te bloqueio desvie
Se dou recheio usufrua

ANTUNES, Arnaldo. *Agora aqui ninguém precisa de si*. São Paulo: Companhia das Letras, 2015. p. 75.

A Filosofia na História

O crédito e a legenda das imagens desta linha do tempo encontram-se na página 368.

FILÓSOFOS

- **TALES DE MILETO** (c. 625 a.C.-546 a.C.)
- **ANAXIMANDRO DE MILETO** (c. 610 a.C.-545 a.C.)
- **ANAXÍMENES DE MILETO** (c. 588 a.C.-528 a.C.)
- **HERÁCLITO DE ÉFESO** (c. 535 a.C.-475 a.C.)
- **XENÓFANES DE CÓLOFON** (c. 570 a.C.-475 a.C.)
- **PARMÊNIDES DE ELEIA** (c. 530 a.C.-460 a.C.)
- **ZENÃO DE ELEIA** (c. 490 a.C.-430 a.C.)
- **PITÁGORAS DE SAMOS** (c. 570 a.C.-495 a.C.)
- **FILOLAU DE CROTONA** (c. 470 a.C.-385 a.C.)
- **LEUCIPO** (séc. V a.C.)
- **DEMÓCRITO DE ABDERA** (c. 460 a.C.-370 a.C.)

TEMAS E PROBLEMAS

- *A água como elemento primordial*
- *O ápeiron (o indeterminado) como princípio*
- *O ar constitui tudo*
- *A contradição produz a unidade do cosmo*
- *Reflexões sobre senso comum e religiões tradicionais*
- *Metafísica, Lógica e a identidade do ser*
- *A pluralidade e o movimento como ilusão*
- *O número como o fundamento da natureza*
- *O pitagorismo*
- *O átomo como o princípio da natureza*
- *O atomismo, a ética, a técnica e a percepção*

XII a.C. ao V a.C.

CORRENTES

- Escola Jônica
- Escola Eleática
- Escola Itálica
- Escola Atomista

Filosofia da natureza: a origem e os fundamentos do cosmo (cosmologia)

CONTEXTO HISTÓRICO

XII a.C. ao V a.C.
- Aqueus, jônios e dórios conquistam o entorno do mar Egeu (1200 a.C.-800 a.C.)
- Homero (*Ilíada* e *Odisseia*) e Hesíodo (*Teogonia* e *Os trabalhos e os dias*)
- Primeiras pólis e fortalezas no território continental grego, na Ásia Menor (atual Turquia), nas ilhas do mar Egeu e na Magna Grécia (sul da atual Itália)
- Implantação da democracia por Clístenes (507 a.C.) e governo de Péricles (461 a.C.-429 a.C.), em Atenas
- Fundação de Roma (509 a.C.)

V a.C.
- Guerras Médicas: gregos contra persas (490 a.C.-479 a.C.)
- Apogeu de Atenas (V a.C.-IV a.C.):
  – florescimento cultural: arquitetura de Fídeas e teatro de Ésquilo, Sófocles, Eurípedes e Aristófanes

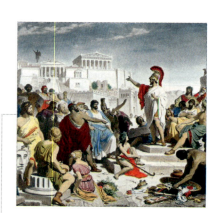

- Guerra do Peloponeso (431 a.C.): Esparta contra Atenas

358 UNIDADE 6 | PROBLEMAS CONTEMPORÂNEOS II

GÓRGIAS DE LEONTINOS (c. 485 a.C.-380 a.C.)	Retórica e relativismo intelectual e moral
SÓCRATES (c. 469 a.C.-399 a.C.)	Moral, ideias, verdade e essência das coisas
PLATÃO (c. 427 a.C.-347 a.C.)	Dialética, teoria das ideias e relação entre mundo inteligível (ideias) e mundo sensível
ARISTÓTELES (384 a.C.-322 a.C.)	Metafísica e Lógica; relação entre mundo sensível e conceitos
ANTÍSTENES (c. 445 a.C.-365 a.C.)	Ética e Física
DIÓGENES DE SÍNOPE (c. 413 a.C.-323 a.C.)	Moral e costumes
ZENÃO DE CÍCIO (c. 334 a.C.-262 a.C.)	Física e moral
CLEANTO DE ASSOS (c. 331 a.C.-230 a.C.)	Física e Lógica
CRÍSIPO DE SOLES (c. 280 a.C.-210 a.C.)	Ética e Lógica; dialética e paradoxos
EPICURO DE SAMOS (c. 341 a.C.-271 a.C.)	Ética do prazer: como viver com o mínimo de dor e o máximo de prazer

V a.C. — Sofistas

IV a.C. — Cinismo: Vida como prática filosófica

III a.C. — Estoicismo: Como viver segundo a razão e de acordo com as leis da natureza; Epicurismo

---

IV a.C.

- Macedônia conquista Grécia:
  – Felipe II (382 a.C.-336 a.C.)

- Helenismo (IV a.C.-II d.C.):
  – início: expansão territorial da Macedônia e difusão da cultura grega aos reinos conquistados por Alexandre Magno (356 a.C.-323 a.C.)
  – fim: anexação da Grécia pelo Império Romano

III a.C.

- Guerras Púnicas (264 a.C.-218 a.C.): Roma contra Cartago
- Euclides: Geometria
- Fim da autonomia das pólis gregas

FILÓSOFOS

- **POSIDÔNIO DE APAMEIA** (c. 140 a.C.-51 a.C.)
- **SÊNECA** (4 a.C.-65 d.C.)
- **EPITETO, O FILÓSOFO EX-ESCRAVO** (55-135)
- **MARCO AURÉLIO, O IMPERADOR FILÓSOFO** (121-180)
- **PLOTINO** (205-270)
- **HIPÁTIA** (355-415)
- **SANTO AGOSTINHO** (344-430)
- **SÃO TOMÁS DE AQUINO** (1225-1274)
- **PICO DELLA MIRANDOLA** (1463-1494)
- **MAQUIAVEL** (1469-1527)
- **THOMAS MORE** (1478-1535)

TEMAS E PROBLEMAS

- Física e Ética
- Ética, Física, Lógica e Arte
- Ética e moral
- Ética e moral
- Ontologia (estudo do ser) sob a luz da filosofia platônica
- Astronomia, Matemática e Política
- Filosofia cristã pensada pelos padres da Igreja; relação entre razão e fé na busca da verdade e à luz do platonismo
- Relação entre razão e fé, entre Filosofia e Teologia; aristotelismo e platonismo sob princípios da fé cristã
- Afirmação da dignidade do ser humano
- Realismo político
- Utopismo crítico

CORRENTES

| II a.C. ao I a.C. | I d.C. | II | III | IV ao XIII | XIV ao XV |

- Estoicismo eclético — Ação e reflexão para uma vida boa
- Neoplatonismo
- Patrística
- Escolástica

CONTEXTO HISTÓRICO

II a.C. ao I a.C.
- Roma conquista Macedônia
- Fim da República e início do Império Romano (27 a.C.) com Otaviano

I d.C.
- Morte de Jesus Cristo (33)
- Imperador Nero: incêndio de Roma (64 d.C.)

II
- O Alto Império Romano (séc. I-III)
- Retomada da expansão territorial de Roma após período de disputas sucessórias

III
- O Baixo Império Romano (séc. III-V):
  – crises econômicas e políticas
  – dificuldades de manter a coesão do vasto império
  – expansão do cristianismo

IV ao V
- Édito de Tessalônica (380): o cristianismo torna-se a religião oficial do Império Romano
- Divisão do Império Romano: Ocidente e Oriente:
  – Império Bizantino (395)
- Queda do Império Romano do Ocidente (476) pelas invasões bárbaras
- Declínio da vida urbana europeia e a ruralização:
  – formação dos feudos

VI ao XII
- Cisma do Oriente (1054): Igreja católica romana e Igreja ortodoxa

360 UNIDADE 6 | PROBLEMAS CONTEMPORÂNEOS II

Linha do tempo

Século XVI

- **ERASMO** (1466-1536) — Exercício da razão
- **ETIENNE DE LA BOÉTIE** (1530-1563) — Crítica da tirania
- **MONTAIGNE** (1533-1592) — Vida cotidiana e pensamento sobre si mesmo
- **GIORDANO BRUNO** (1548-1600) — Ciência livre da fé
- **GALILEU** (1564-1642) — Revolução científica (método)

Século XVII

- **NEWTON** (1642-1727) — Princípios matemáticos e leis que regem a natureza
- **DESCARTES** (1596-1650) — Método cartesiano, sujeito do conhecimento, dúvida e verdade
- **ESPINOSA** (1632-1677) — Ética, Teologia e Política
- **BACON** (1561-1626) — Método experimental; Ciência e a dominação da natureza
- **HOBBES** (1588-1679) — Política e Ética; "contrato social"
- **LOCKE** (1632-1704) — Epistemologia e política; "contrato social" e defesa da propriedade privada

Correntes

- **Renascentistas**: Volta às preocupações da Antiguidade clássica; ser humano no centro das atenções
- **Racionalismo**: Os princípios da razão; método e teoria do conhecimento
- **Empirismo**: A experiência sensível na obtenção do conhecimento

Contexto histórico

- Expansão do Império Turco Otomano sobre o Império Bizantino e o entorno do Mediterrâneo:
  - compilação, tradução e comentário de textos filosóficos da Antiguidade por judeus e muçulmanos
- Cruzadas (1096-1270)
- Renascimento comercial e urbano na Europa

XIII
- Fundação das universidades: Pádua (1222) e Paris (1253)
- Fundação das Ordens Franciscana e Dominicana:
  - mosteiros: formação espiritual (Teologia) e intelectual (Filosofia)

XIV ao XV
- Fim do Império Bizantino: turcos otomanos conquistam Constantinopla (1453)
- Guerra dos Cem Anos: Inglaterra × França
- Renascimento:
  - Arte e Ciência: Da Vinci
  - Literatura: Dante e Boccaccio
- Consolidação dos primeiros Estados Nacionais na Europa

XVI
- Chegada de europeus à América (1492) e ao Brasil (1500)
- Reforma Protestante (1517)
- Reforma Católica (ou Contrarreforma). Concílio de Trento (1542-1563):
  - fundação da Companhia de Jesus (1534);
  - Santo Ofício da Inquisição;
  - *Index Librorum Proibitorum* (índice dos livros proibidos)

XVII
- Mercantilismo e absolutismo na Europa
- Guerra dos 30 Anos (1618-1648)
- Revolução Gloriosa (1688)
- Consolidação da Ciência moderna
- Arte barroca

CAPÍTULO 16 | DESAFIOS ÉTICOS CONTEMPORÂNEOS: NOVAS FORMAS DE AGIR?   **361**

FILÓSOFOS

- **MONTESQUIEU** (1689-1755)
- **VOLTAIRE** (1694-1778)
- **ROUSSEAU** (1712-1778)
- **DIDEROT** (1713-1784)
- **KANT** (1724-1804)
- **HEGEL** (1770-1831)
- **SAINT-SIMON** (1760-1825)
- **COMTE** (1798-1857)
- **MARX** (1818-1883) e **ENGELS** (1820-1895)

TEMAS E PROBLEMAS

- Política; tripartição dos poderes e reflexão sobre as leis
- Liberdade de expressão; crítica da intolerância e do fanatismo religiosos
- Política e educação; liberdade e "contrato social"
- Crítica dos costumes e das artes; filosofia da natureza
- Ética, moral e estética (experiência na arte); condições de possibilidade do conhecimento
- Dialética, Política, Direito e História; as relações entre o real e o racional
- Socialismo, utopia, reformas sociais
- Organização moral e intelectual da sociedade segundo a Ciência
- Filosofia como práxis, alienação, reificação e crítica ao capitalismo

XVIII | XIX

CORRENTES

- **Iluminismo (França)** — Crítica da religião, da moral, da política e dos saberes da época à luz da razão
- **Idealismo alemão**
- **Socialismo utópico**
- **Positivismo**
- **Materialismo histórico**

CONTEXTO HISTÓRICO

XVIII
- "Despotismo esclarecido" na Europa continental
- Independência dos Estados Unidos (1776)
- Revolução Francesa (1789)
- Revolução Industrial

NO BRASIL
- Inconfidência Mineira (1789)

XIX
- Ascensão de Napoleão na França
- Consolidação do capitalismo monopolista
- Guerra Franco-Prussiana (1870-1871)
- Comuna de Paris (1871)
- Segunda Revolução Industrial
- Neocolonialismo: divisão da Ásia e da África pelas potências europeias

362 UNIDADE 6 | PROBLEMAS CONTEMPORÂNEOS II

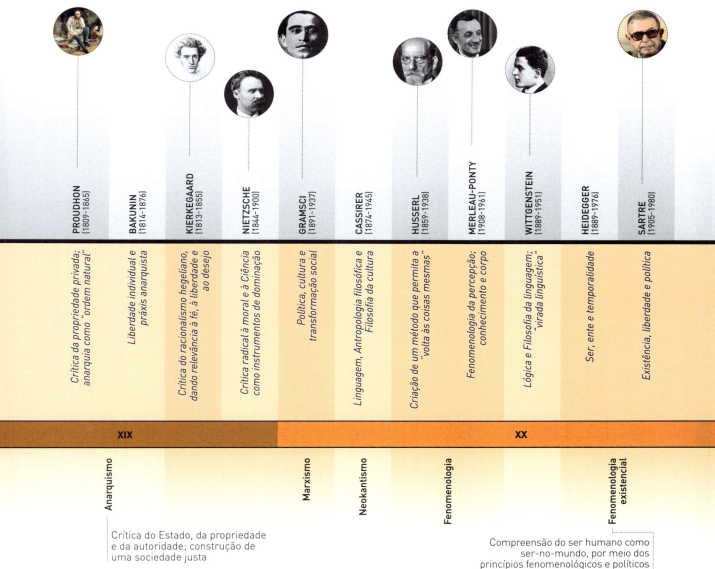

PROUDHON (1809-1865)	Crítica da propriedade privada; anarquia como "ordem natural"
BAKUNIN (1814-1876)	Liberdade individual e práxis anarquista
KIERKEGAARD (1813-1855)	Crítica do racionalismo hegeliano, dando relevância à fé, à liberdade e ao desejo
NIETZSCHE (1844-1900)	Crítica radical à moral e à Ciência como instrumentos de dominação
GRAMSCI (1891-1937)	Política, cultura e transformação social
CASSIRER (1874-1945)	Linguagem, Antropologia filosófica e Filosofia da cultura
HUSSERL (1859-1938)	Criação de um método que permita a "volta às coisas mesmas"
MERLEAU-PONTY (1908-1961)	Fenomenologia da percepção; conhecimento e corpo
WITTGENSTEIN (1889-1951)	Lógica e Filosofia da linguagem; "virada linguística"
HEIDEGGER (1889-1976)	Ser, ente e temporalidade
SARTRE (1905-1980)	Existência, liberdade e política

XIX — Anarquismo: Crítica do Estado, da propriedade e da autoridade; construção de uma sociedade justa

XX — Marxismo, Neokantismo, Fenomenologia, Fenomenologia existencial: Compreensão do ser humano como ser-no-mundo, por meio dos princípios fenomenológicos e políticos

- Cinema: irmãos Lumière apresentam o cinematógrafo na França (1895)

NO BRASIL
- Independência do Brasil (1822)
- Assinatura da Lei Áurea (1888)
- Fim do Império e Proclamação da República (1889)

XX
- Primeira Guerra Mundial (1914-1918)
- Revolução Russa (1917)
- Ascensão do fascismo (1922) e do nazismo (1933)

- Segunda Guerra Mundial (1939-1945)
- Guerra Fria: Estados Unidos × União Soviética
- Descolonização da África e da Ásia
- Conflitos Israel-Palestina

FILÓSOFOS

- **BENJAMIN** (1892-1940)
- **ADORNO** (1903-1969) e **HORKHEIMER** (1895-1973)
- **ARENDT** (1906-1975)
- **LÉVI-STRAUSS** (1908-2009)
- **BARTHES** (1915-1980)
- **BEAUVOIR** (1908-1986)
- **FOUCAULT** (1926-1984)
- **JONAS** (1903-1993)
- **GUATTARI** (1930-1992)
- **FEYERABEND** (1924-1994)
- **LEVINAS** (1906-1995)
- **DELEUZE** (1925-1995)

TEMAS E PROBLEMAS

- *Técnica, arte e revolução*
- *Indústria cultural; crítica do mito e da razão como instrumentos de dominação*
- *Crítica ao totalitarismo; análise da condição humana*
- *Antropologia estruturalista e Etnologia*
- *Semiótica e significação*
- *Política, feminismo e liberdade*
- *Crítica dos saberes e dos poderes; ética do cuidado de si*
- *Ética da responsabilidade, Direito*
- *Filosofia e Psicanálise: "revolução molecular"*
- *Epistemologia e crítica da Ciência*
- *Ética; alteridade e dominação*
- *Filosofia como criação de conceitos; multiplicidade e diferença*

XX

CORRENTES

- **Teoria crítica** — Marxismo e crítica cultural
- **Estruturalismo** — Análise da linguagem e da realidade social por meio de suas estruturas
- **Existencialismo**
- **Filosofia da Ciência**

CONTEXTO HISTÓRICO

- Queda do Muro de Berlim (1989) e dissolução da União Soviética (1991)
- Revolução Digital:
  – primeiros computadores domésticos (1981)
  – internet

NO BRASIL
- Semana de Arte Moderna (1922)
- Estado Novo (1937-1945)
- Período democrático (1945-1964)
- Inauguração de Brasília (1960)
- Ditadura civil-militar (1964-1985)
- Redemocratização (1985)

364 | UNIDADE 6 | PROBLEMAS CONTEMPORÂNEOS II

LADRIÈRE (1921-2007)	Crítica dos limites da Ciência
HADOT (1922-2010)	História da Filosofia e Filosofia antiga
HELLER (1929-)	Ética, Política e existencialismo
HABERMAS (1929-)	Teoria social, marxismo, Direito, ética comunicativa
SERRES (1930-)	Política e cultura; relação ser humano-natureza
NEGRI (1933-)	Políticas do Império
RANCIÈRE (1940-)	Política como dissenso
LIPOVETSKY (1944-)	O efêmero nos tempos hipermodernos
SINGER (1946-)	Bioética e desafios da Ética na contemporaneidade
LATOUR (1947-)	Ética e Política, Ciência e poder
COMTE-SPONVILLE (1952-)	Ética: virtudes no mundo contemporâneo
LÉVY (1956-)	Filosofia e Informática
ONFRAY (1959-)	Comportamento, consumismo, corpo e hedonismo ("materialismo hedonista")

XXI

Teoria crítica

Marxismo

XXI

- Revolução Digital:
  – criação das redes sociais
  – avanço tecnológico na criação de *hardwares* e *softwares*

- Atentados terroristas em Nova York (2001)
- Crise econômica (2008)
- Primavera Árabe (2011)

Bibliografia

Continuação das obras consultadas por capítulo

UNIDADE 5 – Cap. 13

FOUCAULT, Michel. *Arqueologia do saber*. 8. ed. Rio de Janeiro: Forense Universitária, 2012.

_____. *As palavras e as coisas*. 10. ed. São Paulo: Martins Fontes, 2007.

LADRIÈRE, Jean. *Les enjeux de la racionalité:* le défi de la science et de la technique aux cultures. Montréal: Liber, 2001.

LATOUR, Bruno. *A esperança de Pandora*. Bauru: Edusc, 2001.

_____. *Cogitamus:* seis cartas sobre las humanidades científicas. Buenos Aires: Paidós, 2012.

_____. *Jamais fomos modernos*. Rio de Janeiro: Ed. 34, 1994.

_____. *Políticas da natureza:* como fazer ciência na democracia. Bauru: Edusc, 2004.

_____. *Reflexão sobre o culto moderno dos deuses fe(i)tiches*. Bauru: Edusc, 2002.

MACHADO, Roberto. *Foucault, a ciência e o saber*. 3. ed. Rio de Janeiro: Jorge Zahar, 2006.

MORIN, Edgar. *Ciência com consciência*. 13. ed. Rio de Janeiro: Bertrand Brasil, 2002.

SERRES, Michel. *Júlio Verne:* a ciência e o homem contemporâneo. Rio de Janeiro: Bertrand Brasil, 2007.

STENGERS, Isabelle. *Quem tem medo da ciência?:* ciências e poderes. Rio de Janeiro: Siciliano, 1990.

VON ZUBEN, Newton Aquiles. *Bioética e Tecnociências*. Bauru: Edusc, 2006.

YAZBEK, André Constantino. *10 lições sobre Foucault*. 2. ed. Petrópolis: Vozes, 2012.

UNIDADE 5 – Cap. 14

ADORNO, Theodor; HORKHEIMER, Max. *Dialética do esclarecimento*. Rio de Janeiro: Jorge Zahar, 1996.

BASTOS, Fernando. *Panorama das ideias estéticas no Ocidente*. Brasília: Cadernos da UnB, 1986. 2 v.

BENJAMIN, Walter. *A obra de arte na época de sua reprodutibilidade técnica*. São Paulo: Zouk, 2012.

BOHRER, Karl H. et al. *Ética e estética*. Rio de Janeiro: Jorge Zahar, 2001.

CERON, Ileana P.; REIS, Paulo (Org.). *Kant:* crítica e estética na modernidade. São Paulo: Ed. Senac SP, 1999.

RANCIÈRE, Jacques. *A noite dos proletários*. São Paulo: Cia. das Letras, 1988.

_____. *O espectador emancipado*. São Paulo: WMF Martins Fontes, 2014.

READ, Herbert. *Arte e alienação:* o papel do artista na sociedade. Rio de Janeiro: Zahar, 1983.

UNIDADE 6 – Cap. 15

GUATTARI, Félix; NEGRI, Toni. *Les nouveaux espaces de liberté*. Paris: Dominique Bedou, 1985.

LAZZARATO, Maurizio. *As revoluções do capitalismo*. Rio de Janeiro: Civilização Brasileira, 2006.

_____. *La fabrique de l'homme endetté:* essai sur la condition néolibérale. Paris: Éditions Amsterdam, 2011.

NEGRI, Antonio. *5 lições sobre Império*. Rio de Janeiro: DP&A, 2003.

_____. *A anomalia selvagem:* poder e potência em Spinoza. Rio de Janeiro: Ed. 34, 1993.

_____. *Exílio, seguido de valor e afeto*. São Paulo: Iluminuras, 2001.

_____. *Kairós, Alma Vênus, Multitudo:* nove lições ensinadas a mim mesmo. Rio de Janeiro: DP&A, 2003.

_____. *O poder constituinte:* ensaio sobre as alternativas da modernidade. Rio de Janeiro: DP&A, 2002.

_____; COCCO, Giuseppe. *Glob(AL):* biopoder e luta em uma América Latina globalizada. Rio de Janeiro: Record, 2005.

NEGRI, Antonio; HARDT, Michael. *Commonwealth*. Cambridge: Harvard University Press, 2011.

_____. *Império*. Rio de Janeiro: Record, 2001.

_____. *Multidão*. Rio de Janeiro: Record, 2005.

_____. *O trabalho de Dioniso:* para a crítica ao Estado pós-moderno. Rio de Janeiro: Pazulin/UFJF, 2004.

NEGRI, Antonio; LAZZARATO, Maurizio. *Trabalho imaterial*. Rio de Janeiro: DP&A, 2001.

RANCIÈRE, Jacques. *A partilha do sensível:* estética e política. São Paulo: Ed. 34, 2005.

RANCIÈRE, Jacques. *Aux bords du politique*. Paris: Folio Essais, 2007.

_____. *El odio a la democracia*. Buenos Aires: Amorrortu, 2006.

_____. *Momentos políticos*. Buenos Aires: Capital Intelectual, 2010.

_____. *O desentendimento:* política e Filosofia. São Paulo: Ed. 34, 1996.

_____. *O mestre ignorante:* cinco lições de emancipação intelectual. Belo Horizonte: Autêntica, 2002.

RUBY, Christian. *Rancière y lo político*. Buenos Aires: Prometeo Libros, 2011.

UNIDADE 6 – Cap. 16

APEL, Karl-Otto. *Estudos de moral moderna*. Petrópolis: Vozes, 1994.

BAUMAN, Zygmunt. *Ética pós-moderna*. São Paulo: Paulus, 1997.

BELLINO, Francesco. *Fundamentos da bioética:* aspectos antropológicos, ontológicos e morais. Bauru: Edusc, 1997.

DALL'AGNOL, Darlei. *Bioética*. Rio de Janeiro: DP&A, 2004.

HABERMAS, Jürgen. *Ética da discussão e a questão da verdade*. 2. ed. São Paulo: Martins Fontes, 2007.

_____. *Teoria do agir comunicativo*. São Paulo: WMF Martins Fontes, 2012.

JONAS, Hans. *O princípio responsabilidade*. Rio de Janeiro: Contraponto, 2006.

_____. *O princípio vida:* fundamentos para uma Biologia filosófica. Petrópolis: Vozes, 2005.

LIPOVETSKY, Gilles. *Metamorfoses da cultura liberal:* ética, mídia, empresa. Porto Alegre: Sulina, 2004.

SERRES, Michel. *O contrato natural*. Rio de Janeiro: Nova Fronteira, 1991.

_____. *O mal limpo:* poluir para se apropriar?. Rio de Janeiro: Bertrand Brasil, 2011.

VALLS, Álvaro L.M. *Da ética à bioética*. Petrópolis: Vozes, 2004.

Seção É Lógico!

BARBOSA, Severino A. M.; AMARAL, Emília. *Escrever é desvendar o mundo*. 2. ed. Campinas: Papirus, 1987.

CERQUEIRA, Luiz Alberto; OLIVA, Alberto. *Introdução à Lógica*. 2. ed. Rio de Janeiro: Zahar, 1982.

COPI, Irving M. *Introdução à Lógica*. 2. ed. São Paulo: Mestre Jou, 1978.

HAACK, Susan. *Filosofia das lógicas*. São Paulo: Ed. da Unesp, 2002.

KURTZWEIL, Ray. *Como criar uma mente:* os segredos do pensamento humano. São Paulo: Aleph, 2014.

LEFEBVRE, Henri. *Lógica formal/Lógica dialética*. 3. ed. Rio de Janeiro: Civilização Brasileira, 1983.

SAMPAIO, Luiz Sergio Coelho. *A lógica da diferença*. Rio de Janeiro: Ed. da Uerj, 2001.

VELASCO, Patrícia Del Nero. *Educando para a argumentação*. Belo Horizonte: Autêntica, 2010.

Créditos e legendas das imagens da linha do tempo

Filósofos

Litografia de Tales de Mileto, de autor desconhecido, século XIX. Bianchetti Stefano/Leemage, Agência France-Presse.

Busto em mármore de Heráclito de Éfeso, da Escola Romana, 480 a.C. Album/akg-images/Latinstock/Museu Capitolino, Roma, Itália.

Retrato de Parmênides de Eleia, da Escola Francesa, século XVII. Bianchetti/Leemage/Agência France-Press/Coleção particular, França.

Busto em mármore de Pitágoras de Samos, em Jardins da Villa Borghese, Roma, Itália. Offscreen/Shutterstock/Jardins da Villa Borghese, Roma, Itália.

Retrato de Demócrito de Abdera, de autor desconhecido. Michael Nicholson/Corbis/Getty Images/Coleção particular

Busto em mármore de Sócrates, da Escola Grega, c. 400 a.C. Alinari/Bridgeman Images/Keystone/Museu Arqueológico Nacional, Nápoles, Itália.

Busto de Platão, da Escola Grega, c. 400 a.C. Bridgeman Images/Glow Images/Museu Capitolino, Roma, Itália.

Cabeça em mármore de Aristóteles, uma cópia romana feita no século I com base na escultura do grego Lísipo, do século IV a.C. G. De Agostini/Getty Images/Museu Nacional Romano, Roma, Itália.

Gravura de busto de Epicuro de Samos, de autor desconhecido. The Granger Collection, New York/The Granger Collection/Fotoarena

Cabeça de Sêneca, cópia romana do original grego do século II. Album/Prisma/Latinstock/Museu Britânico, Londres, Inglaterra.

Busto romano em mármore de Plotino, c. 350. G. De Agostini/G. Dagli Orti/Album/Latinstock/Museu Arqueológico de Ostia Antica, Roma, Itália.

Retrato de Hipátia de Alexandria (data desconhecida). Bettmann/Corbis/Getty Images

Retrato de Santo Agostinho, feito por Guido Reni, séculos XVI-XVII. Erich Lessing/Album/Museu Arqueológico de Ostia Antica, Roma, Itália.

Retrato de Maquiavel, gravura da Escola Italiana, feita no século XIX. Bridgeman Images/Glow Images/Coleção particular

Pintura de Erasmo de Rotterdam, feita por Hans Holbein, o Jovem, em 1530. Album/akg-images/Latinstock/Museu de Belas Artes, Basel, Suíça.

Retrato de Giordano Bruno, feito por Johann Georg Mentzel, em 1700. akg-images/Latinstock/Biblioteca Herzog August, Wolfenbüttel, Alemanha.

Pintura de Galileu Galilei, feita por Justus Sustermans, em 1636. Reprodução/Galeria Uffizi, Florença, Itália.

Retrato de Descartes, de autor desconhecido, feito no século XVII. adoc-photos/Corbis/Getty Images

Pintura de Hobbes, feita por John Michael Wright, em c. 1670. Reprodução/Galeria Nacional de Retratos, Londres, Inglaterra.

Retrato de Voltaire com 24 anos, de Nicolas de Largillière, c. 1724. The Art Archive/Corbis/Getty Images/Museu Carnavalet, Paris, França.

Pintura de Rousseau, de Anna Fittipaldi, feita no século XVIII. De Agostini/Images/Conservatório de Música de Nápoles, Itália.

Retrato de Hegel, pintado por Jakob Schlesinger no século XIX. Bettmann/Corbis/Getty Images

Retrato de Claude Henri de Rouvroy, conde de Saint-Simon, com 35 anos, feito por Hippolyte Ravergie, em 1848. Archives Charmet/ Bridgeman Images/Glow Images/Biblioteca do Arsenal, Paris, França.

Retrato de Marx, de um pôster dos anos 1940. Michael Nicholson/Corbis/Getty Images

Retrato de Proudhon, feito por Gustave Coubert entre 1865 e 1867. Reprodução/Museu d´Orsay, Paris, França.

Retrato de Kierkegaard, feito por seu irmão no século XIX. Bettmann/Corbis/Getty Images

Fotografia de Nietzsche, de 1873. Bettmann/Corbis/Getty Images

Fotografia de Gramsci, c. 1900. ullstein Bild/Getty Images

Fotografia de Husserl (data desconhecida). The Granger Collection, New York/Fotoarena.

Fotografia de Maurice Merleau-Ponty. Jean-Regis Rouston/Roger Viollet/Getty Images

Fotografia de Wittgenstein, de 1905. Album/akg-images/Latinstock

Fotografia de Sartre, de 1974. Alain Nogues/Sygma/Corbis/Getty Images

Fotografia de Benjamin (data desconhecida). ullstein Bild/Getty Images

Fotografia de Hannah Arendt, de 1949. Fred Stein Archive/Archive Photo

Fotografia de Lévi-Strauss, de 2005. Pascal Pavani/Agência France-Presse

Fotografia de Foucault (data desconhecida). Friedrich/Interfoto/Latinstock

Fotografia de Feyerabend, de 1992. Anna Weise/Album/akg-images/Latinstock

Fotografia de Deleuze (data desconhecida). ARTE/AP Photo/Glow Images

Fotografia de Heller, de 2012. Markus Hibbeler/AP Photo/Glow Images

Fotografia de Habermas, de 2003. Notimex/Agência France-Presse

Fotografia de Negri, de 2011. Ulf Anderson/Getty Images

Fotografia de Rancière, de 2011. Ulf Anderson/Getty Images

Fotografia de Peter Singer, de 2003. Steve Pyke/Getty Images

Fotografia de Comte-Sponville, de 2005. Eric Fougere/VIP Images/Corbis/Getty Images

Imagens históricas

A *Loba Capitolina*, símbolo da fundação de Roma, amamentando os irmãos Rômulo e Remo. Escultura etrusca do final do século V a.C. javarmann/Shutterstock

Mosaico retratando uma nereide montada em um monstro do mar e rodeada de querubins, de autoria desconhecida, 2004. De Agostini/Getty Images

Discurso fúnebre de Péricles, de Philipp Von Foltz, 1853, retratando o discurso de Péricles a favor da democracia em Atenas ao homenagear soldados mortos. Album/Fotoarena/Coleção particular

Retrato de Felipe II feito por Sofonisba Anguissola, pintora renascentista italiana, 1572. Album/Fotoarena/Museu do Prado, Madri, Espanha

Relevo em mármore do Fórum de Trajano, em Roma, Itália, retratando um soldado romano lutando contra um soldado bárbaro. Século II d.C. DEA/G. DAGLI ORTI. De Agostini /Getty Images

Fragmento de *Os Elementos*, de Euclides, cerca de III a. C. Os 13 livros de *Os Elementos* constituem um tratado matemático e geométrico com descobertas de Euclides. Reprodução/Biblioteca Sackler, Universidade de Oxford, Inglaterra.

Iluminura de uma crônica universal de Jean de Courcy, de 1440, retratando o saque de Jerusalém por cristãos (1099). Bridgeman Images/Glow Images/Biblioteca Nacional, Paris, França.

Gravura de trabalhadora tecendo em tear mecânico, de 1844. Hulton Archive/Getty Images

Napoleão cruzando os Alpes, pintura de Jacques-Louis David, c. 1801. Reprodução/Museu de Arte Fuji de Tóquio, Japão

Gravura da Comuna de Paris destruindo a Coluna de Vendôme, de autor desconhecido, 1871. Keystone-France/Gamma-Keystone/Getty Images

Independência ou morte (O grito do Ipiranga), pintura de Pedro Américo, feita entre 1886 e 1888. Reprodução/Museu Paulista da USP, São Paulo (SP)

Cena do filme *Viagem à Lua*, de Georges Méliès, de 1902. Méliès/Album/Latinstock

Soldados britânicos na França, em batalha da Primeira Guerra Mundial, de 1916. Hulton-Deutsch Colletion/Corbis/Getty Images

Soldado alemão sobre parte do muro de Berlim destruído em novembro de 1989. Gamma-Rapho/Getty Images

Palácio do Congresso, em Brasília (DF), foto de 1958. Bettmann/Corbis/Getty Images

Manifestantes próximos à praça Tahrir, centro do Cairo, capital do Egito, em 2011. Amr Abdallah Dalsh/Reuters/Fotoarena

Policiais reprimem manifestação estudantil contra a ditadura civil e militar, em São Paulo (SP), em 1977. Juca Martins/Olhar Imagem

Interação com tela de um *tablet*, século XXI. Peshkova/Shutterstock

Explosão do prédio World Trade Center em Nova York, nos Estados Unidos, em 2001, após ser atingido por avião sequestrado. Sean Adair/Reuters/Fotoarena